OEUVRES COMPLÈTES

DE PIERRE DE BOURDEILLE

SEIGNEUR DE

BRANTÔME

16432 — PARIS, TYPOGRAPHIE LAHURE
Rue de Fleurus, 9

OEUVRES COMPLÈTES
DE PIERRE DE BOURDEILLE
SEIGNEUR DE
BRANTÔME

PUBLIÉES D'APRÈS LES MANUSCRITS
AVEC VARIANTES ET FRAGMENTS INÉDITS
POUR LA SOCIÉTÉ DE L'HISTOIRE DE FRANCE
PAR LUDOVIC LALANNE

TOME NEUVIÈME

DES DAMES (SUITE)

A PARIS
CHEZ Mme Ve JULES RENOUARD
(LOONES SUCCESSEUR)
LIBRAIRE DE LA SOCIÉTÉ DE L'HISTOIRE DE FRANCE
RUE DE TOURNON, N° 6

M DCCC LXXVI

EXTRAIT DU RÈGLEMENT.

Art. 14. Le Conseil désigne les ouvrages à publier, et choisit les personnes les plus capables d'en préparer et d'en suivre la publication.

Il nomme, pour chaque ouvrage à publier, un Commissaire responsable chargé d'en surveiller l'exécution.

Le nom de l'Éditeur sera placé en tête de chaque volume.

Aucun volume ne pourra paraître sous le nom de la Société sans l'autorisation du Conseil, et s'il n'est accompagné d'une déclaration du Commissaire responsable, portant que le travail lui a paru mériter d'être publié.

Le Commissaire responsable soussigné déclare que l'Édition des OEuvres complètes de Pierre de Bourdeille, seigneur de Brantôme, *préparée par* M. Ludovic Lalanne, *lui a paru digne d'être publiée par la* Société de l'Histoire de France.

Fait à Paris, le 31 décembre 1875.

Signé JULES MARION.

Certifié,

Le Secrétaire de la Société de l'Histoire de France,

J. DESNOYERS.

A MONSEIGNEUR

MONSEIGNEUR LE DUC D'ALENÇON,

DE BRABANT, ET COMTE DE FLANDRES,

FILS ET FRÈRE DE NOS ROYS.

Monseigneur, d'autant que vous m'avez fait cet honneur souvent à la cour de causer avec moy fort privément de plusieurs bons mots et contes, qui vous sont si familiers et assidus qu'on diroit qu'ils vous naissent à veue d'œil dans la bouche, tant vous avez l'esprit grand, prompt et subtil, et le dire de mesme et très-beau, je me suis mis à composer ces discours tels quels, et au mieux que j'ay peu, afin que si aucuns y en a qui vous plaisent, vous fassent autant passer le temps et vous ressouvenir de moy parmy vos causeries, desquelles m'avez honnoré autant que gentilhomme de la cour.

Je vous en dédie donc, Monseigneur, ce livre, et vous supplie le fortifier de vostre nom et autorité, en attendant que je me mette sur les discours sérieux. Et en voyez un à part, que j'ay quasi achevé, où je déduis la comparaison de six grands princes et capitaines qui voguent aujourd'huy en ceste chrestienté, qui sont : le roy Henri III vostre frère, Vostre Altesse, le roy de Navarre vostre beau-frère, M. de Guise, M. du Maine et M. le prince de Parme, alléguant de tous vous autres vos plus belles valeurs, suffisances, mérites et beaux faits, sur lesquels j'en remets la conclusion à ceux qui la sçauront mieux faire que moy.

Cependant, Monseigneur, je supplie Dieu vous augmenter tousjours en vostre grandeur, prospérité et altesse, de laquelle je suis pour jamais,

Vostre très-humble et très-obéissant subjet, et très-affectionné serviteur,

BOURDEILLE.

J'avois voué cette seconde partie des femmes à mondict seigneur d'Alençon, durant qu'il vivoit, d'autant qu'il me faisoit cet honneur de m'aimer et causer fort privément avec moy et estoit curieux de sçavoir de bons comptes; ores, bien que son généreux et valheureux et noble corps gise sous sa lame honnorable, je n'en ay pourtant voulu révoquer le vœu, ains je le redonne à ses illustres cendres et divin esprit de la valeur duquel et de ses hauts faits et mérites je parle à son tour comme des autres grands princes et grands capitaines; car certes il l'a esté, s'il en fut onc, encor qu'il soit mort fort jeune.

C'est assez parlé des choses sérieuses, il faut un peu parler des gayes.

DES DAMES[1].

SECONDE PARTIE.

DISCOURS

SUR LES DAMES QUI FONT L'AMOUR
ET LEURS MARIS COCUS[2].

D'autant que ce sont les dames qui ont fait la fondation du cocuage, et que ce sont elles qui font les

---

1. La seconde partie des *Dames* a paru pour la première fois à Leyde, Jean Sambix le jeune, 1666, 2 vol. in-12, sous le titre de *Dames galantes*, titre que Brantôme n'aurait jamais songé à employer, et que nous supprimons, bien qu'il ait été adopté dans toutes les éditions.
Nous n'avons point de manuscrit original pour cette partie des *Dames*. Nous suivrons, en y corrigeant quelques fautes, le texte de la copie conservée dans le fonds Dupuy, n° 608.
2. Dans la préface de la première rédaction de Brantôme, ce

hommes cocus, j'ay voulu mettre ce discours parmy ce livre des dames, encore que je parleray autant des hommes que des femmes. Je sçay bien que j'entreprens une grand' œuvre, et que je n'aurois jamais fait si j'en voulois monstrer la fin; car tout le papier de la chambre des Comptes de Paris n'en sçauroit comprendre par escrit la moitié de leurs histoires, tant des femmes que des hommes. Mais pourtant j'en escriray ce que je pourray, et, quand je n'en pourray plus, je quitteray ma plume au diable, ou à quelque bon compagnon qui la reprendra; m'excusant si je n'observe en ce discours ordre ny demy, car de telles gens et de telles femmes le nombre en est si grand, si confus et si divers, que je ne sçache si bon sergent de battaille qui le puisse bien mettre en rang et ordonnance.

Suivant donc ma fantaisie, j'en diray comme il me plaira, en ce mois d'avril qui en rameine la saison et venaison des cocus : je dis des branchiers[1], car d'autres il s'en fait et s'en voit assez tous les mois et saisons de l'an.

Or, de ce genre de cocus, il y en a force de diverses espèces; mais de toutes la pire est, et que les

discours est analysé ainsi : « Le premier (Discours) traite de l'amour de plusieurs femmes mariées, et qu'elles n'en sont si blasmables comme l'on diroit pour le faire; le tout sans rien nommer et a motz couvertz. » (Voyez tome I, p. 3.) — *Sans rien nommer*, c'est-à-dire sans nommer personne.

Le titre de ce discours a été tronqué et altéré dans les éditions antérieures, sauf dans celle de M. Monmerqué.

1. *Branchier*, qui perche sur les branches; c'est-à-dire le coucou.

dames craignent et doivent craindre autant, ce sont ces fols, dangereux, bisarres, mauvais, malicieux, cruels, sanglants[1] et ombrageux, qui frappent, tourmentent, tuent, les uns pour le vray, les autres pour le faux, tant le moindre soupçon du monde les rend enragez; et de tels la conversation[2] est fort à fuir, et pour leurs femmes et pour leurs serviteurs. Toutesfois j'ay cogneu des dames et de leurs serviteurs qui ne s'en sont point soucié; car ilz estoient aussi mauvais que les autres et les dames estoyent courageuses, tellement que si le courage venoit à manquer à leurs serviteurs, le leur remettoyent; d'autant que tant plus toute entreprise est périlleuse et escabreuse, d'autant plut se doit-elle faire et exécuter de grande générosité. D'autres telles dames ay-je cogneu qui n'avoyent nul cœur ny ambition pour attenter[3] choses hautes, et ne s'amusoyent du tout qu'à leurs choses basses : aussi dit-on : lasche de cœur comme une putain.

J'ay cogneu une honneste dame, et non des moindres, laquelle, en une bonne occasion qui s'offrit pour recueillir la jouissance de son amy, et luy remonstrant à elle l'inconvénient qui en adviendroit si le mary, qui n'estoit pas loin, les surprenoit, n'en fit plus de cas, et le quitta là, ne l'estimant hardy amant, ou bien pour ce qu'il la dédit au besoin : d'autant qu'il n'y a rien que la dame amoureuse, lorsque l'ardeur et la fantaisie de venir là luy prend,

---

1. *Sanglants*, sanguinaires.
2. *Conversation*, commerce.
3. *Attenter*, tenter.

et que son amy ne la peut ou veut contenter tout à coup, pour quelques divers empeschements, haïsse plus et s'en dépite.

Il faut bien louer cette dame de sa hardiesse, et d'autres aussi ses pareiles, qui ne craignent rien pour contenter leurs amours, bien qu'elles y courent plus de fortune et de dangers que ne fait un soldat ou un marinier aux plus hasardeux périls de la guerre ou de la mer.

Une dame espagnole, conduite une fois par un gallant cavallier dans le logis du roy, venant à passer par un certain recoing caché et sombre, le cavallier, se mettant sur son respect et discrétion espagnole, luy dit : *Señora, buen lugar, si no fuera vuessa merced.* La dame lui respondit seulement : *Si, buen lugar, si no fuera vuessa merced* : « Voicy un beau « lieu, si c'estoit une autre que vous. — Ouy vray-« ment, si c'estoit aussi un autre que vous. » Par-là l'arguant et incolpant de couardise, pour n'avoir pas pris d'elle en si bon lieu ce qu'il vouloit et elle desiroit; ce qu'eust fait un autre plus hardy : et, pour ce, oncques plus ne l'aima, et le quitta.

J'ay ouy parler[1] d'une fort belle et honneste dame, qui donna assignation à son amy de coucher avec elle, par tel si[2] qu'il ne la toucheroit nullement et ne viendroit aux prises; ce que l'autre accomplit, demeurant toute la nuict en grand' stase[3], tentation

---

1. *J'ay ouy parler.* Brantôme aurait dû dire : J'ai lu dans l'*Heptaméron*; car l'histoire qu'il a un peu modifiée se trouve racontée dans la XVIIIe *Nouvelle* de la reine de Navarre.

2. *Si*, convention.

3. *Grand' stase*, grande extase.

et continence; dont elle luy en sceut si bon gré, que quelque temps après luy en donna jouissance, disant pour ses raisons qu'elle avoit voulu esprouver son amour en accomplissant ce qu'elle luy avoit commandé. Et, pour ce, l'en aima puis après davantage, et qu'il pourroit faire toute autre chose une autre fois d'aussi grande adventure que celle-là, qui est des plus grandes.

Aucuns pourront louer cette discrétion ou lascheté, autres non : je m'en rapporte aux humeurs et discours que peuvent tenir ceux de l'un et de l'autre party en cecy.

J'ay cogneu une dame assez grande qui, ayant donné une assignation à son amy de venir coucher avec elle une nuict, il y vint tout appresté, en chemise, pour faire son devoir; mais, d'autant que c'estoit en hyver, il eut si grand froid en allant, qu'estant couché il ne put rien faire, et ne songea qu'à se réchauffer : dont la dame l'en haït, et n'en fit plus de cas.

Une autre dame devisant d'amour avec un gentilhomme, il luy dit, entre autres propos, que s'il estoit couché avec elle, qu'il entreprendroit faire six postes la nuict, tant sa beauté le feroit bien piquer. « Vous vous vantez de beaucoup, dit-elle. Je vous « assigne donc à une telle nuict. » A quoy il ne faillit de comparoistre; mais le malheur fut pour luy qu'il fut surpris, estant dans le lict, d'une telle convulsion, refroidissement et retirement de nerf, qu'il ne put pas faire une seule poste; si bien que la dame luy dit : « Ne voulez-vous faire autre chose? Or, « vuidez de mon lict; je ne le vous ay pas presté,

« comme un lict d'hostellerie, pour vous y mettre à
« vostre aise et reposer. Parquoy, vuidez. » Et ainsi
le renvoya, et se mocqua bien après de luy, l'haïssant plus que peste.

Ce gentilhomme fust esté fort heureux s'il fust esté
de la complexion du grand protenotaire Baraud, et
aumosnier du roy François, que, quand il couchoit
avec les dames de la cour, du moins il alloit à la
douzaine, et au matin il disoit encor : « Excusez-moi,
« madame, si je n'ai mieux fait, car je pris hier mé-
« decine. » Je l'ay veu depuis : et l'appelloit-on le
capitaine Baraud, gascon, et avoit laissé la robbe ;
et m'en a bien conté, à mon advis, nom par nom.

Sur ses vieux ans, cette virile et vénéréique vigueur luy défaillit ; et estoit pauvre, encor qu'il eust
tiré de bons brins que sa pièce luy avoit valu ; mais
il avoit tout brouillé, et se mit à escouler et distiller
des essences : « Mais, disoit-il, si je pouvois, aussi
« bien que de mon jeune aage, distiller de l'essence
« spermatique, je ferois bien mieux mes affaires et
« m'y gouvernerois mieux. »

Durant cette guerre de la Ligue, un honneste gentilhomme, brave certes et vaillant, estant sorti de sa
place dont il estoit gouverneur pour aller à la guerre,
au retour, ne pouvant arriver d'heure[1] en sa garnison, il passa chez une belle et fort honneste et grande
dame veufve, qui le convie de demeurer à coucher
léans ; ce qu'il ne refusa, car il estoit las. Après
l'avoir bien fait souper, elle lui donne sa chambre et
son lict, d'autant que toutes ses autres chambres es-

---

1. *D'heure*, c'est-à-dire à une heure convenable.

toyent dégarnies pour l'amour de la guerre, et ses meubles serrez, car elle en avoit de beaux. Elle se retire en son cabinet, où elle y avoit un lict d'ordinaire pour le jour.

Le gentilhomme, après plusieurs refus de cette chambre et ce lict, fut contraint par la prière de la dame de le prendre : et, s'y estant couché et bien endormy d'un très-profond sommeil, voicy la dame qui vient tout bellement se coucher auprès de luy sans qu'il en sentist rien, ny de toute la nuict, tant il estoit las et assoupy de sommeil; et reposa jusques au lendemain matin grand jour, que la dame s'ostant près de luy qui s'accommençoit à esveiller, luy dit : « Vous n'avez pas dormy sans compagnie, comme « vous voyez, car je n'ay pas voulu vous quitter « toute la part de mon lict, et par ce j'en ay jouy « de la moictié aussi bien que vous. Adieu : vous « avez perdu une occasion que vous ne recouvrirez « jamais. »

Le gentilhomme, maugréant et détestant sa bonne fortune faillie (c'estoit bien pour se pendre), la voulut arrester et prier : mais rien de tout cela, et fort dépitée contre luy pour ne l'avoir contentée comme elle vouloit, car elle n'estoit là venue pour un coup, (aussi qu'on dit : un seul coup n'est que la salade du lict;) et mesmes la nuict, et qu'elle n'estoit là venue pour le nombre singulier, mais pour le plurier, que plusieurs dames en cela ayment plus que l'autre; bien contraires à une très-belle et honneste dame que j'ay cogneu, laquelle ayant une fois donné assignation à son amy de venir coucher avec elle, en un rien il fit trois bons assauts avec elle; et puis, voulant quarter¹ et parachever de multiplier ses coups, elle luy dit, pria et commanda de se découcher et retirer. Luy, aussi frais que devant, luy représente le combat, et promet qu'il feroit rage toute cette nuict là avant le jour venu, et que pour si peu sa force n'estoit en rien diminuée. Elle luy dit : « Contentez-vous que j'ay recogneu vos forces, qui « sont bonnes et belles et qu'en temps et lieu je les « sçauray mieux employer qu'ast'heure; car il ne « faut qu'un malheur que vous et moy soyons des- « couverts; que mon mary le sçache, me voylà per- « due. Adieu donc jusques à une plus seure et « meilleure commodité, et alors librement je vous « employeray pour la grande battaille, et non pour « si petite rencontre. »

Il y a force dames qui n'eussent eu cette considération, mais ennyvrées du plaisir, puisque tenoient déjà dans le camp leur ennemy, l'eussent fait combattre jusques au clair jour.

Cette honneste dame que je dis de paravant celles-cy, estoit de telle humeur, que, quand le caprice luy prenoit, jamais elle n'avoit peur ni appréhension de son mary, encor qu'il eust bonne espée et fust ombrageux; et nonobstant elle y a esté si heureuse, que ny elle ny ses amants n'ont peu guières courir fortune de vie, pour n'avoir jamais esté surpris, pour avoir bien posé ses gardes et bonnes sentinelles et vigilantes : en quoy pourtant ne se doivent fier les dames, car il n'y faut qu'une heure malheureuse, ainsi qu'il arriva il y a quelque temps à un gentil-

---

1. *Quarter*, aller à quatre.

homme brave et vaillant, qui fut massacré, allant voir sa maistresse, par la trahison et menée d'elle-mesme que le mary luy avoit fait faire[1] ; que s'il n'eust eu si bonne présomption de sa valeur comme il avoit, certes, il eust bien pris garde à soy et ne fust pas mort, dont ce fut grand dommage. Grand exemple, certes, pour ne se fier pas tant aux femmes amoureuses, lesquelles, pour s'eschapper de la cruelle main de leurs maris, jouent tel jeu qu'ils veulent; comme fit cette-cy qui eut la vie sauve, et l'amy mourut.

Il y a d'autres marys qui tuent la dame et le serviteur tout ensemble, ainsi que j'ay ouy dire d'une très-grande dame[2] de laquelle son mary estant jaloux, non pour aucun effect qu'il y eust certes, mais par jalousie et vaine apparence d'amour, il fit mourir sa femme de poison et langueur, dont fut un très grand dommage, ayant paravant fait mourir le serviteur, qui estoit un honneste homme, disant que le sacrifice estoit plus beau et plus plaisant de tuer le taureau devant et la vache après.

Ce prince fut plus cruel à l'endroict de sa femme

1. Bussy d'Amboise assassiné le 19 août 1579 par Montsoreau. Nous en avons déjà parlé tome VI, p. 191.
2. Cette grande dame est Éléonore de Tolède que son mari, le grand duc de Toscane, Cosme Ier, fut accusé d'avoir empoisonnée. — La fille dont parle Brantôme est Isabelle, mariée en 1553 à Paolo Giordano Orsini, duc de Bracciano, chevalier de l'ordre du roi, qui la tua en juillet 1576, deux ans après la mort de Cosme. Son dernier amant, Troïle Orsini, fut, le 30 novembre 1577, assassiné à Paris où il s'était réfugié. — Voyez Litta, *Famiglie celebri italiane*, fasc. XVII, part. V, tavola XIV, et L'Estoile, année 1577.

qu'il ne fut après à l'endroit d'une de ses filles[1] qu'il avoit mariée avec un grand prince, mais non si grand que luy, qui estoit quasi un monarque.

Il eschappa à cette folle femme de se faire engroisser à un autre qu'à son mary, qui estoit empesché à quelque guerre; et puis, ayant enfanté un bel enfant, ne sceut à quel sainct se vouer, sinon à son père, à qui elle décela le tout par un gentilhomme en qui elle se fioit, qu'elle luy envoya. Duquel aussitost la créance[2] ouye, il manda à son mary que, sur sa vie, il se donnast bien garde de n'attenter sur celle de sa fille, autrement il attenteroit sur la sienne, et le rendroit le plus pauvre prince de la chrestienté, comme estoit en son pouvoir; et envoya à sa fille une galère avec une escorte quérir l'enfant et la nourrice; et l'ayant fourny d'une bonne maison et entretien, il le fit très-bien nourrir et élever. Mais au bout de quelque temps que le père vint à mourir, par conséquent[3] le mary la fit mourir.

J'ay ouy dire d'un autre qui[4] fit mourir le serviteur de sa femme devant elle, et le fit fort languir, afin qu'elle mourust martyre de voir mourir en langueur celuy qu'elle avoit tant aymé et tenu entre ses bras.

Un autre de par le monde tua sa femme en pleine cour[5], luy ayant donné l'espace de quinze ans toutes

---

1. Voyez la note précédente. — 2. *Créance*, message.
3. *Par conséquent*, en conséquence de cela.
4. *Qui*, qu'il.
5. René de Villequier. Au commencement de septembre 1577, au château de Poitiers où était alors Henri III, il poignarda sa femme, Françoise de la Mark, qui était enceinte. Ce meurtre

les libertez du monde, et qu'il estoit assez informé de sa vie, jusques à luy remonstrer et l'admonester. Toutesfois une verue luy prit (on dit que ce fut par la persuasion d'un grand son maistre), et par un matin la vint trouver dans son lict ainsi qu'elle vouloit se lever, et ayant couché avec elle, gaussé et ryt bien ensemble, luy donna quatre ou cinq coups de dague, puis la fit achever à un sien serviteur, et après la fit mettre en litière, et devant tout le monde fut emportée en sa maison pour la faire enterrer. Après s'en retourna, et se présenta à la cour, comme s'il eust fait la plus belle chose du monde, et en triumpha. Il eust bien fait de mesme à ses amoureux; mais il eust eu trop d'affaires, car elle en avoit tant eu et fait, qu'elle en eust fait une petite armée.

J'en ay ouy parler d'un brave et vaillant capitaine pourtant[1], qui, ayant eu quelque soupçon de sa femme, qu'il avoit prise en très-bon lieu, la vint trouver sans autre suitte, et l'estrangla luy-mesme, de sa main, de son escharpe blanche, puis la fit enterrer le plus honnorablement qu'il peut, et assista aux obsèques habillé en deuil, fort triste, et le porta fort longtemps ainsi habillé : et voilà la pauvre femme bien satisfaite, et pour la bien resusciter par belle

causa une vive émotion à la cour; mais, dit l'Estoile, «l'issue et la facilité de la grâce qu'en obtint ledit Villequier, sans aucune difficulté, firent croire qu'il y avoit en ce fait un secret commandement du roy qui haïssoit cette dame, pour un refus en cas pareil.»

1. Sampietro, père du maréchal d'Ornano. L'amour ni la jalousie n'entrèrent pour rien dans ce meurtre. Voyez tome VI, p. 214, note 3.

cérémonie. Il en fit de mesmes à une damoiselle de sadite femme qui luy tenoit la main à ses amours. Il ne mourut sans lignée de ceste femme, car il en eut un brave fils, des vaillants et des premiers de sa patrie, et qui, par ses valeurs et mérites, vint à de grands grades, pour avoir bien servy ses rois et maistres.

J'en ay ouy parler aussi d'un grand en Italie[1] qui tua aussi sa femme, n'ayant peu atrapper son galant pour s'estre sauvé en France : mais on disoit qu'il ne la tua point tant pour le péché, car il y avoit assez de temps qu'il sçavoit qu'elle faisoit l'amour, et n'en faisoit point autre mine, que pour espouser une autre dame dont il estoit amoureux.

Voilà pourquoy il fait fort dangereux d'assaillir et attacquer un c.. armé, encor qu'il y en ait d'assaillis aussi bien et autant que des désarmez, voire vaincus, comme j'en sçay un qui estoit aussi bien armé qu'en tout le monde. Il y eut un gentilhomme, brave et vaillant certes, qui le voulut muguetter; encor ne s'en contentoit-il pas, il s'en voulut prévaloir et publier : il ne dura guières qu'il ne fust aussi tost tué par gens appostez[2], sans autrement faire scandale, ny

---

1. Ce grand d'Italie est sans doute le gendre de Cosme Ier, Paolo Giordano Orsini, dont nous venons de parler (voyez plus haut, p. 12, note 2). Il fit assassiner François Peretti, dont il aimait la femme Virginie Accorambona d'Engubio, qu'il épousa. En 1585, craignant la vengeance du pape Sixte V, dont Peretti était le neveu, il se retira sur le lac de Garda où il mourut de fièvre. Sa veuve fut égorgée peu de temps après avec son frère Flaminio, à Padoue, par des serviteurs de L. Orsini, parent de son mari. Cf. de Thou, liv. LXXXII.

2. Paul Estuer Caussade, comte de Saint-Mesgrin, l'un des

sans que la dame en pàtist, qui demeura longuement pourtant en tremble et aux altères, d'autant qu'estant grosse, et se fiant qu'après ses couches, qu'elle eust voulu estre allongées d'un siècle, elle auroit autant; mais le mary, bon et myséricordieux, encor qu'il fust des meilleures espées du monde, luy pardonna; et n'en fut jamais autre chose, et non sans grande allarme de plusieurs autres des serviteurs qu'elle avoit eu; car l'autre paya pour tous. Aussi la dame, recognoissant le bienfait et la grace d'un tel mary, ne luy donna jamais que peu de soupçon despuis, car elle fut des assez sages et vertueuses d'alors.

Il arriva tout autrement un de ces ans au royaume de Naples, à donne Marie d'Avalos, l'une des belles princesses du païs, mariée avec le prince de Venouse[1], laquelle s'estant enamourachée du comte d'Andriane, l'un des beaux princes du païs aussi, et s'estans tous deux concertés à la jouissance et le mary l'ayant descouverte (par le moyen que je dirois, mais le conte en seroit trop long), voire couchez ensemble dans le lict, les fit tous deux massacrer par gens appostez; si que le lendemain on trouva ces deux belles moitiés et créatures, exposées estendues sur le pavé de-

---

mignons de Henri III. Il était l'amant de Catherine de Clèves, femme de Henri duc de Guise, qui le fit assassiner le 21 juillet 1578, rue du Louvre, à onze heures du soir. Il mourut le lendemain. Le duc de Mayenne commandait la troupe des meurtriers.

1. Marie d'Avalos, fille de Charles d'Avalos, prince de Montesarchio, mariée en troisièmes noces à Charles Gesualdo, prince de Venouse.

vant la porte de la maison, toutes mortes et froides, à la veue de tous les passants, qui les larmoyoient et plaignoient de leur misérable estat.

Il y eut des parens de ladicte dame morte qui en furent très-dolents et très-estomacquez, jusques à s'en vouloir ressentir par la mort et le meurtre, ainsi que la loi du païs le porte; mais d'autant qu'elle avoit esté tuée par des marauts de vallets et esclaves qui ne méritoyent avoir leurs mains teintes d'un si beau et si noble sang, sur ce seul suject s'en vouloyent ressentir et rechercher le mary, fust par justice ou autrement, et non s'il eust faict le coup luy mesme de sa propre main; car n'en fut esté autre chose, ny recherché.

Voilà une sotte et bizarre opinion et formalisation; dont je m'en rapporte à nos grands discoureurs et bons jurisconsultes, pour sçavoir : quel acte est plus énorme, de tuer sa femme de sa propre main qui l'a tant aimée ou de celle d'un maraut esclave? Il y a force raisons à déduire là dessus; dont je me passeray les alléguer, craignant qu'elles soient trop foibles au prix de celles de ces grands.

J'ay ouy conter que le viceroy, en sçachant la conjuration, en advertit l'amant, voire l'amante; mais telle estoit leur destinée, qui se devoit ainsi finer par si belles amours.

Cette dame estoit fille de dom Carlo d'Avalos, second frère du marquis de Pescayre, auquel, si on eust faict un pareil tour en aucunes de ses amours que je sçay, il y a longtemps qu'il fust esté mort.

J'ai cogneu un mary lequel, venant de dehors, et ayant esté longtemps qu'il n'avoit couché avec sa femme, vint résolu et bien joyeux pour le faire avec elle et s'en donner bon plaisir; mais arrivant de nuict, il entendit, par le petit espion, qu'elle estoit accompagnée de son amy dans le lict; luy aussitost mit la main à l'espée; et frappant à la porte, et estant ouverte, vint résolu pour la tuer; mais premièrement cherchant le gallant qui avoit sauté par la fenestre, vint à elle pour la tuer; mais, par cas, elle s'estoit cette fois si bien atiffee, si bien parée pour sa coiffure de nuict, et de sa belle chemise blanche, et si bien ornée (pensez qu'elle s'estoit ainsi dorlottée pour mieux plaire à son amy), qu'il ne l'avoit jamais trouvée ainsi bien accommodée pour luy ny à son gré, qu'elle, se jettant en chemise à terre et à ses genoux, luy demandant pardon par si belles et douces paroles qu'elle dit, comme de vray elle sçavoit très-bien dire, que, la faisant relever, et la trouvant si belle et de bonne grace, le cœur luy fléchit, et laissant tomber son espée, luy, qui n'avoit fait rien il y avoit si longtemps, et qui en estoit affamé (dont possible bien en prit à la dame, et que la nature l'émouvoit), il luy pardonna et la prit et l'embrassa, et la remit au lict, et se déshabillant soudain, se coucha avec elle, referma la porte; et la femme le contenta si bien par ses doux attraicts et mignardises (pensez qu'elle n'y oublia rien), qu'enfin le lendemain on les trouva meilleurs amis qu'auparavant, et jamais ne se firent tant de caresses : comme fit Ménélaus, le pauvre cocu, lequel l'espace de dix ou douze ans menassant sa femme Héleine qu'il la tueroit s'il la tenoit jamais, et mesmes luy disoit du bas de la muraille en haut; mais, Troye prise, et elle tombée entre ses mains, il fut si ravy de sa beauté qu'il luy pardonna tout, et l'ayma et caressa mieux que jamais.

Tels marys furieux encor sont bons, qui de lions tournent ainsi en papillons; mais il est mal aisé à faire une telle rencontre que celle-cy.

Une grande, belle et jeune dame du règne du roy François Ier, mariée avec un grand seigneur de France, et d'aussi grande maison qui y soit point, se sauva bien autrement, et mieux que la précédente; car, fust ou qu'elle eust donné quelque sujet d'amour à son mary, ou qu'il fust surpris d'un ombrage ou d'une rage soudaine, et fust venu à elle l'espée nue à la main pour la tuer, désespérant de tout secours humain pour s'en sauver, s'advisa soudain de se vouer à la glorieuse Vierge Marie, et en aller accomplir son vœu à sa chappelle de Lorette, si elle la sauvoit, à Sainct-Jean des Mauverets[1], au païs d'Anjou. Et sitost qu'elle eut fait ce vœu mentallement, ledict seigneur tumba par terre, et luy faillit son espée du poing; puis tantost se releva, et, comme venant d'un songe, demanda à sa femme à quel saint elle s'estoit recommandée pour éviter ce péril. Elle luy dit que c'estoit à la Vierge Marie, en sa chappelle susdite, et avoit promis d'en visiter le saint lieu. Lors il luy dit : « Allez-y donc, et accomplissez vostre vœu; » ce qu'elle fit, et y appendit un tableau contenant l'histoire, ensemble plusieurs beaux et grands vœux de cire, à ce jadis accoustumez, qui s'y sont veus long-temps après. Voilà un bon vœu,

---

1. Sainct-Jean des Mauvrets, arrondissement d'Angers (Maine-et-Loire).

et belle escapade¹ inopinée ! Voyez la *Cronique d'Anjou*².

J'ay ouy parler que le roy François une fois voulut aller coucher avec une dame de sa cour qu'il aimoit. Il trouva son mary l'espée au poing pour l'aller tuer³ ; mais le roy luy porta la sienne à la gorge, et luy commanda, sur sa vie, de ne luy faire nul mal, et que s'il luy faisoit la moindre chose du monde, qu'il le tueroit, ou qu'il luy feroit trencher la teste ; et pour cette nuict l'envoya dehors, et prit sa place.

Cette dame estoit bien heureuse d'avoir trouvé un si bon champion et protecteur de son c.., car onques puis le mary ne luy osa sonner mot, ains luy laissa tout faire à sa guise.

J'ay ouy dire que, non seulement cette dame, mais plusieurs autres, obtindrent pareille sauve-garde du roy. Comme plusieurs font en guerre pour sauver leurs terres et y mettent les armoiries du roy sur leurs portes, ainsy font ces femmes celles de ces grands roys, au bord et au dedans de leur c.., si bien que leurs marys ne leur osoyent dire mot, qui sans cela, les eussent passez au fil de l'espée.

J'en ay cogneu d'autres dames, favorisées ainsy

---

1. *Escapade*, action d'échapper à un danger.
2. La *Chronique* de J. de Bourdigné, dont Brantôme a copié le récit presque textuellement, dit (f° ccv) que le fait arriva en avril 1526 au seigneur de Rohan, qui, « pour lors furieux et privé de son bon sens naturel, sans cause ou achayson, mais seullement par rage ou fureur, délibéra de mettre à mort Mme de Daillon, son épouse. » Ce Rohan, Jacques Iᵉʳ du nom, marié à Françoise de Daillon, mourut sans enfants en 1527.
3. *Pour l'aller tuer*, pour aller tuer sa femme.

des rois et des grands qui portoyent ainsi leurs passeports partout : toutesfois, si en avoit-il aucunes qui passoyent le pas, auxquelles leurs marys, n'osans y apporter le couteau, s'aydoient des poisons et morts cachées et secrètes, faisant à croire que c'estoyent catherres, apoplexie et mort subite. Et tels marys sont détestables, de voir à leurs costés coucher leurs belles femmes, languir et tirer à la mort de jour en jour, et méritent mieux la mort que leurs femmes; ou bien les font mourir entre deux murailles, en chartre perpétuelle, comme nous en avons aucunes croniques anciennes de France, et comme j'en ay sceu un grand de France, qui fit ainsi mourir sa femme, qui estoit une fort belle et honneste dame; et ce par arrest de la cour, prenant son petit plaisir par cette voye à se faire déclarer cocu.

De ces forcenez et furieux maris de cocus sont volontiers les vieillards, lesquels se desfians de leurs forces et chaleurs, et s'asseurans de celles de leurs femmes, mesmes quand ilz ont esté si sots de les espouser jeunes et belles, ilz en sont si jaloux et ombrageux, tant par leur naturel que par leurs vieilles pratiques qu'ils ont traittées eux-mesmes autresfois ou veu traitter à d'autres, qu'ils meinent si misérablement ces pauvres créatures, que leur purgatoire leur seroit plus doux que non pas leur autorité. L'Espagnol dit : *El diablo sabe mucho, porque es viejo*, que « le diable sçait beaucoup parce qu'il est vieux : » de mesme ces vieillards, par leur aage et anciennes routines, sçavent force choses. Si sont-ils grandement à blasmer de ce poinct, que, puisqu'ils ne peuvent contenter les femmes, pourquoy les vont-ils espouser? et les femmes aussi belles et jeunes ont grand tort de les aller espouser, sous l'ombre des biens, en pensant jouir après leur mort, qu'elles attendent d'heure à autre; et cependant se donnent du bon temps avec des amis jeunes qu'elles font, dont aucunes d'elles en pâtissent griefvement.

J'ay ouy parler d'une, laquelle estant surprise sur le fait, son mary, vieillard, luy donna une poison de laquelle elle languit plus d'un an, et vint seiche comme bois; et le mary l'alloit voir souvent, et se plaisoit en cette langueur, et en rioit, et disoit qu'elle n'avoit que ce qu'il luy falloit.

Une autre, son mary l'enferma dans une chambre et la mit au pain et à l'eau, et bien souvent la faisoit despouiller toute nue et la fouettoit son saoul, n'ayant aucune compassion de ceste belle charnure nue, ni non plus d'émotion. Voilà le pis d'eux, car, estans desgarnis de chaleurs et despourveus de tentation comme une statue de marbre, n'ont pitié de nulle beauté, et passent leurs rages par de cruels martyres, au lieu qu'estans jeunes la passeroyent, possible, sur leur beau corps nud, comme j'ay dict cy devant[1].

Voylà pourquoy il ne fait pas bon d'espouser de tels vieillards bizarres; car, encor que la veue leur baisse et vienne à manquer par l'aage, si en ont-ils tousjours prou pour espier et voir les frasques que leurs jeunes femmes leur peuvent faire.

Aussy j'ay ouy parler d'une grande dame qui di-

---

1. Voyez plus haut, p. 17.

soit que nul samedy fut sans soleil[1], nulle belle femme sans amours, et nul vieillard sans estre jaloux ; et tout procède pour la débolezze[2] de ses forces.

C'est pourquoy un grand prince que je sçay disoit : qu'il voudroit ressembler le lion, qui, pour vieillir, ne blanchit jamais; le singe, qui tant plus il le fait, tant plus il le veut faire; le chien, tant plus il vieillit, son cas se grossit; et le cerf, que tant plus il est vieux, tant mieux il le fait, et les biches vont plus-tost à luy qu'aux jeunes.

Or, pour en parler franchement, ainsi que j'ay ouy dire à un grand personnage, quelle raison y a-il, ny quelle puissance a-il le mary si grand, qu'il doive et puisse tuer sa femme, veu qu'il ne l'a point de Dieu, ny de sa loy ny de son saint Evangile, sinon de la répudier seulement? Il ne s'y parle point de meurtre, de sang, de mort, de tourmens, de prison, de poisons ny de cruautez. Ah! que Nostre Seigneur Jésus-Christ nous a bien remonstré qu'il y avoit de grands abus en ces façons de faire et en ces meurtres, et qu'il ne les approuvoit guières, lorsqu'on luy amena cette pauvre femme accusée d'adultère pour jetter sa sentence de punition; il leur dit, en escrivant en terre de son doigt : « Celuy de vous autres « qui sera le plus net et le plus simple, qu'il prenne « la première pierre et commence à la lapider; » ce que nul n'osa faire, se sentans atteints par telle sage et douce répréhension.

---

1. Dicton qui se rapporte à la croyance populaire qu'il ne se passe pas de samedi sans que le soleil ne se montre, en l'honneur de la Vierge à qui ce jour est consacré.

2. *Debolezze*, faiblesse; de l'italien *debol a*.

Nostre créateur nous apprenoit à tous de n'estre si légers à condamner et faire mourir les personnes, mesmes sur ce subject, cognoissant les fragilitez de nostre nature et l'abus que plusieurs y commettent; car tel fait mourir sa femme, qui est plus adultère qu'elle, et tels les font mourir bien souvent innocentes, se faschans d'elles pour en prendre d'autres nouvelles : et combien y en a-il! Sainct Augustin dit que l'homme adultère est aussi punissable que la femme[1].

J'ay ouy parler d'un très-grand prince[2] de par le monde, qui, soubçonnant sa femme faire l'amour avec un gallant cavallier, il le fit assassiner sortant le soir de son palais, et puis la dame; laquelle, un peu auparavant, à un tournoy qui se fit à la cour, et elle fixement arregardant son serviteur qui manioit bien son cheval, se mit à dire : « Mon Dieu! qu'un « tel pique bien! — Ouy, mais il pique trop haut; » ce qui l'estonna, et après fut empoisonnée par quelques parfums ou autrement par la bouche.

J'ay cogneu un seigneur de bonne maison qui fit mourir sa femme, qui estoit très-belle et de bonne part et de bon lieu, en l'empoisonnant par sa nature, sans s'en ressentir, tant subtile et bien faicte avoit esté icelle poison, pour espouser une grand' dame qui avoit espousé un prince; dont en fut en peine, en prison et en danger sans ses amis : et le malheur

---

1. Voyez le traité de saint Augustin : *De conjugiis adulterinis*, liv. II, chap. VIII, intitulé : *Viri adulteri gravius puniendi quam adulteræ uxores*, dans ses œuvres, édit. de 1685, in-f°, tome VI, p. 407.

2. Philippe II et sa femme Élisabeth de France.

voulut qu'il ne l'espousa pas, et en fut trompé et fort scandalisé, et mal veu des hommes et des dames.

J'ay veu de grands personnages blasmer grandement nos rois anciens, comme Louis Hutin et Charles le Bel, pour avoir faict mourir leurs femmes; l'une, Marguerite, fille de Robert duc de Bourgogne; et l'autre, Blanche, fille d'Othelin comte de Bourgogne¹ ; leur mettans à sus leurs adultères; et les firent mourir cruellement entre quatre murailles, au Chasteau-Gaillard : et le comte de Foix en fit de mesmes à Jeanne d'Arthoys². Sur quoy il n'y avoit point tant de forfaicts et de crimes comme ilz le faisoient à croire; mais messieurs se faschoyent de leurs femmes, et leur mettoient à sus ces belles besongnes, et en espousèrent d'autres.

Comme de frais, le roy Henry d'Angleterre fit mourir sa femme et la décapiter, Anne de Boulan³, pour en espouser une autre, ainsi qu'il estoit fort sujet au sang et au change de nouvelles femmes. Ne vaudroit-il pas mieux qu'ils les répudiassent selon la parole de Dieu, que les faire ainsi cruellement mourir? Mais il leur en faut de la viande fraische à ces messieurs, qui veulent tenir table à part sans y convier personne, ou avoir nouvelles et secondes femmes qui leur apportent des biens après qu'ilz ont mangé ceux de leurs premières, ou n'en ont eu assez pour

---

1. Voyez tome VIII, p. 201.

2. Gaston II, comte de Foix, obtint en 1331 de Philippe de Valois un ordre pour faire enfermer sa mère Jeanne d'Artois, dont la conduite était fort licencieuse.

3. Anne de Boleyn, que Henri VIII avait épousée en 1532, périt sur l'échafaud le 19 mai 1536.

les rassasier; ainsi que fit Baudouin, second roy de Jérusalem, qui, faisant croire à sa première femme qu'elle avait paillardé, la répudia pour prendre une fille du duc de Malyterne, parce qu'elle avoit un dot d'une grand' somme d'argent, dont il estoit fort nécessiteux. Cela se trouve en l'Histoire de la Terre Sainte[1]. Il leur sied bien de corriger la loy de Dieu et en faire une nouvelle, pour faire mourir ces pauvres femmes.

Le roy Louis le Jeune n'en fit pas de mesme à l'endroist de Léonor, duchesse d'Aquitaine, qui, soupçonnée d'adultère, possible à faux, en son voyage de Syrie, fut répudiée de luy seulement, sans vouloir user de la loy des autres, inventée et pratiquée plus par autorité que de droit et raison : dont sur ce il en acquist plus grande réputation que les autres rois, et tiltre de bon, et les autres de mauvais, cruels et tyrans; aussi que dans son âme il avoit quelque remords de conscience d'ailleurs; et c'est vivre en chrestien cela! Voire que les payens romains, la pluspart s'en sont acquittez de mesme plus chres-

---

1. Cette histoire de la Terre Sainte est l'*Histoire des Croisades* de Guillaume de Tyr, traduite par G. du Préau, sous le titre de *Histoire de la guerre sainte* (1573); mais Brantôme a fait ici une confusion. Baudoin, veuf quand il fut adopté par le prince d'Édesse, avait épousé la fille d'un prince arménien nommé Taphroc. Devenu roi de Jérusalem, il la répudia et lui permit d'aller à Constantinople où elle mena une vie désordonnée. Il se remaria à la riche comtesse de Sicile, Adélaïde de Montferrat, veuve de Roger Ier, comte de Sicile. C'était son cousin, Baudoin du Bourg, auquel, en montant sur le trône, il avait cédé le comté d'Édesse, qui avait épousé Morfia, fille de Gabriel, duc de Mélitène. (Voyez Guillaume de Tyr, liv. X et XI.)

tiennement que payennement, et principalement aucuns empereurs, desquels la plus grande part ont esté sujets à estre cocus, et leurs femmes très-lubriques et fort putains : et, tels cruels qu'ils ont esté, vous en lirez force qui se sont défaits de leurs femmes, plus par répudiations que par tueries de nous autres chrestiens.

Jules César ne fit autre mal à sa femme Pompeïa, sinon la répudier, laquelle avoit esté adultère de P. Claudius[1], beau jeune gentilhomme romain, de laquelle estant éperdûment amoureux, et elle de luy, espia l'occasion qu'un jour elle faisoit un sacrifice en sa maison où il n'y entroit que des dames : il s'habilla en garce, luy qui n'avoit encor point de barbe au menton, qui se meslant de chanter et de jouer des instrumens, et par ainsi passant par cette monstre, eut loisir de faire avec sa maistresse ce qu'il voulut; mais, estant cogneu, il fut chassé et accusé; et par moyen d'argent et de faveur il fut absous, et n'en fut autre chose. Cicéron y perdit son latin par une belle oraison qu'il fit contre luy[2]. Il est vray que César, voulant faire à croire au monde qui luy persuadoit[3] sa femme innocente, il respondit qu'il ne vouloit pas que seulement son lict fust taché

---

1. Voyez Plutarque, *César*, chap. XII; Suétone, *César*, chap. VI.
2. Cicéron ne plaida point; il se borna à faire une déposition très-simple devant les juges de Clodius. Brantôme a voulu sans doute faire allusion au fameux plaidoyer de Cicéron en faveur de Milon; mais ce plaidoyer, qui, comme on sait, ne fut point prononcé, fut composé pour défendre son client poursuivi comme meurtrier de Clodius.
3. *Qui lui persuadoit*, qui voulait lui persuader.

de ce crime, mais exempt de toute suspicion. Cela estoit bon pour en abbreuver ainsi le monde; mais, dans son ame, il sçavoit bien que vouloit dire cela : sa femme avoir esté ainsi trouvée avec son amant; si que, possible, luy avoit-elle donné cette assignation et cette commodité; car, en cela, quand la femme veut et désire, il ne faut point que l'amant se soucie d'excogiter[1] des commoditez, car elle en trouvera plus en une heure que tous nous autres sçaurions faire en cent ans : ainsi que dit une dame de par le monde, que je sçay, qui dit à son amant[2] : « Trouvez moyen « seulement de m'en faire venir l'envie, car, d'ail- « leurs, j'en trouveray prou pour en venir là. »

César aussi sçavoit bien combien vaut l'aune de ces choses là, car il estoit un fort grand ruffian, et l'appelloit-on le coq à toutes poules; et en fit force cocus en sa ville, tesmoing le sobriquet que luy donnoyent ses soldats à son triumphe : *Romani, servate uxores; mœchum adducimus calvum*[3], « Romains, « serrez bien vos femmes, car nous vous amenons « ce grand paillard et adultère de César le chauve, « qui vous les repassera toutes. »

Voilà donc comme César, par cette sage response qu'il fit ainsi de sa femme, il s'exemta de porter le nom de cocu qu'il faisoit porter aux autres; mais, dans son âme, il se sentoit bien touché.

1. *Excogiter*, inventer.
2. Brantôme a déjà raconté l'anecdote dans l'article sur Jeanne II. Voyez tome VIII, p. 198.
3. Voici le texte du vers rapporté par Suétone (*Cesar*, chap. LI) et que Brantôme a altéré :

Urbani, servate uxores; mœchum calvum adducimus.

Octavie César répudia aussi Scribonia pour l'amour de sa paillardise sans autre chose, et ne luy fit autre mal, bien qu'elle eust raison de le faire cocu, à cause d'une infinité de dames qu'il entretenoit; et devant leurs marys publiquement les prenoit à table aux festins qu'il leur faisoit, et les emmenoit en sa chambre, et, après en avoir fait, les renvoyoit, les cheveux défaits un peu et destortillez, avec les oreilles rouges, grand signe qu'elles en venoyent ! lequel je n'avois ouy dire propre pour descouvrir que l'on en vient, ouy bien le visage, mais non l'oreille. Aussi luy donna-on la réputation d'estre fort paillard; mesmes Marc-Anthoine luy reprocha : mais il s'excusoit qu'il n'entretenoit point tant les dames pour la paillardise, que pour descouvrir plus facilement les secrets de leurs maris, desquels il se meffioit[1].

J'ay cogneu plusieurs grands et autres qui en ont fait de mesmes et en ont recherché les dames pour ce mesme sujet, dont s'en sont bien trouvez; j'en nommerois bien aucuns ; ce qui est une bonne finesse, car il en sort double plaisir. La conjuration de Catilina fut ainsi descouverte par une dame de joye[2].

Ce mesme Octavie à sa fille Julia, femme d'Agrippa, pour avoir esté une très-grande putain, et qui luy faisoit grande honte (car quelquefois les filles font à leurs pères plus de déshonneur que les femmes ne font à leurs marys), fut une fois en délibération

---

1. Suétone, *Octave Auguste*, chap. LXIX.
2. Elle s'appelait Fulvia et était d'une famille noble. Voyez Salluste, chap. XXIII.

de la faire mourir ; mais il ne la fit que bannir, luy oster le vin et l'usage des beaux habillemens, et d'user de pauvres, pour très-grande punition, et la fréquentation des hommes[1] : grande punition pourtant pour les femmes de cette condition, de les priver de ces deux derniers points !

César Caligula, qui estoit un fort cruel tyran, ayant eu opinion que sa femme Livia Hostilia[2] lui avoit dérobé quelques coups en robe, et donné à son premier mary C. Piso, duquel il l'avoit ostée par force ; et à luy, encor vivant, luy faisoit quelque plaisir et gracieuseté de son gentil corps, cependant qu'il estoit absent en quelque voyage, n'usa point en son endroit de sa cruauté accoustumée, ains la bannit de soy seulement, au bout de deux ans qu'il l'eut ostée à son mary Piso et espousée.

Il en fit de mesme à Tullia Paulina[3], qu'il avoit ostée à son mary C. Memmius : il ne la fit que chasser, mais avec défense expresse de n'user nullement de ce mestier doux, non pas seulement à son mary : rigueur cruelle pourtant de n'en donner à son mary !

J'ay ouy parler d'un grand prince chrestien qui fit cette deffense à une dame qu'il entretenoit, et à son mary de n'y toucher, tant il en estoit jaloux.

Claudius, fils de Drusus Germanicus, répudia tant seulement sa femme Plantia Herculalina[4] pour avoir esté une signalée putain, et qui pis est, pour avoir

---

1. Suétone, *Octave Auguste*, chap. LXV.
2. *Orestilla* et non *Hostilia*. Voyez Suétone, *Caligula*, chapitre XXV.
3. *Lollia* et non *Tullia*. Voyez Suétone, *ibid*.
4. Plautia Urgulanilla. Voyez Suétone, *Claude*, chap. XXVI.

entendu qu'elle avoit attenté sur sa vie; et, tout cruel qu'il estoit, encor que ces deux raisons fussent assez bastantes pour la faire mourir, il se contenta du divorce.

D'avantage, combien de temps porta-il les fredaines et sales bourdeleries de Valleria Messalina, son autre femme, laquelle ne se contentoit pas de le faire avec l'un et l'autre dissolument et indiscrètement, mais faisoit profession d'aller aux bourdeaux s'en faire donner, comme la plus grande bagasse de la ville, jusques là, comme dit Juvénal[1], qu'ainsi que son mary estoit couché avec elle, se déroboit tout bellement d'auprès de luy le voyant bien endormy, et se déguisoit le mieux qu'elle pouvoit, et s'en alloit en plain bourdeau, et là s'en faisoit donner si très-tant, et jusques qu'elle en partoit plustost lasse que saoule et rassasiée. Et faisoit encor pis : pour mieux se satisfaire et avoir cette réputation et contentement en soy d'estre une grande putain et bagasse, se faisoit payer, et taxoit ses coups et ses chevauchées, comme un commissaire qui va par païs, jusques à la dernière maille.

J'ay ouy parler d'une dame de par le monde, d'assez chère estoffé, qui quelque temps fit cette vie, et alla ainsi aux bourdeaux déguisée, pour en essayer la vie et s'en faire donner; si que le guet de la ville, en faisant la ronde, l'y surprit une nuict. Il y en a d'autres qui font ces coups, que l'on sçait bien.

Bocace, en son livre des *Illustres malheureux*[2],

---

1. Juvénal, satire vi, vers 114 et suiv.
2. Voyez le chap. ii du livre VII.

parle de cette Messaline gentiment, et la fait alléguant ses excuses en cela, d'autant qu'elle estoit du tout née à cela, si que le jour qu'elle nasquit ce fut en certains signes du ciel qui l'embrâsèrent et elle et autres. Son mary le sçavoit, et l'endura longtemps, jusques à ce qu'il sceut qu'elle s'estoit mariée sous bourre[1] avec un Caius Silius, l'un des beaux gentilshommes de Rome. Voyant que c'estoit une assignation sur sa vie, la fit mourir sur ce sujet, mais nullement pour sa paillardise, car il y estoit tout accoustumé à la voir, la sçavoir et l'endurer.

Qui a veu la statue de ladite Messaline trouvée ces jours passez en la ville de Bourdeaux, advouera qu'elle avoit bien la vraye mine de faire une telle vie. C'est une médaille antique, trouvée parmy aucunes ruines, qui est très-belle, et digne de la garder pour la voir et bien contempler[2]. C'estoit une fort grande femme, de très-belle haute taille, les beaux traits de son visage, et sa coiffure tant gentille à l'antique romaine, et sa taille très-haute, démonstrant bien qu'elle estoit ce qu'on a dit; car, à ce que je tiens de plusieurs philosophes, médecins et physionomistes, les grandes femmes sont à cela volontiers inclinées, d'autant qu'elles sont hommasses; et, estant ainsi, participent des chaleurs de l'homme et de la femme; et, jointes ensemble en un seul corps et sujet, sont plus violentes et ont plus de force qu'une

---

1. *Sous bourre*, secrètement.

2. Ce passage serait curieux s'il était plus clair; mais on ne sait si Brantôme veut parler d'une statue, d'un bas-relief ou d'une médaille. — Voyez, sur les médailles de Messaline, le tome I, pl. X, de la *Description historique des monnaies impériales*, par H. Cohen.

seule ; aussi qu'à un grand navire, dit-on, il faut une grande eau pour le soustenir. Davantage, à ce que disent les grands docteurs en l'art de Vénus, une grand' femme y est plus propre et plus gente qu'une petite.

Sur quoy il me souvient d'un très-grand prince que j'ay cogneu : voulant louer une femme de laquelle il avoit eu jouissance, il dit ces mots : « C'est une « très-belle putain, grande comme madame ma « mère. » Dont ayant esté surpris sur la promptitude de sa parole, il dit qu'il ne vouloit pas dire qu'elle fust une grande putain comme madame sa mère, mais qu'elle fust de la taille et grande comme madame sa mère. Quelquesfois on dit des choses qu'on ne pense pas dire, quelquefois aussi sans y penser l'on dit bien la vérité.

Voilà donc comme il fait meilleur avec les grandes et hautes femmes, quand ce ne seroit que pour la belle grâce, la majesté qui est en elles; car en ces choses, elle y est aussi requise et autant aimable qu'en d'autres actions et exercices; ny plus ny moins que le manegge d'un beau et grand coursier du Règne est bien cent fois plus agréable et plaisant que d'un petit bidet, et donne bien plus de plaisir à son escuyer; mais aussi il faut bien que cet escuyer soit bon et se tienne bien, et monstre bien plus de force et adresse. De mesme se faut-il porter à l'endroit des grandes et hautes femmes; car, de cette taille, elles sont sujettes d'aller d'un air plus haut que les autres; et bien souvent font perdre l'estrieu, voire l'arçon, si l'on n'a bonne tenue; comme j'ay ouy conter à aucuns cavalcadours qui les ont montées; et lesquelles font gloire et grand mocquerie quand elles les font sauter et tomber tout à plat, ainsi que j'en ay ouy parler d'une de cette ville, laquelle, la première fois que son serviteur coucha avec elle, luy dit franchement : « Embrassez-moy bien, et me liez « à vous de bras et de jambes le mieux que vous « pourrez, et tenez-vous bien hardiement, car je « vays haut, et gardez bien de tomber. Aussi, d'un « costé, ne m'espargnez pas; je suis assez forte et « habile pour soustenir vos coups, tant rudes soyent- « ils; et si vous m'espargnez je ne vous espargneray « point. C'est pourquoy à beau jeu beau retour. » Mais la femme le gaigna.

Voilà donc comme il faut bien adviser à se gouverner avec telles femmes hardies, joyeuses, renforcées, charnues et proportionnées, et, bien que la chaleur surabondante en elles donne beaucoup de contentement, quelquesfois aussi sont-elles trop pressantes pour estre si challeureuses. Toutesfois, comme l'on dit : *De toutes tailles bons levriers*, aussi y a-il de petites femmes nabottes qui ont le geste, la grâce, la façon en ces choses un peu approchante des autres, ou les veulent imiter, et si sont aussi chaudes et aspres à la curée, voire plus (je m'en rapporte aux maistres en ces arts), ainsi qu'un petit cheval se remue aussi prestement qu'un grand; et, comme disoit un honneste homme, que la femme ressembloit à plusieurs animaux, et principalement à un singe, quand dans le lict elle ne fait que se mouvoir et remuer.

J'ay fait cette digression en m'en souvenant; il faut retourner à nostre premier texte.

Et ce cruel Néron ne fit aussi que répudier sa femme Octavia, fille de Claudius et Massalina, pour adultère, et sa cruauté s'abstint jusques-là [1].

Domitian fit encore mieux, lequel répudia sa femme Domitia Longina [2] parce qu'elle estoit si amoureuse d'un certain comédiant et basteleur nommé Pâris, et ne faisoit tout le jour que paillarder avec lui, sans tenir compagnie à son mary; mais, au bout de peu de temps, il la reprit encores et se repentit de sa séparation; pensez que ce basteleur luy avoit appris des tours de souplesse et de maniement dont il croyoit qu'il se trouveroit bien.

Pertinax en fit de mesme à sa femme Flavia Sulpitiana; non qu'il la répudiast ny qu'il la reprit, mais, la sachant faire l'amour à un chantre et joueur d'instruments, et s'adonner du tout à luy, n'en fit autre conte sinon la laisser faire, et luy faire l'amour de son costé à une Cornificia estant sa cousine germaine [3]; suivant en cela l'opinion d'Eliogabale, qui disoit qu'il n'y avoit rien au monde plus beau que la conversation de ses parents et parentes [4]. Il y en a force qui ont fait tels eschanges que je sçay, se fondans sur ces opinions.

Aussi l'empereur Severus [5] non plus se soucia de l'honneur de sa femme, laquelle estoit putain pu-

---

1. Brantôme se trompe. Néron fit tuer Octavie qu'il avait d'abord répudiée. Voyez Suétone, *Néron*, chap. xxxv.
2. Voyez Suétone, *Domitien*, chap. iii.
3. Voyez Jules Capitolin, *Pertinax*, chap. xiii.
4. Voyez Plutarque, *Héliogabale*, ch. xxii.
5. Septime Sévère, mari de Julia Domna, fille de Julius Bassianus. Voyez Aurelius Victor, *De Cæsaribus*, ch. xx.

blique, sans qu'il se souciast jamais de l'en corriger, disant qu'elle se nommoit Jullia, et, pour ce, qu'il la falloit excuser, d'autant que toutes celles qui portoyent ce nom, de toute ancienneté estoyent sujettes d'estre très-grandes putains et faire leurs marys cocus : ainsi que je connois beaucoup de dames portans certains noms de nostre christianisme, que je ne veux dire, pour la révérence que je dois à nostre sainte religion, qui sont coustumièrement sujettes à estre puttes et à hausser le devant plus que d'autres portans autres noms, et n'en a-on veu guières qui s'en soient eschappées.

Or je n'aurois jamais faict si je voulois alléguer une infinité d'autres grandes dames et emperières romaines de jadis, à l'endroit desquelles leurs marys cocus, et très-cruels, n'ont usé de leurs cruautez, autoritez et privilèges; encor qu'elles fussent très-débordées; et croy qu'il y en a eu peu de prudes de ce vieux temps, comme la description de leur vie le manifeste : mesmes, que l'on regarde bien leurs effigies et médailles antiques, on y verra tout à plain, dans leur beau visage, la mesme lubricité toute gravée et peinte. Et pourtant leurs marys cruels la leur pardonnoyent, et ne les faisoyent mourir, au moins aucuns. Et qu'il faille qu'eux payens, ne reconnaissans Dieu, ayent esté si doux et benings à l'endroict de leurs femmes et du genre humain, et la pluspart de nos roys, princes, seigneurs et autres chrestiens, soyent si cruels envers elles par un tel forfait!

Encores faut-il louer ce brave Philippe Auguste, nostre roy de France, lequel, ayant répudié sa femme

Angerberge[1], sœur de Canut, roy de Dannemarck, qui estoit sa seconde femme, sous prétexte qu'elle estoit sa cousine en troisiesme degré du costé de sa première femme Ysabel (autres disent qu'il la soubçonnoit de faire l'amour), néantmoins ce roy, forcé par censures ecclésiastiques, quoy qu'il fust remarié d'ailleurs, la reprit, et l'emmena derrière luy tout à cheval, sans le sceu de l'assemblée de Soissons faite pour cet effet, et trop séjournant pour en décider[2].

Aujourdhuy aucuns de nos grands n'en font de mesme; mais la moindre punition qu'ilz font à leurs femmes, c'est les mettre en chartre perpétuelle, au pain et à l'eau, et là les faire mourir, les empoisonnent, les tuent, soit de leur main ou de la justice. Et s'ilz ont tant d'envie de s'en défaire et espouser d'autres, comme cela advient souvent, que ne les répudient-ilz, et s'en séparent honnestement, sans autre mal, et demandent puissance au pape d'en espouser une autre, encor que ce qui est conjoint l'homme ne le doit séparer? Toutesfois, nous en avons eu des exemples de frais, et du roy Charles VIII[3] et Louis XIIe, nos roys.

Sur quoy j'ay ouy discourir un grand théologien, et c'estoit sur le feu roy d'Espagne Philippe, qui avoit espousé sa niepce[4], mère du roy d'aujourd'huy,

---

1. Ingeburge.
2. Ces détails sont pris dans l'*Histoire* de du Haillan, liv. IX, p. 420.
3. Charles VIII, avant d'épouser Anne de Bretagne, avait été promis à Marguerite d'Autriche, fille de l'archiduc Maximilien.
4. Anne-Marie, fille de l'empereur Maximilien II, cousin germain de Philippe II.

et ce par dispense, qui disoit : « Ou du tout il faut
« advouer le Pape pour lieutenant général de Dieu
« en terre, et absolu ou non : s'il l'est, comme nous
« autres catholiques le devons croire, il faut du tout
« confesser sa puissance bien absolue et infinie en
« terre, et sans borne, et qu'il peut nouer et dénouer
« comme il luy plaist; mais, si nous ne le tenons tel,
« je le quitte pour ceux qui sont en telle erreur, non
« pour les bons catholiques. Et par ainsi nostre Père
« Sainct peut remédier à ces dissolutions de mariage,
« et à de grands inconvénients qui arrivent pour cela
« entre le mary et la femme, quand ils font tels mau-
« vais ménages. »

Certainement les femmes sont fort blasmables de traitter ainsi leurs marys par leur foy violée, que Dieu leur a tant recommandée; mais pourtant, de l'autre costé, il a bien défendu le meurtre, et luy est grandement odieux de quelque costé que ce soit : et jamais guières n'ay-je veu gens sanguinaires et meurtriers, mesmes de leurs femmes, qui n'en ayent payé le debte, et peu de gens aymans le sang ont bien finy; car plusieurs femmes pécheresses ont obtenu et gaigné miséricorde de Dieu, comme la Madelaine.

Enfin, ces pauvres femmes sont créatures plus ressemblantes à la divinité que nous autres, à cause de leur beauté; car, ce qui est beau est plus approchant de Dieu, qui est tout beau, que le laid qui appartient au diable.

Ce grand Alfonse, roy de Naples, disoit que la beauté estoit une vraye signifiance de bonnes et douces mœurs, ainsi comme est la belle fleur d'un bon et beau fruit : comme de vray, en ma vie j'ay veu force belles femmes toutes bonnes; et, bien qu'elles fissent l'amour, ne faisoyent point de mal, ny autre qu'à songer à ce plaisir, et y mettoyent tout leur soucy sans l'applicquer ailleurs.

D'autres aussi en ay-je veu très-mauvaises, pernicieuses, dangereuses, cruelles et fort malicieuses, nonobstant à songer à l'amour et au mal tout ensemble.

Sera-il doncques dit qu'estans ainsi sujettes à l'humeur vollage et ombrageuse de leurs marys, qui méritent plus de punition cent fois envers Dieu, qu'elles soyent ainsi punies? Or de telles gens la compléxion est autant fascheuse comme est la peine d'en escrire.

J'en parle maintenant encor d'un autre, qui estoit un seigneur de Dalmatie, lequel, ayant tué le paillard de sa femme, la contraignit de coucher ordinairement avec son tronc mort, charogneux et puant; de telle sorte que la pauvre femme fut suffoquée de la mauvaise senteur qu'elle endura par plusieurs jours.

Vous avez dans les *Cent nouvelles* de la reine de Navarre[1], la plus belle et triste histoire que l'on sçauroit voir pour ce sujet, de cette belle dame d'Allemagne que son mary contraignoit à boire ordinairement dans le test de la teste de son amy qu'il y avoit tué; dont le seigneur Bernage, lors ambassadeur en ce pays pour le roy Charles huictiesme, en vit le pitoyable spectacle, et en fit l'accord.

La première fois que je fus jamais en Italie, passant par Venise, il me fut fait un compte pour vray, d'un

---

1. Voyez la XXXIIe *Nouvelle*.

certain chevallier albanois, lequel, ayant surpris sa femme en adultère, tua l'amoureux. Et de despit qu'il eut que sa femme ne s'estoit contentée de luy, car il estoit un gallant cavallier, et des propres pour Vénus, jusques à entrer en jouxte dix ou douze fois pour une nuict, pour punition, il fut curieux de rechercher partout une douzaine de bons compagnons, et fort ribauts, qui avoyent la réputation d'estre bien et grandement proportionnez de leurs membres, et fort adroits et chauds à l'exécution; et les prit, les gagea et loua pour argent; et les serra dans la chambre de sa femme, qui estoit très-belle, et la leur abandonna, les priant tous d'y faire bien leur devoir, avec double paye s'ilz s'en acquittoyent bien : et se mirent tous après elle, les uns après les autres, et la menèrent de telle façon qu'ils la rendirent morte avec un très-grand contentement du mary; à laquelle il luy reprocha, tendante à la mort, que puisqu'elle avoit tant aymé cette douce liqueur, qu'elle s'en saoullast; à mode que dit Sémiramis[1] à Cyrus, luy mettant sa teste dans un vase plein de sang. Voylà un terrible genre de mort!

Cette pauvre dame ne fut ainsi morte, si elle eust esté de la robuste complexion d'une garce qui fut au camp de César en la Gaule, sur laquelle on dit que deux légions passèrent par dessus en peu de temps; et au partir de là fit la gambade, ne s'en trouvant point mal.

J'ay ouy parler d'une femme françoise, de ville, et damoiselle, et belle : en nos guerres civiles ayant esté

---

1. Lisez : Thomyris.

forcée, dans une ville prise d'assaut, par une infinité de soldats, et en estant eschappée, elle demanda à un beau Père si elle avoit péché grandement, après luy avoir conté son histoire; il luy dit que non, puisqu'elle avoit ainsi esté prise par force, et violée sans sa volonté, mais y répugnant du tout. Elle respondit : « Dieu donc soit loué, que je m'en suis une « fois en ma vie saoulée, sans pécher ni offenser Dieu ! »

Une dame de bonne part, au massacre de la Sainct-Barthélemy, ayant esté ainsy forcée, et son mary mort, elle demanda à un homme de sçavoir et de conscience, si elle avoit offensé Dieu, et si elle n'en seroit point punie de sa rigueur, et si elle n'avoit point faict tort aux mânes de son mary qui ne venoit que d'estre frais tué. Il luy respondit que, quand elle estoit en ceste besogne, que si elle y avoit pris plaisir, certainement elle avoit péché; mais si elle y avoit eu du desgoust, c'estoit tout un. Voilà une bonne sentence !

J'ay bien cogneu une dame qui estoit différente de cette opinion, qui disoit : qu'il n'y avoit si grand plaisir en ceste affaire que quand elle estoit à demy forcée et abattue, et mesmes d'un grand; d'autant que, tant plus on fait de la rebelle et de la refusante, d'autant plus on y prend d'ardeur et s'efforce-on : car, ayant une fois faussé sa brèche, il jouit de sa victoire plus furieusement et rudement, et d'autant plus on donne d'appétit à sa dame, qui contrefait pour tel plaisir la demi-morte et pasmée, comme il semble, mais c'est de l'extrême plaisir qu'elle y prend. Mesmes ce disoit ceste dame, que bien souvent elle donnoit de ces venues et altères à son mary, et faisoit de la farouche, de la bizarre et desdaigneuse, le mettant plus en rut : et, quand il venoit là, luy et elle s'en trouvoyt cent fois mieux : car, comme plusieurs ont escrit, une dame plaist plus qui fait un peu de la difficille et résiste, que quand elle se laisse sitost porter par terre. Aussi en guerre une victoire obtenue de force est plus signalée, plus ardente et plaisante, que par la gratuité, et en triomphe-il mieux. Mais aussi ne faut que la dame fasse tant en cela de la revesche ny terrible, car on la tiendroit plustost pour une putain rusée qui voudroit faire de la prude; dont bien souvent elle seroit escandalisée; ainsi que j'ay ouy dire à des plus savantes et habiles en ce fait, auxquelles je m'en rapporte, ne voulant estre si présumptueux de leur en donner des préceptes qu'elles sçavent mieux que moy.

Or j'ay veu plusieurs blasmer grandement aucuns de ces marys jaloux et meurtriers, d'une chose, que, si leurs femmes sont putains, eux-mesmes en sont cause. Car, comme dit sainct Augustin[1], c'est une grande folie à un mary de requérir chasteté à sa femme, luy estant plongé au bourbier de paillardise; et en tel estat doit estre le mary qu'il veut trouver sa femme. Mesmes nous trouvons en nostre sainte Escriture qu'il n'est pas besoin que le mary et la femme s'entr'ayment si fort; cela se veut entendre par des amours lascifs et paillards : d'autant que, mettant et occupant du tout leur cœur en ces plai-

---

1. Voyez le traité cité plus haut, p. 23, note 1.

sirs lubriques, y songent si fort et s'y adonnent si très-tant, qu'ils en laissent l'amour qu'ils doivent à Dieu ; ainsi que moy-mesme j'ay veu beaucoup de femmes qui aymoient si très-tant leurs marys, et eux elles, et en brusloyent de telle ardeur, qu'elles et eux en oublioient du tout le service de Dieu ; si que, le temps qu'il y falloit mettre, le mettoyent et consommoyent après leurs paillardises.

De plus, ces marys, qui pis est, apprennent à leurs femmes, dans leur lict propre, mille lubricitez, mille paillardises, mille tours, contours, façons nouvelles, et leur practicquent ces figures énormes[1] de l'Aretin ; de telle sorte que, pour un tison de feu qu'elles ont dans le corps, elles y en engendrent cent, et les rendent ainsi paillardes ; si bien qu'estans de telle façon dressées, elles ne se peuvent engarder qu'elles ne quittent leurs marys, et aillent trouver autres chevalliers. Et, sur ce, leurs marys en désespèrent, et punissent leurs pauvres femmes ; en quoy ilz ont grand tort : car puisqu'elles sentent leur cœur pour estre si bien dressées, elles veulent monstrer à d'autres ce qu'elles sçavent faire ; et leurs marys voudroyent qu'elles cachassent leur sçavoir ; en quoy il n'y a apparence ny raison, non plus que si un bon escuyer avoit un cheval bien dressé, allant de tous ayrs, et qu'il ne voulust permettre qu'on le vist aller, ny qu'on montast dessus, mais qu'on le creust à sa simple parole, et qu'on l'acheptast ainsi.

J'ay ouy conter à un honneste gentilhomme de par le monde, lequel estant devenu fort amoureux

---

[1] *Énormes*, déréglées.

d'une belle dame, il luy fut dit par un sien ami qu'il y perdroit son temps, car elle aimoit trop son mary; il se va adviser une fois de faire un trou qui arregardoit droit dans leur lict; si bien qu'estans couchez ensemble, il ne faillit de les espier par ce trou, d'où il vit les plus grandes lubricitez, paillardises, postures sales, monstrueuses et énormes, autant de la femme, voire plus que du mary, et avec des ardeurs très-extresmes; si bien que le lendemain il vint à trouver son compagnon et luy raconter la belle vision qu'il avoit eue; et luy dit : « Cette femme est à moy, aussi« tost que son mary sera party pour tel voyage; car « elle ne se pourra tenir longuement en sa chaleur « que la nature et l'art luy ont donné, et faut qu'elle « la passe; et par ainsi par ma persévérance je « l'auray. »

Je cognois un autre honneste gentilhomme qui, estant bien amoureux d'une belle et honneste dame, sçachant qu'elle avoit un Aretin en figure[1] dans son cabinet, que son mary sçavoit et l'avoit veu et permis, augura aussitost par-là qu'il l'atrapperoit; et, sans perdre espérance, il la servit si bien et continua, qu'enfin il l'emporta; et cognut en elle qu'elle y avoit appris de bonnes leçons et pratiques, ou fust de son mary ou d'autres, niant pourtant que ny les uns ny les autres n'en avoyent point esté les premiers maistres, mais la dame nature, qui en estoit meilleure maistresse que tous les arts. Si est-ce que le livre et la pratique luy avoyent beaucoup servy en cela, comme elle lui confessa puis après.

1. C'est-à-dire les sonnets de l'Arétin avec les figures.

Il se lit d'une grande courtisanne et maquerelle insigne du temps de l'ancienne Rome, qui s'appelloit Elefantina[1], qui fit et composa de telles figures de l'Arétin, encore pires, auxquelles les dames grandes et princesses faisans estat de putanisme estudioyent comme un très-beau livre. Et cette bonne dame putain cyréniène[2], laquelle estoit surnommée « aux « douze inventions, » parce qu'elle avoit trouvé douze manières pour rendre le plaisir plus voluptueux et lubrique !

Héliogabale gaigeoit et entretenoit, par grand argent et dons, ceux et celles qui luy inventoyent et produisoyent nouvelles et telles inventions pour mieux esveiller sa paillardise[3]. J'en ay ouy parler d'autres pareils de par le monde.

Un de ces ans le pape Sixte[4] fit pendre à Rome un

---

1. *Elephantis* et non *Elephantina*. Je ne sais où Brantôme a pris qu'Elephantis était une « courtisane, etc., du temps de l'ancienne Rome. » C'était, à ce que l'on croit, une femme (et encore n'en est-on pas bien sûr) poëte, et probablement de race grecque. Ses ouvrages obscènes ne nous sont connus que par un vers de Martial (*Mollës Elephantidos libelli*, liv. XII, ep. 43) et le passage suivant de Suétone que Brantôme a arrangé à sa façon : *Cubicula plurifariam disposita tabellis ac sigillis lascivissimarum picturarum et figurarum adornavit Tiberius, librisque Elephantidis instruxit, ne cui in opera edenda exemplar imperatæ schemæ deesset.* (*Tibérius*, chap. XLIII.)

2. Cyrène, dit le Scholiaste d'Aristophane sur le vers 1328 des *Grenouilles*, était une courtisane célèbre, surnommée δωδεκαμήχανος, διὰ τὸ τοσαῦτα σχήματα ἐν τῇ συνουσίᾳ ποιεῖν. (Édit. Didot, p. 310, col. 1.) Le Scholiaste du *Plutus* la met au nombre des courtisanes de Corinthe (*ibid.*, p. 331, col. 2).

3. Voyez Lampridius, *Héliogabale*, chap. XXV.

4. Sixte Quint.

secrétaire qui avoit esté au cardinal d'Est, et s'appelloit Capella, pour beaucoup de forfaits, mais entre autres qu'il avoit composé un livre de ces belles figures, lesquelles estoyent représentées par un grand que je ne nommeray point pour l'amour de sa robe, et par une grande, l'une des belles dames de Rome, et tous représentez au vif et peints au naturel.

J'ay cogneu un prince de par le monde[1] qui fit bien mieux, car il achepta d'un orfèvre une très-belle coupe d'argent doré, comme pour un chef-d'œuvre et grand spéciauté[2], la mieux élabourée, gravée et sigillée[3] qu'il estoit possible de voir, où estoyent taillées bien gentiment et subtillement au burin plusieurs figures de l'Arétin, de l'homme et de la femme, et ce au bas estage de la coupe; et au dessus et au haut plusieurs aussi de diverses manières de cohabitations de bestes, là où j'appris la première fois (car j'ay veu souvent la dicte coupe et beu dedans, non sans rire) celle du lion et de la lionne, qui est tout contraire à celle des autres animaux, que n'avois jamais sceu, dont je m'en rapporte à ceux qui le sçavent sans que je le die. Cette coupe estoit l'honneur du buffet de ce prince; car, comme j'ay dit, elle estoit très-belle et riche d'art, et agréable à voir au dedans et au dehors.

Quand ce prince festinoit les dames et filles de la cour, comme souvent il les convioit, ses sommelliers ne failloyent jamais, par son commandement, de

---

1. Probablement le duc d'Anjou.
2. *Spéciauté*, particularité, curiosité.
3. *Sigillée*, ciselée; *sigillata*.

leur bailler à boire dedans; et celles qui ne l'avoyent jamais veue, ou en buvant ou après, les unes demeuroyent estonnées et ne sçavoient que dire là-dessus; aucunes demeuroyent honteuses, et la couleur leur sautoit au visage; aucunes s'entre-disoyent entr'elles : « Qu'est-ce que cela qui est gravé là dedans? Je croy « que ce sont des sallauderies. Je n'y boys plus. « J'aurois bien grand soif avant que j'y retournasse « boire. » Mais il falloit qu'elles beussent là, ou bien qu'elles esclatassent de soif; et, pour ce, aucunes fermoyent les yeux en beuvant, les autres moins vergogneuses point. Qui en avoyent ouy parler du mestier, tant dames que filles, se mettoyent à rire sous bourre[1]; les autres en crevoient tout à trac.

Les unes disoyent, quand on leur demandoit [ce] qu'elles avoyent à rire et ce qu'elles avoyent veu : qu'elles n'avoyent rien veu que des peintures, et que pour cela elles n'y lairroyent à boire une autre fois. Les autres disoyent : « Quant à moy je n'y songe « point à mal; la veue et la peinture ne souille point « l'âme. » Les unes disoyent : « Le bon vin est aussi « bon léans qu'ailleurs. » Les autres affermoyent qu'il y faisoit aussi bon boire qu'en une autre coupe, et que la soif s'y passoit aussi bien. Aux unes on faisoit la guerre pourquoy elles ne fermoyent les yeux en beuvant; elles respondoyent qu'elles vouloyent voir ce qu'elles beuvoyent, craignant que ce ne fust du vin, mais quelque médecine ou poison. Aux autres on demandoit à quoy elles prenoyent plus de plaisir, ou à voir, ou à boire; elles respondoyent :

---

1. *Sous bourre*, nous dirions aujourd'hui sous cape.

« A tout. » Les unes disoyent : « Voilà de belles cro-
« tesques ! » Les autres : « Voilà de plaisantes mom-
« meries ! » les unes disoyent : « Voilà de beaux ima-
« ges ! » Les autres : « Voilà de beaux miroirs ! » Les
unes disoyent : « L'orfèvre estoit bien à loisir de s'a-
« muser à faire ces fadèzes ! » les autres disoyent :
« Et vous, monsieur, encor plus d'avoir achepté ce
« beau hanap. » Aux unes on demandoit si elles sentoyent rien qui les picquast au mitant du corps pour
cela ; elles respondoyent que nulle de ces drolleries
y avoit eu pouvoir pour les picquer. Aux autres on
demandoit si elles n'avoyent point senty le vin chaut,
et qu'il les eust eschauffées, encor que ce fust en
hyver ; elles respondoyent qu'elles n'avoyent garde,
car elles avoyent beu bien froid, qui les avoit bien
rafraischies. Aux unes on demandoit quelles images
de toutes celles elles voudroyent tenir en leur lict ;
elles respondoient qu'elles ne se pouvoyent oster de
là pour les y transporter.

Bref, cent mille brocards et sornettes sur ce subject s'entredonnoient les gentilshommes et dames
ainsi à table, comme j'ay veu, que c'estoit une très-
plaisante gausserie, et chose à voir et ouïr ; mais surtout, à mon gré, le plus et le meilleur estoit à contempler ces filles innocentes, ou qui feignoyent
l'estre, et autres dames nouvellement venues, à tenir
leur mine froide, riante du bout du nez et des lèvres,
ou à se contraindre et faire des hypocrites, comme
plusieurs dames en faisoyent de mesme. Et notez
que, quand elles eussent deu mourir de soif, les
sommelliers n'eussent osé leur donner à boire en
une autre coupe ny verre. Et, qui plus est, juroyent

aucunes, pour faire bon minois, qu'elles ne tourneroyent jamais à ces festins; mais elles ne laissoient pour cela à y tourner souvent, car ce prince estoit très-splendide et friand. D'autres disoyent, quand on les convioit : « J'iray, mais en protestation qu'on « ne nous baillera point à boire dans la coupe; » et quand elles y estoient, elles y beuvoient plus que jamais. Enfin elles s'y avezarent[1] si bien qu'elles ne firent plus de scrupule d'y boire; et si firent bien mieux aucunes, qu'elles se servirent de telles visions en temps et lieu; et, qui plus est, aucunes s'en desbauchèrent pour en faire l'essay; car toute personne d'esprit veut essayer tout.

Voilà les effets de cette belle coupe si bien historiée. A quoy se faut imaginer les autres discours, les songes, les mines et les paroles que telles dames disoyent et faisoyent entre elles, à part ou en compagnie.

Je pense que telle coupe estoit bien différente à celle dont parle M. de Ronsard en l'une de ses premières odes[2], desdiée au feu roy Henry, qui commence ainsi :

> Comme un qui prend une couppe,
> Seul honneur de son trésor,
> Et de rang verse à la troupe
> Du vin qui rit dedans l'or.

Mais en ceste coupe le vin ne rioit pas aux per-

---

1. *S'y avezarent.* Les précédentes éditions portent toutes *s'y accoutumèrent*, ce qui est la traduction du verbe italien *A Vezzar* que Brantôme a francisé.

2. C'est la deuxième ode du livre II. Elle est dédiée à Henri II.

sonnes, mais les personnes au vin : car les unes beuvoyent en riant, et les autres beuvoyent en se ravissant; les unes se compissoyent en beuvant, et les autres beuvoyent en se compissant; je dis, d'autre chose que de pissat.

Bref, cette coupe faisoit de terribles effets, tant y estoyent pénétrantes ces images, visions et perspectives : dont je me souviens qu'une fois, en une gallerie du comte de Chasteau-Vilain, dit le seigneur Adjacet[1], une trouppe de dames avec leurs serviteurs estant allé voir cette belle maison, leur veue s'addressa sur de beaux et rares tableaux qui estoyent en ladicte gallerie. A elles se présenta un tableau fort beau, où estoyent représentées force belles dames nues qui estoyent aux bains, qui s'entre-touchoient, se palpoyent, se manioyent, et frottoyent, s'entremesloyent, se tastonnoyent, et, qui plus est, se faisoyent le poil tant gentiment et si proprement en monstrant tout, qu'une froide recluse ou hermite s'en fust eschauffée et esmeue; et c'est pourquoy une dame grande, dont j'ay ouy parler et cogneue, se perdant en ce tableau, dit à son serviteur, en se tournant vers luy comme enragée de cette rage d'a-

1. L. di Ghiaceti, dit Adjacet, Diacet ou Dadjacète (il signait ainsi), Florentin qui, enrichi dans les affaires de finances, acheta le comté de Châteauvillain en 1578, et, comme nous l'avons dit (tome II, p. 23), épousa Anne d'Aquaviva, fille du duc d'Atri. Il s'était fait construire, près des Blancs-Manteaux, une superbe maison où il recevait souvent Henri III et où se trouvait la galerie dont parle Brantôme et à laquelle se rapporte peut-être une description donnée dans *l'Isle des Hermaphrodites*. Voyez l'Estoile, édit. de 1743, tome III, p. 37. — Il y a diverses lettres de lui dans les mss. 3620 et 3621 du fonds français.

mour : « C'est trop demeuré icy : montons en carosse
« promptement, et allons en mon logis, car je ne
« puis plus contenir cette ardeur; il la faut aller es-
« teindre : c'est trop bruslé. » Et ainsi partit, et alla
avec son serviteur prendre de cette bonne eau qui
est si douce sans sucre, et que son serviteur luy
donna de sa petite burette.

Telles peintures et tableaux portent plus de nui-
sance à une âme fragile qu'on ne pense; comme en
estoit un là à mesme, d'une Vénus toute nue, couchée et regardée de son fils Cupidon; l'autre, d'un
Mars couché avec sa Vénus; l'autre d'une Læda couchée avec son signe[1]. Tant d'autres y a-il, et là et
ailleurs, qui sont un peu plus modestement peints et
voilez mieux que les figures de l'Aretin; mais quasy
tout vient à un[2], et en approchent de nostre coupe
dont je viens de parler, laquelle avoit quasi quelque
simpatie par antinomie, de la couppe que trouva
Renault de Montauban en ce chasteau dont parle
l'Arioste[3], laquelle à plein descouvroit les pauvres
cocus, et cette-cy les faisoit; mais l'une portoit un
peu trop de scandale aux cocus et leurs femmes infi-
dèles, et cette-cy point.

Aujourd'hui n'en est besoin de ces livres ny de
ces peintures, car les marys leur en apprennent prou :
et voilà que servent telles escholes de marys !

J'ay cogneu un bon imprimeur vénétien à Paris,
qui s'appelloit messer Bernardo, parent de ce grand

---

1. *Signe*, cygne.
2. *Tout vient à un*, tout revient au même.
3. *Orlando furioso*, ch. XLII, *in fine*.

Aldus Manutius de Venise [1], qui tenoit sa boutique en la rue de Sainct-Jacques, qui me dit et jura une fois qu'en moins d'un an il avoit vendu plus de cinquante paires de livres de l'Aretin à force gens mariés et non mariés; et à des femmes, dont il m'en nomma trois de par le monde, grandes, que je ne nommeray point, et les leur bailla à elles-mesmes et très-bien reliez, sous serment presté qu'il n'en sonneroit mot, mais pourtant il me le dist; et me dist davantage qu'une autre dame luy en ayant demandé au bout de quelque temps, s'il en avoit point un pareil comme un qu'elle avoit veu entre les mains d'une de ces trois, il luy respondit : *Signora, si, e peggio* [2], et soudain argent en campagne, les acheptant tous au poids de l'or. Voilà une folle curiosité pour envoyer son mary faire un voyage à Cornette près de Civita-Vecchia.

Toutes ces formes et postures sont odieuses à Dieu, si bien que sainct Hiérosme dit : « Qui se monstre « plustost desbordé amoureux de sa femme que mary, « est adultère et pèche [3]. » Et parce qu'aucuns docteurs ecclésiastiques en ont parlé, je diray ce mot briefvement en mots latins, d'autant qu'eux-mesmes ne l'ont voulu dire en françois : *Excessus*, disent-ils, *conjugum fit, quando uxor cognoscitur ante retro stando, sedendo in latere, et mulier super virum;*

---

1. Bernardin Turissan. Voyez Lacaille, *Histoire de l'Imprimerie*, p. 137.

2. Oui, madame, et pis.

3. Adulter est, inquit Xystus, in suam uxorem amator ardentior. *Sancti E. Hieronymi opera*, Vérone, 1735, in-f°, tome I, col. 318-319.

comme un petit colibet que j'ay leu d'autresfois, qui dit :

> In prato viridi monialem ludere vidi
> Cum monacho leviter, ille sub, illa super.

D'autres disent quand ils s'accommodent autrement que la femme ne puisse concevoir. Toutesfois il y a aucunes femmes qui disent qu'elles conçoivent mieux par les postures monstrueuses et surnaturelles et estranges, que naturelles et communes, d'autant qu'elles y prennent plaisir davantage, et, comme dit le poète, quand elles s'accommodent *more canino*, ce qui est odieux : toutesfois les femmes grosses, au moins aucunes, en usent ainsi, de peur de se gaster par le devant.

D'autres docteurs disent que quelque forme que ce soit est bonne, mais que, *semen ejaculetur in matricem mulieris, et quomodocunque uxor cognoscatur, si vir ejaculetur semen in matricem, non est peccatum mortale.*

Vous trouverez ces disputes dans *Summa Benedicti*, qui est un cordelier docteur qui a très-bien escrit de tous les péchez, et monstré qu'il a beaucoup veu et leu[1]. Qui voudra lire ce passage y verra beaucoup d'abus que commettent les marys à l'endroict de leurs femmes. Aussi dit-il que, *quando mulier est ita pinguis ut non possit aliter coïre* que par telles postures, *non est peccatum mortale, modo vir ejaculetur semen in vas naturale.* Dont disent aucuns qu'il vaudroit mieux que les marys s'astinssent de leurs

---

1. Il a déjà été qnestion de cet auteur et de son livre.

femmes quand elles sont pleines, comme font les animaux, que de souiller le mariage par de telles vilainies.

J'ay cogneu une fameuse courtisanne à Rome, dicte la Grecque, qu'un grand seigneur de France avoit là entretenue. Au bout de quelque temps, il luy prit envie de venir voir la France, par le moyen du seigneur Bonvisi, banquier de Lion, Lucquois très-riche, de laquelle il[1] estoit amoureux; où estant, elle s'enquit fort de ce seigneur et de sa femme, et, entr'autres choses, si elle ne le faisoit point cocu, « d'autant, disoit-elle, que j'ay dressé son mary de
« si bel air, et luy ay appris de si bonnes leçons,
« que les luy ayant montrées et pratiquées avec sa
« femme, il n'est possible qu'elle ne les ait voulu
« monstrer à d'autres; car nostre mestier est si chaud,
« quand il est bien appris, qu'on prend cent fois
« plus de plaisir de le monstrer et pratiquer avec
« plusieurs qu'avec un. » Et disoit bien plus, que cette dame lui devoit faire un beau présent et condigne de sa peine et de son sallaire, parce que, quand son mary vint à son escholle premièrement, il n'y sçavoit rien, et estoit en cela le plus sot, neuf et apprentif qu'elle vist jamais; mais elle l'avoit si bien dressé et façonné, que sa femme s'en devoit trouver cent fois mieux. Et de fait cette dame, la voulant voir, alla chez elle en habit dissimulé; dont la courtisanne s'en douta et lui tint tous les propos que je viens de dire, et pires encor et plus desbordez, car elle estoit courtizanne fort débordée. Et voilà com-

1. *Il*, Bonvisi.

ment les marys se forgent les couteaux pour se couper la gorge ; cela s'entend des cornes. Par ainsi, abusant du saint mariage, Dieu les punit; et puis veulent avoir leurs revanches sur leurs femmes, en quoy ilz sont cent fois plus punissables. Aussi ne m'estonnè-je pas si ce saint docteur[1] disoit que le maryage estoit quasi une vraye espèce d'adultère : cela vouloit-il entendre quand on en abusoit de cette sorte que je viens de dire.

Aussi a-on deffendu le mariage à nos prestres; car, venant de coucher avec leurs femmes, et s'estre bien souillez avec elles, il n'y a point de propos de venir à un sacré autel. Car, ma foy, ainsy que j'ay ouy dire, aucuns bourdellent plus avec leurs femmes que non pas les ruffiens avec les putains des bourdeaux, qui, craignans prendre mal, ne s'acharnent et ne s'eschauffent avec elles comme les marys avec leurs femmes, qui sont nettes et ne peuvent donner mal, au moins aucunes et non pas toutes; car j'en ay bien cogneu qui leur en donnent, aussi bien que leurs marys à elles.

Les marys, abusants de leurs femmes, sont fort punissables, comme j'ay ouy dire à de grands docteurs : que les marys, ne se gouvernants avec leurs femmes modestement dans leur lict comme ils doivent, paillardent avec elles comme avec concubines, n'estant le mariage introduit que pour la nécessité et procréation, et non pour le plaisir désordonné et paillardise. Ce que très-bien nous sceut représenter l'empereur Sejanus Commodus, dit autrement An-

---

1. S. Jérôme.

chus Verus[1], lorsqu'il dit à sa femme Domitia Calvilla, qui se plaignoit à luy de quoy il portoit à des putains et courtisannes et autres ce qu'à elle appartenoit en son lict, et luy ostoit ses menues et petites pratiques : « Supportez, ma femme, luy dit-il, qu'avec « les autres je saoulle mes désirs, d'autant que le « nom de femme et de consorte est un nom de di- « gnité et d'honneur, et non de plaisir et paillardise. » Je n'ay point encor leu ny trouvé la response que luy fit là dessus madame sa femme l'impératrice; mais il ne faut douter que, ne se contentant de ceste sentence dorée, elle ne luy respondist de bon cœur, et par la voix de la pluspart, voire de toutes les femmes mariées : « Fy de cet honneur, et vive le « plaisir ! nous vivons mieux de l'un que de l'autre. »

Il ne faut non plus douter aussi que la pluspart de nos mariés aujourd'huy et de tout temps, qui ont de belles femmes, ne disent pas ainsi; car ilz ne se maryent et lient, ny ne prennent leurs femmes, sinon pour bien passer leur temps et bien paillarder en toutes façons, et leur enseigner des préceptes et pour le mouvement de leur corps et pour les débordées et lascives paroles de leurs bouches, afin que leur dormante Vénus en soit mieux esveillée et excitée ; et, après les avoir bien ainsi instruites et débauschées, si elles vont ailleurs, ilz les punissent, les battent, les assomment et les font mourir.

---

1. Lucius Cejonus (et non Sejanus) Commodus Verus. Il avait épousé la fille de Nigrinus que quelques écrivains modernes ont appelée Domitia Lucilla ou Calvitia, mais sans preuves; car les historiens ne prononcent pas son nom.

Il y a aussi peu de raison en cela, comme si quelqu'un avoit débauché une pauvre fille d'entre les bras de sa mère, et luy eust faict perdre l'honneur et sa virginité, et puis, après en avoir fait sa volonté, la battre et la contraindre à vivre autrement, en toute chasteté : vrayement ! car il en est bien temps, et bien à propos ! Qui est celuy qui ne le condamne pour homme sans raison et digne d'estre chastié ? L'on en deust dire de mesmes de plusieurs marys, lesquels, quand tout est dit, débauschent plus leurs femmes, et leur apprennent plus de préceptes pour tomber en paillardise, que ne font leurs propres amoureux : car ilz en ont plus de temps et loisir que les amans; et venants à discontinuer leurs exercices, elles changent de main et de maistre, à mode d'un bon cavalcadour, qui prend plus de plaisir cent fois de monter à cheval qu'un qui n'y entend rien. « Et « de malheur, ce disoit cette courtizanne, il n'y a « nul mestier au monde qui soit plus coquin ny qui « désire tant de continue que celuy de Vénus. » En quoy ces marys doivent estre advertis de ne faire tels enseignemens à leurs femmes, car ils leur sont par trop préjudiciables; ou bien, s'ils voyent leurs femmes leur jouer un faux-bon, qu'ilz ne les punissent point, puisque sont esté eux qui leur en ont ouvert le chemin.

Si faut-il que je face cette digression d'une femme mariée, belle et honneste et d'estoffe, que je sçay, qui s'abandonna à un honneste gentilhomme, aussi plus par jalousie qu'elle portoit à une honneste dame que ce gentilhomme aimoit et entretenoit, que par amour. Parquoy, ainsi qu'il en jouissoit, la dame

luy dit : « A cette heure, à mon grand contentement,
« triomphè-je de vous et de l'amour que portez à
« une telle. » Le gentilhomme lui respondit : « Une
« personne abattue, subjuguée et foulée, ne sauroit
« bien triompher. » Elle prend pied à cette response,
comme touchant à son honneur, et luy réplique
aussitost : « Vous avez raison. » Et tout à coup
s'advise de désarçonner subitement son homme, et
se desrober de dessous luy; et, changeant de forme,
prestement et agilement monte sur luy et le met sous
soy. Jamais jadis chevallier ou gendarme romain ne
fut si prompt et adextre de monter et remonter sur
ses chevaux désultoires[1], comme fut ce coup cette
dame avec son homme; et le manie de mesme en
luy disant : « A st'heure donc puis-je bien dire qu'à
« bon escient je triomphe de vous, puisque je vous
« tiens abattu sous moy. » Voilà une dame d'une
plaisante et paillarde ambition, et d'une façon estrange, comment elle la traitta !

J'ay ouy parler d'une fort belle et honneste dame
de par le monde, sujette fort à l'amour et à la lubricité, qui pourtant fut si arrogante et si fière, et si
brave de cœur, que, quand ce venoit là, ne vouloit
jamais souffrir que son homme la montast et la mît
sous soy et l'abattit, pensant faire un grand tort à la
générosité de son cœur, et attribuant à une grande
lascheté d'estre ainsi subjuguée et sousmise, en mode
d'une triomphante conqueste ou esclavitude[2], mais

1. *Cheval désultoire*, *equus desultorius*, cheval servant à faire l'exercice de la voltige.
2. *Esclavitude*, esclavage; de l'italien *schiavitudine*.

vouloit tousjours garder le dessus et la prééminence. Et ce qui faisoit bon pour elle en cela, c'est que jamais ne voulut s'adonner à un plus grand que soy, de peur qu'usant de son autorité et puissance, luy pust donner la loy, et la pust tourner, virer et fouler, ainsi qu'il luy eust pleu; mais, en cela, choisissoit ses égaux et inférieurs, auxquels elle ordonnoit leur rang, leur assiete, leur ordre et forme de combat amoureux, ne plus ne moins qu'un sergent majour à ses gens le jour d'une bataille; et leur commandoit de ne l'outrepasser, sur peine de perdre leurs pratiques, aux uns son amour, et aux autres la vie; si que debout ou assis, ou couchez, jamais ne se purent prévaloir sur elle de la moindre humiliation, ny submission, ny inclination, qu'elle leur eust rendu et presté. Je m'en rapporte au dire et au songer de ceux et celles qui ont traitté telles amours, telles postures, assietes et formes.

Cette dame pouvoit ordonner ainsi, sans qu'il y allast rien de son honneur prétendu, ny de son cœur généreux offensé; car, à ce que j'ay ouy dire à aucuns praticqs, il y avoit assez de moyens pour faire telles ordonnances et pratiques.

Voilà une terrible et plaisante humeur de femme, et bizarre scrupule de conscience généreuse. Si avoit-elle raison pourtant; car c'est une fascheuse souffrance que d'estre subjuguée, ployée, foullée; et mesmes quand l'on pense quelquefois à part soy, et qu'on dit : « Un tel m'a mis sous luy et foulé », par manière de dire, sinon aux pieds, mais autrement : cela vaut autant à dire.

Cette dame aussi ne voulut jamais permettre que

ses inférieurs la baisassent jamais à la bouche, « d'au-
« tant, disoit-elle, que le toucher et le tact de bou-
« che à bouche est le plus sensible et précieux de
« tous les autres touchers, fust de la main et autres
« membres, » et pour ce, ne vouloit estre alleinée[1],
ny sentir à la sienne une bouche salle, orde et nom-
pareille à la sienne.

Or, sur cecy, c'est une autre question que j'ay veu
traitter à aucuns : quel advantage de gloire a plus
grand sur son compagnon, ou l'homme ou la femme,
quand ils sont en ces escarmouches ou victoires vénériennes?

L'homme allègue pour soy la raison précédente :
que la victoire est bien plus grande quand l'on tient
sa douce ennemie abattue sous soy, et qu'il la sub-
jugue, la supédite[2] et la dompte à son aise et comme
il luy plaist; car il n'y a si grande princesse ou dame,
que, quand elle est là, fust-ce avec son inférieur ou
inégal, qu'elle n'en souffre la loy et la domination
qu'en a ordonné Vénus parmy ses statuts; et, pour
ce, la gloire et l'honneur en demeure très-grande à
l'homme.

La femme dit : « Ouy, je le confesse, que vous
« vous devez sentir glorieux quand vous me tenez
« sous vous et me suppéditez; mais aussi, quand il
« me plaist, s'il ne tient qu'à tenir le dessus, je le
« tiens par gayeté et une gentille volonté qui m'en
« prend, et non pour une contrainte. D'avantage,
« quand ce dessus me déplaist, je me fais servir à

---

1. *Alleinée*, halenée.
2. *Suppéditer* mettre sous les pieds; de l'italien *suppeditare*.

« vous comme d'un esclave ou forçat de gallère, ou,
« pour mieux dire, vous fais tirer au collier comme
« un vray cheval de charrette, et vous travaillant,
« peinant, suant, halletant, efforçant à faire les cour-
« vées et efforts que je veux tirer de vous. Cepen-
« dant, moy, je suis couchée à mon aise, je vois
« venir vos coups; quelquefois j'en ris et en tire mon
« plaisir à vous voir en telles altères; quelquesfois
« aussi je vous plains, selon ce qui me plaist ou que
« j'en ay de volonté ou pitié; et après en avoir en
« cela très-bien passé ma fantaisie, je laisse là mon
« gallant, las, recreu, débilité, énervé, qu'il n'en
« peut plus, et n'a besoing que d'un bon repos et de
« quelque bon repas, d'un coulis, d'un restaurent
« ou de quelque bon bouillon confortatif. Moy,
« pour telles courvées et tels efforts, je ne m'en sens
« nullement, sinon que très-bien servie à vos des-
« pens, monsieur le gallant, et n'ay autre mal sinon
« de souhaiter quelque autre qui m'en donnast au-
« tant, à peine de le faire rendre comme vous : et,
« par ainsi, ne me rendant jamais, mais faisant ren-
« dre mon doux ennemy, je rapporte la vraye vic-
« toire et la vraye gloire, d'autant qu'en un duel
« celuy qui se rend est déshonnoré, et non pas celuy
« qui combat jusques au dernier poinct de la mort. »

Ainsi que j'ay ouy conter d'une belle et honneste femme, qui une fois, son mary l'ayant esveillée d'un profond sommeil et repos qu'elle prenoit, pour faire cela, après qu'il eut fait elle lui dit : « Vous avez fait « et moy non. » Et, parce qu'elle estoit dessus luy, elle le lia si bien de bras, de mains, de pieds et de ses jambes entrelassées : « Je vous apprendray à ne

« m'esveiller une autre fois; » et, le démenant secouant et remuant à toute outrance, son mary qui estoit dessous, qui ne s'en pouvoit défaire et qui suoit, ahannoit et se lassoit, et crioyt mercy, elle le luy fit faire une autre fois en despit de luy, et le rendit si las, si aténué et flac, qu'il en devint hors d'aleine et luy jura un bon coup qu'une autre fois il la prendroit à son heure, humeur et apétit. Ce conte est meilleur à se l'imaginer et représenter qu'à l'escrire.

Voilà donc les raisons de la dame avec plusieurs autres qu'elle pût alléguer.

Encore l'homme réplique là-dessus : « Je n'ay point
« aucun vaisseau ni baschot comme vous avez le
« vostre, dans lequel je jette un gassouil de pollution
« et d'ordure (si ordure se doibt appeller la semence
« humaine jettée par mariage et paillardise), qui vous
« salit et vous y pisse comme dans un pot. — Ouy,
« dit la dame; mais aussitost ce beau sperme, que
« vous autres dites estre le sang le plus pur et net
« que vous avez, je le vous vais pisser incontinent
« et jetter ou dans un pot ou bassin, ou en un re-
« trait, et le mesler avecques une autre ordure très-
« puante et salle et vilaine; car de cinq cens coups
« que l'on nous touchera, de mille, deux mille, trois
« mille, voire d'une infinité, voire de nul, nous n'en-
« groissons que d'un coup, et la matrice ne retient
« qu'une fois; car si le sperme y entre bien et y est
« bien retenu, celuy-là est bien logé, mais les autres
« fort sallaudement nous les logeons comme je viens
« de dire. Voilà pourquoi il ne faut se vanter de
« nous gazouiller de vos ordures de sperme; car,

« outre celuy-là que nous concevons, nous le jettons
« et rendons pour n'en faire plus de cas aussitost
« que l'avons receu et qu'il ne nous donne plus de
« plaisir, et en sommes quittes en disant : Monsieur
« le potagier, voilà vostre brouet que je vous rends,
« et le vous claque là; il a perdu le bon goust que
« vous m'en avez donné premièrement. Et notez que
« la moindre bagasse en peut dire autant à un grand
« roy ou prince, s'il l'a repassée; qui est un grand
« mespris, d'autant que l'on tient le sang royal pour
« le plus précieux qui soit point. Vrayment il est
« bien gardé et logé bien précieusement plus que
« d'un autre! »

Voilà le dire des femmes; qui est un grand cas
pourtant qu'un sang si précieux se pollue et se contamine ainsi si sallaudement et vilainement; ce qui
estoit défendu en la loy de Moyse, de ne le nullement prostituer en terre; mais on fait bien pis quand
on le mesle avecques de l'ordure très-orde et salle.

Encor, si elles faisoyent comme un grand seigneur
dont j'ay ouy parler, qui, en songeant la nuit, s'estant corrompu parmy ses linceuls, les fit enterrer,
tant il estoit scrupuleux, disant que c'estoit un petit
enfant provenu de là qui estoit mort, et que c'estoit
dommage et une très-grande perte que ce sang n'eust
esté mis dans la matrice de sa femme, dont possible
l'enfant fust esté en vie.

Il se pouvoit bien tromper par là, d'autant que de
mille habitations que le mary fait avec la femme
l'année, possible, comme j'ay dit, n'en devient-elle
grosse, non pas une fois en la vie, voire jamais,
pour aucunes femmes qui sont brehaignes et stériles,

et ne conçoivent jamais; d'où est venu l'erreur d'aucuns mescréans, que le mariage n'avoit esté institué tant pour la procréation que pour le plaisir; ce qui est mal creu et mal parlé, car, encor qu'une femme n'engroisse toutes les fois qu'on l'entreprend, c'est pour quelque volonté de Dieu à nous occulte, et qu'il en veut punir et mary et femme, d'autant que la plus grande bénédiction que Dieu nous puisse envoyer en mariage, c'est une bonne lignée, et non par concubinage; dont il y a plusieurs femmes qui prennent un grand plaisir d'en avoir de leurs amans, et d'autres non; lesquelles ne veulent permettre qu'on leur lasche rien dedans, tant pour ne supposer des enfans à leurs marys qui ne sont à eux, que pour leur sembler ne faire tort et ne les faire cocus si la rosée ne leur est entrée dedans, ny plus ny moins qu'un estomach débile et mauvais ne peut estre offensé de sa personne pour prendre de mauvais et indigestifs morceaux, pour les mettre dans la bouche, les mascher et puis les cracher en terre.

Aussi, par le mot de cocu, porté par les oyseaux d'avril, qui sont ainsi appelez pour aller pondre au nid des autres, les hommes s'appellent cocus par antinomie[1], quand les autres viennent pondre dans leur nid, qui est dans le cas de leurs femmes, qui est autant à dire leur jetter leur semence et leur faire des enfans.

Voilà comme plusieurs femmes ne pensent faire

---

1. *Antinomie*, lisez : *antonomasie*. Ce dernier mot désigne en effet la figure de rhétorique par laquelle on met un nom commun à la place d'un nom propre.

faute à leurs marys pour mettre dedans et s'esbaudir leur saoul, mais qu'elles ne reçoivent point de leur semence; ainsi sont-elles conscientieuses de bonne façon : comme d'une grande dont j'ay ouy parler, qui disoit à son serviteur : « Esbattez-vous tant que « vous voudrez, et donnez-moy du plaisir; mais, sur « vostre vie, donnez-vous garde de ne m'arrouser « rien là dedans, non d'une seule goutte, autrement « il vous y va de la vie. » Si bien qu'il falloit bien que l'autre fust sage, et qu'il espiast le temps du mascaret quand il devoit venir.

J'ay ouy faire un pareil conpte au chevallier de Sanzay[1] de Bretagne, un très-honneste et brave gentilhomme, lequel, si la mort n'eust entrepris sur son jeune aage, fust esté un grand homme de mer, comme il avoit un très-bon commencement : aussi en portoit-il les marques et enseignes, car il avoit eu un bras emporté d'un coup de canon en un combat qu'il fit sur mer. Le malheur pour luy fut qu'il fut pris des corsaires, et mené en Alger. Son maistre, qui le tenoit esclave, estoit le grand prestre de la mosquée de là, qui avoit une très-belle femme qui vint à s'amouracher si fort dudict Sanzay, qu'elle luy commanda de venir en amoureux plaisir avec elle, et qu'elle luy feroit très-bon traittement, meilleur qu'à aucun de ses autres esclaves; mais surtout elle luy commanda très-expressément, et sur la vie, ou une prison très-rigoureuse, de ne lancer en son corps

---

1. René de Sanzay, chevalier de l'ordre, chambellan du roi, etc., eut quatre fils : René, Christophe, Claude et Charles, tous chevaliers de l'ordre. Je ne sais auquel des trois derniers se rapporte l'histoire racontée par Brantôme.

une seule goutte de sa semence, d'autant, disoit-elle, qu'elle ne vouloit nullement estre polluée et contaminée du sang chrestien, dont elle penseroit offenser grandement et sa loy et son grand prophète Mahommet; et de plus luy commanda qu'encor qu'elle fust en ses chauds plaisirs, quand bien elle luy commanderoit cent fois d'hazarder le paquet tout à trac, qu'il n'en fist rien, d'autant que ce seroit le grand plaisir duquel elle estoit ravie qui le luy feroit dire, et non pas la volonté de l'âme.

Ledict Sanzay, pour avoir bon traittement et plus grande liberté, encor qu'il fust chrestien, ferma les yeux pour ce coup à sa loy; car un pauvre esclave rudement traitté et misérablement enchaisné peut s'oublier bien quelques fois. Il obéit à la dame, et fut si sage et si abstraint à son commandement qu'il commanda fort bien à son plaisir; et moulloit au moulin de sa dame tousjours très-bien, sans y faire couller d'eau; car, quand l'escluse de l'eau vouloit se rompre et se déborder, aussitost il la retiroit, la resserroit et la faisoit escouler où il pouvoit; dont cette femme l'en ayma davantage, pour estre si abstraint à son estroit commandement, encor qu'elle lui criast : « Laschez, je vous en donne toute per« mission! » mais il ne voulut onc, car il craignoit d'estre battu à la turque, comme il voyoit ses autres compagnons devant soy.

Voilà une terrible humeur de femme; et pour ce il semble qu'elle faisoit beaucoup, et pour son âme qui estoit turque, et pour l'autre qui estoit chrestien, puisqu'il ne se deschargeoit nullement avec elle : si me jura-il qu'en sa vie il ne fut en telle peine.

Il m'en fit un autre compte, le plus plaisant qu'il est possible, d'un traict qu'elle luy fit; mais d'autant qu'il est trop salleud je m'en tairay, de peur d'offenser les oreilles chastes.

Du depuis ledict Chanzay fut rachepté par les siens, qui sont gens d'honneur et de bonne maison en Bretagne, et qui appartiennent à beaucoup de grands, comme à M. le connestable qui aimoit fort son frère aisné, et qui luy ayda beaucoup à cette délivrance, laquelle ayant eue, il vint à la cour, et nous en conta fort à M. d'Estrozze et à moy de plusieurs choses, et entre autres il nous fit ces comptes.

Que dirons-nous maintenant d'aucuns marys qui ne se contentent de se donner du contentement et du plaisir paillard de leurs femmes, mais en donnent de l'appétit, soit à leurs compaignons et amys, soit à d'autres? Ainsi que j'en ay cogneu plusieurs qui leur louent leurs femmes, leur disent leurs beautez, leur figurent leurs membres et partyes du corps, leur représentent leurs plaisirs qu'ils ont avec elles, et leurs follâtreries dont elles usent envers eux, les leur font baiser, toucher, taster, voire voir nues.

Que méritent-ils ceux-là? sinon qu'on les face cocus bien à point, ainsi que fit Gigès, par le moyen de sa bague[1], au roy Candaule, roy des Lydiens, lequel, sot qu'il estoit, luy ayant loué la rare beauté de sa femme, comme si le silence luy faisoit tort et

---

[1]. L'histoire de l'anneau magique de Gygès est racontée pour la première fois dans le deuxième livre de la *République* de Platon. Cicéron y a fait allusion, dans son *De officiis*, liv. III, chap. IX. — Quant à l'histoire de Candaule, elle se trouve dans Hérodote, liv. I, chap. VIII et suivants.

dommage, et puis la luy ayant monstrée toute nue, en devint si amoureux qu'il en jouit à son gré, et le fit mourir, et s'impatronisa de son royaume. On dit que la femme en fut si désespérée pour avoir esté représentée ainsi, qu'elle força Gigès à ce mauvais tour, en luy disant : « Ou celuy qui t'a pressé et con-« seillé de telle chose, faut qu'il meure de ta main, « ou toy, qui m'as regardée toute nue, que tu meures « de la main d'un autre. » Certes, ce roy estoit bien de loisir[1] de donner ainsi appétit d'une viande nouvelle, si belle et bonne, qu'il devoit tenir si chère.

Louis, duc d'Orléans, tué à la porte Barbette, à Paris[2], fit bien au contraire (grand débauscheur des dames de la cour, et tousjours des plus grandes); car, ayant avec luy couché une fort belle et grande dame, ainsi que son mary vint en sa chambre pour luy donner le bonjour, il alla couvrir la teste de sa dame, femme de l'autre, du linceul, et luy descouvrit tout le corps, luy faisant voir tout nud et toucher à son bel aise, avec défense expresse sur la vie de n'oster le linge du visage, ny la descouvrir aucunement, à quoy il n'osa contrevenir, luy demandant par plusieurs fois ce qui luy sembloit de ce beau corps tout nud : l'autre en demeura tout esperdu et grandement satisfait. Le duc luy bailla congé de sortir de la chambre, ce qu'il fit sans avoir jamais pû cognoistre que ce fust sa femme.

S'il l'eust bien veue et recogneue toute nue, comme plusieurs que j'ay veu, il l'eust cogneue à plusieurs

1. *Être bien de loisir*, avoit bien à faire.
2. En 1407.

sis¹, possible; dont il fait bon les visiter quelquesfois par le corps.

Elle, après son mary party, fut interrogée de M. d'Orléans si elle avoit eu l'allarme et peur. Je vous laisse à penser ce qu'elle en dist et la peine et l'altère en laquelle elle fut l'espace d'un quart d'heure; car il ne falloit qu'une petite indiscrétion, ou la moindre désobéissance que son mary eust commis pour lever le linceul; il est vray, ce dist M. d'Orléans, mais qu'il l'eust tué aussitost pour l'empescher du mal qu'il eust faict à la femme.

Et le bon fut de ce mary, qu'estant la nuict d'amprès couché avec sa femme, il luy dit que M. d'Orléans luy avoit fait voir la plus belle femme nue qu'il vit jamais, mais, quant au visage, qu'il n'en sçavoit que rapporter, d'autant qu'il luy avoit interdit². Je vous laisse à penser ce qu'en pouvoit dire sa femme dans sa pensée. Et de cette dame tant grande et de M. d'Orléans, on dit que sortit ce brave et vaillant bastard d'Orléans, le soustien de la France et le fléau de l'Angleterre, et duquel est venue ceste noble et généreuse race des comtes de Dunois.

Or, pour retourner encor à nos marys prodigues de la veue de leurs femmes nues, j'en sçay un qui, pour un matin, un sien compagnon l'estant allé voir dans sa chambre ainsi qu'il s'habilloit, luy monstra sa femme toute nue, estendue tout de son long toute endormie, et s'estant elle-mesme osté ses linceuls de

---

1. *Si*, signe.

2. Une anecdote du même genre forme le fonds de la première des *Cent Nouvelles nouvelles*.

dessus elle, d'autant qu'il faisoit grand chaud, luy tira le rideau à demy, sy bien que le soleil levant donnant dessus elle, il eut loisir de la bien contempler à son aise, où il ne vid rien que tout beau en perfection; et y put paistre ses yeux, non tant qu'il eust voulu, mais tant qu'il put; et puis le mary et luy s'en allèrent chez le roy.

Le lendemain, le gentilhomme qui estoit fort serviteur de ceste dame honneste, luy racconta ceste vision, et mesme luy figura beaucoup de choses qu'il avoit remarquées en ses beaux membres, jusques aux plus cachez; et si le mary le luy confirma, et que c'estoit luy-mesme qui en avoit tiré le rideau. La dame, de despit qu'elle conceut contre son mary, se laissa aller et s'octroya à son amy par ce seul sujet; ce que tout son service n'avoit sceu gaigner.

J'ay cogneu un très-grand seigneur qui, un matin, voulant aller à la chasse, et ses gentilshommes l'estant venu trouver à son lever, ainsi qu'on le chaussoit, et avoit sa femme couchée près de luy et qui luy tenoit son cas en pleine main, il leva si promptement la couverture qu'elle n'eut loisir de lever la main où elle estoit posée, que l'on l'y vit à l'aise et la moitié de son corps; et en se riant, il dit à ces messieurs qui estoyent présents : « Et bien, messieurs, ne vous ai-je pas faict voir choses et autres « de ma femme? » Laquelle fut si dépite de ce trait, qu'elle luy en voulut un mal extresme, et mesme pour la surprise de ceste main; et, possible, depuis elle le luy rendit bien.

J'en sçay un autre d'un grand seigneur, lequel, connoissant qu'un sien amy et parent estoit amoureux de sa femme, fust ou pour luy en faire venir l'envie davantage, ou du dépit et désespoir qu'il pouvoit concevoir de quoy il avoit eu une si belle femme et luy n'en tastoit point, la luy monstra un matin, l'estant allé voir, dans le lict tous deux couchez ensemble, à demye nue : et si fit bien pis, car il luy fit cela devant luy-mesme, et la mit en besogne comme si elle eust esté à part; encor prioit-il cet amy de bien voir le tout, et qu'il faisoit tout cela à sa bonne grace. Je vous laisse à penser si la dame, par une telle privauté de son mary, n'avoit pas occasion de faire à son amy l'autre toute entière, et à bon escient, et s'il n'estoit pas bien employé qu'il en portast les cornes.

J'ay ouy parler d'un autre, et grand seigneur, qui le faisoit ainsi à sa femme devant un grand prince, son maistre, mais c'estoit par sa prière et commandement, qui se délectoit à tel plaisir. Ne sont-ils pas donc ceux-là coulpables, puisqu'ayant esté leurs propres maquereaux, en veulent estre les bourreaux?

Il ne faut jamais monstrer sa femme nue, ny ses terres, pays et places, comme je tiens d'un grand capitaine, à propos de feu M. de Savoye[1], qui desconseilla et dissuada nostre roy Henry dernier, quand, à son retour de Poulogne, il passa par la Lombardie, de n'aller ny entrer dans la ville de Milan, luy alléguant que le roy d'Espagne en pourroit prendre quelque ombre : mais ce ne fut pas cela; il craignoit que le roy y estant, et la visitant bien à point, et contemplant sa beauté, richesse et grandeur, qu'il

---

1. Emmanuel-Philibert.

ne fust tenté d'une extresme envie de la ravoir et reconquérir par bon et juste droict comme avoyent fait ses prédécesseurs. Et voylà la vraye cause, comme dit un grand prince qui le tenoit du feu roy, qui cognoissoit ceste encloueure. Mais, pour complaire à M. de Savoye, et ne rien altérer du costé du roy d'Espagne, il prit son chemin à costé, bien qu'il eust toutes les envies du monde d'y aller, à ce qu'il me fit cet honneur, quand il fut de retour à Lion, de me le dire : en quoy ne faut douter que M. de Savoye ne fust plus Espagnol que François.

J'estime les marys aussi condamnables, lesquels, après avoir receu la vie par la faveur de leurs femmes, en demeurent tellement ingrats, que, pour le soupçon qu'ils ont de leurs amours avec d'autres, les traittent très-rudement, jusques à attenter sur leurs vies. J'ay ouy parler d'un seigneur sur la vie duquel aucuns conjurateurs ayant conjuré et conspiré, sa femme, par supplication, les en destourna, et le garantit d'estre massacré ; dont depuis elle en a esté très-mal recogneue, et traittée très-rigoureusement.

J'ay veu aussi un gentilhomme, lequel ayant esté accusé et mis en justice pour avoir faict très-mal son devoir à secourir son général en une bataille[1], si bien qu'il le laissa tuer sans aucune assistance ny secours, estant près d'estre sentencié et d'estre condamné d'avoir la teste tranchée, nonobstant vingt mille escus qu'il présenta pour avoir la vie sauve, sa femme, ayant parlé à un grand seigneur de par le

---

1. Sainte-Soline qui abandonna Strozzi à la bataille navale de Tercère. Voyez tome IV, p. 23.

monde, et couché avec luy par la permission et supplication dudict mary, ce que l'argent n'avoit pu faire, sa beauté et son corps l'exécuta; et luy sauva la vie et la liberté. Du despuis il la traitta si mal que rien plus. Certes, tels marys, cruels et enragez, sont très-misérables.

D'autres en ay-je cogneu qui n'ont pas fait de mesme, car ilz ont bien sceu recognoistre le bien d'où il venoit, et honoroyent ce bon trou toute leur vie, qui les avoit sauvez de mort.

Il y a encor une autre sorte de cocus, qui ne se sont contentez d'avoir esté ombrageux en leur vie, mais allans mourir et sur le poinct du trespas le sont encores; comme j'en ay cogneu un qui avoit une fort belle et honneste femme, mais pourtant qui ne s'estoit point tousjours estudiée à luy seul, ainsi qu'il vouloit mourir, il luy disoit : « Ah! ma mye, je m'en « vais mourir! Et plust à Dieu que vous me tinssiez « compagnie, et que vous et moy allassions ensemble « en l'autre monde! Ma mort ne m'en seroit si « odieuse, et la prendrois plus en gré. » Mais la femme, qui estoit encor très-belle et jeune de trente-sept ans, ne le voulut point suivre ny croire pour ce coup là, et ne voulut faire la sotte, comme nous lisons de Evadné[1], fille de Mars et de Thébé, femme de Capanée[1], laquelle l'ayma si ardemment, que, luy estant mort, aussitost que son corps fut jetté

---

1. Le manuscrit porte *Devanne*, erreur de copiste qui n'existe pas dans les anciennes éditions. Euripide, dans les *Suppliantes*, a mis en scène la mort héroïque d'Evadné; mais ce n'est certainement pas là que Brantôme a pris le fait; il l'a probablement tiré des *Images ou tableaux de platte peinture* de Philostrate, traduc-

dans le feu, elle s'y jetta après toute vive, et se brusla et se consuma avec luy par une grande constance et force, et ainsi l'accompaigna à sa mort.

Alceste fit bien mieux, car, ayant sceu par l'oracle que son mary Admette, roi de Thessalie, devoit mourir bientost si sa vie n'estoit racheptée par la mort de quelque autre de ses amis, elle soudain se précipita à la mort, et ainsy sauva son mary.

Il n'y a plus meshuy de ces femmes si charitables, qui veulent aller de leur gré dans la fosse avant leurs marys, ny les suivre. Non, il ne s'en trouve plus : les mères en sont mortes, comme disent les maquignons de Paris des chevaux, quand on n'en trouve plus de bons.

Et voylà pourquoy j'estimois ce mary, que je viens d'alléguer, malhabile de tenir ces propos à sa femme, si fascheux pour la convier à la mort, comme si ce fust esté quelque beau festin pour l'y convier. C'estoit une belle jalousie qui luy faisoit parler ainsy, qu'il concevoit en soy du déplaisir qu'il pouvoit avoir aux enfers là-bas, quand il verroit sa femme, qu'il avoit si bien dressée, entre les bras d'un sien amoureux ou de quelque autre mary nouveau.

Quelle forme de jalousie voilà, qu'il fallust que son mary en fust saisy alors, et qu'à tous les coups il luy disoit que, s'il en reschappoit, il n'endureroit plus d'elle ce qu'il avoit enduré! et, tant qu'il a vescu,

tion de Vigenère (voyez l'édition de 1602, in-4°, p. 965-968), ouvrage dont il s'est servi plus d'une fois. Néanmoins ce n'est pas dans ce livre qu'il a trouvé qu'Evadné, à qui Euripide donne pour père Phylax et pour mère Iphis, était fille de Mars et de Thébé.

il n'en avoit point esté atteint, et luy laissoit faire à son bon plaisir.

Ce brave Tancrède [1] n'en fit pas de mesme, luy qui d'autrefois se fit jadis tant signaler en la guerre sainte. Estant sur le point de la mort, et sa femme près de luy dolénte, avec le comte de Tripoly, il les pria tous deux après sa mort de s'espouser l'un l'autre, et le commanda à sa femme; ce qu'ils firent.

Pensez qu'il en avait veu quelques approches d'amour en son vivant; car elle pouvoit estre aussi bonne vesse que sa mère, la comtesse d'Angou [2], laquelle, après que le comte de Bretagne l'eut entretenue longuement, elle vint trouver le roy de France Philippes, qui la mena de mesmes, et lui fit cette fille bastarde qui s'appella Cicile, et puis la donna en mariage à ce valeureux Tancrède, qui certes, par ses beaux exploicts, ne méritoit d'estre cocu.

Un Albanois, ayant esté condamné de-là les monts d'estre pendu pour quelque forfait, estant au service du roy de France, ainsi qu'on le vouloit mener au supplice, il demanda à voir sa femme et luy dire adieu, qui estoit une très-belle femme et très-agréable.

---

1. « Tancrède, se voyant près de mourir, fit appeler près de lui, dit Guillaume de Tyr (liv. XI), sa femme Cécile, fille du roi des Français Philippe, et le jeune fils de Bertrand, comte de Tripoli, Pons, qu'il avait alors à son service, et leur conseilla, dit-on, à tous les deux de s'épouser après sa mort. » C'est en effet ce qu'ils firent après la mort de Bertrand, qui suivit de près celle de Tancrède (1112).

2. Bertrade, femme de Foulques le Réchin comte d'Anjou, fut enlevée à son mari par Philippe Ier, roi de France, qui en eut plusieurs enfants et entre autres la Cécile dont il est question dans la note précédente.

Ainsi donc qu'il luy disoit adieu, en la baisant il luy tronçonna tout le nez avec belles dents et le luy arracha de son beau visage. En quoy la justice l'ayant interrogé pourquoy il avoit fait cette villainie à sa femme, il respondit qu'il l'avoit fait de belle jalousie, « d'autant, ce disoit-il, qu'elle est très-belle; et pour ce « après ma mort je sais qu'elle sera aussitost recher- « chée et aussitost abandonnée à un autre de mes « compaignons, car je la cognois fort paillarde, et « qu'elle m'oublieroit incontinent. Je veux donc « qu'après ma mort elle ait de moy souvenance, « qu'elle pleure et qu'elle soit affligée; si elle ne l'est « par ma mort, au moins qu'elle le soit pour estre « défigurée, et qu'aucun de mes compagnons n'en « aye le plaisir que j'ai eu avec elle. » Voilà un terrible jaloux!

J'en ay ouy parler d'autres qui, se sentans vieux, caducs, blessez, atténuez et proches de la mort, de beau dépit et de jalousie secrètement ont advancé les jours à leurs moitiez, même quand elles ont esté belles.

Or, sur ces bizarres humeurs de ces marys tyrans et cruels, qui font mourir ainsi leurs femmes, j'ai ouy faire une dispute, sçavoir-mon : s'il est permis aux femmes, quand elles s'apperçoivent ou se doutent de la cruauté et massacre que leurs marys veulent exercer envers elles, de gaigner le devant et de jouer à la prime, et, pour se sauver, les faire jouer les premiers, et les envoyer devant faire les logis en l'autre monde.

J'ay ouy maintenir qu'ouy, et qu'elles le peuvent faire, non selon Dieu, car tout meurtre est défendu, ainsi que j'ai dict, mais, selon le monde, prou : et se fondent sur ce mot, qu'il vaut mieux prévenir que d'être prévenu : car enfin chacun doit être curieux de sa vie : et puisque Dieu nous l'a donnée, la faut garder jusques à ce qu'il nous appelle par nostre mort. Autrement, sçachant bien leur mort, et s'y aller précipiter, et ne la fuir quand elles peuvent, c'est se tuer soy-même, chose que Dieu abhorre fort; parquoy c'est le meilleur de les envoyer en ambassade devant, et en parer le coup, ainsi que fit Blanche d'Auverbruckt à son mary le sieur de Flavy, capitaine de Compiègne et gouverneur, qui trahit et fut cause de la perte et de la mort de la Pucelle d'Orléans. Et cette dame Blanche ayant sceu que son mary la vouloit faire noyer, le prévint, et, avec l'ayde de son barbier, l'estouffa et l'estrangla, dont le roy Charles septiesme luy en donna aussitost sa grace; à quoy aussi ayda bien la trahison du mary pour l'obtenir, possible, plus que toute autre chose. Cela se trouve aux *Annales de France,* et principalement celles de *Guyenne* [1].

De mesme en fit une madame de la Borne [2], du règne du roy François premier, qui accusa et defféra son mary à la justice, de quelques follies faites et crimes, possible énormes, qu'il avoit fait avec elle et

1. Voyez *Annales d'Aquitaine,* f° 140 v°.
2. Jeanne de Montal, fille d'Aymery, seigneur de Montal, et de Jeanne de Balzac, épousa en 1525 Charles d'Aubusson, seigneur de la Borne, qui, convaincu de violences contre quelques monastères et contre ses vassaux, fut condamné à mort par arrêt du grand Conseil, le 23 février 1533, et décapité le même jour au pilori, à Paris. « Une généalogie manuscrite, dit le P. Anselme

autres, le fit constituer prisonnier, sollicita contre luy, et luy fit trancher la teste. J'ay ouy faire ce compte à ma grand-mère, qui la disoit de bonne maison et belle femme. Celle-là gaigna bien le devant.

La reine Jeanne de Naples première en fit de mesmes à l'endroict de l'infant de Majorque, son tiers mary, à qui elle fit trancher la teste pour la raison que j'ay dit en son Discours[1]; mais il pouvoit bien estre qu'elle se craignoit de luy, et le vouloit dépescher le premier : à quoy elle avoit raison, et toutes ses semblables, de faire de mesme quand elles se doubtent de leurs gallants.

J'ay ouy parler de beaucoup de dames qui bravement se sont eschappées par ceste façon; et mesmes j'en ay cogneu une, laquelle, ayant esté trouvée avec son amy par son mary, il n'en dit rien ny à l'un ny à l'autre, mais s'en alla courroucé, et la laissa là-dedans avec son amy, fort panthoise et désolée et en altération. Mais la dame fut résolue jusques là de dire : « Il ne m'a rien dict ny faict pour ce coup, je « crains qu'il me la garde bonne et sous mine; mais, « si j'estois asseurée qu'il me deust faire mourir, j'ad- « viserois à lui faire sentir la mort le premier. » La fortune fut si bonne pour elle au bout de quelque

---

(tome V, p. 355), dressée en 1657 par Pierre Robert, président et lieutenant général de la Basse-Marche au siége de Dorat, porte que les galanteries de cette dame, pour lesquelles son mari l'avait maltraitée, furent cause de sa mort, elle-même ayant fait rechercher la conduite de son mari, et que ses poursuites le conduisirent sur l'échafaud. »

1. Voyez tome VIII, p. 150.

temps, qu'il mourut de soy-mesme; dont bien luy en prit, car oncques puisil ne luy avoit pas fait bonne chère, quelque recherche qu'elle luy fit.

Il y a encores une autre dispute et question sur ces fous enragez et marys, dangereux cocus, à sçavoir sur lesquels des deux ilz se doivent prendre et vanger, ou sur leurs femmes, ou sur leurs amans.

Il y en a qui ont dit seulement sur la femme, se fondant sur ce proverbe italien qui dit que *morta la bestia, morta la rabbia o veneno*[1]; pensans, ce leur semble, estre bien allégé de leur mal quand ilz ont tué celle qui fait la douleur, ny plus ny moins que font ceux qui sont mordus ou piquez de l'escorpion : le plus souverain remède qu'ils ont, c'est de le prendre, tuer ou l'escarbouiller, et l'appliquer sur la morsure ou playe qu'il a faite ; et disent volontiers et coustumièrement que ce sont les femmes qui sont plus punissables. J'entends des grandes dames et de haute guise, et non des petites, communes et de basse marche; car ce sont elles, par leurs beaux attraits, privautez, commandemens et paroles, qui attaquent les escarmouches, et que les hommes ne les font que soustenir ; et que plus sont punissables ceux qui demandent et lèvent guerre, que ceux qui la défendent; et que bien souvent les hommes ne se jettent en tels lieux périlleux et hauts, sans l'appel des dames, qui leur signifient en plusieurs façons leurs amours; ainsi qu'on voit qu'en une grande, bonne et forte ville de frontière, il est fort malaisé d'y faire entreprise ny surprise, s'il n'y a quelque intelligence sourde parmy

---

1. Morte la bête, morte la rage ou le venin.

aucuns de ceux du dedans, ou qui ne vous y poussent, attirent, ou leur tiennent la main.

Or, puisque les femmes sont un peu plus fragiles que les hommes, il leur faut pardonner, et croire que, quand elles se sont mises une fois à aymer et mettre l'amour dans l'âme, qu'elles l'exécutent à quelque prix que ce soit, ne se contentans, non pas toutes, de le couver là-dedans, et se consumer peu à peu, et en devenir seiches et allanguies, et pour ce en effacer leur beauté, qui est cause qu'elles désirent en guérir et en tirer du plaisir, et ne mourir du mal de la furette [1], comme on dit.

Certes, j'ay cogneu plusieurs belles dames de ce naturel, lesquelles les premières ont plustost recherché leur androgine que les hommes, et sur divers sujets; les unes pour les voir beaux, braves, vaillants et agréables; les autres pour en escroquer quelque somme de *dinari* [2]; d'autres pour en tirer des perles, des pierreries, des robes de toille d'or et d'argent, ainsy que j'en ay veu qu'elles en faisoient autant de difficulté d'en tirer comme un marchand de sa denrée (aussi dit-on que femme qui prend se vend); d'autres pour avoir de la faveur de la cour; autres des gens de justice, comme plusieurs belles que j'ay cogneu qui, n'ayans pas bon droit, le faisoyent bien venir par leur cas et par leurs beautez; et d'autres pour en tirer la suave substance de leur corps.

---

1. C'est de l'hermine et non de la femelle du furet que l'on racontait qu'elle aimait mieux se laisser prendre par les chasseurs que de salir la blancheur de sa robe.
2. D'argent.

J'ay veu plusieurs femmes si amoureuses de leurs amants, que quasi elles les suivoyent ou couroient à force, et dont le monde en portoit la honte pour elles.

J'ay cogneu une fort belle dame si amoureuse d'un seigneur de par le monde, qu'au lieu que les serviteurs ordinairement portent les couleurs de leurs dames, celle-cy au contraire les portoit de son serviteur. J'en nommerois bien les couleurs, mais elles feroyent une trop grande descouverte.

J'en ay cogneu une autre, de laquelle le mary ayant fait un affront à son serviteur en un tournoy qui fut fait à la cour, cependant qu'il estoit en la salle du bal et en faisoit son triomphe, elle s'habilla, de despit, en homme, et alla trouver son amant, et luy porter par un momon son cas, tant elle en estoit si amoureuse qu'elle en mouroit.

J'ay cogneu un honneste gentilhomme, et des moins déchirez de la cour, lequel ayant envie un jour de servir une fort belle et honneste dame s'il en fut onc, parce qu'elle luy en donnoit beaucoup de sujets de son costé, et de l'autre il faisoit du retenu pour beaucoup de raisons et respects, cette dame pourtant y ayant mis son amour, et à quelque hasard que ce fust elle en avoit jetté le dé, ce disoit-elle, elle ne cessa jamais de l'attirer tout à soy par les plus belles parolles de l'amour qu'elle peut dire; dont entr'autres estoit celle-cy : « Permettez au moins que je vous « ayme si vous ne me voulez aymer, et n'arregardez « à mes mérites, mais à mes affections et passions, » encor certes qu'elle emportast le gentilhomme au poids en perfections. Là-dessus qu'eust pû faire le gentilhomme? sinon aimer, puisqu'elle l'aimoit, et la servir, puis demander le sallaire et récompense de son service, qu'il eut, comme la raison veut que quiconque sert faut qu'on le paye.

J'alléguerois une infinité de telles dames plustost recherchantes que recherchées. Voilà donc pourquoy elles ont plus de coulpe que leurs amans; car si elles ont une fois entrepris leur homme, elles ne cessent jamais qu'elles n'en viennent au bout et ne l'attirent par leurs regards attirans, par leurs beautez, par leurs gentilles graces qu'elles s'estudient à façonner en cent mille façons, par leurs fards subtillement applicquez sur leur visage si elles ne l'ont beau, par leurs beaux attiffets, leurs riches et gentilles coiffures et tant bien accommodées, et leurs pompeuses et superbes robes, et surtout par leurs paroles friandes et à demy lascives, et puis par leurs gentils et follastres gestes et privautez, et par présens et dons. Et, voilà comment ilz sont pris; et estans ainsi pris, il faut qu'ils les prennent; et par ainsi dit-on que leurs marys se doivent vanger sur elles.

D'autres disent qu'il se faut prendre qui peut sur les hommes, ny plus ny moins que sur ceux qui assiégent une ville; car ce sont eux qui premiers font faire les chamades, les somment, qui premiers recognoissent, premiers font les approches, premiers dressent gabionnades et cavalliers et font les tranchées, premiers font les batteries, ou premiers vont à l'assaut, premiers parlementent : ainsi dit-on des amants. Car comme les plus hardis, vaillants et résolus assaillent le fort de pudicité des dames, lesquelles, après toutes les formes d'assaillemens observées par grandes importunitez, sont contraintes de faire le signal et recevoir leurs doux ennemis dans leurs forteresses. En quoy me semble qu'elles ne sont si coulpables qu'on diroit bien; car se défaire d'un importun est bien malaisé sans y laisser du sien; aussi que j'en ay veu plusieurs qui, par longs services et persévérances, ont jouy de leurs maistresses, qui dez le commencement ne leur eussent donné, pour manière de dire, leur cul à baiser; les contraignant jusques-là, au moins aucunes, que la larme à l'œil leur donnoyent de cela, n'y plus ni moins comme l'on donne à Paris bien souvent l'aumosne aux gueux de l'hostière[1], plus par leur importunité que de dévotion ny pour l'amour de Dieu : ainsi font plusieurs femmes, plustost pour estre trop importunées que pour estre amoureuses, et mesmes à l'endroit d'aucuns grands, lesquels elles craignent et n'osent leur refuser à cause de leur autorité; de peur de leur desplaire et en recevoir puis après de l'escandale, ou un affront signalé, ou plus grand descriement de leur honneur, comme j'en ay veu arriver de grands inconvéniens sur ces sujets.

Voilà pourquoy les mauvais marys, qui se plaisent tant au sang et au meurtre et mauvais traittemens de leurs femmes, n'y doivent être si prompts, mais premièrement faire une enqueste sourde de toutes choses, encor que telle connoissance leur soit fort fascheuse et fort sujette à s'en gratter la teste qui leur en démange, et mesmes qu'aucuns, misérables qu'ilz sont, leur en donnent toutes les occasions du monde.

---

1. *Hostiere*, hôtellerie; en italien *osteria*, et en espagnol *hosteria*.

Ainsi que j'ay cogneu un grand prince estranger qui avoit espousé une fort belle et honneste femme; il en quitta l'entretien pour le mettre à une autre femme qu'on tenoit pour courtisane de réputation, d'autres que c'estoit une dame d'honneur qu'il avoit débauschée; et ne se contentant de cela, quand il la faisoit coucher avec luy, c'estoit en une chambre basse par dessous celle de sa femme et dessous son lict; et lorsqu'il vouloit monter sur sa maistresse, ne se contentant du tort qu'il luy faisoit, mais, par une risée et moquerie, avec une demye pique, il frappoit deux ou trois coups sur le plancher, et s'escrioit à sa femme : « Brindes[1], ma femme! » Ce desdain et mespris dura quelques jours et fascha fort à sa femme, qui de désespoir et de vengeance, s'accosta d'un fort honneste gentilhomme à qui elle dit un jour privément : « Un tel, je veux que vous jouissiez de moy, « autrement je sçay un moyen pour vous ruiner. » L'autre, bien content d'une si belle adventure, ne la refusa pas. Parquoy, ainsi que son mary avoit s'amie, entre les bras, et elle aussi son amy, ainsi qu'il luy crioit : « Brindes! » Elle luy respondoit de mesmes : « Et moy à vous; » ou bien; « Je m'en vois vous « pleiger. » Ces brindes et ces paroles et responses, de telle façon et mode qu'ils s'accommodoient en leur montures, durèrent assez longtemps, jusques à ce que ce prince fin et douteux[2], se douta de quelque chose; et y faisant faire le guet, trouva que sa femme

---

1. A votre santé; de l'espagnol *brindis*. En italien on dit auss . *far brindisi, brindare*, pour trinquer.
2. *Douteux*, méfiant.

le faisoit gentiment cocu, et faisoit brindes aussi bien que luy par revange et vengeance. Ce qu'ayant bien au vray cogneu, tourna et changea sa commédie en tragédie; et l'ayant pour la dernière fois conviée à son brindes, et elle luy ayant rendu sa réponse et son change, monta soudain en haut, et ouvrant et faussant la porte, entre dedans et luy remonstre son tort; et elle de son costé luy dit : « Je sçay bien que je suis
« morte : tue-moy hardiement; je ne crains point la
« mort; et la prens en gré, puisque je me suis vengée
« de toy, et que je t'ay fait cocu et bec cornu, toy
« m'en ayant donné occasion, sans laquelle je ne
« me fusse jamais forfaitte; car je t'avois voué toute
« fidélité, et je ne l'eusse jamais violée pour tous
« les beaux sujets du monde : tu n'estois pas digne
« d'une si honneste femme que moy. Or, tue-moi
« donc à st'heure, et, si tu as quelque pitié en ta
« main, pardonne, je te prie, à ce pauvre gentil-
« homme, qui de soy n'en peut mais, car je l'ay
« appellé et pressé à mon ayde pour ma vengeance. »
Le prince, par trop cruel, sans aucun respect les tue tous deux. Qu'eust fait là dessus cette pauvre princesse sur ces indignitez et mespris de mary, sinon, à la désespérade pour le monde, faire ce qu'elle fit? D'aucuns l'excuseront, d'autres l'accuseront; il y a beaucoup de pièces et raisons à rapporter là-dessus.

Dans les *Cent Nouvelles* de la reine de Navarre [1] y a celle et très-belle de la reine de Naples, quasi pareille à celle-cy, qui de mesmes se vengea du roy son mary; mais la fin n'en fut si tragique.

---

1. Voyez la *Nouvelle* III.

Or laissons-là ces diables et fols enragez cocus, et n'en parlons plus, car ils sont odieux et mal plaisants, d'autant que je n'aurois jamais fait si je les voulois tous descrire, aussi que le sujet n'en est beau ny plaisant. Parlons un peu des gentils cocus, et qui sont bons compagnons, de douce humeur, d'agréable fréquentation et de sainte patience, débonnaires, traittables, fermans les yeux et bons hommenas.

Or de ces cocus il y en a qui le sont en herbe, il y en a qui le sçavent avant se marier, c'est-à-dire que leurs dames, veufves et damoiselles, ont fait le sault; et d'autres n'en sçavent rien, mais les espousent sur leur foy, et de leurs pères et mères, et de leurs parents et amis.

J'en ay cogneu plusieurs qui ont espousé beaucoup de femmes et de filles qu'ils sçavoyent bien avoir esté repassées en la monstre d'aucuns rois, princes, seigneurs, gentilshommes et plusieurs autres; et pourtant ravis de leurs amours, de leurs biens, de leurs joyaux, de leur argent qu'elles avoyent gaigné au mestier amoureux, n'ont fait aucun scrupule de les épouser. Je ne parleray point à st'heure que des filles.

J'ay ouy parler d'une fille d'un très-grand et souverain [1], laquelle, estant amoureuse d'un gentilhomme, se laissant aller à luy de telle façon qu'ayant recueilly les premiers fruits de son amour, en fut si

---

1. Brantôme veut sans doute parler de la sœur de Henri II, Marguerite de France, dont le mariage avec le duc de Savoie coûta si cher à la France. Voyez tome VIII, p. 129-131.

friande qu'elle le tint un mois entier dans son cabinet, le nourrissant de restaurens, de bouillons friands, de viandes délicates et rescaldatives, pour l'allambiquer mieux et en tirer sa substance; et ayant fait sous luy son premier apprentissage, continua ses leçons sous luy tant qu'il vesquit, et sous d'autres; et puis elle se maria en l'âge de quarante-cinq ans à un seigneur, qui n'y trouva rien à dire, encor bien aise pour le beau mariage qu'elle lui porte.

Boccace, dit un proverbe qui couroit de son temps, que *bouche baisée* (d'autres disent *fille f.*) *ne perd jamais sa fortune, mais bien la renouvelle, ainsi que fait la lune*[1]. Et ce proverbe allègue-il sur un conte[2] qu'il fait de cette fille si belle du sultan d'Égypte, laquelle passa et repassa par les piques de neuf divers amoureux, les uns après les autres, pour le moins plus de trois mille fois. Enfin elle fut rendue au roy de Garbe toute vierge, cela s'entend prétendue, aussi bien que quand elle lui fut du commencement compromise, et n'y trouva rien à dire, encor bien aise : le conte en est très-beau.

J'ay ouy dire à un grand qu'entre aucuns grands, non pas tous volontiers, on n'arregarde à ces filles là, bien que trois ou quatre les ayent passé par les mains et par les piques avant leur estre marys; et disoit cela sur un propos d'un seigneur qui estoit grande-

---

1. Et percio si disse : bocca basciata non perde ventura, anzi rinnuova come fa la luna. C'est la dernière phrase du conte que cite Brantôme.

2. Ce conte que la Fontaine a mis en vers sous le titre de *la Fiancée du roi de Garbe* est la septième Nouvelle de la seconde journée du *Décaméron*.

ment amoureux d'une grand' dame, et un peu plus qualifiée que luy, et elle l'aimoit aussi; mais il survint empeschement qu'ils ne s'espousèrent comme ilz pensoyent l'un et l'autre ; sur quoy ce gentilhomme grand, que je viens de dire, demanda aussitôt : « A-il « monté au moins sur la petite beste? » Et ainsi qu'il luy fut respondu que non, à son advis, encor qu'on le tînt : « Tant pis, réplicqua-il, car au moins et l'un « et l'autre eussent eu ce contentement, et n'en fust « esté autre chose. » Car parmy les grands on n'arregarde à ces reigles et scrupules de pucellage, d'autant que pour ces grandes alliances il faut que tout passe. Encores trop heureux sont-ils les bons marys et gentils cocus en herbe.

Lorsque le roy Charles fit le tour de son royaume, il fut laissé en une bonne ville que je nommerois bien, une fille dont venoit accoucher une fille de très-bonne maison[1]; si fut donnée en garde à une pauvre femme de ville pour la nourrir et avoir soin d'elle, et luy fut avancé deux cens escus pour la nourriture. La pauvre femme la nourrit et la gouverna si bien, que dans quinze ans elle devint trèsbelle et s'abandonna; car sa mère onques puis n'en fit cas, qui dans quatre mois se maria avec un très-

---

1. Isabelle de la Tour, demoiselle de Limeuil, maîtresse du prince de Condé. Elle accoucha à Lyon, pendant le voyage de la cour, en juin ou juillet 1564. Les auteurs du temps, qui ont parlé de sa mésaventure, lui donnent non pas une fille, comme le dit Brantôme, mais un fils qui mourut peu après sa naissance, s'il faut s'en rapporter à un pamphlet calviniste. Isabelle de Limeuil, malgré ce scandale, épousa ensuite Scipion Sardini, baron de Chaumont-sur-Loire. — Voyez Bayle, art. LIMEUIL.

grand. Ah! que j'en ay cogneu de tels et de telles où l'on n'y a advisé en rien!

J'ouys une fois, estant en Espagne, conter qu'un grand seigneur d'Andalousie ayant marié une sienne sœur avec un autre fort grand seigneur aussi, au bout de trois jours que le mariage fut consommé il luy dit : *Señor hermano, agora que soys cazado con my hermana, y l'haveys bien godida solo, yo le hago saher que siendo hija, tal y tal gozaron d'ella. De lo pasado no tenga cuydado, que poca cosa es. Del futuro guardate, que mas y mucho a vos toca*[1]. Comme voulant dire que ce qui est fait est fait, il n'en faut plus parler, mais qu'il se faut garder de l'advenir, car il touche plus l'honneur que le passé.

Il y en a qui sont de cet humeur, ne pensans estre si bien cocus par herbe comme par la gerbe, en quoy it y a de l'apparence.

J'ay ouy aussi parler d'un grand seigneur estranger[2], lequel ayant une fille des plus belles du monde, et estant recherchée en mariage d'un autre grand seigneur qui la méritoit bien, luy fut accordée par le père; mais avant qu'il la laissât jamais sortir de la maison, il en voulut taster, disant qu'il ne vouloit laisser si aisément une si belle monture qu'il avoit si curieusement élevée, que premièrement il n'eust

---

1. « Monsieur mon frère, présentement que vous êtes marié
« avec ma sœur, et que vous en jouissez seul, je vous fais savoir
« qu'étant fille, tel et tel en ont joui. Ne vous inquiétez point du
« passé, parce que c'est peu de chose; mais gardez-vous de l'a-
« venir, qui vous touche plus et beaucoup. »

2. Brantôme veut-il parler du pape Alexandre VI ou du grand duc Cosme Ier?

monté dessus et sceu ce qu'elle sçauroit faire à l'advenir. Je ne sçay s'il est vray, mais je l'ay ouy dire, et que non seulement luy en fit la preuve, mais bien un autre beau et brave gentilhomme; et pourtant le mary par après n'y trouva rien amer, sinon que tout sucre. Il eust esté bien dégousté s'il eust faict autrement, car elle estoit des belles du monde[1].

J'ay ouy parler de mesme de force autres pères, et surtout d'un très-grand, à l'endroit de leurs filles, n'en faisant non plus de conscience que le cocq de la fable d'Esope, qui, ayant esté rencontré par le renard et menacé qu'il le vouloit faire mourir, dont sur ce le cocq, rapportant tous les biens qu'il faisoit au monde, et surtout de la belle et bonne poulaille qui sortoit de luy : « Ha! dit le renard, c'est là où je « vous veux, monsieur le gallant; car vous estes si « paillard que vous ne faites difficulté de monter sur « vos filles comme sur d'autres poulles; » et pour ce le fit mourir. Voilà un grand justicier et politiq.

Je vous laisse donc à penser que peuvent faire aucunes filles avec leurs amants, car il n'y eut jamais fille sans avoir ou désirer un amy, et qu'il y en a que les pères, frères, cousins et parents ont fait de mesme.

De nos temps, Ferdinand, roy de Naples, cogneut ainsi par mariage, sa tante, fille du roy de Castille, en l'aage de treize à quatoze ans, mais ce fut par dispense du pape[2]. On faisoit lors difficulté si elle se

---

1. Cette phrase a été omise dans le manuscrit.
2. Ferdinand II épousa Jeanne, sœur de son père Alphonse II et fille de Ferdinand Ier, roi de Naples et non pas de Castille.

devoit ou pouvoit donner. Cela ressent pourtant son empereur Caligula, qui débauscha et repassa toutes ses sœurs les unes après les autres, pardessus lesquelles et sur toutes il aima extresmement la plus jeune, nommée Drusille, qu'estant petit garçon il avoit dépucellée; et puis estant mariée avec un Lucius Cassius Longinus, homme consulaire, il la luy enleva et l'entretint publiquement, comme si ce fust esté sa femme légitime; tellement qu'estant une fois tombé malade, il la fit héritière de tous ses biens, voire de l'empire. Mais elle vint à mourir, qu'il regretta si très-tant, qu'il en fit crier les vacations de la justice et cessation de tous autres œuvres, pour induire le peuple d'en faire avec luy un dueil public; et en porta longtemps longs cheveux et longue barbe; et quand il haranguoit le sénat, le peuple et ses gens de guerre, ne juroit jamais que par le nom de Drusille[1].

Pour quant à ses autres sœurs, après qu'il en fut saoul, il les prostitua et abandonna à de grands pages qu'il avoit nourris et cogneus fort vilainement : encor s'il ne leur eust faict aucun mal, passe, puisqu'elles l'avoyent accoustumé et que c'estoit un mal plaisant, ainsi que je l'ay veu appeler tel à aucunes filles estans dévirginées et à aucunes femmes prises à force ; mais il leur fit mille indignitez : il les envoya en exil, il leur osta toutes leurs bagues et joyaux pour en faire de l'argent, ayant brouillé et dépendu fort mal à propos tout le grand que Tybère luy avoit laissé; encor les pauvrettes, estans après sa mort retournées

---

[1]. Voyez Suétone, *Caligula*, ch. xxiv.

d'exil, voyant le corps de leur frère mal et fort pauvrement enterré sous quelques mottes, elles le firent désenterrer, le brusler et enterrer le plus honnestement qu'elles purent[1] : bonté certes grande de sœurs à un frère si ingrat et dénaturé!

L'Italien, pour excuser l'amour illicite de ses proches, dit que, *quando messer Bernardo, il buciacchi[2] sta in colera et in sua rabbia, non riceve legge, et non perdona a nissuna dama*[3].

Nous avons force exemples des anciens qui ont fait de mesme. Mais pour revenir à nostre discours, j'ay ouy conter d'un, qui ayant marié une belle et honneste damoiselle à un sien amy, et se vantant qu'il luy avoit donné une belle et honneste monture, saine, nette, sans surost et sans mallandre[4], comme il dist, et d'autant plus luy estoit obligé, il luy fut respondu par un de la compagnie, qui dit à part à un de ses compagnons : « Tout cela est bon et vray, si elle ne « fust esté montée et chevauchée si jeune et trop tost; « dont pour cela elle est un peu foulée sur le devant. »

Mais aussi je voudrois bien sçavoir à ces messieurs de maris, que si telles montures bien souvent n'avoient un si, ou à dire quelque chose en elles, ou quelque deffectuosité ou deffaut ou tare, s'ils en auroyent si bon marché, et si elles ne leur cousteroyent davantage? Ou bien, si ce n'estoit pour eux, on en

1. Suétone, *ibid.*, ch. LIX.
2. Il y a dans le manuscrit *bucieco*.
3. Quand messire Bernard le jeune bœuf est en colère et en rage, il n'écoute rien et n'épargne aucune dame.
4. *Surost*, suros, tumeur qui se forme à la jambe du cheval.
— *Malandre*, crevasse aux genoux d'un cheval.

accommoderoit bien d'autres qui le méritent mieux qu'eux, comme ces maquignons qui se défont de leurs chevaux tarez, ainsi qu'ils peuvent; mais ceux qui en sçavent les sys, ne s'en pouvant défaire autrement, les donnent à ces messieurs qui n'en sçavent rien; d'autant (ainsi que j'ay ouy dire à plusieurs pères) que c'est une fort belle défaitte que d'une fille tarée, ou qui le commence à l'estre, ou a envie en apparence de l'estre.

Que je connois de filles de par le monde qui n'ont pas porté leur pucelage au lict hyménéan, mais pourtant qui sont bien instruites de leurs mères, ou autres de leurs parentes et amyes, très-sçavantes maquerelles, de faire bonne mine à ce premier assaut; et s'aydent de divers moyens et inventions avec des subtilitez, pour le faire trouver bon à leurs marys et leur monstrer que jamais il n'y avoit esté fait brèche. La plus grand' part s'aydent à faire une grande résistance et deffense à cette pointe d'assaut, et à faire des opiniastres jusques à l'extrémité : dont il y a aucuns marys qui en sont très-contents, et croyent fermement qu'ils en ont eu tout l'honneur et fait la première pointe, comme braves et déterminez soldats; et en font leurs contes l'endemain matin qu'ils sont crestez comme petits cocqs ou joletz qui ont mangé force millet le soir, à leurs compagnons et amis, et mesmes, possible, à ceux qui ont les premiers entré en la forteresse sans leur sceu, qui en rient à part eux leur saoul et avec les femmes leur maistresses, qui se vantent d'avoir bien joué leur jeu et leur avoir donné belle.

Il y a pourtant aucuns marys ombrageux qui prennent mauvais augure de ces résistances, et ne se contentent point de les voir si rebelles; comme un que je sçay, qui, demandant à sa femme pourquoy elle faisoit ainsi de la farousche et de la difficultueuse, et si elle le desdaignoit jusques-là, elle, luy pensant faire son excuse et ne donner la faute à aucun desdain, luy dit qu'elle avoit peur qu'il luy fît mal. Il luy respondit : « Vous l'avez donc esprouvé, car nul « mal ne se peut connoistre sans l'avoir enduré? » Mais elle, subtile, le niant, réplicqua qu'elle l'avoit ainsi ouy dire à aucunes de ses compagnes qui avoient esté mariées, et l'en avoyent ainsi advisée. « Voilà de beaux advis et entretiens, » dit-il.

Il y a un autre remède dont ces femmes s'advisent, qui est de monstrer le lendemain de leurs nopces leur linge teint de gouttes de sang qu'espandent ces pauvres filles à la charge dure de leur despucellement, ainsi que l'on fait en Espagne, qui en monstrent publiquement par la fenestre ledict linge, en criant tout haut : « *Virgen la ienemos*. Nous la tenons pour « vierge. »

Certes, encor ay-je ouy dire, dans Viterbe cette coustume s'y observe tout de mesme. Et d'autant que celles qui ont passé premièrement par les piques ne peuvent faire cette monstre par leur propre sang, elles se sont advisées, ainsi que j'ay ouy dire, et que plusieurs courtisannes jeunes à Rome me l'ont asseuré elles-mesmes, pour mieux vendre leur virginité, de teindre ledict linge de gouttes de sang de pigeon, qui est le plus propre de tous : et le lendemain le mary le voit, qui en reçoit un extresme contentement, et croit fermement que ce soit du sang virginal de sa femme; et luy semble bien que c'est un gallant, mais il est bien trompé.

Sur quoy je feray ce plaisant conte d'un gentilhomme, lequel ayant eu l'esguillette nouée la première nuict de ses nopces, et la mariée, qui n'estoit pas de ces pucelles très-belles et de bonne part; se doutant bien qu'il deust faire rage, ne faillit, par l'advis de ses bonnes compagnes, matrosnes, parentes et bonnes amies, d'avoir le petit linge teint : mais le malheur fut tel pour elle, que le mary fut tellement noué qu'il ne put rien faire, encor qu'il ne tint pas à elle à luy en faire la monstre la plus belle et se parer au montoir le mieux qu'elle pouvoit, et au coucher beau jeu, sans faire de la farouche ny nullement de la diablesse, ainsi que les spectateurs, cachez à la mode accoustumée, rapportoient, afin de cacher mieux son pucellage dérobé d'ailleurs; mais il n'y eut rien d'exécuté.

Le soir, à la mode accoustumée, le resveillon ayant esté porté, il y eut un quidam qui s'advisa, en faisant la guerre aux nopces, comme on fait communément, de dérober le linge, qu'on trouva joliment teint de sang; lequel fut monstré soudain, et crié haut en l'assistance qu'elle n'estoit plus vierge, et que c'estoit ce coup que sa membrane virginale avoit esté forcée et rompue: le mary, qui estoit asseuré qu'il n'avoit rien faict, mais pourtant qu'il faisoit du gallant et vaillant champion, demeura fort estonné et ne sceut ce que vouloit dire ce linge teint, sinon qu'après avoir songé assez, se douta de quelque fourbe et astuce putanesques, mais pourtant n'en sonna jamais mot.

La mariée et ses confidentes furent aussi bien faschées et estonnées de quoy le mary avoit fait faux feu, et que leur affaire ne s'en portoit pas mieux. De rien pourtant n'en fut fait aucun semblant jusques au bout de huict jours, que le mary vint à avoir l'esguillette dénouée, et fit rage et feu, dont d'aise ne se souvenant de rien, alla publier à toute la compagnie que c'estoit à bon escient qu'il avoit fait preuve de sa vaillance et faict sa femme vraye femme et bien damée; et confessa que jusques alors il avoit esté saisy de toute impuissance : de quoy l'assistance sur ce sujet en fit divers discours, et jetta diverses sentences sur la mariée qu'on pensoit estre femme par son linge teinturé; et s'escandalisa ainsi d'elle-mesme, non qu'elle en fust bien cause proprement, mais son mary, qui par sa débolesse, flaquesse et mollitude, se gasta luy-mesme.

Il y a aucuns marys qui cognoissent aussi à leur première nuict le pucellage de leurs femmes, s'ils l'ont conquis ouy ou non par la trace qu'ilz y trouvent; comme un que je connois, lequel, ayant espousé une femme en secondes nopces, et luy ayant faict acroire que son premier mary n'y avoit jamais touché par son impuissance, et qu'elle estoit vierge et pucelle aussi bien qu'auparavant estre mariée, néantmoins il la trouva si vaste et si copieuse en amplitude, qu'il se mit à dire : « Hé comment! estes-vous cette « pucelle de Marolle, si serrée et si estroite qu'on me « disoit? Hé! vous en avez un grand empand; et le « chemin y est tellement grand et battu que je n'ay « garde de m'esgarer. » Si fallut-il qu'il passast par là et le beust doux comme laict : car si son premier mary n'y avoit point touché, comme il estoit vray, il y en avoit bien eu d'autres.

Que dirons-nous d'aucunes mères, qui voyant l'impuissance de leurs gendres, ou qui ont l'esguillette nouée ou autre deffectuosité, sont les maquerelles de leurs filles; et que, pour gaigner leur douaire, s'en font donner à d'autres, et bien souvent engroisser, afin d'avoir les enfans héritiers après la mort du père?

J'en cognois une qui conseilla bien cela à sa fille, et de fait n'y espargna rien, mais le malheur pour elle fut que jamais n'en put avoir. Aussi je cognois un qui, ne pouvant rien faire à sa femme, attiltra un grand laquais qu'il avoit, beau fils, pour coucher et dépuceler sa femme en dormant, et sauver son honneur par-là; mais elle s'en apperceut et le laquais n'y fit rien, qui fut cause qu'ils plaidèrent longtemps : finalement ilz se démarièrent.

Le roy Henry de Castille [1] en fit de mesmes, lequel, ainsi que raconte Baptista Fulguosius [2], voyant qu'il ne pouvoit faire d'enfans à sa femme, il s'ayda d'un beau et jeune gentilhomme de sa cour pour luy en faire, ce qu'il fit; dont pour la peine il luy fit de grands biens, et l'advança en des honneurs, grandeurs

---

1. Henri IV, frère d'Isabelle de Castille.
2. Cum Henricus, Elizabethæ frater, procreationi impotens haberetur, atque ut interdum contingit, verbis cum eo soror contendens, dixisset etiam invito ipso se post eum regnaturam, tantum ex eo indignationis Henricus concepit, ut statueret omnino operam dare, ne sorori quod optabat succederet. Itaque cum hispanum juvenem conspexisset, decora quidem facie, sed humili fortuna natum, nomine Beltravum Cuevam, in regiam eum accep-

et dignitez : ne faut douter si la femme ne l'en ayma et s'en trouva bien. Voylà un bon cocu.

Pour ces esguillettes nouées, en fut dernièrement un procès en la cour du parlement de Paris, entre le sieur de Bray, thrésorier, et sa femme, à qui il ne pouvoit rien faire, ayant eu l'esguillette nouée ou autre défaut dont la femme, bien marrie, l'en appella en jugement. Il fut ordonné par la cour qu'ils seroyent visitez eux deux par grands médecins experts. Le mary choisit les siens, et la femme les siens ; dont en fut fait un fort plaisant sonnet à la cour, qu'une grand' dame me list elle-même, et me le donna, ainsi que je disnois avec elle. On disoit qu'une dame l'avoit fait, d'autres un homme. Le sonnet est tel :

SONNET.

Entre les médecins renommés à Paris
En sçavoir, en espreuve, en science, en doctrine,
Pour juger l'imparfaict de la couple androgine,
Par de Bray et sa femme ont esté sept choisis.

De Bray a eu pour luy les trois de moindre prix,
Le Court, l'Endormy, Piètre : et sa femme, plus fine,
Les quatre plus experts en l'art de médecine,
Le Grand, le Gros, Duret et Vigoureux a pris.

tum, ducem Alburcherchensem creavit, egitque ut cum regina concuberet ; itaque filiam edidit, cui Elizabeth nomen editum est. (*Bap. Fulgosii factorum dictorumque memorabilium libri IX*, lib. IX, chap. III ; Paris, 1588, in-8°, p. 323). — Cette fille, qui s'appelait Jeanne et non Élisabeth, ne fut point reconnue par les Castillans après la mort d'Henri IV auquel succéda sa sœur Isabelle.

On peut par-là juger qui des deux gaignera,
Et si le Grand du Court victorieux sera,
Vigoureux d'Endormy, le Gros, Duret de Piètre.

Et de Bray n'ayant point ces deux de son costé,
Estant tant imparfait que mary le peut estre,
A faute de bon droict en sera débouté.

J'ay ouy parler d'un autre mary, lequel la première nuict, tenant embrassée sa nouvelle espouse, elle se ravit en telle joye et plaisir, que, s'oubliant en elle-mesme, ne se put engarder de faire un petit mobile tordion de remuement, non accoustumé de faire aux nouvelles mariées; il ne dit autre chose sinon : « Ha! j'en ay! » et continua sa route. Et voylà nos cocus en herbe, dont j'en sçay une milliasse de contes, mais je n'aurois jamais fait. Et le pis que je vois en eux, c'est quand ilz espousent la vache et le veau, comme on dit, et qu'ils les prennent toutes grosses. Comme un que je sçay, qui, s'étant marié avec une fort belle et honneste damoiselle, par la faveur et volonté de leur prince et seigneur, qui aymoit fort ce gentilhomme et la luy avoit fait espouser, au bout de huict jours elle vint à estre cogneue grosse, aussi le publia pour mieux couvrir son jeu. Le prince, qui s'estoit tousjours bien douté de quelques amours entre elle et un autre, luy dit : « Une « telle, j'ay bien mis dans mes tablettes le jour et « l'heure de vos nopces; quand on les affrontera [1] à « celuy et celle de vostre accouchement, vous aurez « de la honte. » Mais elle, pour ce dire, n'en fit que

---

1. *Affronter*, confronter.

rougir un peu; et n'en fut autre chose, sinon qu'elle tenoit tousjours mine de *dona da ben* [1].

Or il y a d'aucunes filles qui craignent si fort leur père et mère, qu'on leur arracheroit plustost la vie du corps que le boucon puceau, les craignant cent fois plus que leurs marys.

J'ay ouy parler d'une fort belle et honneste damoiselle, laquelle, estant fort pourchassée du plaisir d'amour de son serviteur, elle luy répondit : « Attendez
« un peu que je sois mariée, et vous verrez comme,
« sous cette courtine de mariage qui cache tout, et
« ventre enflé et descouvert, nous y ferons à bon
« escient. »

Une autre, estant fort recherchée d'un grand, elle lui dit : « Sollicitez un peu nostre prince qu'il me
« marie bientost avec celuy qui me pourchasse, et
« me face vistement payer mon mariage qu'il m'a
« promis : le lendemain de mes nopces, si nous ne
« nous rencontrons, marché nul. »

Je sçay une dame qui, n'ayant esté recherchée d'amours que quatre jours avant ses nopces par un gentilhomme, parent de son mary, dans six après il en jouit; pour le moins il s'en vanta. Et estoit aisé de le croire; car, ils se monstroyent telle privauté qu'on eust dit que toute leur vie ils avoyent esté nourris ensemble; mesmes il en dist des signes et marques qu'elle portoit sur son corps, et aussi qu'ils continuèrent leur jeu long-temps après. Le gentilhomme disoit que la privauté qui leur donna occasion de venir là, ce fut que, pour porter une masca-

---

1. Femme de bien.

rade, s'entre-changèrent leurs habillemens ; car il prit celuy de sa maistresse, et elle celuy de son amy, dont le mary n'en fit que rire, et aucuns prindrent sujet d'y redire et penser mal.

Il fut fait une chanson à la cour d'un mary qui fut marié le mardy et fut cocu le jeudy : c'est bien avancer le temps.

Que dirons-nous d'une fille ayant esté sollicitée longuement d'un gentilhomme de bonne maison et riche, mais pourtant nigaud et non digne d'elle? Et par l'advis de ses parens, pressée de l'espouser, elle fit response qu'elle aimoit mieux mourir que de l'espouser, et qu'il se déportast de son amour, qu'on ne luy en parlast plus ny à ses parents ; car, s'ils la forçoyent de l'espouser, elle le feroit plustost cocu [2]. Mais pourtant fallut qu'elle passast par-là, car la sentence luy fut donnée ainsi par ceux et celles des plus grands qui avoient sur elle puissance, et mesmes de ses parents.

La vigille des nopces, ainsi que son mary la voyoit triste et pensive, luy demanda ce qu'elle avoit ; elle luy respondit toute en colère : « Vous ne m'avez voulu « jamais croire à vous oster de me poursuivre ; vous « sçavez ce que je vous ay toujours dit, que, si je « venois par malheur à estre vostre femme, que je « vous ferois cocu ; et je vous jure que je le feray et « vous tiendray parole. » Elle n'en faisoit point la petite bouche devant aucunes de ses compagnes et aucuns de ses serviteurs. Asseurez-vous que despuis elle n'y a pas failly ; et luy monstra qu'elle estoit bien gentille femme, car elle tint bien sa parole.

Je vous laisse à penser si elle en devoit avoir blasme,

puisqu'un averty en vaut deux, et qu'elle l'advisoit de l'inconvénient où il tomberoit. Et pourquoy ne s'en donnoit-il garde? Mais pour cela il ne s'en soucia pas beaucoup.

Ces filles qui s'abandonnent ainsi sitost après estre mariées, font comme dit l'Italien : *Che la vacca, che è stata molto tempo ligata, corre più che quella che ha havuto sempre piena libertà* [1]; ainsi que fit la première femme de Baudouin, roy de Jérusalem, que j'ay dit cy-devant [2], laquelle, ayant esté mise en religion de force par son mary, après avoir rompu le cloistre et en estre sortie, et tirant vers Constantinople, mena telle paillardise qu'elle en donnoit à tous passants, allans et venans, tant gens d'armes que pellerins vers Jérusalem, sans esgard de sa royale condition; mais le grand jeusne qu'elle en avoit fait durant sa prison en estoit cause.

J'en nommerois bien d'autres. Or, voylà donc de bonnes gens de cocus ceux-là, comme sont aussi ceux-là qui [le] permettent à leurs femmes, quand elles sont belles et recherchées de leur beauté, et les abandonnent, pour s'en ressentir et tirer de la faveur, du bien et des moyens. Il s'en void fort de ceux-là aux cours des grands roys et princes, lesquels s'en trouvent très-bien; car, de pauvres qu'ils auront esté, ou pour engagemens de leurs biens, ou pour procès, ou bien pour voyages de guerre sont au tapis [3], les voylà remontez et

---

1. Que la vache qui a été longtemps attachée court plus que celle qui a toujours eu pleine liberté.
2. Voyez plus haut, p. 74.
3. *Être au tapis*, être réduit à la pauvreté.

aggrandis en grandes charges par le trou de leurs femmes, où ilz n'y trouvent nulle diminution, mais plustost augmentation; fors en une belle dame que j'ay ouy dire, dont elle en avoit perdu la moitié par accident, qu'on disoit que son mary luy avoit donné la vérole ou quelques chancres qui la luy avoient mangée. Certes les faveurs et bienfaits des grands esbranlent fort un cœur chaste, et engendrent bien des cocus. J'ay ouy dire et raconter d'un prince estranger, lequel, ayant esté fait général de son prince souverain et maistre en une grande expédition d'un voyage de guerre qu'il luy avoit commandé, et ayant laissé en la cour de son maistre sa femme l'une des belles de la chrestienté, se mit à luy faire si bien l'amour, qu'il l'esbransla, la terrassa et l'abatit si beau qu'il l'engroissa.

Le mary, tournant au bout de treize ou quatorze mois, la trouva en tel estat, bien marry et fasché contr'elle, ne faut point demander comment. Ce fut à elle, qui estoit fort habile, à faire ses excuses, et à un sien beau-frère. Enfin elles furent telles qu'elle luy dit: « Monsieur, l'évènement de vostre voyage en
« est cause, qui a esté si mal receu de votre maistre
« (car il n'y fit pas bien certes ses affaires), et en vos-
« tre absence l'on vous a tant presté de charitez pour
« n'y avoir point fait ses besognes, que, sans que
« vostre seigneur se mît à m'aymer, vous estiez perdu;
« et, pour ne vous laisser perdre, je me suis perdue.
« Il y va autant et plus de mon honneur que du vos-
« tre; pour vostre avancement je ne me suis espar-
« gnée la plus précieuse chose de moy: jugez donc
« si j'ay tant failly comme vous diriez bien; car, au-

« trement, vostre vie, vostre honneur et faveur y fut
« esté en bransle. Vous estes mieux que jamais : la
« chose n'est si divulguée que la tache vous en de-
« meure trop apparente. Sur cela, excusez-moi et me
« pardonnez. »

Le beau-frère, qui sçavoit dire des mieux, et qui, possible, avoit part à la groisse, y en adjousta autres belles parolles et preignantes[1] ; si bien que tout servit. Et par ainsi l'accord fut fait; et furent ensemble mieux que devant, vivans en toute franchise et bonne amitié, dont pourtant le prince leur maistre, qui avoit fait la débauche et le débat, ne l'estima jamais plus (ainsi que j'ay ouy dire) comme il en avoit fait, pour en avoir tenu si peu de compte à l'endroit de sa femme et pour l'avoir beu si doux, tellement qu'il ne l'estima depuis de si grand cœur comme il l'avoit tenu auparavant, encores que, dans son âme, il estoit bien aise que la pauvre dame ne pastist point pour luy avoir fait plaisir. J'ay veu aucuns et aucunes excuser cette dame, et trouver qu'elle avoit bien fait de se perdre pour sauver son mary et le remettre en faveur.

O! qu'il y a de pareils exemples à celluy-cy, et encores à un d'une grande dame qui sauva la vie à son mary qui avoit esté jugé à mort en pleine cour, ayant esté convaincu de grandes concussions et malles versations en son gouvernement et en sa charge, dont le mary l'en ayma après toute sa vie.

J'ay ouy parler d'un grand seigneur aussi, qui, ayant esté jugé d'avoir la teste tranchée, si qu'estant

---

1. *Preignantes*, pressantes.

desjà sur l'eschaffault ¹ sa grâce survint, que sa fille, qui estoit des plus belles, avoit obtenue ; et, descendant de l'eschaffault, il ne dit autre chose sinon : « Dieu sauve le bon c.. de ma fille, qui m'a si bien « sauvé ! »

Saint Augustin est en doute si un citoyen chrestien d'Antioche pécha quand, pour se délivrer d'une grosse somme d'argent pour laquelle il estoit estroittement prisonnier, permit à sa femme de coucher avec un gentilhomme fort riche, qui luy promit de l'acquitter de son debte ².

Si saint Augustin est de cette opinion, que peut-il donc permettre à plusieurs femmes, veufves et filles, qui, pour rachepter leurs pères, parens et maris voire mesmes, abandonnent leur gentil corps sur forces inconvénients qui leur surviennent, comme de prison, d'esclavitude, de la vie, des assauts et prise de ville, bref une infinité d'autres, jusques-à gaigner quelquefois des capitaines et soldats, pour les faire bien combattre et tenir leurs partys, ou pour soustenir un long siège et reprendre une place (j'en conterois cent sujets), pour ne craindre, pour eux, à prostituer leur chasteté ; et quel mal en peut-il arriver ny escandale pour cela ? mais un grand bien.

Qui dira donc le contraire, qu'il ne face bon estre quelquesfois cocu, puisque l'on en tire telles commoditez du salut de vies et de rembarquement de fa-

1. Les dix-sept mots suivants ont été omis dans le manuscrit. — Il s'agit ici du comte de Saint-Vallier et de sa fille Diane de Poitiers.

2. C'est la fameuse histoire de Cosi-Sancta. — Voyez saint Augustin, *De Sermone Domini in monte*, lib. I, chap. xvi.

veurs, grandeurs, et dignitez et biens? Que j'en cognois beaucoup, et en ay ouy parler de plusieurs qui se sont bien avancez par la beauté et par le devant de leurs femmes!

Je ne veux offenser personne, mais j'oserois bien dire que je tiens d'aucuns et d'aucunes que les dames leur ont bien servy, et que certes les valeurs d'aucuns ne les ont tant fait valoir qu'elles.

Je cognois une grande et habile dame, qui fit bailler l'Ordre à son mary ; et l'eut luy seul avec les deux plus grands princes de la chrestienté. Elle luy disoit souvent, et devant tout le monde (car elle estoit de plaisante compagnie et rencontroit très-bien) : « Ha ! « mon amy, que tu eusses couru longtemps fauvette « avant que tu eusses eu ce diable[1] que tu portes au « col. »

J'ay ouy parler d'un grand, du temps du roy François, lequel ayant receu l'Ordre, et s'en voulant prévaloir un jour devant feu M. de la Chastigneraye mon oncle, et lui dit : « Ha ! que vous voudriez avoir « cet ordre pendu au col aussi bien comme moy! » Mon oncle, qui estoit prompt, haut à la main, et scalabreux s'il en fut onc, luy respondit : « J'aymerois « mieux estre mort que de l'avoir par le moyen du « trou que vous l'avez eu. » L'autre ne luy dit rien, car il sçavoit bien à qui il avoit à faire.

J'ay ouy conter d'un grand seigneur, à qui sa femme ayant sollicité et porté en sa maison la patente d'une des grandes charges du païs où il estoit, que

---

1. Le médaillon attaché au collier de l'ordre de Saint-Michel représentait le diable terrassé par l'archange.

son prince luy avoit octroyée par la faveur de sa femme, il ne la voulut accepter nullement, d'autant qu'il avoit sceu que sa femme avoit demeuré trois mois avec le prince fort favorisée, et non sans soupçons. Il monstra bien par là sa générosité qu'il avoit toute sa vie manifestée : toutesfois il l'accepta, après avoir fait chose que je ne veux dire.

Et voilà comme les dames ont bien fait autant ou plus de chevalliers que les batailles, que je nommerois, les cognoissant aussi bien qu'un autre, n'estoit que je ne veux médire, ny faire escandale ; et si elles leur ont donné des honneurs, elles leur donnent bien des richesses.

J'en connois un qui estoit pauvre haire lorsqu'il amena sa femme à la cour, qui estoit très-belle ; et, en moins de deux ans, il se remirent et devindrent fort riches.

Encor faut-il estimer ces dames qui eslèvent ainsi leurs marys en biens, et ne les rendent coquins et cocus tout ensemble : ainsi que l'on dit de Marguerite de Namur [1], laquelle fut si sotte de s'engager et de donner tout ce qu'elle pouvoit à Loys duc d'Orléans, luy qui estoit si grand et si puissant seigneur, et frère du roy, et tirer de son mary tout ce qu'elle pouvoit, si bien qu'il en devint pauvre et fut con-

---

1. Je ne sais pas où Brantôme a puisé tous ces détails ; ce que je puis dire c'est que Gui II de Châtillon, ruiné par ses prodigalités, vendit en 1391 à Louis, duc d'Orléans, qui n'avait que dix-neuf ans, ses comtés de Blois et de Dunois, et que sa femme Marie, fille de Guillaume Ier, comte de Namur, devenue veuve (1397), se remaria (1406) à Pierre Brebant, dit Clignet, chevalier de l'hôtel du duc qui avait fait faire ce mariage.

traint de vendre sa comté de Bloys audit M. d'Orléans ; lequel, pensez qu'il la luy paya de l'argent et de la substance mesme que sa sotte femme luy avoit donné. Sotte bien estoit-elle, puisqu'elle donnoit à plus grand que soy. Et pensez qu'après il se mocqua et de l'une et de l'autre ; car il estoit bien homme pour le faire, tant il estoit vollage et peu constant en amours.

Je cognois une grand' dame. laquelle estant venue fort amoureuse d'un gentilhomme de la cour, et luy par conséquent jouissant d'elle, ne luy pouvant donner d'argent, d'autant que son mary lui tenoit son trésor caché comme un prestre, luy donna la plus grand' partie de ses pierreries, qui montoyent à plus de trente mille escus ; si bien qu'à la cour on disoit qu'il pouvoit bien bastir, puisqu'il avoit force pierres amassées et accumulées ; et puis après, estant venue et escheue à elle une grande succession, et ayant mis la main sur quelques vingt mille escus, elle ne les garda guières que son gallant n'en eust sa bonne part. Et disoit-on que si cette succession ne luy fust escheue, ne sçachant que luy pouvoir plus donner, luy eust donné jusques à sa robe et chemise. En quoy tels escrocqueurs et escornifleurs sont grandement à blasmer d'aller ainsi allambiquer et tirer toute la substance des ces pauvres diablesses martellées[1] et encapriciées[2] ; car la bourse estant si souvent revisitée, ne peut demeurer toujours en son enfleure ny en son estre, comme la bourse de devant, qui est toujours en son mesme estat, et preste à y pescher

---

1. *Martellées*, frappées, ayant martel en tête.
2. *Encapricier*, s'amouracher ; de l'italien *incappriciarsi*.

qui veut, sans y trouver à dire les prisonniers qui y sont entrés et sortis. Ce bon gentilhomme, que je dis si bien empierré, vint quelques temps après à mourir; et toutes ses hardes, à la mode de Paris, vindrent à estre criées et vendues à l'encan, qui furent appréciées à cela et recogneues pour les avoir vues à la dame, par plusieurs personnes, non sans grand' honte de la dame.

Il y eut un grand prince qui, aymant une fort honneste dame, fit achepter une douzaine de boutons de diamants très-brillants et proprement mis en œuvre, avec leurs lettres égyptiennes et hiéroglyfiques, qui contenoyent leur sens caché, dont il en fit un présent à sadite maistresse, qui, après les avoir regardés fixement, luy dit qu'il n'en estoit meshuy plus besoin à elle de lettres hiéroglifiques, puisque les escritures estoyent desjà accomplies entre eux deux, ainsi qu'elles avoyent esté entre le gentilhomme et cette dame de cy-dessus.

J'ay cogneu une dame qui disoit souvent à son mary, qu'elle le rendroit plustost coquin que cocu; mais ces deux mots tenans de l'équivoque, un peu de l'un de l'autre assemblèrent en elle et son mary ces deux belles qualitez.

J'ay bien cogneu pourtant beaucoup et une infinité de dames qui n'ont pas ainsi fait; car elles ont plus tenu serrée la bourse de leurs escus que de leur gentil corps : car, encor qu'elles fussent très-grandes dames, elles ne vouloyent donner que quelques bagues, quelques faveurs, et quelques autres petites gentillesses, manchons ou escharpes, pour porter pour l'amour d'elles et les faire valoir.

J'en ay cogneu une grande qui a esté fort copieuse[1] et libérale en cela, car la moindre de ses escharpes et faveurs qu'elle donnoit à ses serviteurs estoit de cinq cens escus, de mille et de trois mille, où il y avoit plus de broderies, plus de perles, plus d'enrichissements, de chiffres, de lettres hiéroglifiques et belles inventions, que rien au monde n'estoit plus beau. Elle avoit raison, afin que ses présents, après les avoir faits, ne fussent cachez dans des coffres ny dans des bourses, comme ceux de plusieurs autres dames, mais qu'ils parussent devant tout le monde, et que son amy les fit valoir en les contemplant sur sa belle commémoration, et que tels présents en argent sentoyent plustost leurs femmes communes qui donnent à leurs ruffians, que non pas leurs grandes et honnestes dames. Quelquefois aussi elle donnoit bien quelques belles bagues de riches pierreries : car ces faveurs et escharpes ne se portent pas communément, sinon en un beau et bon affaire : au lieu que la bague au doigt tient bien mieux et plus ordinairement compagnie à celuy qui la porte.

Certes un gentil cavallier et de noble cœur doit estre de cette généreuse complexion, de plustot bien servir sa dame pour les beautez qui la font reluire que pour tout l'or et l'argent qui reluisent en elle.

Quant à moy, je me puis vanter d'avoir servy en ma vie d'honnestes dames, et non des moindres; mais si j'eusse voulu prendre d'elles ce qu'elles m'ont présenté et en arracher ce que j'eusse pu, je serois

---

1. *Copieuse*, large, généreuse. « La grande » que Brantôme a en vue est évidemment la reine Marguerite.

riche aujourd'huy, ou en bien ou en argent, ou en meubles, de plus de trente mille escus que je ne suis; mais je me suis toujours contenté de faire parestre mes affections plus par ma générosité que par mon avarice.

Certainement il est bien raison que, puisque l'homme donne du sien dans la bourse du devant de la femme, que la femme de mesme donne du sien aussi dans celle de l'homme; mais il faut en cela peser tout; car tout ainsi que l'homme ne peut tant jetter et donner du sien dans la bourse de la femme comme elle voudroit, il faut aussi que l'homme soit si discret de ne tirer de la bourse de la femme tant comme il voudroit; et faut que la loy en soit esgale et mesurée en cela.

J'ay bien veu aussi beaucoup de gentilshommes perdre l'amour de leurs maistresses par l'importunité de leurs demandes et avarices, et que les voyans si grands demandeurs et si importuns d'en vouloir avoir, s'en desfaisoyent gentiment et les plantoyent-là, ainsi qu'il estoit très-bien employé.

Voilà pourquoy tout noble amoureux doit plustost estre tenté de convoitise charnelle que pécuniaire; car quand la dame seroit par trop libérale de son bien, le mary, le trouvant se diminuer, en est plus marry cent fois que de dix mille libéralitez qu'elle feroit de son corps.

Or, il y a des cocus qui se font par vengeance: cela s'entend, que plusieurs qui haïssent quelques seigneurs ou gentilshommes ou autres, desquels en ont receu quelques desplaisirs et affronts, se vangent d'eux en faisant l'amour à leurs femmes, et les corrompent en les rendans gallants cocus.

J'ay cogneu un grand prince[1], lequel, ayant receu quelques traits de rébellion par un sien sujet grand seigneur, et ne se pouvant vanger de luy, d'autant qu'il le fuyoit tant qu'il pouvoit, de sorte qu'il ne le pouvoit aucunement atraper, sa femme estant un jour venue à sa cour pour solliciter l'accord et les affaires de son mary, le prince luy donna une assignation pour en conférer un jour dans un jardin et une chambre là auprès; mais ce fut pour luy parler d'amours, desquelles il jouit fort facilement sur l'heure, sans grande résistance, car elle estoit de fort bonne composition; et ne se contenta de la repasser, mais à d'autres la prostitua, jusques aux valets de chambre. Et par ainsi disoit le prince qu'il se sentoit bien vangé de son sujet, pour lui avoir ainsy repassé sa femme et couronné sa teste d'une belle couronne de cornes, puisqu'il vouloit faire du petit roy et du souverain; au lieu qu'il vouloit porter couronne de fleurs de lys, il luy en falloit bailler une belle de cornes.

Ce mesme prince en fit de mesme par la suasion de sa mère, qui jouit d'une fille et princesse[2], sçachant

1. Brantôme, sans aucun doute, veut parler ici de Henri III et de Charlotte-Catherine de la Trémoille, seconde femme (1586) de Henri Ier de Bourbon, prince de Condé. Cette princesse avait si méchante réputation et si mauvaise conduite qu'elle fut accusée d'avoir fait empoisonner son mari, poursuivie, et emprisonnée pendant six ans.

2. Il s'agit encore ici, comme dans l'histoire précédente, de Henri III qui n'était alors que duc d'Anjou, et du prince de Condé; seulement l'héroïne n'est plus la même; c'est la première femme de celui-ci, Marie de Clèves, qui se maria en juillet 1572, quelques semaines avant la Saint-Barthélemy. L'Estoile dit à l'année 1573, en parlant des folles débauches de Charles IX, de son frère Henri

qu'elle devoit espouser un prince qui luy avoit fait desplaisir et troublé l'estat de son frère bien fort, la dépucella et en jouit bravement, et puis dans deux mois fut livrée audict prince pour pucelle prétendue et pour femme, dont la vengeance en fut fort douce, en attendant une autre plus rude, qui vint puis après.

J'ay cogneu un fort honneste gentilhomme qui, servant une belle dame et de bon lieu, luy demandant la récompense de ses services et amours, elle luy respondit franchement : qu'elle ne luy en donroit pas pour un double, d'autant qu'elle estoit très-asseurée qu'il ne l'aimoit tant pour cela, et ne luy portoit point tant d'affection pour sa beauté, comme il disoit, sinon qu'en jouissant d'elle il se vouloit vanger de son mary qui luy avoit fait quelque desplaisir, et pour ce il en vouloit avoir ce contentement dans son âme, et s'en prévaloir puis après ; mais le gentilhomme, luy asseurant du contraire, continua à la servir plus de deux ans si fidèlement et de si ardent amour, qu'elle en prit cognoissance ample et si certaine, qu'elle luy octroya ce qu'elle luy avoit tousjours refusé, l'asseurant que si, du commencement de leurs amours, elle n'eust eu opinion de quelque vengence projettée en luy par ce moyen, elle l'eust rendu aussi bien content comme elle fit à la fin ; car son naturel estoit de l'aymer et favoriser.

et du roi de Navarre : « En tous ces beaux jeux, le seul prince de Condé ne s'y voyoit pas meslé, soit qu'il eust trop mal à la teste, de sa femme, de laquelle Monsieur, qu'on nomme aujourd'hui roy de Pologne, portoit le portrait pendu à son col. »

Voyez comme cette dame se sceut sagement commander, que l'amour ne la transporta point à faire ce qu'elle désiroit le plus, sans qu'elle vouloit qu'on l'aymast pour ses mérites, et non pour le seul sujet de vindicte.

Feu M. de Gua, un des gallants et parfaits gentilshommes du monde en tout, me convia à la cour un jour d'aller disner avec luy. Il avoit assemblé une douzaine des plus sçavants de la cour, entr'autres M. l'évesque de Dol[1], de la maison d'Espinay en Bretaigne, MM. de Ronsard, de Baïf, Des Portes, d'Aubigny (ces deux sont encor en vie, qui m'en pourroyent démentir), et d'autres desquels ne me souvient; et n'y avoit homme d'épée que M. du Gua et moy[2]. En devisant, durant le disner, de l'amour, et des commoditez et incommoditez, plaisirs et desplaisirs, du bien et du mal qu'il apportoit en sa jouissance, après que chacun eut dit son opinion et de l'un et de l'autre, il conclud que le souverain bien de cette jouissance gisoit en cette vengeance, et pria un chacun de tous ces grands personnages d'en faire un quatrain *impromptu*; ce qu'ils firent. Je les voudrois avoir pour les insérer icy, sur lesquels M. de Dol, qui disoit et escrivoit d'or, emporta le prix.

Et certes, M. de Gua avoit occasion de tenir cette proposition contre deux grands seigneurs que je sçay, leur faisant porter les cornes pour la hayne qu'ils luy portoyent; car leurs femmes estoyent très-belles: mais en cela il en tiroit double plaisir: la vengeance

---

1. Charles d'Espinay, évêque de Dol de 1558 à 1591.
2. Il oublie Agrippa d'Aubigné dont il vient de parler.

et le contentement. J'ay cogneu force genz qui se sont revangez et délectez en cela, et si ont eu cette opinion.

J'ay cogneu aussi de belles et honnestes dames, disant et affermant que, quand leurs marys les avoyent maltraitées et rudoyées, et tansées ou censurées, ou battues ou fait autres mauvais tours et outrages, leur plus grande délectation estoit de les faire cornards, et, en les faisant, songer en eux, les brocarder se mocquer et rire d'eux avec leurs amys, jusques-là de dire qu'elles en entroyent davantage en appétit et certain ravissement de plaisir qui ne se pouvoit dire.

J'ay ouy parler d'une belle et honneste femme, à laquelle estant demandé une fois si elle avoit jamais fait son mary cocu, elle respondit : « Et pourquoy « l'aurois-je fait, puisqu'il ne m'a jamais battue ny « menacée ? » Comme voulant dire que, s'il eust fait l'un des deux, son champion de devant en eust tost fait la vengeance.

Et quant à la mocquerie, j'ay cogneu une fort honneste et belle dame, laquelle estant en ces doux altères de plaisir, et en ces doux bains de délices et d'aise avec son amy, il luy advint qu'ayant un pendant d'oreille d'une corne d'abondance qui n'estoit que de verre noir, comme on les portoit alors, il vint, par force de se remuer et entrelasser et follastrer, à se rompre. Elle dit à son amy soudain : « Voyez « comme nature est très-bien prévoyante ; car pour « une corne que j'ay rompue, j'en fais icy une « douzaine d'autres à mon pauvre cornard de mary, « pour s'en parer un jour d'une bonne feste, s'il « veut. »

Une autre, ayant laissé son mary couché et endormy dans le lict, vint voir son amy avant se coucher; et ainsi qu'il luy eut demandé où estoit son mary, elle luy respondit : « Il garde le lict et le nid
« du cocu, de peur qu'un autre n'y vienne pondre ;
« mais ce n'est pas à son lict, ny à ses linceux, ny à
« son nid que vous en voulez, c'est à moy qui vous
« suis venue voir; et l'ay laissé là en sentinelle, encor
« qu'il soit bien endormy. »

A propos de sentinelle, j'ay ouy faire un conte d'un gentilhomme de valeur, que j'ay cogneu, lequel un jour venant en question[1] avec une fort honneste dame que j'ay aussi cogneue, il luy demanda, par manière d'injure, si elle avoit jamais fait de voyage à Sainct-Maturin[2]. « Ouy, dit-elle ; mais je
« ne pus jamais entrer dans l'église, car elle estoit si
« plaine et si bien gardée de cocus, qu'ilz ne m'y
« laissèrent jamais entrer : et vous, qui estiez des
« principaux, vous estiez au clocher pour faire la
« sentinelle et advertir les autres. »

J'en conterois mille autres risées, mais je n'aurois jamais fait : si espéré-je d'en dire pourtant en quelque coin de ce livre.

Il y a des cocus qui sont débonnaires, qui d'eux-mesmes se convient à cette feste de cocuage ; comme j'en ay cogneu aucuns qui disoyent à leurs femmes :
« Un tel est amoureux de vous, je le cognois bien,

---

1. *Question*, discussion, querelle ; en italien *questione*, en espagnol *question*.

2. Expression proverbiale pour dire être atteint de folie. Saint Mathurin passait pour guérir les fous.

« il nous vient souvent visiter, mais c'est pour l'a-
« mour de vous, ma mie. Faites-luy bonne chère; il
« nous peut faire beaucoup de plaisir; son accointance
« nous peut beaucoup servir. »

D'autres disent à aucuns : « Ma femme est amou-
« reuse de vous, elle vous ayme; venez la voir, vous
« luy ferez plaisir; vous causerez et deviserez ensem-
« ble, et passerez le temps. » Ainsi convient-ils les
gens à leurs despens; comme fit l'empereur Adrian,
lequel, estant un jour en Angleterre (ce dit sa vie [1])
menant la guerre, eut plusieurs advis comme sa
femme, l'impératrice Sabine, faisoit l'amour à toutes
restes à Rome avec force gallants gentilshommes romains. De cas de fortune, elle ayant escrit une lettre
de Rome en hors à un jeune gentilhomme romain
qui estoit avec l'empereur en Angleterre, se complai-
gnant qu'il l'avoit oubliée et qu'il ne faisoit plus
conte d'elle, et qu'il n'estoit pas possible qu'il n'eust
quelques amourettes par delà, et que quelque mi-

---

1. Si Brantôme n'a pas puisé cette historiette dans quelque mé-
chant livre que je ne connais pas, son manque de mémoire et son
imagination lui ont fait singulièrement travestir le récit de Spartien
(*Adrien*, chap. x). Dans ce récit, il est uniquement question d'une
emme qui avait écrit à son mari pour se plaindre que l'amour des
plaisirs et des bains l'empêchait de revenir près d'elle. Adrien
eut connaissance de cette lettre par sa police secrète, et lorsque le
mari vint lui demander un congé pour retourner à Rome, il lui fit les
mêmes reproches. « Ma femme, s'écria le demandeur, vous a donc
écrit les mêmes choses qu'à moi ? » — Voilà, sans un mot de plus,
l'histoire que Spartien a racontée et uniquement pour montrer
la curiosité d'Adrien, qui faisait espionner les moindres actions de
ses amis. Quant à l'impératrice, à sa lettre à un jeune homme, à
la réponse d'Adrien et à la fuite du galant en Irlande, tout cela
est de pure invention.

gnonne affettée ne l'eust espris dans les lacs de sa beauté, cette lettre d'adventure tomba entre les mains d'Adrian; et comme ce gentilhomme, quelques jours après, demanda congé à l'empereur sous couleur de vouloir aller jusques'à Rome promptement pour les affaires de sa maison, Adrian luy dit en se jouant: « Et bien! jeune homme, allez-y hardiment, car l'im-
« pératrice ma femme vous y attend en bonne dévo-
« tion. » Quoy voyant le Romain, et que l'empereur avoit descouvert le secret et luy en pourroit faire mauvais tour, sans dire adieu ny gare, partit la nuict après et s'enfuit en Irlande.

Il ne devoit pas avoir grand peur pour cela; comme l'empereur disoit luy-même souvent, estant abreuvé à toute heure des amours débordées de sa femme: « Certainement, si je n'estois empereur, je me serois
« bientost défait de ma femme; mais je ne veux
« monstrer mauvais exemple[1]. » Comme voulant dire que n'importe aux grands qu'ils soyent là logez, aussi qu'ils ne se divulguent. Quelle sentence pourtant pour les grands, laquelle aucuns d'eux ont pratiquée, mais non pour ces raisons! Voilà comme ce bon empereur assistoit joliment à se faire cocu.

Le bon Marc Aurelle, ayant sa femme Faustine, une bonne vessé, et luy estant conseillé de la chasser, il respondit: « Si nous la quittons, il faut aussi quit-
« ter son douaire, qui est l'empire[2] ». Et qui ne voudroit estre cocu de mesme pour un tel morceau, voire moindre?

1. Spartien, *Adrien*, ch. x.
2. Voyez J. Capitolin, *Marc-Antonin le philosophe*, chap. xix.

Son fils Antonius Verus dit **Comodus**, encor qu'il devint fort cruel, en dit de mesmes à ceux qui luy conseilloyent de faire mourir ladite Faustine sa mère, qui fut tant amoureuse et chaude après un gladiateur, qu'on ne la put jamais guérir de ce chaud mal, jusques à ce qu'on advisa de faire mourir ce maraut gladiateur et luy faire boire son sang[1].

Force marys ont faict et font de mesmes que ce bon Marc Aurèlle, qui craignent de faire mourir leurs femmes putains, de peur d'en perdre les grands biens qui en procèdent, et aiment mieux estre riches cocus à si bon marché qu'estre coquins.

Mon Dieu ! que j'ay cogneu plusieurs cocus qui ne cessoyent jamais de convier leurs parens, leurs amys, leurs compagnons, de venir voir leurs femmes, jusques à leur faire festins pour mieux les y attirer, et y estans, les laisser seuls avec elles dans leurs chambres, leurs cabinets, et puis s'en aller et leur dire : « Je vous laisse ma femme en garde. »

J'en ay cogneu un de par le monde, que vous eussiez dit que toute sa félicité et contentement gisoit à estre cocu ; et s'estudioit d'en trouver les occasions, et surtout n'oublioit ce premier mot : « Ma femme

---

1. Tout ce paragraphe est rempli d'erreurs. D'abord le fils de Marc-Aurèle, Commodus Antoninus, ne porta jamais le nom de Verus ; puis il ne put point être question pour lui de songer à faire périr sa mère Faustine, car elle mourut avant qu'il fût monté sur le trône ; enfin cette princesse ne but point le sang du gladiateur qui lui avait inspiré une passion violente. D'après l'avis des devins chaldéens consultés par Marc-Aurèle, pour la guérir de son amour, on tua le malheureux et elle dut se laver (*sublavare*) avec son sang. (J. Capitolin, *ibid.*, *ibid.*)

« est amoureuse de vous ; l'aymez-vous autant qu'elle
« vous ayme ? » Et quand il voyoit sa femme avec
son serviteur, bien souvent il emmenoit la compagnie hors de la chambre pour s'aller promener, les
laissant tous deux ensemble, leur donnant beau loisir
de traitter leurs amours. Et si par cas il avoit à faire
à tourner[1] prestement en la chambre, dès le bas du
degré il crioit haut, il demandoit quelqu'un, il crachoit ou il toussoit, afin qu'il ne trouvast les amans
sur le fait ; car volontiers, encor qu'on le sçache et
qu'on s'en doute, ces veues et surprises ne sont guières
agréables ny aux uns ny aux autres.

Aussi ce seigneur faisant un jour bastir un beau
logis, et le maistre masson luy ayant demandé s'il ne
le vouloit pas illustrer de cornices[2], il respondit :
« Je ne sçay que c'est que corniches ; demandez-le à
« ma femme, qui le sçait et qui sçait l'art de géomé-
« trie ; et ce qu'elle dira, faittes-le. »

Bien fit pis un que je sçay, qui, vendant un jour
une de ses terres à un autre pour cinquante mille
escus, il en prit quarante-cinq mille en or et argent,
et pour les cinq restans, il prit une corne de licorne.
Grande risée pour ceux qui le sceurent ; « Comme,
« disoyent-ils, s'il n'avoit assez de cornes chez soy,
« sans y adjouster celle-là. »

J'ay cogneu un très-grand seigneur, brave et vaillant, lequel vint à dire à un honneste gentilhomme[3]
qu'il estoit fort son serviteur, en riant pourtant :
« Monsieur un tel, je ne sçay ce que vous avez fait à

---

1. *Tourner*, retourner. — 2. *Cornices*, corniches.
3. Cet honnête gentilhomme peut fort bien être Brantôme.

« ma femme, mais elle est si amoureuse de vous
« que jour et nuict elle ne me fait que parler de vous,
« et sans cesse me dit vos louanges. Pour toute res-
« ponse je luy dis que je vous cognois plus tot qu'elle,
« et sçay vos valeurs et vos mérites qui sont grands. »
Qui fut estonné? Ce fut ce gentilhomme; car il ne
venoit que de mener cette dame sous le bras à vespres, où la reyne alloit. Toutesfois ce gentilhomme
s'asseura tout à coup et luy dit : « Monsieur, je
« suis très-humble serviteur de madame vostre
« femme, et fort redevable de la bonne opinion
« qu'elle a de moy, et l'honnore beaucoup; mais je
« ne luy fais pas l'amour, disoit-il en bouffonnant;
« mais je luy fais bien la cour par votre bon advis
« que vous me donnastes dernièrement, d'autant
« qu'elle peut beaucoup à l'endroict de ma maistresse,
« que je puis espouser par son moyen, et par ainsi
« j'espère qu'elle m'y sera aydante. »

Ce prince n'en fit plus autre semblant, sinon que
rire et admonester le gentilhomme de courtiser sa
femme plus que jamais; ce qu'il fit, estant bien aise,
sous ce prétexte, de servir une si belle dame et princesse, laquelle luy faisoit bien oublier son autre
maistresse qu'il vouloit espouser, et ne s'en soucier
guères, sinon que ce masque bouchoit et déguisoit
tout. Si ne put-il faire tant qu'il n'entrast un jour en
jalousie, que voyant ce gentilhomme dans la chambre de la reine porter au bras un ruban incarnadin
d'Espagne, qu'on avoit apporté par belle nouveauté
à la cour, et l'ayant tasté et manié en causant avec
luy, alla trouver sa femme qui estoit près du lict de
la reine, qui en avoit un tout pareil, lequel il mania

et toucha tout de mesme, et trouva qu'il estoit tout semblable et de la mesme pièce que l'autre : si n'en sonna-il pourtant jamais mot et n'en fut autre chose. Et de telles amours il en faut couvrir si bien les feux par telles cendres de discrétion et de bons advis qu'elles ne se puissent descouvrir; car bien souvent l'escandale ainsi descouvert dépite plus les marys contre leurs femmes, que quand tout se fait à cachettes, pratiquant en cela le proverbe : *Si non caste, tamen caute*[1].

Que j'ay veu en mon temps de grands escandales et de grands inconvénients pour les indiscrétions et des dames et de leurs serviteurs! Que leurs marys s'en soucioyent aussi peu que rien, mais qu'ils fissent bien leurs faits *sotto coperte*[2], comme on dit, et ne fust point divulgué.

J'en ay cogneu une qui tout à trac faisoit parestre ses amours et ses faveurs, qu'elle départoit comme si elle n'eust eu de mary et ne fust esté sous aucune puissance, n'en voulant rien croire l'advis de ses serviteurs et amys qui luy en remonstroyent les inconvéniens : aussi, bien mal luy en a-il pris.

Cette dame n'a jamais fait ce que plusieurs autres dames ont fait; car elles ont gentiment traitté l'amour et se sont donnés du bons temps sans en avoir donné grand' connoissance au monde, sinon par quelques soupçons légers, qui n'eussent jamais pu monstrer la vérité aux plus clairvoyans; car elles accostoyent leurs serviteurs devant le monde si dex-

---

1. Sinon avec chasteté, au moins avec prudence.
2. Sous les couvertures, secrètement.

trement, et les entretenoyent si excortement, que ny leurs marys ny les espions, de leur vie, n'y eussent sceu que mordre. Et quand ils alloyent en quelque voyage, ou qu'ils vinssent à mourir, elles couvroyent et cachoient leurs douleurs si sagement qu'on n'y connissoit rien.

J'ay cogneu une dame belle et honneste, laquelle, le jour qu'un grand seigneur son serviteur mourut, elle parut en la chambre de la reine avec un visage aussi gay et riant que le jour paravant. D'aucuns l'en estimoyent de cette discrétion, et qu'elle le faisoit de peur de desplaire et irriter le roy, qui n'aymoit pas le trespassé. D'aucuns la blasmoyent, attribuans ce geste plustost à manquement d'amour, comme l'on disoit qu'elle n'en estoit guères bien garnie, ainsi que toutes celles qui se meslent de cette vie.

J'ay cogneu deux belles et honnestes dames, lesquelles, ayant perdu leurs serviteurs en une fortune de guerre, firent de tels regrets et lamentations, et monstrèrent leur dueil par leurs habits bruns, plus d'eau-bénistiers, d'aspergez[1] d'or engravez, plus de testes de mort, et de toutes sortes de trophées de la mort en leurs affiquets, joyaux et bracelets qu'elles portoyent; qui les escandalisèrent fort, et cela leur nuict grandement; mais leurs marys ne s'en soucioyent autrement[2].

Voilà en quoy ces dames se transportent en la pu-

1. *Aspergez*, goupillons.
2. Quoique Brantôme, pour dérouter le lecteur, parle des amants des deux dames comme étant morts « en une fortune de guerre », il n'est pas douteux qu'il ne s'agisse ici de Boniface de la Molle et de Coconnas décapités en grève comme coupables de

blication de leurs amours, lesquelles pourtant on doit louer et priser en leur constance, mais non en leur discrétion ; car pour cela il leur en fait très-mal. Et si telles dames sont blasmables en cela, il y en a beaucoup de leurs serviteurs qui en méritent bien la réprimende aussi bien qu'elles ; car ils contrefont des transis comme une chèvre qui est en gésine, et des langoureux ; ils jettent leurs yeux sur elles et les envoyent en ambassade ; ils font des gestes passionnez, des souspirs devant le monde ; ils se parent des couleurs de leurs dames si apparemment ; bref, ils se laissent aller à tant de sottes indiscrétions, que les aveugles s'en appercevroyent ; les uns aussi bien pour le faux que pour le vray, afin de donner à entendre à toute une cour qu'ils sont amoureux en bon lieu, et qu'ils ont bonne fortune. Et Dieu sçait ! possible, on ne leur en donneroit pas l'aumosne pour un liard, quand bien on en devroit perdre les œuvres de charité.

Je cognois un gentilhomme et seigneur, lequel, voulant abrever le monde qu'il estoit venu amoureux d'une belle et honneste dame que je sçay, fit un jour

conspiration, le 30 avril 1574, et qui avaient pour maîtresses l'un Marguerite de Valois, l'autre la duchesse de Nevers. « La Molle et le comte de Coconnas ayant été décapités, leurs têtes furent secrètement enlevées, dit Gomberville. J'ai un mémoire qui parle ainsi : L'amour et la jalousie firent périr ces deux gentilshommes. Ils étaient aimés de deux princesses qui portèrent leur affection si avant, qu'après leur mort, elles firent embaumer leurs têtes, et chacune garda la sienne parmi les autres marques de leur amour. On pourroit deviner qui étoient ces princesses, mais ce seroit une cruauté d'en avoir seulement la pensée. » *Mémoires de M. le duc de Nevers*, tome I, p. 75.

tenir son petit mulet avec deux de ses laquais et pages au devant sa porte. Par cas, M. d'Estrozze et moy passâmes par là et vismes ce mystère de ce mulet, ses pages et laquais. Il leur demanda soudain où estoit leur maistre; ils firent response qu'il estoit dans le logis de cette dame; à quoy M. d'Estrozze se mit à rire, et me dire que, sur sa vie, il gaigeroit qu'il n'y estoit point. Et soudain posa son page en sentinelle pour voir si ce faux amant sortiroit; et de là nous en allasmes soudain en la chambre de la reine, où nous le trouvasmes, et non sans rire luy et moy. Et sur le soir nous le vinsmes accoster, et, en feignant de luy faire la guerre, nous luy demandasmes où il estoit à telle heure après midy, et qu'il ne s'en sçauroit laver, car nous y avions veu le mulet et ses pages devant la porte de cette dame. Luy, faisant la mine d'estre fasché que nous avions veu cela, et de quoy nous luy en faisions la guerre de faire l'amour en ce bon lieu, il nous confessa vrayment qu'il y estoit; mais il nous pria de n'en sonner mot, autrement que nous le mettrions en peine, et cette pauvre dame qui en seroit escandalisée et mal venue de son mary; ce que nous luy promismes (rians tousjours à pleine gorge et nous moquant de luy, encor qu'il fust assez grand seigneur et qualifié); de n'en parler jamais et que cela ne sortiroit de nostre bouche. Si est-ce qu'au bout de quelques jours qu'il continuoit ces coups faux avec son mulet trop souvent, nous luy descouvrismes la fourbe et luy en fismes la guerre à bon escient et en bonne compagnie; dont de honte s'en désista, car la dame le sceut par nostre moyen, qui fit guetter un jour le mulet et les pages, les faisant chasser de devant sa porte comme gueux de l'hostière[1]. Et si fismes bien mieux, car nous le dismes à son mary, et luy en fismes le conte si plaisamment, qu'il le trouva si bon qu'il en rit luy-mesmes à son aise; et dist qu'il n'avoit pas peur que cet homme le fist jamais cocu; et que s'il ne trouvoit ledict mulet et ses pages bien logez à la porte, qu'il la leur feroit ouvrir et entrer dedans, pour les mettre mieux à couvert et à leur aise, et se garder du chaud, ou du froid, ou de la pluye. D'autres pourtant le faisoyent bien cocu. Et voilà comme ce bon seigneur, aux despens de cette honneste dame, se vouloit prévaloir sans avoir respect d'aucun scandale.

J'ay cogneu un gentilhomme qui escandalisa par ses façons de faire une fort belle et honneste dame, de laquelle en estant devenu amoureux quelque temps, et la pressant d'en obtenir ce bon petit morceau gardé pour la bouche du mary, elle luy refusa tout à plat; et après plusieurs refus, il luy dit comme désespéré : « Et bien ! vous ne le voulez pas, et je « vous jure que je vous ruineray de l'honneur. » Et pour ce faire, s'advisa de faire tant d'allées et venues à cachettes, mais pourtant non si secrètes qu'il ne se montrast à plusieurs yeux, exprès, et donnast moyen de s'en appercevoir de nuict et de jour, à la maison où elle se tenoit; braver et se vanter sous main de ses bonnes fausses fortunes, et devant le monde rechercher la dame avec plus de privauté qu'il n'avoit occasion de le faire, et parmy ses compagnons faire du gallant plus pour le faux que pour

---

1. Voyez plus haut, p. 82, note 1.

le vray; si bien qu'estant venu un soir fort tard en la chambre de cette dame tout bousché de son manteau, et se cachant de ceux de la maison, après avoir joué plusieurs de ces tours, fut soubçonné par le maistre d'hostel de la maison, qui fit faire le guet : et, ne l'ayant pu trouver, le mary pourtant battit sa femme et luy donna quelques soufflets; mais poussé après du maistre d'hostel, qui luy dit que ce n'estoit assez, la tua et la dagua, et en eut du roy fort aisément sa grâce. Ce fut grand dommage de cette dame, car elle estoit très-belle. Despuis, ce gentilhomme qui en avoit esté cause ne le porta guières loin, et fut tué en une rencontre de guerre, par permission de Dieu, pour avoir si injustement osté l'honneur à cette honneste dame et la vie.

Pour dire la vérité sur cet exemple et sur une infinité d'autres que j'ay veu, il y a aucunes dames qui ont grand tort d'elles-mesmes, et qui sont les vrayes causes de leurs escandales et déshonneur; car elles-mesmes vont attacquer les escarmouches, et attirent les galants à elles; et du commencement leur font les plus belles caresses du monde, des privautez, des familiaritez, leur donnent par leurs doux attraits et belles parolles des espérances; mais quand il faut venir à ce point, elles le desnient tout à plat; de sorte que les honnestes hommes qui s'estoient proposez force choses plaisantes de leur corps, se désespèrent et se dépitent en prenant un congé rude d'elles, les vont déshonorant et les publient pour les plus grandes vesses du monde; et en content cent fois plus qu'il n'y en a.

Donc voilà pourquoy il ne faut jamais qu'une dame

honneste se mesle d'attirer à soy un gallant gentilhomme, et se laisse servir à luy, si elle ne le contente à la fin selon ses mérites et ses services. Il faut qu'elle se propose cela, si elle ne veut estre perdue, mesme si elle a à faire à un honneste et gallant homme : autrement, dez le commencement, s'il la vient accoster, et qu'elle voye que ce soit pour ce point tant désiré à qui il addresse ses vœux, et qu'elle n'aye point d'envie de luy en donner, il faut qu'elle luy donne son congé dez l'entrée du logis ; car, pour en parler franchement, toutes dames qui se laissent aimer et servir s'obligent tellement, qu'elles ne se peuvent desdire du combat ; il faut qu'elles y viennent tost ou tard, quoy qu'il tarde.

Mais il y a des dames qui se plaisent à se faire servir pour rien, sinon pour leurs beaux yeux ; et disent qu'elles désirent estre servies, que c'est leur félicité, mais non de venir là ; et disent qu'elles prennent plaisir à désirer et non à exécuter. J'en ay veu aucunes qui me l'ont dit : toutesfois il ne faut pourtant qu'elles le prennent là, car si elles se mettent une fois à désirer, sans point de doute il faut qu'elles viennent à l'exécution ; car ainsi la loy d'amour le veut, et que toute dame qui désire, ou souhaitte, ou songe de vouloir désirer à soy un homme, cela est fait. Si l'homme le connoist et qu'il poursuive fermement celle qui l'attaque, il en aura ou pied ou aisle, ou plume ou poil, comme on dit.

Voilà donc comme les pauvres marys se font cocus par telles opinions de dames qui veulent désirer et non pas exécuter ; mais, sans y penser, elles se vont brusler à la chandelle, ou bien au feu qu'elles ont basty d'elles-mesmes, ainsi que font ces pauvres simplettes bergères, lesquelles, pour se chauffer parmy les champs en gardant leurs moutons et brebis, allument un petit feu, sans songer à aucun mal ou inconvénient ; mais elles ne se donnent de garde que ce petit feu s'en vient quelques fois à allumer un si grand, qu'il brusle tout un païs de landes et de taillis.

Il faudroit que telles dames prissent l'exemple, pour les faire sages, de la comtesse d'Escaldasor, demeurant à Pavie, à laquelle M. de Lescu, qui depuis fut appellé le mareschal de Foix, estudiant à Pavie (et pour lors le nommoit-on le protenotaire de Foix, d'autant qu'il estoit dédié à l'Église ; mais depuis il quitta la robbe longue pour prendre les armes), faisant l'amour à cette belle dame, d'autant que pour lors elle emportoit le prix de la beauté sur les belles de Lombardie, et s'en voyant pressée, et ne le voulant rudement mécontenter, ny donner son congé, car il estoit proche parent de ce grand Gaston de Foix, M. de Nemours, sous le grand renom duquel alors toute l'Italie trembloit, et un jour d'une grand' magnificence et de feste qui se faisoit à Pavie, où toutes les grandes dames, et mesmes les plus belles de la ville et d'alentour, se trouvèrent ensemble et les honnestes gentilshommes[1], cette comtesse parut belle entre toutes les autres, pompeusement habillée d'une robbe de satin bleu céleste, toute couverte et

---

1. Dans les éditions antérieures on lit : « .... se trouvèrent ensemble et les honnestes gentilshommes ne manquèrent pas aussy de s'y trouver. »

semée, autant pleine que vuide, de flambeaux et papillons volletans à l'entour et s'y bruslans, le tout en broderie d'or et d'argent, ainsi que de tout temps les bons brodeurs de Milan ont sceu bien faire pardessus les autres; si bien qu'elle emporta l'estime d'estre le mieux en point de toute la troupe et compagnie.

M. le protenotaire de Foix, la menant dancer, fut curieux de luy demander la signification des devises de sa robbe, se doutant bien qu'il y avoit là dessous quelque sens caché qui ne luy plaisoit pas. Elle luy respondit : « Monsieur, j'ay fait faire ma robbe de la « façon que les gens-d'armes et cavalliers font à leurs « chevaux rioteux[1] et vitieux, qui ruent et qui tirent « du pied; ils leur mettent sur leur croupe une « grosse sonnette d'argent, afin que, par ce signal, « leurs compagnons, quand ils sont en compagnie et « en foulle, soyent advertis de se donner garde de « ce meschant cheval qui rue, de peur qu'il ne les « frappe. Pareillement, par les papillons volletans et « se bruslans dans ces flambeaux, j'advertis les hon- « nestes hommes qui me font ce bien de m'aymer « et admirer ma beauté, de n'en approcher trop près, « ny en désirer d'avantage autre chose que la veue; « car ils n'y gagneront rien, non plus que les papil- « lons, sinon désirer et brusler, et n'en avoir rien « plus. » Cette histoire est escrite dans les *Devises* de Paolo Jovio[2]. Par ainsi, cette dame advertissoit

1. *Rioteux*, difficile.
2. *Dialogo delle imprese militari ed amorose di Paolo Giovio*, 1559, in-4°. Brantôme s'est servi de la traduction de Vasquin

son serviteur de prendre garde à soy de bonne heure. Je ne sçay s'il s'en approcha de plus près, ou comme il en fit; mais pourtant, luy, ayant esté blessé à mort à la bataille de Pavie, et pris prisonnier, il pria d'estre porté chez cette comtesse, à son logis dans Pavie, où il fut très-bien receu et traitté d'elle. Au bout de trois jours il y mourut, avec le grand regret de la dame, ainsi que j'ay ouy conter à M. de Montluc, une fois que nous estions dans la tranchée à la Rochelle, de nuict, qu'il estoit en ses causeries, et que je luy fis le conte de cette devise, qui m'asseura avoir veu cette comtesse très-belle, et qui aimoit fort ledit mareschal, et fut bien honnorablement traitté d'elle : du reste, il n'en sçavoit rien si d'autres fois ils avoyent passé plus outre. Cet exemple devroit suffire pour plusieurs et aucunes dames que j'ay allégué.

Or, y a des cocus qui sont si bons qu'ils font prescher et admonester leurs femmes par gens de bien et religieux, sur leur conversion et corrections; lesquelles, par larmes feintes et paroles dissimulées, font de grands vœux, promettans monts et merveilles de repentance, et de n'y retourner jamais plus; mais leur serment ne dure guières, car les vœux et larmes de telles dames valent autant que jurements

---

Philieul: *Dialogue des devises d'armes et d'amours*, Lyon, Rouille, 1561, in-4°. On y trouve, page 13, la devise de « Hippolite Florimonde, marquise de Eschauffesoleil. »

C'est la première fois que Brantôme cite cet ouvrage, d'où il a pourtant tiré diverses devises comme celles d'Antoine de Lève (*sic vos non vobis*), de Trivulce (*finiunt pariter renovantque labores*), etc.

et reniements d'amoureux, comme j'en ay veu, et cogneu une dame à laquelle un grand prince, son souverain, fit cette escorne [1] d'introduire et apposter un cordellier d'aller trouver son mary qui estoit en une province pour son service, comme de soy-mesme et venant de la cour, l'advertir des amours folles de sa femme et du mauvais bruit qui couroit du tort qu'elle luy faisoit; et que, pour son devoir de son estat et vacation, il l'en advertissoit de bonne heure, afin qu'il mît ordre à cette âme pécheresse. Le mary fut bien esbahy d'une telle ambassade et doux office de charité : il n'en fit autre semblant pourtant, sinon de l'en remercier et luy donner espérance d'y pourvoir; mais il n'en traitta point plus mal sa femme à son retour : car qu'y eust-il gaigné? Quand une femme une fois s'est mise à ce train, elle ne s'en détraque, non plus qu'un cheval de poste qui a accoustumé si fort le gallop qu'il ne le sçaurait changer en autre train d'aller.

Hé! combien s'est-il veu d'honnestes dames qui, ayant esté surprises sur ce fait, tancées, battues, persuadées et remonstrées, tant par force que par douceur, de n'y tourner jamais plus, elles promettent, jurent et protestent de se faire chastes, que puis après pratiquent ce proverbe, *passato il pericolo, gabbato il santo* [2], et retournent encor plus que jamais en l'amoureuse guerre; voire qu'il s'en est veu plusieurs d'elles, se sentant dans l'âme quelque ver rongeant, qui d'elles-mêmes faisoyent des vœux bien saints et

---

1. *Escorne*, affront, de l'italien *scorno*.
2. Le péril passé, l'on se moque du saint.

fort sollenels, mais ne les gardoyent guières, et se repentoyent d'estre repenties, ainsi que dit M. du Bellay des courtisanes repenties[1]. Et telles femmes afferment qu'il est bien mal aisé de se défaire pour tout jamais d'une si douce habitude et coustume, puisqu'elles sont si peu en leur courte demeure qu'elles font en ce monde.

Je m'en rapporterois volontiers à aucunes belles filles, jeunes repenties, qui se sont voilées[2] et recluses, si on leur demandoit et en foy et en conscience ce qu'elles en respondroyent, et comme elles désireroyent bien souvent leurs hautes murailles abattues pour s'en sortir aussitost.

Voilà pourquoy ne faut point que les marys pensent autrement réduire leurs femmes, après qu'elles ont fait la première fausse pointe de leur honneur, sinon de leur lascher la bride, et leur recommander seulement la discrétion et tout guarement d'escandale; car on a beau porter tous les remèdes d'amour qu'Ovide a jamais appris, et une infinité qui se sont encor inventez sublins, ny mesmes les autentiques de maistre François Rabelais, qu'il apprit au vénérable Panurge[3], n'y serviront jamais rien; ou bien,

---

1. Mère d'amour, suyvant mes premiers vœux,
Dessous tes loix remettre je me veulx,
Dont je vouldrois n'estre jamais sortie;
Et me repens de m'estre repentie.
(Joachim du Bellay, *la Contrerepentie*, trad. du latin de P. Gillebert, *OEuvres françoises*, Paris, 1573, in-8°, f° 464 v°.)

2. *Se voiler*, prendre le voile.
3. Voyez *Pantagruel*, liv. III, ch. vi et suiv.

pour le meilleur, pratiquer un refrain d'une vieille chanson qui fut faite du temps du roy François Ier, qui dit:

> Qui voudroit garder qu'une femme
> N'aille du tout à l'abandon,
> Il faudroit la fermer dans une pipe,
> Et en jouir par le bondon.

Du temps du roy Henry, il y eut un certain quinquailleur qui apporta une douzaine de certains engins à la foire de Sainct-Germain pour brider le cas des femmes, qui estoyent faits de fer et ceinturoyent comme une ceinture, et venoyent à prendre par le bas et se fermer en clef[1]; si subtilement faits, qu'il n'estoit pas possible que la femme, en estant bridée une fois, s'en pust jamais prévaloir pour ce doux plaisir, n'ayant que quelques petits trous menus pour servir à pisser.

On dit qu'il y eut quelque cinq ou six maris jaloux fascheux, qui en acheptèrent et en bridèrent leurs femmes de telle façon qu'elles purent bien dire: « Adieu, bon temps. » Si en y eut-il une qui s'advisa de s'accoster d'un serrurier fort subtil en son art, à qui ayant monstré ledit engin, et le sien et tout, son mary estant allé dehors aux champs, il y applicqua si bien son esprit qu'il y forgea une fausse clef, que la dame l'ouvroit et le fermoit à toute heure et quand elle vouloit. Le mary n'y trouva jamais rien à dire. Et se donna son saoul de ce bon plaisir, en dépit du fat jaloux cocu de mary, pensant vivre tousjours

---

1. On voit un de ces cadenas au musée de Cluny; il est en ivoire.

en franchise de cocuage. Mais ce meschant serrurier qui fit la fausse clef, gasta tout; et si fit mieux, à ce qu'on dit, car ce fut le premier qui en tasta et le fit cornard : aussi n'y avoit-il danger, car Vénus, qui fut la plus belle femme et putain du monde, avoit Vulcan, forgeron et serrurier, pour mary, lequel estoit un fort vilain, salle, boiteux et très-laid.

On dit bien plus : qu'il y eut beaucoup de gallants honnestes gentilshommes de la cour qui menacèrent de telle façon le quinquaillier que, s'il se mesloit jamais de porter telles ravauderies, qu'on le tueroit, et qu'il n'y retournast plus et jettast tous les autres qui estoyent restez dans le retrait; ce qu'il fit; et depuis onc n'en fut parlé. Dont il fut bien sage, car c'estoit assez pour faire perdre la moitié du monde, à faute de ne le peupler, par tels brindements[1], serrures et fermoirs de nature, abominables et détestables ennemis de la multiplication humaine.

Il y en a qui baillent leurs femmes à garder à des eunuques, que l'empereur Alexandre Severus rejetta fort[2], avec rude commandement de ne pratiquer jamais les dames romaines; mais ilz y sont esté attrapés; non qu'ils engendrassent et les femmes conceussent d'eux, mais en recevoyent quelques sentimens et superficies de plaisirs légers, quasi approchans

---

1. *Brindement*, action de brider.
2. Ce n'est pas tout à fait ce que dit Lampride. Alexandre Sévère chassa d'auprès de lui les eunuques qu'il traitoit avec un profond mépris et auxquels il ne voulut confier d'autres services dans le palais que celui des bains des femmes. (*Alexandre Sévère*, chap. XXII.)

du grand parfait : dont aucuns ne s'en soucient point disans que leur principal marrisson de l'adultère de leurs femmes ne procédoit pas de ce qu'elles s'en faisoyent donner, mais qu'il leur faschoit grandement de nourrir et élever et tenir pour enfans ceux qu'ils n'avoyent pas faits. Car sans cela ce fust esté le moindre de leurs soucis, ainsi que j'en ay cogneu aucuns et plusieurs, lesquels, quand ilz trouvoyent bons et faciles ceux qui les avoyent faits à leurs femmes, à donner un bon revenu, à les entretenir, ne s'en donnoyent aucunement soucy, ainsi qu'ils conseillent à leurs femmes de leur demander, et les prier de quelque pension pour nourrir et entretenir le petit qu'elles ont eu d'eux. Comme j'ay ouy conter d'une grand' dame, laquelle eut Villeconnin [1], enfant du roy François Ier. Elle le pria de luy donner ou assigner quelque peu de bien, avant qu'il mourust, pour l'enfant qu'il luy avoit fait ; ce qu'il fit. Et luy assigna deux cens mille escus en banque, qui luy profitèrent et coururent tousjours d'intérests, et de change en change ; de telle sorte qu'estant venu grand, il despensoit si magnifiquement et paroissoit en si belle despense et en jeux à la cour, qu'un chascun s'en estonnoit ; et présumoit-on qu'il jouissoit de quelque dame qu'on n'eusse point pensé ; et ne croyoit-on sa mère nullement ; mais d'autant qu'il ne bougeoit d'avec elle, un chacun jugeoit que la grande despense qu'il faisoit procédoit de la jouissance d'elle ; et pour-

---

1. Ce personnage n'est connu que par ce que Brantôme en raconte ici et tome IV, p. 308. On l'avait toujours jusqu'à présent d'après la leçon fautive des éditions précédentes appelé à tort Villecouvin.

tant c'estoit le contraire, car elle estoit sa mère; et peu de gens le sçavoyent, encor qu'on ne sceust bien sa lignée ni procréation, si ce n'est qu'il vint à mourir en Constantinople[1], et son aubène, comme bastard, fut donnée au maréchal de Retz, qui estoit fin et sublin à descouvrir tel pot aux roses, mesmes pour son proffit, qu'il eust pris sur la glace, et vérifia la bastardise qui avoit esté si longtemps cachée; et emporta le don d'aubène pardessus M. de Teligny, qui avoit esté constitué héritier dudict Villeconnin.

D'autres disoyent pourtant que cette dame avoit eu cest enfant d'autres que du roy, et qu'elle l'avoit ainsi enrichy du sien propre; mais M. de Retz esplucha et chercha tant parmy les banques, qu'il y trouva l'argent et les obligations du roy François; les uns disoyent pourtant d'un autre prince non si grand que le roy, ou d'un autre moindre; mais, pour couvrir et cacher tout et nourrir l'enfant, il n'estoit pas mauvais de supposer tout à la Majesté, comme cela se void en d'autres.

Je croy qu'il y a plusieurs femmes parmy le monde, et mesmes en France, que si elles pensoyent produire des enfants à tel prix, que les roys et les grands aisément monteroyent sur leurs ventres; mais bien souvent ilz y montent et n'en ont[2] de grandes lippées; dont en ce elles sont bien trompées, car à tels grands volontiers ne s'addonnent-elles, sinon pour avoir le *galardon*[3], comme dit l'Espaignol.

Il y a une fort belle question sur ces enfants puta-

---

1. En 1567. — 2. *Et n'en ont*, c'est-à-dire elles n'en ont.
3. Guerdon, récompense.

tifs et incertains ; à sçavoir s'ilz doivent succéder aux biens paternels et maternels, et que c'est un grand péché aux femmes de les y faire succéder ; dont aucuns docteurs ont dit que la femme le doit révéler au mary, et en dire la vérité. Ainsi le réfère le Docteur Subtil [1]. Mais cette opinion n'est pas bonne, disent autres, parce que la femme se diffameroit soymesmes en le révélant, et pour autant elle n'y est tenue ; car la bonne renommée est plus grand bien que les biens temporels, dit Salomon.

Il vaut donc mieux que les biens soyent occupez par l'enfant, que la bonne renommée se perde ; car, comme dit un proverbe : *mieux vaut bonne renommée que ceinture dorée*. De là les théologiens tirent une maxime qui dit : que quand deux préceptes et commandemens nous obligent, le moindre doit céder au plus grand. Or est-il que le commandement de garder sa bonne renommée est plus grand que celuy qui concède de rendre le bien d'autruy ; il faut donc qu'il soit préféré à celuy-là.

De plus, si la femme révèle cela à son mary, elle se met en danger d'estre tuée du mary mesme, ce qui est fort défendu de se pourchasser la mort ; non pas mesmes est permis à une femme de se tuer de peur d'estre violée ou après l'avoir esté ; autrement elle pécheroit mortellement. Si bien qu'il vaut mieux permettre d'estre viollée, si on n'y peut, en fuyant ou criant, remédier que se tuer soy-mesme ;

---

1. Surnom du théologien J. Duns ou Scott, l'adversaire des doctrines de saint Thomas ; mais Brantôme nous semble l'appliquer ici à l'auteur de la *Summa* citée p. 52.

car le violement du corps n'est point péché, sinon du consentement de l'esprit. C'est la response que fit sainte Luce au tyran qui la menaçoit de la faire mener au bourdeau. « Si vous me faittes, « dit-elle, forcer, ma chasteté recevra double cou-« ronne. »

Pour ceste raison, Lucresse est taxée[1] d'aucuns. Il est vray que sainte Sabine et sainte Sophoniene[2], avec d'autres pucelles chrestiennes, lesquelles se sont privées de vie afin de ne tomber entre les mains des barbares, sont excusées de nos pères et docteurs, disant qu'elles ont fait cela pour certain mouvement du Sainct-Esprit; par lequel Sainct-Esprit, après la prise de Cypre[3], une damoiselle cypriotte nouvellement chrestienne, se voyant emmener esclave avec plusieurs autres pareilles dames, pour estre la proye des Turcs, mit le feu secrètement dans les poudres de la gallère; si bien qu'en un moment tout fut embrazé et consumé avec elle, disant : « Jà à Dieu ne plaise « que nos corps soyent pollus et cogneus par ces vi-« lains Turcs et Sarrasins ! » Et Dieu sçait, possible qu'il avoit esté déjà pollu, et en voulut ainsi faire la pénitence; si ce n'est que son maistre ne l'avoit voulue toucher, afin d'en tirer plus d'argent la ven-

1. *Taxée*, blâmée.
2. Eusèbe (*Hist. eccl.*, liv. VIII, chap. xiv, et *Vie de Constantin*, liv. I, chap. xxxiv) raconte qu'une dame romaine se tua plutôt que de consentir à avoir un commerce criminel avec l'empereur Maxence. Mais il ne la nomme pas, et l'on ne sait d'où lui vient le nom de Sophronie (altéré par Brantôme) sous lequel elle figure dans les martyrologes.
3. Par les Turcs en 1570. Voyez de Thou, liv. XLIX.

dant vierge, comme l'on est friand de taster en ces païs, voire en tous autres, un morceau intacte.

Or, pour retourner encor à la garde noble de ces pauvres femmes, comme j'ay dit, les eunuques ne laissent à commettre adultère avec elles, et faire leur marys cocus, réservé la procréation à part.

J'ay cogneu deux femmes en France qui se mirent à aymer deux chastrez gentilshommes afin de n'engroisser point; et pourtant en avoyent plaisir, et si ne s'escandalisoyent. Mais il y a eu des marys si jaloux en Turquie et en Barbarie, lesquels s'estans apperceus de cette fraude, ilz se sont advisez de faire chastrer tout à trac leurs pauvres esclaves, et le leur couper tout net. Dont, à ce que disent et escrivent ceux qui ont pratiqué la Turquie, il n'en reschappe deux de douze auxquels ils exercent cette cruauté, qu'ils ne meurent; et ceux qui en eschappent, ils les ayment et adorent comme vrays, seurs et chastes gardiens de la chasteté de leurs femmes, et garantisseurs de leur honneur.

Nous autres chrestiens n'usons point de ces villaines rigueurs et par trop horribles; mais au lieu de ces chastrez, nous leur donnons des vieillards sexagénaires, comme l'on fait en Espagne, et mesmes à la cour des reines de là, lesquels j'ay veu gardiens des filles de leur cour et de leur suitte. Et Dieu sçait! il y a des vieillards cent fois plus dangereux à perdre filles et femmes que les jeunes, et cent fois plus chaleureux, plus inventifs et industrieux à les gaigner et corrompre.

Je croy que telles gardes, pour estre chenus et à la teste et au menton, ne sont pas plus seures que les jeunes, ny les vieilles femmes non plus ; ainsi comme une vieille gouvernante espagnole conduisant ses filles, et passant par une grande salle et voyant des membres naturels peints à l'advantage et fort gros et démesurez, contre la muraille, se prit à dire : *Mira que tan bravos no los pintan estos hombres, como quien no los conociese*[1]. Et ses filles se tournèrent vers elle, et y prindrent advis, fors une que j'ay cogneu qui contrefaisant de la simple, demanda à une de ses compaygnes quelz oiseaux estoyent ceux-là ; car il n'y en avoit aucuns peints avec des aisles. Elle luy respondit que c'estoyent oiseaux de Barbarie, plus beaux en leur naturel qu'en peinture. Et Dieu sçait si elle n'en avoit point veu jamais ; mais il falloit qu'elle en fist la mine.

Beaucoup de marys se trompent bien souvent en ces gardes ; car il leur semble que, pourvu que leurs femmes soyent entre les mains des vieilles, que les unes et les autres appellent leurs mères pour tiltre d'honneur, qu'elles sont très-bien gardées sur le devant : et de celles il n'y en a point de plus aisées à suborner et gaigner qu'elles ; car de leur nature, estant avaricieuses comme elles sont, en prennent de toutes mains pour vendre leurs prisonnières.

D'autres ne peuvent veiller tousjours ces jeunes femmes, qui sont tousjours en bonne cervelle, et mesmes quand elles sont en amours, que la pluspart du temps elles dorment en un coin de cheminée,

---

1. Vois : ces hommes nous ont été là peints si beaux qu'ils semblent l'avoir été par quelqu'un qui ne les connaissait pas.

qu'en leur présence les cocus se forgent, sans qu'elles y prennent garde ny n'en sçachent rien.

J'ay cogneu une dame qui le fit une fois devant sa gouvernante, si subtilement qu'elle ne s'en apperceut jamais. Une autre en fit de mesme devant son mary, quasi visiblement, ainsi qu'il jouoit à la prime.

D'autres vieilles ont mauvaises jambes, qui ne peuvent pas suivre au grand trot leurs dames, qu'avant qu'elles arrivent au bout d'une allée ou d'un bois ou d'un cabinet, leurs dames ont dérobbé leur coup en robbe, sans qu'elles s'en soyent apperceues, n'y ayant rien veu, débiles de jambes et basses de la veue. D'autres vieilles et gouvernantes y a-il qui, ayant pratiqué le mestier, ont pitié de voir jusner les jeunes et leur sont si débonnaires, que d'elles-mesmes elles leur en ouvrent le chemin, et les en persuadent de l'ensuivre, et leur assistent de leur pouvoir. Aussi l'Aretin disoit que le plus grand plaisir d'une dame qui a passé par là, et tout son plus grand contentement, est d'y faire passer une autre de mesmes.

Voylà pourquoy, quand on se veut bien ayder d'un bon ministre pour l'amour, on prend et s'adresse-on plustost à une vieille maquerelle qu'à une jeune femme. Aussi tiens-je d'un fort gallant homme, qu'il ne prenoit nul plaisir, et le défendoit à sa femme expressément, de ne hanter jamais compagnies de vieilles, pour estre trop dangereuses, mais avec des jeunes tant qu'elle voudroit; et en alléguoit beaucoup de bonnes raisons que je laisse aux mieux discourans discourir.

Et c'est pourquoy un seigneur de par le monde, que je sçay, confia sa femme, de laquelle il étoit jaloux, à une sienne cousine, fille pourtant, pour luy servir de surveillante ; ce qu'elle fit très-bien, encor que de son costé elle retînt moitié du naturel du chien de l'ortollan[1], d'autant qu'il ne mange jamais des choux du jardin de son maistre, et si n'en veut laisser manger anx autres; mais celle-cy en mangeoit, et n'en vouloit point faire manger à sa cousine : si est-ce que l'autre pourtant luy déroboit tousjours quelque coup en cotte, dont elle ne s'en appercevoit, quelque fine qu'elle fust, ou feignoit ne s'en appercevoir.

J'alléguerois une infinité de remèdes dont usent les pauvres jaloux cocus pour brider, sarrer, gesner, et tenir de court leurs fammes qu'elles ne facent le saut ; mais ils ont beau pratiquer tous ces vieux moyens qu'ilz ont ouy dire, et d'en excogiter de nouveaux, car ilz y perdent leur escrime : car quand une fois les femmes ont mis ce ver coquin amoureux dans leurs testes, les envoyent à toute heure chez Guillot le Songeur[2], ainsi que j'espère d'en discourir en un chapitre, que j'ay à demy faict, des ruses et astuces des femmes sur ce point, que je confère avec les stratagesmes et astuces militaires des hommes de guerre[3]. Et le plus beau remède, seure et douce garde, que le mary jaloux peut donner à sa femme,

---

1. *Ortollan*, jardinier; *hortulanus*.

2. Don Guilan *el cuidador*, dont on a fait chez nous *Guillot le Songeur*, est un personnage de l'*Amadis de Gaule*. Voyez *Amadis de Gaule*, liv. II, chap. v, dans la *Biblioteca de autores españoles*, de don Pascual de Gayangos, Madrid, 1857, in-8°, tome XL, p. 120 et 121.

3. Ce chapitre, s'il a été achevé, n'a point été imprimé.

c'est de la laisser aller en son plein pouvoir, ainsi que j'ay ouy dire à un gallant homme marié, estant le naturel de la femme que, tant plus on luy défend une chose, tant plus elle désire le faire, et surtout en amours, où l'appétit s'eschauffe plus en le défendant qu'au laisser courre.

Voicy une autre sorte de cocus, dont pourtant il y a question : à sçavoir-mon, si l'un a jouy d'une femme à plein plaisir durant la vie de son mary cocu, et que le mary vienne à décéder, et que ce serviteur après vienne à espouser cette femme veufve, si l'ayant espousée en secondes nopces, il doit porter le nom et tiltre de cocu, ainsi que j'ay cogneu et ouy parler de plusieurs, et des grands.

Il y en a qui disent qu'il ne peut estre cocu, puisque c'est luy-mesme qui en a fait la faction, et qu'il n'y aye aucun qui l'aye fait cocu que luy-même, et que ses cornes sont faites de soy-mesme. Toutesfois, il y a bien des armuriers qui font des espées desquelles ils sont tués ou s'entre-tuent eux-mêmes.

Il y en a d'autres qui disent l'estre réellement cocu et de fait, en herbe pourtant. Ilz en allèguent force raisons; mais, d'autant que le procez en est indécis, je le laisse à vuider à la première audience qu'on voudra donner pour cette cause.

Si diray-je encor cettui-cy d'une bien grande, mariée, laquelle s'est compromise en mariage à celuy qui l'entretient encor, il y a quatorze ans, et depuis ce temps a tousjours attendu et souhaitté que son mary mourust. Au diable s'il a jamais pu mourir encor à son souhait! si bien qu'elle pouvoit bien dire : « Maudit soit le mary et le compagnon, qui a plus

« vescu que je ne voulois ! » De maladies et indispositions de son corps il en a eu prou, mais de mort point. Si bien que le roy Henry dernier, ayant donné la survivance de l'estat beau et grand qu'avoit ledict mary cocu, à un fort honneste et brave gentilhomme, disoit souvent : « Il y a deux personnes en ma cour « auxquelles moult tarde qu'un tel ne meure bientost, « à l'une pour avoir son estat, et à l'autre pour es- « pouser son amoureux ; mais l'un et l'autre sont « esté trompez jusques icy. »

Voilà comme Dieu est sage et provident, de n'envoyer point ce que l'on souhaite de mauvais : toutesfois l'on m'a dit que depuis peu sont en mauvais ménage, et ont bruslé leur promesse de mariage de futur, et rompu le contract, par grand dépit de la femme et joye du maryé prétendu, d'autant qu'il se vouloit pourvoir ailleurs et ne vouloit plus tant attendre la mort de l'autre mary, qui, se mocquant des gens, donnoit assez souvent des allarmes qu'il s'en allait mourir ; mais enfin il a survescu le mary prétendu. Punition de Dieu, certes, car il ne s'ouït jamais guières parler d'un mariage ainsi fait ; qui est un grand cas, et énorme, de faire et accorder un second mariage, estant le premier encor en son entier.

J'aymerois autant d'une, qui est grande, mais non tant que l'autre que viens de dire, laquelle, estant pourchassée d'un gentilhomme par mariage, elle l'espousa, non pour l'amour qu'elle luy portoit, mais parcequ'elle le voyoit maladif, atténué[1] et allanguy,

---

1. *Atténué*, affaibli.

et mal disposé ordinairement, et que les médecins luy disoyent qu'il ne vivroit pas un an, et mesmes après avoir cogneu cette belle femme par plusieurs fois dans son lict : et, pour ce, elle en espéroit bientost la mort, et s'accommoderoit tous après sa mort de ses biens et moyens, beaux meubles et grands advantages qu'il luy donnoit par mariage; car il estoit très-riche et bien aisé gentilhomme. Elle fut bien trompée, car il vit encores gaillard, et mieux disposé cent fois qu'avant qu'il l'espousast; depuis elle est morte. On dit que ledict gentilhomme contrefaisoit ainsi du maladif et marmiteux, afin que, connoissant cette femme très-avare, fust esmeue à l'espouser sous espérance d'avoir tels grands biens ; mais Dieu là dessus disposa tout au contraire, et fit brouster la chèvre là où elle estoit attachée, en dépit d'elle.

Que dirons-nous d'aucuns qui espousent des putains et courtisannes qui ont esté très-fameuses, comme l'on fait assez coustumièrement en France, mais surtout en Espagne et en Italie, lesquels se persuadent de gaigner les œuvres de miséricorde, *por librar una anima cristiana del infierno* [1], comme ils disent, et la mettre en la sainte voye.

Certainement, j'ay veu aucuns tenir cette opinion et maxime, que : s'ilz les espousoyent pour ce saint et bon sujet, qu'ilz ne doivent tenir rang de cocus; car ce qui se fait pour l'honneur de Dieu ne doit estre converty en opprobre : moyennant aussi que leurs femmes, estant remises en la bonne voye, ne s'en ostent et retournent à l'autre, comme j'en ay veu

1. Pour délivrer de l'enfer une âme chrétienne.

aucunes en ces deux pays, qui ne se rendoient plus pécheresses après estre mariées, d'autres qui ne s'en pouvoyent corriger, mais retournoyent broncher dans la première fosse.

La première fois qce je fus en Italie, je devins amoureux d'une fort belle courtizane à Rome, qui s'appelloit Faustine. Et d'autant que je n'avois pas grand argent, et qu'elle estoit en trop haut prix, de dix ou douze escus pour nuict, fallut que je me contentasse de la parole et du regard. Au bout de quelque temps, j'y retourne pour la seconde fois; et mieux garny d'argent, je l'allay voir à son logis par le moyen d'une seconde [1], et la trouvé mariée avec un homme de justice, en son mesme logis, qui me recueillit de bon amour; et me contant la bonne fortune de son maryage, et me rejettant bien loin ses follies du temps passé, auxquelles elle avoit dit adieu pour jamais. Je luy montray de beaux escus françois, mourant pour l'amour d'elle plus que jamais. Elle en fut tentée et m'accorda ce que voulus, me disant qu'en mariage faisant elle avoit arresté et concerté avec son mary sa liberté entière, mais sans escandale pourtant ny déguisement, moyennant une grande somme, afin que tous deux se pussent entretenir en grandeur; et qu'elle estoit pour les grandes sommes, et s'y laissoit aller volontiers, mais non point pour les petites. Celuy-là estoit bien cocu en herbe et gerbe.

J'ay ouy parler d'une dame de parmy le monde, qui, en mariage faisant, voulut et arresta que son

1. D'une seconde courtisane.

mary la laissât à la cour pour faire l'amour, se réservant l'usage de sa forest de mort-bois ou bois-mort[1], comme luy plairoit; aussi, en récompense, elle luy donnoit tous les mois mille francs pour ses menus plaisirs, et ne se soucia d'autre chose qu'à se donner du bon temps.

Par ainsi, telles femmes qui ont esté libres, volontiers ne se peuvent garder qu'elles ne rompent les serrures estroites de leurs portes, quelque contrainte qu'il y ait, mesmes où l'or sonne et reluit : tesmoin cette belle fille du roy Acrise [2], qui, toute resserrée et renfermée dans sa grosse tour, se laissa à un doux aller[3] de ces belles gouttes d'or de Jupiter.

Ha! que mal aisément se peut garder, disoit un gallant homme, une femme qui est belle, ambitieuse, avare, convoiteuse d'estre brave, bien habillée, bien diaprée, et bien en point, qu'elle ne donne non du nez, mais du cul en terre, quoyqu'elle porte son cas armé, comme l'on dit, et que son mary soit brave, vaillant, et qui porte bonne espée pour le défendre.

J'en ay tant cogneu de ces braves et vaillants, qui ont passé par là; dont certes estoit grand dommage de voir ces honnestes et vaillants hommes en venir là,

---

1. On comptait neuf espèces de *mort-bois*, désignées ainsi dans les anciennes ordonnances : saulx, marsaux, épines, puines (cornouiller), seur (sureau), genêt, genièvre et ronces. — Il y a peut-être dans la phrase de Brantôme une mauvaise pointe qui se laisse deviner.

2. Danaé.

3. Les éditions antérieures portent *se laissa un jour aller à ces belles gouttes d'or*.

et qu'après tant de belles victoires gaignées par eux, tant de remarquables conquestes sur leurs ennemis, et beaux combats démeslez par leur valeur, qu'il faille que, parmy les belles fleurs et fueilles de leurs chappeaux triomphans qu'ils portent sur la teste, l'on y trouve des cornes entremeslées, qui les déshonnorent du tout : lesquels néantmoins s'amusent plus à leurs belles ambitions par leurs beaux combats, honnorables charges, vaillances et exploicts, qu'à surveiller leurs femmes, et esclairer leur antre obscur. Et, par ainsi, arrivent, sans y penser, à la cité et conqueste de Cornuaille ; dont c'est grand dommage pourtant ; comme j'en ay bien cogneu un brave et vaillant, qui portoit le tiltre d'un fort grand[1], lequel un jour se plaisant à raconter ses vaillances et conquestes, il y eut un fort honneste gentilhomme et grand, son allié et familier, qui dit à un autre : « Il nous raconte icy « ses conquestes, dont je m'en estonne ; car le cas de « sa femme est plus grand que toutes celles qu'il a « jamais faict, ny ne fera oncques. »

J'en ay bien cogneu plusieurs autres, lesquels, quelque belle grâce, majesté et apparence qu'ils pussent monstrer, si avoyent-ilz pourtant cette encolure de cocu qui les effaçoit du tout ; car, telle encolure et encloueure ne se peut cacher et feindre ; quelque bonne mine et bon geste qu'on vueille faire, elle se congnoist et s'apperçoit à clair. Et, quant à moy, je n'en ay jamais veu en ma vie aucun de ceux-là qui n'en eust ses marques, gestes, postures et encolures et encloueures, fors seulement un que j'ay cogneu,

---

1. Peut-être le duc Henri de Guise.

que le plus clairvoyant n'y eust sceu rien voir ny mordre, sans connoistre sa femme; tant il avoit bonne grâce, belle façon et apparence honnorable et grave.

Je prierois volontiers les dames qui ont de ces marys si parfaits, qu'elles ne leur fissent de tels tours et affronts : mais elles me pourront dire aussi : « Et où sont-ilz ces parfaits, comme vous dites « qu'estoit celuy-là que vous nous venez d'allé- « guer ? »

Certes, mesdames, vous avez raison, car tous ne peuvent estre des Scipions et des Cæsars, et ne s'en trouve plus. Je suis d'advis doncques que vous en-suiviez en cela vos fantaisies; car, puisque nous parlons des Césars, les plus gallants y ont bien passé, et les plus vertueux et parfaits, comme j'ay dit, et comme nous lisons de cet accomply empereur Trajan, les perfections duquel ne purent engarder sa femme Plotine qu'elle ne s'abandonnast du tout au bon plaisir d'Adrian, qui fut empereur après; de laquelle il tira de grandes commoditez, proffits et grandeurs, tellement qu'elle fut cause de son avancement; aussi n'en fut-il ingrat estant parvenu à sa grandeur, car il l'ayma et honnora tousjours si bien, qu'elle estant morte, il en démena si grand dueil et en conceut une telle tristesse, qu'enfin il en perdit pour un temps le boire et le manger, et fut contraint de séjourner en la Gaule Narbonnoise, où il sceut ces tristes nouvelles, trois ou quatre mois, pendant lesquels il escrivit au sénat de colloquer Plotine au nombre des déesses, et commanda qu'en ses obsèques on luy offrist des sacrifices très-riches et très-sumptueux; et cependant il employa le temps à faire bastir et édifier, à son honneur et mémoire, un très-beau temple près Nemuse[1], ditte maintenant Nismes, orné de très-beaux et riches marbres et porfires avec autres joyaux[2].

Voilà donc comment, en matière d'amours et de ses contentemens, il ne faut aviser à rien : aussi Cupidon leur dieu est aveugle, comme il paroist en aucunes, lesquelles ont des marys des plus beaux, des plus honnestes et des plus accomplis qu'on sçauroit voir, et néantmoins se mettent à en aymer d'autres si laids et si salles, qu'il n'est possible de plus.

J'en ay veu force desquelles on faisoit une question : Qui est la dame la plus putain, ou celle qui a un fort beau et honneste mary, et fait un amy laid, maussade et fort dissemblable à son mary; ou celle qui a un laid et fascheux mary, et fait un bel amy bien avenant, et ne laisse pourtant à bien aymer et caresser son mary, comme si c'estoit la beauté[3] des hommes, ainsi que j'ay veu faire à beaucoup de femmes?

Certainement, la commune voix veut que celle qui a un beau mary et le laisse pour aymer un amy laid, est bien une grande putain, ny plus ny moins qu'une personne est bien gourmande qui laisse une bonne viande pour en manger une meschante. Aussi cette femme quittant une beauté pour aymer une

---

1. Nemausus est le nom latin de Nîmes.
2. Voyez Spartien, *Adrien*, chap. II, IV et XI.
3. *La beauté*, le plus beau.

laideur, il y a bien de l'apparence qu'elle le fait pour la seule paillardise, d'autant qu'il n'y a rien plus paillard ny plus propre pour satisfaire à la paillardise, qu'un homme laid, sentant mieux son bouc puant, ord et lascif que son homme. Et volontiers les beaux et honnestes hommes sont un peu plus délicats et moins habilles à rassasier une luxure excessive et effrénée, qu'un grand et gros ribaut barbu, ruraud et satyre.

D'autres disent que la femme qui ayme un bel amy et un laid mary, et les caresse tous deux, est bien autant putain, pour ce qu'elle ne veut rien perdre de son ordinaire et pension.

Telles femmes ressemblent à ceux qui vont par païs, et mesmes en France, qui, estans arrivez le soir à la souppée du logis, n'oublient jamais de demander à l'hoste la mesure du mallier[1]; et faut qu'il l'aye[2], quand il seroit saoul à plein jusques à la gorge.

Ces femmes de mesme veulent tousjours avoir à leur couchée, quoy qui soit, la mesure de leur mallier, comme j'en ay cogneu une qui avoit un mary très-bon embourreur de bas; encores la veulent-elles croistre et redoubler en quelque façon que ce soit, voulant que l'amy soit pour le jour qui esclaire sa beauté, et d'autant plus en fait venir l'envie à la dame, et s'en donne plus de plaisir et contentement par l'ayde de la belle lueur du jour; et monsieur le mary laid est pour la nuict; car, comme on dit que

---

1. *Mallier*, cheval qui porte la malle.
2. *Qu'il l'aye*, que le cheval l'aie.

tous chats sont gris de nuict, et pourveu que cette dame rassasie ses appétits, elle ne songe point si son homme de mary est laid ou beau. Car, comme je tiens de plusieurs, quand on est en ces extases de plaisirs, l'homme ny la femme ne songent point à autre sujet ny imagination, sinon à celuy qu'ils traittent pour l'heure présente : encore que je tienne de bon lieu que plusieurs dames ont faict à croire à leurs amys que, quand elles estoyent là avec leurs marys, elles addonnoyent leurs pensées à leurs amys, et ne songeoyent à leurs marys afin d'y prendre plus de plaisir ; et à des marys ay-je ouy dire ainsi, qu'estans avec leurs femmes songeoyent à leurs maistresses pour cette mesme occasion : mais ce sont abus.

Les philosophes naturels m'ont dit qu'il n'y a que le seul objet présent qui les domine alors, et nullement l'absent; et en alléguoyent force raisons; mais je ne suis assez bon philosophe ny sçavant pour les déduire, et aussi qu'il y en a d'aucunes salles. Je veux observer la vérécondie, comme on dit ; mais pour parler de ces élections d'amours laides, j'en ay veu force en ma vie, dont je m'en suis estonné cent fois.

Retournant une fois d'un voyage de quelque province estrangère, que ne nommeray point, de peur qu'on connoisse le sujet duquel je veux parler, et discourant avec une grand' dame de par le monde, parlant d'une autre grand' dame et princesse que j'avois veue là, elle me demanda comment elle faisoit l'amour[1]. Je luy nommay le personnage lequel elle

---

1. Il me semble que cet entretien eut lieu au retour du voyage

tenoit pour son favory, qui n'estoit ny beau ny de bonne grâce, et de fort basse qualité. Elle me fit response : « Vrayement elle se fait fort grand tort, et « à l'amour un très-mauvais tour, puisqu'elle est si « belle et si honneste comme on la tient. »

Ceste dame avoit raison de me tenir ces propos, puisqu'elle n'y contrarioit point, et ne les dissimuloit par effect ; car elle avoit un honneste amy et bien favory d'elle. Et quand tout est bien dit, une dame ne se fera jamais de reproche quand elle voudra aymer et faire élection d'un bel objet, ny de tort au mary non plus, quand ce ne seroit autre raison que pour l'amour de leur lignée ; d'autant qu'il y a des marys qui sont si laids, si fats, si sots, si badauts, de si mauvaise grâce, si poltrons, si coyons et de si peu de valeur, que leurs femmes venans à avoir des enfants d'eux, et les ressemblants, autant vaudroit n'en avoir point du tout ; ainsi que j'ay cogneu plusieurs dames, lesquelles ayant eu des enfants de tels marys, ilz sont esté tous tels que leurs pères ; mais en ayant emprunté aucuns de leurs amys, ont surpassé leurs pères, frères et sœurs en toutes choses.

Aucuns aussi des philosophes qui ont traitté de ce sujet ont tenu tousjours que les enfants ainsi empruntez ou dérobbés, ou faits à cachettes et à l'improviste, sont bien plus gallants et tiennent bien plus de la façon gentille dont on use à les faire prestement et habillement, que non pas ceux qui se font

---

de Brantôme en Écosse, et qu'il avait pour objet Marie Stuart et son favori David Rizzio. La questionneuse était sans doute Catherine de Médicis.

dans un lict lourdement, fadement, pesamment, à loisir, et quasi à demy endormis, ne songeans qu'à ce plaisir en forme brutalle.

Aussi ay-je ouy dire à ceux qui ont charge des haras des rois et grands seigneurs, qu'ilz ont veu souvent sortir de meilleurs chevaux dérobbez par leurs mères, que d'autres faits par la curiosité des maistres du haras et estallons donnez et appostez : ainsi est-il des personnes.

Combien en ay-je veu de dames avoir produit des plus beaux et honnestes et braves enfants que, si leurs pères putatifs les eussent faits, ils fussent esté vrays veaux et vrayes bestes.

Voylà pourquoy les femmes sont bien advisées de s'ayder et accommoder de bons et beaux estallons, pour faire de bonnes races. Mais aussi en ay-je bien veu qui avoyent de beaux marys, qui s'aydoyent de quelques amys laids et villains estallons, qui procréoyent d'hydeuses et mauvaises lignées.

Voilà une des signalées commoditez et incommoditez de cocuage.

J'ay cogneu une dame de par le monde, qui avoit un mary fort laid et fort impertinent; mais de quatre filles et deux enfants qu'elle eut, il n'y eut que deux qui vallussent, estans venus et faits de son amy; et les autres, venus de son chalant[1] de mary (je dirois volontiers chat-huant, car il en avoit la mine), furent fort maussades.

Les dames en cela y doivent estre bien advisées

1. Les anciennes éditions portent *son nonchalant*, ce qui ne s'accorde guère avec le mot de *chat-huant* qui suit.

et habiles, car coustumièrement les enfants ressemblent à leurs pères; et touchent fort à leur honneur quand ils ne leur ressemblent; ainsi que j'ay veu par expérience beaucoup de dames avoir cette curiosité, de faire dire et accroire à tout le monde que leurs enfants ressemblent du tout à leur père et non à elles, encor qu'ilz n'en tiennent rien; car c'est le plus grand plaisir qu'on leur sçauroit faire, d'autant qu'il y a apparence qu'elles ne l'ont emprunté d'autruy, encores qu'il soit le contraire.

Je me suis trouvé une fois en une grande compagnie de cour où l'on advisoit le pourtrait de deux filles d'une très-grande reine [1]. Chacun se mit à dire son advis à qui elles ressembloyent, de sorte que tous et toutes dirent qu'elles tenoyent du tout de la mère; mais moy, qui estois très-humble serviteur de la mère, je pris l'affirmative, et dis qu'elles tenoyent du tout du père, et que si l'on eust cogneu et veu le père comme moy, l'on me condescendroit. Sur quoy la sœur de cette mère m'en remercia et m'en sceut très-bon gré, et bien fort, d'autant qu'il y avoit aucunes personnes qui le disoyent à dessein, pour ce qu'on la soupçonnoit de faire l'amour, et qu'il y avoit quelque poussière dans sa fleute [2], comme l'on dit; et par ainsi mon opinion sur cette ressemblance du père rabilla tout. Dont sur ce point, qui aymera quelque dame, et qu'on verra enfans de son sang et

---

1. Sans aucun doute il s'agit ici de la reine d'Espagne, Elisabeth, et de ses deux filles. Quant à la sœur, inutile de dire que c'était Marguerite de Valois.
2. *Fleute*, flûte.

de ses os, qu'il die tousjours qu'ils tiennent du père du tout, bien que non.

Il est vray qu'en disant qu'ils ont de la mère un peu il n'y aura pas de mal, ainsi que dit un gentilhomme de la cour, mon grand amy, parlant en compagnie de deux gentilshommes frères assez favoris du roy, auquel on demandoit à qui ilz ressembloyent, au père on à la mère; il respondit que celuy qui estoit froid ressembloit au père, et l'autre qui estoit chaud ressembloit à la mère; par ce brocard le donnant bon à la mère, qui estoit chaudasse; et de fait ces deux enfans participoyent de ces deux humeurs, froide et chaude.

Il y a une autre sorte de cocus qui se forment par le desdain qu'ils portent à leurs femmes, ainsi que j'en ay cogneu plusieurs qui, ayant de très-belles et honnestes femmes, n'en faisoyent cas, les mesprisoyent et desdaignoyent. Celles qui estoyent habilles et pleines de courage, et de bonne maison, se sentans ainsi dédaignées, se revangeoient à leur en faire de mesme : et soudain après bel amour, et de là à l'effet; car, comme dit le refrain italien et napolitain, *amor non si vince con altro che con sdegno*[2].

Car ainsi une femme belle et honneste, et qui se sente telle et se plaise, voyant que son mary la desdaigne, quand elle luy porteroit le plus grand amour marital du monde, mesmes quand on la prescheroit et proposeroit les commandemens de la loy pour l'aymer, si elle a le moindre cœur du monde, elle le plante là tout à plat et fait un amy ailleurs pour la

1. On ne triomphe de l'amour que par le dédain.

secourir en ses petites nécessitez, et eslit son contentement.

J'ay cogneu deux dames de la cour, toutes deux belles-sœurs; l'une[1] avoit espousé un mary favory, courtisan et fort habille, et qui pourtant ne faisoit cas de sa femme comme il devoit, veu le lieu d'où elle estoit; et parloit à elle devant le monde comme à une sauvage, et la rudoyoit fort. Elle, patiente, l'endura pour quelque temps, jusques à ce que son mary vint un peu défavorisé; elle, espiant et prenant l'occasion au poil et à propos, la luy ayant gardée bonne, luy rendit aussitost le desdain passé qu'il luy avoit donné, en le faisant gentil cocu : comme fit aussi sa belle-sœur, prenant exemple à elle, qui, ayant esté mariée fort jeune et en tendre aage, son mary n'en faisant cas comme d'une petite fillaude, ne l'aymoit comme il devoit; mais elle, se venant advancer sur l'aage, et à sentir son cœur en reconnoissant sa beauté, le paya de mesme monnoye, et luy fit un présent de belles cornes pour l'intérest du passé.

D'autres fois ay-je cogneu un grand seigneur, qui, ayant pris deux courtisannes, dont il y en avoit une more, pour ses plus grandes délices et amyes, ne faisant cas de sa femme, encores qu'elle le recherchast avec tous les honneurs, amitiés et révérences conjugales qu'elle pouvoit; mais il ne la pouvoit jamais voir de bon œil ny embrasser de bon cœur, et de cent nuicts il ne luy en départoit pas deux.

---

1. Brantôme a eu peut-être en vue ici Marguerite de Lorraine, belle-sœur de Henri III, qui la maria à son favori Anne de Joyeuse, tué à Coutras.

Qu'eust-elle fait la pauvrette là-dessus, après tant d'indignitez, sinon de faire ce qu'elle fit, de choisir un autre lict vaccant, et s'accoupler avec une autre moitié, et prendre ce qu'elle en vouloit?

Au moins, si ce mary eust fait comme un autre que je sçay, qui estoit de telle humeur, qui, pressé de sa femme, qui estoit très-belle, et prenant plaisir ailleurs, luy dit franchement : « Prenez vos conten- « tements ailleurs; je vous en donne congé. Faittes « de vostre costé ce que vous voudrez faire avec un « autre : je vous laisse en vostre liberté; et ne vous « donnez peine de mes amours, et laissez-moi faire « ce qu'il me plaira. Je n'empescheray point vos « aises et plaisirs: aussi ne m'empeschez les miens. » Ainsi, chascun quitte de là, tous deux mirent la plume au vent : l'un alla à dextre et l'autre à senextre, sans se soucier l'un de l'autre; et voilà bonne vie.

J'aymerois autant de quelque vieillard impotent, maladif, goutteux, que j'ay cogneu, qui dist à sa femme (qui estoit très-belle, et ne la pouvant contenter comme elle le désiroit) un jour : « Je sçay bien, « m'amye, que mon impuissance n'est bastante pour « vostre gaillard aage. Pour ce, je vous puis estre « beaucoup odieux, et qu'il n'est possible que vous « me puissiez estre affectionnée femme, comme si je « vous faisois les offices ordinaires d'un mary fort et « robuste. Mais j'ay advisé de vous permettre et vous « donner totale liberté de faire l'amour, et d'em- « prunter quelque autre qui vous puisse mieux con- « tenter que moy; mais, surtout, que vous en élisiez « un qui soit discret, modeste, et qui ne vous escan-

« dalize point[1], et moy et tout, et qu'il vous puisse
« faire une couple de beaux enfans, lesquels j'ayme-
« ray et tiendray comme les miens propres : telle-
« ment que tout le monde pourra croire qu'ils sont
« nos vrays et légitimes enfans, veu qu'encores j'ay
« en moy quelques forces assez vigoureuses, et les
« apparences de mon corps suffisantes pour faire pa-
« roir qu'ils sont miens. »

Je vous laisse à penser si cette belle jeune femme fut aise d'avoir cette agréable, jolie petite remonstrance, et licence de jouir de cette plaisante liberté, qu'elle pratiqua si bien, qu'en un rien elle peupla la maison de deux ou trois beaux petits enfants, où le mary, parce qu'il la touchoit quelquesfois et couchoit avec elle, y pensoit avoir part, et le croyoit, et le monde et tout; et, par ainsi, le mary et la femme furent très-contens, et eurent belle famille.

Voicy une autre sorte de cocus qui se fait par une plaisante opinion qu'ont aucunes femmes; c'est à sçavoir qu'il n'y a rien plus beau, ny plus licite, ny plus recommandable que la charité, disant qu'elle ne s'estend pas seulement à donner aux pauvres qui ont besoin d'estre secourus et assistez des biens et moyens des riches, mais aussi d'ayder à esteindre le feu aux pauvres amans langoureux que l'on voit brusler d'un feu d'amour ardent : « car, disent-elles, quelle chose
« peut-il estre plus charitable, que de rendre la vie
« à un que l'on void se mourir, et raffraischir du
« tout celuy qu'on voit se brusler ainsi? » Comme dit ce brave palladin, le seigneur de Montauban,

---

1. *Escandaliser*, rendre un objet de scandale.

soustenant la belle Genièvre dans l'Arioste[1], que celle justement doit mourir qui oste la vie à son serviteur, et non celle qui la luy donne.

S'il disoit cela d'une fille, à plus forte raison telles charitez sont plus recommandées à l'endroit des femmes que des filles, d'autant qu'elles n'ont point leurs bourses déliées ny ouvertes encor comme les femmes, qui les ont, au moins aucunes, très-amples et propres pour en eslargir leurs charitez.

Sur quoy je me souviens d'un conte d'une fort belle dame de la cour, laquelle pour un jour de Chandelleur s'estant habillée d'une robbe de damas blanc, et avec toute la suitte de blanc, si bien que ce jour rien ne parut de plus beau et de plus blanc, son serviteur ayant gaigné une sienne compagne qui estoit belle dame aussi, mais un peu plus aagée et mieux parlante, et propre à intercéder pour luy, ainsi que tous trois regardoyent un fort beau tableau où estoit peinte une Charité toute en candeur[2] et voile blanc, icelle dit à sa compagne : « Vous portez au-
« jourd'huy le mesme habit de cette Charité ; mais,
« puisque la représentez en cela, il faut aussi la re-
« présenter en effet à l'endroit de vostre serviteur,
« n'estant rien si recommandable qu'une miséricorde
« et une charité, en quelque façon qu'elle se face,
« pourveu que ce soit en bonne intention pour se-
« courir son prochain. Usez en donc : et si vous avez
« la crainte de vostre mary et du mariage devant les
« yeux, c'est une vaine superstition que nous autres

---

1. Voy. *Orlando furioso*, chant v.
2. *Candeur*, blancheur.

« ne devons avoir, puisque nature nous a donné des
« biens en plusieurs sortes, non pour s'en servir en
« espargne, comme une salle avare de son trésor,
« mais pour les distribuer honnorablement aux pau-
« vres souffreteux et nécessiteux. Bien est-il vray
« que nostre chasteté est semblable à un trésor,
« lequel on doit espargner en choses basses; mais,
« pour choses hautes et grandes, il le faut despenser
« à largesse, et sans espargne. Tout de mesmes faut-
« il faire part de nostre chasteté, laquelle on doit
« eslargir aux personnes de mérite et vertu, et de
« souffrance, et la dénier à ceux qui sont viles, de
« nulle valeur, et de peu de besoin. Quant à nos ma-
« rys, ce sont vrayement de belles idoles, pour ne
« donner qu'à eux seuls nos vœux et nos chandelles,
« et n'en départir point aux autres belles images!
« car c'est à Dieu seul à qui on doit un vœu unique,
« et non à d'autres. »

Ce discours ne déplut point à la dame et ne nuisit
non plus nullement au serviteur, qui, par un peu de
persévérance, s'en ressentit. Telz presches de charité
pourtant sont dangereux pour les pauvres marys.
J'ay ouy conter (je ne sçay s'il est vray, aussi ne le
veux-je affirmer) qu'au commencement que les huguenots plantèrent leur religion, faisoyent leurs presches la nuict et en cachettes, de peur d'estre surpris,
recherchez et mis en peine, ainsi qu'ils furent un
jour en la rue de Sainct-Jacques à Paris, du temps
du roy Henry deuxiesme, où des grandes dames que
je sçay, y allans pour recevoir cette charité, y cuidèrent estre surprises. Après que le ministre avoit fait
son presche, sur la fin leur recommandoit la charité;

et incontinent après on tuoit leurs chandelles, et là un chacun et chacune l'exerçoit envers son frère et sa sœur chrestien, se la départans l'un à l'autre selon leur volonté et pouvoir : ce que je n'oserois bonnement assurer, encor qu'on m'asseurast qu'il estoit vray; mais possible que cela est pur mensonge et imposture[1].

Toutesfois je sçay bien qu'à Poictiers pour lors il y avoit une femme d'un advocat, qu'on nommoit la belle Gotterelle, que j'ay veue, qui estoit des plus belles femmes, ayant la plus belle grâce et façon, et des plus désirables qui fussent en la ville pour lors; et pour ce chacun luy jettoit les yeux et le cœur. Elle fut repassée au sortir du presche par les mains de douze escolliers, l'un après l'autre, tant au lieu du consistoire que sous un auvent, encor ay-je ouy dire sous une potence du Marché-Vieux, sans qu'elle en fit un seul bruit ny autre refus; mais, demandant seulement le mot du presche, les recevoit les uns après les autres courtoisement, comme ses vrays frères en Christ. Elle continua envers eux cette aumosne longtemps, et jamais n'en voulut prester pour un double à un papiste. Si en eut-il néantmoins plusieurs papistes qui, empruntans de leurs compagnons huguenots le mot et le jargon de leur assemblée, en jouirent. D'autres alloyent au presche exprès, et contrefaisoient les réformez, pour l'apprendre, afin de

---

[1]. Ce n'est en effet qu'une odieuse et absurde calomnie que Brantôme aurait pu se dispenser de rapporter. — On sait que les païens faisoient courir des bruits du même genre sur les réunions secrètes des premiers chrétiens.

jouir de cette belle femme. J'estois lors à Poictiers jeune garçon estudiant, que plusieurs bons compagnons, qui en avoyent leur part, me le dirent et me le jurèrent : mesmes le bruit étoit tel en la ville. Voilà une plaisante charité, et conscientieuse femme, faire ainsi choix de son semblable en la religion !

Il y a une autre forme de charité qui se pratique et s'est pratiquée souvent, à l'endroit des pauvres prisonniers qui sont ès prisons et privez des plaisirs des dames, desquels les geollières et les femmes qui en ont la garde, ou les castellanes[1] qui ont dans les chasteaux des prisonniers de guerre, en ayant pitié, leur font part de leur amour et leur donnent de cela par charité et miséricorde, ainsi que dit une fois une courtisanne romaine à sa fille, de laquelle un gallant estoit extresmement amoureux, et ne luy en vouloit pas donner pour un double. Elle luy dit : *E dagli, al manco per misericordia*[2].

Ainsi ces geollières, castellanes et autres, traittent leurs prisonniers, lesquels, bien qu'ils soyent captifs et misérables, ne laissent à sentir les picqueures de la chair, comme au meilleur temps qu'ils pourroyent avoir. Aussi dit-on en vieil proverbe : « L'envie en « vient de pauvreté; » et aussi bien, sur la paille et sur la dure, messer Priape hausse la tête, comme dans le plus doux et le meilleur lict du monde.

Voilà pourquoy les gueux et les prisonniers, parmy leurs hospitaux et prisons, sont aussi paillards que

---

1. *Castellane*, châtelaine.
2. Eh ! donne-lui, au moins par pitié.

les rois, les princes et les grands dans leurs beaux pallais et licts royaux et délicats.

Pour en confirmer mon dire, j'allégueray un conte que me fit un jour le capitaine Beaulieu, capitaine de gallères, duquel j'ay parlé quelquesfois. Il estoït à feu M. le grand prieur de France, de la maison de Lorraine, et estoit fort aymé de luy. L'allant un jour trouver à Malthe dans une frégatte, il fut pris des gallères de Sicile, et mené prisonnier au Castel-à-mare de Palerme, où il fut resserré en une prison fort estroitte, obscure et misérable, et très maltraitté l'espace de trois mois. Par cas, le castellan, qui estoit Espagnol, avoit deux fort belles filles, qui, l'oyans plaindre et attrister, demandèrent un jour congé au père pour le visiter, pour l'honneur de Dieu; qui leur permit librement. Et d'autant que le capitaine Beaulieu estoit fort gallant homme certes, et disoit des mieux, il les sceut si bien gaigner dez l'abord de cette première visite, qu'elles obtindrent du père qu'il sortist de cette meschante prison, et fut mis en une chambre assez honneste, et receut meilleur traittement. Ce ne fut pas tout, car elles obtindrent congé de l'aller voir librement tous les jours une fois et causer avec luy.

Tout cela se démena si bien que toutes deux en furent amoureuses, bien qu'il ne fust pas beau et elles très-belles, que, sans respect aucun, ny de prison plus rigoureuse, ny d'hazard de mort, mais tenté de privautez, il se mit à jouir de toutes deux bien et beau à son aise; et dura ce plaisir sans escandale; et fut si heureux en cette conqueste l'espace de huict mois, qu'il n'en arriva nul escandale, mal, inconvénient ny de ventre enflé, ny d'aucune surprise ny descouverte ; car ces deux sœurs s'entendoyent et s'entredonnoyent si bien la main, et se relevoient si gentiment de sentinelle, qu'il n'en fut jamais autre chose. Et me jura, car il estoit fort mon amy, qu'en sa plus grande liberté il n'eut jamais si bon temps, ny plus grande ardeur, ny appétit à cela, qu'en cette prison, qui luy estoit très-belle, bien qu'on die n'y en avoir jamais aucunes belles. Et luy dura tout ce bon temps l'espace de huict mois, que la trefve fut entre l'empereur et le roy Henry second[1], que tous les prisonniers sortirent et furent relaschez. Et me jura que jamais il ne se fascha tant que de sortir de cette si bonne prison, mais bien gasté[2] de laisser ces belles filles, tant favorisé d'elles, qui au départir en firent tous les regrets du monde.

Je luy demanday si jamais il appréhenda inconvénient s'il fust esté descouvert. Il me dit bien qu'ouy, mais non qu'il le craignit : car, au pis aller, on l'eust fait mourir, et il eust autant aymé mourir que rentrer en sa première prison. De plus, il craignoit que s'il n'eust contenté ces honnestes filles, puisqu'elles le recherchoient tant, qu'elles en eussent conceu un tel despit et desdaing, qu'il en eust eu quelque pire traittement encore ; et pour ce, bandant les yeux à tout, il se hazarda à cette belle fortune.

Certes, on ne sçauroit assez louer ces bonnes filles espagnoles si charitables : ce ne sont pas les premières ny les dernières.

On a dit d'autres fois en nostre France, que le duc

---

1. En 1556. — 2. *Gasté*, chagriné.

d'Ascot[1], prisonnier au bois de Vincennes, se sauva de prison par le moyen d'une honneste dame, qui toutesfois s'en cuida trouver mal, car il y alloit du service du roy. Et telles charitez sont réprouvables, qui touchent le party du général[2], mais fort bonnes et louables, quand il n'y va que du particulier, et que le seul joly corps s'y expose : peu de mal pour cela.

J'alléguerois force braves exemples faisant à ce sujet, si j'en voulois faire un discours à part, qui n'en seroit pas trop mal plaisant. Je ne diray que cettuy-cy, et puis nul autre, pour estre plaisant et anticque.

Nous trouvons dans Tite-Live[3] que les Romains, après qu'ils eurent mis la ville de Capoue à totale destruction, aucuns des habitants vindrent à Rome pour représenter au sénat leur misère, le prièrent d'avoir pitié d'eux. La chose fut mise au conseil : entre autres qui opinèrent fut M. Atilius Regulus, qui tint qu'il ne leur falloit faire aucune grâce, « car il « ne sçauroit trouver en tout, disoit-il, aucun Ca-« puan, depuis la révolte de leur ville, qu'on pust « dire avoir porté le moindre brin d'amitié et d'affec-« tion à la chose publique romaine, que deux hon-« nestes femmes; l'une Vesta Opia[4], Atellane, de la « ville d'Atelle, demeurant à Capoue pour lors; et « l'autre Faucula Cluvia; » qui toutes deux[5] avoient

---

1. Arschot. — 2. L'intérêt général.
3. Livre XXVI, ch. xxxiii. — 4. Vestia Oppia.
5. *Toutes deux*, c'est une erreur; Cluvia seule avait exercé le métier de courtisane.

esté autresfois filles de joye et courtisanes, en faisant le mestier publiquement. L'une n'avoit laissé passer un seul jour sans faire prières et sacrifices pour le salut et victoire du peuple romain ; et l'autre pour avoir secouru à cachettes de vivres les pauvres prisonniers de guerre mourans de faim et pauvreté.

Certes voilà des charitez et piétez très-belles ; dont sur ce un gentil cavallier, une honneste dame et moy lisans un jour ce passage, nous nous entredismes soudain que, puisque ces deux honnestes dames s'estoyent desjà avancées et estudiées à de si bons et pies offices qu'elles avoyent bien passé à d'autres, et à leur départir les charitez de leurs corps ; car elles en avoyent distribué d'autres fois à d'autres, estans courtisanes, ou possible qu'elles l'estoyent encor ; mais le livre ne le dit pas, et a laissé le doute là ; car il se peut présumer. Mais quand bien elles eussent continué le mestier et quitté pour quelque temps, elles le purent reprendre ce coup là, n'estant rien si aisé et si facile à faire ; et peut-estre aussi qu'elles y cogneurent et receurent encor quelques-uns de leurs bons amoureux, de leur vieille cognoissance, qui leur avoyent autres fois sauté sur le corps, et leur en voulurent encor donner sur quelques vieilles erres ; ou dutout aussi que, parmy les prisonniers, elles y en purent voir aucuns incogneus qu'elles n'avoyent jamais veus que cette fois, et les trouvoyent beaux, braves et vaillants de belle façon, qui méritoyent bien la charité toute entière, et pour ce ne leur espargnant la belle jouissance de leur corps ; il ne se peut faire autrement. Ainsi, en quelque façon que ce fust, ces honnestes dames méritoyent bien la courtoisie que la république romaine leur fit et recogneut, car elle leur fit rentrer en tous leurs biens, et en jouirent aussi paisiblement que jamais. Encor plus, leur firent à sçavoir qu'elles demandassent ce qu'elles voudroyent, elles l'auroyent. Et pour en parler au vray, si Tite-Live ne fust esté si abstraint [1], comme il ne devoit, à la vérécondie et modestie, il devoit franchir le mot tout à trac d'elles, et dire qu'elles ne leur avoyent espargné leur gent corps ; et ainsi ce passage d'histoire fust esté plus beau et plaisant à lire, sans l'aller abbréger et laisser au bout de la plume le plus beau de l'histoire. Voilà ce que nous en discourusmes pour lors.

Le roy Jean, prisonnier en Angleterre, receut de mesme plusieurs faveurs de la comtesse de Salsberiq [2], et si bonnes que, ne la pouvant oublier, et les bons morceaux qu'elle luy avoit donné, qu'il s'en retourna la revoir, ainsi qu'elle luy fit jurer et promettre.

D'autres dames y a-il qui sont plaisantes en cela pour certain point de conscientieuse charité ; comme une qui ne vouloit permettre à son amant, tant qu'il couchoit avec elle, qu'il la baisât le moins du monde à la bouche [3], alléguant par ses raisons que sa bouche avoit fait le serment de foy et de fidélité à son mary, et ne la vouloit point souiller par la bouche qui l'avoit faict et presté ; mais quant à celle du ventre, qui n'en avoit point parlé ny rien promis, luy

---

1. *Abstraint*, astreint. — 2. Salisbury.
3. C'est l'histoire racontée dans la XLVIIIe des *Cent Nouvelles Nouvelles*.

laissoit faire à son bon plaisir; et ne faisoit point de scrupule de la prester, n'estant en puissance de la bouche du haut de s'obliger pour celle du bas, ny celle du bas pour celle du haut non plus; puisque la coustume du droit ordonnoit de ne s'obliger pour autruy sans consentement et parole de l'une et de l'autre, ny un seul pour le tout en cela.

Une autre conscientieuse et scrupuleuse, donnant à son amy jouissance de son corps, elle vouloit tousjours faire le dessus et sousmettre à soi son homme, sans passer d'un seul iota cette règle; et, l'observant estroictement et ordinairement, disoit-elle, que si son mary ou autre luy demandoit si un tel luy avoit fait cela, qu'elle pust jurer et renier, et seurement protester, sans offenser Dieu, que jamais il ne luy avoit fait ny monté sur elle. Ce serment sceut-elle si bien pratiquer, qu'elle contenta son mary et autres par ses jurements serrez en leurs demandes; et la creurent, vu ce qu'elle disoit, « mais n'eurent jamais « l'advis de demander, ce disoit-elle, si jamais elle « avoit fait le dessus; sur quoy m'eussent bien mespris « et donné à songer. »

Je pense en avoir encor parlé ci-dessus[1]; mais on ne se peut pas tousjours souvenir de tout; et aussi il y en a cettuy-cy plus qu'en l'autre, s'il me semble.

Coustumièrement, les dames de ce mestier sont grandes menteuses, et ne disent mot de vérité; car elles ont tant appris et accoustumé à mentir (ou si elles font autrement sont des sottes, et mal leur en prend) à leurs marys et amants sur ces sujets et chan-

---

1. Voyez p. 57.

gements d'amour, et à jurer qu'elles ne s'adonnent à autres qu'à eux, que, quand elles viennent à tomber sur autres sujets de conséquence, ou d'affaires, ou discours, jamais ne font que mentir, et ne leur peut-on croire.

D'autres femmes ay-je cogneu et ouy parler, qui ne donnoyent à leur amant leur jouissance, sinon quand elles estoyent grosses, afin de n'engroisser de leur semence; en quoy elles faisoient grande conscience de supposer aux marys un fruit qui n'estoit pas à eux, et le nourrir, allimenter et élever comme le leur propre. J'en ay encor parlé cy-dessus. Mais, estans grosses une fois, elles ne pensoyent point offenser le mary, ny le faire cocu, en se prostituant.

Possible aucunes le faisoyent pour les mesmes raisons que faisoit Julia, fille d'Auguste, et femme d'Agrippa, qui fut en son temps une insigne putain, dont son père en enrageoit plus que le mary. Luy estant demandé une fois si elle n'avoit point de crainte d'engroisser de ses amis, et que son mary s'en apperceust et ne l'affolast[1], elle respondit : « J'y mets « ordre, car je ne reçois jamais personne ny passager « dans mon navire, sinon quand il est chargé et « plein[2]. »

Voicy encor une autre sorte de cocus; mais ceux-là sont vrays martyrs, qui ont des femmes laides comme diables d'enfer, qui se veulent mesler de tas-

1. *Affoler*, tuer.
2. Voici le texte de Macrobe : Cum conscii flagitiorum (Juliæ) mirarentur quo modo similes Agrippæ filios pareret, quæ tam vulgo potestatem sui corporis faceret, ait : nunquam enim nisi navi plena tollo vectorem. *Saturnaliorum*, lib. II, cap. v.

ter de ce doux plaisir aussi bien que les belles, auxquelles ce seul privilège est deu, comme dit le proverbe : « Les beaux hommes au gibet, et les belles « femmes au bourdeau » : et, toutesfois, ces laides charbonnières font la folie comme les autres, lesquelles il faut excuser; car elles sont femmes comme les autres, et ont pareille nature, mais non si belle toutesfois. J'ay veu des laides, au moins en leur jeunesse, qui s'apprécient tant pourtant comme les belles, ayant opinion que femme ne vaut autant, sinon ce qu'elle se veut faire valloir et se vendre; aussi qu'en un bon marché toutes denrées se vendent et se dépositent, les unes plus, les autres moins, selon ce qu'on en a à faire, et selon l'heure tardive que l'on vient au marché après les autres, et selon le bon prix que l'on y trouve; car, comme l'on dit, l'on court tousjours au meilleur marché, encore que l'estoffe ne soit la meilleure, mais selon la faculté du marchand et de la marchande.

Ainsi est-il des femmes laides, dont j'en ay veu aucunes, qui, ma foy, estoyent si chaudes et lubriques, et duites à l'amour aussi bien que les plus belles, et se mettoyent en place marchande, et vouloient s'avancer et se faire valloir tout de mesmes.

Mais le pis que je vois en elles, c'est qu'au lieu que les marchands prient les plus belles, celles-cy laides prient les marchands de prendre et d'achepter de leurs denrées, qu'elles leur laissent pour rien et à vil prix. Mesmes font-elles mieux; car le plus souvent leur donnent de l'argent pour s'accoster de leurs chalanderies et se faire fourbir à eux; dont voilà la pitié : car, pour telle fourbissure, il n'y faut petite somme d'argent; si bien que la fourbissure couste plus que ne vaut la personne et la lexive que l'on y met pour la bien fourbir; et cependant monsieur le mary demeure coquin et cocu tout ensemble d'une laide, dont le morceau est bien plus difficile à digérer que d'une belle; outre que c'est une misère extresme d'avoir à ses costés un diable d'enfer couché, au lieu d'un ange.

Sur quoy j'ay ouy souhaitter à plusieurs gallants hommes une femme belle et un peu putain, plustost qu'une femme laide et la plus chaste du monde; car en une laideur n'y loge que toute misère et desplaisir, et nul brin de félicité; en une belle, tout plaisir et félicité y abonde, et bien peu de misère, selon aucuns. Je m'en rapporte à ceux qui ont battu cette sente et chemin.

A aucuns j'ay ouy dire que, quelquesfois, pour les marys, il n'est si besoin aussi qu'ils ayent leurs femmes si chastes; car elles en sont si glorieuses, je dis celles qui ont ce don très-rare, que quasi vous diriez qu'elles veulent dominer, non leurs marys seulement, mais le ciel et les astres : voire qu'il leur semble, par telle orgueilleuse chasteté, que Dieu leur doive du retour. Mais elles sont bien trompées; car j'ay ouy dire à de grands docteurs : que Dieu ayme plus une pauvre pécheresse, humiliante et contrite (comme il fit la Magdelaine), que non pas une orgueilleuse et superbe qui pense avoir gaigné paradis, sans autrement vouloir miséricorde ny sentence de Dieu.

J'ay ouy parler d'une dame si glorieuse pour sa chasteté, qu'elle vint à mespriser tellement son mary, que, quand on luy demandoit si elle avoit couché avec son mary, « Non, disoit-elle, mais il a bien « couché avec moy. » Quelle gloire! Je vous laisse donc à penser comme ces glorieuses sottes femmes chastes gourmandent leurs pauvres marys, d'ailleurs qui ne leur sçauroyent rien reprocher, et comme font aussi celles qui sont chastes et riches, d'autant que cette-cy, chaste et riche du sien, fait de l'olimbrieuse[1], de l'altière, de la superbe et de l'audacieuse, à l'endroit de son mary : tellement que, pour la trop grande présomption qu'elle a de sa chasteté et de son devant tant bien gardé, ne la peut retenir qu'elle ne face de la femme empérière et qu'elle ne gourmande son mary sur la moindre faute qu'il fera, comme j'en ay veu aucunes, et surtout sur son mauvais mesnage. S'il joue, s'il despend, ou s'il dissipe, elle crie plus, elle tempeste, fait que sa maison paroist plus un enfer qu'une noble famille : et, s'il faut vendre de son bien pour survenir[2] à un voyage de cour ou de guerre, ou à ses procez, nécessitez, ou à ses petites folies et despenses frivolles, il n'en faut point parler ; car la femme a pris telle impériosité[3] sur luy, s'appuyant et se fortifiant sur sa pudicité, qu'il faut que le mary passe par sa sentence, ainsi que dit fort bien Juvénal en ses satyres :

« .... Animus uxoris si deditus uni,
Nil unquam invita donabis conjuge ; vendes,
Hac obstante, nihil ; nil hæc, si nolit, emetur[4].

1. Les anciennes éditions portent *impérieuse*.
2. *Survenir*, subvenir. — 3. *Impériosité*, domination.
4. Voici le vrai texte de Juvénal :

Si tibi simplicitas uxoria, deditus uni

Il note bien par ces vers que telles humeurs des anciennes Romaines correspondaient à aucunes de nostre temps, quant à ce poinct : mais, quand une femme est un peu putain, elle se rend bien plus aisée, plus sujette, plus docille, craintive, de plus douce et agréable humeur, plus humble et plus prompte à faire tout ce que le mari veut, et luy condescend en tout; comme j'en ay veu plusieurs telles, qui n'osent gronder ny crier, ny faire des acariastres, de peur que le mary ne les menace de leur faute, et ne leur mette audevant leur adultère, et leur fasse sentir aux despens de leur vie; et si le gallant veut vendre quelque bien du leur, les voilà plustost signées au contrat que le mary ne l'a dit. J'en ai veu de celles-là force : bref, elles font ce que leurs marys veulent.

Sont-ilz bien gastez ceux-là donc d'estre cocus de si belles femmes, et d'en tirer de si belles denrées et commoditez que celles-là, outre le beau et délicieux plaisir qu'ils ont de paillarder avec de si belles femmes, et nager avec elles comme dans un beau et clair courant d'eau, et non dans un salle et laid bourbier ? Et puisqu'il faut mourir, comme disoit un grand capitaine que je sçay, ne vaut-il pas mieux que ce soit par une belle jeune espée, claire, nette,

Est animus; . . . .
Nil unquam invita donabis conjuge : vendes,
Hac obstante, nihil; nihil, hæc si nolet, emetur.

Si, dans ta simplicité conjugale, tu t'attaches uniquement à ta femme..., tu ne pourras faire aucun don contre son gré; si elle s'y oppose, tu ne vendras rien; tu n'acheteras rien, si elle n'y consent (Juvénal, sat. VI, vers 207-212).

luysante et bien tranchante, que par une lame vieille, rouillée et mal fourbie, là où il y faut plus d'émeric[1] que tous les fourbisseurs de la ville de Paris ne sçauroyent fournir?

Et ce que je dys des jeunes laides, j'en dys autant d'aucunes vieilles femmes qui veulent estre fourbies et se faire tenir nettes et claires comme les plus belles du monde (j'en fais ailleurs un discours à part de cela), et voylà le mal; car, quand leurs marys n'y peuvent vacquer, les maraudes appellent des suppléments, et comme estans aussi chaudes, ou plus, que les jeunes: comme j'en ay veu qui ne sont pas sur le commencement et mitan prestes d'enrager, mais sur la fin. Et volontiers l'on dit que la fin en ces mestiers est plus enragée que les deux autres, le commencement et le mitan, pour le vouloir; car, la force et la disposition leur manque, dont la douleur leur est très-griefve; d'autant que le vieil proverbe dit que c'est une grande douleur et dommage, quand un cul a très-bonne volonté et que la force luy défaut.

Si y en a-il toujours quelques-unes de ces pauvres vieilles haires qui passent par bardot, et départent leurs largesses aux despens de leurs deux bourses; mais celle de l'argent fait trouver bonne et estroitte l'autre de leur corps. Aussi dit-on que la libéralité en toutes choses est plus à estimer que l'avarice et la chicheté, fors aux femmes, lesquelles, tant plus sont libérales de leurs cas, tant moins sont estimées, et les avares et chiches tant plus.

Cela disoit une fois un grand seigneur de deux

---

1. *Emeric*, émeri.

grandes dames sœurs que je sçay, dont l'une estoit chiche de son honneur, et libérale de la bourse et despense, et l'autre fort escarce[1] de sa bourse et despense, et très-libérale de son devant.

Or, voicy encores une autre race de cocus, qui est certes par trop abominable et exécrable devant Dieu et les hommes, qui, amourachez de quelque bel Adonis, leur abandonnent leurs femmes pour jouir d'eux.

La première fois que je fus jamais en Italie, j'en ouys un exemple à Ferrare, par un compte qui m'y fut fait d'un qui, espris d'un jeune homme beau, persuada à sa femme d'octroyer sa jouissance audit jeune homme qui estoit amoureux d'elle, et qu'elle luy assignast jour, et qu'elle fit ce qu'il luy commanderoit. La dame le voulut très-bien, car elle ne désiroit manger autre venaison que de celle-là. Enfin le jour fut assigné, et l'heure estant venue que le jeune homme et la femme estoyent en ces doux affaires et altères, le mary, qui s'estoit caché, selon le concert d'entre luy et sa femme, voicy qu'il entra; et les prenant sur le fait, approcha la dague à la gorge du jeune homme, le jugeant digne de mort sur tel forfait, selon les loix d'Italie, qui sont un peu plus rigoureuses qu'en France. Il fut contraint d'accorder au mary ce qu'il voulut, et firent eschange l'un de l'autre : le jeune homme se prostitua au mary, et le mary abandonna sa femme au jeune homme; et, par ainsi, voilà un mary cocu d'une vilaine façon.

1. *Escarce*, avare.

J'ay ouy conter¹ qu'en quelque endroit du monde (je ne le veux pas nommer) il y eut un mary, et de qualité grande, qui estoit vilainement espris d'un jeune homme qui aymoit fort sa femme, et elle aussi luy : soit ou que le mary eust gaigné sa femme, ou que ce fust une surprise à l'improviste, les prenant tous deux couchez et accouplez ensemble, menaçant le jeune homme s'il ne luy complaisoit, l'envestit² tout couché, et joint et collé sur sa femme, et en jouit ; dont sortit le problesme, comme trois amants furent jouissans et contents tout à un mesme coup ensemble.

J'ay ouy conter d'une dame, laquelle esperdument amoureuse d'un honneste gentilhomme qu'elle avoit pris pour amy et favory; luy se craignant que le mary luy feroit et à elle quelque mauvais tour, elle le consola, luy disant : « Nayez pas peur; car il n'oseroit « rien faire, craignant que je l'accuse de m'avoir « voulu user de l'arrière-Vénus, dont il en pourroit « mourir si j'en disois le moindre mot et le déclarois « à la justice. Mais je le tiens ainsi en eschec et en « allarme; si bien que, craignant mon accusation, il « ne m'ose pas rien dire. »

Certes telle accusation n'eust pas porté moins de préjudice à ce pauvre mary que de la vie : car les légistes disent que la sodomie se punit pour la volonté³; mais, possible, la dame ne voulut pas fran-

1. Lisez : j'ai lu dans Boccace. Voyez dans le *Décaméron*, la X⁰ Nouvelle de la V⁰ journée. La scène se passe à Florence.
2. *Envestir*, investir.
3. C'est-à-dire même pour l'intention.

chir le mot tout à trac, et qu'il n'eust passé plus avant sans s'arrester à la volonté.

Je me suis laissé conter qu'un de ces ans un jeune gentilhomme françois, l'un des beaux qui fust esté veu à la cour longtemps avoit[1], estant allé à Rome pour y apprendre des exercices, comme autres ses pareils, fut arregardé de si bon œil, et par si grande admiration de sa beauté, tant des hommes que des femmes, que quasi on l'eust couru à force : et là où ils le sçavoyent aller à la messe ou autre lieu public et de congrégation, ne falloyent[2], ny les uns, ny les autres, de s'y trouver pour le voir ; si bien que plusieurs marys permirent à leurs femmes de luy donner assignation d'amours en leurs maisons, afin qu'y estant venu et surpris, fissent eschange, l'un de sa femme et l'autre de luy : dont luy en fut donné advis de ne se laisser aller aux amours et volontez de ces dames, d'autant que le tout avoit esté fait et apposté pour l'attrapper ; en quoy il se fit sage, et préféra son honneur et sa conscience à tous les plaisirs détestables, dont il en acquist une louange très-digne. Enfin, pourtant, son écuyer le tua. On en parle diversement pourquoy : dont ce fut très-grand dommage, car c'estoit un fort honneste jeune homme, de bon lieu, et qui promettoit beaucoup de luy, autant de sa fisyonomie, pour ses actions nobles, que pour ce beau et noble trait : car, ainsi que j'ay ouy dire à un fort gallant homme de mon temps, et qu'il est aussi vray, nul jamais b....., ny bardasche, ne fut

---

1. *Longtemps avoit*, il y avait longtemps.
2. *Falloyent*, failloient.

brave, vaillant et généreux, que le grand Jules César ; aussi que par la grand' permission divine telles gens abominables sont rédigez¹ et mis à sens réprouvé. En quoy je m'estonne que plusieurs, que l'on a veu tachez de ce meschant vice, sont esté continuez du ciel en grand' prospérité ; mais Dieu les attend, et à la fin on en voit ce qui doit estre d'eux.

Certes, de telle abomination, j'en ay ouy parler que plusieurs marys en sont esté atteints bien au vif : car, malheureux qu'ils sont et abominables, ils se sont accommodez de leurs femmes plus par le derrière que par le devant, et ne s'en sont servis du devant que pour avoir des enfans ; et traittent ainsi leurs pauvres femmes, qui ont toute leur chaleur en leurs belles parties de la devantière². Sont-elles pas excusables si elles font leurs marys cocus, qui ayment leurs ordes et salles parties de derrière?

Combien y a-il de femmes au monde, que si elles estoient visitées par des sages-femmes et médecins et chirurgiens experts, ne se trouveroyent non plus pucelles par le derrière que par le devant, et qui feroyent le procez à leurs marys à l'instant ; lesquelles le dissimulent et ne l'osent descouvrir, de peur d'escandaliser et elles et leurs marys, ou, possible, qu'elles y prennent quelque plaisir plus grand que nous ne pouvons penser ; ou bien, pour le dessein que je viens de dire, pour tenir leurs marys en telle sujection, si elles font l'amour d'ailleurs, mesmes qu'aucuns marys leur permettent ; mais pourtant tout cela ne vaut rien.

---

1. *Rédigez*, réduits. — 2. *Devantière*, devanture.

Summa Benedicti[1] dit : que si le mary veut reconnoistre sa partie ainsi contre l'ordre de nature, qu'il offense mortellement ; et s'il veut maintenir qu'il peut disposer des sa femme comme il luy plaist, il tombe en détestable et vilaine hérésie d'aucuns Juifs et mauvais rabins, dont on dit que *duabus mulieribus apud synagogam conquestis se fuisse a viris suis cognitu sodomico cognitas, responsum est ab illis rabinis : virum esse uxoris dominum, proinde posse uti ejus utcumque libuerit, non aliter quam is qui piscem emit : ille enim, tam anterioribus quàm posterioribus partibus, ad arbitrium vesci potest.*

J'ay mis cecy en latin sans le traduire en françois, car il sonne très-mal à des oreilles bien honnestes et chastes. Abominables qu'ils sont! laisser une belle, pure et concédée partie, pour en prendre une vilaine, salle, orde et défendue, et mise en sens réprouvé!

Et si l'homme veut ainsi prendre la femme, il est permis à elle se séparer de luy, s'il n'y a autre moyen de le corriger : et pourtant, dit-il encor, celles qui craignent Dieu n'y doivent jamais consentir, ains plustost doivent crier à la force, nonobstant l'escandale qui en pourroit arriver en cela, et le déshonneur ny la crainte de mort; car il vaut mieux mourir, dit la loy, que de consentir au mal. Et dit encor ledit livre une chose que je trouve fort estrange : qu'en quelque mode que le mary cognoisse sa femme, mais qu'elle en puisse concevoir, ce n'est point péché mortel, combien qu'il puisse estre véniel : si y a-il

---

1. La *Summa peccatorum* déjà mentionnée.

pourtant des méthodes pour cela fort sales et vilaines, selon que l'Arétin les représente en ses figures; et ne ressentent rien la chasteté maritale, bien que, comme j'ay dit, il soit permis à l'endroit des femmes grosses, et aussi de celles qui ont l'haleine forte et puante, tant de la bouche que du nez : comme j'en ay cogneu et ouy parler de plusieurs femmes, lesquelles baiser et alleiner[1] autant vaudroit qu'un anneau de retrait; ou bien, comme j'ay ouy parler d'une très-grande dame, mais je dis très-grande[2], qu'une de ses dames dit un jour que son halleine sentoit plus qu'un pot-à-pisser d'airain; ainsi m'usa-elle de ces mots. Un de ses amys fort privé, et qui s'approchoit près d'elle, me le confirma aussi, si est-il vray qu'elle estoit un peu sur l'aage.

Là-dessus que peut faire un mary ou un amant, s'il n'a recours à quelque forme extravagante? mais surtout qu'elle n'aille point à l'arrière-Vénus.

J'en dirois davantage, mais j'ay horreur d'en parler : encor m'a-il fasché d'en avoir tant dit; mais si faut-il quelquesfois descouvrir les vices du monde pour s'en corriger.

Or il faut que je die une mauvaise opinion que plusieurs ont eue et ont encores de la cour de nos rois : que les filles et femmes y bronchent fort, voire coustumièrement; en quoy bien souvent sont-ils trompez, car il y en a de très-chastes, honnestes et vertueuses, voire plus qu'ailleurs; et la vertu y habite aussi bien, voire mieux qu'en tous autres lieux, que l'on doit fort priser pour estre bien à preuve.

---

1. *Alleiner*, respirer l'haleine. — 2. Catherine de Médicis?

Je n'allégueray que ce seul exemple de madame la grand' duchesse de Florence d'aujourd'huy, de la maison de Lorraine[1], laquelle estant arrivée à Florence le soir que le grand duc l'espousa, et qu'il voulut aller coucher avec elle pour la dépuceler, il la fit avant pisser dans un beau urinal de cristal, le plus beau et le plus clair qu'il put, et en ayant veu l'urine, il la consulta avec son médecin, qui estoit un très-grand et très-sçavant et expert personnage, pour sçavoir de luy par cette inspection si elle estoit pucelle, ouy ou non. Le médecin l'ayant bien fixement et doctement inspicée[2], il trouva qu'elle estoit telle comme quand sortit du ventre de sa mère, et qu'il y allast hardiement, et qu'il n'y trouveroit point de chemin nullement ouvert, frayé ny battu ; ce qu'il fit; et en trouva la vérité telle; et puis, l'endemain en admiration, dit : « Voilà un grand mira-
« cle, que cette fille soit ainsi sortie pucelle de cette
« cour de France ! » Quelle curiosité et quelle opinion ! Je ne sçay s'il est vray, mais il me l'a ainsi esté asseuré pour véritable.

Voilà une belle opinion de nos courts; mais ce n'est d'aujourd'huy, ains de long-temps, qu'on tenoit que toutes les dames de la cour et de Paris n'estoyent si sages de leurs corps comme celles du plat païs, et qui ne bougeoient de leurs maisons. Il y a eu des hommes qui estoyent si conscientieux de n'espouser des filles et femmes qui eussent fort paysé[3], et veu

---

1. Christine, fille de Charles III, duc de Lorraine, mariée le 30 avril 1589 à Ferdinand Ier de Médicis.
2. *Inspicer*, examiner.
3. *Payser*, courir le pays. En italien *paesare*.

le monde tant soit peu. Si bien qu'en nostre Guyenne, du temps de mon jeune aage, j'ay ouy dire à plusieurs gallants hommes et veu jurer, qu'ils n'espouseroyent jamais fille ou femme qui auroit passé le Port de Pille[1], pour tirer de longue vers la France. Pauvres fats qu'ils estoyent en cela, encor qu'ils fussent fort habiles et gallants en autres choses, de croire que le cocuage ne se logeast dans leurs maisons, dans leurs foyers, dans leurs chambres, dans leurs cabinets, aussi bien, ou possible mieux, selon la commodité, qu'aux palais royaux et grandes villes royales! car on leur alloit suborner, gaigner, abattre et rechercher leurs femmes, ou quand ils alloyent eux-mesmes à la cour, à la guerre, à la chasse, à leurs procez ou à leurs promenoirs, si bien qu'ils ne s'en appercevoyent et estoyent si simples de penser qu'on ne leur osoit entamer aucun propos d'amours, sinon que de mesnageries[2], de leurs jardinages, de leurs chasses et oyseaux; et, sous cette opinion et légère créance, se faisoyent mieux cocus qu'ailleurs; car, partout, toute femme belle et habile, et aussi tout homme honneste et gallant, sçait faire l'amour, et se sçait accommoder. Pauvres fatz et idiots qu'ilz estoyent! et ne pouvoyent-ils pas penser que Vénus n'a nulle demeure préfisse[3], comme jadis en Cypre, en Pafos et Amatonte, et qu'elle habite partout, jusques dans les cabanes des pastres et girons des bergères, voire des plus simplettes?

Depuis quelque temps en çà, ils ont commencé à

1. En Poitou. — 2. *Mesnageries*, choses de ménage.
3. *Préfisse*, préfixe.

perdre ces sottes opinions; car, s'estans apperceus que partout y avoit du danger pour ce triste cocuage, ilz ont pris femmes partout où il leur a plu et ont pu; et si ont mieux fait : ils les ont envoyées ou menées à la cour, pour les faire valoir ou parestre en leurs beautés, pour en faire venir l'envie aux uns ou aux autres, afin de s'engendrer des cornes.

D'autres les ont envoyées et menées playder et soliciter leurs procez, dont aucuns n'en avoyent nullement, mais faisoyent à croire qu'ilz en avoyent; ou bien s'ilz en avoyent, les allongeoient le plus qu'ils pouvoyent, pour allonger mieux leurs amours. Voire quelquesfois les marys laissoyent leurs femmes à la garde du Palais, et à la gallerie et salle, puis s'en alloyent en leurs maisons, ayans opinion qu'elles feroyent mieux leurs besognes, et en gaigneroyent mieux leurs causes : comme de vray, j'en sçay plusieurs qui les ont gaignées, mieux par la dextérité et beauté de leur devant, que par leur bon droit; dont bien souvent en devenoyent enceintes; et, pour n'estre escandalisées (si les drogues avoyent failly de leur vertu pour les en garder), s'en couroyent vistement en leurs maisons à leurs marys, feignans qu'elles alloyent quérir des tiltres et pièces qui leur faisoyent besoin, ou alloyent faire quelque enqueste, ou que c'estoit pour attendre la Saint-Martin[1], et que, durant les vacations, n'y pouvant rien servir, alloyent au bouc, et voir leurs mesnages et leurs marys. Elles y alloyent de vray, mais bien enceintes.

Je m'en rapporte à plusieurs conseillers rapporteurs

---

[1]. Jour de la rentrée du parlement.

et présidents, pour les bons morceaux qu'ils en ont tastez des femmes des gentilshommes.

N'y a pas long-temps qu'une très-belle, honneste et grande dame, que j'ay cogneu, allant ainsi solliciter son procez à Paris, il y eut quelqu'un qui dit : « Qu'y va-elle faire ? Elle le perdra ; elle n'a pas « grand droit. » Et ne porte-elle pas son droit sur la beauté de son devant, comme César portoit le sien sur le pommeau et la pointe de son espée ?

Ainsi se font les gentilshommes cocus aux Palais, en récompense de ceux que messieurs les gentilshommes font sur mesdames les présidentes et conseillères. Dont aussi aucunes de celles-là ay-je veu, qui ont bien vallu sur la monstre autant que plusieurs dames, damoiselles et femmes de seigneurs, chevalliers et grands gentilshommes de la cour et autres.

J'ay cogneu une dame grande, qui avoit esté trèsbelle, mais la vieillesse l'avoit effacée. Ayant un procez à Paris, et voyant que sa beauté n'estoit plus pour ayder à solliciter et gaigner sa cause, elle mena avec elle une sienne voisine, jeune et belle dame ; et pour ce l'appointa d'une bonne somme d'argent, jusques à dix mille escus ; et, ce qu'elle ne put ou eust bien voulu faire elle-mesme, elle se servit de cette dame ; dont elle s'en trouva très-bien, et la jeune dame, et tout en deux bonnes façons.

N'y a pas longtemps que j'ay veu une dame mère y mener une de ses filles, bien qu'elle fust mariée, pour luy ayder à solliciter son procez, n'y ayant autre affaire ; et de fait elle est très-belle, et vaut bien la sollicitation.

Il est temps que je m'arreste dans ce grand discours de cocuage ; car enfin mes longues paroles, tournoyées dans ces profondes eaux et ces grands torrents, seroyent noyées ; et n'aurois jamais fait, ny n'en sçaurois jamais sortir, non plus que d'un grand labyrinthe qui fut autresfois, encor que j'eusse le plus long et le plus fort fillet¹ du monde pour guide et sage conduite.

Pour fin je concluray que, si nous faisons des maux, donnons des tourmens, des martyres et des mauvais tours à ces pauvres cocus, nous en portons bien la folle enchère, comme l'on dit, et en payons les triples intérêts ; car la pluspart de leurs persécuteurs et faiseurs d'amour, et de ces dameretz, en endurent bien autant de maux ; car ils sont plus sujets à jalousies, mesmes qu'ils en ont des marys aussi bien que de leurs corrivals² : ils portent³ des martels⁴, des capriches⁵, se mettent aux hazards en danger de mort, d'estropiemens, de playes, d'affronts, d'offenses, de querelles, de craintes, peines et morts ; endurent froidures, pluyes, vents et chaleurs. Je ne conte pas la vérolle, les chancres, les maux et maladies qu'ilz y gaignent, aussi bien avec les grandes que les petites ; de sorte que bien souvent ils acheptent bien cher ce que l'on leur donne ; et la chandelle n'en vaut pas le jeu.

Tels y en avons-nous veu misérablement mourir,

---

1. *Fillet*, fil. — 2. *Corrivals*, corivaux.
3. *Porter*, supporter.
4. *Martel*. Nous n'avons plus que la locution *martel en tête.*
5. *Capriche*, caprice.

qu'ils estoyent bastants pour conquérir tout un royaume ; tesmoin M. de Bussi, le nompair de son temps, et force autres.

J'en alléguerois une infinité d'autres que je laisse en arrière, pour finir et dire, et admonester ces amoureux, qu'ils pratiquent le proverbe de l'Italien qui dit : *Che molto guadagna chi putana perde*[1]!

Le comte Amé de Savoye second disoit souvent :

> En jeu d'armes et d'amours
> Pour une joye cent doulours.

usant ainsi de ce mot anticq pour mieux faire sa rime. Disoit-il encor que la colère et l'amour avoyent cela en soy fort dissemblable, que la colère passe tost et se défait fort aisément de sa personne quand elle y est entrée, mais malaisément l'amour.

Voilà comment il se faut garder de cet amour, car elle nous couste bien autant qu'elle nous vaut, et bien souvent en arrive beaucoup de malheurs. Et pour parler au vray, la pluspart des cocus patients ont cent fois meilleur temps, s'ils se sçavoyent cognoistre et bien s'entendre avec leurs femmes, que les agents ; et plusieurs en ay-je veu qu'encor qu'il y allast de leurs cornes, se mocquoyent de nous et se ryoient de toutes les humeurs et façons de faire de nous autres qui traittons l'amour avec leurs femmes ; et mesmes quand nous avions à faire à des femmes rusées, qui s'entendent avec leurs marys et nous vendent : comme j'ay cogneu un fort brave et honneste gentilhomme qui, ayant longuement aymé une belle

---

1. Qu'il gagne beaucoup celui qui perd une p.....!

et honneste dame, et eu d'elle la jouissance qu'il en désiroit y avoit longtemps, s'estant un jour apperceu que le mary et elle se mocquoyent de luy sur quelque trait, il en prit un si grand dépit qu'il la quitta, et fit bien; et, faisant un voyage lointain pour en divertir sa fantaisie, ne l'accosta jamais plus, ainsi qu'il me dist. Et de telles femmes rusées, fines et changeantes, s'en faut donner garde comme d'une beste sauvage; car, pour contenter et appaiser leurs marys, quittent leurs anciens serviteurs, et en prennent puis après d'autres, car elles ne s'en peuvent passer.

Si ay-je cogneu une fort honneste et grande dame, qui a eu cela en elle de malheur, que, de cinq ou six serviteurs que je luy ay veu de mon temps avoir, se sont morts tous les uns après les autres, non sans un grand regret qu'elle en portoit; de sorte qu'on eust dit d'elle que c'estoit le cheval de Séjan[1], d'autant que tous ceux qui montoyent sur elle mouroyent et ne vivoyent guières; mais elle avoit cela de bon en soy et cette vertu, que, quoy qui ayt esté, n'a jamais changé ny abandonné aucun de ses amys vivants pour en prendre d'autres; mais, eux venans à mourir, elle s'est voulu tousjours remonter de nouveau pour n'aller à pied; et aussi, comme disent les légistes, qu'il est permis de faire valloir ses lieux et sa terre par quiconque soit, quand elle est déguerpie

---

1. Brantôme a mal traduit la locution proverbiale *equus Seianus*, qui se rapportait non pas au cheval de Séjan, mais au cheval de Seius. Voyez, dans les *Nuits attiques* d'Aulu-Gelle, liv. III, le chap. IX intitulé : *Quis et cujus modi fuerit, qui in proverbio fertur equus Seianus*.

de son premier maistre[1]. Telle constance a esté fort en cette dame recommandable ; mais si celle-là a esté jusques-là ferme, il y en a eu une infinité qui ont bien branslé.

Aussi, pour en parler franchement, il ne se faut jamais envieillir dans un seul trou, et jamais homme de cœur ne le fit : il faut estre aussi bien adventurier deçà et delà, en amours comme en guerre, et en autres choses ; car si l'on ne s'asseure que d'une seule anchre en son navire, venant à se décrocher, aisément on le perd, et mesmes quand l'on est en pleine mer et en une tempeste, qui est plus sujette aux orages et vagues tempestueuses que non en une calme ou en un port.

Et dans quelle plus grande et haute mer se sçauroit-on mieux mettre et naviguer que de faire l'amour à une seule dame ? Que si de soy elle n'a esté rusée au commencement, nous autres la dressons et l'affinons par tant de pratiques que nous menons avec elle, dont bien souvent il nous en prend mal, en la rendant telle pour nous faire la guerre, l'ayant façonnée et aguerrie. Tant y a, comme disoit quelque gallant homme, qu'il vaut mieux se marier avec quelque belle femme et honneste, encor qu'on soit en danger d'estre un peu touché de la corne et de

---

1. « Cette fort honneste et grande dame » est, à n'en pas douter, Marguerite de Valois qui fut sitôt « déguerpie de son premier maistre. » En effet, parmi ses amants qui ont péri de mort violente, on peut citer le vicomte de Martigues, tué en 1569, la Mole, décapité en 1574, Bussy d'Amboise, assassiné en 1579, le duc Henri de Guise, assassiné à Blois, etc. Voyez la préface de *la Ruelle mal assortie*, Paris, Aubry, 1855, in-8°.

ce mal de cocuage commun à plusieurs, que d'endurer tant de traverses et faire les autres cocus; contre l'opinion de M. du Gua pourtant, auquel moy ayant tenu propos un jour de la part d'une grand' dame qui m'en avoit prié, pour le marier, me fit cette response seulement, qu'il me pensoit de ses plus grands amis, et que je luy en faisois perdre la créance par tel propos, pour luy pourchasser la chose qu'il haïssoit le plus, que le marier et le faire cocu, au lieu qu'il faisoit les autres; et qu'il espousoit assez de femmes l'année, appellant le mariage un putanisme secret de réputation et de liberté, ordonné par une belle loy; et que le pis en cela, ainsi que je voy et ay noté, c'est que la pluspart, voire tous, de ceux qui se sont ainsi délectez à faire les autres cocus, quand ilz viennent à se marier, infailliblement ilz tombent en mariage, je dis en cocuage; et n'en ay jamais veu arriver autrement, selon le proverbe : *Ce que tu feras à autruy, il te sera fait.*

Avant que finir, je diray encores ce mot : que j'ay veu faire une dispute qui est encores indécise : en quelles provinces et régions de nostre chrestienneté et de nostre Europe il y a plus de cocus et de putains? L'on dit qu'en Italie les dames sont fort chaudes, et, par ce, fort putains, ainsi que dit M. de Bèze en une épigramme; d'autant qu'où le soleil, qui est chaud et donne le plus, y eschauffe davantage les femmes, en usant de ce vers :

« Credibile est ignes multiplicare suos[1]. »

1. « On peut croire qu'il multiplie leurs feux. » Ce vers

L'Espagne en est de mesme, encor qu'elle soit sur l'occident; mais le soleil y eschauffe bien les dames autant qu'en Orient.

Les Flamendes, les Suisses, les Allemandes, Angloises et Escossoises, encor qu'elles tirent sur le midy et septentrion, et soyent régions froides, n'en participent pas moins de cette chaleur naturelle, comme je les ay cogneues aussi chaudes que toutes les autres nations.

Les Grecques ont raison de l'estre, car elles sont fort sur le levant. Ainsi souhaite-on en Italie *Greca in letto*: comme de vray elles ont beaucoup de choses et vertus attrayantes en elles, que, non sans cause, le temps passé elles sont estées les délices du monde, et en ont beaucoup appris aux dames italienes et espagnoles, depuis le vieux temps jusques à ce nouveau; si bien qu'elles en surpassent quasi leurs anciennes et modernes maistresses : aussi la reine et impérière des putains, qui estoit Vénus, estoit grecque.

Quant à nos belles Françoises, on les a veues le temps passé fort grossières, et qui se contentoyent de le faire à la grosse mode; mais, depuis cinquante ans en ça, elles ont emprunté et appris des autres nations tant de gentillesses, de mignardises, d'attraits et de vertus, d'habits, de belles grâces, lascivetez, ou d'elles-mesmes se sont si bien estudiées à se façonner, que maintenant il faut dire qu'elles surpassent

est le dernier de l'épigramme *In Italiam* qui commence ainsi :
Cur Italas urbes Phœbus torrentior urat.
(*Theodori Bezæ Poemata*, Lutetiæ, 1548, in-8°, p. 97.)

toutes les autres en toutes façons; et, ainsi que j'ay ouy dire, mesmes aux estrangers, elles valent beaucoup plus que les autres, outre que les mots de paillardise françois en la bouche sont plus paillards, mieux sonnans et esmouvans que les autres.

De plus, cette belle liberté françoise, qui est plus à estimer que tout, rend bien nos dames plus désirables, aymables, accostables et plus passables que toutes les autres : et aussi que tous les adultères n'y sont si communément punis comme aux autres provinces, par la providence de nos grands sénats et législateurs françois, qui, voyans les abus en provenir par telles punitions, les ont un peu bridées, et un peu corrigé les loix rigoureuses du temps passé des hommes, qui s'éstoyent donnez en cela toute liberté de s'esbattre et l'ont ostée aux femmes; si bien qu'il n'estoit permis à la femme innocente d'accuser son mary d'adultère, par aucunes lois impériales et canon (ce dit Cajetan [1]). Mais les hommes fins firent cette loy pour les raisons que dit cette stance italiene, qui est telle :

> Perche, di quel che Natura concede
> Cel' vieti tu, dura legge d'honore.
> Ella à noi liberal largo ne diede
> Com' agli altri animai legge d'amore.
> Ma l'huomo fraudulento, e senza fede,
> Che fu legislator di quest' errore,
> Vedendo nostre forze e buona schiena,
> Copri la sua debolezza con la pena [2].

1. Thomas de Vio, dit Cajetan, cardinal, né à Gaëte en 1469, mort en 1534.
2. Pourquoi, dure loi de l'honneur, nous défends-tu ce que la

Pour fin, en France il fait bon faire l'amour. Je m'en rapporte à nos autentiques docteurs d'amours, et mesmes à nos courtisans, qui sçauront mieux sophistiquer là dessus que moy. Et, pour en parler bien au vray : putains partout, et cocus partout, ainsi que je le puis bien tester, pour avoir veu toutes ces régions que j'ay nommées, et autres ; et la chasteté n'habite pas en une région plus qu'en l'autre.

Si feray-je encor cette question, et puis plus, qui, possible, n'a point esté recherchée de tout le monde, ny, possible, songée : à sçavoir mon, si deux dames amoureuses l'une de l'autre, comme il s'est veu et se void souvent aujourd'huy, couchées ensemble, et faisant ce qu'on dit *donna con donna*, en imitant la docte Sapho lesbienne, peuvent commettre adultère, et entre elles faire leurs marys cocus.

Certainement, si l'on veut croire Martial en son premier livre, épigramme cxix [1], elles commettent adultère ; où il introduit et parle à une femme nommée Bassa, tribade, luy faisant fort la guerre de ce qu'on ne voyoit jamais entrer d'hommes chez elle, de sorte que l'on la tenoit pour une seconde Lucresse : mais elle vint à estre descouverte, en ce que l'on y voyoit aborder ordinairement force belles femmes et filles ; et fut trouvé qu'elle-mesme leur servoit et contrefaisoit d'homme et d'adultère, et se conjoignoit

---

nature nous permet ? Elle nous a donné la loi de l'amour aussi libérale et aussi large qu'aux autres animaux. Mais l'homme trompeur et sans foi, qui fut le législateur de cette erreur, voyant notre vigueur et notre robuste échine, couvrit sa faiblesse par le châtiment.

1. C'est, non pas la cxix[e], mais la xci[e] épigramme du livre I.

avec elles; et use de ces mots *geminos committere cunnos*. Et puis s'escriant, il dit et donne à songer et deviner cette énigme par ce vers latin :

Hic, ubi vir non est, ut sit adulterium [1].

Voilà un grand cas, dit-il, que, là où il n'y a point d'homme, qu'il y ait de l'adultère.

J'ay cogneu une courtisanne à Rome, vieille et rusée s'il en fut oncq, qui s'appelloit Isabelle de Lune [2], espagnolle, laquelle prit en telle amitié une courtisanne qui s'appelloit la Pandore, l'une des belles pour lors de tout Rome, laquelle vint à estre mariée avec un sommeiller de M. le cardinal d'Armaignac [3], sans pourtant se distraire de son premier mestier : mais cette Isabelle l'entretenoit, et couchoit ordinairement avec elle; et, comme débordée et désordonnée en paroles qu'elle estoit, je luy ay ouy souvent dire qu'elle la rendoit plus putain, et luy faisoit faire des cornes à son mary plus que tous les rufians que jamais elle avoit eu. Je ne sçay comment elle entendoit cela, si ce n'est qu'elle se fondast sur cette épigramme de Martial.

1. Comment il peut y avoir un adultère, là où il n'y a pas d'homme.

2. Isabelle de Luna a l'honneur d'être l'héroïne d'une nouvelle de Bandello, la seizième de la quatrième partie. Elle est intitulée : *Castigo dato a Isabella Luna meretrice, per la inobbedienzia a li comandamenti del governatore di Roma*. Édit. de Londres, 1793, in-8°, tome IX, p. 261.

3. Georges d'Armagnac, archevêque de Toulouse (1562), puis d'Avignon (1576), cardinal (1544), ambassadeur à Venise et à Rome, né vers 1501, mort le 2 juin 1585.

On dit que Sapho de Lesbos a été une fort bonne maistresse en ce mestier, voire, dit-on, qu'elle l'a inventé, et que depuis les dames lesbiennes l'ont imitée en cela, et continué jusques aujourd'huy; ainsi que dit Lucian[1] : que telles femmes sont les femmes de Lesbos, qui ne veulent pas souffrir les hommes, mais s'approchent des autres femmes, ainsi que les hommes mesmes. Et telles femmes qui ayment cet exercice ne voulent souffrir les hommes, mais s'adonnent à d'autres femmes, ainsi que les hommes mesmes, s'appellent *tribades*, mot grec dérivé, ainsi que j'ay appris des Grecs, de τρίϐω, τριϐεῖν, qu'est autant à dire que *fricare*, freyer, ou friquer, ou s'entrefrotter; et tribades se disent *fricatrices*, en françois fricatrices, ou qui font la friquarelle en mestier de *donne con donne*, comme l'on l'a trouvé ainsi aujourd'huy.

Juvénal parle aussi de ces femmes quand il dit :

. . . . frictum Grissantis adorat,

parlant d'une pareille tribade qui adoroit et aimoit la fricarelle d'une Grissante[2].

Le bon compagnon Lucian en fait un chapitre, et dit ainsi, que les femmes viennent mutuellement à conjoindre comme les hommes, conjoignants des

---

1. Voyez Lucien, *Dialogues des courtisanes*, dialog. V : *Clonarium et Lexna*.

2. Si le manuscrit reproduit exactement le texte de l'auteur, Brantôme aurait pris le génitif d'un participe présent (*crissantis* et non *grissantis*) pour un nom propre de femme. Voici le vers de Juvénal (sat. VI, vers 323) :

Ipsa (*Laufella*) Medullinæ frictum crissantis adorat.

instruments lascifs, obscurs et monstrueux, faits d'une forme stérile[1]. Et ce nom, qui rarement s'entend dire de ces fricarelles, vacque librement partout, et qu'il faille que le sexe fémenin soit Filènes[2], qui faisoit l'action de certaines amours hommasses. Toutesfois il adjouste qu'il est bien meilleur qu'une femme soit adonnée à une libidineuse affection de faire le masle, que n'est à l'homme de s'efféminer; tant il se monstre peu courageux et noble. La femme donc, selon cela, qui contrefait ainsi l'homme, peut avoir réputation d'estre plus valeureuse et courageuse qu'une autre, ainsi que j'en ay cogneu aucunes, tant pour leur corps que pour l'âme.

En un autre endroit[3], Lucian introduit deux dames devisantes de cet amour; et une demande à l'autre si une telle avoit esté amoureuse d'elle, et si elle avoit couché avec elle, et ce qu'elle luy avoit fait. L'autre luy respondit librement : « Premièrement, « elle me baisa ainsi que font les hommes, non pas « seulement en joignant les lèvres, mais en ouvrant « aussi la bouche » (cela s'entend en pigeonne, la langue en bouche), « et, encor qu'elle n'eust point le « membre viril, et qu'elle fust semblable à nous au- « tres, si est-ce qu'elle disoit avoir le cœur, l'affection « et tout le reste viril; et puis je l'embrassay comme « un homme, et elle me le faisoit, me baisoit et allan-

---

1. Voyez dans Lucien les *Amours*, chap. xxviii. Brantôme a copié textuellement la traduction de Filbert Bretin, tome II, p. 400.

2. Philenis, nom d'une courtisane que Lucien mentionne plusieurs fois et entre autres dans le VIe *Dialogue des courtisanes*.

3. Dans le dialogue V cité plus haut. Brantôme a encore copié la traduction de Bretin, tome II, p. 702.

« toit[1] (je n'entends point bien ce mot); et me sem-
« bloit qu'elle y prit plaisir outre mesure; et coha-
« bita d'une certaine façon beaucoup plus agréable
« que d'un homme. » Voilà ce qu'en dit Lucian.

Or, à ce que j'ay ouy dire, il y a en plusieurs en-
droits et régions force telles dames et lesbiennes, en
France, en Italie et en Espagne, Turquie, Grèce et
autres lieux. Et où les femmes sont recluses, et n'ont
leur entière liberté, cet exercice s'y continue fort;
car telles femmes bruslantes dans le corps, il faut
bien, disent-elles, qu'elles s'aydent de ce remède,
pour se raffraischir un peu, ou du tout qu'elles
bruslent.

Les Turques vont aux bains plus pour cette paillardise que pour autre chose, et s'y adonnent fort.
Mesme les courtisannes, qui ont les hommes à commandement et à toutes heures, encor usent-elles de
ces fricarelles, s'entrecherchent et s'entr'ayment les
unes les autres, comme je l'ay ouy dire à aucunes en
Italie et en Espagne. En nostre France, telles femmes
sont assez communes; et si dit-on pourtant qu'il n'y
a pas longtemps qu'elles s'en sont meslées, mesmes
que la façon en a esté portée d'Italie par une dame
de qualité que je ne nommeray point.

J'ay ouy conter à feu M. de Clermont-Tallard le
jeune[2], qui mourut à La Rochelle, qu'estant petit
garçon, et ayant l'honneur d'accompagner M. d'Anjou, despuis nostre roy Henry III, en son estude, et

---

1. Il y a dans la traduction (p. 703) *alautoit*, évidemment pour *haletoit*, ce qui rend bien le sens du grec ἠσθμαινε.
2. Henri, comte de Clermont et de Tonnerre, tué en avril 1573.

estudier avec luy ordinairement, duquel M. de Gournay estoit précepteur; un jour, estant à Thoulouze, estudiant avec sondit maistre dans son cabinet, et estant assis dans un coin à part, il vid, par une petite fente (d'autant que les cabinets et chambres estoyent de bois, et avoyent esté faits à l'improviste et à la haste par la curiosité de M. le cardinal d'Armaignac, archevesque de là, pour mieux recevoir et accommoder le roy et toute sa cour), dans un autre cabinet, deux fort grandes dames, toutes retroussées et leurs callesons bas, se coucher l'une sur l'autre, s'entrebaiser en forme de colombes, se frotter, s'entrefriquer, bref se remuer fort, paillarder et imiter les hommes; et dura leur esbattement près d'une bonne heure, s'estans si très-fort eschauffées et lassées, qu'elles en demeurèrent si rouges et si en eau, bien qu'il fît grand froid, qu'elles n'en purent plus et furent contraintes de se reposer autant. Et disoit qu'il vit jouer ce jeu quelques autres jours, tant que la cour fut là, de mesme façon; et oncques plus n'eut-il la commodité de voir cet esbattement, d'autant que ce lieu le favorisoit en cela, et aux autres il ne put.

Il m'en contoit encor plus que je n'en ose escrire, et me nommoit les dames. Je ne sçay s'il est vray; mais il me l'a juré et affirmé cent fois par bons sermens. Et, de fait, cela est bien vraysemblable; car telles deux dames ont bien eu tousjours cette réputation de faire et continuer l'amour de cette façon, et de passer ainsi leur temps.

J'en ay cogneu plusieurs autres qui ont traitté de mesmes amours, entre lesquelles j'en ay ouy conter d'une de par le monde, qui a esté fort superlative en cela, et qui aymoit aucunes dames, les honnoroit et les servoit plus que les hommes, et leur faisoit l'amour comme un homme à sa maistresse; et si les prenoit avec elle, les entretenoit à pot et à feu, et leur donnoit ce qu'elles vouloyent. Son mary en estoit très-aise et fort content, ainsi que beaucoup d'autres marys que j'ay veu, qui estoyent fort aises que leurs femmes menassent ces amours plustost que celles des hommes (n'en pensant leurs femmes si folles ny putains). Mais je croy qu'ilz sont bien trompez : car, à ce que j'ay ouy dire, ce petit exercice n'est qu'un apprentissage pour venir à celuy grand des hommes; car, après qu'elles se sont eschauffées et mises bien en rut les unes et les autres, leur chaleur ne se diminuant pour cela, faut qu'elles se baignent par une eau vive et courante, qui raffraischit bien mieux qu'une eau dormante; aussi que je tiens de bons chirurgiens et veu[1] que, qui veut bien penser et guérir une playe, il ne faut qu'il s'amuse à la médicamenter et nettoyer à l'entour ou sur le bord; mais il la faut sonder jusques au fonds, et y mettre une sonde et une tente bien avant.

Que j'en ay veu de ces Lesbiennes, qui, pour toutes leurs fricarelles et entre-frottemens, n'en laissent d'aller aux hommes! mesmes Sapho, qui en a esté la maistresse, ne se mit-elle pas à aymer son grand amy Faon, après lequel elle mouroit? Car, enfin, comme j'ay ouy raconter à plusieurs dames, il n'y a que les hommes; et que de tout ce qu'elles prennent avec les autres femmes, ce ne sont que des

---

1. Et j'ai vu.

tirouers pour s'aller paistre de gorges-chaudes avec les hommes : et ces fricarelles ne leur servent qu'à faute des hommes. Que si elles les trouvent à propos et sans escandale, elles lairroyent bien leurs compagnes pour aller à eux et leur sauter au collet.

J'ay cogneu de mon temps deux belles et honnestes damoiselles de bonne maison, toutes deux cousines, lesquelles ayant couché ensemble dans un mesme lict l'espace de trois ans, s'accoustumèrent si fort à cette fricarelle, qu'après s'estre imaginées que le plaisir estoit assez maigre et imparfait au prix de celuy des hommes, se mirent à le taster avec eux, et en devinrent très-bonnes putains; et confessèrent après à leurs amoureux que rien ne les avoit tant desbauchées et esbranlées à cela que cette fricarelle, la détestant pour en avoir esté la seule cause de leur desbauche. Et, nonobstant, quand elles se rencontroyent, ou avec d'autres, elles prenoyent tousjours quelque repas de cette fricarelle, pour y prendre tousjours plus grand appétit de l'autre avec les hommes. Et c'est ce que dit une fois une honneste damoiselle que j'ay cogneue, à laquelle son serviteur demandoit un jour si elle ne faisoit point cette fricarelle avec sa compagne, avec qui elle couchoit ordinairement. « Ah! non, dit-elle en riant, j'ayme trop les hommes; » mais pourtant elle faisoit l'un et l'autre.

Je sçay un honneste gentilhomme[1], lequel, désirant un jour à la cour pourchasser en mariage une fort honneste damoiselle, en demanda l'advis à une

---

1. C'est Brantôme lui-même, ainsi qu'on le voit quelques lignes plus loin.

sienne parente. Elle luy dit franchement qu'il y perdroit son temps; d'autant, me dit-elle, qu'une telle dame qu'elle me nomma, et de qui j'en sçavois des nouvelles, ne permettra jamais qu'elle se marie. J'en côgneus soudain l'encloueure, parce que je sçavois bien qu'elle tenoit cette damoiselle en ses délices à pot et à feu, et la gardoit précieusement pour sa bouche. Le gentilhomme en remercia sadite cousine de ce bon advis, non sans luy faire la guerre en riant, qu'elle parloit aussi en cela pour elle comme pour l'autre; car elle en tiroit quelques petits coups en robbe quelquesfois : ce qu'elle me nia pourtant.

Ce trait me fait ressouvenir d'aucuns qui ont ainsi des putains à eux, mesmes qu'ilz ayment tant qu'ils n'en feroyent part pour tous les biens du monde, fust à un prince, à un grand, fust à leur compagnon, ny à leur amy, tant ilz en sont jaloux, comme un ladre de son barillet; encor le présente-il à boire à qui en veut. Mais cette dame vouloit garder cette damoiselle toute pour soy, sans en départir à d'autres : pourtant si la faisoit-elle cocue à la dérobade avec aucunes de ses compagnes.

On dit que les belettes sont touchées de cet amour, et se plaisent de femelles à femelles à s'entre-conjoindre et habiter ensemble; si que, par lettres hiéroglifiques, les femmes s'entre-aymantes de cet amour estoyent jadis représentées par des belettes. J'ay ouy parler d'une dame qui en nourrissoit tousjours, et qui se mesloit de cet amour, et prenoit plaisir de voir ainsi ces petites bestioles s'entre-habiter.

Voicy un autre poinct : c'est que ces amours fémenines se traittent en deux façons, les unes par fricarelles, et par, comme dit ce poète, *geminos committere cunnos*. Cette façon n'apporte point de dommage, ce disent aucuns, comme quand on s'ayde d'instrumens façonnez de ....¹, mais qu'on a voulu appeler des g........

J'ay ouy conter qu'un grand prince², se doutant deux dames de sa cour qui s'en aydoient, leur fit faire le guet si bien qu'il les surprit, tellement que l'une se trouva saisie et accommodée d'un gros entre les jambes, gentiment attaché avec de petites bandelettes à l'entour du corps, qu'il sembloit un membre naturel. Elle en fut si surprise qu'elle n'eut loisir de l'oster; tellement que ce prince la contraignit de luy monstrer comment elles deux se le faisoyent.

On dit que plusieurs femmes en sont mortes, pour engendrer en leurs matrices des apostumes faites par mouvemens et frottemens point naturels. J'en sçay bien quelques-unes de ce nombre, dont ç'a esté grand dommage, car c'estoyent de très-belles et honnestes dames et damoiselles, qu'il eust bien mieux vallu qu'elles eussent eu compagnie de quelques honnestes gentilshommes, qui pour cela ne les font mourir, mais vivre et resusciter, ainsi que j'espère le dire ailleurs; et mesmes, que, pour la guérison de tel mal, comme j'ay ouy conter à aucuns chirurgiens, qu'il n'y a rien plus propre que de les faire bien nettoyer là-dedans par ces membres naturels des hom-

---

1. Le mot est resté en blanc dans le manuscrit.
2. Ce doit être Henri III.

mes, qui sont meilleurs que des pessères[1] qu'usent les médecins et chirurgiens, avec des eaux à ce composées ; et toutesfois il y a plusieurs femmes, nonobstant les inconvénients qu'elles en voyent arriver souvent, si faut-il qu'elles en ayent de ces engins contrefaits.

J'ay ouy faire un conte, moy estant lors à la cour, que la reine mère ayant fait commandement de visiter un jour les chambres et coffres de tous ceux qui estoyent logez dans le Louvre, sans espargner dames et filles, pour voir s'il n'y avoit point d'armes cachées et mesmes des pistolets, durant nos troubles, il y en eut une qui fut trouvée saisie dans son coffre par le capitaine des gardes, non point de pistolets, mais de quatre gros g......... gentiment façonnez, qui donnèrent bien de la risée au monde, et à elle bien de l'estonnement. Je cognois la damoiselle : je croy qu'elle vit encores ; mais elle n'eut jamais bon visage. Tels instruments enfin sont très-dangereux.

Je feray encor ce conte de deux dames de la cour qui s'entr'aymoient si fort, et estoyent si chaudes à leur mestier, qu'en quelque endroit qu'elles fussent, ne s'en pouvoyent garder ny abstenir que pour le moins ne fissent quelques signes d'amourettes ou de baiser ; qui les escandalisoyent si fort et donnoyent à penser beaucoup aux hommes. Il y en avoit une veufve, et l'autre mariée ; et comme la mariée, un jour d'une grand' magnificence, se fust fort bien parée et habillée d'une robbe de toile d'argent, ainsi que leur maistresse estoit allée à vespres, elles en-

---

1. *Pessère*, pessaire.

trèrent dans son cabinet, et sur sa chaise percée se mirent à faire leur fricarelle si rudement et si impétueusement, qu'elle en rompit sous elles, et la dame mariée qui faisoit le dessous tomba avec sa belle robbe de toille d'argent à la renverse, tout à plat sur l'ordure du bassin, si bien qu'elle se gasta et souilla si fort qu'elle ne sceut que faire de s'essuyer le mieux qu'elle peut, se trousser, et s'en aller à grande haste changer de robbe dans sa chambre, non sans pourtant avoir esté apperceue et bien sentie à la trace, tant elle puoit : dont il en fut ry assez par aucuns qui en sceurent le conte ; mesmes leur maistresse le sceut, qui s'en aydoit comme elles, en rist son saoul. Aussi il falloit bien que cette ardeur les maistrisât fort, que de n'attendre un lieu et un temps à propos, sans s'escandaliser. Encor excuse-on les filles et femmes veufves pour aymer ces plaisirs frivols et vains, aymans bien mieux s'y adonner et en passer leurs chaleurs, que d'aller aux hommes et se faire engroisser et se déshonnorer, ou de faire perdre leur fruict, comme plusieurs ont faict et font ; et ont opinion qu'elles n'en offensent pas tant Dieu, et n'en sont pas tant putains comme avec les hommes : aussi y a-il bien de la différence de jetter de l'eau dans un vase, ou de l'arrouser seulement alentour et au bord. Je m'en rapporte à elles. Je ne suis pas leur censeur ny leur mary ; s'ils le trouvent mauvais, encor que je n'en aye point veu qui ne fussent très-aises que leurs femmes s'amourachassent de leurs compagnes, et qu'ilz voudroyent qu'elles ne fussent jamais plus adultères qu'en cette façon ; comme de vray, telle cohabitation est bien diférente de celle d'avec les hommes, et, quoy que die Martial[1], ilz n'en sont pas cocus pour cela. Ce n'est pas texte d'évangile, que celui d'un poete fol. Dont, comme dit Lucian[2], il est bien plus beau qu'une femme soit virile ou vraye amazone, ou soit ainsi lubrique, que non pas un homme soit féminin, comme un Sardanapale ou Héliogabale, ou autres force leurs pareils ; car d'autant plus qu'elle tient de l'homme, d'autant plus elle est courageuse : et de tout cecy je m'en rapporte à la décision du procez.

M. du Gua et moy lisions une fois un petit livre en italien, qui s'intitule *de la Beauté*[3], fait en dialogue par le seigneur Angelo Fiorenzolle, Florentin, et tombasmes sur un passage où il dit qu'aucunes femelles qui furent faites par Jupiter au commencement, furent créées de cette nature, qu'aucunes se mirent à aymer les hommes, et les autres la beauté de l'une et de l'autre ; mais aucunes purement et saintement, comme de ce genre s'est trouvée de nostre temps, comme dit l'autheur[4]; la très-illustre Marguerite d'Austriche, qui ayma la belle Laodomie Fortenguerre[5]; les autres lascivement et paillardement,

---

1. Voyez plus haut, p. 194. — 2. Les *Amours*, chap. XXVIII.
3. Le *Dialogo delle bellezze delle donne* d'Agnolo Firenzuola parut dans ses *Prose*, Florence, 1548, in-8°, et a été traduit en français sous le titre de *Discours de la beauté des dames, prins de l'italien du seigneur Ange Firenzuole*, par J. Pallet. Paris, Abel l'Angelier, 1578, in-8°.
4. « Amano la bellezza l'una dell'altra, chi puramente e santamente, come la elegante Laudomia Forteguerra la illustrissima Margherita d'Austria; chi lascivamente, come Saffo la Lesbia. » (A. Firenzuola, *Opere*, Milano, 1802, in-8°, tome I, p. 27.)
5. Alessandro Piccolomini a dédié son livre de *Le Stelle fisse*

comme Sapho lesbienne, et de nostre temps à Rome la grande courtisanne Cécile vénétienne ; et icelles de nature haïssent à se marier, et fuyent la conversation des hommes tant qu'elles peuvent.

Là-dessus M. de Gua reprit l'auteur, disant que cela estoit faux que cette belle Marguerite aymast cette belle dame de pur et saint amour ; car puisqu'elle l'avoit mise plustost sur elle que sur d'autres qui pouvoyent estre aussi belles et vertueuses qu'elle, il estoit à présumer que c'estoit pour s'en servir en délices, ne plus ne moins comme d'autres ; et pour en couvrir sa lasciveté, elle disoit et publioit qu'elle l'aymoit saintement, ainsi que nous en voyons plusieurs ses semblables, qui ombragent leurs amours par pareils mots.

Voilà ce qu'en disoit M. du Gua ; et qui en voudra outre plus en discourir là-dessus, faire se peut.

Cette belle Marguerite[1] fut la plus belle princesse

Venise, in-4°, *alla nobilissima et bellissima madonna Laudomia Forteguerri gentil donna senese.*

[1]. Brantôme s'est mépris sur la Marguerite nommée par Firenzuola. La duchesse de Savoie, tante de Charles-Quint, mourut en 1530, à cinquante ans. La noble Siennoise, « l'élégante Laudomia », était encore assez jeune vers 1563 pour être traitée de *bellissima* dans la dédicace de Piccolomini (voyez la note précédente), et l'on ne comprendrait guère qu'une amitié comme celle dont parle l'écrivain florentin (non sans méchanceté peut-être) eût pu exister entre deux personnes d'un âge aussi disproportionné. De plus, la duchesse passa ses vingt-trois dernières années en Franche-Comté ou dans les Pays-Bas dont elle était gouvernante et ne mit probablement jamais les pieds en Toscane, patrie de Laudomia. Toute difficulté disparaît, s'il s'agit de la Marguerite qui fut non pas tante, mais fille naturelle de Charles-Quint. Née en 1522, elle épousa en 1533 le duc de Florence Alexandre de Médicis. Deve-

qui fut de son temps en la chrestienté. Ainsi beautez et beautez s'entr'ayment de quelque amour que ce soit, mais du lascif plus que de l'autre. Elle fut remariée en tierces noces, ayant en premières espousé le roy Charles huitiesme, en seconde Jean, fils du roy d'Arragon, et la troisiesme avec le duc de Savoye, qu'on appelloit le Beau[1]; si que, de son temps, on les disoit le plus beau pair[2] et le plus beau couple du monde; mais la princesse n'en jouit guières de cette copulation, car il mourut fort jeune, et en sa plus grande beauté, dont elle en porta les regrets très-extresmes, et pour ce ne se remaria jamais.

Elle fit faire bastir cette belle église qui est vers Bourg en Bresse[3], l'un des plus beaux et plus superbes bastimens de la chrestienté. Elle estoit tante de l'empereur Charles, et assista bien à son nepveu; car elle vouloit tout appaiser, ainsi qu'elle et madame la régente au traitté de Cambray firent, où toutes deux se virent et s'assemblèrent là, où j'ay ouy dire aux anciens et anciennes qu'il faisoit beau voir ces deux grandes princesses.

nue veuve (1537), elle se remaria (1538) à Octave Farnèse, duc de Parme, et habita l'Italie jusqu'au moment où en 1559 elle devint gouvernante des Pays-Bas. Ajoutons enfin que plus loin, à l'occasion du siége de Sienne (1554), Brantôme lui-même parle d'une dame Fortenguerra qui, d'après son prénom Tarsia, ne peut être l'amie de Marguerite.

1. Philibert II, mort en 1504.
2. *Pair*, paire, couple.
3. L'église de Brou. Litta, dans les fascicules consacrés à la maison de Savoie, a donné plusieurs planches représentant cette église et les tombeaux qu'elle renferme.

Corneille Agripa a fait un petit traitté de la vertu des femmes[1], et tout en la louange de cette Marguerite. Le livre en est très-beau, qui ne peut estre autre pour le beau sujet, et pour l'auteur, qui a esté un très-grand personnage.

J'ay ouy parler d'une grand' dame princesse, laquelle, parmy les filles de sa suitte, elle en aymoit une par-dessus toutes et plus que les autres; en quoy on s'estonnoit, car il y en avoit d'autres qui la surpassoyent en tout; mais enfin il fut trouvé et descouvert qu'elle estoit hermafrodite, qui luy donnoit du passe-temps sans aucun inconvénient ny escandale. C'estoit bien autre chose qu'à ces tribades : le plaisir pénétroit un peu mieux.

J'ay ouy nommer une grande qui est aussi hermafrodite, et qui a ainsi un membre viril, mais fort petit, tenant pourtant plus de la femme, car je l'ay veue très-belle. J'ay entendu d'aucuns grands médecins qui en ont vu assez de telles, et surtout très-lascives.

Voilà enfin ce que je diray du sujet de ce chapitre, lequel j'eusse pu allonger mille fois plus que je n'ay fait, ayant eu matière si ample et si longue, que si tous les cocus et leurs femmes qui les font se tenoyent tous par la main, et qu'il s'en pust faire un cerne, je croy qu'il seroit assez bastant pour entourner et circuir la moitié de la terre.

Du temps du roy François fut une vieille chanson,

---

1. *Declamatio de nobilitate et præcellentia fœmini sexus*, dont la première édition est de 1529, Anvers, in-8°; ce livre, plusieurs fois réimprimé et traduit, est dédié à Marguerite.

que j'ay ouy conter à une fort honneste et ancienne dame, qui disoit :

> Mais quand viendra la saison
> Que les cocus s'assembleront,
> Le mien ira devant, qui portera la bannière;
> Les autres suivront après, le vostre sera au darrière.
> La procession en sera grande,
> L'on y verra une très-longue bande.

Je ne veux pourtant taxer beaucoup d'honnestes et sages femmes mariées, qui se sont comportées vertueusement et constamment en la foy sainctement promise à leurs marys; et en espère faire un chapitre à part à leur louange, et faire mentir maistre Jean de Mun, qui en son *Romant de la Rose*, dit ces mots : « Toutes vous autres femmes....

> Estes ou fustes,
> D'effet ou de volonté putes [1], »

dont il encourut une telle inimitié des dames de la cour pour lors, qu'elles, par une arrestée conjuration et advis de la reine entreprindrent un jour de le fouetter, et le despouillèrent tout nud; et estans prestes à donner le coup, il les pria qu'au moins celle qui estoit la plus grand' putain de toutes commançast la première : chacune, de honte, n'osa commencer; et par ainsi il évita le fouet. J'en ay veu l'histoire représentée dans une vieille tapisserie des vieux meubles du Louvre.

J'aymerois autant un prescheur qui, preschant un

---

1. Vers 9192.

jour en une bonne compagnie, ainsi qu'il reprenoit les mœurs d'aucunes femmes et leurs marys qui enduroyent estre cocus d'elles, il se mit à crier : « Ouy, « je les cognois, je les voy, et m'en vois jetter ces « deux pierres à la teste des plus grands cocus de la « compagnie; » et, faisant semblant de les jetter, il n'y eut homme du sermon qui ne baissât la teste, ou mît son manteau, ou sa cappe, ou son bras au-devant, pour se garder du coup. Mais luy, les retenant, leur dit : « Ne vous di-je pas? je pensois qu'il « n'y eust que deux ou trois cocus en mon sermon ; « mais, à ce que je vois, il n'y en a pas un qui ne « le soit. »

Or, quoy que disent ces fols, il y a de fort sages et honnestes femmes, auxquelles, s'il falloit livrer battailles à leurs dissemblables, elles l'emporteroyent, non pour le nombre, mais par la vertu, qui combat et abat son contraire aisément.

Et si ledict maistre Jean de Muns blasme celles qui sont de volonté putes, je trouve qu'il les faut plustost louer et exalter jusques au ciel, d'autant que si elles bruslent si ardamment dans le corps et dans l'âme, et ne venant point aux effets, font parestre leur vertu, leur constance et la générosité de leur cœur, aymant plustost brusler et se consumer dans leurs propres feux et flames, comme un phénix rare, que de forfaire ny souiller leur honneur, et comme la blanche hermine, qui ayme mieux mourir que se souiller (devise d'une très-grande dame que j'ay cogneue, mais mal d'elle pratiquée pourtant), puisqu' estant en leur puissance d'y pouvoir remédier, se commandent si généreusement, et puisqu'il n'y a plus belle vertu ny victoire que de se commander et vaincre soy-mesme. Nous en avons une histoire très-belle dans les *Cent Nouvelles* de la reine de Navarre[1], de cette honneste dame de Pampelune, qui, estant dans son âme et de volonté pute, et bruslant de l'amour de M. d'Avannes, si beau prince, elle ayma mieux mourir dans son feu que de chercher son remède, ainsi qu'elle luy sceut bien dire en ses derniers propos de sa mort.

Cette honneste et belle dame se donnoit bien la mort très-iniquement et injustement; et, comme j'ouïs dire sur ce passage à un honneste homme et honneste dame, cela ne fut point sans offenser Dieu, puisqu'elle se pouvoit délivrer de la mort. Et se la pourchasser et avancer ainsi, cela s'appelle proprement se tuer soy-mesme; ainsi qu'il y a plusieurs de ses pareilles qui, par ces grandes continences et abstinences de ce plaisir, se procurent la mort, et pour l'âme et pour le corps.

Je tiens d'un très-grand médecin (et pense qu'il en a donné telle leçon et instruction à plusieurs honnestes dames) que les corps humains ne se peuvent jamais guières bien porter, si tous leurs membres et parties, depuis les plus grandes jusques aux plus petites, ne font ensemblement leurs exercices et fonctions que la sage nature leur a ordonné pour leur santé, et n'en facent une commune accordance,

---

1. Voyez la XXVIe Nouvelle. Le beau prince, héros de l'aventure, était Gabriel d'Albret, seigneur d'Avesnes et de Lesparre, vice-roi de Naples, sénéchal de Guyenne (1490), mort probablement en 1503.

comme d'un concert de musique, n'estant raison qu'aucunes desdites parties et membres travaillent, et les autres chaument; ainsi qu'en une république faut que tous officiers, artisans, manouvriers et autres, facent leur besogne unanimement, sans se reposer ny se remettre les uns sur les autres, si l'on veut qu'elle aille bien et que son corps demeure sain et entier : de mesmes est le corps humain.

Telles belles dames, putes dans l'âme et chastes du corps, méritent d'éternelles louanges; mais non pas celles qui sont froides comme marbre, molles, lasches et immobiles plus qu'un rocher, et ne tiennent de la chair, n'ayant aucuns sentiments (il n'y en a guières pourtant), qui ne sont point ny belles ny recherchées, et, comme dit le poète,

.... Casta quam nemo rogavit[1].

« chaste qui n'a jamais esté priée. » Sur quoy je cognois une grande dame qui disoit à aucunes de ses compagnes qui estoyent belles : « Dieu m'a fait une « grand' grâce de quoy il ne m'a fait belle comme « vous autres, mesdames; car aussi bien que vous « j'eusse fait l'amour, et fusse estée pute comme « vous. » A cause de quoy peut-on louer ces belles ainsi chastes, puisqu'elles sont de telle nature.

Bien souvent aussi sommes-nous trompez en telles dames; car aucunes y en a qu'à les voir mineuses[2], piteuses, marmiteuses, froides, discrètes, serrées et

---

1. Ovide, *Amores*, lib. I, eleg. VIII, vers 43.
2. *Mineuse*, faisant des mines.

modestes en leurs paroles et en leurs habits réformez, qu'on les prendroit pour des saintes et très-prudes femmes, qui sont au dedans et par volonté, et au dehors par bons effets, bonnes putains.

D'autres en voyons-nous qui, par leur gentillesse et leurs paroles follastres, leurs gestes gays et leurs habits mondains et affectez, on les prendroit pour fort débauchées, et prestes pour s'adonner aussitost; mais pourtant de leur corps sont fort femmes de bien devant le monde : en cachette, il s'en faut rapporter à la vérité aussi cachée.

J'en alléguerois force exemples que j'ay veu et sceu; mais je me contenteray d'alléguer cettui-cy, que Tite-Live allègue[1], et Bocace[2] encor mieux, d'une gentille dame romaine nommée Claudie Quintienne[3], laquelle paroissant dans Rome pardessus toutes les autres en ses habits pompeux et peu modestes, et en ses façons gayes et libres mondaine plus qu'il ne falloit, acquist très-mauvais bruit touchant son honneur; mais le jour venu de la réception de la déesse Cybelle, elle l'esteignit du tout; car elle eut l'honneur et la gloire, pardessus toutes les autres, de la recevoir hors du batteau, la toucher et la transporter à la ville, dont tout le monde en demeura estonné; car il avoit esté dit que le plus homme de bien et la plus femme de bien estoyent dignes de cette charge. Voilà comme le monde est fort trompé en plusieurs de nos dames. L'on doit premièrement fort

---

1. Liv. XXIX, chap. XIV.
2. *De claris mulieribus*, chap. LXXVIII.
3. Claudia Quinta.

les connoistre et examiner avant que les juger, tant d'une que de l'autre sorte.

Si faut-il, avant que fermer ce pas, que je die une autre belle vertu et propriété que porte le cocuage, que je tiens d'une fort honneste et belle dame de bonne part[1], au cabinet de laquelle estant un jour entré, je la trouvé sur le point qu'elle venoit d'achever d'escrire un conte de sa propre main, qu'elle me monstra fort librement, car j'estois de ses bons amis, et ne se cachoit point de moy : elle estoit fort spirituelle et bien disante, et fort bien duite à l'amour; et le commencement du conte estoit tel :

« Il semble, dit-elle, qu'entr'autres belles proprié-
« tez que le cocuage peut apporter, c'est ce beau et
« bon sujet par lequel on peut bien connoistre com-
« bien gentiment l'esprit s'exerce pour le plaisir et
« contentement de la nature humaine, d'autant que
« c'est luy qui veille, et qui invente et façonne l'ar-
« tifice nécessaire à y pourvoir, sans que la nature
« y fournisse que le désir et l'appétit sensuel, comme
« l'on peut cacher, par tant de ruses et astuces qui
« se pratiquent au mestier de l'amour, qui est celuy
« qui imprime les cornes; car il faut tromper un mary
« jaloux, soupçonneux et colère; il faut tromper et
« voiler les yeux des plus prompts à recevoir du
« mal, et pervertir les plus curieux de la connois-
« sance de la vérité; faire croire de la fidélité là où il
« n'y a que toute déception ; plus de franchise là où
« il n'y a que dissimulation, et plus de crainte là où il
« y a plus de licence : bref, par toutes ces difficultez,

---

1. Bien probablement Marguerite de Valois.

« et pour venir dessus ces discours, ce ne sont pas
« actes à quoy la vertu naturelle puisse parvenir ; il
« en faut donner l'advantage à l'esprit, lequel fournit
« le plaisir et bastit plus de cornes que le corps qui
« les plante et cheville. »

Voilà les propres mots du discours de cette dame, sans les changer aucunement, qu'elle fait au commencement de son compte, qui se faisoit d'elle-mesme ; mais elle l'adombroit[1] par d'autres noms ; et puis, poursuivant les amours de la dame et du seigneur avec qui elle avoit à faire, et pour venir là et à la perfection, elle allègue que l'apparence de l'amour n'est qu'une apparence de contentement. Il est du tout sans forme jusques à son entière jouissance et possession, et bien souvent l'on croit qu'elle soit venue à cette extrémité, que l'on est bien loin de son compte ; et, pour récompense, il ne reste rien que le temps perdu, duquel l'on porte un extresme regret. (Il faut bien noter et peser ces dernières parolles, car elles portent coup, et de quoy à blasonner.) Pourtant il n'y a que la jouissance en amour et pour l'homme et pour la femme, pour ne regretter rien du temps passé. Et pour ce, cette honneste dame qui escrivoit ce conte, donna un rendez-vous à son serviteur dans un bois, où souvent s'alloit pourmener en une fort belle allée, à l'entrée de laquelle elle laissa ses femmes, et le va trouver sous un beau et large chesne ombrageux ; car c'estoit en esté ! « Là où », dit la dame en son conte par ces pro-

---

1. *Adombrer*, mettre à l'ombre, voiler, déguiser ; de l'italien *adombrare*.

pres mots, « ne faut point douter la vie qu'ils déme-
« nèrent pour un peu, et le bel autel qu'ils dressèrent
« au pauvre mary au temple de Créaton¹, bien qu'ilz
« ne fussent en Délos », qui estoit fait tout de cornes : pensez que quelque bon compaignon l'avoit
fondé.

Voilà comment cette dame se mocquoit de son
mary, aussi bien en ses escrits comme en ses délices
et effets. Et qu'on note tous ses mots, ilz portent de
l'efficace, estans prononcez mesmes et escrits d'une
si habile et honneste femme.

Le conte en est très-beau, que j'eusse icy volontiers mis et inséré; mais il est trop long, car les
pourparlers, avant que venir là, sont beaux et longs
aussi, reprochant à son serviteur, qui la louoit extresmement qu'il y avoit en luy plus d'œuvre de naturelle et nouvelle passion qu'aucun bien qui fust en
elle, bien qu'elle fust des belles et honnestes; et,
pour vaincre cette opinion, il fallut au serviteur faire
de grandes preuves de son amour, qui sont fort bien
spécifiées en ce conte : et puis estant d'accord, l'on
y void des ruses, des finesses et tromperies d'amour
en toutes sortes, et contre le mary et contre le monde,
qui sont certes fort belles et très-fines.

Je priay cette honneste dame de me donner le

---

1. Il y avait à Délos, non pas un temple, mais un autel formé
uniquement de cornes (κέρατων) entrelacées. « Cet autel, dit Plutarque, est renommé et célébré entre les sept miracles du monde,
pource que, sans aucune colle ny autre sorte de ligature, il est
tout basty et construit de cornes, de costé droict seulement. »
(*OEuvres mêlées*, trad. Amyot, *Quels animaux sont les plus advisez*,
chap. LXXXVII, édit. 1808, tome II, p. 167.)

double de ce conte ; ce qu'elle fit très-volontiers, et ne voulut qu'autre le doublast¹ qu'elle, de peur de surprise, que je garde fort précieusement².

Cette dame avoit raison de donner cette vertu et propriété au cocuage; car, avant que se mettre à l'amour, elle estoit fort peu habile; mais l'ayant traitté, elle devint l'une des spirituelles et habiles femmes de France, tant pour ce sujet que pour d'autres. Et de fait, ce n'est pas la seule que j'ay veue qui s'est habilitée³ pour avoir traitté l'amour, car j'en ay veu une infinité très-sottes et mal-habiles à leur commencement; mais elles n'avoyent demeuré un an à l'académie de Cupidon et de Vénus madame sa mère, qu'elles en sortoyent très-habiles et très-honnestes femmes en tout; et quant à moy, je n'ay veu jamais putain qui ne fust très-habile et qui ne levast la paille.

Si feray-je encor cette question : en quelle saison de l'année se fait plus de cocus, et laquelle est plus propre à l'amour, et à esbranler une femme, une veufve ou une fille? Certainement la plus commune voix est qu'il n'y a pour cela que le printemps, qui esveille les corps et les esprits endormis de l'hyver fascheux et mélancholiq; et puisque tous les oyseaux et animaux s'en resjouissent et entrent tous en amours, les personnes qui ont autre sens et sentiment s'en ressentent bien davantage, et surtout les femmes (selon l'opinion de plusieurs philosophes et méde-

---

1. *Doubler*, faire un double.
2. Ces cinq derniers mots manquent dans le manuscrit.
3. *Habiliter*, rendre habile.

cins), qui entrent lors en plus grande ardeur et amour qu'en tout autre temps, ainsi que je l'ay ouy dire à aucunes honnestes et belles dames, et mesmes à une grande qui ne falloit[1] jamais, le printemps venu, en estre plus touchée et piquée qu'en autre saison ; et disoit qu'elle sentoit la pointe de l'herbe, et hannissoit après comme les juments et chevaux, et qu'il falloit qu'elle en tastast, autrement elle s'amaigriroit ; ce qu'elle faisoit, je vous en asseure, et devenoit lors plus lubrique. Aussi trois ou quatre amours nouvelles que je luy ay veu faire en sa vie, elle les a faites au printemps, et non sans cause ; car, de tous les mois de l'an, avril et may sont les plus consacrez et dédiez à Vénus, où lors les belles dames s'accommencent, plus que devant, à s'accommoder, dorloter et se parer gentiment, se coiffer follastrement, se vestir légèrement ; qu'on diroit que tous ces nouveaux changements et d'habits et de façons, tendent tous à la lubricité, et à peupler la terre de cocus marchant dessus, aussi bien que le ciel et l'air en produit de volants en avril et en may.

De plus, ne pensez pas que les belles femmes, filles et veufves, quand elles voyent de toutes parts en leurs pourmenades de leurs bois, de leurs forests, garennes, parcs, prairies, jardins, bocages et autres lieux récréatifs, les animaux et les oyseaux s'entrefaire l'amour et lascivement paillarder, n'en ressentent d'estranges piqueures en leur chair, et n'y veulent soudain rapporter leurs remèdes. Et c'est l'une des persuasives remonstrances qu'aucuns amants

---

1. *Falloit*, failloit.

et aucunes amantes s'entrefont, s'entrevoyans sans chaleur ny flame, ny amour, en leur remonstrant les animaux et oyseaux, tant des champs que des maisons, comme les passereaux et pigeons domestiques et lascifs, ne faire que paillarder, germer, engendrer, et foisonner jusques aux arbres et plantes. Et c'est ce que sceut dire un jour une gente dame espagnole à un cavallier froid ou trop respectueux : *Ea, gentil cavallero, mira como los amores de todas suertes se tratan y triunfan en este verano, y V. S. queda flaco y abatido.* C'est-à-dire : « Voicy, gentil cavallier, « comme toutes sortes d'amours se mènent et triom- « phent en ceste prime[1]; et vous demeurez flac et « abattu. »

Le printemps passé fait place à l'esté, qui vient après et porte avec soy ses chaleurs : et ainsi qu'une chaleur amène l'autre, la dame par conséquent double la sienne; et nul rafraischissement ne la luy peut oster si bien qu'un bain chaud et trouble de sperme vénériq. Ce n'est pas contraire par son contraire se guarir, ains semblable par son semblable; car, bien que tous les jours elle se baignast et plongeast dans la plus claire fontaine de tout un païs, cela n'y sert, ny quelques légers habillemens qu'elle puisse porter, pour s'en donner fraischeur, et qu'elle les retrousse tant qu'elle voudra, jusques à laisser les callessons, ou mettre le vertugadin dessus eux, sans les mettre sur le cottillon, comme plusieurs le font. Et là c'est le pis, car, en tel estat, elles s'arregardent, se ravissent, se contemplent à la belle clarté du soleil, que,

---

1. *Prime*, première (saison), printemps.

se voyant ainsi belles, blanches, caillées[1], poupines et en bon point, entrent soudain en rut et tentation; et, sur ce, faut aller au masle ou du tout brusler toutes vives, dont on en a veu fort peu; aussi seroyent-elles bien sottes. Et si elles sont couchées dans leurs beaux licts, ne pouvants endurer ny couvertes ny linceux, se mettent en leurs chemises retroussées à demy nues; et le matin, le soleil levant donnant sur elles, et venans à se regarder encor mieux à leur aise de tous costez et toutes parts, souhaittent leurs amys, et les attendent. Que si par cas ilz arrivent sur ce poinct, sont aussitost les bien venus, pris et embrassez; « car lors, disent-elles, c'est la meilleure em-
« brassade et jouissance d'aucune heure du jour »;
« d'autant, disoit un jour une grande, que le c.. est
« bien confit, à cause du doux chaud et feu de la
« nuict, qui l'a ainsi cuit et confit, et qu'il en est
« beaucoup meilleur et savoureux. »

L'on dit pourtant par un proverbe ancien : Juin et juillet, la bouche mouillée et le v.. sec; encor met-on le mois d'aoust : cela s'entend pour les hommes, qui sont en danger quand ils s'eschauffent par trop en ces temps, et mesmes quand la canicule domine, à quoy ilz y doivent aviser; mais s'ils se veulent brûler à leur chandelle, à leur dam. Les femmes ne courent jamais cette fortune, car tous mois, toutes saisons, tous temps, tous signes leur sont bons.

Or les bons fruits de l'été surviennent, qui semblent devoir rafraischir ces honnestes et chaleureuses

---

1. *Caillé*, grassouillet.

dames. A aucunes j'en ay veu manger peu, et à d'autres prou. Mais pourtant on n'y a guières veu de changement de leur chaleur, ny aux unes ny aux autres, pour s'en abstenir ny pour en manger; car le pis est que, s'il y a aucuns fruits qui puissent rafraischir, il y en a bien force autres qui reschauffent bien autant, auxquels les dames courent le plus souvent, comme à plusieurs simples qui sont en leur vertu et bons et plaisants à manger en leurs potages et salades, et comme aux asperges, aux artichaux, aux morilles, aux trufles, aux mousserons et potirons, et aux viandes nouvelles que leurs cuisiniers, par leurs ordonnances, sçavent très-bien accoustrer et accommoder à la friandise et lubricité, et que les médecins aussi leur sçavent bien ordonner. Que si quelqu'un bien expert et gallant entreprenoit à desduire ce passage, il s'en acquitteroit bien mieux que moy.

Au partir de ces bons mangers, donnez-vous garde, pauvres amants et marys. Que si vous n'estes bien préparez, vous voilà déshonnorez, et bien souvent on vous quitte pour aller au change.

Ce n'est pas tout; car il faut avec ces fruits nouveaux, et fruits des jardins et des champs, y adjouster de bons grands pastez, que l'on a inventez depuis quelque temps, avec force pistaches, pignons et autres drogues d'apoticaires scaldatives[1], mais surtout des crestes et c........ de cocq, que l'esté produit et donne plus en abondance que l'hyver et autres saisons; et se fait aussi plus grand massacre en général

---

1. *Scaldatives*, échauffantes.

de ces joletz¹ et petits cocqs, qu'en l'hyver des grands cocqs, n'estans si bons et si propres que les petits, qui sont chauds, ardants et plus gaillards que les autres. Voilà une, entr'autres, des bons plaisirs et commoditez que l'esté rapporte pour l'amour.

Et de ces pastez ainsi composez de menusailles² de ces petits cocqs et culs d'artichaux et trufles, ou autres friandises chaudes, en usent souvent quelques dames que j'ay ouy dire; lesquelles, quand elles en mangent et y peschent, mettant la main dedans ou avec les fourchettes, et en rapportant et remettant en la bouche ou l'artichault, ou la trufle ou la pistache, ou la creste de cocq, ou autre morceau, elles disent avec une tristesse morne : *blanque;* et quand elles rencontrent les gentils c........ de cocq, et les mettent sous la dent, elles disent d'une allégrese : *bénéfice;* ainsi qu'on fait à la blanque en Italie, et comme si elles avoyent rentré et gaigné quelque joyau très-précieux et riche.

Elles en ont cette obligation à messieurs les petits cocqs et jollets, que l'esté produit avec la moitié de l'automne pourtant, que j'entremesle avec l'esté, qui nous donnent force autres fruits et petites volatilles qui sont cent fois plus chaudes que celles de l'hyver et de l'autre moitié de l'automne prochaine et voisine de l'hyver, qui, bien qu'on les puisse et doive joindre ensemble, si n'y peut-on recueillir si bien tous ces bons simples en leur vigueur, ny autres choses comme en la saison chaude, encore que l'hyver s'efforce de produire ce qu'il peut, comme les bonnes

---

1. *Jolet*, espèce de petit coq. — 2. *Menusailles*, choses menues.

cardes qui engendrent bien de la bonne chaleur et de la concupiscence, soyent crues ou cuites, jusques aux petits chardons chauds, dont les asnes vivent et en baudouinent mieux, que l'esté rend durs, et l'hyver les rend tendres et délicats, dont l'on en fait de fort bonnes salades nouvellement inventées. Et outre tout cela, l'on fait tant d'autres recherches de bonnes drogues chez les apoticaires, drogueurs et parfumeurs, que rien n'y est oublié, soit pour ces pastez, soit pour les bouillons. Et ne trouve-l'on à dire guières de leur chaleur en l'hyver par ce moyen et entretenement, tant qu'elles peuvent; « car, disent-« elles, puisque nous sommes curieuses de tenir « chaud l'extérieur de nostre corps par des habits « pesants et bonnes fourrures, pourquoy n'en ferons-« nous de mesmes à l'intérieur? » Les hommes disent aussi : « Et de quoy leur sert-il d'adjouter chaleur « sur chaleur, comme soye sur soye, contre la Prag-« maticque, et que d'elles-mesmes elles sont assez « chaleureuses, et qu'à toute heure qu'on les veut « assaillir elles sont tousjours prestes de leur naturel, « sans y apporter aucun artifice? Qu'y feriez-vous? « Possible qu'elles craignent que leur sang chaud et « bouillant se perde et se resserre dans les veines, et « deviène froid et glacé si on ne l'entretient, ny plus « ny moins que celuy d'un hermite qui ne vit que « de racines. »

Or laissons-les faire : cela est bon pour les bons compagnons; car, elles estant en si fréquente ardeur, le moindre assault d'amour qu'on leur donne, les voilà prises, et messieurs les pauvres marys cocus et cornus comme satyres. Encor font-elles mieux, les honnestes dames! elles font quelquesfois part de leurs bons pastez, bouillons et potages à leurs amants par miséricorde, afin d'estre plus braves et n'estre atténués par trop quand ce vient à la besogne, et pour s'en ressentir mieux et prévaloir plus abondamment; et leur en donnent aussi des receptes pour en faire faire en leur cuisine à part : dont aucuns y sont bien trompez ainsi que j'ay ouy parler d'un gallant gentilhomme, qui, ayant ainsi pris son bouillon et venant tout gaillard aborder sa maistresse, la menaça qu'il la meneroit beau et qu'il avoit pris son bouillon et mangé son pasté. Elle luy respondit : « Vous ne « me ferez que la raison; encor ne sçay-je : » et s'estans embrassez et investis, ces friandises ne luy servirent que pour deux opérations de deux coups seulement. Sur quoy elle luy dit, ou que son cuisinier l'avoit mal servy, ou y avoit espargné des drogues et compositions qu'il y falloit, ou qu'il n'avoit pas pris tous ses préparatifs pour la grand' médecine, ou que son corps pour lors estoit mal disposé pour la prendre et la rendre : et ainsi elle se moqua de luy.

Tous simples pourtant, toutes drogues, toutes viandes et médecines, ne sont propres à tous; aux uns elles opèrent, aux autres, blanque. Encor ay-je veu des femmes qui, mangeant ces viandes chaudes, et qu'on leur en faisoit la guerre que par ce moyen il pourroit avoir du desbordement ou de l'extraordinaire ou avec le mary ou l'amant, ou avec quelque pollution nocturne, elles disoyent, juroyent et affermoyent que, pour tel manger, la tentation ne leur en survenoit en aucune manière. Et Dieu sçait! il falloit qu'elles fissent ainsi des rusées.

Or, les dames qui tiennent le party de l'hyver disent que pour les bouillons et mangers chauds, elles en sçavent assez de receptes d'en faire d'aussi bons l'hyver qu'aux autres saisons. Elles en font assez d'expériences; et pour faire l'amour le disent aussi très-propre; car, tout ainsi que l'hyver est sombre, ténébreux, quiète, coy, retiré de compagnies et caché, ainsi faut que soit l'amour, et qu'il soit fait en cachette, en lieu retiré et obscur, soit en un cabinet à part, ou en un coin de cheminée près d'un bon feu qui engendre bien, s'y tenant de près et longtemps, autant de chaleur vénéricq que le soleil d'esté.

Comme aussi fait-il bon en la ruelle d'un lict sombre, que les yeux des autres personnes, cependant qu'elles sont près du feu à se chaufer, pénètrent fort malaisément, ou assises, sur des coffres et licts à l'escart, faisant aussi l'amour, ou les voyant se tenir prests les unes des autres, et pensant que ce soit à cause du froid, et se tenir plus chaudement; cependant font de bonnes choses, les flambeaux à part bien loin reculez, ou sur la table, ou sur le buffet.

De plus, qui est meilleur quand l'on est dans le lict? c'est tous les plaisirs du monde aux amants et amantes de s'entr'embrasser et s'entre-joindre, s'entre-serrer et se baiser, s'entre-trousser l'un sur l'autre de peur du froid, non pour un peu mais pour un longtemps, et s'entre-chauffer doucement, sans se sentir nullement du chaud démesuré que produit l'esté, et d'une sueur extresme qui incommode grandement le déduit de l'amour; car, au lieu de s'entretenir près, et se resserrer et se mettre à l'estroit il se faut tenir au large et fort à l'escart, et qui est le meilleur, disent les dames, par l'advis des médecins : les hommes sont plus propres, ardants et déduits à cela l'hyver qu'en l'esté.

J'ay cogneu d'autres fois une très-grande princesse, qui avoit un très-grand esprit et parloit et escrivoit des mieux[1]. Elle se mit un jour à faire des stances à la faveur et louange de l'hyver, et sa propriété pour l'amour. Pensez qu'elle l'avoit trouvé pour elle très-favorable et traitable en cela. Elles estoyent très-bien faites, et les ay tenues long-temps en mon cabinet; et voudrois avoir donné beaucoup et les tenir pour les insérer ici : l'on y verroit et remarqueroit-on de grandes vertus de l'hyver, propriétez et singularitez pour l'amour.

J'ay cogneu une très-grande dame, et des belles du monde[2], laquelle, veufve de frais, faisant semblant ne vouloir, pour son nouveau habit et estat, aller les après soupées voir la cour, ny le bal, ny le coucher de la reine, et n'estre estimée trop mondaine, ne bougeoit de la chambre, laissoit aller ou renvoyoit un chacun ou une chacune à la danse, et son fils et tout, et se retiroit en une ruelle; et là son amant, d'autres fois bien traitté, aymé et favorisé d'elle estant en mariage, arrivoit; ou bien, ayant soupé avec elle, ne bougeoit, donnant le bonsoir à un sien beau-frère, qui estoit de grand' garde; et là traittoit et renouvelloit ses amours anciennes, et en

---

1. Marguerite de Valois.
2. Je crois qu'il s'agit ici d'Anne d'Este, veuve (1563) du duc François de Guise et qui se remaria (1566) avec Jacques de Savoie, duc de Nemours.

pratiquoit de nouvelles pour secondes nopces, qui furent accomplies en l'esté après. Ainsi que j'ay considéré depuis toutes ces circonstances, je croy que les autres saisons ne fussent esté si propres que cet hyver, et comme je l'ouy dire à une de ses darioletes.

Or, pour faire fin, je dis et affirme : que toutes saisons sont propres pour l'amour, quand elles sont prises à propos, et selon les caprices des hommes et des femmes qui les surprennent : car, tout ainsi que la guerre de Mars se fait en toutes saisons et en tout temps, et qu'il donne ses victoires comme il luy plaist et comme aussi il trouve ses gens-d'armes bien appareillez et encouragez de donner leur bataille, Vénus en fait de mesmes, selon qu'elle trouve ses troupes d'amans et d'amantes bien disposez au combat : et les saisons n'y font guières rien; ny leur acception ny élection n'y a pas grand lieu; non plus ne servent guières leurs simples, ny leurs fruits, ny leurs drogues, ny drogueurs, ny quelque artifice que facent ny les unes ny les autres, soit pour augmenter leur chaleur, soit pour la rafraischir. Car, pour le dernier exemple, je connois une grand' dame à qui sa mère, dez son petit aage, la voyant d'un sang chaud et bouillant qui la menoit un jour tout droit au chemin du bourdeau, luy fit user par l'espace de trente ans, ordinairement en tous ses repas, du jus de vinette, qu'on appelle en France[1] ozeille, fust en ses viandes, fust en ses potages et avec bouillons,

---

1. En France, c'est-à-dire dans les pays de ce côté-ci de la Loire.

fust pour en boire de grandes escuelles à oreilles sans autres choses entremeslées; bref, toutes ses sausses estoient jus de vinette. Elle eut beau faire tous ces mystères réfrigératifs, qu'enfin ç'a esté une illustrissime et grandissime putain, et qui n'avoit point besoin de ces pastez que j'ay dit pour luy donner de la chaleur, car elle en a assez; et si pourtant elle est aussi goulue à les manger que toute autre.

Or je fais fin, bien que j'en eusse dit davantage et eusse rapporté davantage de raisons et exemples; mais il ne faut pas tant s'amuser à ronger un mesme os; et aussi que je donne la plume à un autre meilleur discoureur que moy, qui sçaura soustenir le party des unes et des autres saisons : me rapportant à un souhait et désir que faisoit une fois une honneste dame espagnole, qui souhaittoit et désiroit de devenir hyver, quand sa saison seroit, et son amy un feu, afin, quand elle viendroit s'eschauffer à luy par le grand froid qu'elle auroit, qu'il eust ce plaisir de la chauffer, et elle de prendre sa chaleur quand elle s'y chaufferoit, et de plus se présenter et se faire voir à luy souvent et à son aise, en se chauffant retroussée, esquarquillée, et élargie de cuisses et de jambes, pour participer à la veue de ses beaux membres cachez sous son linge et habillements d'auparavant, aussi pour la reschauffer encor mieux et luy entretenir son autre feu du dedans et sa chaleur paillarde.

Puis désiroit venir printemps, et son amy un jardin tout en fleurs, desquelles elle s'en ornast sa teste, sa belle gorge, son beau sein, voire s'y veautrant parmy elles son beau corps tout nud entre les draps.

De mesmes après désiroit devenir esté, et par conséquent son amy une claire fontaine ou reluisant ruisseau, pour la recevoir en ses belles et fraisches eaux quand elle iroit s'y baigner et esgayer, et bien à plein se faire voir à luy, toucher, retoucher et manier tous ses membres beaux et lascifs.

Et puis, pour la fin, désiroit pour son automne retourner en sa première forme et devenir femme et son amy homme, pour puis après tous deux avoir l'esprit, le sens et la raison à contempler et remémorer tout le contentement passé, et vivre en ces belles imaginations et contemplations passées, et pour sçavoir et discourir entre eux quelle saison leur avoit esté plus propre et délicieuse.

Voilà comment cette honneste dame départoit et compassoit les saisons; en quoy je me remets au jugement des mieux discourans, quelles des quatre en ces formes pouvoyent estre à l'un et à l'autre plus douces et agréables.

Ast'heure à bon escient me départs-je de ce discours. Qui en voudra sçavoir davantage et des diverses humeurs des cocus, qu'il fasse une recherche d'une vieille chanson qui fut faite à la cour, il y a quinze ou seize ans, des cocus, dont le refrain est :

Un cocu meine l'autre, et tousjours sont en peine ;
Un cocu l'autre meine.

Je prie toutes les honnestes dames qui liront dans ce chapitre aucuns contes, si par cas elles y passent dessus, me pardonner s'ilz sont un peu gras en saupiquets, d'autant que je ne les eusse sceu plus modestement déguiser, veu la sauce qu'il leur faut. Et diray bien plus, que j'en eusse allégué d'autres encor plus saugreneux et meilleurs, n'estoit que, ne les pouvant ombrager bien d'une belle modestie, j'eusse eu crainte d'offenser les honnestes dames qui prendront cette peine et me feront cet honneur de lire mes livres. Et si vous diray de plus, que ces contes que j'ay fait icy ne sont point contes menus de villes ne villages, mais vienent de bons et hauts lieux, et si ne sont de viles et basses personnes, ne m'estant voulu mesler que de coucher les grands et hauts sujets, encor que j'aye le dire bas; et, en ne nommant rien[1], je ne pense escandaliser rien aussi.

> Femmes, qui transformez vos marys en oyseaux,
> Ne vous en lassez point, la forme en est très-belle;
> Car, si vous les laissez en leurs premières peaux,
> Ilz voudront vous tenir toujours en curatelle,
> Et comme hommes voudront user de leur puissance;
> Au lieu qu'estans oyseaux, ne vous feront d'offense.

AUTRE.

> Ceux qui vouldront blasmer les femmes amiables
> Qui font secrètement leurs bons marys cornards,
> Les blasment à grand tort, et ne sont que bavards;
> Car elles font l'aumosne et sont fort charitables.
> En gardant bien la loy à l'aumosne donner,
> Ne faut en hypocrit la trompette sonner[2].

---

1. *Rien*, c'est-à-dire en ne nommant personne.
2. Ces deux sixains sont probablement de Brantôme.

VIEILLE RIME DU JEU D'AMOURS,
QUE J'AY TROUVÉE DANS DES VIEUX PAPIERS.

Le jeu d'amours, où jeunesse s'esbat,
A un tablier [1] se peut accomparer.
Sur un tablier les dames on abat;
Puis il convient le trictrac préparer,
Et en celuy ne faut que se parer.
Plusieurs font Jean [2]. N'est-ce pas jeu honneste,
Qui par nature un joueur admoneste
Passer le temps de cœur joyeusement?
Mais en défaut de trouver là raye nette,
Il s'en ensuit un grand jeu de torment.

Ce mot de *raye nette* s'entend en deux façons; l'une, pour le jeu de la *raynette* du trictrac: et l'autre, que, pour ne trouver la *raye nette* de la dame avec qui l'on s'esbat, on y gaigne bonne vérolle, de bon mal et du torment.

---

1. *Tablier*, échiquier.
2. « Jean se dit au triquetrac, quand il y a douze dames deux à deux qui font le plein d'un des côtés du triquetrac. » (Dict. de Trévoux.) — Jean était synonyme de mari trompé.

FIN DE TOUT LE SUSDICT PRÉSENT DISCOURS.

DISCOURS

SUR LE SUJET

QUI CONTENTE LE PLUS EN AMOURS,

OU LE TOUCHER, OU LA VEUE, OU LA PAROLE[1].

Voicy une question en matière d'amours qui mériteroit un plus profond et meilleur discoureur que moy, sçavoir : qui contente plus en la jouissance d'amour, ou le tact qui est l'attouchement, ou la parole, ou la veue? M. Pasquier[2], très-grand personnage certes en sa jurisprudence, qui est sa profession, comme en autres belles et humaines sciences, en fait un discours dans ses lettres qu'il nous a laissé par escrit; mais il a esté par trop bref, et, pour estre si grand homme, il ne devoit tant là-dessus espargner sa belle parole comme il a fait; car, s'il l'eust voulue un peu eslargir et en dire bien au vray et au naturel

---

1. Ce discours portait d'abord le titre suivant : *Sçavoir qui est la plus belle chose en amour, la plus plaisante, et qui contente le plus, ou la veue ou la parolle ou le touchement.* (Voyez tome I, p. 3.)

2. Voyez *Lettre à M. de Ronsard*, liv. II, lettre vii, Œuvres d'Estienne Pasquier, 1723, in-f°, tome II, p. 38.

ce qu'il en eust sceu bien dire, sa lettre qu'il en a fait là-dessus en fust esté cent fois bien plus plaisante et agréable.

Il en fonde son discours principal sur quelques rimes anciennes du comte Thibaud de Champagne[1], lesquelles je n'avois jamais veues, sinon ce petit fragment que ce M. Pasquier produit là. Et trouve que ce bon et brave ancien chevallier dit très-bien, non en si bons termes que nos gallants poëtes d'aujourd'huy, mais pourtant en très-bon sens et bonnes raisons : aussi avoit-il un très-beau et digne sujet pourquoy il disoit si bien, qui estoit la reine Blanche de Castille, mère de saint Louis, de laquelle il fut aucunement espris, voire beaucoup, et l'avoit prise pour maistresse. Mais, pour cela, quel mal et quel reproche pour cette reine? Encor qu'elle fust esté très-sage et vertueuse, pouvoit-elle engarder le monde de l'aymer et brusler au feu de sa beauté et de ses vertus, puisque c'est le propre de la vertu et d'une perfection que de se faire aymer? Le tout est ne se laisser aller à la volonté de celuy qui ayme.

Voilà pourquoy il ne faut trouver estrange ny blasmer cette reyne si elle fut tant aymée, et que, durant son règne et son autorité, il y ait eu en France des divisions et séditions et guerres : car, comme j'ay ouy dire à un très-grand personnage, les divisions s'esmouvent autant pour l'amour que pour les brigues de l'Estat, et, du temps de nos pères, il se di-

---

[1]. Thibaut IV, comte de Champagne et roi de Navarre, mort en 1253. Ses poésies ont été publiées pour la première fois en 1742, 2 vol. in-8°.

soit un proverbe ancien : que tout le monde en vouloit du c.. de la reine folle.

Je ne sçay pour quelle reine ce proverbe se fit, comme possible fit ce comte Thibaud, qui, possible, ou pour n'estre bien traitté d'elle comme il vouloit, ou qu'il en fust desdaigné, ou un autre mieux aymé que luy, conceut en soy ces dépits qui le précipitèrent et firent perdre en ces guerres et tumultes ; ainsi qu'il arrive souvent quand une belle ou grande reine ou dame, ou princesse, se met à régir un Estat, un chacun desire la servir, honnorer et respecter, autant pour avoir l'heur d'estre bien venu d'elle et estre en ses bonnes grâces, comme de se vanter de régir et gouverner l'Estat avec elle et en tirer du proffit. J'en alléguerois quelques exemples, mais je m'en passeray bien.

Tant y a, que ce comte Tibaud prit sur ce beau sujet, que je viens de dire, à bien escrire, et, possible, à faire cette demande que nous représente M. Pasquier, auquel je renvoye le lecteur curieux, sans en toucher icy aucunes rimes ; car ce ne seroit qu'une superfluité. Maintenant il me suffira d'en dire ce qu'il m'en semble, tant de moy que de l'advis des plus gallants que moy.

Or, quant à l'attouchement, certainement il faut advouer qu'il est très-délectable, d'autant que la perfection de l'amour c'est de jouir, et ce jouir ne se peut faire sans l'attouchement : car, tout ainsi que la faim et la soif ne se peut soulager et appaiser, sinon par le manger et le boire, aussi l'amour ne se passe ny par l'ouye ny par la veue, mais par le toucher, l'embrasser, et par l'usage de Vénus. A quoy le badin fat Diogènes Cinicus rencontra badinement[1], mais salaudement pourtant, quand il souhaittoit qu'il pust abattre sa faim en se frottant le ventre, tout ainsi qu'en se frottant la verge il passoit sa rage d'amour. J'eusse voulu mettre cecy en paroles plus nettes, mais il le faut passer fort légèrement; ou bien, comme fit cet amoureux de Lamia[2], qui, ayant esté trop excessivement rançonné d'elle pour jouir de son amour, n'y put ou n'y voulut entendre; et, pour ce, s'advisa, songeant en elle, se corrompre, se polluer, et passer son envie en son imagination : ce qu'elle ayant sceu, le fit convenir[3] devant le juge qu'il eust à l'en satisfaire et la payer; lequel ordonna qu'au son et tintement de l'argent qu'il luy monstreroit elle seroit payée, et en passeroit ainsi son envie, de mesme que l'autre, par songe et imagination, avoit passé la sienne.

Il est bien vray que l'on m'alléguera force espèces de Vénus que les philosophes anciens déguisent; mais de ce, je m'en rapporte à eux et aux plus subtils qui en voudront discourir. Tant y a, puisque le fruit de l'amour mondain n'est autre chose que la jouissance, il ne faut point la penser bien avoir, qu'en touchant et embrassant. Si est-ce que plusieurs ont bien eu opinion que ce plaisir estoit fort maigre sans la veue

---

1. Plutarque, *De Stoïcorum repugnantiis*, chap. XXI.

2. *Cet amoureux de Lamia.* Il y a ici confusion. La courtisane, à propos de laquelle l'Égyptien Bocchoris rendit sentence, s'appelait Thonis, et dans Plutarque, qui raconte l'histoire (*Démétrius*, chap. XXXV), le nom de Lamia, maîtresse de Démétrius, n'intervient que parce qu'elle blâmait le jugement.

3. *Convenir,* appeler, assigner; *convenire.*

et la parole; et de ce nous en avons un bel exemple dans les *Cent Nouvelles* de la reine de Navarre[1], de cet honneste gentilhomme, lequel, ayant jouy plusieurs fois de cette honneste dame, de nuict, bouchée[2] avec son touret de nez (car les masques n'estoyent encores en usage), en une gallerie sombre et obscure, encor qu'il cogneust bien au toucher qu'il n'y avoit rien que de bon, friant et exquis, ne se contenta point de telle faveur, mais voulut sçavoir à qui il avoit à faire : par quoy, en l'embrassant et la tenant un jour, il la marqua d'une craye au derrière de sa robbe qui estoit de velours noir; et puis le soir qui estoit après souper (car leurs assignations estoyent à certaine heure assignée), ainsi que les femmes entroyent dans la salle du bal, il se mit derrière la porte; et, les espiant attentivement passer, il vid entrer la sienne marquée sur l'espaule, qu'il n'eust jamais pensé; car en ses façons, contenances et paroles, on l'eust prise pour la Sapience de Salomon, et telle que la reine la décrit.

Qui fut esbahy? ce fut ce gentilhomme, pour sa fortune, assise sur une femme qui[3] n'eust jamais creu moins d'elle que de toutes les femmes de la cour. Vray est qu'il voulut passer plus outre, et ne s'arrester là; car il luy voulut le tout descouvrir, et sçavoir d'elle pourquoy elle se cachoit ainsi de luy, et se faisoit ainsi servir à couvert et cachettes; mais elle, très-bien rusée, nia et renia tout jusques à sa part de paradis et la damnation de son ame, comme est la

---

1. Voyez la XLIII° Nouvelle.
2. *Bouchée*, cachée. — 3. *Qui*, qu'il.

coustume des dames, quand on leur va objicer[1] des choses de leur cas qu'elles ne veulent qu'on les sçache, encor qu'on en soit bien certain et qu'elles soyent très-vrayes.

Elle s'en despita; et par ainsi ce gentilhomme perdit sa bonne fortune. Bonne certes, elle l'estoit; car la dame estoit grande, et valloit le faire; et, qui plus est, parce qu'elle faisoit de la sucrée, de la chaste, de la prude, de la feinte; en cela il pouvoit avoir double plaisir : l'un pour cette jouissance si douce, si bonne et si délicate; et le second, à la contempler souvent devant le monde en sa mixte[2], cointe[3] mine, froide et modeste, et sa parolle toute chaste, rigoureuse et rechignarde, songeant en soy son geste lascif, follastre maniement et paillardise, quand ilz estoient ensemble.

Voilà pourquoy ce gentilhomme eut grand tort de luy en avoir parlé; mais devoit tousjours continuer ses coups et manger sa viande, aussi bien sans chandelle qu'avec tous les flambeaux de sa chambre. Bien devoit-il sçavoir qui elle estoit; et en faut louer sa curiosité, d'autant que, comme dit le conte, il avoit peur avoir à faire avec quelque espèce de diable; car volontiers ces diables se transforment et prennent la forme des femmes pour habiter avec les hommes, et les trompent ainsi; auxquels pourtant, à ce que j'ay ouy dire à aucuns magiciens subtils, est plus aisé de s'accommoder de la forme et visage de la femme, que non pas de la parole.

1. *Objicer*, objecter; *objicere*.
2. *Mixte* pour *miste*, joli. — 3. *Coint*, agréable, mignon.

Voilà pourquoy ce gentilhomme avoit raison de la vouloir voir et connoistre; et, à ce qu'il disoit luy-mesme, l'abstinence de la parole luy faisoit plus d'appréhension que la veue, et le mettoit en resverie de monsieur le diable; dont en cela il monstra qu'il craignoit Dieu.

Mais, après avoir le tout descouvert, il ne devoit rien dire. Mais quoy! ce dira quelqu'un, l'amitié et l'amour n'est point bien parfaitte, si on ne la déclare et du cœur et de la bouche; et pour ce, ce gentilhomme la luy vouloit faire bien entendre; mais il n'y gaigna rien, car il y perdit tout. Aussi qui eust cogneu l'humeur de ce gentilhomme, il sera pour excusé, car il n'estoit si froid ny discret pour jouer ce jeu, et se masquer d'une telle discrétion; et, à ce que j'ay ouy dire à ma mère, qui estoit à la reine de Navarre, et qui en sçavoit quelques secrets de ses Nouvelles, et qu'elle en estoit l'une des devisantes, c'estoit feu mon oncle de La Chastaigneraye, qui estoit brusq, prompt et un peu vollage.

Le conte est déguisé pourtant pour le cacher mieux; car mondict oncle ne fut jamais au service de la grand' princesse, maistresse de cette dame, ouy bien du roy son frère : et si n'en fut autre chose, car il estoit fort aymé et du roy et de la princesse.

La dame, je ne la nommeray point, mais elle estoit veufve et dame d'honneur d'une très-grand' princesse, et qui sçavoit faire la mine de prude plus que dame de la cour.

J'ay ouy conter d'une dame de la cour de nos derniers rois, que je cognois, laquelle, estant amoureuse d'un fort honneste gentilhomme de la cour, vouloit imiter la façon d'amour de cette dame précédente ; mais autant de fois qu'elle venoit de son assignation et de son rendez-vous, elle s'en alloit à sa chambre, et se faisoit regarder à l'une de ses filles ou femmes de chambre de tous costez, si elle n'estoit point marquée ; et, par ce moyen, se garda d'estre mesprise et recogneue. Aussi ne fut-elle jamais marquée qu'à la neuviesme assignation, que la marque fut aussitost descouverte et recogneue de ses femmes. Et pour ce, de peur d'estre escandalisée et tomber en opprobre, elle brisa là, et oncques puis ne tourna à l'assignation.

Il eust mieux valu, ce dit quelqu'un, qu'elle luy eust laissé faire ces marques tant qu'elle eust voulu, et autant de faites les deffaire et effacer ; et pour ce eust eu double plaisir : l'un, de ce contentement amoureux, et l'autre, de se mocquer de son homme, qui travailloit tant à ceste pierre philosophale pour la descouvrir et cognoistre, et n'y pouvoit jamais parvenir.

J'en ay ouy conter d'une autre du temps du roy François, de ce beau escuyer Gruffy[1], qui estoit un escuyer de l'escurie dudict roy, et mourut à Naples au voyage de M. de Lautrec, et d'une très-grand' dame de la cour, dont en devint très-amoureuse : aussi estoit-il très-beau et ne l'appelloit-on ordinairement que le beau Gruffy, dont j'en ay veu le pourtrait qui le monstre tel.

Elle attira un jour un sien vallet de chambre en qui elle se fioit, pourtant incogneu et non veu, en

---

1. De la maison de Compeys.

sa chambre, qui luy vint dire un jour, luy bien habillé qu'il sentoit son gentilhomme, qu'une très-honneste et belle dame se recommandoit à luy, et qu'elle en estoit si amoureuse qu'elle en désiroit fort l'acointance plus que d'homme de la cour, mais par tel si qu'elle ne vouloit, pour tout le bien du monde, qu'il la vist ni la cogneust; mais qu'à l'heure du coucher, et qu'un chacun de la cour seroit retiré, il le viendroit quérir et prendre en un certain lieu qu'il luy diroit, et de là il le mèneroit coucher avec cette dame; mais par tel pache aussi, qu'il luy vouloit bouscher les yeux avec un beau mouchoir blanc, comme un trompette qu'on meine en ville ennemie, afin qu'il ne pust voir ny recognoistre le lieu ny la chambre là où il le mèneroit, et le tiendroit tousjours par les mains afin de ne défaire ledict mouchoir; car ainsi luy avoit commandé sa maistresse luy proposer ces conditions, pour ne vouloir estre cogneue de luy jusques à quelque temps certain et préfix qu'il luy dit et luy promit; et pour ce, qu'il y pensât et advisât bien s'il y vouloit venir à cette condition, afin qu'il luy sceust dire l'endemain sa responce; car il le viendroit quérir et prendre en un lieu qu'il luy dit, et surtout qu'il fust seul; et il le mèneroit en une part si bonne, qu'il ne s'en repentiroit point d'y estre allé.

Voilà une plaisante assignation et composée d'une estrange condition. J'aymerois autant celle-là d'une dame espagnole, qui manda un à une assignation, mais qu'il portast avec luy trois S. S. S., qui estoient à dire, *sabio, solo, segreto*; sage, seul, secret. L'autre luy manda qu'il iroit, mais qu'elle se garnist et fournist de trois F. F. F., qui sont qu'elle ne fust *fea*, *flaca* ny *fria*; qui ne fust ny laide, flacque¹ ny froide.

Attant² le messager se départit d'avec Gruffy. Qui fut en peine et en songe? ce fut luy, ayant grand sujet de penser que ce fust quelque partie jouée de quelque ennemy de cour, pour luy donner quelque venue, ou de mort ou de charité³ envers le roy. Songeoit aussi quelle dame pouvoit-elle estre, ou grande, ou moyenne, ou petite, ou belle, ou laide, qui plus luy faschoit; encores que tous chats sont gris la nuict, ce dit-on, et tous c... sont c... sans clarté. Par quoy, après en avoir conféré à un de ses compagnons des plus privéz, il se résolut de tenter la risque, et que pour l'amour d'une grande, qu'il présumoit bien estre, il ne falloit rien craindre ny appréhender. Par quoy, le lendemain que le roy, les reines, les dames et tous et toutes de la cour se furent retirez pour se coucher, ne faillit de se trouver au lieu que le messager luy avoit assigné, qui ne faillit aussitost l'y venir trouver avec un second, pour luy aider à faire le guet si l'autre n'estoit point suivy de page, ny de laquais, ny vallet, ny gentilhomme. Aussitost qu'il le vit, luy dit seulement : « Allons, « monsieur, madame vous attend. » Soudain il le banda, et le mena par lieux obscurs, estroits, et traverses incogneues, de telle façon que l'autre luy dit franchement qu'il ne sçavoit là où il le menoit; puis l'entra dans la chambre de la dame, qui estoit si

---

1. *Flaque*, flasque. — 2. *Attant* ou *A tant*, ensuite.
3. *Charité*, méchanceté.

sombre et si obscure qu'il ne pouvoit rien voir ny cognoistre, non plus que dans un four.

Bien la trouva-il sentant à bon, et très-bien parfumée, qui luy fit espérer quelque chose de bon; par quoy le fit déshabiller aussitost, et luy-même le déshabilla; et après le mena par la main, luy ayant osté le mouchoir, au lict de la dame, qui l'attendoit en bonne dévotion; et se mit auprès d'elle à la taster, l'embrasser, la caresser, où il n'y trouva rien que très-bon et exquis, tant à sa peau qu'à son linge et lict très-superbe, qu'il tastonnoit avec les mains; et ainsi passa joyeusement sa nuict avec cette belle dame, que j'ay bien ouy nommer. Pour fin, tout luy contenta en toutes façons; et cogneut bien qu'il estoit très-bien hébergé pour cette nuict; mais rien ne luy faschoit, disoit-il, sinon que jamais il n'en sceut tirer aucune parole. Elle n'avoit garde, car il parloit assez souvent à elle le jour, comme aux autres dames, et, pour ce, l'eust cogneue aussitost. De follâtreries, de mignardises, de caresses, d'attouchemens, et de toute autre sorte de démonstrations d'amour et paillardises, elle n'y espargnoit aucune : tant y a qu'il se trouva bien.

Le lendemain, à la pointe du jour, le messager ne faillit le venir esveiller, et le lever et habiller, le bander et le retourner au lieu où il l'avoit pris, et recommander à Dieu jusques au retour, qui seroit bientost. Et ne fut sans luy demander s'il luy avoit menty, et s'il se trouvoit bien de l'avoir creu, et ce qui luy en sembloit de luy avoir servy de fourrier, et s'il luy avoit donné bon logement.

Le beau Gruffy, après l'avoir remercié cent fois,

luy dit adieu, et qu'il seroit tousjours prest de retourner pour si bon marché, et revoler quand il voudroit ; ce qu'il fit, et la feste en dura un bon mois, au bout duquel fallut à Gruffy partir pour son voyage de Naples, qui prit congé de sa dame et luy dist adieu à grand regret, sans en tirer d'elle un seul parler aucunement de sa bouche, sinon souspirs et larmes, qu'il luy sentoit couler des yeux. Tant y a qu'il partit d'avec elle sans la cognoistre nullement ny s'en appercevoir.

Depuis on dit que cette dame pratiqua cette vie avec deux ou trois autres de cette façon, se donnant ainsi du bon temps. Et disoit-on qu'elle s'accommodoit de cette astuce, d'autant qu'elle estoit fort avare, et par ainsi elle espargnoit le sien et n'estoit sujette à faire présens à ses serviteurs ; car enfin, toute grand' dame pour son honneur doit donner, soit peu ou prou, soit argent, soit bagues ou joyaux, ou soyent riches faveurs. Par ainsi, la gallante se donnoit à son c.. joye, et espargnoit sa bourse, en ne se manifestant seulement qu'elle estoit ; et pour ce, ne se pouvoit estre reprise de ses deux bourses, ne se faisant jamais cognoistre. Voilà une terrible humeur de grand' dame.

Aucuns en trouveront la façon bonne, autres la blasmeront, autres la tiendront pour très-excorte ; aucuns l'estimeront bonne mesnagère ; mais je m'en rapporte à ceux qui en discourront mieux que moy : si est-ce que cette dame ne peut encourir tel blasme que ceste reine[1] qui se tenoit à l'hostel de Nesle à

---

1. Isabeau de Bavière.

Paris, laquelle faisant le guet aux passans, et ceux qui luy revenoyent et agréoient le plus, de quelques sortes de gens que ce fussent, les faisoit appeler et venir à soy; et, après en avoir tiré ce qu'elle en vouloit, les faisoit précipiter du haut de la tour, qui paroist encores, en bas en l'eau, et les faisoit noyer.

Je ne peux dire que cela soit vray; mais le vulgaire, au moins la pluspart de Paris, l'afferme; et n'y a si commun[1], qu'en luy monstrant la tour seulement, et en l'interrogeant, que de luy-mesme ne le dye.

Laissons ces amours, qui sont plustost des avortons que des amours, lesquelles plusieurs de nos dames d'aujourd'huy abhorent, comme elles en ont raison, voulant communiquer avec leurs serviteurs, et non comme avec rochers ou marbres : mais, après les avoir bien choisis, se sçavent bravement et gentiment faire servir et aymer d'eux. Et puis, en ayant cogneu leurs fidélitez et loyale persévérance, se prostituent avec eux par une fervente amour, et se donnent du plaisir avec eux, non en masques, ny en silence, ny muettes, ny parmy les nuicts et ténèbres; mais en beau plain jour se font voir, toucher, taster, embrasser, et les entretiennent de beaux et lascifs discours, de mots follastres et paroles lubriques. Quelquesfois pourtant s'aydent de masques; car il y a plusieurs dames qui quelques fois sont contraintes d'en prendre en le faisant, si c'est au hasle qu'elles le facent, de peur de se gaster le teint, ou ailleurs,

---

1. Et il n'y a homme du commun, du peuple.

afin que, si elles s'eschauffent par trop, et si sont surprises, qu'on ne connoisse leur rougeur, ny leur contenance estonnée, comme j'en ay veu; et le masque cache tout; et ainsi trompent le monde.

J'ay ouy dire à plusieurs dames et cavalliers qui ont mené l'amour, que, sans la veue et la parole, elles aymeroient autant ressembler les bestes brutes, lesquelles, par un appétit naturel et sensuel, n'ont autre soucy ne amitié que de passer leur rage et chaleur.

Aussi ay-je ouy dire à plusieurs seigneurs et gallants gentilshommes qui ont couché avec de grandes dames, ils les ont trouvées cent fois plus lascives et desbordées en paroles que les femmes communes et autres. Elles le peuvent faire à finesse, d'autant qu'il est impossible à l'homme, tant vigoureux soit-il, de tirer au collier et labourer tousjours; mais, quand il vient à la pose et au relasche, il trouve si bon et si appétissant quand sa dame l'entretient de propos lascifs et mots folastrement prononcez, que, quand Vénus seroit la plus endormie du monde, soudain elle est esveillée; mesmes que plusieurs dames, entretenant leurs amans devant le monde, fust aux chambres des reines et princesses et ailleurs, les pipoyent, car elles leur disoyent des parolles si lascives et si friandes, qu'elles et eux se corrompoyent comme dedans un lict : nous, les arregardans, pensions qu'elles tinssent autre propos.

C'est pourquoy Marc Antoine ayma tant Cléopatre et la préféra à sa femme Octavia, qui estoit cent fois plus belle et aymable que la Cléopatre; mais cette Cléopatre avoit la parole si affettée et le mot si à propos, avec ses façons et grâces lascives, qu'Antoine oublia tout pour son amour.

Plutarque[1] nous en fait foy, sur aucuns brocards ou sobriquets qu'elle disoit si gentiment, que Marc Antoine, la voulant imiter, ne ressembloit en ses devis (encore qu'il voulust fort faire du gallant) qu'à un soldat et gros gendarme, au prix d'elle et sa belle fraze de parler.

Pline[2] fait un conte d'elle que je trouve fort beau, et, par ce, je le répéteray icy un peu. C'est qu'un jour, ainsi qu'elle estoit en ses plus gaillardes humeurs, et qu'elle s'estoit habillée à l'advenant et à l'advantage, et surtout de la teste, d'une guirlande de diverses fleurs convenante à toute paillardise, ainsi qu'ilz estoyent à table, et que Marc Antoine voulut boire, elle l'amusa de quelque gentil discours, et cependant qu'elle parloit, à mesure elle arrachoit de ses belles fleurs de sa guirlande, qui néantmoins estoyent toutes semées de poudres empoisonnées, et les jettoit peu à peu dans la coupe que tenoit Marc Antoine pour boire; et ayant achevé son discours, ainsi que Marc Antoine voulut porter la coupe au bec pour boire, Cléopatre luy arreste tout court la main, et ayant apposté un esclave ou criminel qui estoit là près, le fit venir à luy, et luy fit donner à boire ce que Marc Anthoine alloit avaller, dont soudain il en mourut : et puis, se tournant vers Marc Antoine, luy dit : « Si je ne vous aymois comme je

---

1. *Antoine*, chap. XXXII.
2. Voyez liv. XXI, chap. IX. Brantôme s'est servi de la traduction de Dupinet, Lyon, 1562, in-f°.

« fais, je me fusse maintenant défaite de vous, et
« eusse fait le coup volontiers, sans que je voys bien
« que ma vie ne peut estre sans la vostre. » Cette invention et cette parole pouvoyent bien confirmer
Marc Anthoine en son amitié, voire le faire croupir
davantage aux costez de sa charnure.

Voilà comment servit l'éloquence à Cléopatre, que
les histoires nous ont escrites très-bien disante : aussi
ne l'appelloit-il que simplement la reine, pour plus
grand honneur, ainsi qu'il escrit à Octave César,
avant qu'ils fussent déclarez ennemis. « Qui t'a
« changé, dit-il, pour ce que j'embrasse la reine?
« Elle est ma femme. Ay-je commancé dès à st'heure?
« Tu embrasse Drussille, Tortale, Leontife, ou Ru-
« file, ou Salure Litiseme[1], ou toutes : que t'en
« chaut-il sur quelle tu donnes, quand l'envye t'en
« prend? »

Par là Marc Anthoine louoit sa constance et blasmoit la variété de l'autre d'en aymer tant au coup, et
luy n'aymoit que sa reine; dont je m'estonne qu'Octave ne l'ayma après la mort d'Antoine. Il se peut
faire qu'il en jouit, quand il la vit et la fit venir seule
en sa chambre, et qu'elle l'harangua : possible qu'il
n'y trouva pas ce qu'il pensoit, ou la mesprisa pour
quelque autre raison, et en voulut faire son triomphe

1. Tous ces noms sont étrangement estropiés par Brantôme ou
le copiste. Voici le texte de Suétone : « Tu deinde solam Drusillam inis? Ita valeas, uti tu, hanc epistolam cum leges, non inieris
Tertullam, aut Terentillam, aut Rufillam, aut Salviam Titisceniam,
aut omnes. Anne refert ubi et in quam arrigas? » (*Octave-Auguste*,
chap. LXIX.)

à Rome et la monstrer en parade; à quoy elle rémédia par sa mort advancée.

Certes, pour retourner à nostre dire premier, quand une dame se veut mettre sur l'amour, ou qu'elle y est une fois bien engagée, il n'y a orateur au monde qui die mieux qu'elle. Voyez comme Sophonisba nous a esté descrite de Tite-Live, d'Apian et d'autres[1], si bien disante à l'endroit de Massinissa, lorsqu'elle vint à luy pour l'aymer, gaigner et réclamer, et après quand il luy fallut avaller le poison. Bref, toute dame, pour estre bien aymée, doit bien parler; et volontiers on en voit peu qui ne parlent bien et n'ayent des mots pour esmouvoir le ciel et la terre, et fust-elle glacée en plein hyver.

Celles surtout qui se mettent à l'amour, et si elles ne sçavent rien dire, elles sont si dessavourées[2], que le morceau qu'elles vous donnent n'a ny goust ny saveur : et quand M. du Bellay, parlant de sa courtisanne et déclarant ses mœurs, dit qu'elle estoit

Sage au parler, et folastre à la couche[3],

cela s'entend en parlant devant le monde et entretenant l'un et l'autre; mais lorsque l'on est à part avec son amy, toute gallante dame veut estre libre en sa parole et dire ce qui luy plaist, afin de tant plus esmouvoir Vénus.

1. Voyez Tite-Live, liv. XXX, chap. XII et XV; Appien, *de Rebus punicis*, chap. XXVII et XXVIII; et Boccace, *de Claris mulieribus*, chap. LXXII.

2. *Dessavourées*, privées de saveur.

3. Voyez *la Vieille courtisanne* dans les *OEuvres poét.* de Joachim du Bellay, édit. de 1597, f° 449 v°.

J'ay ouy faire des contes à plusieurs qui ont jouy de belles et grandes dames, ou qui ont esté curieux de les escouter parlant avec d'autres dedans le lict, qu'elles estoyent aussi libres et folles en leur parler que courtisannes qu'on eust sceu connoistre : et qui est un cas admirable, est que, pour estre ainsi accoustumées à entretenir leurs marys, ou leurs amis, de mots, propos et discours sallaux et lascifs, mesmes nommer tout librement ce qu'elles portent au fonds du sac, sans farder; et pourtant, quand elles sont en leurs discours, jamais ne s'extravaguent, ny aucun de ces mots sallaux leur vient à la bouche : il faut bien dire qu'elles se sçavent bien commander et dissimuler; car il n'y a rien qui frétille tant que la langue d'une dame ou fille de joye.

Si ay-je cogneu une très-belle et honneste dame de par le monde, qui, devisant avec un honneste gentilhomme de la cour des affaires de la guerre durant ces civiles, elle luy dit : « J'ay ouy dire que le roy a « faict rompre tous les c... de ce pays là. » Elle vouloit dire *les ponts*. Pensez que, venant de coucher d'avec son mary, ou songeant à son amant, elle avoit encor ce nom frais en la bouche; et le gentilhomme s'en eschauffa en amours d'elle pour ce mot.

Une autre dame que j'ay cogneue, entretenant une autre grand'dame plus qu'elle, et luy louant et exaltant ses beautez, elle luy dit après : « Non, madame, « ce que je vous en dis, ce n'est point pour vous *adul-« térer;* » voulant dire *adulater*[1], comme elle le rha-

---

1. *Adulater*, aduler. Nous n'avons conservé que le substantif *adulateur*.

billa ainsi : pensez qu'elle songeoit à l'adultère et à adultérer.

Bref, la parole en jeu d'amours a une très-grande efficace ; et où elle manque le plaisir en est imparfait : aussi, à la vérité, si un beau corps n'a une belle âme, il ressemble mieux son idole qu'un corps humain ; et s'il se veut faire bien aymer, tant beau soit-il, il faut qu'il se face seconder d'une belle âme ; que s'il ne l'a de nature, il la faut façonner par art. [Les courtisanes de Rome se mocquent fort des gentilles dames de Rome, lesquelles ne sont apprises à la parole comme elles ; et disent que *chiavano come cani, ma che sono quiete della bocca come sassi*[1].

Voilà pourquoy j'ay cogneu beaucoup d'honnestes gentilshommes qui ont refusé l'acointance de plusieurs dames, je vous dis très-belles, parce qu'elles estoyent idiotes, sans âme, sans esprit et sans parole, et les ont quittées tout à plat ; et disoyent qu'ils aymoyent autant avoir à faire avec une belle statue de quelque beau marbre blanc, comme celuy qui en ayma une à Athènes jusques à en jouir[2]. Et pour ce, les estrangers qui vont par pays ne se mettent à guières aymer les femmes estrangères, ny volontiers s'encaprichent[3] pour elles, d'autant qu'ilz ne s'entendent point, ny leur parole ne leur touche aucunement au cœur ; j'entends ceux qui n'entendent

---

1. Elles font l'amour comme des chiennes, mais sont paisibles de la bouche comme pierres.
2. Voyez Lucien, *les Amours*, chap. xv.
3. *S'encaprichent*, s'amourachent.

leur langage : et s'ils s'accostent d'elles, ce n'est que pour contenter autant nature, et esteindre le feu naturel bestialement, et puis *andar in barca*[1], comme dist un Italien un jour désembarqué à Marseille, allant en Espagne, et demandant où il y avoit des femmes. On luy monstre un lieu où se faisoit le bal de quelques nopces. Ainsi qu'une dame le vint accoster et arraisonner, il luy dit : *V. S. mi perdona, non voglio parlare, voglio solamente chiavare, e poi me n'andar in barca*[2].

Le François ne prend grand plaisir avec une Allemande, une Souysse, une Flamande, une Angloise, Escossoise, ou Esclavonne ou autre estrangère, encor qu'elle babillast le mieux du monde, s'il ne l'entend ; mais il se plaist grandement avec sa dame françoise, ou avec l'Italienne ou Espagnole, car coustumièrement la pluspart des François aujourd'huy, au moins ceux qui ont un peu veu, sçavent parler ou entendent ce langage ; et Dieu sçait s'il est affetté et propre pour l'amour ; car quiconque aura à faire avec une dame françoise, italiene, espagnolle ou grecque, et qu'elle soit diserte, qu'il die hardiment qu'il est pris et vaincu.

D'autres fois nostre langue françoise n'a esté si belle ny si enrichie comme elle est aujourd'hui ; mais il y a longtemps que l'italienne, l'espagnole et la grecque l'est : et volontiers n'ay-je guières veu dame de cette langue, si elle a pratiqué tant soit peu le

---

1. Aller à la barque.
2. Pardonnez-moi, madame, je ne veux pas causer, mais seulement faire l'amour et puis m'en aller à la barque.

mestier de l'amour, qui ne sçache très-bien dire. Je m'en rapporte à ceux qui ont traitté celles-là. Tant y a qu'une belle dame et remplye de belle parole contente doublement.

Parlons maintenant de la veue. Certainement, puisque les yeux sont les premiers qui attacquent le combat de l'amour, il faut advouer qu'ils donnent un très-grand contentement quand ils nous font voir quelque chose de beau et rare en beauté. Hé! quelle est la chose du monde que l'on puisse voir plus belle qu'une belle femme, soit habillée ou bien parée, ou nue entre deux draps? Pour l'habillée, vous n'en voyez que le visage à nud; mais aussi, quand un beau corps, orné d'une riche et belle taille, d'un port et d'une grâce, d'une apparence et superbe majesté, à nous se présente à plein, quelle plus belle vuë et agréable monstre peut-il estre au monde? Et puis, quand vous en venez à jouir tout ainsi couverte et superbement habillée, la convoitise et jouissance en redoublent, encor que l'on ne voye que le seul visage de tout le reste des autres parties du corps : car malaisément peut-on jouir d'une grand' dame selon toutes les commoditez que l'on désireroit bien, si ce n'estoit dans une chambre bien à de loisir et lieu secret, ou dans un lict bien à plaisir; car elle est tant esclairée[1]!

Et c'est pourquoy une grand' dame, dont j'ay ouy parler, quand elle rencontroit son serviteur à propos, et hors de veue et descouverte, elle prenoit l'occasion tout aussitost, pour s'en contenter le plus promp-

---

1. *Esclairée*, observée, épiée.

tement et briefvement qu'elle pouvoit, en luy disant un jour : « C'estoyent les sottes, le temps passé, qui, « par trop se voulans délicater[1] en leurs amours et « plaisirs, se renfermoyent, ou en leurs cabinets, ou « autres lieux couverts, et là faisoyent tant durer « leurs jeux et esbats, qu'aussitost elles estoyent des- « couvertes et divulguées. Aujourd'huy, il faut pren- « dre le temps, et le plus bref que l'on pourra, et, « aussitost assailly, aussitost investi et achevé ; et, « par ainsi, nous ne pouvons estre escandalisées. »

Je trouve que cette dame avoit raison ; car ceux qui se sont meslez de cet estat d'amour, ilz ont tousjours tenu cette maxime, qu'il n'y a que le coup en robbe. Aussi quand l'on songe que l'on brave, l'on foule, presse et gourmande, abat et porte par terre les draps d'or, les toilles d'argent, les clinquants, les estoffes de soye, avec les perles et pierreries, l'ardeur, le contentement s'en augmente bien davantage, et certes plus qu'en une bergère ou autre femme de pareille qualité, quelque belle qu'elle soit.

Et pourquoy jadis Vénus fut trouvée si belle et tant désirée, sinon qu'avec sa beauté elle estoit tousjours gentiment habillée, et ordinairement parfumée, qu'elle sentoit tousjours bon de cent pas loing ? Aussi tenoit-on que les parfums animent fort à l'amour.

Voilà pourquoy les emperières et grandes dames de Rome s'en accommodoyent bien fort, comme font aussi nos grandes dames de France, et surtout aussi celles d'Espagne et d'Italie, qui, de tout temps, en

---

1. *Se délicater*, porter de la délicatesse.

sont esté plus curieuses et exquises que les nostres, tant en parfums qu'en parures de superbes habits, desquelles nos dames en ont pris depuis les patrons et belles inventions : aussi les autres les avoyent apprises des médailles et statues antiques de ces dames romaines, que l'on voit encor parmy plusieurs antiquitez qui sont encores en Espagne et en Italie; lesquelles, qui les contemplera bien, trouvera leurs coiffures et leurs habits en perfection, et très-propres à se faire aimer. Mais aujourd'huy, nos dames françoises surpassent tout. A la reine de Navarre[1] elles en doivent ce grand mercy.

Voilà pourquoy il fait bon et beau d'avoir à faire à ces belles dames si bien en poinct, si richement et pompeusement parées, de sorte que j'ay ouy dire à aucuns courtisans, mes compagnons, ainsi que nous devisions ensemble, qu'ils les aymoient mieux ainsi que désacoustrées et couchées nues entre deux linceux, et dans un lict le plus enrichy de broderies que l'on sceut faire. D'autres disoyent qu'il n'y avoit que le naturel, sans aucun fard ny artifice, comme un grand prince que je sçay[2], lequel pourtant faisoit coucher ses courtisannes ou dames dans des draps de taffetas noir bien tendus, toutes nues, afin que leur blancheur et délicatesse de chair parust bien mieux parmy ce noir, et donnast plus d'esbat.

Il ne faut douter vrayment que la veue ne soit plus agréable que toutes celles du monde, d'une belle femme toute parfaite en beauté; mais mal-

---

1. Marguerite de Valois.
2. Probablement le duc d'Anjou.

aisément se trouve-elle. Aussi on trouve par escrit que Zeuxis[1], cet excellent peintre, ayant esté prié, par quelques honnestes dames et filles de sa connoissance, de leur donner le pourtrait de la belle Hélaine et la leur représenter si belle comme l'on disoit qu'elle avoit esté, il ne leur en voulut point refuser; mais, avant qu'en faire le pourtrait, il les contempla toutes fixement, et en prenant de l'une et de l'autre ce qu'il y put trouver de plus beau, il en fit le tableau comme de belles pièces rapportées; et en représenta par icelles Hélaine si belle, qu'il n'y avoit rien à dire, et qui fut tant admirable à toutes, mais Dieu mercy à elles, qui y avoient bien tant aydé par leurs beautez et parcelles comme Zeuxis avoit fait par son pinceau. Cela vouloit dire, que de trouver sur Hélaine toutes les perfections de beauté il n'estoit pas possible, encor qu'elle ait esté en extrémité[2] très-belle.

En cas qu'il ne soit vray, l'Espagnol dit que pour rendre une femme toute parfaite et absolue en beauté, il luy faut trente beaux sis, qu'une dame espagnole me dit une fois dans Tollède, là où il y en a de très-belles et bien gentilles et bien apprises. Les trente donc sont tels :

Tres cosas blancas : el cuero, los dientes, y las manos.
Tres negras : los ojos, las cejas, y las pestañas.
Tres coloradas : los labios, las mexillas, y las uñas.
Tres lungas : el cuerpo, los cabellos, y las manos.
Tres cortas : los dientes, las orejas, y los pies.
Tres anchas : los pechos, la frente, y el entrecejo.

1. Voyez Pline, liv. XXV, chap. xxxvi.
2. *En extrémité*, extrêmement.

Tres estrechas : la boca, l'una y otra, la cinta, y l'entrada del pie.
Tres gruesas : el braço, el musto, y la pantorilla.
Tres delgadas : los dedos, los cabellos, y los labios.
Tres pequeñas : las tetas, la naris, y la cabeça.

Qui sont en françois, afin qu'on l'entende :

Trois choses blanches : la peau, les dents et les mains.
Trois noires : les yeux, les sourcils et les paupières.
Trois rouges : les lèvres, les joues et les ongles.
Trois longues : le corps, les cheveux et les mains.
Trois courtes : les dents, les oreilles et les pieds.
Trois larges : la poitrine ou le sein, le front et l'entre-sourcil.
Trois estroites : la bouche (l'une et l'autre), la ceinture ou la taille, et l'entrée du pied.
Trois grosses : le bras, la cuisse et le gros de la jambe.
Trois déliées : les doigts, les cheveux et les lèvres.
Trois petites : les tetins, le nez et la teste.

Sont trente en tout.

Il n'est pas inconvénient, et se peut que tous ces sis en une dame peuvent estre tous ensemble; mais il faut qu'elle soit faite au moule de la perfection; car de les voir tous assemblez, sans qu'il y en ait quelqu'un à redire et qui ne soit en défaut, il n'est possible. Je m'en rapporte à ceux qui ont veu de belles femmes, ou en verront, et qui voudront estre soigneux de les contempler et essayer, ce qu'ils en sauront dire. Mais pourtant encores qu'elles ne soyent accomplies ny embellies de tous ces poincts, une belle femme sera tousjours belle, mais qu'elle en aye la moitié, et en aye les points principaux que je viens de dire : car j'en ay veu force qui en avoyent à dire plus de la moitié, qui estoyent très-belles et fort aymables; ny plus ny moins qu'un bocage est trouvé tousjours beau en printemps, encores qu'il ne soit remply de tant de petits arbrisseaux qu'on voudroit bien; mais que les beaux et grands arbres touffus paroissent, c'est assez de ces grands qui peuvent estouffer la deffectuosité des autres petits.

M. de Ronsard me pardonne, s'il luy plaist; jamais sa maistresse, qu'il a faitte si belle, ne parvint à cette beauté, ny quelqu'autre dame qu'il ait veu de son temps ou en ait escrit, et fust sa belle Cassandre, qui je sçay bien qu'elle a esté belle, mais il l'a déguisée d'un faux nom; ou bien sa Marie, qui n'a jamais autre nom porté que celuy-là, quand à celle-là; mais il est permis aux poëtes et peintres dire et faire ce qu'il leur plaist, ainsi que vous avez dans *Rolland le Furieux* de très-belles beautez descrites par l'Arioste, d'Alcine et autres.

Tout cela est bon; mais comme je tiens d'un très-grand personnage, jamais nature ne sauroit faire une femme si parfaitte comme une âme vive et subtile de quelque bien-disant, ou le créon[1] et pinceau de quelque divin peintre la nous pourroyent représenter. Baste! les yeux humains se contentent tousjours de voir une belle femme, de visage beau, blanc, bien fait : et encor qu'il soit brunet, c'est tout un; il vaut bien quelquesfois le blanc, comme dit l'Espagnole : *Aunque io sia morisca, no soy de menos preciar;* « encor que je sois brunette, je ne suis à mespriser. » Aussi la belle Marfise *era brunetta alquanto*[2]. Mais

---

1. *Créon*, crayon. — 2. Était un peu brunette.

que le brun n'efface le blanc par trop ! Un visage aussi beau, faut qu'il soit porté par un corps façonné et fait de mesmes : je dys autant des grands que des petits, mais les grandes tailles passent tout.

Or, d'aller rechercher des points si exquis de beauté, comme je viens de dire ou qu'on nous les dépeint, nous en passerons bien, et nous resjouirons à voir nos beautez communes : non que je les vueille dire communes autrement, car nous en avons de si rares, que, ma foi ! elles vallent mieux que toutes celles que nos poëtes fantasques, nos quinteux peintres et nos pindariseurs de beautez sçauroyent représenter.

Hélas ! voicy le pis : telles beautez belles, tels beaux visages, en voyons-nous aucuns, admirons, désirons leur beau corps, pour l'amour de leurs belles faces, que néantmoins, quand elles viennent à estre descouvertes et mises à blanc, nous en font perdre le goust ; car ils sont si laidz, tarez, tachez, marqués et si hydeux, qu'ils en démentent bien le visage ; et voilà comme souvent nous y sommes trompez.

Nous en avons un bel exemple d'un gentilhomme de l'isle de Majorque, qui s'appelloit Raymond Lulle[1], de fort bonne, riche et ancienne maison, qui, pour sa noblesse, valeur et vertu, fut appelé en ses plus belles années au gouvernement de cette isle. Estant en ceste charge, comme souvent arrive aux gouverneurs des provinces et places, il devint amoureux d'une belle dame de l'isle, des plus habilles, belles

---

[1]. Raymond Lulle, célèbre philosophe espagnol, né à Palma, en 1235, mort en 1315.

et mieux disantes, de là. Il la servit longuement et fort bien; et luy demandant tousjours ce bon point de jouissance, elle, après l'en avoir refusé tant qu'elle peut, luy donna un jour assignation, où il ne manqua ny elle aussi, et comparut plus belle que jamais et mieux en poinct. Ainsi qu'il pensoit entrer en paradis, elle luy vint à descouvrir son sein et sa poitrine toute couverte d'une douzaine d'emplastres, et, les arrachant l'une après l'autre, et de despit les jettant par terre, luy monstra un effroyable cancer, et, les larmes aux yeux, luy remonstra ses misères et son mal, luy disant et demandant s'il y avoit tant de quoy en elle qu'il en deust estre tant espris; et sur ce, luy en fit un si pitoyable discours, que luy, tout vaincu de pitié du mal de cette belle dame, la laissa; et l'ayant recommandée à Dieu pour sa santé, se défit de sa charge et se rendit hermite. Et estant de retour de la guerre sainte, où il avoit fait vœu, s'en alla estudier à Paris, sous Arnaldus de Villanova[1], sçavant philosophe; et ayant fait son cours, se retira en Angleterre, où le roy pour lors le receut avec tous les bons recueils du monde pour son grand sçavoir, et qu'il transmua plusieurs lingots et barres de fer, de cuivre et d'estain, mesprisant cette commune et trivialle façon de transmuer le plomb et le fer en or, parce qu'il sçavoit que plusieurs de son temps sçavoyent faire cette besogne aussi bien que luy, qui sçavoit faire l'un et l'autre; mais il vouloit faire un pardessus les autres.

1. Arnaud de Villeneuve, célèbre médecin et alchimiste, né vers 1240, mort en 1311.

Je tiens ce compte d'un gallant homme qui m'a dit le tenir du jurisconsulte Oldrade, qui parle de Raymond Lulle au commentaire qu'il a fait sur le code *de falsa moneta*. Aussi le tenoit-il, ce disoit, de Carolus Bovillus, picard de nation, qui a composé un livre en latin de la vie de Raymond Lulle[1].

Voilà comment il passa sa fantaisie de l'amour de cette belle dame; si que, possible, d'autres n'eussent pas fait, et n'eussent laissé à l'aymer et fermer les yeux, mesmes en tirer ce qu'il vouloit, puisqu'il estoit à mesme; car la partie où il tendoit n'estoit touchée d'un tel mal.

J'ai cogneu un gentilhomme et une dame veufve de par le monde, qui ne firent pas ces scrupules; car la dame estant touchée d'un gros villain cancer au tétin, il ne laissa de l'espouser, et elle aussi le prendre, contre l'advis de sa mère; et, toute malade et maléficiée qu'elle estoit, et elle et luy s'esmeurent et se remuèrent tellement toute la nuict, qu'ils en rompirent et enfoncèrent le fonds du chalit.

J'ay cogneu aussi un fort honneste gentilhomme, mon grand amy, qui me dit qu'un jour estant à Rome, il luy advint d'aymer une dame espagnole, et

---

1. Les indications que donne ici Brantôme ont besoin d'être éclaircies. Le jurisconsulte Olrade, né à Lodi, mourut vers 1320. Aucun de ses ouvrages, fort consultés pourtant par les jurisconsultes, n'a été imprimé. — Quant à Carolus Bovillus, autrement dit Charles de Bovelles, il a raconté l'anecdote de R. Lulle à la première page d'une *Epistola in vitam Raemundi Lullii eremitae*, datée d'Amiens le 27 juin 1511, et qui occupe les feuillets xxxiv-xl d'un recueil de plusieurs de ses traités, imprimé à Paris, chez Ascensius, 1511, in-4°.

des belles qui fust en la ville jamais. Quand il l'accostoit, elle ne vouloit permettre qu'il la vist, ny qu'il la touchast par ses cuisses nues, sinon avec ses calsons; si bien que quand il la y vouloit toucher, elle luy disoit en espagnol : *Ah! no me tocays, hareis me quosquillas*[1], qu'est à dire : « vous me chatouillez. » Un matin, passant devant sa maison, trouvant sa porte ouverte, monte tout bellement, où estant entré sans rencontrer ny fantesque[2], ny page, ny personne, et entrant en sa chambre, la trouva qui dormoit si profondément, qu'il eut loisir de la voir toute nue sur le lict, et la contempler à son aise, car il faisoit très-grand chaud; et dit qu'il ne vid jamais rien de si beau que ce corps, fors qu'il vid une cuisse belle, blanche, pollie et refaitte[3], mais l'autre elle l'avoit toute seiche, atténuée et estiomenée[4], qui ne paressoit pas plus grosse que le bras d'un petit enfant. Qui fut estonné? Ce fut le gentilhomme, qui la plaignit fort, et oncques plus ne la tourna visiter ny avoir à faire avec elle.

Il se void force dames qui ne sont pas ainsi estiomenées de catherre; mais elles sont si maigres, dénuées[5], asseichées et descharnées, qu'elles n'en peuvent rien monstrer que le bastiment : comme j'ay cogneu une très-grande que M. l'évêque de Cisteron[6],

---

1. Ah! ne me touchez pas, vous me causez des frémissements!
2. *Fantesque*, servante; de l'italien *fantesca*.
3. *Refaitte*, en bon état.
4. *Estiomenée*, mangée, rongée.
5. *Dénuée*, décharnée.
6. Probablement Aimeric de Rochechouart qui fut évêque de Sisteron de 1545 à 1582.

qui disoit le mot mieux qu'homme de la court, en brocardant affermoit qu'il valloit mieux de coucher avecques une ratouère[1] de fil d'archal qu'avec elle; et, comme dist aussi un honneste gentilhomme de la court, auquel nous faisions la guerre qu'il avoit à faire avec une dame assez grande : « Vous vous trom-
« pez, dit-il, car j'ayme trop la chair, et elle n'a que
« les os; » et pourtant à voir ces deux dames si belles par leurs beaux visages, on les eust jugées pour des morceaux très-charnus et bien friands.

Un très-grand prince, de par le monde, vint une fois à estre amoureux de deux belles dames tout à coup[2], ainsi que cela arrive souvent aux grands, qui ayment les variétez. L'une estoit fort blanche, et l'autre brunette, mais toutes deux très-belles et fort aymables. Ainsi qu'il venoit un jour de voir la brunette, la blanche jalouze luy dit : « Vous venez de
« voller pour corneille. » A quoi luy respondit le prince un peu irrité, et fasché de ce mot : « Et quand
« je suis avec vous, pour qui vollè-je? » La dame respondit : « Pour un phénix. » Le prince, qui disoit des mieux, répliqua : « Mais dittes plustost pour l'oy-
« seau de paradis, là où il y a plus de plume que de
« chair; » la taxant par là qu'elle estoit maigre aucunement : aussi estoit-elle fort jovanotte[3] pour estre grasse, [l'embonpoint] ne se logeant coustumièrement que sur celles qui entrent dans l'aage, et qu'elles

---

1. *Ratouère*, ratière.
2. *Tout à coup*, ou comme Brantôme l'écrit ailleurs, *tout à un coup*, c'est-à-dire du même coup, en même temps.
3. *Jovanotte*, jeunette; en espagnol *joveneta*; en italien *giovanetta*.

commencent à se renforcer et fortifier de membres et autres choses.

Un gentilhomme la donna bonne à un grand seigneur que je sçay. Tous deux avoyent belles femmes. Ce grand seigneur trouva celle du gentilhomme fort belle et bien advenante. Il luy dit un jour : « Un tel, « il faut que je couche avec vostre femme. » Le gentilhomme, sans songer, car il disoit très-bien le mot, luy respondit : « Je le veux, mais que je couche avec « la vostre. » Le seigneur luy réplicqua : « Qu'en « ferois-tu ? car la mienne est si maigre, que tu n'y « prendrois nul goust. » Le gentilhomme respondit : « Ah ! par Dieu ! je la larderay si menu, que je la « rendray de bon goust. »

Il s'en voit tant d'autres que leurs visages poupins et gentils font désirer leurs corps; mais quand on y vient, on les trouve si descharnez, que le plaisir et la tentation en sont bien tost passez. Entr'autres, l'on y trouve l'os *barré* qu'on appelle, si sec et si descharné, qu'il foule et masche[1] plus tout nud que le bast d'un mullet qu'il auroit sur luy. A quoy pour suppléer, telles dames sont coustumières de s'ayder de petits coissins bien mollets et délicats à soutenir le coup et engarder de la mascheure; ainsi que j'ay ouy parler d'aucunes, qui s'en sont aydées souvent, voire des callesons gentiment rembourrez et faits de satin, de sorte que les ignorans les venans à toucher, n'y trouvent rien que tout bon, et croyent fermement que c'est leur embompoint naturel ; car, pardessus ce satin, il y avoit des petits callesons de toile volante

---

1. *Mascher*, broyer.

et blanche; si bien que l'amant, donnant le coup en robbe, s'en alloit de sa dame si content et satisfait, qu'il la tenoit pour très-bonne robe.

D'autres y a-il encor qui sont de la peau fort maléficiées et marquetées comme marbre, ou en œuvre à la mosaïque, tavellées[1] comme faons de bische, gratteleuses, et subjectes à enderses[2] farineuses et farcineuses; bref, gastées tellement, que la veue n'en est pas guières plaisante.

J'ay ouy parler d'une dame grande, et l'ay cogneue et cognois encores, qui est pelue, velue sur la poitrine, sur l'estomac, sur les espaules et le long de l'eschine, et à son bas, comme un sauvage. Je vous laisse à penser ce que veut dire cela. Si le proverbe est vray : que personne ainsi velue est riche ou lubrique, celle-là a l'un et l'autre, je vous en asseure; et s'en fait fort bien donner, se voir et désirer.

D'autres ont la chair d'oyson ou d'estourneau plumé, harée[3], brodequinée[4], et plus noire qu'un beau diable. D'autres sont opulentes en tétasses avalées[5], pendantes plus que d'une vache allaittant son veau. Je m'asseure que ce ne sont pas les beaux tétins d'Héleine, laquelle, voulant un jour présenter au temple de Diane[6] une coupe gentille pour certain

---

1. *Tavellées*, tachetées.
2. *Enderse*, maladie de la peau. Suivant Littré, on donne encore en Auvergne le nom d'*anders* à une maladie cutanée des veaux.
3. *Harée*, pour *arée*, labourée; de *arare*.
4. *Brodequiné*, c'est-à-dire, à ce que je crois, maroquiné.
5. *Avalées*, tombantes.
6. Au temple de Minerve (et non de Diane) à Lindos, dans l'île de Rhodes.

vœu, employant l'orfèvre pour la luy faire, luy en fit prendre le modelle sur l'un de ses beaux tétins; et en fit la coupe d'or blanc, qu'on ne sçauroit qu'admirer de plus, ou la coupe ou la ressemblance du tétin sur quoy il avoit pris le patron, qui se monstroit si gentil et si poupin, que l'art en pouvoit faire désirer le naturel. Pline dit cecy par grand spécialité, où il traite qu'il y a de l'or blanc[1]. Ce qui est fort estrange et que ceste coupe fust faitte d'or blanc.

Qui voudroit faire des coupes d'or sur ces grandes tétasses que je dis et que je connois, il faudroit bien fournir de l'or à monsieur l'orfèvre, et ne seroit après sans coust et grand'risée, quand on diroit : « Voilà des coupes faites sur le modèle des tétins de « telles et telles dames. » Ces coupes ressembleroyent, non pas coupes, mais de vrayes auges qu'on void, de bois, toutes rondes, dont on donne à manger aux pourceaux.

Et d'autres y a-il, que le bout de leur tétin ressemble à une vray guine pourrie. D'autres y a-il, pour descendre plus bas, qui ont le ventre si mal poly et ridé, qu'on les prendroit pour des vieilles gibessières ridées de sergens ou d'hostelliers; ce qui advient aux femmes qui ont eu des enfans, et qui ne sont esté bien secourues et graissées de graisse de balaine de leurs sages-femmes. Mais d'autres y a-il, qui les ont aussi beaux et polis, et le sein aussi follet, comme si elles estoyent encor filles.

D'autres il y en a, pour venir encor plus bas, qui

1. Voyez Pline, liv. XXXIII, chap. XXIII.

ont leurs natures hideuses et peu agréables. Les unes y ont le poil nullement frizé, mais si long et pendant, que vous diriez que ce sont les moustaches d'un Sarrazin; et pourtant n'en ostent jamais la toison, et se plaisent à la porter telle, d'autant qu'on dit : *Chemin jonchu et c... velu sont fort propres pour chevaucher.* J'ay ouy parler de quelqu'une très-grande qui les porte ainsi.

J'ay ouy parler d'une autre belle et honneste dame qui les avoit ainsi longues, qu'elle les entortilloit avec des cordons ou rubans de soye cramoisie ou autre couleur, et se les frizonnoit ainsi comme des frizons de perruques, et puis se les attachoit à ses cuisses; et en tel estat quelquesfois se les présentoit à son mary et à son amant; ou bien se les destortoit de son ruban et cordon, si qu'elles paroissoyent frizonnées par après, et plus gentilles qu'elles n'eussent fait autrement.

Il y avoit bien là de la curiosité et de la paillardise et tout; car, ne pouvant d'elle-mesme faire et suivre ses frisons, il falloit qu'une de ses femmes, de ses plus favorites, la servist en cela : en quoy ne peut estre autrement qu'il n'y ayt de la lubricité en toutes façons qu'on la pourra imaginer.

Aucunes, au contraire, se plaisent le tenir et porter raz, comme la barbe d'un prestre.

D'autres femmes y a-il, qui n'ont de poil point du tout, ou peu, comme j'ay ouy parler d'une fort grande et belle dame que j'ay cogneue; ce qui n'est guières beau, et donne un mauvais soupçon : ainsi qu'il y a des hommes qui n'ont que de petits bouquets de barbe au menton, et n'en sont pas plus estimez de bon sang, ainsi que sont les blanquets et blanquettes.

D'autres en ont l'entrée si grande, vague et large, qu'on la prendroit pour l'antre de la Sibille. J'en ay ouy parler d'aucunes, et bien grandes, qui les ont telles qu'une jument ne les a si amples, encore qu'elles s'aydent d'artifice le plus qu'elles peuvent pour estrécir la porte; mais, dans deux ou trois fréquentations, la mesme ouverture tourne : et, qui plus est, j'ay ouy dire que, quand bien on les arregarde le cas d'aucunes, il leur cloyse[1] comme celuy d'une jument quand elle est en chaleur. L'on m'en a conté trois qui monstrent telle cloyse quand on y prend garde de les voir.

J'ay ouy parler d'une dame grande, belle et de qualité, à qui un de nos rois avoit imposé le nom de *pan de c.*, tant il estoit large et grand, et non sans raison, car elle se l'est fait en son vivant souvent mesurer à plusieurs merciers et arpenteurs; et que tant plus elle s'estudioit le jour de l'estrécir, la nuict en deux heures on le luy eslargissoit si bien, que ce qu'elle faisoit en une heure, on le défaisoit en l'autre, comme la toile de Pénéloppe. Enfin, elle en quitta tous artifices, et en fut quitte pour faire élection des plus gros moules qu'elle pouvoit trouver.

Tel remède fut très-bon; ainsi que j'ay ouy dire d'une fort belle et honneste fille de la court, laquelle l'eut au contraire si petit et si estroit, qu'on en désespéroit à jamais le forcement du pucellage; mais,

---

1. *Cloyse*, ouvre. Je n'ai trouvé ce verbe que dans le Dictionnaire de Cotgrave, où il est donné sous la forme *clouyr*.

par l'advis de quelques médecins ou de sages-femmes, ou de ses amis ou amies, elle en fit tenter le gué ou le forcement par des plus menus et petits moules, puis vint aux moyens, puis aux grands, à mode des talus que l'on fait, ainsi que Rabelais ordonna les murailles de Paris imprenables [1]; et puis, par tels essais les uns après les autres, s'accoustuma si bien à tous, que les plus grands ne luy faisoyent la peur que les petits paradvant faisoyent si grande.

Une grande princesse estrangère, que j'ay cognue [2], laquelle l'avoit si petit et estroict, qu'elle ayma mieux de n'en taster jamais que de se faire inciser, comme les médecins le conseilloyent. Grande vertu certes de continence, et rare !

D'autres en ont les labies longues et pendantes plus qu'une creste de coq d'Inde quand il est en colère; comme j'ay ouy dire que plusieurs dames ont; non-seulement elles, mais aussi des filles. J'ay ouy faire ce conte à feu M. de Randan : qu'une fois estans de bons compagnons à la court ensemble, comme M. de Nemours, M. le vidame de Chartres, M. le comte de la Roche [3], MM. de Montpezac, Givry, Genlis et autres, ne sachans que faire, allèrent voir pisser les filles un jour, cela s'entend cachez en bas et elles en haut. Il y en eut une qui pissa contre terre : je ne la nomme point; et d'autant que le plancher estoit de tables [4], elle avoit ses lendilles si grandes, qu'elles passèrent par la fente des tables si

---

1. Voyez *Pantagruel*, liv. II, chap. vii.
2. Élisabeth d'Angleterre.
3. De la Rochefoucauld.
4. *Tables*, planches.

avant, qu'elle en monstra la longueur d'un doigt; si que M. de Randan, par cas, ayant un baston qu'il avoit pris à un laquais, où il y avoit un fiçon[1], en perça si dextrement ses landilles, et les cousit si bien contre la table, que la fille, sentant la piqûre, tout à coup s'esleva si fort, qu'elle les escerta[2] toutes, et de deux parts qui y en avoit en fit quatre; et les dictes lendilles en demeurèrent découpées en forme de barbe d'escrevices; dont pourtant la fille s'en trouva très-mal, et la maistresse en fut fort en colère. M. de Randan et la compagnie en firent le conte au roy Henry, qui estoit bon compagnon, qui en rit pour sa part son saoul, et en appaisa le tout envers la reine, sans rien en déguiser.

Ces grandes lendilles sont cause qu'une fois j'en demanday la raison à un médecin excellent, qui me dit : que, quand les filles et femmes estoient en ruth, elles les touchoient, manioient, viroient, contournoient, allongeoient et tiroient si souvent, qu'estans ensemble s'en entredonnoient mieux du plaisir.

Telles filles et femmes seroyent bonnes en Perse, non en Turquie, d'autant qu'en Perse les femmes sont circoncises, parce que leur nature ressemble de je ne sçay quoy le membre viril (disent-ils); au contraire, en Turquie, les femmes ne le sont jamais; et pour ce les Perses les appellent hérétiques, pour n'estre circoncises, d'autant que leur cas, disent-ils, n'a nulle forme; et ne prennent plaisir de les regarder comme les chrestiens. Voilà ce qu'en disent ceux qui ont voyagé en Levant. Telles femmes et filles,

---

1. *Fiçon*, pointe. — 2. *Escerter*, déchirer, arracher.

disoit ce médecin, sont fort sujettes à faire la fricarelle, *donna con donna.*

J'ay ouy parler d'une très-belle dame et des plus qui ait esté en la cour, qui ne les a si longues; car elles luy sont accourcies pour un mal que son mary luy donna; voire qu'elle n'a de lèvre d'un costé, pour avoir esté tout mangé de chancres; si bien qu'elle peut dire son cas estropié et à demy démembré; et néantmoins ceste dame a esté fort recherchée de plusieurs, mesmes elle a esté la moitié d'un grand quelquesfois dans son lict. Un grand disoit à la cour un jour qu'il voudroit que sa femme ressemblast à celle-là, et qu'elle n'en eust qu'à demy, tant elle en avoit trop.

J'ay aussi ouy parler d'une autre bien plus grande qu'elle cent fois, qui avoit un boyau qui luy pendilloit long d'un grand doigt au dehors de sa nature, et, disoit-on, pour n'avoir esté bien servie en l'une de ses couches par sa sage-femme; ce qui arrive souvent aux filles et femmes qui ont fait des couches à la desrobade, ou qui par accident se sont gastées et grevées; comme une des belles femmes de par le monde, que j'ay cogneue, qui, estant veufve, ne voulut jamais se remarier, pour estre descouverte d'un second mary de cecy, qui l'en eust peu prisée, et, possible, maltraittée.

Cette grande que je viens de dire, nonobstant son accident, enfantoit aussi aisément comme si elle eust pissé; car on disoit sa nature très-ample; et si pourtant elle a esté bien aymée et bien servie à couvert; mais malaisément se laissoit-elle voir là.

Aussi volontiers, quand une belle et honneste

femme se met à l'amour et à la privauté, si elle ne vous permet de voir ou taster cela, dittes hardiment qu'elle y a quelque tare ou si, que la veue ny le toucher n'approuvera guières, ainsi que je tiens d'une honneste femme; car s'il n'y en a point, et qu'il soit beau (comme certes il y en a et de plaisants à voir et manier), elle est aussi curieuse et contente d'en faire la monstre et en prester l'attouchement, que de quelque autre de ses beautez qu'elle ait, autant pour son honneur à n'estre soubçonnée de quelque défaut ou laideur en cet endroit, que pour le plaisir qu'elle y prend elle-mesme à le contempler et mirer, et surtout aussi pour accroistre la passion et tentation davantage à son amant. De plus, les mains et les yeux ne sont pas membres virils pour rendre les femmes putains et leurs marys cocus, encores qu'après la bouche aydent à faire de grands approches pour gaigner la place.

D'autres femmes y a-il qui ont la bouche de là si pasle, qu'on diroit qu'elles y ont la fièvre : et telles ressemblent aucuns yvroignes, lesquels, encor qu'ils boivent plus de vin qu'une truye de laict, ils sont pasles comme trespassez; aussi les appelle-on traistres au vin, non pas ceux qui sont rubiconds : aussi telles par ce costé là on les peut dire traistresses à Vénus, si ce n'est que l'on dit : *pasle putain* et *rouge paillard*. Tant y a que cette partie ainsi pasle et transie n'est point plaisante à voir; et n'a garde de ressembler à celle d'une des plus belles dames que l'on en voye, et qui tient grand rang, laquelle j'ay veu qu'on disoit qu'elle portoit là trois belles couleurs ordinairement ensemble, qui estoyent incarnat, blanc et noir : car cette bouche de là estoit colorée et vermeille comme corail, le poil d'alentour gentiment frizonné et noir comme ébène; ainsi le faut-il, et c'est l'une des beautez : la peau estoit blanche comme albastre, qui estoit ombragée de ce poil noir. Cette veue est belle celle-là, et non des autres que je viens de dire.

D'autres il y en a aussi qui sont si bas ennaturées et fendues jusqu'au cul, mesmes les petites femmes, que l'on devroit faire scrupule de les toucher, pour beaucoup d'ordes et salles raisons que je n'oserois dire; car on diroit que, les deux rivières s'assemblans et se touchans quasi ensemble, il est en danger de laisser l'une et naviger à l'autre; ce qui est par trop vilain.

J'ay ouy conter à madame de Fontaine-Chalandray, dite la belle Torcy, que la reine Éléonor, sa maistresse, estant habillée et vestue, paressoit une très-belle princesse, comme il y en a encor plusieurs qui l'ont veue telle en nostre court, et de belle et riche taille; mais, estant déshabillée, elle paroissoit du corps une géante, tant elle l'avoit long et grand; mais tirant en bas, elle paroissoit une naine, tant elle avoit les cuisses et les jambes courtes avec le reste.

D'une autre grand' dame ay-je ouy parler qui estoit bien au contraire; car par le corps elle se monstroit une naine, tant elle l'avoit court et petit, et du reste en bas une géante ou collosse, tant elle avoit ses cuisses et jambes grandes, hautes et fendues, et pourtant bien proportionnées et charnues, si qu'elle en couvroit son homme sous elle, mais qu'il fust petit, fort aisément, comme d'une tirasse de chien couchant.

Il y a force marys et amis parmy nos chrestiens, qui voulans en tout différer des Turcs, qui ne prennent plaisir d'arregarder le cas des dames, d'autant, disent-ils[1], comme je viens de dire, qu'ils n'ont nulle forme : nos chrestiens au contraire qui en ont, disent-ils, de grands contentemens à les contempler fort et se délecter en telles visions : et non-seulement se plaisent à les voir, mais à les baiser, comme beaucoup de dames l'ont dit et descouvert à leurs amants; ainsi que dit une dame espagnole à son serviteur, qui, la saluant un jour, luy dit : *Bezo las manos y los pies, señora*[2]; elle luy dit : *Señor, en el medio esta la mejore stacion*[3]; comme voulant dire qu'il pouvoit baiser le mitan aussi bien que les pieds et mains. Et, pour ce, disent aucunes dames, que leurs marys et serviteurs y prennent quelque délicatesse et plaisir, et en ardent davantage : ainsi que j'ay ouy dire d'un très-grand prince, fils d'un grand roy de par le monde[4], qui avoit pour maistresse une très-grande princesse. Jamais il ne la touchoit qu'il ne luy vist cela et ne le baisast plusieurs fois. Et la première fois qu'il le fit, ce fut par la persuasion d'une très-grande dame, favorite de roy, laquelle, tous trois un jour estans ensemble, ainsi que ce prince muguettoit sa dame, luy demanda s'il n'avoit jamais veu

---

1. *Disent-ils*, disent les Turcs.
2. Madame, je vous baise les mains et les pieds.
3. Monsieur, au milieu est la meilleure station.
4. Je crois qu'il s'agit de l'un des fils de François I*er*.

cette belle partie dont il jouissoit. Il respondit que non : « Vous n'avez donc rien fait, dist-elle, et ne sçavez ce que vous aymez; vostre plaisir est imparfait, il faut que vous le voyez. » Parquoy, ainsi qu'il s'en vouloit essayer et qu'elle en faisoit de la revesche, l'autre vint par derrière, et la prit et renversa sur un lict, et la tint tousjours jusques à ce que le prince l'eust contemplée à son aise et baisée son saoul, tant qu'il le trouvoit beau et gentil; et pour ce, continua tousjours.

D'autres y a-il qui ont leurs cuisses si mal proportionnées, mal advenantes et si mal faites en olive, qu'elles ne méritent d'estre regardées et désirées, comme de leurs jambes, qui en sont de mesmes, dont aucunes sont si grosses qu'on en diroit le gras estre le ventre d'une conille[1] qui est pleine. D'autres les ont si gresles et menues, et si héronnières[2], qu'on les prendroit plustost pour des fleutes que pour cuisses et jambes : je vous laisse à penser que peut estre le reste.

Elles ne ressemblent pas une belle et honneste dame, dont j'ay ouy parler, laquelle estant en bon point, et non trop en extrémité (car en toutes choses il faut un *medium*), après avoir donné à coucher à son amy, elle luy demanda le lendemain au matin comment il s'en trouvoit. Il luy respondit que très-bien, et que sa bonne et grasse chair luy avoit fait grand bien. « Pour le moins, dit-elle, avez-vous couru la poste sans emprunter de coissinet. »

---

1. *Conille*, femelle de lapin.
2. *Héronnière*, semblable à des jambes de héron.

D'autres dames y a-il qui ont tant d'autres vices cachez, ainsi que j'en ay ouy parler d'une qui estoit dame de réputation, qui faisoit ses affaires fécales par le devant; et de ce j'en demanday la raison à un suffisant médecin, qui me dit : parce qu'elle avoit esté percée trop jeune et d'un homme trop fourny et robuste; dont ce fut grand dommage, car c'estoit une très-belle femme et veufve, qu'un honneste gentilhomme que je sçay[1] la vouloit espouser; mais, en sçachant tel vice, la quitta soudain, et un autre après la prit aussitost.

J'ay ouy parler d'un gallant gentilhomme qui avoit une des belles femmes de la court et n'en faisoit cas. Un autre, n'estant si scrupuleux que luy, habitant avec elle, trouva que son cas puoit si fort, qu'on ne pouvoit endurer cette senteur; et, par ainsi, cogneut l'encloueure du mary.

J'ay ouy parler d'une autre, laquelle estant l'une des filles d'une grande princesse, qui pétoit de son devant : des médecins m'ont dit que cela se pouvoit faire à cause des vents et ventositez qui peuvent sortir par là, et mesmes quand elles font la fricarelle. Cette fille estoit avec cette princesse lorsqu'elle vint à Moulins, la cour y estant, du temps du roy Charles neufviesme, qui en fut abreuvé, dont on en rioit bien.

D'autres y en a-il qui ne peuvent tenir leur urine, qu'il faut qu'elles ayent tousjours la petite esponge entre les jambes, comme j'en ay cogneu deux grandes, et plus que dames, dont l'une, estant fille, fit l'éva-

---

1. Probablement Brantôme.

sion tout à trac dans la salle du bal, du temps du roy Charles neufviesme, dont fut fort scandalisée.

D'une autre grand' dame ay-je ouy parler, que, quand on luy faisoit cela, elle se compissoit à bon escient, ou sur le fait ou après, comme une jument quand elle a esté saillie : à telle falloit-il jetter le seillaud¹ d'eau comme à la jument, pour la faire retenir.

Tant d'autres y a-il qui sont ordinairement en sang et leurs mois, et autres qui sont viciées, tarrottées², marquetées et marquées, tant par accident de vérolle de leurs marys ou de leurs amis, que par leurs mauvaises habitudes et humeurs; comme celles qui ont les jambes louventines³ et autres fluxions et marques, que, par les envies de leurs mères estans enceintes d'elles, portent sur elles; comme j'en ay ouy parler d'une qui est toute rouge par une moitié du corps, et l'autre non, comme un eschevin de ville.

D'autres sont si sujettes à leurs flux menstruaux, que quasi ordinairement leur nature flue comme un mouton à qui on a coupé la gorge de frais; dont leurs marys ou amants ne s'en contentent guières, pour l'assidue fréquentation que Vénus ordonne et désire en ces jeux : car, si elles en sont saines et nettes une sepmaine du mois, c'est tout; et leur font perdre le reste de l'année : si que des douze mois ils n'en ont cinq ou six francs, voire moins. C'est beau-

1. *Seillaud*, seau.
2. *Tarrottées*, marquées de tares.
3. *Louventines*, c'est-à-dire rongées par certains ulcères auxquels on donnait vulgairement le nom de *loup*.

coup ; à mode de nos soldats des bandes auxquels à la monstre les commissaires et trésoriers font perdre de douze mois de l'an plus de quatre, en leur faisant monter les mois jusques à quarante jours et cinquante jours, si que les douze mois de l'an ne leur revienent pas à huict. Ainsi s'en trouvent les marys et amants qui telles femmes ont et servent, si ce n'est que, du tout pour assoupir leur paillardise, se veulent souiller vilainement, sans aucun respect d'impudicité ; et leurs enfants qui en sortent s'en trouvent mal et s'en ressentent.

Si j'en voulois raconter d'autres, je n'aurois jamais fait, et aussi que les discours en seroyent trop sallauds et desplaisants ; et ce que j'en dis et dirois, ce ne seroit des femmes petites et communes, mais des grandes et moyennes dames, qui de leurs visages beaux font mourir le monde, et point le couvert.

Si feray-je encor ce petit compte, qui est plaisant, d'un gentilhomme qu'il me le fit, qui est : qu'en couchant avec une fort belle dame, et d'estoffe, en faisant sa besogne il luy trouva en cette partie quelques poils si piquans et si aigus, qu'avec toutes les incommoditez il la put achever, tant cela le piquoit et le fiçonnoit[1]. Enfin, ayant fait, il voulut taster avec la main : il trouva qu'alentour de sa motte il y avoit une demi-douzaine de certains fils garnis de ces poils si aigus, longs, roides et picquants, qu'ils en eussent servy aux cordonniers à faire des rivets comme de ceux de pourceaux, et les voulut voir ; ce que la dame luy permit avec grande difficulté ; et trouva que tels

---

1. *Fiçonner*, piquer.

fils entournoient la pièce ny plus ny moins que vous voyez une médaille entournée de quelques diamants et rubis, pour servir et mettre en enseigne en un chappeau ou au bonnet.

Il n'y a pas long-temps qu'en une certaine contrée de Guyenne, une damoiselle mariée, de fort bon lieu et bonne part, ainsi qu'elle advisoit estudier ses enfants, leur précepteur, par une certaine manie et frénésie, ou, possible, pour rage d'amour qui luy vint soudain, il prit une espée qui estoit de son mary sur le lict, et luy en donna si bien, qu'il luy perça les deux cuisses et les deux labies de sa nature de part en part; dont despuis elle en cuida mourir, sans le secours d'un bon chirurgien. Son cas pouvoit bien dire qu'il avoit esté en deux diverses guerres et attaqué fort diversement. Je crois que la veue amprès n'en estoit guières plaisante, pour estre ainsi ballafré et ses aisles ainsi brisées : je les dis aisles, parce que les Grecs appellent ces labies *himenæa;* les Latins les nomment *alæ,* et les François labies, lèvres, lendrons, landilles et autres mots : mais je trouve qu'à bon droit les Latins les appellent aisles; car il n'y a animal ny oiseau, soit-il faucon, niais ou sot, comme celui de nos fillaudes, soit-il de passage, ou hagard, ou bien dressé, de nos femmes mariées ou veufves, qui aille mieux ny ayt l'aisle si viste.

Je le puis appeler aussi animal avec Rabelais, d'autant qu'il s'esmeut de soy-mesme; et, soit à le toucher ou à le voir, on le sent et le void s'esmouvoir et remuer de luy-mesme, quand il est en appétit.

D'autres, de peur de rhumes et cathères, se couvrent dans le lict de couvre-chefs alentour de la teste, par Dieu, plus que sorcières : au partir de là, bien habillées, elles sont saffrettes[1] comme poupines, et d'autres fardées et pintrées[2] comme images, belles au jour, et la nuict dépeintes et très-laides.

Il faudroit visiter telles dames avant les aymer, espouser et en jouir, ainsi que faisoit Octave César[3]; car avec ses amis qui faisoit despouiller aucunes grandes dames et matrosnes romaines, voire des vierges meures d'aage, et les visitoyent d'un bout à l'autre, comme si ce fussent esclaves et serves vendues par un certain maquignon [en faisant trafic], nommé Torane; et selon qu'il les trouvoit à son gré et son point, ny tarées, il en jouissoit.

De mesme en font les Turcs en leur basestan[4] en Constantinople et autres grandes villes, quand ilz acheptent des esclaves de l'un et l'autre sexe.

Or je n'en parleray plus; encor pensé-je en avoir trop dit; et voilà comment nous sommes bien trompez en beaucoup de veues que nous pensons et croyons très-belles. Mais, si nous y sommes en aucunes dames déceus, nous y sommes bien autant édifiez et satisfaits en d'aucunes autres, lesquelles sont si belles, si nettes, propres, fraisches, caillées, si amiables et si en bon point, bref, si accomplies en toutes parties du corps, qu'après elles toutes veues mondaines sont chétives et vaines; dont il y a des

---

1. *Saffrettes*, pimpantes.
2. *Pintrées*, peintes, enluminées.
3. Suétone, *Octave-Auguste*, chap. LXIX.
4. *Bazestan*, bazar.

hommes qui, en telles contemplations, s'y perdent tellement, qu'ils ne songent qu'aux actions : aussi, bien souvant telles dames se plaisent à se monstrer sans nulle difficulté, pour ne se sentir taschées d'aucunes macules, pour nous faire plus entrer en tentation et concupiscence.

Nous estans un jour au siège de La Rochelle, le pauvre feu de M. de Guise, qui me faisoit l'honneur de m'aymer, s'en vint me monstrer des tablettes qu'il venoit de prendre à Monsieur, frère du roy, nostre général, dans la poche de ses chausses, et me dit : « Monsieur me vient de faire un desplaisir et la « guerre pour l'amour d'une dame ; mais je veux « avoir ma revanche ; voyez ce que j'y ay mis dedans « et lisez. » Me donnant les tablettes, je vis escrit de sa main ces quatre vers qu'il venoit de faire, mais le mot de f..... y estoit tout à trac.

> Si vous ne m'avez cogneue,
> Il n'a pas tenu à moy ;
> Car vous m'avez bien veu nue,
> Et vous ay monstré de quoy.

Puis, me nommant la dame, ou pour mieux dire fille, de laquelle je me doutois pourtant, je luy dis que je m'estonnois fort qu'il ne l'eust touchée et cogneue, d'autant que les approches en avoyent esté grandes, et que le bruit en estoit par trop commun ; mais il m'asseura que non, et que ce n'avoit esté que sa faute. Je luy replicquay : « Il falloit donc, Mon- « sieur, ou qu'alors il fust si las et recreu [1] d'ailleurs,

---

1. *Recreu*, fatigué.

« qu'il n'y pust fournir, ou qu'il fust si ravy en la con-
« templation de cette beauté nue, qu'il ne se souciast
« de l'action. » — « Possible, me respondit ce prince,
« qu'il se pourroit faire; mais tant y a que ce coup
« il y faillit; et je luy en fais la guerre, et je luy vais
« remettre ses tablettes dans la poche, qu'il visitera
« selon sa coustume, et y lira ce qu'il y faut; et am-
« près, me voilà vangé. » Ce qu'il fit, et ne fut amprès
sans en rire tous deux à bon escient, et s'en faire la
guerre plaisamment; car, pour lors, c'estoit une très-
grande amitié et privauté entr'eux deux, bien despuis
estrangement changée.

Une dame de par le monde, ou plustost fille, estant
fort aymée et privée d'une très-grande princesse, estoit dans le lict se rafraischissant, comme estoit la
coustume. Vint un gentilhomme la voir, qui pour
elle brusloit d'amour; mais il n'en avoit autre chose.
Cette dame fille estant ainsy aymée et privée de sa
maistresse, s'approchant d'elle tout bellement, sans
faire semblant de rien, tout à coup vint à tirer toute
la couverture de dessus elle, si bien que le gentilhomme, point paresseux de ses yeux aucunement,
les jetta aussitost dessus, qui vid, à ce que depuis il
m'a faict le conte, la plus belle chose qu'il vid ny
qu'il verra jamais, qui estoit ce beau corps nud, et
ses belles parties, et cette blanche, jolie et belle charnure, qu'il pensa voir les beautez de paradis. Mais
cela ne dura guières; car, tout aussitost la couverture
fut tournée prendre par la dame, la fille en estant
partie de là; et de bonheur, cette belle dame, tant
plus elle se remuoit à reprendre la couverture, tant
plus elle se faisoit paroistre; ce qui n'endommageoit

nullement la veue et le plaisir du gentilhomme, qui autrement ne s'empeschoit à la recouvrir; bien sot fust esté : pourtant, tellement quellement, elle recouvra sa couverture, se remit, en se courouçant assez doucement contre la fille, et luy disant qu'elle le payeroit. La damoiselle luy dit, qui estoit un petit à l'escart : « Madame, vous m'en aviez fait une ; par-
« donnez-moy si je la vous ay rendue ; » et, passant la porte, s'en alla. Mais l'accord fut fait aussitost.

Cependant le gentilhomme se trouva si bien de telle veue, et en tel extase de plaisir et contentement, que je luy ay ouy dire cent fois qu'il n'en vouloit d'autre en sa vie, que de vivre au songer de cette ordinaire contemplation; et certes il avoit raison : car, selon la monstre de son beau visage le non-pareil, et sa belle gorge dont elle a tant repeu le monde, pouvoit assez monstrer que dessous il y avoit de caché de plus exquis; et me disoit qu'entre telles beautez, c'estoit la dame la mieux flanquée et le plus haut qu'il eust jamais veue : aussi le pouvoit-elle estre, car elle estoit de très-riche taille; mesmes entre les beautez il faut qu'elle le soit, ny plus ny moins qu'une forteresse de frontière.

Amprès que ce gentilhomme m'eut tout conté, je ne luy peus que dire : « Vivez doncques, vivez, mon
« grand amy, avec cette contemplation divine et
« cette béatitude que jamais ne puissiez-vous mourir;
« et moy au moins, avant mourir, puissé-je avoir
« une telle veue ! »

Ledict gentilhomme en eut pour jamais cette obligation à la damoiselle, et tousjours depuis l'honora et l'ayma de tout son cœur. Aussi luy estoit-il serviteur fort; mais il ne l'espousa, car un autre, plus riche que luy, la luy embla, ainsi qu'est la coustume à toutes de courir aux biens.

Telles veues sont belles et agréables; mais il se faut donner garde qu'elles ne nuisent, comme celle de la belle Diane nue au pauvre Actéon, ou bien une que je vois dire.

Un roy[1] de par le monde ayma fort en son temps une bien belle, honneste et grand' dame veufve[2], si bien qu'on l'en tenoit charmé; car peu il se soucioit des autres, voire de sa femme, sinon que par intervalles, car cette dame emportoit tousjours les plus belles fleurs de son jardin; ce qui faschoit fort à la reine, car elle se sentoit aussi belle et agréable que serviable[3], et digne d'avoir de si friands morceaux; dont elle s'en esbahissoit fort. De quoy en ayant fait sa complainte à une sienne grand' dame favorite, elle complotta avec elle d'adviser s'il y avoit tant de quoy, mesmes espier par un trou le jeu que joueroient son mary et la dame. Par quoy elle advisa de faire plusieurs trous au-dessus de la chambre de ladite dame, pour voir le tout et la vie qu'ils démeneroyent tous deux ensemble : dont se mirent à tel spectacle; mais elles n'y virent rien que très-beau, car elles y apperceurent une femme très-belle, blanche, délicate et très-fraische, moitié en chemise et moitié nue, faire des caresses à son amant, des mignardises, des follastreries bien grandes, et son amant luy rendre la pareille, de sorte qu'ils sortoient du lict, et tout en

---

1. Henri II. — 2. Diane de Poitiers.
3. *Serviable*, digne d'être servie.

chemise se couchoient et s'esbattoyent sur le tapis velu qui estoit au près du lict, affin d'éviter la chaleur du lict, et pour mieux en prendre le frais; car c'estoit aux plus grandes chaleurs; ainsi que j'ay cogneu aussi un très-grand prince qui prenoit de mesme son déduit avec sa femme, qui estoit la plus belle femme du monde, affin d'éviter le chaud que produisoient les grandes chaleurs de l'esté, ainsi que luy-mesme disoit.

Cette princesse donc, ayant veu et apperceu le tout, de dépit s'en mit à plorer, gémir, souspirer et attrister, luy semblant, et aussi le disant, que son mary ne luy rendoit le semblable, et ne faisoit les folies qu'elle luy avoit veu faire avec l'autre.

L'autre dame qui l'accompagnoit se mit à la consoler et luy remonstrer pourquoy elle s'attristoit ainsi, ou bien, puisqu'elle avoit esté si curieuse de voir telles choses, qu'il n'en falloit pas espérer de moins. La princesse ne respondit autre chose, sinon : « Hélas, « ouy! j'ay voulu voir chose que je ne devois avoir « voulu voir, puisque la veue m'en fait mal. » Toutesfois, après s'estre consolée et résolue, elle ne s'en soucia plus, et, le plus qu'elle pût, continua ce passe-temps de veue, et le convertit en risée, et, possible, en autre chose.

J'ay ouy parler d'une grand' dame de par le monde, mais grandissime, qui, ne se contentant de sa lasciveté naturelle, car elle estoit grand' putain, et maryée et veufve, aussi estoit-elle fort belle, pour se provoquer et exciter davantage, elle faisoit despouiller ses dames et filles, je dys les plus belles, et se délicatoit fort à les voir; et puis elle les battoit du plat de la main sur les fesses avec de grandes claquades et plamussades[1], tapes assez rudes, et les filles qui avoyent délinqué quelque chose, avec de bonnes verges; et alors son contentement estoit de les voir remuer et faire les mouvemens et tordions de leur corps et fesses, lesquelles, selon les coups qu'elles recevoyent, en monstroyent de bien estranges et plaisants.

Aucunes fois, sans les despouiller, les faisoit trousser en robe (car pour lors elles ne portoyent point de calsons), et les claquetoit et fouettoit sur les fesses, selon le sujet qu'elles luy donnoyent, ou pour les faire rire, ou pour plorer. Et, sur ces visions et contemplations, y aiguisoit si bien ses appétits, qu'après elle les alloit passer bien souvent à bon escient avecque quelque gallant homme bien fort et robuste.

Quelle humeur de femme! Si bien qu'on dit qu'ayant une fois veu par la fenestre de son chasteau qui visoit sur la rue, un grand cordonnier, estrangement proportionné, pisser contre la muraille dudict chasteau, elle eut envie d'une si belle et grande proportion; et de peur de gaster son fruit pour son envie, elle luy manda par un page de la venir trouver en une allée secrète de son parc, où elle s'estoit retirée, et là elle se prostitua à luy en condition[2] qu'elle en engroissa. Voilà ce que servit la veue à cette dame.

Et de plus, j'ay ouy dire qu'outre ses femmes et

1. *Plamussade; plamusse*, tape.
2. Dupuy a biffé ce mot qu'il a remplacé par ceux-ci : telle façon.

filles ordinaires qui estoyent à sa suitte, les estrangères qui la venoyent voir, dans les deux ou trois jours, ou toutes les fois qu'elles y venoyent, elle les apprivoisoit aussitost à ce jeu, faisant monstrer aux siennes premièrement le chemin, et aller devant elles, et les autres après; si bien qu'elles estoyent estonnées de ce jeu les unes, et les autres non. Vrayment, voilà un plaisant exercice !

J'ay ouy parler d'un grand aussi qui prenoit plaisir de voir ainsi sa femme nue ou habillée, et la fouetter de claquades, et la voir manier[1] de son corps.

J'ay ouy dire à une honneste dame, qu'estant fille, sa mère la fouettoit tous les jours deux fois, non pour avoir forfait, mais parce qu'elle pensoit qu'elle prenoit plaisir à la voir ainsi remuer les fesses et le corps, pour autant en prendre d'appétit ailleurs : et tant plus elle alla sur l'aage de quatorze ans, elle persista et s'y acharna de telle façon, qu'à mode qu'elle l'accostoit elle la contemploit encor plus.

J'ay bien ouy dire pis d'un grand seigneur et prince, il y a plus de quatre-vingts ans, qu'avant qu'aller habiter avec sa femme se faisoit fouetter, ne pouvant s'esmouvoir ny relever sa nature baissante sans ce sot remède. Je désirerois volontiers qu'un médecin excellent m'en dît la raison.

Ce grand personnage, Picus Mirandula[2], raconte[3] avoir veu un certain gallant en son temps, qui, d'au-

1. *Manier*, remuer.
2. Pic de la Mirandole.
3. Au livre III, chap. xxii de ses *Disputationes adversus astrologos*; voyez le tome II de ses *Opera omnia*, Paris, J. Petit, 1517, in-folio.

tant plus qu'on l'estrilloit à grands sanglades d'estrivières, c'estoit lors qu'il estoit le plus enragé après les femmes; et n'estoit jamais si vaillant après elles s'il n'estoit ainsi estrillé : après il faisoit rage. Voilà de terribles humeurs de personnes! Encore celle de la veue des autres est plus agréable que la dernière.

Moy estant à Milan, un jour on me fit un conte de bonne part : que feu M. le marquis de Pescayre[1], dernier mort, vice-roy en Sicile, devint grandement amoureux d'une fort belle dame; si bien qu'un matin, pensant que son mary fust allé dehors, l'alla visiter qu'il la trouva encores au lit; et, en devisant avec elle, n'en obtint rien que la voir et la contempler à son aise sous le linge, et la toucher de la main. Sur ces entrefaictes survint le mary, qui n'estoit du calibre du marquis en rien, et les surprit de telle sorte, que le marquis n'eut loisir de retirer son gand, qui s'estoit perdu, je ne sçay comment, parmy les draps, comme il arrive souvent. Puis, luy ayant dit quelques mots, il sortit de la chambre; conduit pourtant du gentilhomme, qui, amprès estre retourné, par cas fortuit trouva le gand du marquis perdu dans les draps, dont la dame ne s'en estoit point apperceue. Il le prit et le serra, et puis, faisant la mine froide à sa femme, demeura longtemps sans coucher avec elle ny la toucher; parquoy un jour elle seule dans sa chambre, mettant la main à la plume, se mit à faire ce quatrain :

> Vigna era, vigna son.
> Era podata, or più non son;

[1]. François-Ferdinand d'Avalos, mort en 1571.

> E non so per qual cagion
> Non mi poda il mio patron.

Et puis laissant ce quatrain escrit sur la table, le mary vint, qui vid ces vers sur la table, prend la plume et fait response :

> Vigna eri, vigna sei,
> Eri podata, e più non sei.
> Per la granfa del leon,
> Non ti poda il tuo patron.

Et puis les laissa aussi sur la table. Le tout fut apporté au marquis, qui fit response :

> A la vigna che voi dite
> Io fui, e qui restai;
> Alzai il pampano; guardai la vite;
> Ma, se Dio m'ajuti, non toccai.

Cela fut rapporté au mary, qui, se contentant d'une si honnorable response et juste satisfaction, reprit sa vigne et la cultiva aussi bien que devant; et jamais mary et femme ne furent mieux.

Je m'en vois le traduire en françois, afin que chacun l'entende.

> Je suis esté une belle vigne et le suis encore,
> Je suis esté d'autresfois très-bien cultivée;
> A st'heure je ne le suis point; et si ne sçay
> Pourquoy mon patron ne me cultive plus.

> Oui, vous avez été vigne telle, et l'estes encore,
> Et d'autresfois bien cultivée, à st'heure plus;
> Pour l'amour de la griffe du lion,
> Vostre mary ne vous cultive plus.

A la vigne que vous autres dittes
Je suis esté certes, et y restay un peu;
J'en haussay le pampre et en regarday le raisin;
Mais Dieu ne me puisse ayder si jamais j'y ay touché!

Par cette griffe du lion il veut dire le gand qu'il avoit trouvé esgaré entre les linceuls.

Voilà encor un bon mary qui ne s'ombragea par trop, et, se despouillant de soubçon, pardonna ainsi à sa femme. Et certes il y a des dames, lesquelles se plaisent tant en elles-mesmes, qu'elles se regardent et se contemplent nues, de sorte qu'elles se ravissent se voyans si belles, comme Narcisus. Que pouvons-nous donc faire les voyant et arregardant?

Mariane, femme d'Hérode, belle et honneste femme, son mary voulant un jour coucher avec elle en plein midy et voir à plein ce qu'elle portoit, luy refusa à plat, ce dit Josephe[1]. Il n'usa pas de puissance de mary, comme un grand seigneur que j'ay cogneu, à l'endroit de sa femme, qui estoit des belles, qu'il assaillit ainsi en plain jour, et la mit toute nue, elle le déniant fort. Après, il luy renvoya ses femmes pour l'habiller, qui la trouvèrent toute esplorée et honteuse. D'autres dames y a-il lesquelles à dessein ne font pas grand scrupule de faire à pleine veue la monstre de leur beauté, et se descouvrir nues, afin de mieux encapricier et marteller leurs serviteurs, et les mieux attirer à elles; mais ne veulent permettre nullement la touche précieuse, au moins aucunes, pour quelque temps; car, ne se voulans arrester en

---

[1]. Voyez *Antiquités judaïques*, liv. XV, chap. VII.

si beau chemin, passent plus outre, comme j'en ay ouy parler de plusieurs, qui ont ainsi long-temps entretenu leurs serviteurs de si beaux aspects.

Bienheureux sont-ils ceux qui s'y arrestent aux patiences, sans se perdre par trop en tentation. Et faut que celuy soit bien enchanté de vertu qui, en voyant une belle femme, ne se gaste point les yeux; ainsi que disoit Alexandre[1] quelquesfois à ses amis, que les filles des Perses faisoyent grand mal aux yeux à ceux qui les regardoient; et pour ce, tenant les filles du roy Darius ses prisonnières, jamais ne les saluoit qu'avec les yeux baissez, et encor le moins qu'il pouvoit, de peur qu'il avoit d'estre surpris de leur excellente beauté.

Ce n'est dès lors seulement, mais d'aujourd'huy, qu'entre toutes les femmes d'Orient les Persiennes ont le los et le prix d'estre les plus belles et accomplies en proportions de leur corps et beauté naturelle, gentilles, propres en leurs habits et chaussures, mesmement et sur toutes celles de l'ancienne et royale ville de Sciras, lesquelles sont tellement louées en leurs beautez, blancheurs et plaisantes civilitez et bonne grâce, que les Mores, par un antique et commun proverbe, disent : que leur prophète Mahommet ne voulut jamais aller à Sciras, de crainte que s'il y eust veu une fois ces belles femmes, jamais amprès sa mort son âme ne fust entrée en paradis. Ceux qui y ont esté et en ont escrit le disent ainsi, en quoy on notera l'hypocrite contenance de ce bon rompu et marault prophète; comme s'il ne se trouvoit par es-

---

1. Voyez Plutarque, *Alexandre*, chap. XXXIX.

crit, ce dit Belon, en un livre arabe intitulé : *Des bonnes coustumes de Mahommet*, le louant de ses forces corporelles, qu'il se vantoit de pratiquer et repasser ses unze femmes qu'il avoit en une mesme heure, l'une après l'autre[1]. Au diable soit le marault! N'en parlons plus : quand tout est dit, je suis bien à loisir d'en parler.

J'ay veu faire cette question, sur ce trait d'Alexandre que je viens de dire, et de Scipion l'Afriquain : lequel des deux acquist plus grand' louange de continence?

Alexandre, se défiant des forces de sa chasteté, ne voulut point voir ces belles dames persiennes : Scipion, après la prise de Cartage-la-Neufve, vid cette belle fille espagnole que ses soldats luy amenèrent, et luy offrirent pour la part de son butin, laquelle estoit si excellente en beauté et en si bel aage de prise, que partout où elle passoit elle animoit et admiroit[2] les yeux de tous à la regarder, et Scipion mesme; lequel, l'ayant saluée fort courtoisement, s'enquist de quelle ville d'Espagne elle estoit et de ses parents. Luy fut dit, entr'autres choses, qu'elle estoit accordée à un jeune homme nommé Alucius, prince des Celtibériens, à qui il la rendit, et à ses père et mère, sans la toucher; dont il obligea la dame, les parens et le fiancé, si bien qu'ils se rendirent depuis très-

---

1. Cette phrase est prise textuellement de l'ouvrage du célèbre naturaliste et voyageur Pierre Belon, intitulé : *Les observations de plusieurs singularités et choses mémorables, trouvées en Grèce, Asie, Judée, Égypte, Arabie*, etc. Paris, 1554, in-4°, liv. III, chap. x, p. 179.

2. *Admirer*, étonner.

affectionnez à la ville de Rome et à la république. Mais que sçait-on si dans son âme cette belle dame n'eust point désiré avoir esté un peu percée et entamée premièrement de Scipion, de luy, dis-je, qui estoit beau, jeune, brave, vaillant et victorieux? Possible que si quelque privé ou privée des siens et des siennes luy eust demandé en foy et conscience si elle ne l'eust pas voulu, je laisse à penser ce qu'elle eust répondu, ou fait quelque petite mine approchant de l'avoir désiré, et, s'il vous plaist, si son climat d'Espagne et son soleil couchant ne la sçavoit pas rendre, et plusieurs autres dames d'aujourd'huy et de cette contrée, belles et pareilles à elle, chaudes et aspres à cela, comme j'en ay veu quantité. Ne faut donc point douter, si cette belle et honneste fille fust esté sollicitée et requise de ce beau jeune homme Scipion, qu'elle ne l'eust pris au mot, voire sur l'autel de ses dieux prophanes.

En cela ce Scipion a esté certes loué d'aucuns de ce grand don de continence; d'autres il en a esté blasmé : car en quoy peut monstrer un brave et valleureux cavallier la générosité de son cœur, qu'envers une belle et honneste dame, sinon lui faire parestre par effet qu'il prise sa beauté et l'ayme beaucoup, sans luy user de ces froideurs, respects, modesties et discrétions que j'ay veu souvent appeller, à plusieurs cavalliers et dames, plustost sottises et faillement[1] de cœur que vertus? Non, ce n'est pas ce qu'une belle et honneste dame ayme dans son cœur, mais une bonne jouissance, sage, discrète et secrète. Enfin,

---

1. *Faillement*, défaillance.

comme dist un jour une honneste dame lisant cette histoire, c'estoit un sot que Scipion, tout brave et généreux capitaine qu'il fust, d'aller obliger des personnes à soy et au parti romain par un si sot moyen, qu'il eust pu faire par un autre plus convenable, et mesmes puisque c'estoit un butin de guerre, duquel en cela on doit triompher autant ou plus que de toute autre chose.

Le grand fondateur de sa ville ne fit pas ainsi, quand les belles dames sabines furent ravies, à l'endroit de celle qu'il eut pour sa part; et en fit à son bon plaisir, sans aucun respect; dont elle s'en trouva bien, et ne s'en soucia guières, ny elle ny ses compagnes, qui firent leur accord aussitost avec leurs marys et ravisseurs, et ne s'en formalisèrent comme leurs pères et mères, qui en firent esmouvoir grosse guerre.

Il est vray qu'il y a gens et gens, femmes et femmes, qui ne veulent accointance de tout le monde en cette façon : et toutes ne sont pareilles à la femme du roy Ortiagon[1], l'un des rois gaulois d'Asie, qui fut belle en perfection; et, ayant esté prise en sa défaitte par un centenier romain, et sollicitée de son honneur, la trouvant ferme, elle qui eut horreur de se prostituer à luy, et à une personne si vile et basse, il la prit par force et violence, que la fortune et adventure de guerre luy avoit donné par droict d'esclavitude; dont bientost il s'en repentit et en eut la vengeance; car elle luy ayant promis une grande rançon pour sa

---

1. Elle s'appelait Chiomara. Voyez Plutarque, *des Vertus des femmes*, et Boccace, *De claris mulieribus*, chap. LXXIV.

liberté, et tous deux estans allez au lieu assigné pour en toucher l'argent, le fit tuer ainsi qu'il le contoit, et puis l'emporta et la teste à son mary, auquel confessa librement que celuy-là luy avoit violé véritablement sa chasteté, mais qu'elle en avoit eu la vengeance en cette façon : ce que son mary l'approuva, et l'honnora grandement. Et, depuis ce temps là, dit l'histoire, conserva son honneur jusques au dernier [jour] de sa vie avec toute sainteté et gravité : enfin elle en eut ce bon morceau, fust qu'il vinst d'un homme de peu.

Lucrèce n'en fit pas de mesme, car elle n'en tasta point, bien qu'elle fust sollicitée d'un brave roy : en quoy elle fit doublement de la sotte, de ne luy complaire sur le champ et pour un peu, et de se tuer.

Pour tourner encore à Scipion, il ne sçavoit point encor bien le train de la guerre pour le butin et pour le pillage : car, à ce que je tiens d'un grand capitaine des nostres, il n'est telle viande au monde pour cela qu'une femme prise de guerre; et se mocquoit de plusieurs autres ses compagnons, qui recommandoient sur toutes choses, aux assauts et surprises des villes, l'honneur des dames, mesmes aux autres lieux et rencontres : car elles ayment les hommes de guerre tousjours plus que les autres, et leur violence leur en fait venir plus d'appétit; et puis on n'y trouve rien à redire; le plaisir leur en demeure; l'honneur des marys et d'elles n'en est nullement hony; et puis les voylà bien gastées ! Et, qui plus est, sauvent les biens et les vies de leurs marys, ainsi que la belle Eunoe, femme de Bogud ou Bocchus, roy de Mauritanie, à laquelle Cæsar fit de grands biens et à son mary, non tant, faut-il croire, pour avoir suivy son party, comme Juba, roy de Bithinie, celuy de Pompée, mais parce que c'estoit une belle femme, et que Cæsar en eut l'accointance et douce jouissance [1].

Tant d'autres commoditez de ces amours y a-il que je passe : et toutesfois, ce disoit ce grand capitaine, ses autres grands compagnons pareils à luy s'amusans à de vieilles routines et ordonnances de guerre, veulent qu'on garde l'honneur des femmes, desquelles il faudroit auparavant sçavoir en secret et en conscience l'advis, et puis en décider : ou, possible, sont-ils du naturel de nostre Scipion, lequel, ne se contentoit tenir de celuy du chien de l'ortolan, lequel, comme j'ay dit cy-devant [2], ne voulant manger des choux du jardin, empesche que les autres n'en mangent. Ainsi qu'il fit à l'endroit du pauvre Massinissa, lequel, ayant tant de fois hazardé sa vie pour luy et pour le peuple romain, tant peiné, sué et travaillé pour luy acquérir gloire et victoire, il luy refusa et osta la belle reine Sophonisba, qu'il avoit prise et choisie pour son principal et plus précieux butin : il la luy enleva pour l'envoyer à Rome à vivre le reste de ses jours en misérable esclave, si Massinissa n'y eust rémédié [3]. Sa gloire en fust esté plus belle et plus ample, si elle y eust comparu en glorieuse et superbe reine, femme de Massinissa, et que l'on eust dit, la voyant passer : « Voilà l'une des

---

1. Voyez Suétone, *Cæsar*, chap. LII. — 2. Voyez p. 142.
3. Voyez Tite-Live, liv. XXX, chap. XV, et Boccace, *De claris mulieribus*, chap. LXXII.

« belles vestiges des conquestes de Scipion; » car la gloire certes gist bien plus en l'apparence des choses grandes et hautes, que des basses.

Pour fin, Scipion en tout ce discours fit de grandes fautes, ou bien il estoit ennemy du tout du sexe fémenin, ou du tout impuissant de le contenter, bien qu'on die que sur ses vieux jours il se mit à faire l'amour à une des servantes de sa femme; ce qu'elle comporta fort patiemment, pour des raisons qui se pourroyent là-dessus alléguer[1].

Or, pour sortir de la disgression que je viens d'en faire, et pour rentrer au plain chemin que j'avois laissé, je dis, pour faire fin à ce discours : que rien au monde n'est si beau à voir et regarder qu'une belle femme pompeusement habillée, ou délicatement déshabillée et couchée; mais qu'elle soit saine, nette, sans tare, suros ny mallandre, comme j'ay dit[2].

Le roy François disoit qu'un gentilhomme, tant superbe soit-il, ne sçauroit mieux recevoir un seigneur, tant grand soit-il, en sa maison ou chasteau, mais qu'il y opposast à sa veue et première rencontre une belle femme sienne, un beau cheval et un beau lévrier : car, en jettant son œil tantost sur l'un, tantost sur l'autre, et tantost sur le tiers, il ne se sçauroit jamais fascher en cette maison; mettant ces trois choses belles pour très-plaisantes à voir et admirer, et en faisant cet exercice très-agréable.

1. Il me semble que Brantôme fait ici confusion, et qu'il attribue à Scipion une aventure de Caton l'Ancien, rapportée par Plutarque.
2. Voyez plus haut, p. 94.

La reine Isabel de Castille disoit qu'elle prenoit un très-grand plaisir de voir quatre choses : *Hombre d'armas en campo, obisbo puesto en pontifical, linda dama en la cama, y ladron en la horca* : « Un homme « d'armes sur les champs, un évesque en son pon- « tifical, une belle dame dans un lit, et un larron « au gibet. »

J'ay ouy raconter à feu M. le cardinal de Lorraine le Grand, dernier décédé, que lorsqu'il alla à Rome vers le pape Paul IV, pour rompre la trefve faite avec l'empereur, il passa à Venise, où il fut très-honnorablement receu, il n'en faut point doubter, puisqu'il estoit un si grand favory d'un si grand roy. Tout ce grand et magnifique sénat alla au devant de luy; et, passant par le grand canal, où toutes les fenestres des maisons estoyent bordées de toutes les femmes de la ville, et des plus belles, qui estoyent là accourues pour voir cette entrée, il y en eut un des plus grands qui l'entretenoit sur les affaires de l'estat, et luy en parloit fort : mais, ainsi qu'il jettoit fort ses yeux fixement sur ces belles dames, il luy dit en son patois langage[1] : « Monseigneur, je croy que vous ne « m'entendez, et avez raison; car il y a bien plus de « plaisir et différence de voir ces belles dames à ces « fenestres, et se ravir en elles, que d'ouyr parler « un fascheux vieillard comme moy, et parlast-il de « quelque grande conqueste à vostre advantage. » M. le cardinal, qui n'avoit faute d'esprit et de mémoire, luy respondit de mot à mot à tout ce qu'il avoit dit, laissant ce bon vieillard fort satisfait de luy,

---

1. En dialecte vénitien.

et en admirable estime qu'il eut de luy qui, pour s'amuser à la veue de ces belles dames, il n'avoit rien oublié ny obmis de ce qu'il luy avoit dit.

Qui aura veu la cour de nos rois François, Henry second, et autres rois ses enfans, advouera bien, quel qu'il soit, et eust-il veu tout le monde, n'avoir rien veu jamais de si beau que nos dames qui sont estées en leur cour, et de nos reines, leurs femmes et mères et sœurs; mais plus belle chose encor eust-il veu, ce dit quelqu'un, si le grand-père de maistre Gonnin eust vescu, qui, par ses inventions, illusions et sorcelleries et enchantements, les eust pû representer dévestues et nues, comme l'on dit qu'il le fit une fois en quelque compagnie privée, que le roy François luy commanda; car il estoit un homme très-expert et subtil en son art; et son petit-fils, qu'avons veu, n'y entendoit rien au prix de luy.

Je pense que cette veue seroit aussi plaisante comme fut jadis celle des dames égiptiennes en Alexandrie, à l'accueil et réception de leur grand Dieu Apis, au devant duquel elles alloyent en très-grande cérémonie, et levant leurs robbes, cottes et chemises, et les retroussant le plus haut qu'elles pouvoyent, les jambes fort eslargies et escarquillées, leur monstroyent leur cas tout à fait; et puis, ne le revoyoient plus; pensez qu'elles cuidoyent l'avoir bien payé de cela. Qui en voudra voir le conte, lise Alexan. ab Alex., au sixiesme livre des *Jours jovials*[1]. Je pense que telle

---

1. Malgré le dire de Brantôme, j'ai cherché en vain dans les *Dierum genialium libri VI* (publiés pour la première fois en 1523) du jurisconsulte napolitain Alessandro Alessandri le tableau qu'il nous trace de la fête égyptienne. Le fait auquel il fait allusion se trouve

veue en estoit bien plaisante, car pour lors les dames d'Alexandrie estoyent belles, comme encores sont aujourd'huy.

Si les vieilles et laides faisoyent de mesme, passe; car la veue ne se doit jamais estendre que sur le beau, et fuir le laid tant que l'on peut.

En Suisse, les hommes et femmes sont pesle-mesle aux bains et estuves sans faire aucun acte déshonneste, et en sont quittes en mettant un linge devant : s'il est bien délié, encor peut-on voir chose qui plaist ou déplaist, selon le beau ou laid.

Avant que finir ce discours, si diray-je encor ce mot. En quelles tentations et récréations de veue pouvoyent entrer aussi les jeunes seigneurs, chevalliers, gentilshommes, plébéans[1] et autres Romains, le temps passé, le jour que se célébroit la feste de Flora à Rome, laquelle on dit avoir esté la plus gentille et la plus triomphante courtisanne qu'oncques exerça le putanisme dans Rome, voire ailleurs[2]. Et

dans Diodore de Sicile (liv. I, chap. LXXXV), et il y est question non point d'Alexandrie, mais d'un bois de Memphis consacré à Vulcain. Hérodote de son côté (liv. II, chap. LX), raconte ce qui suit : Lors de la grande fête de Diane (Isis), qui se célébrait tous les ans à Bubastis, située sur une des branches du Nil, les Égyptiens, hommes et femmes s'y rendaient par eau. Chaque fois qu'on passait devant une ville les bateaux s'approchaient du rivage. Des femmes embarquées, les unes chantaient, dansaient, criaient en injuriant les habitants; les autres debout « retroussaient leur robe indécemment. »

1. *Plébéans*, plébéiens.

2. C'est dans le *De claris mulieribus* de Boccace et dans la traduction française (Paris, 1538, in-8°, goth.) que Brantôme a pris l'histoire de Flora (chap. LXV, f° CXVII); mais il l'a enjolivée avec ce sans-façon si habituel chez les écrivains de son temps,

qui plus la recommandoit en cela, c'est qu'elle estoit de bonne maison et de grande lignée; et, pour ce, telles dames de si grande estoffe voluntiers plaisent plus, et la rencontre en est plus excellente que des autres.

Aussi cette dame Flora eut cela de bon et de meilleur que Lays, qui s'abandonnoit à tout le monde comme une bagasse, et Flora aux grands; si bien que sur le sueil de sa porte elle avoit mis cet escriteau : « Rois, princes, dictateurs, consuls, censeurs, « pontifes, questeurs, ambassadeurs, et autres grands « seigneurs, entrez, et non d'autres. »

Lays se faisoit tousjours payer avant la main, et Flora point, disant qu'elle faisoit ainsi avec les grands, afin qu'ils fissent de mesme avec elle comme grands et illustres, et aussi qu'une femme d'une grande beauté et haut lignage sera tousjours autant estimée qu'elle se prise : et si ne prenoit sinon ce qu'on luy donnoit, disant que toute dame gentille devoit faire plaisir à son amoureux pour amour, et non pour avarice, d'autant que toutes choses ont certain prix, fors l'amour.

---

quand ils parlent des choses et des personnes de l'antiquité. Le nom de cette femme était Acca Larentia. Suivant une tradition rapportée par Macrobe (*Saturnales*, liv. I, chap. x), elle vivait sous Ancus Martius et légua au peuple romain les richesses qu'elle avait amassées dans l'exercice de son métier, à la condition de fêter tous les ans le jour de sa naissance. Les jeux qu'on célébrait en son honneur furent plus tard confondus avec le culte de la déesse Flore dont on lui donna le nom; les courtisanes s'y montraient nues sur la scène. (Voyez Aulu-Gelle, liv. VI, chap. vii; Valère Maxime, liv. II, chap. x, et les *Dies geniales*, liv. VI, chap. viii.)

Pour fin, en son temps elle fit si gentiment l'amour, et se fit si bravement servir, que quand elle sortoit de son logis quelquesfois pour se pourmener en ville, il y avoit assez à parler d'elle pour un mois, tant pour sa beauté, ses belles et riches parures, ses superbes façons, sa bonne grâce, que pour la grande suitte de courtisans et serviteurs et grands seigneurs qui estoyent avec elle, et qui la suivoyent et accompagnoient comme vrays esclaves; ce qu'elle enduroit fort patiemment. Et les ambassadeurs estrangers, quand ils s'en retournoyent en leurs provinces, se plaisoyent plus à faire des contes de la beauté et singularité de la belle Flora que de la grandeur de la république de Rome, et surtout de sa grande libéralité, contre le naturel pourtant de telles dames; mais aussi estoit-elle outre le commun, puisqu'elle estoit noble.

Enfin elle mourut si riche et si opulente, que la valeur de son argent, meubles et joyaux estoit suffisante pour refaire les murs de Rome, et encor pour désengager la république. Elle fit le peuple romain son héritier principal, et pour ce, luy fut édiffié dans Rome un temple très-sumptueux, qui de Flore fut appellé Florian.

La première feste que l'empereur Galba célébra jamais fut celle de l'amoureuse Flora, en laquelle estoit permis aux Romains et Romaines de faire toutes les desbauches, déshonnestetez, sallauderies et débordemens à l'envy dont se pourroyent adviser; en sorte qu'on estimoit plus saincte et la plus gallante celle qui, ce jour là, faisoit plus de la dissoleue et de la déshonneste et débordée.

Pensez qu'il n'y avoit ny fiscaigne (que les chambrières et esclaves mores dansent les dimanches, à Malthe, en pleine place devant le monde), ny sarabande qui en approchast, et qu'elles n'y oublioyent ny mouvement ny remuemens lascifs, ny gestes paillards, ny tordions bizarres. Et qui en pouvoit excogiter de plus dissolus et débordez, tant plus gallante estoit la dame; d'autant que telle opinion estoit parmy les Romains, que, qui alloit au temple de cette déesse en habit et geste et façon plus lascive et paillarde, auroit mesme grâce et oppulents biens que Flora avoit eu.

Vrayment voilà de belles opinions et belle solemnisation de feste! aussi estoyent-ils payens. Là-dessus ne faut douter si elles y oublioyent nul genre de lascivetez, et si longtemps avant ces bonnes dames y estudioyent leur leçon, ny plus ny moins que les nostres à apprendre un ballet, et si elles estoyent affectionnées en cela. Les jeunes hommes, voire les vieux, y estoyent bien autant empressez à voir et contempler telles lascives simagrées. Si telles se pouvoyent représenter parmy nous, le monde en feroit bien son proffit en toutes sortes; et pour estre à telles veues le monde se tueroit de la presse.

Il y a assez là à gloser qui voudra; je le laisse aux bons gallants. Qu'on lise Suétone, Pausanias grec et Manilius latin, aux livres qu'ils ont fait des dames illustres, amoureuses et fameuses, on verra tout[1].

---

1. Ceci nous donne une idée des notions que Brantôme possédait sur les auteurs de l'antiquité. Suétone et Pausanias ont pu parler de « dames illustres et amoureuses », mais n'en ont jamais fait le sujet d'un livre. Quant à Manilius, l'on ne connaît

Ce conte encor, et puis plus :

Il se lit que les Lacédémoniens allèrent une fois pour mettre le siége devant Messène [1], à quoy les Mecéniens les prévindrent, car ils sortirent d'abord sur eux les uns et les autres, tirèrent et coururent à Lacédémone, pensant la surprendre et la piller cependant qu'ils s'amusoient devant leur ville; mais ils furent valleureusement repoussez et chassez par les femmes qui estoyent demeurées : ce que sçachans, les Lacédémoniens rebroussèrent chemin et tournèrent vers leur ville; mais de loin ils descouvrent leurs femmes toutes en armes, qui avoyent donné la chasse, dont ils furent en allarme; mais elles se firent aussitost à eux cognoistre, et leur raconter leur fortune; dont ils se mirent de joye à les baiser, embrasser et carresser, de telle sorte que, perdans toute honte, et sans avoir la patience d'oster les armes, ny eux ny elles, leur firent cela bravement en mesme place qu'ils les rencontrèrent, où l'on put voir choses et autres, et ouir un plaisant son et cliquetis d'armes et d'autre chose. En mémoire de quoy ils firent bastir un temple et simulachre à la déesse Vénus, qu'ils appellèrent *Vénus l'armée*, au contraire de tous les au-

---

de lui que l'*Astronomicon*, poëme en cinq livres sur l'astronomie.
— Peut-être faut-il lire *Martial* au lieu de Manilius.

1. Encore une histoire travestie : les Lacédémoniens (et non les Messéniens) ayant été assaillir Argos (et non Sparte), furent repoussés par les femmes de la ville. Voilà ce que Plutarque raconte en quelques lignes (*De virtutibus mulierum. Argivæ*). Quant à la manière dont les guerriers et les guerrières célébrèrent leur triomphe, je ne sais où Brantôme a pu l'apprendre. Enfin si la Vénus des Lacédémoniens était armée, c'est que tous leurs autres dieux l'étaient aussi.

tres, qui la peignent toute nue. Voilà une plaisante cohabitation, et un beau sujet, de peindre Vénus armée, et l'appeler ainsi!

Il se void souvent parmy les gens de guerre, mesme aux prises des villes par assauts, force soldats tous armés jouir des femmes, n'ayans le loisir et la patience de se désarmer pour passer leur rage et appétit, tant ils sont tentés; mais de voir le soldat armé habiter avec la femme armée, il s'en void peu. Il se faut là-dessus songer le plaisir qui s'en peut ensuivre, et quel plus grand pouvoit estre en ce beau mystère, ou pour l'action, ou pour la veue, ou pour la sonnerie des armes. Cela gist en l'imagination qu'on en pourroit faire, tant pour les agents[1] que pour les arregardans qui estoyent là pour lors.

Or, c'est assez; faisons fin : j'eusse fait ce discours plus ample de plusieurs exemples, mais je craignois que, pour estre trop lascif, j'en eusse encouru mauvaise réputation.

Si faut-il qu'après avoir tant loué les belles femmes, que je fasse le conte d'un Espagnol qui, voulant mal à une femme, me la dépeignit un jour comme il falloit, et me dit : *Señor, vieja es como la lampada azeytunada d'iglesia, y de hechura del armario, larga y desvayada, el color y gesto como mascara mal pintada, el talle como una campaña o mola de molino, la vista como idolo del tiempo antiguo, el andar y vision d'una antigua fantasma de la noche, que tanto tuviese encontrar-la de noche, como ver una mandragora. Iesus! Iesus! Dios me libre de su mal encuen-*

---

1. *Agent*, acteur.

*tro ! No se contenta de tener en su casa por huesped
al provisor del obisbo, ni se contenta con la demasiada
conversacion del vicario ni del guardian, ni de la
amistad antigua del dean, sino que agora de nuevo
ha tomado al que pide para las animas del purgatorio,
para acabar su negra vida :* « Voyez la : elle est
« comme une lampe vieille et toute graisseuse d'huyle
« d'église; de forme et façon, elle ressemble un ar-
« moire grand et vague et mal basti; la couleur et
« la grâce comme d'un masque mal peint; la taille
« comme une cloche de monastère ou meule de mou-
« lin; le visage comme d'un idole du temps passé;
« le regard et l'aller comme un fantosme antique qui
« va de nuict : de sorte que je craindrois autant de
« la rencontrer de nuict comme de voir une man-
« dragore. Jésus! Jésus! Dieu m'en garde de telle
« rencontre! Elle ne se contente pas d'avoir pour
« hoste ordinaire chez soy le proviseur de l'évesque,
« ny se contente de la desmesurée conversation du
« vicaire, ny de la continue visite du gardien, ny de
« l'ancienne amitié du doyen, sinon qu'à cette heure
« de nouveau elle a pris en main celuy qui demande
« pour les âmes de purgatoire, et ce pour achever sa
« noire vie. »

Voilà comment l'Espagnol, qui a si bien dépeint
les trente beautez d'une dame, comme j'ay dit cy-
dessus en ce discours[1], quand il veut, la sçait bien
déprimer.

1. Voyez plus haut, p. 255.

AUTRE DISCOURS

SUR

LA BEAUTÉ DE LA BELLE JAMBE,

ET LA VERTU QU'ELLE A [1].

Entre plusieurs belles beautez que j'ay veu louer quelques fois parmy nous autres courtisans, et autant propres à attirer à l'amour, c'est qu'on estime fort une belle jambe à une belle dame; dont j'ay veu plusieurs dames en avoir gloire, et soin de les avoir et entretenir belles. Entre autres, j'ay ouy raconter d'une très-grande princesse de par le monde, que j'ay cogneue [2], laquelle aymoit une de ses dames pardessus toutes les siennes, et la favorisoit pardessus les autres, seulement parcequ'elle luy tiroit ses chausses si bien tendues, et en accommodoit la grève, et mettoit si proprement la jarretière, et mieux que toute autre; de sorte qu'elle estoit fort advancée

---

1. Ce discours a été résumé ainsi par Brantôme : « Le troisiesme traicte de la beauté d'une belle jambe et comment ell' est fort propre et a grand' vertu pour attirer à l'amour. » Voyez sa préface, tome I, p. 3.

2. Catherine de Médicis. Voyez tome VII, p. 342.

auprès d'elle; mesme luy fit de bons biens. Et par ainsi, sur cette curiosité qu'elle avoit d'entretenir sa jambe ainsi belle, faut penser que ce n'estoit pour la cacher sous sa juppe, ny son cotillon ou sa robbe, mais pour en faire parade quelquesfois avec de beaux callesons de toille d'or et d'argent, ou d'autre estoffe, très-proprement et mignonnement faits, qu'elle portoit d'ordinaire : car l'on ne se plaist point tant en soy, que l'on n'en vueille faire part à d'autres de la veue et du reste.

Cette dame aussi ne se pouvoit pas excuser, en disant que c'estoit pour plaire à son mary, comme la pluspart d'elles le disent, et mesmes les vieilles, quand elles se font si pimpantes et gorgiases, encores qu'elles soyent vieilles; mais cette-cy estoit veufve. Il est vray que du temps de son mary elle faisoit de mesme, et pour ce ne voulut discontinuer par amprès, l'ayant perdu.

J'ay cogneu force belles, honnestes dames et filles, qui sont autant curieuses de tenir ainsi précieuses et propres et gentilles leurs belles jambes : aussi elles en ont raison; car il y gist plus de lasciveté qu'on ne pense.

J'ay ouy parler d'une très-grande dame, du temps du roy François, et très-belle, laquelle, s'estant rompu une jambe, et se l'estant faite rabiller, elle trouva qu'elle n'estoit pas bien, et estoit demeurée toute torte : elle fut si résolue, qu'elle se la fit rompre une autre fois au rabilleur, pour la remettre en son point, comme auparavant, et la rendre aussi belle et aussi droite. Il y en eut quelqu'une qui s'en esbahit fort; mais à celle une autre belle dame fort entendue fit

response et luy dit : « A ce que vois, vous ne sçavez
« pas qu'elle vertu amoureuse porte en soy une belle
« jambe. »

J'ay cogneu autresfois une fort belle et honneste
fille de par le monde, laquelle estant fort amoureuse
d'un grand seigneur, pour l'attirer à soy et en escroquer quelque bonne pratique, et n'y pouvant parvenir, un jour estant en une allée de parc, et le
voyant venir, elle fit semblant que sa jarretière luy
tomboit; et, se mettant un peu à l'escart, haussa sa
jambe, et se mit à tirer sa chausse et rabiller sa jarretière. Ce grand seigneur l'advisa fort, et en trouva
la jambe très-belle; et s'y perdit si bien que cette
jambe opéra en luy plus que n'avoit fait son beau
visage; jugeant bien en soy que ces deux belles colonnes soustenoient un beau bastiment; et depuis
l'advoua-il à sa maistresse, qui en disposa après
comme elle voulut. Notez cette invention et gentille
façon d'amour.

J'ay ouy parler aussi d'une belle et honneste dame,
surtout fort spirituelle, de plaisante et bonne humeur, laquelle, se faisant un jour tirer sa chausse à
son vallet de chambre, elle luy demanda s'il n'entroit
point pour cela en ruth, tentation et concupiscence :
encor dit-elle et franchit le mot tout outre. Le vallet,
pensant bien dire, pour le respect qu'il luy portoit,
luy respondit que non. Elle soudain haussa la main
et luy donna un grand soufflet. « Allez, dit-elle; vous
« ne me servirez jamais plus; vous estes un sot, je
« vous donne vostre congé. »

Il y a force vallets de filles aujourd'huy qui ne
sont si continents, en levant, habillant et chaussant

leurs maistresses : il y a aussi des gentilshommes qui n'eussent fait ce trait, voyant un si bel appas.

Ce n'est d'aujourd'huy seulement que l'on a estimé la beauté des belles jambes et beaux pieds, car c'est une mesme chose ; mais du temps des Romains, nous lisons [1] que Lucius Vitellius, père de l'empereur Vitellius, estant fort amoureux de Massalina, et désirant estre en grâce avec son mary par son moyen, la pria un jour de luy faire cet honneur de luy accorder un don. L'emperière luy demanda : « Et quoy ? — C'est, « madame, dit-il, qu'il vous plaise qu'un jour je « vous deschausse vos escarpins. » Massalina qui estoit toute courtoise pour ses sujets, ne luy voulut refuser cette grâce ; et, l'ayant deschaussée, en garda un escarpin et le porta tousjours sur soy entre la chemise et la peau, le baisant le plus souvent qu'il pouvoit, adorant ainsi le beau pied de sa dame par l'escarpin, puisqu'il ne pouvoit avoir à sa disposition le pied naturel ny la belle jambe.

Vous avez le milord d'Angleterre des *Cent Nouvelles* de la reine de Navarre [2], qui porta de mesme le gand de sa maistresse à son costé, et si bien enrichy. J'ay cogneu force gentilshommes qui, premier que porter leurs bas de soye, prioient les dames et maistresses de les essayer et les porter devant eux quelques huict ou dix jours, du plus que du moins, et puis les portoyent en très-grand' vénération et contentement d'esprit et de corps.

J'ay cogneu un seigneur de par le monde, qui,

1. Dans Suétone, *Vitellius*, chap. II.
2. Voyez la *Nouvelle* LVII.

estant sur la mer avec une très-grande dame des plus belles du monde[1], qui, voyageant par son pays, et d'autant que ses femmes estoyent malades de la marette[2], et par ce très-mal disposées pour la servir, le bonheur fut pour luy qu'il fallut qu'il la couchast et levast; mais en la couchant et levant, la chaussant et deschaussant, il en devint si amoureux qu'il s'en cuida désespérer, encor qu'elle luy fust proche : comme certes la tentation en est par trop extresme, et il n'y a nul si mortifié qui ne s'en esmeut.

Nous lisons de la femme de Néron, Popea Sabina, qui estoit la plus favorite des siennes, laquelle, outre qu'elle fust la plus profuse[3] en toutes sortes de superfluitez, d'ornemens, de parures, de pompes et de ses coustemens[4] d'habits, elle portoit des escarpins et pianelles[5] toutes d'or. Cette curiosité ne tendoit pas pour cacher son pied ny sa jambe à Néron, son cocu de mary : luy seul n'en avoit pas tout le plaisir ny la veue; il y en avoit bien d'autres. Elle pouvoit bien avoir cette curiosité pour elle, puisqu'elle faisoit ferrer les pieds de ses juments, qui traisnoyent son coche, de fers d'argent[6].

1. Il s'agit sans aucun doute de Marie Stuart retournant en Écosse (1561) et de l'un de ses trois oncles qui l'accompagnèrent : le grand prieur François de Lorraine, Claude duc d'Aumale, et René marquis d'Elbeuf.

2. *Marette*, mouvement de la mer; en italien *maretta* et en espagnol *mareta*.

3. *Profuse*, excessive, *profusa*. — 4. *Coustemens*, coûts, dépenses.

5. *Pianelle*, pantoufle; de l'italien *pianella*.

6. Non pas d'argent, mais d'or. Voyez Pline, liv. XXXIII, chap. XLIX. Brantôme a traduit à tort par *juments* le *jumenta* (*mules*) de l'auteur latin.

M. sainct Jérosme reprend bien fort une dame de son temps qui estoit trop curieuse de la beauté de sa jambe, par ces propres mots : « Par la petite bottine « brunette, et bien tirée et luisante, elle sert d'ap- « peau aux jeunes gens, et d'amorces par le son des « bouclettes. » Pensez que c'estoit quelque façon de chaussure qui couroit de ce temps-là, qui estoit par trop affettée, et peu séante aux prudes femmes. La chaussure de ces botines est encores aujourd'huy en usage parmy les dames de la Turquie, et des plus grandes et plus chastes.

J'ay veu discourir et faire question quelle jambe estoit plus tentative et attrayante, ou la nue, ou la couverte et chaussée? Plusieurs croyent qu'il n'y a que le naturel mesme, quand elle est bien faitte au tour de la perfection, et selon la beauté que dit l'Espagnol que j'ay dit cy-devant, et qu'elle est bien blanche, belle et bien polie, et monstrée à propos dans un beau lict; car autrement, si une dame la vouloit monstrer toute nue en marchant ou autrement, et des soulliers aux pieds, quand bien elle seroit la plus pompeusement habillée du monde, elle ne seroit jamais trouvée bien décente ny belle, comme une qui seroit bien chaussée d'une belle chausseure de soye de couleur ou de fillet blanc, comme on fait à Fleurance pour porter l'esté, dont j'ay veu d'autres fois nos dames en porter, avant le grand usage que nous avons eu despuis des chausses de soye; et après faudroit qu'elle fust tirée et tendue comme la peau d'un tabourin, et puis attachée ou avec esguillettes ou autrement, selon la volonté et l'humeur des dames : puis faut accompagner le pied d'un bel escarpin blanc, et d'une mule de velours noir ou d'autre couleur, ou bien d'un beau petit patin, tant bien fait que rien plus, comme j'en ay veu porter à une très-grande dame de par le monde, des mieux faits et plus mignonnement.

En quoy faut adviser aussi la beauté du pied; car s'il est par trop grand, il n'est plus beau; s'il est par trop petit, il donne mauvaise opinion et signifiance de sa dame, d'autant qu'on dit : *petit pied, grand c..*, ce qui est un peu odieux : mais il faut qu'il soit un peu médiocre, comme j'en ay veu plusieurs qui en ont porté grandes tentations, et mesmes quand leurs dames le faisoyent sortir et paroistre à demy hors du cotillon, et le faisoyent remuer et frétiller par certains petits tours et remuements lascifs, estans couverts d'un beau petit patin peu liégé[1], et d'un escarpin blanc pointu et point quarré par le devant; et le blanc est le plus beau. Mais ces petits patins et escarpins sont pour les grandes et hautes femmes, non pour les courtaudes et nabottes, qui ont leurs grands chevaux de patins liégez de deux pieds : autant vaudroit voir remuer cela comme la massue d'un géant ou la marotte d'un fou.

D'une autre chose aussi se doit bien garder la dame, de ne déguiser son sexe et ne s'habiller en garçon, soit pour une mascarade ou autre chose : car, encor qu'elle eust la plus belle jambe du monde, elle s'en montre difforme, d'autant qu'il faut que toutes choses ayent leur propreté et leur séance[2];

---

1. *Liégé*, garni de liége.
2. C'est-à-dire : aient ce qui leur est propre et ce qui leur sied.

tellement qu'en démentant leur sexe, défigurent du tout leur beauté et gentillesse naturelle.

Voilà pourquoy il n'est bien séant qu'une femme se garçonne pour se faire monstrer plus belle, si ce n'est pour se gentiment adoniser d'un beau bonnet avec la plume à la guelfe ou gibeline attachée, ou bien au devant du front, pour ne trancher ny de l'un ny de l'autre, comme depuis peu de temps nos dames d'aujourd'huy l'ont mis en vogue : mais pourtant à toutes il ne sied pas bien ; il faut en avoir le visage poupin et fait exprès, ainsi que l'on a veu à nostre reine de Navarre, qui s'en accommodoit si bien, qu'à voir le visage seulement adonisé, on n'eust sceu juger de quel sexe elle tranchoit, ou d'un beau jeune enfant, ou d'une très-belle dame qu'elle estoit.

Dont il me souvient qu'une de par le monde, que j'ay cogneue, qui la voulant imiter sur l'aage de vingt-cinq ans, et de par trop haute et grande taille, hommasse, et nouvellement venue à la cour, pensant faire de la gallante, comparut un jour en la sale du bal ; et ne fut sans estre fort arregardée et assez brocardée, jusques au roy qui en donna aussitost sa sentence, car il disoit des mieux de son royaume ; et dit qu'elle ressembloit fort bien une batteleuse, ou, pour plus proprement dire, de ces femmes en peinture que l'on porte de Flandres, et que l'on met au devant des cheminées d'hostelleries et cabarets avec des fleustes d'Allemand au bec ; si bien qu'il luy fit dire que si elle comparoissoit plus en cet habit et contenance, qu'il luy feroit signifier de porter sa fleuste pour donner l'aubade et récréation à la noble compagnie. Telle guerre luy fit-il, autant pour ce que cette coiffure luy siéoid mal, que pour haine qu'il portoit à son mary.

Voilà pourquoy tels desguisements ne sièzent bien à toutes dames; car quand bien cette reine de Navarre, qui est la plus belle du monde, se fust voulu autrement déguiser de son bonnet, elle n'eust jamais comparu si belle comme elle est, et n'eust peu : aussi, qu'auroit-elle sceu prendre forme plus belle que la sienne, car de plus belles n'en pouvoit-elle prendre ny emprunter de tout le monde? Et si elle eust voulu monstrer sa jambe, que j'ay ouy dire à aucunes de ses femmes, et la peindre pour la plus belle et mieux faitte du monde, autrement qu'en son naturel, ou bien estant chaussée proprement sous ses beaux habits, on ne l'eust jamais trouvée si belle. Ainsi faut-il que les belles dames comparoissent et facent monstre de leurs beautez.

J'ay leu dans un livre espaignol, intitulé *el Viage del Principe*[1], qui fut celuy[2] que fit le roy d'Espagne en ses Païs-Bas, du temps de l'empereur Charles son père, entr'autres beaux recueils qu'il receut parmy ses riches et opulentes villes, ce fut de la reine d'Hongrie en sa belle ville de Bains, dont le proverbe fut : *Mas brava que las fiestas de Bains*[3].

Entre autres magnificences fut que, durant le siège d'un chasteau qui fut battu en feinte, et assiégé en

---

1. Brantôme a déjà emprunté plusieurs pages à cette relation du voyage de Philippe II (voyez tome III, p. 259), et c'est du même chapitre qu'il a tiré la description qui suit.
2. *Celui*, ce voyage.
3. Plus magnifique que les fêtes de Bains (**Binch**).

forme de place de guerre (je le descris ailleurs[1]), elle
fit un jour un festin, sur tous autres, à l'empereur
son bon frère, à la reine Eléonor sa sœur, au roy
son nepveu, et à tous les seigneurs, chevalliers et
dames de la cour. Sur la fin du festin comparut une
dame, accompagnée de six nimphes oréades[2], vesteues à l'antique, à la nimphale et mode de la vierge
chasseresse, toutes vestues d'une toille d'argent et
vert et un croissant au front, tout couvert de diamants, qu'ils sembloyent imiter la lueur de la lune,
portant chacune son arc et ses flesches en la main,
et leurs carquois fort riches au costé, leurs botines
de mesme toille d'argent, tant bien tirées que rien
plus. Et ainsi entrèrent en la salle, menans leurs
chiens après elles; et présentèrent à l'empereur, et
luy mirent sur sa table toute sorte de venaison en
pasté, qu'elles avoyent pris en leur chasse.

Et, après vint Palès[3], la déesse des pasteurs, avec
six nimphes napées[4] vesteues toutes de blanc, de
toille d'argent, avec les garnitures de mesme en la
teste, toutes couvertes de perles, et avoyent aussi
des chausses de pareille toille avec l'escarpin blanc,
qui portèrent de toute sorte de laitage, et le posèrent
devant l'empereur.

Puis, pour la troisiesme bande, vint la déesse
Pommona, avec ses nimphes najades, qui portèrent

1. Voyez tome III, p. 259 et suiv.
2. *Nimphes oréades*, nymphes des montagnes; *oreades*.
3. C'est par une faute de copiste qu'on lit dans le manuscrit *Pallas* au lieu de Palès.
4. *Nimphes napées*, nymphes des vallées et des prairies; *napææ*.

le dernier service du fruict. Et cette déesse estoit la fille de dona Béatrix Pacecho, comtesse d'Antremont[1], dame d'honneur de la reine Eléonor, laquelle pouvoit avoir alors que neuf ans. C'est elle qui est aujourd'huy madame l'admiralle de Chastillon, que M. l'admiral espousa en secondes nopces; laquelle fille et déesse apporta avec ses compagnes, toutes sortes de fruicts qui se pouvoyent alors trouver, car c'estoit en esté, des plus beaux et plus exquis, et les présenta à l'empereur avec une harangue si éloquente, si belle et prononcée de si bonne grâce, qu'elle s'en fit fort aymer et admirer de l'empereur et de toute l'assemblée, veu son jeune aage, que dès lors on présagea qu'elle seroit ce qu'elle est aujourd'huy, une belle, sage, honneste, vertueuse, habille et spirituelle dame.

Elle estoit pareillement habillée à la nimphale comme les autres, vesteues de toille d'argent et blanc, chaussées de mesmes, et garnies à la teste de force pierreries; mais c'estoyent toutes esmeraudes, pour représenter en partie la couleur du fruit qu'elles apportoyent : et outre le présent du fruict, elle en fit un à l'empereur et au roy d'Espagne d'un rameau de victoire tout esmaillé de vert, les branches toutes chargées de grosses perles et pierreries, ce qui estoit fort riche à voir et inestimable; à la reine Eléonor un esventail, avec un mirouer dedans, tout garni de pierreries de grande valeur.

---

1. Jacqueline de Montbel, comtesse d'Entremonts. — Voyez l'intéressante brochure de M. Henri Bordier, *La veuve de l'amiral Coligny*, Paris, 1875, 48 p. in-8°.

Certes, cette princesse et reine d'Hongrie monstroit bien qu'elle estoit une honneste dame en tout, et qu'elle sçavoit son entregent aussi bien que le mestier de la guerre; et, à ce que j'ay ouy dire, l'empereur son frère avoit un grand contentement et soulagement d'avoir une si honneste sœur et digne de luy.

Or, l'on me pourroit objecter, pourquoy j'ay fait cette digression en forme de discours. C'est pour dire que toutes ces filles qui avoyent joué ces personnages avoyent esté choisies et prises pour les plus belles d'entre toutes celles des reines de France et d'Hongrie et madame de Lorraine, qui estoyent françoises, italienes, flamendes, allemandes et lorraines; parmy lesquelles n'y avoit faute de beauté; et Dieu sçait si la reine de Hongrie avoit esté curieuse d'en choisir des plus belles et de meilleure grâce.

Madame de Fontaine-Chalandry, qui est encor en vie, en sçauroit bien que dire, qui estoit lors fille de la reine Eléonor, et des plus belles : on l'appelloit aussi la belle Torcy, qui m'en a bien conté. Tant y a que je tiens d'elle et d'ailleurs, que les seigneurs, gentilshommes et cavalliers de cette cour s'amusèrent à regarder et contempler les belles jambes, grèves et beaux petits pieds de ces dames; car, vesteues ainsi à la nimphale, elles estoyent courtement habillées, et en pouvoyent faire une très-belle monstre, plus que leurs beaux visages, qu'ils pouvoyent voir tous les jours, mais non leurs belles jambes. Dont aucuns en vindrent plus amoureux par la monstre et veue d'icelles belles jambes, que non pas de leurs belles faces; d'autant qu'au dessus des belles colonnes coustumièrement il y a de belles cornices de frizes, des beaux architraves, riches chapiteaux, bien pollis et entaillez.

Si faut-il que je fasse encor cette digression et que j'en passe ma fantaisie, puisque nous sommes sur les feintes et représentations. Quasi en mesme temps que ces belles festes se faisoyent ez Païs-Bas, et surtout à Bains, sur la réception du roy d'Espagne, se fit l'entrée du roy Henry, tournant de visiter son pays de Piedmont et ses garnisons, à Lion, qui certes fut des belles et plus triomphantes, ainsi que j'ay ouy dire à d'honnestes dames et gentilshommes de la cour qui y estoyent[1].

Or, si cette feinte et représentation de Diane et de sa chasse fut trouvée belle en ce royal festin de la reine de Hongrie, il s'en fit une à Lion qui fut bien autre et mieux imitée; car, ainsi que le roy marchoit, venant à rencontrer un grand obélisque à l'antique, à costé de la main droite il rencontra de mesmes un préau ceint, sur le grand chemin, d'une muraille de quelque peu plus de six pieds de hauteur, et ledit préau aussi haut de terre; lequel avoit esté distinctement remply d'arbres de moyenne fustaye, entreplantez de taillis espais, et à force touffes d'autres petits arbrisseaux, avec aussi force arbres fruictiers. Et en cette petite forest s'esbattoyent force petits cerfs tous en vie, biches, chevreuils, toutesfois privez. Et lors Sa Majesté entr'ouyt aucuns cornets et trompes sonner; et tout aussitost apperceut venir à travers de

---

[1]. Ce qui suit est tiré de la relation imprimée dont Brantôme a déjà donné un extrait. Voyez tome II, p. 250 et suiv.

ladicte forest, Diane chassant avec ses compagnes et vierges forestières, elle tenant à la main un riche arc turquois, avec sa trousse pendante au costé, accoustrée en atour de nymphe, à la mode que l'antiquité nous le représente encor; son corps estoit vestu avec un demy bas à six grands lambeaux ronds de toille d'or noire, semée d'estoilles d'argent, les manches et le demeurant de satin cramoisy avec profilure[1] d'or, troussée jusqu'à demy jambe, descouvrant sa belle jambe et grève, et ses botines à l'antique de satin cramoisy, couvertes de perles en broderie : ses cheveux estoyent entrelassez de gros cordons de riches perles, avec quantité de pierreries et joyaux de grand'valeur; et au dessus du front un petit croissant d'argent, brillant de menus petits diamants; car d'or ne fust esté si beau ne si bien représentant le croissant naturel, qui est clair et argentin.

Ses compagnes estoyent accoustrées de diverses façons d'habits et de taffetas rayez d'or, tant plein que vuide, le tout à l'antique, et de plusieurs autres couleurs à l'antique, entremeslées tant pour la bizarreté que pour la gayeté; les chausses et botines de satin; leur teste adornée de mesmes à la nimphale, avec force perles et pierreries.

Aucunes conduisoyent des limiers, petits levriers, espaigneuls et autres chiens en laisse, avec des cordons de soye blanche et noire, couleurs du roy pour l'amour d'une dame du nom de Diane qu'il aimoit[2] : les autres accompagnoient et faisoyent courre les

---

1. *Profilure*, bordure, garniture.
2. Diane de Poitiers.

chiens courans qui faisoyent grand brüit. Les autres portoyent de petits dards de brésil [1], le fer doré avec de petites et gentilles houpes pendantes, de soye blanche et noire, les cornets et trompes mornées [2] d'or et d'argent pendantes en escharpes, à cordons de fil d'argent et soye noire.

Et ainsi qu'elles apperceurent le roy, un lion sortit du bois, qui estoit privé et fait de longue main à cela, qui se vint jetter aux pieds de ladite déesse, luy faisant feste; laquelle, le voyant ainsi doux et privé, le prit avec un gros cordon d'argent et de soye noire, et sur l'heure le présenta au roy; et, s'approchant avec le lion jusques sur le bord du mur du préau joignant le chemin, et à un pas près de Sa Majesté, luy offrit ce lion par un dixain en rime, telle qui se faisoit de ce temps, mais non pourtant trop mal limée et sonnante; et par icelle rime, qu'elle prononça de fort bonne grâce, sous ce lion doux et gracieux luy offroit sa ville de Lion, toute douce, gracieuse et humiliée à ses loix et commandements.

Cela dit et fait de fort bonne grâce, Diane et toutes ses compagnes luy firent une humble révérence, qui, les ayant toutes regardées et saluées de bon œil, monstrant qu'il avoit très-agréables leurs chasses et les en remerciant de bon cœur, se partit d'elles et suivit son chemin de son entrée. Or notez que cette Diane et toutes ses belles compagnes estoyent les plus

---

1. Bois rouge et sec, propre à la teinture, et qui était appelé ainsi dès le moyen âge, c'est-à-dire bien avant la découverte de l'Amérique. C'est de lui que tire son nom le Brésil, où les bois de teinture abondent.

2. *Morné*, entouré.

apparentes et belles femmes mariées, veufves et filles de Lion, où il n'y en a point de faute, qui jouèrent leur mystère si bien et de si bonne sorte, que la pluspart des princes, seigneurs, gentilshommes et courtisans, en demeurèrent fort ravis. Je vous laisse à penser s'ils en avoyent raison.

Madame de Valentinois, dite Diane de Poictiers, que le roy servoit, au nom de laquelle cette chasse se faisoit, n'en fut pas moins contente, et en ayma toute sa vie fort la ville de Lion; aussi estoit-elle leur voisine, à cause de la duché de Valentinois qui en est fort proche.

Or, puisque nous sommes sur le plaisir qu'il y a de voir une belle jambe, il faut croire, comme j'ay ouy dire, que non le roy seulement, mais tous ces gallants de la cour, prindrent un merveilleux plaisir à contempler et mirer celles de ces belles nimphes, si follastrement accoustrées et retroussées qu'elles en donnoient autant ou plus de tentation pour monter au second étage, que d'admiration et de sujet à louer une si gentille invention.

Pour laisser donc nostre digression et retourner où je l'avois prise, je dis que nous avons veu faire en nos cours et représenter par nos reynes, et principalement par la reine-mère, de fort gentils ballets; mais d'ordinaire, entre nous autres courtisans, nous jettions nos yeux sur les pieds et jambes des dames qui les représentoyent, et prenions par dessus tous très-grand plaisir leur voir porter leurs jambes si gentiment, et démener et frétiller leurs pieds si affettement que rien plus; car leurs cottes et robes estoyent bien plus courtes que de l'ordinaire, mais non pourtant si bien à la nimphale, ny si hautes comme il le falloit et qu'on eust désiré. Néantmoins nos yeux s'y baissoyent un peu, et mesmes quand on dansoit la volte, qui, en faisant volleter la robbe, monstroit tousjours quelque chose agréable à la veue, dont j'en ay veu plusieurs s'y perdre et s'en ravir entre eux-mesmes.

Ces belles dames de Sienne[1], au commencement de la révolte de leur ville et république, firent trois bandes des plus belles et des plus grandes dames qui fussent. Chacune bande montoit à mille, qui estoit en tout trois mille; l'une vestue de taffetas violet, l'autre de blanc, et l'autre incarnat, toutes habillées à la nimphale d'un fort court accoustrement, si bien qu'à plein elles monstroyent la belle jambe et belle grève; et firent ainsi leurs monstres par la ville devant tout le monde, et mesmes devant M. le cardinal de Ferrare et M. de Termes, lieutenants généraux de nostre roy Henry; toutes résolues et promettans de mourir pour la République et pour la France, et toutes prestes de mettre la main à l'œuvre pour la fortification de la ville, comme desjà elles avoyent la fascine sur l'espaule; ce qui rendit en admiration tout le monde. Je mets ce conte ailleurs, où je parle des femmes généreuses; car il touche l'un des plus beaux traits qui fust jamais fait parmy galantes dames.

Pour ce coup, je me contenteray de dire que j'ay

---

1. En 1553. Ce que Brantôme raconte ici et plus loin des femmes de Sienne est tiré en partie des *Mémoires* de Monluc. Voy. l'édit. de Ruble, tome II, p. 55-56. — Cf. de Thou, liv. XII.

ouy raconter à plusieurs gentilshommes et soldats, tant françois qu'estrangers, mesmes à aucuns de la ville, que jamais chose du monde plus belle ne fut veue, à cause qu'elles estoyent toutes grandes dames, et principales citadines de ladicte ville, les unes plus belles que les autres, comme l'on sçait qu'en cette ville la beauté n'y manque point parmy les dames, car elle y est très-commune. Mais s'il faisoit beau voir leurs beaux visages, il faisoit bien autant beau voir et contempler leurs belles jambes et grèves, par leurs gentiles chaussures tant bien tirées et accommodées, comme elles sçavent très-bien faire, et aussi qu'elles s'estoyent fait faire leurs robes fort courtes, à la nimphale, afin de plus légèrement marcher; ce qui tentoit et eschauffoit les plus refroidis et mortifiez; et ce qui faisoit bien autant de plaisir aux regardans estoit que les visages estoyent bien veus tousjours et se pouvoyent voir, mais non pas ces belles jambes et grèves; et ne fut sans raison qui inventa cette forme d'habiller à la nimphale; car elle produit beaucoup de bons aspects et belles œillades[1]; car si l'accoustrement en est court, il est fendu par les costez, ainsi que nous voyons encore par ces belles antiquitez de Rome, qui en augmente davantage la veue lascive.

Mais aujourd'huy les belles dames et filles de l'isle de Cio[2], quoy et qui les rend aimables? certes ce sont bien leurs beautez et leurs gentillesses, mais aussi leurs gorgiases façons de s'habiller, et surtout leurs robes fort courtes, qui monstrent à plein leurs

1. *OEillade*, coup d'œil. — 2. *Cio*, Chio.

belles jambes et belles grèves et leurs pieds affettez et bien chaussez.

Sur quoy il me souvient qu'une fois à la cour, une dame de fort belle et riche taille, contemplant une magnifique et belle tapisserie de chasse où Diane et toute sa bande de vierges chasseresses y estoyent fort naïfvement représentées, et toutes vesteues monstroyent leurs beaux pieds et belles jambes, elle avoit une de ses compagnes auprès d'elle, qui estoit de fort basse et de petite taille, qui s'amusoit aussi avec elle à regarder icelle tapisserie ; elle luy dit : « Hà ! « petite, si nous nous habillions toutes de cette « façon, vous le perdriez comptant, et n'auriez grand « advantage, car vos gros patins vous descouvri- « roient ; et n'auriez jamais telle grâce en vostre « marcher, ny à monstrer vostre jambe, comme nous « autres qui avons la taille grande et haute : par « quoy il vous faudroit cacher et ne paroistre guières. « Remerciez donc la saison et les robbes longues que « nous portons, qui vous favorisent beaucoup et qui « vous couvrent vos jambes si dextrement, qu'elles « ressemblent, avec vos grands et hauts patins d'un « pied de hauteur, plustost une massue qu'une « jambe ; car, qui n'auroit de quoy à se battre, il ne « faudroit que vous couper une jambe et la prendre « par le bout et du costé de vostre pied chaussé et « hanté[1] dans vos patins ; on feroit rage de bien « battre. »

Cette dame avoit beaucoup de sujet de dire telles parolles, car la plus belle jambe du monde, si elle

1. *Hanté*, enté.

est ainsi enchassée dans ces gros patins, elle perd du tout sa beauté, d'autant que ce gros pied bot luy rend une déformité par trop grande; car si le pied n'accompagne la jambe en belle chaussure et gentille forme, tout n'en vaut rien. Parquoy[1] les dames qui prennent ces grands et gros lourdauts de patins pensent embellir et enrichir leurs tailles et par elles s'en faire mieux aymer et paroistre; mais de l'autre costé elles appauvrissent leur belle jambe et belle grève, qui vaut bien autant en son naturel qu'une grande taille contrefaitte.

Aussi, le temps passé, le pied beau portoit une telle lasciveté en soy, que plusieurs dames romaines prudes et chastes, au moins qui le vouloyent contrefaire, et encor aujourdhuy plusieurs autres en Italie, à l'imitation du vieux temps, font autant de scrupule de le monstrer au monde comme leurs visages, et le cachent sous leurs grandes robbes le plus qu'elles peuvent afin qu'on ne les voye pas; et conduisent en leur marcher si sagement, discrètement et compassément[2], qu'il ne passe jamais devant la robbe.

Cela est bon pour celles qui sont confites en prud'homie ou semblance[3], et qui ne veulent point donner de tentation; nous leur devons cette obligation; mais je croy que, si elles avoyent la liberté, elles feroyent monstre et du pied et de la jambe et d'autres choses; et aussi qu'elles veulent monstrer à leurs marys, par certaine hypocrisie et ce petit scrupule,

---

1. Les onze mots qui suivent ont été omis dans le manuscrit.
2. *Compassément*, d'une manière compassée.
3. C'est-à-dire : ou semblance de prud'homie.

qu'elles sont dames de bien : d'ailleurs je m'en rapporte à ce qui en est.

Je sçay un gentilhomme fort gallant et honneste, qui, pour avoir veu à Rheims, au sacre du roy dernier[1], la belle jambe, chaussée d'un bas de soye blanc, d'une belle et grande dame veufve et de haute taille, par dessous les eschaffauts que l'on fait pour les dames à voir le sacre, en devint si espris, que depuis il se cuida désespérer d'amour; et ce que n'avoit pu faire le beau visage, la belle jambe et la belle grève le firent : aussi cette dame méritoit bien en toutes ses belles parties de faire mourir un honneste gentilhomme. J'en ay tant cogneu d'autres pareils en cette humeur.

Tant y a, pour fin, ainsi que j'ay veu tenir pour maxime à plusieurs gallants courtisans, mes compagnons, la monstre d'une belle jambe et d'un beau pied est fort dangereuse à ensorceler les yeux lascifs à l'amour; et m'estonne que plusieurs bons escrivains, tant de nos poëtes qu'autres, n'en ont escrit des louanges, comme ilz ont fait d'autres parties de leur corps. De moy, j'en eusse escrit davantage; mais j'aurois peur que, pour trop louer ces parties du corps, l'on m'objiçast que je ne me souciasse guières des autres, et aussi qu'il me faut escrire d'autres sujets, et ne m'est permis de m'arrester tant sur un.

Par quoy je fais fin en disant ce petit mot : « Pour
« Dieu, mesdames, ne soyez si curieuses à vous faire
« paroistre grandes de taille et vous monstrer autres,
« que vous n'advisiez à la beauté de vos jambes,

---

[1]. Henri III.

« lesquelles vous avez belles, au moins aucunes;
« mais vous en gastez le lustre par ces hauts patins
« et grands chevaux. Certes il vous en faut bien;
« mais si démesurément, vous en degoustez le monde
« plus que ne pensez. »

Sur ce discours louera qui voudra les autres beautez de la dame, comme ont fait plusieurs poëtes; mais une belle jambe, une grève bien façonnée et un beau pied, ont une grande faveur et pouvoir à l'empire d'amour.

DISCOURS

SUR

L'AMOUR DES DAMES VIEILLES

ET

COMME AUCUNES L'AYMENT AUTANT QUE LES JEUNES[1].

Puisque j'ay parlé cy-devant des vieilles dames qui ayment à roussiner, je me suis mis à faire ce discours. Par quoy j'accommence, et dis qu'un jour moy, estant à la cour d'Espagne, devisant avec une fort honneste et belle dame, mais pourtant un peu aagée, me dit ces mots : *Que ningunas damas lindas, o alo menos pocas, se hazen viejas de la cinta hasta abaxo;* « que nulles dames belles, ou au moins peu, « se font vieilles de la ceinture jusques en bas. » Sur quoy je luy demanday comment elle l'entendoit, si c'estoit ou pour la beauté du corps de cette ceinture

---

[1]. Ce discours est intitulé dans les précédentes éditions : *De l'amour d'aucunes femmes vieilles, et comment aucunes y sont autant et plus subjectes à l'amour que les jeunes; comme cela peut paroistre par plusieurs exemples, sans rien nommer ny escandaliser.* — Cf. tome I, p. 3-4.

en bas, qu'elle n'en diminuast aucunement par la vieillesse, ou pour l'envie et l'appétit de la concupiscence qui vinssent à ne s'en esteindre ny s'en refroidir par le bas aucunement. Elle respondit qu'elle l'entendoit et pour l'un et pour l'autre; « car, quand
« à la picqueure de la chair, disoit-elle, ne faut pas
« penser que l'on s'en guérisse que par la mort,
« quoyqu'il semble que l'aage y vueille répugner;
« d'autant que toute femme belle s'ayme extresme-
« ment, et en s'aymant ce n'est point pour elle, mais
« pour autruy; et nullement ressemble à Narcisus,
« qui, fat qu'il estoit, aymé de soy, et de soy-mesme
« amoureux, abhoroit toutes autres amours. »

La belle femme ne tient rien de cette humeur; ainsi que j'ay ouy raconter d'une très-belle dame, laquelle, s'aymant et se plaisant fort bien souvent seule et à part soy, dans son lict se mettoit toute nue, et en toutes postures se contemploit, s'admiroit et s'arregardoit lascivement, en se maudissant d'estre vouée à un seul qui n'estoit digne d'un si beau corps, entendant son mary nullement égal à elle. Enfin elle s'enflama tellement par telles contemplations et visions, qu'elle dit adieu à sa chasteté et à son sot vœu marital, et fit amour et serviteur nouveau.

Voilà donc comme la beauté allume le feu et la flame d'une dame, qui la transporte à ceux qu'elle veut puis après, soit aux maris ou aux serviteurs, pour les mettre en usage; aussi qu'un amour en amène un autre. De plus, estant ainsi belle et recherchée de quelqu'un, et qu'elle ne desdaigne de respondre, la voylà troussée; ainsy que Lays disoit que toute femme qui ouvre la bouche pour dire quelque response douce à son amy, le cœur s'y en va et s'ouvre de mesmes.

D'avantage, toute belle et honneste femme ne refuse jamais louange qu'on luy donne; et si une fois elle se plaist ou permette d'estre louée en sa beauté, bonnes grâces et gentilles façons, ainsi que nous autres courtisans avons accoustumé de faire pour le premier assaut de l'amour, quoyqu'il tarde, avec la continue[1] nous l'emportons.

Or est-il que toute belle femme s'estant une fois essayée au jeu d'amour ne le désapprend jamais, et la continue luy est toujours très-agréable et douce; ny plus ny moins que, quand l'on a accoustumé une bonne viande, on se fasche fort de la laisser; et tant plus on va sur l'âge, tant est-elle meilleure pour la personne, ce disent les médecins : aussi tant plus la femme va sur l'aage, tant plus est friande d'une bonne chair qu'elle a accoustumé; et si sa bouche d'en haut y prend de la saveur, sa bouche d'en bas aussi en prend bien autant; et la friandise ne s'en oublie jamais ny ne se lasse par la charge des ans, ouy plustost bien par une longue maladie, ce disent les médecins, ou autres accidents; que si l'on s'en fasche pour quelque temps, pourtant on la reprend bien.

L'on dit aussi que tous exercices décroissent et diminuent par l'aage, qui oste la force aux personnes pour les faire valoir, fors celuy de Vénus, qui se pratique très-doucement, sans peine et sans travail, dans un mol et beau lict et très-bien à l'aise. Je parle pour la femme et non pour l'homme, à qui pour

---

1. *Continue*, continuité.

cela tout le travail et corvée eschoit en partage. Luy donc, privé de ce plaisir, s'en abstient de bonne heure, encor que ce soit en dépit de luy; mais la femme, en quelque age qu'elle soit, reçoit en soy, comme une fournaise, tout feu et toute matière; j'entends si on luy en veut donner : mais il n'y a si vieille monture, si elle a désir d'aller et vueille estre piquée, qui ne trouve quelque chevaucheur malautru; et quand bien une dame aagée n'en sçauroit chevir bonnement, et n'en trouveroit à point comme en ses jeunes ans, elle a de l'argent et des moyens pour en avoir au prix du marché, et de bons, comme j'ay ouy dire. Toutes marchandises qui coustent faschent fort à la bourse, contre l'opinion d'Héliogabale, qui tant plus il acheptoit les viandes chères, tant meilleures les trouvoit-il, fors la marchandise de Vénus, laquelle tant plus couste, tant plus plaist, pour le grand désir que l'on a de faire bien valloir la besoigne et denrée que l'on aura bien acheptée; et le tallent que l'on a en main, on le fait valloir au triple, voire au centuple, si l'on peut.

Ce fut ce que dist une courtisanne espagnole à deux braves cavalliers espagnols qui prindrent querelle pour elle, et sortans de son logis mirent les espées aux mains et se commencèrent à battre : elle mit la teste à la fenestre, et s'escria à eux : *Señores, mis amores se ganan con oro y plata, non con hierro:* « Mes amours se gaignent avec de l'or et de l'argent, « et non avec le fer. »

Voilà comme tout amour bien achepté est bon. Force dames et cavalliers qui ont traffiqué tels marchez en sçavent bien que dire. D'alléguer des exemples de plusieurs dames qui ont bruslé en leur vieillesse aussi bien qu'en jeunesse, ou qui ont passé, ou, pour mieux dire, entretenu leurs feux par seconds et nouveaux maris et serviteurs, ce seroit à moy maintenant chose superflue, puisqu'ailleurs j'en ay allégué plusieurs ; si en rapporteray-je icy aucuns, car la chose le requiert et sert à cette cause.

J'ay ouy parler d'une grande dame, qui rencontroit le mot aussi bien que dame de son temps, laquelle, voyant un jour un jeune gentilhomme qui avoit les mains très-blanches, elle luy demanda ce qu'il faisoit pour les avoir telles : il respondit, en riant et gaussant, que le plus souvent qu'il pouvoit il les frottoit de sperme. « Voilà, dit-elle, donc un « malheur pour moy, car il y a plus de soixante ans « que j'en lave mon cas (le nommant tout à trac), il « est aussi noir que le premier jour : et si je le lave « encore tous les jours. »

J'ay ouy parler d'une dame d'assez bonnes années, laquelle se voulant remarier, en demanda un jour l'advis à un médecin, fondant ses raisons sur ce qu'elle estoit très-humide et remplie de toutes mauvaises humeurs, qui luy estoient venues et l'avoyent entretenue depuis qu'elle estoit veufve ; ce qui ne luy estoit arrivé du temps de son mary, d'autant que, par les assidus exercices qu'ils faisoyent ensemble, ces humeurs s'asséchoient et consommoyent. Le médecin, qui estoit bon compagnon, et qui luy voulut en cela complaire, luy conseilla de se remarier, et de chasser les humeurs de son corps de cette façon, et qu'il valloit mieux estre seiche qu'humide. La dame pratiqua ce conseil, et l'approuva très-bien, toute surannée qu'elle estoit ; mais je dys avec un mary et un amoureux nouveau, qui l'aymoit bien autant pour l'amour du bon argent que du plaisir qu'il tiroit d'elle : encor qu'il y ait plusieurs dames aagées avec lesquelles on prend bien autant de plaisir, et y fait aussi bon et meilleur qu'avec les plus jeunes, pour en sçavoir mieux l'art et la façon, et en donner le goust aux amants.

Les courtisanes de Rome et d'Italie, quand elles sont sur l'aage, tiennent cette maxime, que *una galina vecchia fà miglior brodo che un' altra*[1].

Horace[2] fait mention d'une vieille, laquelle s'agitoit et se mouvoit, quand elle venoit là, de telle façon et si rudement et inquiètement, qu'elle faisoit trembler non seulement le lict, mais toute la maison. Voilà une gente vieille ! Les Latins appellent s'agiter ainsi et s'esmouvoir, *subare a sue*, qu'est à dire une porque ou truye.

Nous lisons de l'empereur Caligula[3], de toutes ses femmes qu'il eut il ayma Cezonnia, non tant pour sa beauté qu'elle eut, ny d'aage florissant, car elle y estoit desjà fort avancée, mais à cause de sa grande lasciveté et paillardise qui estoit en elle, et la grande industrie qu'elle avoit pour l'exercer, que la vieille saison et pratique luy avoit apportée, laissant toutes les autres femmes, encor qu'elles fussent plus belles et plus jeunes que celle-là ; et la menoit ordinairement aux armées avec luy, habillée et armée en gar-

---

1. Qu'une vieille poule fait un meilleur bouillon qu'une autre.
2. *Épodes*, XIII, vers 11-12.
3. Voyez Suétone, *Caligula*, XXV.

çon, et chevauchant de mesme, costé à costé de luy, jusques à la monstrer souventes fois à ses amis toute nue, et leur faire voyr ses tours de souplesse et de paillardise.

Il falloit bien dire que l'aage n'eust rien diminué en cette femme de beau et de lascif, puisqu'il l'aymoit tant. Néantmoins, avec tout ce grand amour qu'il luy portoit, bien souvent, quand il l'embrassoit et touchoit à sa belle gorge, il ne se pouvoit empescher de luy dire, tant il estoit sanglant : « Voilà une « belle gorge, mais aussi il est bien en mon pouvoir « de la faire couper. » Hélas ! la pauvre femme fut de mesme avec luy occise d'un coup d'espée à travers le corps par un centenier, et sa fille brisée et accravantée contre une muraillée, qui ne pouvoit mais de la meschanceté de son père.

Il se lit encor de Julia, marastre de Caracalla[1], empereur, estant un jour quasi par négligence nue de la moitié du corps, et Caracalla la voyant, il ne dit que ces mots : « Hà ! que j'en voudrois bien, s'il « m'estoit permis ! » Elle soudain respondit : « S'il « vous plaist, ne savez-vous pas que vous estes em- « pereur, et que vous donnez les loix et non pas les « recevez ? » Sur ce bon mot et bonne volonté, il l'espousa et se coupla avec elle.

Pareilles quasi parolles furent données à un de nos trois rois derniers[2], que je ne nommeray point. Estant espris et devenu amoureux d'une fort belle et honneste dame, après luy avoir jetté des premières

---

1. Voyez Spartien, *Caracallus*, chap. x.
2. Henri III.

pointes et paroles d'amour, luy en fit un jour entendre sa volonté plus au long, par un honneste et très-habile gentilhomme que je sçay, qui, luy portant le petit poulet, se mit en son mieux dire pour la persuader de venir là. Elle, qui n'estoit point sotte, se défendit le mieux qu'elle put, par force belles raisons qu'elle sceut bien alléguer, sans oublier surtout le grand, ou, pour mieux dire, le petit point d'honneur. Somme, le gentilhomme, après force contestations, luy demanda, pour fin, ce qu'elle vouloit qu'il dist au roy. Elle, ayant un peu songé, tout à coup, comme d'une désespérade, profféra ces mots : « Que vous « luy direz? dit-elle; autre chose sinon, que je sçay « bien qu'un refus ne fut jamais proffitable à celuy « ou à celle qui le fait à son roy ou à son souverain, « et que bien souvant, usant de sa puissance, il sçait « plustost prendre et commander que de requérir et « prier. » Le gentilhomme, se contentant de cette response, la porte aussitost au roy, qui prit l'occasion par le poil et va trouver la dame en sa chambre, laquelle, sans trop grand effort de lutte, fut abattue. Cette response fut d'esprit, et d'envie d'avoir à faire à son roy. Encor qu'on die qu'il ne fait pas bon se jouer ny avoir à faire avec son roy, il s'en faut ce point, dont on ne s'en trouve jamais mal, si la femme s'y conduit sagement et constamment.

Pour reprendre cette Julia, marastre de cet empereur, il falloit bien qu'elle fust putain, d'aymer et prendre à mary celuy sur le sein de laquelle, quelque temps avant, il luy avoit tué son propre fils[1]; elle

---

1. Géta.

estoit bien putain celle-là et de bas cœur. Toutesfois c'estoit grande chose que d'estre impératrice, et pour tel honneur tout s'oublie. Cette Julia fut fort aymée de son mary, encor qu'elle fust bien fort en l'aage, n'ayant pourtant rien abattu de sa beauté ; car elle estoit très-belle et très-acorte, tesmoin ses parolles qui luy haussèrent bien le chevet de sa grandeur.

Philippes-Maria, duc troisiesme de Milan, espousa en secondes nopces Beatricine, veufve de feu Facin Cane[1], estant fort vieille ; mais elle luy porta pour maryage quatre cens mille escus, sans les autres meubles, bagues et joyaux, qui montoyent à un haut prix, et qui effaçoient sa vieillesse ; nonobstant laquelle, fut soubçonnée de son mary d'aller ribauder ailleurs, et pour tel soubçon la fit mourir. Vous voyez si la vieillesse luy fit perdre le goust du jeu d'amour. Pensez que le grand usage qu'elle en avoit luy en donnoit encor l'envie.

Constance, reine de Sicile[2], qui, dès sa jeunesse et toute sa vie, n'avoit bougé vestale du cul d'un cloistre en chasteté, venant à s'émanciper au monde en l'aage de cinquante ans, qui n'estoit pas belle pourtant et toute décrépite, voulut taster de la douceur de la chair et se marier ; et engrossa d'un enfant en

---

1. Philippe-Marie Visconti épousa Béatrix de Tende, veuve de Facin Cane, et, sur un soupçon d'adultère, la fit décapiter au mois d'août 1418.

2. Constance, fille de Roger, roi de Sicile, femme (1186) de l'empereur d'Allemagne Henri VI, morte le 27 novembre 1198. Elle était née en 1156 et accoucha le 26 décembre 1194, c'est-à-dire à trente-huit ans et non à cinquante-deux, d'un fils qui succéda à son père et fut Frédéric II.

l'aage de cinquante-deux ans, duquel elle voulut enfanter publiquement dans les prairies de Palerme, y ayant fait dresser une tente et un pavillon exprès, afin que le monde n'entrast en doute que son fruict fust apposté : qui fut un des grands miracles que on ait veu depuis saincte Elizabeth. *L'Histoire de Naples*[1] pourtant dit qu'on le réputa supposé. Si fut-il pourtant un grand personnage; mais ce sont-ils ceux-là, la pluspart des braves, que les bastards, ainsi que me dit un jour un grand.

J'ay cogneu une abbesse de Tarrascon, sœur de madame d'Usez, de la maison de Tallard[2], qui se défroqua et sortit de religion en l'aage de plus de cinquante ans, et se maria avec le grand Chanay qu'on a veu grand joueur à la cour.

Force autres religieuses ont fait de tels tours, soit en mariage ou autrement, pour taster de la chair en leur aage très-meur. Si telles font cela, que doivent donc faire nos dames, qui y sont accoustumées dez leurs tendres ans? La vieillesse les doit-elle empescher qu'elles ne tastent ou mangent quelquesfois de bons morceaux, dont elles en ont pratiqué l'usance si longtemps? Et que deviendroyent tant de bons potages restaurens, bouillons composez, tant d'ambregris, et autres drogues escaldatives[3] et confortatives pour eschauffer et conforter leur estomac vieil et

---

1. Voyez Collenuccio, au commencement du livre IV.
2. Marguerite de Clermont-Tallart, fille de Bernardin de Clermont, vicomte de Tallart; sa sœur Louise fut mariée en secondes noces à Antoine de Crussol, duc d'Uzès.
3. *Escaldatives*, échauffantes; de l'italien *scaldare* ou de l'espagnol *escaldar*, échauffer.

froid? Dont ne faut douter que telles compositions, en remettant et entretenant leur débile estomach, ne facent encor autre seconde opération sous bourre, qui les eschauffent dans le corps et leur causent quelque chaleur vénérienne, qu'il faut par amprès expulser par la cohabitation et copulation, qui est le plus souverain remède qui soit, et le plus ordinaire, sans y appeller autrement l'advis des médecins, dont je m'en rapporte à eux. Et qui meilleur est pour elles, est : qu'estant aagées et venues sur les cinquante ans, n'ont plus de crainte d'engroisser, et lors ont plainière et toute ample liberté de se jouer et recueillir les arrérages des plaisirs, que, possible, aucunes n'ont osé prendre de peur de l'enfleure de leur traistre ventre : de sorte que plusieurs y en a-il qui se donnent plus de bon temps en leurs amours despuis cinquante ans en bas, que de cinquante ans en avant. De plusieurs grandes et moyennes dames en ay-je ouy parler en telles complections, jusqu'à là que plusieurs en ay-je cogneu et ouy parler, qui ont souhaitté plusieurs fois les cinquante ans chargez sur elles, pour les empescher de la groisse, et pour le faire mieux, sans aucune crainte ny escandale. Mais pourquoy s'en engarderoyent-elles sur l'aage? Vous diriez qu'après la mort aucunes ont quelque mouvement et sentiment de chair. Si faut-il que je face un conte, que je vais faire.

J'ay eu d'autres fois un frère puisné qu'on appelloit le capitaine Bourdeille, l'un des braves et vaillants capitaines de son temps. Il faut que je die cela de luy, encor qu'il fust mon frère, sans offenser la louange que je luy donne : les combats qu'il a faits aux guerres et aux estaquades en font foy; car c'estoit le gentilhomme de France qui avoit les armes mieux en la main : aussi l'appelloit-on en Piedmont l'un des Rodomonts de là. Il fut tué à l'assaut de Hedin, à la dernière reprise.

Il fut dédié par ses père et mère aux lettres; et pour ce il fut envoyé à l'age de dix-huict ans en Italie pour estudier, et s'arresta à Ferrare, pour ce que madame Renée de France, duchesse de Ferrare, aymoit fort ma mère; et pour ce le retint là pour vacquer à ses études, car il y avoit université. Or, d'autant qu'il n'y estoit nay ny propre, il n'y vacquoit guières, ains plustost s'amusa à faire la cour et l'amour : si bien qu'il s'amouracha fort d'une damoiselle françoise veufve, qui estoit à madame de Ferrare, qu'on appelloit madamoiselle de La Roche, et en tira de la jouissance, s'entre-aymant si fort l'un et l'autre, que mon frère, ayant été rappellé de son père, le voyant mal propre pour les lettres, fallut qu'il s'en retournast.

Elle qui l'aymoit, et qui craignoit qu'il ne luy mésadvint, parce qu'elle sentoit fort de Luther, qui voguoit pour lors, pria mon frère de l'emmener avec luy en France, et en la cour de la reine de Navarre, Marguerite [1], à qui elle avoit esté, et l'avoit donnée à madame Renée lorsqu'elle fut mariée et s'en alla en Italie. Mon frère, qui estoit jeune et sans aucune considération [2], estant bien aise de cette bonne compagnie, la conduisit jusques à Paris, où estoit pour lors la reine, qui fut fort aise de la voir, car c'estoit

---

1. Marguerite d'Angoulême. — 2. *Considération*, réflexion.

la femme qui avoit le plus d'esprit et disoit des mieux, et estoit une veufve belle et accomplie en tout.

Mon frère, après avoir demeuré quelques jours avec ma grand'mère et ma mère, qui estoit lors en sa cour, s'en retourna voir son père. Au bout de quelque temps, se desgoustant fort des lettres, et ne s'y voyant propre, les quitte tout à plat, et s'en va aux guerres de Piedmont et de Parme, où il acquist beaucoup d'honneur. Il les pratiqua l'espace de cinq à six mois sans venir en sa maison; au bout desquels vint voir sa mère, qui estoit lors à la cour avec la reine de Navarre, qui se tenoit lors à Pau, à laquelle il fit la révérence ainsi qu'elle tournoit de vespres. Elle, qui estoit la meilleure princesse du monde, luy fit une fort bonne chère, et, le prenant par la main, le pourmena par l'église environ une heure ou deux, luy demandant force nouvelles des guerres du Piedmont et d'Italie, et plusieurs autres particularitez; auxquelles mon frère respondit si bien, qu'elle en fut satisfaitte (car il disoit des mieux) tant de son esprit que de son corps, car il estoit très-beau gentilhomme, et de l'aage de vingt-quatre ans. Enfin, après l'avoir entretenu assez de temps, et ainsi que la nature et la complexion de cette honnorable princesse estoit de ne desdaigner les belles conversations et entretien des honnestes gens, de propos en propos, tousjours en se pourmenant, vint précisément arrester coy mon frère sur la tumbe de mademoiselle de La Roche, qui estoit morte il y avoit trois mois; puis le prit par la main et luy dit : « Mon « cousin » (car ainsi l'appelloit-elle, d'autant qu'une fille d'Albret avoit esté mariée en nostre maison de

Bourdeille; mais pour cela je n'en mets pas plus grand pot au feu, ny n'en augmente davantage mon ambition), « ne sentez-vous point rien mouvoir sous « vous et sous vos pieds? — Non, madame, res- « pondit-il. — Mais songez-y bien, mon cousin, » luy répliqua-elle. Mon frère luy respondit : « Ma- « dame, j'y ay bien songé, mais je ne sens rien mou- « voir ; car je marche sur une pierre bien ferme. — « Or, je vous advise », dit lors la reine, sans le tenir plus en suspens, « que vous estes sur la tumbe et « le corps de la pauvre madamoiselle de La Roche, « qui est icy dessous vous enterrée, que vous avez « tant aymée. Puisque les âmes ont du sentiment « après nostre mort, ne faut douter que cette hon- « neste créature, morte de frais, ne se soit esmeue « aussitost que vous avez esté sur elle. Et si vous ne « l'avez senty à cause de l'espaisseur de la tombe, « ne faut douter qu'en soy ne soit plus esmeue et res- « sentie. Et d'autant que c'est un pieux office d'avoir « souvenance des trespassez, et mesme de ceux que « l'on a aymez, je vous prie luy donner un *Pater* « *noster* et un *Ave Maria*, et un *De Profundis*, et « l'arrousez d'eau béniste ; et vous acquerrez le nom « de très-fidel amant et d'un bon chrestien. Je vous « lairray donc pour cela, » et part et s'en va. Feu mon frère ne faillit à ce qu'elle avoit dit, et puis l'alla trouver, qui luy en fit un peu la guerre, car elle estoit commune en tout bon propos et y avoit bonne grâce.

Voilà l'opinion de cette bonne princesse, laquelle la tenoit plus par gentillesse et par forme de devis que par créance, à mon advis.

Ces propos gentils me font souvenir d'un épitaphe d'une courtisanne qui est enterrée à Nostre-Dame de Populo[1], où il y a ces mots : *Quæso, viator, ne me diutius calcatam amplius calces* : « Passant, m'ayant « tant de fois foullée et trepée[2], je te prie ne me « treper ny ne me fouler plus. » Le mot latin a plus de grâce. Je mets tout cecy plus pour risée que pour autre chose.

Or, pour faire fin, ne se faut esbahir si cette dame espagnole tenoit cette maxime des belles dames qui se sont fort aymées, et ont aymé et ayment, et se plaisent à estre louées, bien qu'elles ne tiennent guières du passé; mais pourtant c'est le plus grand plaisir que vous leur pouvez donner, et qu'elles ayment plus, quand vous leur dittes que ce sont tousjours elles, et qu'elles ne sont nullement changées ny envieillies, et surtout qui ne deviennent point vieilles de la ceinture jusqu'au bas.

J'ay ouy parler d'une fort belle et honneste dame qui disoit un jour à son serviteur : « Je ne sçay que « désormais m'apportera plus grande incommodité « la vieillesse (car elle avoit cinquante-cinq ans); « mais, Dieu mercy! je ne le fis jamais si bien « comme je le fais, et n'y pris jamais tant de plaisir. « Que si cecy dure et continue jusqu'à mon extresme « vieillesse, je ne m'en soucie d'elle autrement, ny « ne plains point le temps passé. »

Or, touchant l'amour et la concupiscence, j'ay allégué icy et ailleurs assez d'exemples, sans en tirer

---

1. *Del Popolo*, à Rome.
2. *Treper*, grimper; de l'espagnol *trepar*.

davantage sur ce sujet. Venons maintenant à l'autre maxime, touchant cette beauté des belles femmes qui ne se diminue par vieillesse de la ceinture jusques en bas.

Certes, sur cela, cette dame espagnole allégua plusieurs belles raisons et gentiles comparaisons, accomparant ces belles dames à ces beaux, vieux et superbes édifices qui ont esté, desquels la ruine en demeure encor belle; ainsi que l'on voit à Rome, en ces orgueilleuses antiquitez, les ruines de ces beaux pallais, ces superbes colissées et grands termes [1], qui monstrent bien encore quels ils ont esté, donnent encore admiration et terreur à tout le monde, et la ruine en demeure admirable et espouvantable; si bien que sur ces ruines on y bastit encor de très-beaux édifices, monstrant que les fondements en sont meilleurs et plus beaux que sur d'autres nouveaux; ainsi que l'on voit souvent aux massonneries que nos bons architectes et massons entreprennent; et s'ilz trouvent quelques vieilles ruines et fondemens, ils bastissent aussitost dessus, et plustost que sur de nouveaux.

J'ay bien veu aussi souvent de belles gallères et navires se bastir et se refaire sur de vieux corps et vieilles carenes, lesquelles avoyent demeuré longtemps dans un port sans rien faire, qui valloient bien autant que celles que l'on bastissoit et charpentoit tout à neuf, et de bois neuf venant de la forest.

Davantage, disoit cette dame espagnole, ne void-

---

[1]. *Termes*, thermes.

on pas souvent les sommets des hautes tours par les vents, les orages et les tonnerres estre emportez, desraudez[1] et gastez, et le bas en demeurer sain et entier ? car tousjours à telles hauteurs telles tempestes s'addressent ; mesmes les vents marins minent et mangent les pierres d'en haut, et les concavent plustost que celles du bas, pour n'y estre si exposées que celles d'en haut.

De mesme, plusieurs belles dames perdent le lustre et la beauté de leurs beaux visages par plusieurs accidents ou de froid ou de chaud, ou de soleil ou de lune, et autres, et, qui pis est, de plusieurs fards qu'elles y applicquent, pensans se rendre plus belles, et gastent tout ; au lieu qu'aux parties d'embas n'y applicquent autre fard que le naturel spermatic, n'y sentant ny froid, ny pluye, ny vent, ny soleil, ny lune, qui n'y touchent point.

Si la chaleur les importune, s'en sçavent bien garentir et se raffraischir ; de mesmes rémédient au froid en plusieurs façons. Tant d'incommoditez et peines y a-il à garder la beauté d'en haut, et peu à garder celle d'en bas ; si bien qu'encore qu'on ait veu une belle femme se perdre par le visage, ne faut présumer qu'elle soit perdue par le bas, et qu'il n'y reste encor quelque chose de beau et de bon, et qu'il n'y fait point mauvais bastir.

J'ay ouy conter d'une grande dame qui avoit esté très-belle et bien adonnée à l'amour : un de ses serviteurs anciens l'ayant perdue de veue l'espace de

---

1. Le manuscrit et les éditions portent *defraudez* ; mais je crois qu'il faut lire *desraudez* pour *dérodez*, rongés.

quatre ans, pour quelque voyage qu'il entreprit, duquel retournant, et la trouvant fort changée de ce beau visage qu'il luy avait veu autresfois, et par ce en devint si fort dégousté et reffroidy qu'il ne la voulut plus attacquer, ny renouveller avec elle le plaisir passé. Elle le recogneut bien, et fit tant qu'elle trouva moyen qu'il la vinst voir dans son lict; et pour ce, un jour elle contrefit de la malade, et luy l'estant venue voir sur jour[1], elle luy dit : « Monsieur, je sçay « bien que vous me desdaignez à cause de mon vi- « sage changé par mon aage; mais tenez, voyez » (et sur ce elle luy descouvrit toute la moitié du corps nud en bas) « s'il y a rien de changé là. Si mon « visage vous a trompé, cela ne vous trompe pas. » Le gentilhomme la contemplant, et la trouvant par là aussi belle et nette que jamais, entra aussitost en appétit, et mangea de la chair qu'il pensoit estre pourrie et gastée. « Et voylà, dit la dame, monsieur, « voilà comme vous autres estes trompés ! Une autre « fois, n'adjoustez plus de foy aux menteries de nos « faux visages; car le reste de nos corps ne les res- « semble pas tousjours. Je vous apprens cela. »

Une dame comme celle-là, estant ainsi changée de beau visage, fut en si grand' collère et despit contre luy, qu'elle ne le voulut oncques plus jamais mirer dans son miroir, disant qu'il en estoit indigne; et se faisoit coiffer à ses femmes, et, pour récompense, se miroit et s'arregardoit par les parties d'en bas, y prenant autant de délectation comme elle avoit fait par le visage autresfois.

---

1. *Sur jour*, le jour même.

J'ay ouy parler d'une autre dame, qui, tant qu'elle couchoit sur jour avec son amy, elle couvroit son visage d'un beau mouchoir blanc d'une fine toile de Hollande, de peur que, la voyant au visage, le haut ne refroidist et empeschast la batterie du bas, et ne s'en dégoustast; car il n'y avoit rien à dire au bas du beau passé. Sur quoy il y eut une fort honneste dame, dont j'ay ouy parler, qui rencontra plaisamment, à laquelle un jour son mary luy demandant pourquoy son poil d'en bas n'estoit devenu blanc et chenu comme celuy de la teste : « Ah ! » dit-elle, « le meschant traistre qu'il est, qui a fait la
« folie, ne s'en ressent point, ny ne la boit point. Il
« la fait sentir et boire à autres de mes membres et
« à ma teste; d'autant qu'il demeure tousjours sans
« changer, et en mesme estat et vigueur, en mesme
« disposition, et surtout en mesme chaud naturel, et
« à mesme appétit et santé; et non des autres mem-
« bres, qui en ont pour luy des maux et des dou-
« leurs, et mes cheveux qui en sont devenus blancs
« et chenus. »

Elle avoit raison de parler ainsi; car cette partie leur engendre bien des douleurs, des gouttes et des maux, sans que leur gallant du mitan s'en sente; et, par trop estre chaudes à cela, ce disent les médecins, deviennent ainsi chenues. Voilà pourquoy les belles dames ne vieillissent jamais par là en toutes les deux façons.

J'ay ouy raconter à aucuns qui les ont pratiquées, jusques aux courtizannes, qui m'ont asseuré n'en avoir veu guières de belles estre venues vieilles par là ; car tout le bas et mitan, et cuisses et jambes, avoyent le tout beau, et la volonté et la disposition pareille au passé. Mesmes j'en ay ouy parler à plusieurs marys qui trouvoyent leurs vieilles (ainsi les appelloyent-ils) aussi belles par le bas comme jamais, en vouloir, en gaillardise, en beauté, et aussi volontaires[1], et n'y trouvoyent rien de changé que le visage, et aymoyent autant coucher avec elles qu'en leurs jeunes ans.

Au reste, combien y a-il d'hommes qui ayment des vieilles dames pour monter dessus, plustost que sur des jeunes; tout ainsi comme plusieurs qui ayment mieux des vieux chevaux, soit pour le jour d'un bon affaire, soit pour le manège et pour le plaisir, qui ont esté si bien appris en leur jeunesse, qu'en leur vieillesse vous n'y trouverez rien à dire, tant ils sont bien esté dressez, et ont continué leur gentille addresse.

J'ay veu à l'escurie de nos rois un cheval qu'on appelloit *le Quadragant*, dressé du temps du roy Henry. Il avoit plus de vingt-deux ans; mais encor tout vieux qu'il estoit, il fesoit très-bien et n'avoit rien oublié; si bien qu'il donnoit encor à son roy, et à tous ceux qui le voyoyent manier, du plaisir bien grand. J'en ay veu faire de mesmes à un grand coursier qu'on appelloit *le Gonzague*, du haras de Mantoue, et estoit contemporain du *Quadragant*.

J'ay veu le moreau superbe, qui avoit esté mis pour estalon. Le seigneur M. Antonio[2], qui avoit la charge du haras du roy, me le monstra à Mun[3], un

---

1. *Volontaires*, pleines de désirs.
2. Marc-Antoine. — 3. Meun-sur-Loire.

jour que je passay par là, aller à deux pas et un sault, et à voltes, aussi bien que lorsque M. de Carnavallet[1] l'eut dressé, car il estoit à luy; et feu M. de Longueville[2] luy en voulut donner trois mille livres de rente; mais le roy Charles ne le voulut pas, qui le prit pour luy, et le récompensa d'ailleurs. Une infinité d'autres en nommerois-je; mais je n'aurois jamais fait, m'en remettant aux braves escuyers, qui en ont prou veu.

Le feu roy Henry, au camp d'Amiens, avoit choisy pour son jour de bataille *le Bay de la paix*, un très-beau et fort courcier et vieux; et mourut de la fièvre, par le dire des plus experts mareschaux, au camp d'Amiens; ce qu'on trouva estrange.

Feu M. de Guise envoya quérir en son haras d'Esclairon[3] le bay *Sanson*, qui servoit là d'estalon, pour le servir en la bataille de Dreux, où il le servit très-bien.

Aux premières guerres, feu M. le Prince[4] prit dans Mun vingt-deux chevaux qui servoyent là d'estalons, pour s'en servir en ses guerres; et les départit aux uns et aux autres des seigneurs qui estoyent avec luy, s'en estant réservé sa part; dont le brave Avaret[5] eut un courcier que M. le connestable avoit donné au roy Henry, et l'appelloit-on *le Compère*[6]. Tout vieux qu'il estoit, jamais n'en fut veu un meilleur; et

---

1. François de Carnavalet, mort en 1571.
2. Léonor d'Orléans, mort à Blois en 1573.
3. Éclaron (Haute-Marne).
4. Louis Ier de Bourbon, prince de Condé.
5. Capitaine huguenot, mort de la peste à Orléans en 1562.
6. C'était ainsi que Henri II appelait le connétable.

son maistre le fit trouver en de bons combats, qui luy servit très-bien. Le capitaine Bourdet eut le Turc, sur lequel le feu roy Henry fut blessé et tué, que feu M. de Savoye luy avoit donné; et l'appeloit-on *le Malheureux;* et s'appelloit ainsi quand il fut donné au roy, ce qui fut un très-mauvais présage pour le roy. Jamais ne fut si bon en sa jeunesse comme il fut en sa vieillesse, aussi son maistre, qui estoit un des vaillants gentilshommes de la France, le faisoit bien valloir. Bref, tout tant qu'il y en eut de ces estalons, jamais l'aage n'empescha qu'ils ne servissent bien à leurs maistres, à leur prince et à leur cause. Ainsi sont plusieurs chevaux vieux qui ne se rendent jamais : aussi dit-on que jamais bon cheval ne devint rosse.

De mesme sont plusieurs dames, qui en leur vieillesse vallent bien autant que d'autres en leur jeunesse, et donnent bien autant de plaisir, pour avoir esté en leur temps très-bien apprises et dressées; et volontiers telles leçons malaisément s'oublient : et ce qui est le meilleur, c'est qu'elles sont fort libérales et larges à donner pour entretenir leurs chevaliers et cavalcadours, qui prennent plus d'argent et veulent plus grand entretien pour monter sur une vieille monture que sur une jeune; qui est au contraire des escuyers, qui n'en prennent tant des chevaux dressez que des jeunes et à dresser : ainsi la raison en cela le veut.

Une question sur le sujet des dames aagées ay-je veu faire, à sçavoir : quelle gloire plus grande y a-il à débauscher une dame aagée et en jouir, ou une jeune. A aucuns ay-je ouy dire que c'est pour la vieille. Et disoyent que la folie et la chaleur qui est en la jeunesse, sont de soy assez toutes desbauchées et aisées à perdre; mais la sagesse et la froideur qui semble estre en la vieillesse, mal aisément se peuvent-elles corrompre; et qui les corrompt en est en plus belle réputation.

Aussi cette fameuse courtisanne Lays se vantoit et se glorifioit fort de quoy les philosophes alloyent si souvent la voir et apprendre à son eschole, plus que de tous autres jeunes gens et fols qui allassent. De mesme Flora se glorifioit de voir venir à sa porte de grands sénateurs romains, plustost que de jeunes fols chevalliers[1]. Ainsi me semble-il que c'est grand' gloire de vaincre la sagesse qui pourroit estre aux vieilles personnes, pour le plaisir et contentement.

Je m'en rapporte à ceux qui l'ont expérimenté, dont aucuns ont dit : qu'une monture dressée est plus plaisante qu'une farouche et qui ne sçait pas seulement trotter. Davantage, quel plaisir et quel plus grand aise peut-on avoir en l'âme, quand on voit entrer dans une salle du bal, dans une des chambres de la reine, ou dans une église, ou autre grande assemblée, une dame aagée de grand' qualité *de alta guisa*[2], comme dit l'Italien, et mesmes une dame d'honneur de la reine ou d'une princesse, ou une gouvernante d'une fille d'un roy, reine ou grande princesse, ou gouvernante des damoiselles ou filles de la cour, que l'on prend et l'on met en cette digne charge pour la tenir sage[3]? On la verra qui fait la

---

1. Voyez plus haut, p. 300. — 2. De haute prestance.
3. C'est-à-dire parce qu'on la tient pour sage.

mine de la prude, de la chaste, de la vertueuse, et que tout le monde la tient ainsi pour telle, à cause de son aage; et, quand on songe en soy, et qu'on le dit à quelque sien fidèle compagnon et confident : « La voyez-vous là en sa façon grave, sa mine sage « et desdaigneuse et froide, qu'on diroit qu'elle ne « feroit pas mouvoir une seule goutte d'eau? Hélas! « quand je la tiens couchée en son lict, il n'y a gi- « rouette au monde qui se remue et se revire si « souvent et si agilement que font ses reins et ses « fesses. »

Quant à moy, je croy que celuy qui a passé par là et le peut dire, qu'il est très content en soy. Hà! que j'en ay cogneu plusieurs de ces dames en ce monde, qui contrefaisoyent leurs dames sages, prudes et censoriennes[1], qui estoyent très-débordées et vénériennes quand venoyent là, et que bien souvent on abattoit plustost qu'aucunes jeunes, qui, par trop peu rusées, craignent la lutte! Aussi dit-on qu'il n'y a chasse que de vieilles renardes pour chasser et porter à manger à ses petits.

Nous lisons que jadis plusieurs empereurs romains se sont fort délectez à desbaucher et repasser ainsi ces grandes dames d'honneur et de réputation, autant pour le plaisir et contentement, comme certes il y en a plus qu'en des inférieures, que pour la gloire et honneur qu'ils s'attribuoyent de les avoir débauchées et suppéditées : ainsi que j'en ai cogneu de mon temps plusieurs seigneurs, princes et gentilshommes, qui s'en sont sentis très-glorieux et

---

1. *Censoricn*, qui tient du censeur, sévère.

très-contents dans leur âme, pour avoir fait de mesme.

Jules Cæsar et Octavie[1], son successeur, sont esté fort ardents à telles conquestes; ainsi que j'ay dit cy-devant; et après eux Calligula[2], lequel, conviant à ses festins les plus illustres dames romaines avec leurs maris, les contemplant et considérant fort fixement, mesmes avec la main leur levoit la face, si aucunes de honte la baissoyent pour se sentir dames d'honneur et de réputation, ou bien d'autres qui voulussent les contrefaire, et des fort prudes et chastes, comme certainement y en pouvoit avoir peu ès temps de ces empereurs dissolus, mais il falloit faire la mine et en estre quitte pour cela; autrement le jeu ne fust esté bon, comme j'en ay veu faire de mesmes à plusieurs dames. Celles après qui plaisoyent à ce monsieur l'empereur, les prenoit privément et publiquement près de leurs maris, et, les sortans de la salle, les menoit en une chambre, où il en tiroit d'elles son plaisir ainsi qu'il luy plaisoit : et puis les retournoit en leur place se rasseoir; et devant toute l'assemblée louoit leurs beautez et singularitez qui estoyent en elles cachées, les spécifiant de part en part; et celles qui avoyent quelques tares, laideurs et deffectuositez, ne les céloit nullement, ains les descrioit et les déclaroit, sans rien déguiser ny cacher.

Néron fut aussi curieux, qui pis est encor, de voir sa mère morte, la contempler fixement et manier

---

1. *Octavie*, Octave.
2. Suétone, *Caligula*, chap. xxxvi.

tous ses membres, louant les uns et vitupérant les autres¹.

J'en ay ouy conter de mesme d'aucuns grands seigneurs chrestiens, qui ont bien cette mesme curiosité envers leurs mères mortes.

Ce n'estoit pas tout de ce Calligula; car il racontoit leurs mouvemens, leurs façons lubriques, leurs maniemens et leurs airs qu'elles observoyent en leur manège, et surtout de celles qui avoyent esté sages et modestes, ou qui les contrefaisoyent ainsi à table : car, si à la couche elles en vouloyent faire de mesme, ne faut point doubter si le cruel ne les menassoit de mort si elles ne faisoyent tout ce qu'il vouloit pour le contenter, et crainte de mourir; et puis après les scandalisoit ainsi qu'il luy plaisoit, aux despens et risée commune de ces pauvres dames, qui, pensans estre tenues fort chastes et sages, comme il y en pouvoit avoir, ou faire des hypocrites, et contrefaire les *donne da ben*², estoyent tout à trac divulguées et réputées bonnes vesses et ribaudes; ce qui n'estoit pas mal employé de les descouvrir pour telles qu'elles ne vouloyent qu'on les cogneust. Et qui estoit le meilleur, c'estoyent, comme j'ay dit, toutes grandes dames, comme femmes de consuls, dictateurs, préteurs, questeurs, sénateurs, censeurs, chevalliers, et d'autres de très-grands estats et dignitez; ainsi que nous pouvons dire aujourd'huy en nostre chrestienté les reines, qui se peuvent comparer aux femmes des consuls, puisqu'ils commandoient à tout le monde;

---

1. Suétone, *Néron*, chap. xxxiv.
2. Les femmes de bien.

les princesses grandes et moyennes, les duchesses grandes et petites, les marquises et marquisotes, les comtesses et contines, les baronnesses et chevalleresses, et autres dames de grand rang et riche estoffe : sur quoy il ne faut douter que si plusieurs empereurs et rois en pouvoyent faire de mesme envers telles grandes dames, comme cet empereur Calligula, ne le fissent; mais ils sont chrestiens, qui ont la crainte de Dieu devant les yeux, ses saints commandements, leur conscience, leur honneur, le diffame [1] des hommes, et leurs maris, car la tyrannie seroit insupportable à des cœurs généreux. En quoy certes les rois chrestiens sont fort à estimer et louer, de gaigner l'amour des belles dames plus par douceur et amitié que par force et rigueur; et la conqueste en est beaucoup plus belle.

J'ay ouy parler de deux grands princes [2] qui se sont fort pleus à descouvrir ainsi les beautez, gentillesses et singularitez de leurs dames, aussi leurs defformitez, tares et deffauts, ensemble leurs manèges, mouvemens et lascivetez, non en public pourtant, comme Calligula, mais en privé, avec leurs grands amis particuliers. Et voilà le gentil corps de ces pauvres dames bien employé. Pensant bien faire et se jouer pour complaire à leurs amants, sont descriées et brocardées.

Or, afin de reprendre encor nostre comparaïson, tout ainsi que l'on void de beaux édifices bastis sur meilleurs fondements et de meilleures pierres et ma-

---

1. *Diffame*, mépris.
2. Henri III et son frère François.

tières les uns plus que les autres, et, pour ce, durer plus longuement en leur beauté et gloire; aussi y a-il des corps de dames si bien complexionnez et composez, et empraints en beautez, qu'on void volontiers le temps n'y gaigner tant comme sur d'autres, ny les miner aucunement.

Il se lit[1] qu'Artaxercez, entre toutes ses femmes qu'il eut, celle qu'il ayma le plus fut Astazia, qui estoit fort aagée, et toutesfois très-belle, qui avoit esté putain de son feu frère Daire. Son fils en devint si fort amoureux, tant elle estoit belle nonobstant l'aage, qu'il la demanda à son père en partage, aussi bien que la part du royaume. Le père, par jalousie qu'il en eut, et qu'il participast avec luy de ce bon boucon, la fit prestresse du Soleil, d'autant qu'en Perse celles qui ont tel estat se vouent du tout à la chasteté.

Nous lisons dans l'*Histoire de Naples*[2] que Ladislaus, Hongre et roy de Naples, assiégea dans Tarente la duchesse Marie, femme de feu Rammondelo de Balzo, et, après plusieurs assauts et faits d'armes, la prit par composition avec ses enfans, et l'espousa, bien qu'elle fust aagée, mais très-belle, et l'ammena avec soy à Naples; et fut appellée la reine Marie, fort aymée de luy et chérie.

---

1. Voyez Plutarque (*Artaxèrcès Mnémon*, chap. XXXIX). La femme demandée par Darius à son père, qui la fit prêtresse, non pas du Soleil, mais de Diane, s'appelait Aspasia (Plutarque en donne la raison, *Périclès*, chap. XLVII). Dans Boccace, *De casibus illustrium virorum* (liv. III, chap. XIX), d'où Brantôme a tiré cette histoire, elle est nommée Astazia.

2. Voyez Collenuccio, lib. VI.

J'ay veu madame la duchesse de Valentinois, en l'aage de soixante-dix ans, aussi belle de face, aussi fraische et aussi aymable comme en l'aage de trente ans : aussi fut-elle fort aymée et servie d'un des grands rois et valeureux du monde. Je le peux dire franchement, sans faire tort à la beauté de cette dame; car toute dame aymée d'un grand roy, c'est signe que perfection abonde et habite en elle qui la fait aymer : aussi la beauté donnée des cieux ne doit estre espargnée aux demy-dieux.

Je vis cette dame, six mois avant qu'elle mourust[1], si belle encor, que je ne sçache cœur de rocher qui ne s'en fust esmeu, encore qu'auparavant elle s'estoit rompue une jambe sur le pavé d'Orléans, allant et se tenant à cheval aussi dextrement et dispostement[2] comme elle avoit fait jamais; mais le cheval tomba et glissa sous elle; et, pour telle rupture et maux et douleurs qu'elle endura, il eust semblé que sa belle face s'en fust changée; mais rien moins que cela, car sa beauté, sa grâce, sa majesté, sa belle apparence, estoyent toutes pareilles qu'elle avoit tousjours eu. Et surtout elle avoit une très-grande blancheur, et sans se farder aucunement; mais on dit bien que tous les matins elle usoit de quelques bouillons composez d'or potable et autres drogues, que je ne sçay pas comme les bons médecins et subtils apoticaires. Je croy que si cette dame eust encor vescu cent ans, qu'elle n'eust jamais vieilly, fust du visage, tant il estoit bien composé, fust du corps, caché et cou-

---

1. Diane de Poitiers mourut le 22 avril 1566.
2. *Dispostement*, agilement.

vert, tant il estoit de bonne trempe et belle habitude. C'est dommage que la terre couvre ces beaux corps!

J'ay veu madame la marquise de Rothelin¹, mère à madame la douairière princesse de Condé et de feu M. de Longueville, nullement offencée en sa beauté, ny du temps ny de l'aage, et s'y entretenir en aussi belle fleur qu'en la première, fors que le visage luy rougissoit un peu sur la fin; mais pourtant ses beaux yeux qui estoyent des nompareils du monde, dont madame sa fille en a hérité, ne changèrent oncques, et aussi prests à blesser que jamais.

J'ay veu madame de La Bourdesière², despuis en secondes nopces mareschale d'Aumont, aussi belle sur ses vieux jours que l'on eust dit qu'elle estoit en ses plus jeunes ans; si bien que ses cinq filles, qui ont esté des belles, ne l'effaçoient en rien. Et volontiers, si le choix fust esté à faire, eust-on laissé les filles pour prendre la mère; et si avoit eu plusieurs enfans. Aussi étoit-ce la dame qui se contregardoit le mieux, car elle estoit ennemie mortelle du serain et de la lune, et les fuyoit le plus qu'elle pouvoit; le fard commun, pratiqué de plusieurs dames, luy estoit incogneu.

---

1. Jacqueline de Rohan, femme (1536) de François d'Orléans, marquis de Rothelin, qui en eut: Léonor, duc de Longueville, mort en août 1573, et Françoise d'Orléans, femme de Louis Iᵉʳ, prince de Condé, morte le 11 juin 1601.
2. Françoise Robertet, femme d'abord de Jean Babou, seigneur de la Bourdaisière, puis de Jean d'Aumont, maréchal de France.

J'ay veu, qui est bien plus, madame de Mareuil[1], mère de madame la marquise de Mézières et grand-mère de la Princesse-Dauphin, en l'aage de cent ans, auquel elle mourut, aussi droite, aussi fraische, aussi disposte, saine et belle qu'en l'aage de cinquante ans : ç'avoit esté une très-belle femme en sa jeune saison.

Sa fille, madame ladite marquise, avoit esté telle, et mourut ainsi, mais non si aagée de vingt ans, et la taille luy appétissa[2] un peu. Elle estoit tante de madame de Bourdeille[3], femme à mon frère aisné, qui luy portoit pareille vertu; car, encor qu'elle eust passé cinquante-trois ans et ait eu quatorze enfans, on diroit, comme ceux qui la voyent sont de meilleur jugement que moy et l'asseurent, que ces quatre filles qu'elle a auprès d'elle se monstrent ses sœurs : aussi void-on souvent plusieurs fruicts d'hyver, et de la dernière saison, se parangonner à ceux d'esté, et se garder, et estre aussi beaux et savoureux, voire plus.

Madame l'admiralle de Brion, et sa fille, madame de Barbezieux[4], ont esté aussi très-belles en vieillesse.

---

1. Catherine de Clermont, femme de Gui de Mareuil. Sa fille, Gabrielle de Mareuil, épousa Nicolas d'Anjou, marquis de Mézières, et fut mère de Renée d'Anjou, marquise de Mézières, qui épousa (1556) François de Bourbon, duc de Montpensier, dit le Prince-Dauphin.

2. *Appetisser*, rapetisser.

3. Jacquette de Montberon.

4. Françoise de Longwy, femme (1526) de Philippe Chabot, seigneur de Brion, et mère de Françoise mariée à Charles de La Rochefoucauld, baron de Barbezieux.

L'on me dit dernièrement que la belle Paule, de Thoulouze¹, tant renommée de jadis, est aussi belle que jamais, bien qu'elle ait quatre-vingts ans; et n'y trouve-on rien changé, ny en sa haute taille ny en son beau visage.

J'ay veu madame la présidente Conte, de Bourdeaux, tout de mesme et en pareil aage, et très-aimable et désirable : aussi avoit-elle beaucoup de perfections. J'en nommerois tant d'autres, mais je n'en pourrois faire la fin.

Un jeune cavallier espagnol parlant d'amour à une dame aagée, mais pourtant encor belle, elle luy respondit : *A mis completas desta manera me habla V. M.?* « Comment à mes complies me parlez-vous « ainsi? » Voulant signifier par les complies son aage et déclin de son beau jour, et l'approche de sa nuict. Le cavallier luy respondit : *Sus completas valen mas, y son mas graciosas que las horas de prima de qualquier otra dama.* « Vos complies vallent plus, et sont « plus belles et gracieuses que les heures de prime « de quelque autre dame qui soit. » Cette allusion est gentille ².

Un autre parlant de mesme d'amour à une dame aagée, et l'autre luy remonstrant sa beauté flestrie, qui pourtant ne l'estoit trop, il luy respondit : *A las visperas se conoce la fiesta* : « A vespres la feste se « connoist. »

---

1. Paule Viguier, baronne de Fontenille, née en 1518 à Toulouse, où elle mourut en 1610. Sa beauté a été célébrée par G. de Minut, dans son livre intitulé : *De la Beauté*, 1587, in-8°, rare.
2. Cette anecdote a déjà été racontée dans les *Rodomontades*.

On voidencore aujourd'huy madame de Nemours, jadis en son avril la beauté du monde, faire affront au temps, encor qu'il efface tout. Je la puis dire telle, et ceux qui l'ont veue avec moy, que ç'a esté la plus belle femme, en ses jours verdoyans, de la chrestienté. Je la vis un jour danser, comme j'ay dit ailleurs, avec la reine d'Escosse, elles deux toutes seules ensemble et sans autres dames de compagnie, et ce par caprice, que tous ceux et celles qui les advisoient danser ne sceurent juger qui l'emportoit en beauté; et eût-on dit, ce dit quelqu'un, que c'estoyent les deux soleils assemblez qu'on lit dans Pline[1] avoir apparu autresfois pour faire esbahir le monde. Madame de Nemours, pour lors madame de Guise, monstroit la taille plus riche; et s'il m'est loisible ainsi le dire sans offenser la reine d'Escosse, elle avoit la majesté plus grave et apparente, encor qu'elle ne fust reine comme l'autre; mais elle estoit petite-fille de ce grand roy père du peuple[2], auquel elle ressembloit en beaucoup de traits de visage, comme je l'ay veu pourtrait dans le cabinet de la reine de Navarre, qui monstroit bien en tout quel roy il estoit.

Je pense avoir esté le premier qui l'ay appellée du nom de petite-fille du roy père du peuple; et ce fut à Lion quand le roy tourna de Poulongne[3]; et bien souvent l'y appellois-je : aussi me faisoit-elle cet honneur de le trouver bon, et l'aymer de moy. Elle estoit certes vraye petite-fille de ce grand roy, et surtout en bonté et beauté; car elle a esté très-bonne;

---

1. Liv. II, chap. xxxi. — 2. Louis XII.
3. En 1574.

et peu ou nul se trouve à qui elle ait fait mal ny desplaisir, et si en a eu de grands moyens du temps de sa faveur, c'est-à-dire de celle de feu M. de Guise son mary, qui a eu grand crédit en France. Ce sont doncq deux très-grandes perfections qui ont esté en cette dame, que bonté et beauté, et que toutes deux elle a très-bien entretenu jusques icy, et pour lesquelles elle a espousé deux honnestes marys, et deux que peu ou point en eust-on trouvé de pareils; et s'il s'en trouvoit encor un pareil et digne d'elle, et qu'elle le voulust pour le tiers, elle le pourroit encor user, tant elle est encor belle. Aussi qu'en Italie l'on tient les dames ferraroises pour de bons et friands morceaux, dont est venu le proverbe, *potta ferraresa*, comme l'on dit *cazzo mantuano*.

Sur quoy, un grand seigneur de ce païs là pourchassant une fois une belle et grand' princesse de nostre France, ainsi qu'on le louoit à la cour de ses belles vertus, valleurs et perfections pour la mériter, il y eut feu M. d'Au[1], capitaine des gardes escossoises, qui rencontra mieux que tous en disant : « Vous ou- « bliez le meilleur, *cazzo mantuano*. »

J'ay ouy dire un pareil mot une fois, c'est que le duc de Mantoue, qu'on appelloit le *Gobin*[2], parce qu'il estoit fort bossu, voulant espouser la sœur de l'empereur Maximilian, il fut dit à elle qu'il estoit ainsi fort bossu. Elle respondit, dit-on : *Non importa purche la campana habbia qualche diffetto, ma ch' el*

---

1. Jean d'O, seigneur de Maillebois.
2. François de Gonzague, troisième du nom, duc de Mantoue, épousa en 1549 Catherine d'Autriche, fille de Ferdinand Ier et sœur de Maximilien II. Il mourut le 21 février 1550.

sonaglio sia buono[1] ; voulant entendre le *cazzo mantuano*. D'autres disent qu'elle ne proféra le mot, car elle estoit trop sage et bien apprise ; mais d'autres le dirent pour elle.

Pour tourner encore à cette princesse ferraroise, je la vis aux nopces de feu M. de Joyeuse, parestre vestue d'une mante à la mode d'Italie, et retroussée à demy sur le bras à la mode sienoise ; mais il n'y eut point encor de dame qui l'effaçast, et n'y eut aucun qui ne dist : « Cette belle princesse ne se peut
« rendre encor, tant elle est belle. Et est bien aisé à
« juger que ce beau visage couvre et cache d'autres
« grandes beautez et parties en elle que nous ne
« voyons point ; tout ainsi qu'à voir le beau et su-
« perbe front d'un beau bastiment, il est aisé à juger
« qu'au dedans il y a de belles chambres, anticham-
« bres et garde-robbes, beaux recoins et cabinets. »
En tant de lieux encor a-elle fait paroistre sa beauté despuis peu, et en son arrière-saison, et mesme en Espagne aux nopces de M. et madame de Savoye[2], que l'admiration d'elle et de sa beauté, et de ses vertus, y en demeura gravée pour tout jamais. Si les aisles de ma plume estoyent assez fortes et amples pour la porter dedans le ciel, je le ferois ; mais elles sont trop foibles ; si en parleray-je encore ailleurs. Tant y a que ç'a esté une très-belle femme en son printemps, son esté et son automne, et son hyver encore, quoyqu'elle ait eu grande quantité d'ennuis et d'enfans.

1. Il n'importe pas que la cloche ait quelque défaut, pourvu que le battant soit bon.
2. Charles-Emmanuel épousa en 1585 Catherine, fille de Philippe II.

Qui pis est, les Italiens mesprisans une femme qui a eu plusieurs enfans, l'appellent *scrofa,* qui est à dire une truye; mais celles qui en produisent de beaux, braves et généreux, comme cette princesse a fait, sont à louer, et sont indignes de ce nom, mais[1] de celuy de bénistes de Dieu.

Je puis faire cette exclamation : Quelle mondaine et merveilleuse inconstance, que la chose qui est la plus légère et inconstante, au temps fait la résistance, qu'est la belle femme! Ce n'est pas moy qui le dis; j'en serois bien marry, car j'estime fort la constance d'aucunes femmes, et toutes ne sont inconstantes : c'est d'un autre de qui je tiens cette exclamation. J'alléguerois encore volontiers des dames estrangères, aussi bien que de nos françoises, belles en leur automne et hyver; mais pour ce coup je ne mettray en ce rang que deux.

L'une, la reine Elisabeth d'Angleterre qui règne aujourd'huy, qu'on m'a dit estre encor aussi belle que jamais. Que si elle est telle, je la tiens pour une très-belle princesse; car je l'ay veue en son esté et en son automne. Quant à son hyver, elle y approche fort, si elle n'y est; car il y a long-temps que ne l'ay veue. La première fois que je la vis, je sçay l'aage qu'on luy donnoit alors. Je croy que ce qui l'a maintenue si longtemps en sa beauté, c'est qu'elle n'a jamais esté mariée, ny a supporté le faix de mariage, qui est fort onéreux, et mesmes quand l'on porte plusieurs enfans. Cette reine est à louer en toutes sortes de louanges, n'estoit la mort de cette

1. Mais dignes.

brave, belle et rare reine d'Escosse, qui a fort souillé ses vertus.

L'autre princesse et dame estrangère est madame la marquise de Gouast, donne Marie d'Arragon¹, laquelle j'ay veue une très-belle dame sur sa dernière saison ; et je vous le vois dire par un discours que j'abbrégeray le plus que je pourray.

Lorsque le roy Henry mourut, un mois après mourut le pape Paul quatriesme, Caraffe, et pour l'élection d'un nouveau fallut que tous les cardinaux s'assemblassent. Entr'autres partit de France le cardinal de Guise ; et alla à Rome par mer avec les galères du roy, desquelles estoit général M. le grand prieur de France², frère dudit cardinal, lequel, comme bon frère, le conduisit avec seize galères. Et firent si bonne diligence et avec si bon vent en poupe, qu'ils arrivèrent en deux jours et deux nuicts à Civita-Vecchia, et de là à Rome, où estant, M. le grand prieur voyant qu'on n'estoit pas encor prest de faire nouvelle élection (comme de vray elle demeura trois mois à faire), et par conséquent de retourner³ son frère, et que ses gallères ne faisoyent rien au port, il s'advisa d'aller jusques à Naples voir la ville et y passer son temps.

A son arrivée donc, le vice-roy, qui estoit lors le duc d'Alcala⁴, le receut comme si ce fust esté un roy. Mais avant que d'y arriver salua la ville d'une fort

---

1. Marie d'Aragon, femme d'Alfonse d'Avalos, marquis del Vasto.

2. François de Lorraine, grand prieur de France.

3. *Retourner*, remmener.

4. Don Perafan di Ribera, duc d'Alcala, fit son entrée à Naples

belle salve qui dura longtemps; et la mesme luy fut rendue de la ville et des chasteaux, qu'on eust dit que le ciel tonnoit estrangement durant cette salve. Et tenant ses gallères en bataille et en joly, et assez loin, il envoya dans un esquif M. de l'Estrange, de Languedoc, fort habille et honneste gentilhomme, qui parloit fort bien, vers le vice-roy, pour ne luy donner l'allarme, et luy demander permission (encore que nous fussions en bonne paix, mais pourtant nous ne venions que de frais de la guerre) d'entrer dans le port, pour voir la ville et visiter les sépulchres de ses prédécesseurs qui estoyent là enterrez, et leur jetter de l'eau béniste et prier Dieu sur eux.

Le vice-roy l'accorda très-librement. M. le grand prieur donc s'avança et recommença la salve aussi belle et furieuse que devant, tant des canons de courcie des seize gallères que des autres pièces et d'arquebusades, tellement que tout estoit en feu; et puis entra dans le môle fort superbement, avec plus d'estendarts, de banderolles, de flambans de taffetas cramoisy, et la sienne de damas, et tous les forçats vestus de velours cramoisy, et les soldats de sa garde de mesme, avec mandilles couvertes de passement d'argent, desquels estoit capitaine le capitaine Geoffroy, Provençal, brave et vaillant capitaine, et bien[1] que l'on trouva nos gallères françoises très-belles, lestes et bien espalverades et surtout *la Realle*, à

---

comme vice-roi le 12 juin 1559. Voyez Tobia Almagiore, *Raccolta di varie notitie historiche*, Napoli, 1675, in-4°, p. 94.

1. *Et bien*, si bien.

laquelle n'y avoit rien à redire ; car ce prince estoit en tout très-magnifique et libéral.

Estant donc entré dans le môle en un si bel arroy[1], il prit terre et tous nous autres avec luy, où le vice-roy avoit commandé de tenir prests des chevaux et des coches pour nous recueillir et conduire en la ville ; comme de vray nous y trouvasmes cent chevaux, coursiers, genets, chevaux d'Espagne, barbes et autres, les uns plus beaux que les autres, avec des housses de velours toutes en broderie, les unes d'or et les autres d'argent. Qui vouloit monter à cheval montoit, qui en coche montoit, car il y en avoit une vingtaine des plus belles et riches et des mieux attelées, et traisnées par des coursiers les plus beaux qu'on eust sceu voir. Là se trouvèrent aussi force grands princes et seigneurs, tant du Règne qu'Espagnols, qui receurent M. le grand prieur, de la part du vice-roy, très-honnorablement. Il monta sur un cheval d'Espagne, le plus beau que j'aye veu il y a longtemps, que depuis le vice-roy luy donna ; et se manioit très-bien, et faisoit de très-belles courbettes, ainsi qu'on parloit de ce temps. Luy, qui estoit un très-bon homme de cheval, et aussi bon que de mer, il le fit très-beau voir là-dessus : et il le faisoit très-bien valloir et aller, et de fort bonne grâce, car il estoit l'un des beaux princes qui fust de ce temps là et des plus agréables, des plus accomplis, et de fort haute et belle taille et bien dénouée ; ce qui n'advient guières à ces grands hommes. Ainsi il fut conduit par tous ces seigneurs et tant d'autres gentilshommes

1. *Arroy*, ordre.

chez le vice-roy, lequel l'attendoit, et luy fit tous les honneurs du monde, et logea en son palais, et le festoya fort sumptueusement, et luy et sa troupe : il le pouvoit bien faire, car il luy gaigna vingt mille escus à ce voyage. Nous pouvions bien estre avec luy deux cens gentilshommes, que capitaines des gallères et autres ; nous fumes logez chez la pluspart des grands seigneurs de la ville, et très-magnifiquement.

Dès le matin, sortans de nos chambres, nous rencontrions des estaffiers si bien créez qui se venoyent présenter aussitost et demander ce que nous voulions faire et où voulions aller et pourmener. Et si voulions chevaux ou coches, soudain, aussitost notre volonté dite aussitost accomplie. Et alloyent quérir les montures que voulions, si belles, si riches et si superbes, qu'un roy s'en fust contenté ; et puis accommencions et accomplissions nostre journée ainsi qu'il plaisoit à chacun. Enfin nous n'estions guières gastez d'avoir faute de plaisirs et délices en cette ville : ne faut dire qu'il n'y en eust, car je n'ay jamais veu ville qui en fust plus remplie en toute sorte ; il n'y manque que la familière, libre et franche conversation d'avec les dames d'honneur et réputation, car d'autres il y en a assez. A quoy pour ce coup sceut très-bien remédier madame la marquise del Gouast, pour l'amour de laquelle ce discours se fait, car toute courtoise et plène de toute honnesteté, et pour la grandeur de sa maison, ayant ouy renommer M. le grand prieur des perfections qui estoyent en luy, et l'ayant veu passer par la ville à cheval et recogneu, comme de grand à grand cela est deu communément, elle, qui estoit toute grande en tout, l'envoya visiter un jour par un gentilhomme fort honneste et bien créé, et luy manda que, si son sexe et la coutume du païs luy eussen permis de le visiter, volontiers elle y fust venue fort librement pour luy offrir sa puissance[1], comme avoyent fait tous les grands seigneurs du royaume; mais le pria de prendre ses excuses en gré, en luy offrant et ses maisons, et ses chasteaux, et sa puissance.

M. le grand prieur, qui estoit la mesme courtoisie, la remercia fort, comme il devoit; et luy manda qu'il luy iroit baiser les mains incontinent après disner; à quoy il ne fallit avec sa suitte de tous nous autres qui estions avec luy. Nous trouvasmes la marquise dans sa salle avec ses deux filles, donne Antonine, et l'autre done Hiéronime ou done Joanne (je ne sçaurois bien le dire, car il ne m'en souvient plus)[2], avec force belles dames et damoiselles, tant bien en point et de si belle et bonne grâce, que, horsmis nos cours de France et d'Espagne, volontiers ailleurs n'ay-je point veu plus belle troupe de dames.

Madame la marquise salua à la françoise et receut M. le grand prieur avec un très-grand honneur; et luy en fit de mesmes, encor plus humble, *con mas gran sosiego*[3], comme dit l'Espagnol. Leurs devis furent pour ce coup de propos communs. Aucuns

1. *Sa puissance*, ce qui était en son pouvoir.
2. Des deux filles de la marquise del Gouast, l'aînée, Béatrix, fut mariée à Alphonse de Guevara, comte de Potenza, et la seconde, Antoinette, épousa Horace de Lannoi, prince de Sulmone.
3. Avec la plus grande gravité.

de nous autres, qui sçavions parler italien et espagnol, accostâmes les autres dames, que nous trouvasmes fort honnestes et gallantes, et de fort bon entretien.

Au départir, madame la marquise ayant sceu de M. le grand prieur le séjour d'un quinze jours qu'il vouloit faire là, luy dit : « Monsieur, quand vous ne
« sçaurez que faire et qu'aurez faute de passe-temps,
« lorsqu'il vous plaira venir céans vous me ferez
« beaucoup d'honneur, et y serez le très-bien venu
« comme en la maison de madame vostre mère;
« vous priant de disposer de cette-cy de mesme et
« ainsi que la sienne, et y faire ny plus ny moins.
« J'ay ce bonheur d'estre aymée et visitée d'honnestes
« et belles dames de ce royaume et de cette ville,
« autant que dame qui soit; et d'autant que vostre
« jeunesse et vertu porte que vous aymez la conver-
« sation des honnestes dames, je les prieray de se
« rendre icy plus souvent que de coustume, pour
« vous tenir compagnie et à toute cette belle noblesse
« qui est avec vous. Voilà mes deux filles auxquèlles
« je commanderay, encores qu'elles ne soyent si ac-
« complies qu'on diroit bien, de vous tenir compa-
« gnie à la françoise, comme de rire, danser, jouer,
« causer librement, modestement et honnestement,
« comme vous faites à la cour de France, à quoy je
« m'offrirois volontiers; mais il fascheroit fort à un
« prince jeune, beau et honneste comme vous estes,
« d'entretenir une vieille surannée, fascheuse et peu
« aymable comme moy; car volontiers jeunesse et
« vieillesse ne s'accordent guières bien ensemble. »

M. le grand prieur luy releva aussitost ces mots,

en luy faisant entendre que la vieillesse n'avoit rien gaigné sur elle, et que malaisément il ne passeroit pas celuy-là, et que son autonne surpassoit tous les printemps et estez qui estoyent en cette salle; comme de vray, elle se monstroit encor une très-belle dame et fort aymable, voire plus que ses deux filles, toutes belles et jeunes qu'elles estoyent; si avoit-elle bien alors près de soixante bonnes années. Ces deux petits mots que M. le grand prieur donna à madame la marquise luy pleurent fort, selon que nous pusmes cognoistre à son visage riant, à sa parole et à sa façon.

Nous partismes de là extresmement bien édifiez de cette belle dame, et surtout M. le grand prieur, qui en fut aussitost espris, ainsi qu'il nous le dit. Il ne faut donc douter si cette belle dame et honneste, et sa belle troupe de dames convia M. le grand prieur tous les jours d'aller à son logis; car si on n'y alloit l'après-disnée on y alloit le soir. M. le grand prieur prit pour sa maistresse sa fille aisnée, encor qu'il aymast mieux la mère; mais ce fut *per adumbrar la cosa*[1].

Il se fit force couremens de bague, où M. le grand prieur emporta le prix, force ballets et danses. Bref, cette belle compagnie fut cause que, luy ne pensant séjourner que quinze jours, nous y fusmes pour nos six sepmaines, sans nous y fascher nullement, car nous y avions nous autres aussi bien fait des maistresses comme nostre général. Encore y eussions-nous demeuré davantage, sans qu'un courrier vint du roy

---

1. Pour voiler la chose.

son maistre, qui luy porta nouvelles de la guerre eslevée en Escosse; et pour ce falloit mener et faire passer ses gallères de levant en ponant, qui pourtant ne passèrent de huict mois après.

Ce fut à se départir de ces plaisirs délicieux, et de laisser la bonne et gentille ville de Naples; et ne fut à M. nostre général et à tous nous autres sans grandes tristesses et regrets, mais nous faschant fort de quitter un lieu où nous nous trouvions si bien.

Au bout de six ans, ou plus, nous allasmes au secours de Malte. Moy estant à Naples, je m'enquis si madite dame la marquise estoit encor vivante; on me dit qu'ouy, et qu'elle estoit en la ville. Soudain je ne faillis de l'aller voir; et fus aussitost recogneu par un vieux maistre d'hostel de céans, qui l'alla dire à madite dame que je luy voulois baiser les mains. Elle, qui se ressouvint de mon nom de Bourdeille, me fit monter en sa chambre et la voir. Je la trouvay qui gardoit le lict, à cause d'un petit feu vollage qu'elle avoit d'un costé de joue. Elle me fit, je vous jure, une très-bonne chère. Je ne la trouvay que fort peu changée, et encore si belle, qu'elle eust bien fait commettre un péché mortel, fust ou de volonté ou de fait.

Elle s'enquit fort à moy des nouvelles de feu M. le grand prieur, et d'affection, et comme il estoit mort, et qu'on luy avoit dit qu'il avoit esté empoisonné, maudissant cent fois le malheureux qui avoit fait le coup. Je luy dis que non, et qu'elle ostast cela de sa fantaisie, et qu'il estoit mort d'un purisy faux et sourd qu'il avoit gaigné à la bataille de Dreux, où il avoit combattu comme un César tout le jour; et le soir à la dernière charge, s'estant fort eschauffé au combat, et suant, se retirant le soir qu'il geloit à pierre fendre, se morfondit; et se couva sa maladie, dont il mourut un mois ou six sepmaines après.

Elle monstroit, par sa parole et sa façon, de le regretter fort. Et notez que, deux ou trois ans auparavant, il avoit envoyé deux gallères en cours sous la charge du capitaine Beaulieu, l'un de ses lieutenans de gallères. Il avoit pris la bandière de la reine d'Escosse, qu'on n'avoit jamais veue vers les mers de levant, ny cogneue, dont on estoit fort esbahy; car, de prendre celle de France, n'en falloit point parler, pour l'alliance entre le Turc. M. le grand prieur avoit donné charge au dict capitaine Beaulieu de prendre terre à Naples, et de visiter de sa part madame la marquise et ses filles, auxquelles trois il envoyoit force présens de toutes les petites singularitez qui estoyent lors à la cour et au Palais, à Paris et en France; car ledit sieur grand prieur estoit la mesme libéralité et magnificence : à quoi ne faillit le capitaine Beaulieu, et de présenter le tout, qui fut très-bien receu, et pour ce fut récompensé d'un beau présent.

Madame la marquise se ressentoit si fort obligée de ce présent, et de la souvenance qu'il avoit encor d'elle, qu'elle me le réitéra plusieurs fois, dont elle l'en ayma encore plus. Pour l'amour de luy, elle fit encore une courtoisie à un gentilhomme gascon, qui estoit lors aux gallères de M. le grand prieur, lequel, quand nous partismes, demeura dans la ville, malade jusqu'à la mort. La fortune fut si bonne pour luy, que, s'addressant à ladite dame en son adversité, elle le fit si bien secourir qu'il eschappa ; et le prit en sa maison, et s'en servit, que, venant à vacquer une capitainerie en un de ses chasteaux, elle la luy donna, et luy fit espouser une femme riche.

Aucuns de nous autres ne sceumes qu'estoit devenu le gentilhomme, et le pensions mort, sinon lorsque nous fismes ce voyage de Malte, il se trouva un gentilhomme qui estoit cadet de celuy dont j'ay parlé, qui un jour, sans y penser, parlant à moy de la principale occasion de son voyage, qui estoit pour chercher nouvelles d'un sien frère qui avoit esté à M. le grand prieur, et estoit resté malade à Naples il y avoit plus de six ans, et que depuis il n'en avoit jamais sceu nouvelles, il m'en alla souvenir; et depuis m'enquis de ses nouvelles aux gens de madame la marquise, qui m'en contèrent, et de sa bonne fortune : soudain je le rapportay à son cadet, qui m'en remercia fort; et vint avec moy chez madite dame, qui¹ en prit encor plus de langue, et l'alla voir où il estoit.

Voilà une belle obligation, pour une souvenance d'amitié qu'elle avoit encore, comme j'ay dit; car elle m'en fit encore meilleure chère ; et m'entretint fort du bon temps passé, et de force autres choses, qui faisoyent trouver sa compagnie très-belle et très-aymable ; car elle estoit de très-beau et bon devis, et très-bien parlante.

Elle me pria cent fois ne prendre autre logis ny repas que le sien, mais je ne le voulus jamais, n'ayant esté mon naturel d'estre importun ny coquin². Je

---

1. *Qui*, le gentilhomme. — 2. *Coquin*, mendiant.

l'allois voir tous les jours pour[1] sept ou huict jours que nous y demeurasmes, et y estois très-bien venu, et sa chambre m'estoit tousjours ouverte sans difficulté.

Quand je luy dis à Dieu, elle me donna des lettres de faveur à son fils M. le marquis de Pescayre[2], général pour lors en l'armée espagnole : outre ce, elle me fit promettre qu'au retour je passerois pour la revoir, et de ne prendre autre logis que le sien.

Le malheur fut tant pour moy, que les gallères qui nous tournèrent ne nous mirent à terre qu'à Terracine, d'où nous allasmes à Rome, et ne peus tourner en arrière; et aussi que je m'en voulois aller à la guerre de Hongrie; mais, estans à Venise, nous sceusmes la mort du grand sultan Soliman[3]. Ce fut là où je maudis cent fois mon malheur que ne fusse retourné aussi bien à Naples, où j'eusse bien passé mon temps. Et possible, par le moyen de madite dame la marquise j'y eusse rencontré une bonne fortune, fust par mariage ou autrement; car elle me faisoit ce bien de m'aymer.

Je croy que ma malheureuse destinée ne le voulut, et me voulut encore ramener en France pour y estre à jamais malheureux, et où jamais la bonne fortune ne m'a monstré bon visage, sinon par apparence et beau semblant d'estre estimé gallant homme de bien et d'honneur prou, mais de moyens et de grades

---

1. *Pour*, pendant.
2. François-Ferdinand d'Avalos, marquis de Pescaire, vice-roi de Sicile, mort en 1571.
3. Soliman II mourut le 30 août 1566.

point comme aucuns de mes compagnons, voire d'autres plus bas, lesquels j'ay veu qu'ils se fussent estimez heureux que j'eusse parlé à eux dans une cour, dans une chambre de roy ou de reine, ou une salle, encore à costé ou sur l'espaule, qu'aujourd'huy je les vois advancez comme potirons et fort aggrandis, bien [que] je n'aye affaire d'eux et ne les tienne plus grands que moy ny que je leur voulusse déférer en rien de la longueur d'une ongle.

Or bien, pour moy en cela je peux bien pratiquer le proverbe que notre rédempteur Jésus-Christ a profféré de sa propre bouche que : « nul prophète en son « païs. » Possible, si j'eusse servy des princes estrangers aussi bien que les miens, et cherché l'adventure parmy eux comme j'ay fait parmy les nostres, je serois maintenant plus chargé de biens et dignitez que ne suis d'années et de douleurs. Patience; si ma Parque m'a ainsi filé, je la maudis; s'il tient à mes princes, je les donne à tous les diables, s'ilz n'y sont.

Voilà mon conte achevé de cette honnorable dame; elle est morte en une très-grande réputation d'avoir esté une très-belle et honneste dame, et d'avoir laissé après elle une belle et généreuse lignée, comme M. le marquis son aisné, don Juan, don Carlos, don Cesare d'Avalos, que j'ay tous veus et desquels j'en ay parlé ailleurs; les filles de mesme ont ensuivy les frères. Or, je fais fin à mon principal discours.

DISCOURS

SUR CE QUE

LES BELLES ET HONNESTES DAMES

AYMENT LES VAILLANTS HOMMES,

ET LES BRAVES HOMMES

AYMENT LES DAMES COURAGEUSES[1].

Il ne fut jamais que les belles et honnestes dames n'aymassent les gens braves et vaillans, encore que de leur nature elles soyent poltrones et timides; mais la vaillance a telle vertu à l'endroit d'elles, qu'elles l'ayment. Que c'est que de se faire aymer de son contraire, maugré son naturel! Et qu'il ne soit vray[2], Vénus, qui fut jadis la déesse de beauté, de toute gentillesse et honnesteté, estant à mesme, dans les

---

1. Ce discours est le huitième et dernier dans les anciennes éditions; nous suivons l'ordre du manuscrit. Brantôme l'a résumé ainsi dans sa Préface : « Le huitième traite comment les belles, honnestes et généreuses dames ayment coustumièrement les braves, vaillantz et généreux hommes, aussi telz ayment les dames telles et courageuses, ainsi que j'en allègue des exemples d'aucuns et aucunes de nos temps. » Voyez tome I, p. 4.

2. C'est-à-dire : bien que cela ne soit pas vrai.

cieux et en la cour de Jupiter pour choisir quelque amoureux gentil et beau et pour faire cocu son bonhomme de mary Vulcan, n'en alla aucun choisir des plus mignons, des plus fringans ny des plus frizés, de tant qu'il y en avoit, mais choisit et s'amouracha du Dieu Mars, dieu des armées et des vaillances, encor qu'il fust tout sallaud, tout suant de la guerre d'où il venoit, et tout noircy de poussière, et mal propre ce qu'il se peut, sentant mieux son soldat de guerre que son mignon de cour; et, qui pis est encor, bien souvent, possible, tout sanglant revenant des batailles, couchoit-il avec elle sans autrement se nettoyer et parfumer.

La généreuse belle reine Pantasilée [1], la renommée luy ayant faict à sçavoir les valleurs et vaillances du preux Hector, et ses merveilleux faits d'armes qu'il faisoit devant Troye sur les Grecqs, au seul bruit s'amouracha de luy tant que, par un désir d'avoir d'un si vaillant chevallier des enfans, c'est-à-dire filles qui succédassent à son royaume, s'en alla le trouver à Troye; et le voyant, le contemplant et l'admirant, fit tout ce qu'elle peut pour se mettre en grâce avec luy, non moins par les armes qu'elle faisoit, que par sa beauté, qui estoit très-rare; et jamais Hector ne faisoit saillie sur ses ennemis qu'elle ne l'y accompagnast, et ne se meslast aussi avant qu'Hector là où il faisoit le plus chaud; si que l'on dit que, plusieurs fois, faisant de si grandes prouesses, elle en faisoit esmerveiller Hector, tellement qu'il s'arrestoit tout court comme ravy souvent au milieu des com-

1. Ceci est tiré du *De claris mulieribus* de Boccace, ch. XXXIII.

bats les plus forts, et se mettoit un peu à l'escart pour voir et contempler mieux à son aise cette brave reine à faire de si beaux coups.

De là en avant il est à penser au monde ce qu'ils firent de leurs amours, et s'ils les mirent à exécution : le jugement en peut estre bientost donné. Mais tant y a, que leur plaisir ne peut pas durer longuement ; car elle, pour mieux complaire à son amoureux, se précipitoit si ordinairement aux hasards, qu'elle fut tuée à la fin parmy la plus forte et plus cruelle meslée. Aucuns disent pourtant qu'elle ne vid pas Hector, et qu'il estoit mort devant qu'elle arrivast, dont arrivant et sçachant la mort, entra en un si grand dépit et tristesse, pour avoir perdu le bien de sa veue qu'elle avoit tant désiré et pourchassé de si loingtain païs, qu'elle s'alla perdre volontairement dans les plus sanglantes batailles, et mourut, ne voulant plus vivre puisque n'avoit peu voir l'objet valleureux qu'elle avoit le mieux choisi et plus aymé.

De mesmes en fit Tallestride[1], autre reine des Amazones, laquelle traversa un grand païs, et fit je ne sçay combien de lieues pour aller trouver Alexandre le Grand, luy demandant par mercy, ou à la pareille (de ce bon temps que l'on faisoit, et le donnoit-on pour la pareille) coucha avec luy pour avoir de la lignée d'un si grand et généreux sang, l'ayant ouy tant estimer ; ce que volontiers Alexandre lui accorda ; mais bien gasté et dégousté s'il eust fait autrement, car ladicte reine étoit bien aussi belle que vaillante. Quintus Curtius, Orose et Justin l'asseurent, et

---

1. Thallestris. Voyez Quinte-Curce, liv. V.

qu'elle vint trouver Alexandre avec trois cens dames à sa suitte, tant bien en point et de si bonne grâce, portans leurs armes, que rien plus. Et fit ainsi la révérence à Alexandre, qui la recueillit avec un très-grand honneur; et demeura l'espace de treize jours et de treize nuicts avec luy, s'accomoda du tout à ses volontez et plaisirs, luy disant pourtant tousjours que si elle en avoit une fille, qu'elle la garderoit comme un très-précieux trésor; si elle en avoit un fils, qu'elle luy envoyeroit, pour la haine extresme qu'elle portoit au sexe masculin, en matière de régner et avoir aucun commandement parmy elles, selon les loix introduites en leurs compagnies depuis qu'elles tuèrent leurs marys.

Ne faut douter là-dessus que les autres dames et sous-dames n'en firent de mesme, et ne se firent couvrir aux autres capitaines et gens d'armes dudit Alexandre; car, en cela, il falloit faire comme la dame.

La belle vierge Camille, belle et généreuse, et qui servoit si fidellement Diane, sa maistresse, parmy les forests et les bois, en ses chasses, ayant senti le vent de la vaillance de Turnus, et qu'il avoit à faire avec un vaillant homme aussi, qui estoit Æneas, et qui luy donnoit de la peine, choisit son party; et le vint trouver, seulement avec trois fort honnestes et belles dames de ses compagnes, qu'elle avoit esleu pour ses grandes amies et fidèles confidentes, et tribades pensez, et pour friquarelle; et pour l'honneur en tous lieux s'en servoit, comme dit Virgile en ses *Ænéides*[1]; et s'appelloyent l'une Armié la vierge et

---

1. Voici les vers de Virgile (lib. XI, vers 655-658) sur lesquels

la vaillante, et l'autre Tulle, et la troisiesme Tarpée, qui sçavoit bien bransler la picque ou le dard, en deux façons diverses, pensez, et toutes trois filles d'Italie.

Camille donc vint ainsi avec sa belle petite bande (aussi dit-on : petit et beau et bon) trouver Turnus, avec lequel elle fit de très-belles armes; et s'advança si souvent et se mesla parmy les vaillants Troyens, qu'elle fut tuée, avec un très-grand regret de Turnus, qui l'honnoroit beaucoup, tant pour sa beauté que pour son bon secours. Ainsi ces dames belles et courageuses alloyent rechercher les braves et vaillants, les secourans en leurs guerres et combats.

Qui mit le feu d'amour si ardent dans la poitrine de la pauvre Didon, sinon la vaillance qu'elle sentit en son Æneas, si nous voulons croire Virgile? Car, après qu'elle l'eut prié de luy racconter les guerres, désolations et destruction de Troye, et qu'il l'en eut contentée, à son grand regret pourtant pour renouveller telles douleurs, et qu'en son discours il n'oublioit pas ses vaillantises; et les ayant Didon très-bien remarquées et considérées en soy, lorsqu'elle commença à déclarer à sa sœur Anne son amour, les principales et plus preignantes paroles qu'elle luy dit, furent : « Ah! ma sœur, quel hoste est cettui-cy qui

---

Brantôme a brodé avec l'imagination licencieuse qui lui est habituelle :

> At circum lectæ comites, Larinaque virgo,
> Tullaque et æratam quatiens Tarpeïa securim,
> Italides : quas ipsa decus sibi dia Camilla
> Delegit, pacisque bonæ bellique ministras.

« est venu chez moy! la belle façon qu'il a, et com-
« bien se monstre-il en grâce d'estre brave et vaillant,
« soit en armes et en courage! Et croy fermement
« qu'il est extrait de quelque race des Dieux; car
« les cœurs villains sont couards de nature[1]. » Telles
furent ses paroles. Et croy qu'elle se mit à l'aymer,
tant aussi parce qu'elle estoit brave et généreuse, et
que son instinct la poussoit d'aymer son semblable,
aussi pour s'en ayder et servir en cas de nécessité.
Mais le malheureux la trompa et l'abandonna misérablement; ce qu'il ne devoit faire à cette honneste
dame, qui luy avoit donné son cœur et son amour,
à luy, dis-je, qui estoit un estranger et un forbanny.

Bocace, en son livre des *Illustres malheureux*[2],
fait un conte d'une duchesse de Furly, nommée Romilde, laquelle, ayant perdu son mary, ses terres et
son bien, que Caucan, roy des Avarois, luy avoit
tout pris, et réduite à se retirer avec ses enfants dans
son chasteau de Furly, là où il l'assiégea; mais un
jour qu'il s'en approchoit pour le recognoistre, Romilde, qui estoit sur le haut d'une tour, le vid, et se
mit fort à le contempler et longuement; et le voyant
si beau, estant en la fleur de son aage, monté sur un
beau cheval, et armé d'un harnois très-superbe, et
qu'il faisoit tant de beaux exploicts d'armes, et ne
s'espargnoit non plus que le moindre soldat des
siens, en devint incontinent passionnément amoureuse; et, laissant arrière le deuil de son mary et les
affaires de son chasteau et de son siége, luy manda

1. *Énéide*, liv. IV, vers 10-13.
2. Liv. IX, ch. III.

par un messager que, s'il la vouloit prendre en mariage, qu'elle luy rendroit la place dez le jour que les nopces seraient célébrées. Le roy Caucan la prit au mot. Le jour donc compromis venu, elle s'habille pompeusement de ses plus beaux et superbes habits de duchesse, qui la rendirent d'autant plus belle, car elle l'estoit très-fort; et estant venue au camp du roy consommer le mariage, [le roy], afin qu'on ne le pust blasmer qu'il n'eust tenu sa foy, se mit toute la nuict à contenter la duchesse eschauffée. Puis l'endemain au matin, estant levé, fit appeller douze soldats avarois des siens, qu'il estimoit les plus forts et roides compaignons, et mit Romilde entre leurs mains pour en faire leur plaisir l'un après l'autre; laquelle repassèrent toute une nuict tant qu'ils purent : et, le jour venu, Caucan, l'ayant fait appeller, luy ayant fait force reproches de sa lubricité et dit force injures, la fit empaler par sa nature, dont elle en mourut. Acte cruel et barbare certes, de traitter ainsi une si belle et honneste dame, au lieu de la reconnoistre, la récompenser et traitter en toute sorte de courtoisie, pour la bonne opinion qu'elle avoit eu de sa générosité, de sa valeur et de son noble courage, et l'avoir pour cela aymé! A quoy quelquesfois les dames doivent bien regarder; car il y a de ces vaillants qui ont tant accoustumé à tuer, à manier et à battre le fer si rudement, que quelquesfois il leur prend des humeurs d'en faire de mesme sur les dames. Mais tous ne sont pas de ces complexions; car, quand quelques honnestes dames leur font cet honneur de les aymer et avoir en bonne opinion de leur valeur, laissent dans le camp leurs furies et leurs rages, et dans les cours et dans les chambres s'accommodent aux douceurs et à toutes honnestetez et courtoisies.

Bandel, dans ses *Histoires tragiques*[1], en raconte une, qui est la plus belle que j'aye jamais leu, d'une duchesse de Savoye, laquelle un jour, en sortant de sa ville de Thurin, et ayant ouy une pellerine espagnole, qui alloit à Lorette pour certain vœu, s'escrier et admirer sa beauté, et dire tout haut que, si une si belle et parfaitte dame estoit mariée avec son frère le seigneur de Mendozze, qui estoit si beau, si brave, si vaillant, qu'il se pourroit bien dire partout que les deux plus beaux pairs du monde estoyent couplez ensemble, la duchesse, qui entendoit très-bien la langue espagnole, ayant en soy très-bien engravez et remarquez ces mots dans son âme, s'y mit aussi à engraver l'amour ; si bien que par un tel bruit elle devint tant passionnée du seigneur de Mendozze, qu'elle ne cessa jamais, jusques à ce qu'elle eust projetté un feint pellerinage à Sainct-Jacques pour voir son amoureux sitost conceu. Et, s'estant acheminée en Espagne, et pris le chemin par la maison du seigneur de Mendozze, eut temps et loisir de contenter et de rassasier sa veue de l'objet beau qu'elle avoit esleu ; car la sœur du seigneur de Mendozze, qui accompagnoit la duchesse, avoit adverty son frère d'une telle et si noble et belle venue : à quoy il ne faillit d'aller au devant d'elle bien en point, monté sur un beau cheval d'Espagne, avec une si belle grâce

---

[1]. C'est la première Nouvelle de la troisième partie dans l'édition de Venise, 1568, in-4°, tome III, p. 1.

que la duchesse eut occasion de se contenter[1] de la renommée qui luy avoit esté rapportée, et l'admira fort, tant pour sa beauté que pour sa belle façon, qui monstroit à plain la vaillance qui estoit en luy, qu'elle estimoit bien autant que les autres vertus et accomplissemens[2] et perfections, présageant dès lors qu'un jour elle en auroit bien affaire, ainsi que par après il luy servit grandement en l'accusation fausse que le comte Pancalier fit contre sa chasteté. Toutesfois, encor qu'elle le tint brave et courageux pour les armes, si fut-il pour ce coup couard en amours; car il se monstra si froid et respectueux envers elle, qu'il ne luy fit nul assaut de paroles amoureuses, ce qu'elle aymoit le plus, et pourquoy elle avoit entrepris son voyage : et, pour ce, dépitée d'un tel froid respect, ou plustost de telles couardises d'amours, s'en partit le lendemain d'avec luy, non si contente qu'elle eust voulu.

Voilà comment les dames quelquesfois ayment bien autant les hommes hardis pour l'amour comme pour les armes, non qu'elles vueillent qu'ils soyent effrontez et hardis, impudents et sots, comme j'en ay cogneu; mais il faut qu'ils tiennent en cela le *medium*.

J'ay cogneu plusieurs qui ont perdu beaucoup de bonnes fortunes pour tels respects, dont j'en ferois de bons contes si ne craignois m'esgarer trop de mon discours; mais j'espère les faire à part : si diray-je cettui-cy.

J'ay ouy conter d'autres fois d'une dame, et des

---

1. *Se contenter*, être contente.
2. *Accomplissemens*, qualités accomplies.

très-belles du monde, laquelle, ayant de mesme ouy renommer un prince pour brave et vaillant[1], et qu'il avoit desjà en son jeune aage fait et parfait de grands exploicts d'armes, et surtout gaigné deux grandes et signalées batailles contre ses ennemis, eut grand désir de le voir; et pour ce fit un voyage en la province où pour lors il y faisoit séjour, sous quelque autre prétexte que je ne diray point. Enfin elle s'achemina; mais, et qu'est-il impossible à un brave cœur amoureux? elle le void et contemple à son aise, car il vint fort loing au devant d'elle, et la reçoit avec tous les honneurs et respects du monde, ainsi qu'il devoit à une si grande, belle et magnanime princesse, et trop, comme dit l'autre; car il luy en arriva de mesmes comme au seigneur de Mendozze et à la duchesse de Savoye : et tels respects engendrèrent pareils dépits, et mécontentemens. Si bien qu'elle partit d'avec luy non si bien satisfaitte comme elle y estoit venue. Possible qu'il y eust perdu son temps et qu'elle n'eust obéy à ses volontez; mais pourtant l'essay n'en fust esté mauvais, ains fort honnorable, et l'en eust-on estimé davantage.

De quoy sert donc un courage hardi et généreux, s'il ne se monstre en toutes choses, et mesme en amours comme aux armes, puisqu'armes et amours sont compagnes, marchent ensemble et ont une mesme simpathie, ainsi que dit le poëte[2] : « Tout

---

1. Henri III vainqueur à Jarnac et à Moncontour.
2. Ovide, qui commence ainsi la ixe élégie des *Amores* :

   Militat omnis amans et habet sua castra Cupido.
   Attice, crede mihi : militat omnis amans.

amant est gendarme, et Cupidon a son camp et ses armes aussi bien que Mars. » M. de Ronsard en a fait un beau sonnet dans ses premières *Amours*[1].

Or, pour tourner encor aux curiositez qu'ont les dames de voir et aymer les gens généreux et vaillants, j'ay ouy raconter à la reyne d'Angleterre Elisabeth, qui règne aujourd'huy, un jour, elle estant à table, faisant souper avec elle M. le grand prieur de France, de la maison de Lorraine, et M. d'Amville, aujourd'huy M. de Montmorency et connestable, parmy ce devis de table, et s'estant mis sur les louanges du feu roy Henry deuxiesme, le loua fort de ce qu'il estoit brave, vaillant et généreux, et, en usant de ce mot, *fort martial*, et qu'il l'avoit bien monstré en toutes ses actions; et que pour ce, s'il ne fust mort si tost, elle avoit résolu de l'aller voir en son royaume, et avoit fait accommoder et apprester ses gallères pour passer en France et toucher entre leurs deux mains la foy et leur paix. « Enfin c'estoit une de mes « envies de le voir; je croy qu'il ne m'en eust refusée, « car, disoit-elle, mon humeur est d'aymer les gens « vaillants; et veux mal à la mort d'avoir ravy un « si brave roy, au moins avant que je ne l'aye veu. »

Cette mesme reine, quelque temps après, ayant ouy tant renommer M. de Nemours des perfections et valleurs qui estoyent en luy, fut curieuse d'en demander des nouvelles à feu M. de Rendan[2], lorsque

---

1. C'est le sonnet CLXXIV du livre I. Il commence ainsi :

Amour et Mars sont presque d'une sorte.

2. Charles de la Rochefoucauld, comte de Randan, blessé mortellement au siége de Rouen en 1562.

le roy François second l'envoya en Escosse faire la paix devant le Petit-Lit qui estoit assiégé. Et ainsi qu'il luy en eust conté bien au long, et toutes les espèces de ses grandes et belles vertus et vaillances, M. de Rendan, qui s'entendoit en amours aussi bien qu'en armes, cogneut en elle et son visage quelque estincelle d'amour ou d'affection, et puis en ses paroles une grande envie de le voir. Par quoy, ne se voulant arrester en si bon chemin, fit tant envers elle de sçavoir, s'il la venoit voir, s'il seroit le bien venu et receu, ce qu'elle l'en asseura, et par là présuma qu'ilz pourroyent venir en maryage.

Estant donc de retour de son ambassade à la cour, en fit au roy et à M. de Nemours tout le discours; à quoy le roy commanda et persuada à M. de Nemours d'y entendre : ce qu'il fit, avec une très-grande joye s'il pouvoit parvenir à un si beau royaume par le moyen d'une si belle, si vertueuse et honneste reine.

Pour fin, les fers se mirent au feu : par les beaux moyens que le roy luy donna, il fit de fort grands préparatifs et très-superbes et beaux appareils, tant d'habillemens, chevaux, armes, bref, de toutes choses exquises, sans y rien obmettre (car je vis tout cela), pour aller parestre devant cette belle princesse, n'oubliant surtout d'y mener toute la fleur de la jeunesse de la cour; si bien que le fol Greffier, rencontrant là-dessus, disoit : que c'estoit *la fleur des febves*, par là brocardant la follastre jeunesse de la cour.

Cependant M. de Lignerolles, très-habile et accort gentilhomme, et lors fort favory de M. de Nemours son maistre, fut dépesché vers ladite reine, qui s'en retourna avec une response belle et très-digne de s'en contenter et de presser et avancer son voyage. Et me souvient qu'à la cour on tenoit le mariage quasi pour fait : mais nous nous donnasmes la garde que, tout à coup, ledit voyage se rompit et demeura court, et avec une très-grande despense, très-vaine et inutile pourtant.

Je dirois, aussi bien qu'homme de France, à quoy il tint que cette rupture se fit, sinon qu'en passant, ce seul mot : que d'autres amours[1], possible, luy serroient plus le cœur et le tenoient plus captif et arresté; car il estoit si accomply en toutes choses et si adroit aux armes et autres vertus, que les dames à l'envy volontiers l'eussent couru à force, ainsi que j'en ay veu de plus fringantes et plus chastes, qui rompoient bien leur jeusne de chasteté pour luy.

Nous avons, dans les *Cent Nouvelles* de la reine de Navarre Marguerite[2], une très-belle histoire de cette dame de Milan, qui, ayant donné assignation à feu M. de Bonnivet, depuis amiral de France, une nuict attitra[3] ses femmes de chambre avec des espées nues pour faire bruit sur le degré, ainsi qu'il seroit prest à se coucher : ce qu'elles firent très bien, suivant en cela le commandement de leur maistresse, qui, de son costé, fit de l'effrayée et craintive, disant que c'estoyent ses beaux frères qui s'estoyent apperceus de quelque chose, et qu'elle estoit perdue, et

---

1. Ses amours avec Françoise de Rohan, ou avec la veuve du duc François de Guise, qu'il épousa quand il eut gagné son procès contre la première.
2. Voyez la XVIᵉ Nouvelle.
3. *Attitrer*, disposer.

qu'il se cachast sous le lict ou derrière la tapisserie.
Mais M. de Bonnivet, sans s'effrayer, prenant sa cape
à l'entour du bras et son espée en l'autre, il dit :
« Et où sont-ils ces braves frères qui me voudroyent
« faire peur ou mal? Quand ils me verront, ils n'ose-
« ront regarder seulement la pointe de mon espée. »
Et, ouvrant la porte et sortant, ainsi qu'il vouloit
commencer à charger sur ce degré, il trouva ces
femmes avec leur tintamarre, qui eurent peur et se
mirent à crier et confesser le tout. M. de Bonnivet,
voyant que ce n'estoit que cela, les laissa et recom-
manda au diable, et se rentre en la chambre, et
ferme la porte sur lui, et vint trouver sa dame, qui
se mit à rire et l'embrasser, et luy confesser que c'estoit un jeu apposté par elle, et l'asseurer que, s'il
eust fait du poltron et n'eust montré en cela sa vaillance, de laquelle il avoit le bruit, que jamais il
n'eust couché avec elle. Et, pour s'estre montré ainsi
généreux et asseuré, elle l'embrassa et le coucha auprès d'elle; et toute la nuict ne faut point demander
ce qu'ils firent; car c'estoit l'une des belles femmes
de Milan, et après laquelle il avoit eu beaucoup de
peine à la gaigner.

J'ay cogneu un brave gentilhomme, qui un jour,
estant à Rome couché avec une gentille dame romaine, son mary absent, luy donna une pareille allarme, et fit venir une de ses femmes en sursaut l'advertir que le mary tournoit des champs. La femme,
faisant de l'estonnée, pria le gentilhomme de se cacher dans un cabinet, autrement elle estoit perdue.
« Non, non, dit le gentilhomme, pour tout le bien
« du monde je ne ferois pas cela; mais s'il vient je

« le tueray. » Ainsi qu'il avoit sauté à son espée, la dame se mit à rire et confesser avoir fait cela à poste pour l'esprouver, si son mary luy vouloit faire mal, ce qu'il feroit et la défendroit bien.

J'ay cogneu une très-belle dame, qui quitta tout à trac un serviteur qu'elle avoit, pour ne le tenir vaillant; et le changea en un autre qui ne le ressembloit, mais estoit craint et redouté extremement de son espée, qui estoit des meilleures qui se trouvassent pour lors.

J'ay ouy faire un conte à la cour aux anciens, d'une dame qui estoit à la cour, maistresse de feu M. de Lorge[1], le bon homme, en ses jeunes ans, l'un des vaillants et renommez capitaines de gens de pied de son temps. Elle, ayant ouy dire tant de bien de sa vaillance, un jour que le roy François premier faisoit combattre des lions en sa cour, voulut faire preuve s'il estoit tel qu'on luy avoit fait entendre; et pour ce, laissa tumber un de ses gans dans le parc des lions, estans en leur plus grande furie; et là-dessus pria M. de Lorge de l'aller quérir, s'il l'aymoit tant comme il disoit. Luy, sans s'estonner, met sa cappe au poing et l'espée à l'autre main, et s'en va asseurément[2] parmy ces lions recouvrer le gand. En quoy la fortune luy fut si favorable, que, faisant tousjours bonne mine et monstrant d'une belle asseurance la pointe de son espée aux lions, ilz ne l'osèrent attacquer. Et ayant recouru le gand, il s'en retourna devers sa maistresse et luy rendit; en

---

1. François de Montgommery, sieur de Lorges.
2. *Asseurément*, avec assurance.

quoy elle et tous les assistans l'en estimèrent bien fort. Mais on dit que, de beau dépit, M. de Lorge la quitta pour avoir voulu tirer son passe-temps de luy et de sa valeur de cette façon. Encore dit-on qu'il luy jetta par beau dépit le gand au nez; car il eust mieux voulu qu'elle luy eust commandé cent fois d'aller enfoncer un bataillon de gens de pied, où il s'estoit bien appris d'y aller, que non de combattre des bestes, dont le combat n'en est guères glorieux[1]. Certes tels essays ne sont ny beaux ny honnestes, et les personnes qui s'en aydent sont fort à réprouver.

J'aymerois autant un tour que fit une dame à son serviteur, lequel, ainsi qu'il luy présentoit son service et l'asseuroit qu'il n'y auroit chose, tant hazardeuse fust-elle, qu'il ne la fist, elle, le voulant prendre au mot, luy dit : « Si vous m'aymez tant, et « que vous soyez si courageux que vous dittes, don- « nez-vous de vostre dague dans le bras pour l'a- « mour de moy. ». L'autre, qui mouroit pour l'amour d'elle, la tira soudain, s'en voulant donner : je luy tins le bras et luy ostay la dague, luy remonstrant que ce seroit un grand fol d'aller faire ainsi et de telle façon preuve de son amour et de sa valeur. Je ne nommeray point la dame, mais le gentilhomme estoit feu M. de Clermont-Tallard l'aisné[2], qui mourut à la bataille de Montcontour, un des braves et vaillants gentilshommes de France, ainsi qu'il le

---

[1]. On sait que cette anecdote est le sujet d'une ballade de Schiller : *Der Handschuh*.

[2]. Claude de Clermont, vicomte de Tallard.

monstra à sa mort, commandant à une compagnie de gensdarmes, que j'aymois et honnorois fort.

J'ay ouy dire qu'il en arriva tout de mesmes à feu M. de Genlis, qui mourut en Allemagne, menant les troupes huguenottes aux troisiesmes troubles : car, passant un jour la rivière devant le Louvre avec sa maistresse, elle laissa tomber dans l'eau son mouchoir, qui estoit beau et riche, exprès, et luy dit qu'il se jettast dedans pour le luy recourre. Luy, qui ne sçavoit nager que comme une pierre, se voulut excuser; mais elle, luy reprochant que c'estoit un couard amy, et nullement hardy, sans dire garre se jetta à corps perdu dedans, et, pensant avoir le mouchoir, se fust noyé s'il ne fust esté aussitost secouru d'un autre batteau.

Je croy que telles femmes, par tels essais, se veulent défaire ainsi gentiment de leurs serviteurs, qui, possible, les ennuyent. Il vaudroit mieux qu'elles leur donnassent de belles faveurs, et les prier, pour l'amour d'elles, les porter aux lieux honnorables de la guerre, et faire preuve de leur valeur, ou les y pousser davantage, que non pas faire de ces sottises que je viens de dire, et que j'en dirois une infinité.

Il me souvient que, lorsque nous allasmes assiéger Rouen aux premiers troubles, madamoiselle de Piennes[1], l'une des honnestes filles de la cour, estant en doubte que feu M. de Gergeay ne fust esté assez vaillant pour avoir tué luy seul, et d'homme à

---

1. Probablement Jeanne de Hallwin, fille d'honneur de Catherine de Médicis, celle qui avait dû épouser François de Montmorency.

homme, le feu baron d'Ingrande, qui estoit un des vaillans gentilshommes de la cour, pour esprouver sa valeur, luy donna une faveur d'une escharpe qu'il mit à son habillement de teste; et, ainsi qu'on vint pour reconnoistre le fort de Saincte-Catherine, il donna si courageusement et vaillamment dans une trouppe de chevaux qui estoyent sortis hors de la ville, qu'en bien combattant il eut un coup de pistollet dans la teste, dont il mourut roide mort sur la place : en quoy ladite damoiselle fut satisfaite de sa valeur, et, s'il ne fust mort ce coup, ayant si bien fait, elle l'eust espousé; mais, doutant un peu de son courage, et qu'il avoit mal tué ledit baron, ce luy sembloit, elle voulut voir cette expérience, ce disoit-elle. Et certes, encor qu'il y ait beaucoup d'hommes vaillants de leur nature, les dames les y poussent encore davantage; et, s'ils sont lasches et froids, elles les meuvent et eschauffent.

Nous en avons un très-bel exemple de la belle Agnez, laquelle, voyant le roy Charles VIIe ennamouraché d'elle et ne se soucier que de luy faire l'amour, et, mol et lasche, ne tenir compte de son royaume, luy dit un jour que, lorsqu'elle estoit encores jeune fille, un astrologue luy avoit prédit qu'elle seroit aymée et servie de l'un des plus vaillants et courageux roys de la chrestienté; que, quand le roy luy fit cet honneur de l'aymer, elle pensoit que ce fust ce roy valleureux qui luy avoit esté prédit; mais, le voyant si mol, avec si peu de soin de ses affaires, elle voyoit bien qu'elle estoit trompée, et que ce roy si courageux n'estoit pas luy, mais le roy d'Angleterre, qui faisoit de si belles armes, et

luy prenoit tant de belles villes à sa barbe. « Dont,
« dit-elle au roy, je m'en vais le trouver, car c'est
« celuy duquel entendoit l'astrologue. » Ces paroles
picquèrent si fort le cœur du roy, qu'il se mit à plorer ; et de là en avant, prenant courage, et quittant
sa chasse et ses jardins, prit le frain aux dents; si
bien que, par son bonheur et vaillance, chassa les
Anglois de son royaume.

Bertrand du Guesclin, ayant espousé sa femme,
madame Tiphaine, se mit du tout à la contenter et
laisser le train de la guerre, luy qui l'avoit tant pratiquée auparavant, et qui avoit acquis tant de gloire
et louange ; mais elle luy en fit une réprimende et
remonstrance : qu'avant leur mariage on ne parloit
que de luy et de ses beaux faits, et que désormais on
luy pourroit reprocher à elle-mesme une telle discontinuation de son mary; qui portoit un très-grand
préjudice à elle et à son mary, d'estre devenu un si
grand casannier; dont elle ne cessa jamais, jusques
à ce qu'elle-luy eust remis son premier courage,
et renvoyé à la guerre, où il fit encor mieux que
devant.

Voilà comment cette honneste dame n'ayma point
tant son plaisir de nuict comme elle faisoit l'honneur
de son mary. Et certes, nos femmes mesmes, encor
qu'elles nous trouvent près de leurs costez, si nous
ne sommes braves et vaillants ne nous sçauroyent
aimer ny nous tenir auprès d'elles de bon cœur;
mais, quand nous retournons des armées, et que
nous avons fait quelque chose de bien et de beau,
c'est alors qu'elles nous ayment et nous embrassent
de bon cœur, et qu'elles le trouvent meilleur.

La quatriesme fille du comte de Provence[1], beau-père de sainct Louys, et femme à Charles, comte d'Anjou, frère dudict roy, magnanime et ambitieuse qu'elle estoit, se faschant de n'estre que simple comtesse d'Anjou et de Provence, et qu'elle seule de ses trois sœurs, dont les deux estoyent reynes et l'autre impératrice, ne portoit autre tiltre que de dame et comtesse, ne cessa jamais, jusques à ce qu'elle eust prié, pressé et importuné son mary d'avoir et de conquester quelque royaume. Et firent si bien qu'ilz furent esleus par le pape Urbain, roy et reine des Deux-Sicilles; et allèrent tous deux à Rome avec trente gallères se faire couronner par Sa Sainteté, en grand' magnificence, roy et reine de Jérusalem et de Naples, qu'il conquesta après, tant par ses armes valeureuses que par les moyens que sa femme luy donna, vendant toutes ses bagues et joyaux pour fournir aux frais de la guerre : et puis après régnèrent assez paisiblement et longuement en leurs beaux royaumes conquis.

Longtemps après, une de leurs petites-filles, descendue d'eux et des leurs, Ysabeau de Lorraine[2], fit, sans son mary René, semblable trait; car, luy estant prisonnier entre les mains de Charles, duc de Bourgogne, elle, estant princesse, sage et de grand' magnanimité et courage, le royaume de Sicile et de Naples leur estant escheu par succession, assembla

---

1. Béatrix, quatrième fille de Raymond-Bérenger IV, comte de Provence.
2. Isabelle, fille de Charles II, duc de Lorraine, mariée à René, duc d'Anjou.

une armée de trente mille hommes; et elle-mesme la mena, et conquesta le royaume et se saisit de Naples.

Je nommerois une infinité de dames qui ont servi de telles façons beaucoup à leurs maris, et qu'elles, estant hautes de cœur et d'ambition, ont poussé et encouragé leurs maris à se faire grands, acquérir des biens et des grandeurs et richesses. Aussi est-ce le plus beau et le plus honnorable, que d'en avoir par la pointe de l'espée.

J'en ay cogneu beaucoup en nostre France et en nos cours, qui, plus poussez de leurs femmes quasi que de leurs volontez, ont entrepris et parfait de belles choses.

Force femmes ay-je cogneu aussi, qui, ne songeans qu'à leurs bons plaisirs, les ont empeschez et tenus tousjours auprès d'elles, les empeschans de faire de beaux faits, ne voulans qu'ilz s'y amusassent sinon à les contenter du jeu de Vénus, tant elles y estoyent aspres. J'en ferois force comptes, mais je m'extravaguerois trop de mon sujet, qui est plus beau certes, car il touche la vertu, que l'autre qui touche le vice; et contente plus d'ouïr parler de ces dames qui ont poussé les hommes à de beaux actes. Je ne parle pas seulement des femmes mariées, mais de plusieurs autres, qui, pour une seule petite faveur, ont fait faire à leurs serviteurs beaucoup de choses qu'ils n'eussent fait. Car quel contentement leur est-ce? quelle ambition et eschauffement de cœur est-il plus grand, que, quand on est en guerre, que l'on songe que l'on est bien aymé de sa maistresse, et que si l'on fait quelque belle chose pour l'amour d'elle, combien de bons visages, de beaux attraits, de belles œillades, d'embrassades, de plaisirs, de faveurs, qu'on espère après de recevoir d'elle?

Scipion, entre autres réprimandes qu'il fit à Massinissa lorsque, quasi tout sanglant, il espousa Sophonisba, luy dit : qu'il n'estoit bien séant de songer aux dames et à l'amour lorsque l'on est à la guerre[1]. Il me pardonnera, s'il luy plaist; mais, quant à moy, je pense qu'il n'y a point si grand contentement, ny qui donne plus de courage ny d'ambition pour bien faire, qu'elles. J'en ay esté logé là d'autresfois. Quant à pour moy, je croy que tous ceux qui se trouvent aux combats en sont de mesme : je m'en rapporte à eux. Je croy qu'ils sont de mon opinion, tant qu'ils sont, et que, lorsqu'ils sont en quelque beau voyage de guerre, et qu'ils sont parmy les plus chaudes presses de l'ennemy, le cœur leur double et accroist quand ilz songent à leurs dames, à leurs faveurs qu'ils portent sur eux, et aux caresses et beaux recueils qu'ils recevront d'elles au partir de là s'ils en eschappent; et, s'ils viennent à mourir, quels regrets elles feront pour l'amour de leur trespas. Enfin, pour l'amour de leurs dames et pour songer en elles, toutes entreprises sont faciles et aisées, tous combats leur sont des tournois, et toute mort leur est un triomphe.

Je me souviens qu'à la bataille de Dreux feu M. des Bordes, brave et gentil cavallier s'il en fut de son temps, estant lieutenant de M. de Nevers, dit avant comte d'Eu, prince aussi très-accomply, ainsi qu'il fallut aller à la charge pour enfoncer un bataillon de

---

1. Voyez plus haut, p. 293.

gens de pied qui marchoit droit à l'avant-garde où commandoit feu M. de Guise le Grand, et que le signal de la charge fut donné, ledict des Bordes, monté sur un turc gris, part tout aussitost, enrichy et garny d'une fort belle faveur que sa maistresse luy avoit donnée (je ne la nommeray point, mais c'estoit l'une des belles et honnestes filles, et des grandes de la cour); et en partant, il dit : « Hà! je « m'en vois combattre vaillamment pour l'amour de « ma maistresse, ou mourir glorieusement. » A ce il ne faillit; car, ayant percé les six premiers rangs, mourut au septiesme, porté par terre. A vostre advis, si cette dame n'avoit bien employé sa belle faveur, et si elle s'en devoit desdire pour luy avoir donnée?

M. de Bussi a esté le jeune homme qui a aussi bien fait valoir les faveurs de ses maistresses que jeune homme de son temps, et mesmes de quelques-unes que je sçay, qui méritoyent plus de combats, d'exploits de guerre, de coups d'espée, que ne fit jamais la belle Angélique des paladins et chevalliers de jadis, tant chrestiens que Sarrasins; mais je luy ay ouy dire souvent qu'en tant de combats singuliers et guerres et rencontres générales (car il en a fait prou) où il s'est jamais trouvé et qu'il a jamais entrepris, ce n'estoit point tant pour le service de son prince ny pour ambition, que pour la gloire seule de complaire à sa dame. Il avoit certes raison, car toutes les ambitions du monde ne vallent pas tant que l'amour et la bienveillance d'une belle et honneste dame et maistresse.

Et pourquoy tant de braves chevalliers errants de la Table-Ronde et tant de valleureux paladins de

France du temps passé ont entrepris tant de guerres, tant de voyages lointains, tant fait de belles expéditions, sinon pour l'amour des belles dames qu'ils servoyent ou vouloyent servir? Je m'en rapporte à nos palladins de France, nos Rollands, nos Renauds, nos Ogiers, nos Olliviers, nos Yvons, nos Richards, et une infinité d'autres. Aussi c'estoit un bon temps et bien fortuné; car, s'ilz faisoyent quelque chose de beau pour l'amour de leurs dames, leurs dames, nullement ingrates, les en sçavoyent bien récompenser, quand ils se venoyent rencontrer, ou donner le rendez-vous, dans les forests, dans des bois, ou près des fontaines ou en quelques belles prairies. Et voylà le guerdon des vaillantises que l'on désire des dames!

Or, il y a une demande : pourquoy les femmes ayment tant ces vaillants hommes? Et comme j'ay dit au commencement, la vaillance a cette vertu et force de se faire aymer à son contraire. Davantage, c'est une certaine inclination naturelle qui pousse les dames pour aymer la générosité, qui est certainement cent fois plus aymable que la couardise : aussi toute vertu se fait plus aymer que le vice.

Il y a aucunes dames qui ayment ces gens ainsi pourveus de valeur, d'autant qu'il leur semble que, tout ainsi qu'ils sont braves et adroits aux armes et au métier de Mars, qu'ils le sont de mesmes à celuy de Vénus.

Cette règle ne faut en aucuns. Et de fait ils le sont, comme fut jadis César, le vaillant du monde, et force autres braves que j'ay cogneu, que je tais. Et tels y ont bien toute autre force et grâce que des ruraux et autres gens d'autre profession; si bien qu'un coup de ces gens là en vaut quatre des autres; je dis envers les dames qui sont modestement lubriques, mais non pas envers celles qui le sont sans mesure, car le nombre leur plaist. Et si cette règle est bonne quelquesfois en aucuns de ces gens, et selon l'humeur d'aucunes femmes, elle faut en d'autres; car il se trouve de ces vaillants qui sont tant rompus de l'harnois et des grandes corvées de la guerre, qu'ils n'en peuvent plus quand il faut venir à ce doux jeu, de sorte qu'ils ne peuvent contenter leurs dames; dont aucunes, et plusieurs y en a, qui aymeroyent mieux un bon artisan de Vénus, frais et bien émoulu, que quatre de ceux de Mars, ainsi allebrenez [1].

J'en ay cogneu force de ce sexe fémenin et de cette humeur; car enfin, disent-elles, il n'y a que de bien passer son temps et en tirer la quintessence, sans avoir acception de personnes. Un bon homme de guerre est bon, et le fait beau voir à la guerre; mais s'il ne sçait rien faire au lict, disent-elles, un bon gros vallet, bien à séjour, vaut bien autant qu'un beau et vaillant gentilhomme lassé.

Je m'en rapporte à celles qui en ont fait l'essay et le font tous les jours; car les reins du gentilhomme, tant gallant et brave soit-il, estans rompus et froissez de l'harnois qu'ils ont tant porté sur eux, ne peuvent fournir à l'appointement, comme les autres qui n'ont jamais porté peine ny fatigue.

D'autres dames y a-il qui ayment les vaillants, soyent

---

1. *Allebrené*, épuisé. *Halbrené* est un terme de fauconnerie que l'on applique au faucon dont les plumes sont rompues.

pour maris, soyent pour serviteurs, afin qu'ils débattent et soustiennent mieux leurs honneurs et leurs chastetez, si aucuns mesdisans il y en a qui les veullent souiller de paroles; ainsi que j'en ay veu plusieurs à la cour, où j'y ay cogneu d'autres fois une fort belle et grande dame [1]; que je ne nommeray point, estant fort sujette aux médisances, quitta un serviteur fort favory qu'elle avoit, le voyant mol à départir de la main et ne braver et ne quereller, pour en prendre un autre [2] qui estoit un escalabreux, brave et vaillant, qui portoit sur la pointe de son espée l'honneur de sa dame, sans qu'on y osast aucunement toucher.

Force dames ay-je cogneu de cette humeur, qui ont voulu tousjours avoir un vaillant pour leur escorte et deffense; ce qui leur est très-bon et très-utile bien souvent : mais il faut bien qu'elles se donnent garde de broncher et varier devant eux, si elles se sont une fois sousmises sous leur domination, car, s'ils s'apperçoivent le moins du monde de leurs fredaines et mutations, ilz les meinent beau et les gourmandent terriblement, et elles et leurs gallants, si elles changent : ainsi que j'en ay veu plusieurs exemples en ma vie.

Voilà donc telles femmes qui se voudront mettre en possession de tels braves et scalabreux, faut qu'elles soyent braves et très-constantes envers eux, ou bien qu'elles soyent si fort secrètes en leurs affaires qu'elles ne se puissent évanter : si ce n'est qu'elles voulussent faire en composant, comme les courtisannes d'Italie et de Rome, qui veulent avoir

---

1. Marguerite de Valois. — 2. Bussy d'Amboise.

un brave (ainsi le nomment-elles) pour les défendre et maintenir; mais elles mettent tousjours par le marché qu'elles auront d'autres concurrences, et que le brave n'en sonnera mot.

Cela est fort bon pour les courtisannes de Rome et pour leurs braves, non pour les gallants gentilshommes de nostre France ou d'ailleurs. Mais si une honneste dame se veut maintenir en sa fermeté et constance, il faut que son serviteur n'espargne nullement sa vie pour la maintenir et défendre, si elle court la moindre fortune du monde, soit, ou de sa vie, ou de son honneur, ou de quelque meschante parole; ainsi que j'en ay veu en nostre cour plusieurs qui ont fait taire les médisans tout court, quand ils sont venus à détracter de leurs dames et maistresses, auxquelles, par devoir de chevallerie et par les lois, nous sommes tenus de servir de champions en leurs afflictions; ainsi que fit ce brave Renaud de la belle Genèvre en Escosse[1], le seigneur de Mendozze à cette belle duchesse que j'ay dit, et le seigneur de Carouge à sa propre femme du temps du roy Charles sixiesme, comme nous lisons en nos croniques[2]. J'en alléguerois une infinité d'autres, et du vieux et du nouveau temps, ainsi que j'ay veu en nostre cour; mais je n'aurois jamais fait.

D'autres dames ay-je cogneu qui ont quitté des hommes pusilanimes, encores qu'ils fussent bien riches, pour aymer et espouser des gentilshommes qui n'avoyent que l'espée et la cappe, pour manière de

---

1. Voyez Arioste, *Orlando furioso*, ch. v.
2. Voyez tome VI, p. 243.

dire; mais ilz estoient valleureux et généreux, et avoyent espérance, par leurs valeurs et générositez, de parvenir aux grandeurs et aux estats, encore certes que ce ne soyent pas les plus vaillants qui le plus souvent y parviennent, en quoy on leur fait tort pourtant; et bien souvent void-on les couards et pusilanimes y parvenir : mais qu'il soit, telle marchandise ne paroist point sur eux comme quand elle est sur les vaillants.

Or je n'aurois jamais fait si je voulois raconter les diverses causes et raisons pourquoy les dames ayment ainsi les hommes remplis de générosité. Je sçay bien que, si je voulois amplifier ce discours d'une infinité de raisons et d'exemples, j'en pourrois faire un livre entier; mais, ne me voulant amuser sur un seul sujet, ains en varier de plusieurs et divers, je me contenteray d'en avoir dit ce que j'ay dit, encore que plusieurs me pourront reprendre, que cettui-cy estoit bien assez digne pour estre enrichy de plusieurs exemples et prolixes raisons, qu'eux-mesmes pourront bien dire : « Il a oublié cettui-cy; « il a oublié cettuy-là. » Je le sçay bien; et en sçay, possible, plus qu'ilz ne pourront alléguer, et des plus sublins et secrets; mais je ne veux les tous publier et nommer.

Voilà pourquoy je me tais. Toutesfois, avant que faire pose, je diray ce mot en passant : que, tout ainsi que les dames ayment les hommes vaillants et hardis aux armes, elles ayment aussi ceux qui le sont en amours, et jamais homme couard et par trop respectueux en icelles n'aura bonne fortune; non qu'elles les vueillent si outrecuidez, hardis et présumptueux, que de haute lutte les vinssent porter par terre; mais elles désirent en eux une certaine modestie hardie, ou hardiesse modeste; car d'elles-mesmes, si ce ne sont des louves, ne vont pas requérir ny se laisser aller, mais elles en sçavent si bien donner les appétits, les envies, et attirent si gentiment à l'escarmouche, que, qui ne prend le temps à point et ne vient aux prises, sans aucun respect de majesté et de grandeur, ou de scrupule, ou de conscience, ou de crainte, ou de quelque autre sujet, celuy vrayment est un sot et sans cœur, et qui mérite à jamais estre abandonné de la bonne fortune.

Je sçay deux honnestes gentilshommes[1] compagnons, pour lesquels deux fort honnestes dames, et non certes de petite qualité, ayant fait pour eux une partie un jour à Paris, et s'aller pourmener en un jardin, chacune, y estant, se sépara à l'escart l'une de l'autre, avec un chacun son serviteur, en chacune son allée, qui estoit si couverte de belles treilles que le jour quasi ne s'y pouvoit voir, et la fraischeur y estoit gracieuse. Il y eut un des deux, hardy, qui, cognoissant cette partie n'avoir esté faitte pour se pourmener et prendre le frais, et selon la contenance de sa dame qu'il voyoit brusler en feu, et d'autre envie que de manger des muscats qui estoyent en la treille, et selon aussi les parolles eschauffées, affectées et follastres, ne perdit si belle occasion; mais, la prenant sans aucun respect, la mit sur un petit lict qui estoit fait de gazons et mottes de terre; il en

---

1. Brantôme était certainement l'un d'eux, et ce ne fut sans doute pas lui qui fut traité de sot et de couard par sa maîtresse.

jouit fort doucement, sans qu'èlle dist autre chose, sinon : « Mon Dieu! que voulez-vous faire? N'estes-« vous pas le plus grand fol et estrange du monde? « Et si quelqu'un vient, que dira-on? Mon Dieu, « ostez-vous. » Mais le gentilhomme, sans s'estonner, continua si bien qu'il en partit si content, et elle et tout, qu'ayant fait encor trois ou quatre tours d'allée, ilz recommencèrent une seconde charge. Puis, sortants de là en une autre allée ouverte, ils virent d'autre costé l'autre gentilhomme et l'autre dame, qui se pourmenoient ainsi qu'il les y avoyent laissez auparavant. A quoy la dame contente dit au gentilhomme content : « Je croy qu'un tel aura fait du sot, « et qu'il n'aura fait à sa dame autre entretien que « de paroles, de discours et de pourmenades. » Donc, tous quatre s'assemblans, les deux dames se vindrent à demander de leurs fortunes. La contente respondit qu'elle se portoit fort bien elle, et que pour le coup elle ne se sçauroit pas mieux porter. La mécontente de son costé dit qu'elle avoit eu affaire avec le plus grand sot et le plus couard amant qui s'estoit jamais veu ; et sur tout les deux gentilshommes les virent rire et crier entr'elles deux en se pourmenant : « O le « sot! ô le couard! ô monsieur le respectueux! » Sur quoy le gentilhomme content dit à son compaignon : « Voylà nos dames qui parlent bien à vous, « elles vous fouettent; vous trouverez que vous avez « fait trop du respectueux et du badin. » Ce qu'il advoua : mais il n'estoit plus temps, car l'occasion n'avoit plus de poil pour la prendre. Toutesfois, ayant cogneu sa faute, au bout de quelque temps il la répara par quelque certain autre moyen que je dirois bien.

J'ay cogneu deux grands seigneurs et frères ¹, et tous deux bien parfaits et bien accomplis qui, aymans deux dames, mais il y en avoit bien une plus grande que l'autre en tout; et estans entrez en la chambre de cette grande qui gardoit pour lors le lict, chacun se mit à part pour entretenir sa dame. L'un entretint la grande avec tous les respects, tous les baisemains humbles qu'il put, et paroles d'honneur et respectueuses, sans faire jamais aucun semblant de s'approcher de près ny vouloir forcer la roque ². L'autre frère, sans cérémonie d'honneur ny de paroles, prit la dame à un coing de fenestre, et luy ayant tout d'un coup escerté ³ ses calleçons qui estoyent bridez (car il estoit bien fort), luy fit sentir qu'il n'aymoit point à l'espagnole, par les yeux, ny par les gestes de visage, ny par paroles, mais par le vray et propre point et effet qu'un vray amant doit souhaitter : et ayant achevé son prix-fait, s'en part de la chambre; et en partant, dit à son frère, assez haut que sa dame l'ouyt : « Mon frère, si vous ne faites comme « moy vous ne faittes rien; et vous dy que vous « pouvez estre tant brave et hardy ailleurs que vous « voudrez, mais si en ce lieu vous ne monstrez « vostre hardiesse, vous estes déshonnoré; car vous « n'estes icy en lieu de respect, mais en lieu où vous « voyez vostre dame qui vous attend. » Et par ainsi laissa son frère, qui pourtant pour l'heure retint son

---

1. S'agit-il ici du duc Henri de Guise et de son frère le duc de Mayenne?
2. *Roque*, château, forteresse.
3. *Escerté*, voyez page 269, note 2.

coup et le remit à une autre fois : ce ne fut pourtant que la dame l'en estimast davantage, ou qu'elle luy attribuast une trop grande froideur d'amour, ou faute de courage, ou inhabileté de corps; si l'avoit pourtant monstré assez ailleurs, soit en guerre, soit en amours.

La feue royne-mère fit une fois jouer une fort belle comédie en italien, pour un mardy gras, à Paris, à l'hostel de Reins[1], que Cornelio Fiasco[2], capitaine des gallères, avoit inventé. Toute la cour s'y trouva, tant hommes que dames, et force autres de la ville. Entre autres choses, il fut représenté un jeune homme qui avoit demeuré caché toute une nuict dans la chambre d'une très-belle dame et ne l'avoit nullement touchée ; et ayant raconté cette fortune à son compagnon, il[3] luy demanda : *Ch'avete fatto?* L'autre respondit : *Niente.* Sur cela son compagnon luy dit : *Ah! poltronazzo, senza cuore! non havete fatto niente! che maldita sia la tua poltronneria*[4]!

Après que ladite comédie fut jouée, le soir, ainsi que nous estions en la chambre de la reine et que nous discourions de cette comédie, je demanday à une fort belle et honneste dame, que je ne nommeray point, quels plus beaux traits elle avoit observé et remarqué en la comédie, qui luy eussent pleu le plus. Elle me dit tout naïvement : « Le plus beau « trait que j'ay trouvé, c'est que l'autre a respondu

---

1. L'hôtel des archevêques de Reims était situé rue du Paon.
2. *Fiasco*, Fiesque. — 3. *Il*, le compagnon.
4. Qu'avez-vous fait? — Rien. — Ah! poltron, sans cœur! vous n'avez rien fait! Que maudite soit ta poltronnerie!

« au jeune homme, qui s'appelloit Lucio, qui luy
« avoit dit *che non haveva fatto niente : Ah poltro-*
« *nazzo! non havete fatto niente! che maldita sia la*
« *tua poltronneria!* »

Voilà comme cette dame qui me parloit estoit de
consente avec l'autre qui luy reprochoit sa poltronnerie, et qu'elle ne l'estimoit nullement d'avoir esté
si mol et lasche; ainsi comme plus à plain elle et
moy nous en discourusmes des fautes que l'on fait
sur le sujet de ne prendre le temps et le vent quand
il vient à point, comme fait le bon marinier. Si
faut-il que je fasse encore ce conte, et le mesle, tout
plaisant et bouffon qu'il est, parmy les autres sérieux.

J'ay donc ouy conter à un honneste gentilhomme
mien amy, qu'une dame de son pays, ayant plusieurs
fois monstré de grandes familiaritez et privautez à
un sien vallet de chambre, qui ne tendoient toutes
qu'à venir à ce point, ledit vallet, point fat et sot,
un jour d'esté trouvant sa maistresse par un matin
à demy endormie dans son lict toute nue, tournée
de l'autre costé de la ruelle, tenté d'une si grande
beauté, et d'une fort propre posture et aisée pour
l'investir et s'en accommoder, estant elle sur le bord
du lit, vint doucement et investit la dame, qui, se
tournant, vid que c'estoit son vallet qu'elle désiroit;
et, toute investie qu'elle estoit, sans autrement se
désinvestir ny remuer, ny se défaire, ny dépestrer
de sa prise tant soit peu, ne fit que luy dire, tournant la teste, et se tenant ferme de peur de ne rien
perdre : « Monsieur le sot, qui est-ce qui vous a fait
« si hardy de le mettre là ? » Le vallet luy respondit

en toute révérence : « Madame, l'osteray-je ? — Ce « n'est pas ce que je vous dis, monsieur le sot, » luy respondit la dame. « Je vous dis : qui vous a fait si « hardy de le mettre là ? » L'autre retournoit tousjours à dire : « Madame, l'osteray-je ? et si vous vou- « lez, je l'osteray. » Et elle à redire : « Ce n'est pas ce « que je vous dis encore, monsieur le sot. » Enfin, et l'un et l'autre firent ces mesmes répliques et dupliques par trois ou quatre fois, sans se débauscher autrement de leur besogne, jusques à ce qu'elle fust achevée, dont la dame s'en trouva mieux que si elle eust commandé à son galland de l'oster, ainsi qu'il luy demandoit. Et bien servit à elle de persister en sa première demande sans varier, et au gallant en sa réplique et duplique : et par ainsi continuèrent leurs coups et cette rubrique long-temps après ensemble ; car il n'y a que la première fournée ou la première pinte chère, ce dit-on.

Voilà un beau vallet et hardy ! Et à tels hardis, comme dit l'Italien, il faut dire : *A bravo cazzo mai non manca favor.*

Or par ainsi vous voyez qu'il y en a plusieurs qui sont braves, hardis et vaillants, aussi bien pour les armes que pour les amours; d'autres qui le sont en armes et non en amours; d'autres qui le sont en amours et non aux armes, comme estoit ce marault de Pâris, qui eut bien la hardiesse et vaillance de ravir Héleine à son pauvre mary de cocu Ménélaus, et coucher avec elle, et non de se battre avec luy devant Troye.

Voilà aussi pourquoy les dames n'ayment les vieillards, ne ceux qui sont trop avancez sur l'aage, d'autant qu'ils sont fort timides en amours et vergogneux à demander; non qu'ilz n'ayent des concupiscences aussi grandes que les jeunes, voire plus, mais non pas les puissances. Et c'est ce que dit une fois une dame espagnole : que les vieillards ressembloient beaucoup de personnes qui, quand elles voyent les rois en leurs grandeurs, dominations et autoritez, ilz souhaitteroient fort d'estre comme eux, non pas qu'ilz osassent attenter rien contre eux pour les déposséder de leurs royaumes et prendre leurs places; et disoit-elle : *Y a penas es nascido el deseo, quando se muere luego;* « qu'à peine le désir est né qu'il « meurt aussitost. » Aussi les vieillards, quand ilz voyent de beaux objets, ilz n'osent les attaquer[1], *porque los viejos naturalmente son temerosos; y amor y temor no se caben en un saco;* « car les vieillards « sont craintifs fort naturellement; et l'amour et la « crainte ne se trouvent jamais bien dans un sac. » Aussi ont-ils raison; car ils n'ont armes ny pour offencer ny pour défendre, comme des jeunes gens, qui ont la jeunesse et beauté : et aussi, comme dit le poëte : rien n'est mal séant à la jeunesse, quelque chose qu'elle face; aussi, dit un autre : il n'est point beau de voir un vieil gendarme ny un vieil amoureux.

Or c'est assez parlé sur ce sujet; parquoy je fais fin et n'en dis plus, sinon que j'adjousteray un autre nouveau sujet, faisant et approchant quasi à ce sujet, qui est que : tout ainsi que les dames ayment

---

1. Les éditions portent : ilz les desirent fort, mais ilz ne les osent attaquer.

les hommes braves, vaillants et généreux, les hommes ayment pareillement les dames braves de cœur et généreuses. Et comme tout homme généreux et courageux est plus aymable et admirable qu'un autre, aussi de mesme en est toute dame illustre, généreuse et courageuse ; non que je vueille que cette dame face les actes d'un homme, ny qu'elle s'agendarme[1] comme un homme, ainsi que j'en ay veu, cogneu et ouy parler d'aucunes qui montoient à cheval comme un homme, portoyent leur pistollet à l'arçon de la selle, et le tiroient, et faisoyent la guerre comme un homme.

J'en nommerois bien une qui, durant ces guerres de la Ligue, en a fait de mesme[2]. Ce desguisement est démentir le sexe. Outre qu'il n'est beau et bien séant, il n'est permis, et porte plus grand préjudice qu'on ne pense : ainsi que mal en prit à cette gente pucelle d'Orléans, laquelle en son procez fut fort

---

1. *S'agendarmer*, faire le gendarme.
2. Cette héroïne est la dame de Miraumont, « laquelle, dit d'Aubigné à l'année 1575, avoit dressé une compagnie de cavallerie de soixante gentilshommes qui suivoyent le drapeau de l'amour et le sien ensemble, presque tous bruslans pour elle, sans que jamais aucun se soit peu vanter d'une caresse déshonneste. » Après avoir fait subir plusieurs échecs à Montal, lieutenant de roi en Limousin, elle lui livra un dernier combat où celui-ci fut mortellement blessé et où elle chargea « à sa coustume, vingt pas devant les siens, cognue par amis et ennemis à ses cheveux qui dessous la sallade lui couvroyent l'eschine. » « Quelquefois, ajoute l'historien, nous reprochions par jeu aux gentilshommes de ce pays qu'ils avoyent esté soldats à la dame de Miraumont et eux à nous que nous ne l'avions pas esté. » (*Histoire universelle*, édit. de 1626, tome I, col. 747-748.)

calomniée de cela, et en partie cause de son sort et sa mort.

Voilà pourquoy je ne veux ny estime trop tel garçonnement. Mais je veux et ayme une dame qui monstre son brave et valleureux courage, estant en adversité et en bon besoin, par de beaux actes féminins qui approchent fort d'un cœur masle. Sans emprunter les exemples des généreuses dames de Rome et de Sparte de jadis, qui ont en cela excédé toutes autres, ilz sont assez manifestes et apposez à nos yeux; j'en veux escrire de nouveaux et de nos temps.

Pour le premier, et à mon gré le plus beau que je sçache, ce fut celuy de ces belles, honnestes et courageuses dames de Sienne, alors de la révolte de leur ville contre le joug insupportable des impériaux : car, après que l'ordre y fut estably pour la garde, les dames, en estans mises à part pour n'estre propres à la guerre comme les hommes, voulurent monstrer un par-dessus, et qu'elles sçavoyent faire autre chose que de besogner à leurs ouvrages du jour et de la nuict; et, pour porter leur part du travail, se départirent d'elles-mesmes en trois bandes; et, un jour de Saint-Anthoine, au mois de janvier, comparurent en public trois des plus belles, grandes et principales de la ville, en la grande place (qui est certes très-belle), avec leurs tambours et enseignes.

La première étoit la signora Forteguerra, vestue de violet, son enseigne et sa bande de mesme parure, avec une devise de ces mots : *Pur che sia il vero*. Et estoyent toutes ces dames vestues à la nimphale, d'un court accoustrement qui en descouvroit et monstroit mieux la belle grève. La seconde estoit la signora Piccolomini, vestue d'incarnat, avec sa bande et enseigne de mesme, avec la croix blanche, et la devise en ces mots : *Pur che no l'habbia tutto.* La troisiesme estoit la signora Livia Fausta, vestue toute à blanc, avec sa bande et enseigne blanche, en laquelle estoit une palme, et la devise en ces mots : *Pur che l'habbia*[1].

A l'entour et à la suitte de ces trois dames, qui sembloyent trois déesses, y avoit bien trois mille dames, que gentilles-femmes, bourgeoises qu'autres, d'apparence toutes belles, ainsi bien parées de leurs robes et livrées toutes, ou de satin, de taffetas, de damas ou autres draps de soye, et toutes résolues de vivre ou mourir pour la liberté. Et chacune portoit une fascine sur l'espaule à un fort que l'on faisoit, crians : *France ! France !* dont M. le cardinal de Ferrare et M. de Termes, lieutenants du roy, en furent si ravis d'une chose si rare et belle, qu'ils ne s'amusèrent à autre chose qu'à voir, contempler, admirer et louer ces belles et honnestes dames : comme de vray j'ay ouy dire à aucunes et aucuns qui y estoyent, que jamais rien ne fut si beau. Et

---

1. « Dans leurs enseignes, dit Monluc (édit. de Ruble, tome II, p. 56), elles avoient de belles devises : Je voudrois avoir donné beaucoup et m'en ressouvenir. » Brantôme a été plus heureux que lui, mais il les a un peu estropiées. Voici comment elles sont rapportées dans Pecci, *Memorie di Siena* (cité par M. de Ruble, *ibid.*). La devise de Tarsia Forteguerra était : *Pur che sia vero* (pourvu qu'il soit vrai); celle de Fausta Piccolomini : *Pur che non la butto* (pourvu que je ne le mette point bas); enfin la troisième, celle de Livia Fausta : *Pur ch'io l'abbia* (pourvu que je l'aie).

Dieu sçait si les belles dames manquent en cette ville, et en abondance, sans spéciauté.

Les hommes, qui, de leur bonne volonté, estoyent fort enclins à leur liberté, en furent davantage poussez par ce beau trait, ne voulans en rien céder à leurs dames pour cela : tellement que tous à l'envy, gentilshommes, seigneurs, bourgeois, marchands, artisans, riches et pauvres, tous accoururent au fort à en faire de mesme que ces belles, vertueuses et honnestes dames; et en grande émulation, non-seulement les séculiers, mais les gens d'église, poussèrent tous à cette œuvre. Et au retour du fort, les hommes à part, et les dames aussi rangées en bataille en la place auprès du pallais de la Seigneurie, allèrent l'un après l'autre, de main en main, saluer l'image de la Vierge Marie, patronne de la ville, en chantant quelques himnes et cantiques à son honneur, par un si doux air et agréable armonie, que, partie d'aise, partie de pitié, les larmes tomboient des yeux à tout le peuple ; lequel, après avoir receu la bénédiction de M. le révérendissime cardinal de Ferrare, chacun se retira en son logis, tous et toutes en résolution de faire mieux à l'advenir.

Cette cérémonie sainte de dames me fait ressouvenir (sans comparaison) d'une profane, mais belle pourtant, qui fut faitte à Rome du temps de la guerre punique, qu'on trouve dans Tite-Live[1]. Ce fut une pompe et une prossession qui s'y fit de trois fois neuf, qui sont vingt-sept, jeunes belles filles romaines, et toutes pucelles, vestues de robettes assez

---

1. Liv. XXVII, chap. xxxvii.

longuettes (l'histoire n'en dit point les couleurs); lesquelles, après leur pompe et procession achevée, s'arrestèrent en une place, où elles dansèrent devant le peuple une danse en s'entredonnans une cordelette, rangées l'une après l'autre, faisant un tour de danse, et accommodant le mouvement et frétillement de leurs pieds à la cadansè de l'air et de la chanson qu'elles disoyent : ce qui fut chose très-belle à voir, autant pour la beauté de ces belles filles que pour leur bonne grâce, leur belle façon à la danse, et pour leur affetté mouvement de pieds, qui certes l'est d'une belle pucelle, quand elle les sçait gentiment et mignardement conduire et mener.

Je me suis imaginé en moy cette forme de danse; et m'a fait souvenir d'une que j'ay veu de mon jeune temps danser les filles de mon païs, qu'on appelloit la *jarretière*; lesquelles, prenans et s'entredonnans la jarretière par la main, les passoyent et repassoient par-dessus leur teste, puis les mesloyent et entrelassoyent entre leurs jambes en sautant dispostement par-dessus, et puis s'en desvelopoyent et s'en désengageoyent si gentiment par de petits sauts, tousjours s'entresuivans les uns après les autres, sans jamais perdre la cadanse de la chanson ou de l'instrument qui les guidoit, si que la chose estoit très-plaisante à voir; car les sauts, les entrelassemens, les desgagemens, le port de la jarretière et la grâce des filles, portoyent je ne sçay quelle lasciveté mignarde, que je m'estonne que cette danse n'a esté pratiquée en nos cours de notre temps, puisque les calleçons y sont fort propres, et qu'on y peut voir aisément la belle jambe, et qui a la chausse la mieux tirée, et qui a la plus belle disposition. Cette danse se peut mieux représenter par la veue que par l'escriture.

Pour retourner à nos dames siennoises : Ha! belles et braves dames, vous ne deviez jamais mourir, non plus que vostre los, qui à jamais ira de conserve avec l'immortalité, non plus aussi que cette belle et gentille fille de vostre ville[1], laquelle, en vostre siège, voyant son frère un soir détenu mallade en son lict et fort mal disposé pour aller en garde, le laissant dans le lit, tout coyement se dérobe de luy, prend ses armes et ses habillemens, et, comme la vraye effigie de son frère, paroist en garde; et pour son frère fut prise ainsi et incogneue par la faveur de la nuict. Gentil trait, certes! car, bien qu'elle se fust garçonnée et gendarmée[2], ce n'estoit pourtant pour en faire une continuelle habitude, que pour cette fois faire un bon office à son frère. Aussi dit-on que nul amour est égale à la fraternelle, et qu'aussi, pour un bon besoin, il ne faut rien espargner pour monstrer une gente générosité de cœur, en quelque endroit que ce soit.

Je croy que le corporal qui lors commandoit à l'esquade[3] où estoit cette belle fille, quand il sceut ce trait, fut bien marry qu'il ne l'eust mieux recogneue, pour mieux publier sa louange sur le coup, ou bien pour l'exempter de la sentinelle, ou du tout pour s'amuser d'en contempler la beauté, sa grâce et

---

1. Voyez Monluc, tome II, p. 56.
2. *Garçonnée et gendarmée*, mise en garçon et en gendarme.
3. *Esquade*, escouade.

sa façon militaire; car ne faut point douter qu'elle ne s'estudiast en tout à la contrefaire.

Certes, on ne sçauroit trop louer ce beau trait, et mesme sur un si juste sujet pour le frère. Tel en fit ce gentil Richardet, mais pour divers sujets, quand, après avoir ouy le soir sa sœur Bradamante discourir des beautez de cette belle princesse d'Espagne, et de ses amours et désirs vains, après qu'elle fut couchée, il prit ses armes et sa belle cotte, et s'en déguise pour parestre sa sœur, tant ils estoyent de semblance de visage et beauté; et après, sous telle forme, tira de cette belle princesse ce qu'à sa sœur son sexe luy avoit dénié; dont mal pourtant très-grand luy en fust arrivé sans la faveur de Roger, qui, le prenant pour sa maistresse Bradamante, le garantit de mort[1].

Or j'ay ouy dire à M. de La Chapelle des Ursins, qui lors estoit en Italie, et qui fit le rapport de si beau trait de ces dames siennoises au feu roy Henry, [qu']il[2] le trouva si beau, que la larme à l'œil il jura que, si Dieu luy donnoit un jour la paix ou la trefve avec l'empereur, qu'il iroit par ses gallères en la mer de Toscane, et de là à Sienne, pour voir cette ville si affectée[3] à soy et à son party, et la remercier de cette brave et bonne volonté, et surtout pour voir ces belles et honnestes dames et leur en rendre grâces particulières.

Je croy qu'il n'y eust pas failly, car il honnoroit fort les belles et honnestes dames; et si leur escrivit, principalement aux trois principales, des lettres

---

1. *Orlando furioso*, chants XXII et XXV. — 2. *Il*, Henri II.
3. *Affecté*, affectionné; de l'espagnol *afecto*.

les plus honnestes du monde de remerciemens et d'offres, qui les contentèrent et animèrent davantage.

Hélas! il eut bien, quelque temps après, la trefve; mais, l'attendant à venir, la ville fut prise, comme j'ay dit ailleurs; qui fut une perte inestimable pour la France, d'avoir perdu une si noble et si chère alliance, laquelle, se ressouvenant et se ressentant de son ancienne origine, se voulut rejoindre et remettre parmy nous; car on dit que ces braves Siennois sont venus des peuples de France qu'en la Gaule on appelloit jadis Senonnes, que nous tenons aujourd'huy ceux de Sens; aussi en tiennent-ils encor de l'humeur de nous autres François, car ils ont la teste près du bonnet, et sont vifs, soudains et prompts comme nous. Les dames, pareillement aussi, se ressentent de ces gentillesses, gracieuses façons, et familiaritez françoises.

J'ay leu dans une vieille cronique que j'ay allégué ailleurs[1], que le roy Charles huictiesme, en son voyage de Naples, lorsqu'il passa à Sienne, il y fut receu par une entrée si triomphante et si superbe, qu'elle passa toutes les autres qu'il fit en toute l'Italie; jusques à là que, pour plus grand respect et signe d'humilité, toutes les portes de la ville furent ostées de leurs gonds et portées par terre; et tant qu'il y demeura furent ainsi ouvertes et abandonnées à tous allants et venants, et puis après, venant son despart, remises.

Je vous laisse à penser si le roy, toute sa cour et

---

1. Voyez tome II, p. 293.

son armée, n'eurent pas grand sujet d'aymer et honnorer cette ville (comme de vray il fit tousjours), et en dire tous les biens du monde. Aussi la demeure à luy et à tous en fut très-agréable, et sur la vie fut défendu de n'y faire aucune insolence, comme certes la moindre du monde ne s'ensuivit. Ha! braves Siennois, vivez pour jamais! Que pleust à Dieu fussiez-vous encore nostres en tout, comme vous l'estes, possible, en cœur et en âme! car la domination d'un roy de France est bien plus douce que celle d'un duc de Florence; et puis le sang ne peut mentir. Que si nous estions aussi voisins comme nous sommes reculez, possible, tous ensemble conformes de volontez, en ferions-nous dire.

Les principales dames de Pavie, en leur siège du roy François, sous la conduitte et exemple de la signora contessa Hippolita de Malespina, leur générale, se mirent de mesmes à porter la hotte, remuer terre et remparer leurs bresches, faisant à l'envy des soldats.

Un pareil trait que ces dames siennoises que je viens de raconter je vis faire à aucunes dames rochelloises, au siège de leur ville: dont il me souvient que le premier dimanche de caresme que le siège y estoit, Monsieur, nostre général, manda sommer M. de La Noue de sa parole, et venir parler à luy et luy rendre compte de sa négociation que luy avoit chargé pour cette ville; dont le discours en est long et fort bizarre, que j'espère ailleurs descrire[1]. M. de La Noue n'y faillit pas, et pour ce M. d'Estrozze fut

1. Voyez tome VII, p. 206-207.

donné en ostage dans la ville, et trefves furent faites pour ce jour et pour le lendemain.

Ces trefves ainsi faittes, parurent aussitost comme nous, hors des tranchées, force gens de la ville sur les rampars et sur les murailles ; et sur tous parurent une centaine de dames et bourgeoises des plus grandes, plus riches et des plus belles, toutes vestues de blanc, tant de la teste que du corps, toutes de toille de Hollande fine, qu'il fit très-beau voir. Et ainsi s'estoyent-elles vestues, à cause des fortifications des rampars où elles travailloyent, fût ou à porter la hotte ou à remuer la terre ; et d'autres habillemens se fussent ensalaudis, et ces blancs en estoyent quittes pour les mettre à la lessive ; et aussi qu'avec cet habit blanc se fissent mieux remarquer parmy les autres. Nous autres fusmes fort ravis à voir ces belles dames ; et vous asseure que plusieurs s'y amusèrent plus qu'à autre chose : aussi voulurent-elles bien se monstrer à nous ; et ne furent à nous guières chiches de leur veue, car elles se plantoyent sur le bord du rampart d'une fort belle grâce et démarche, qu'elles valoyent bien le regarder, et désirer.

Nous fusmes curieux de demander quelles dames c'estoyent. Ilz nous respondirent que c'estoyent une bande de dames ainsi jurée, associée et ainsi parée [1] pour le travail des fortifications, et pour fère de tels services à leur ville ; comme certes de vray elles en firent de bons, jusques-là que les plus virilles et robustes menoyent les armes [2] : si que j'ay ouy conter d'une, pour avoir souvent repoussé ses ennemis

---

1. *Paré*, préparé. — 2. *Mener les armes*, combattre.

d'une pique, elle la garde encor si soigneusement comme sacrée relique, qu'elle ne la donneroit, ny ne voudroit pour beaucoup d'argent la bailler, tant elle la tient chère chez soy.

J'ay ouy raconter à aucuns vieux commandeurs de Rhodes, et mesmes je l'ay leu en un vieux livre[1], que, lorsque Rhodes fut assiégé par sultan Soliman, les belles dames et filles de la ville ne pardonnèrent à leurs beaux visages et tendres et délicats corps, pour porter leur bonne part des peines et fatigues du siège, jusqu'à là que bien souvent se présentoyent aux plus pressez et dangereux assauts, et courageusement secondoyent les chevalliers et soldats à les soustenir. Ah! belles Rhodiennes, vostre nom, vostre los a valu de tout temps, et ne mériteriez d'estre sous la domination des barbares!

Du temps du roy François Ier, la ville de Sainct-Riquier[2], en Picardie, fut entreprise et assaillie par un gentilhomme flamend, nommé Domrin, enseigne de M. du Ru, accompagné de cent hommes d'armes et de deux mille hommes de pied, et quelque artillerie. Dedans il n'y avoit seulement que cent hommes de pied, qui estoit fort peu. Et estoit prise, ne fut que les dames de la ville se présentèrent à la muraille avec armes, eau et huile bouillante et pierres, et repoussèrent bravement les ennemis, bien qu'ils fissent tous les efforts pour entrer. Encore deux desdites dames levèrent[3] deux enseignes des mains des enne-

---

1. Voyez Jacques de Bourbon, *La grande et merveilleuse oppugnation de la noble cité de Rhodes*, 1527, in-f°.
2. En 1536. — 3. *Levèrent*, enlevèrent.

mis, et les tirèrent de la muraille dans la ville; si bien que les assiégeans furent contraints d'abandonner la bresche qu'ils avoyent faite et les murailles, et se retirer et s'en aller : dont la renommée fut par toute la France, la Flandre et la Bourgogne. Au bout de quelque temps, le roy François passant par là, en voulut voir les femmes, les loua et les remercia.

Les dames de Péronne en firent de mesme, quand la ville fut assiégée du comte de Nassau[1], et assistèrent aux braves gens de guerre qui estoyent dedans, tout de mesme façon, qui en furent estimées, louées et remerciées de leur roy.

Les femmes de Sancerre, en ces guerres civiles et leur siège[2], furent recommandées et louées des beaux effets qu'elles y firent en toute sortes.

Durant cette guerre de la ligue, les dames de Vitré s'acquittèrent de mesmes en leur ville assiégée par M. de Mercueur[3]. Elles y sont très-belles et tousjours fort proprement habillées de tout temps; et pour ce n'espargnoyent leurs beautez à se monstrer viriles et courageuses; comme certes tous actes virils et généreux, à un tel besoin, sont autant à estimer en les femmes qu'en les hommes.

Ainsi que de mesme furent jadis les gentiles femmes de Cartage, lesquelles, quand elles virent leurs marys, leurs frères, leurs pères, leurs parens et leurs soldats cesser de tirer à leurs ennemis, par faute de cordes en leurs arcs, qui estoyent toutes usées de force de tirer par une si grande longueur de siège, et par ce, ne pouvans plus chevir de chanvre, de

---

1. En 1536. — 2. En 1573. — 3. En 1589.

lin, ny de soie, ny d'autres choses pour faire cordes, s'advisèrent de couper leurs belles tresses et blonds cheveux, et ne pardonner à ce bel honneur de leurs testes et parement de leurs beautez ; si bien qu'elles-mesmes, de leurs belles, blanches et délicates mains, en retorsèrent¹ et en firent des cordes, et en fournirent à leurs gens de guerre : dont je vous laisse à penser de quels courages et de quels nerfs ils pouvoient tendre et bander leurs arcs, en tirer et en combattre, portans si belles faveurs des dames.

Nous lisons dans l'Histoire de Naples² que ce grand capitaine Sforze, sous la charge de la reine Jeanne seconde, ayant esté pris par le mary de la reine, Jacques, mis en estroitte prison et en quelques traits de corde³ sans doute il avoit la teste tranchée, sans que sa sœur Marguerite se mit en armes et aux champs. Et fit si bien, elle en personne, qu'elle prit quatre gentilshommes napolitains des principaux, et manda au roy que tel traittement il feroit à son frère, tel le feroit-elle à ses gens. Si bien qu'il fut contraint de faire accord et le lascher sain et sauve. Ah! brave et généreuse sœur, ne tenant guière en cela de son sexe!

Je sçay aucunes sœurs et parentes que, si elles eussent fait pareil trait, il y a quelque temps, possible eussent-elles sauvé un brave frère qu'elles avoyent⁴,

---

1. *Retorser*, tresser. — Voyez Appien, *De rebus punicis*, ch. xcm. Il est inutile de dire que l'historien grec ne parle pas des *blonds* cheveux des Carthaginoises.
2. Collenuccio, liv. V.
3. *Traits de corde*, nom donné parfois au supplice de l'estrapade.
4. Brantôme veut-il parler de Montgommery ou de Montbrun?

qui fut perdu pour faute de secours et d'assistance pareille.

Maintenant je veux laisser ces dames en général guerrières et généreuses : parlons d'aucunes particulières. Et pour la plus belle monstre de l'antiquité, je n'allégueray que cette seule Zénobie[1] pour toutes, laquelle, après la mort de son mary, ne s'amusa, comme plusieurs, à perdre le temps à le plorer et regretter, mais à s'emparer de l'empire au nom de ses enfans, et faire la guerre aux Romains et à l'empereur Aurélian, qui en estoit lors empereur, en leur donnant de la peine beaucoup l'espace de huict ans, jusqu'à ce qu'estant descendue en champ de battaille contre luy, fut vaincue et prise prisonnière, et menée devant l'empereur ; lequel, après luy avoir demandé comment elle avoit eu la hardiesse de faire la guerre aux empereurs, elle luy respondit seulement : « Vrayment ! je cognois bien que vous estes empereur, puisque vous m'avez vaincue. » Il eut si grand aise de l'avoir vaincue, et en tira si grande ambition, qu'il en voulut triompher ; et avec une très-grande pompe et magnificence elle marchoit devant son char triomphant, fort superbement habillée et accommodée d'une grande richesse de perles et pierreries, de grands joyaux et de chaisnes d'or, dont elle estoit enchaisnée au corps, aux pieds et aux mains,

---

1. Voyez Vopiscus, *Aurélien*, ch. xxvi-xxx, xxxiii-xxxiv, et surtout Trebellius Pollion, *Les trente tyrans*, ch. xxiv ; mais ce n'est pas dans ces auteurs que Brantôme a puisé l'histoire de la reine de Palmyre ; il l'a trouvée dans le cɪ^e chapitre du *De claribus mulieribus*, et il a, comme toujours, arrangé à sa façon le texte de cet ouvrage de Boccace dont il a fait si souvent usage.

en signe de captive et d'esclave ; si que, par la grande pesanteur de ses joyaux et chaisnes qu'elle portoit sur elle, fut contrainte de faire plusieurs pauses et se reposer souvent en ce triomphe. Grand cas, certes, et admirable, que, toute vaincue et prisonnière qu'elle estoit, encor donnoit-elle loy au vainqueur triompheur, et le faisoit arrester et attendre jusques à ce qu'elle eust repris son halleine ! Grande aussi et honneste courtoisie estoit-ce à l'empereur de luy permettre son aise et repos et endurer sa débilité, et ne la contraindre ny presser de se haster plus qu'elle ne pouvoit : de sorte que l'on ne sçait que plus louer, ou l'honnesteté de l'empereur, ou la façon de faire de la reine, qui, possible, pouvoit-elle jouer ce jeu exprès, non tant pour son imbécilité ou lassitude, que pour quelque ostentation de gloire, et monstrer au monde qu'elle en vouloit recueillir ce petit brin sur le soir de sa belle fortune, comme elle avoit fait sur le matin, et que monsieur l'empereur luy cédoit ce coup là pour l'attendre en ses pas lents et graves marchers. Elle se faisoit fort arregarder et admirer, autant des hommes que des dames, desquelles aucunes eussent fort voulu ressembler cette belle image ; car elle estoit des plus belles, selon que disent ceux qui en ont escrit. Elle estoit d'une fort belle, haute et riche taille, son port très-beau, sa grâce et sa majesté de mesmes ; par conséquent son visage très-beau et fort agréable, les yeux noirs et fort brillans. Entr'autres beautez, ils luy donnoyent les dents très-belles et fort blanches, l'esprit vif, fort modeste, sincère et clémente au besoin ; la parolle fort belle et prononcée d'une voix claire : aussi elle-mesme faisoit entendre toutes ses conceptions et volontez à ses gens de guerre, et les haranguoit souvent.

Je pense, certes, qu'il la faisoit bien aussi beau voir, ainsi vestue si superbement et gentiment en habit de femme, que quand elle estoit armée tout à blanc; car tousjours le sexe l'emporte : aussi est-il à présumer que l'empereur ne la voulut exhiber en son triomphe qu'en son beau sexe fémenin, qui la représenteroit mieux et la rendroit au peuple plus agréable en ses perfections de beauté. De plus, il est à présumer aussi, qu'estant si belle, l'empereur en avoit tasté, jouy et en jouissoit encor; et que s'il l'avoit vaincue d'une façon, il ou elle (les deux se peuvent entendre) l'avoit vaincu aussi de l'autre.

Je m'estonne que, puisque cette Zénobie estoit si belle, l'empereur ne la prît et entretint pour l'une de ses garces, ou bien qu'elle n'ouvrist et dressast par sa permission, ou du sénat, boutique d'amour et de putanisme, comme fit Flora, afin de s'enrichir et accumuler force biens et bons moyens, au travail de son corps et branslement de son lict; à laquelle boutique eussent pu venir les plus grands de Rome, à l'envy tous les uns des autres; car enfin il n'y a tel contentement et félicité au monde, s'il semble, que se ruer sur la royauté et principauté, et de jouir d'une belle reine, princesse et grande dame. Je m'en rapporte à ceux qui ont esté en ces voyages, et y ont fait si belles factions. Et par ainsi cette reine Zénobie se fust fait tost riche par la bourse de ces grands, ainsi que fit Flora, qui n'en recevoit point d'autres en sa boutique. N'eust-il pas mieux vallu pour elle de traitter cette vie en bombances, magnificences, chevances et honneurs, que de tomber en la nécessité et extrémité qu'elle tomba, à gaigner sa vie à filer parmy des femmes communes et mourir de faim, sans que le sénat, ayant pitié d'elle, veu sa grandeur passée, luy ordonna pour son vivre quelque pension, et quelques petites terres et possessions, que l'on appela longtemps les possessions zénobiennes : car enfin c'est un grand mal que la pauvreté; et qui la peut éviter, en quelque forme qu'on se puisse transmuer, fait bien, ce disoit quelqu'un que je sçay.

Voylà pourquoy Zénobie ne mena son grand courage au bout de la carrière, comme elle devoit, et qu'il faut qu'on la persiste tousjours en toutes actions. On dit qu'elle avoit fait faire un charriot triomphant, le plus superbe qui se fut jamais veu dans Rome, et, ce disoit-elle souvent, durant ses grandes prospéritez et vanteries, pour triumpher dans Rome; tant elle estoit présumptueuse de conquérir l'empire romain ! mais tout cela au rebours; car l'empereur l'ayant vaincue le prit pour luy, et en triumpha, et elle alla à pied, en faisant d'elle plus grand triomphe et pompe que s'il eust vaincu un puissant roy. Et dittes que la victoire qu'on emporte sur une dame, en quelque façon que ce soit, n'est pas grande et très-illustre !

Ainsi désira Auguste de triompher de Cléopatra; mais il n'y procéda pas bien. Elle y pourveut de bonne heure, et de la façon que Paulus Æmilius le dit à Perseus, qui, le priant en sa captivité d'avoir pitié de luy, il luy respondit que ç'avoit esté à luy à y mettre ordre auparavant, voulant entendre qu'il se devoit estre tué[1].

J'ay ouy dire que le feu roy Henry deuxiesme ne désiroit rien tant que de pouvoir prendre prisonnière la reine de Hongrie[2], non pour la traitter mal, encore qu'elle luy eust donné plusieurs sujets par ses bruslemens, mais pour avoir cette gloire de tenir cette grande reine prisonnière, et voir quelle mine et contenance elle tiendroit en sa prison, et si elle seroit si brave et orgueilleuse qu'en ses armées : car enfin il n'y a rien si superbe et brave qu'une belle, brave et grande dame, quand elle veut et qu'elle a du courage, comme estoit celle-là, et qui se plaisoit fort au nom que luy avoyent donné les soldats espagnols, qui, comme ils appelloyent l'empereur son frère *el padre de los soldados* eux l'appelloyent *la madre*; ainsi que Vittoria ou Vittorina[3], jadis, du temps des Romains, fut appelée en ses armées *la mère du camp*. Certes, si une dame grande et belle entreprend une charge de guerre, elle y sert de beaucoup, et anime fort ses gens, comme j'ay veu la reine mère qui bien souvent venoit en nos armées, et les asseuroit tout plain et encourageoit fort, et comme fait aujourd'huy sa petite-fille[4], l'infante, en Flandres, qui préside en son armée, et se fait pa-

---

1. Plutarque, *Paul-Emile*, chap. LVI.
2. Marie d'Autriche, sœur de Charles-Quint, veuve de Louis, roi de Hongrie, et gouvernante des Pays-Bas.
3. Aurelia Victorina, mère de Victorin Ier, morte en 268. Elle était appelée *mater castrorum*. (Trebellius Pollion, *Les trente Tyrans*, ch. xxx.)
4. Isabelle d'Autriche, fille de Philippe II et d'Elisabeth de France.

roistre à ses gens de guerre toute valeureuse, si que sans elle et sa belle et agréable présence, la Flandre n'auroit moyen de tenir, ce disent tous; et jamais la reine de Hongrie, sa grande-tante, ne parut telle en beauté, valeur et générosité et belle grâce.

Dans nos histoires de France, nous lisons combien servit la présence de cette généreuse comtesse de Montfort[1], estant assiégée dans Annebon; car, encor que ses gens de guerre fussent braves et vaillants, et qu'ils eussent combattu et soustenu des assauts et fait aussi bien que gens du monde, ilz commencèrent à perdre cœur et vouloir se rendre; mais elle les harangua si bien, et anima de si belles et courageuses paroles, et les anima si beau et si bien qu'ils attendirent le secours, qui leur vint à propos, tant désiré; et le siège fut levé. Et fit bien mieux; car, ainsi que ses ennemis estoyent amusez à l'assaut, et que tous y estoyent, et vid les tentes qui en estoyent toutes vuides, elle, montée sur un bon cheval et avec cinquante bons chevaux, fit une saillie, donne l'allarme, met le feu dans le camp; si bien que Charles de Blois, cuidant estre trahy, fit aussitost cesser l'assaut. Sur ce sujet je feray ce petit conte :

Durant ces dernières guerres de la ligue, feu M. le prince de Condé[2], dernier mort, estant à Sainct-Jean, envoya demander à madame de Bourdeille[3], veufve

---

1. Jeanne de Flandre, femme de Jean de Montfort qui disputait le duché de Bretagne à Charles de Blois. Le siége de Hennebon eut lieu en 1342. — Voyez Froissart, liv. I, ch. CLXXIV.

2. Henri Ier, mort à Saint-Jean-d'Angely le 5 mars 1588.

3. Jacquette de Montberon, veuve d'André de Bourdeille, frère aîné de Brantôme.

de l'aage de quarante ans, et très-belle, six ou sept des gens de sa terre des plus riches, et qui s'estoyent retirez en son chasteau de Mathas[1] près elle. Elle les luy refusa tout à trac, et que jamais elle ne trahiroit ny ne livreroit ces pauvres gens, qui s'estoyent allez couvrir et sauver soubs sa foy. Il luy manda pour la dernière fois que, si elle ne les luy envoyoit, qu'il luy apprendroit de luy obéyr. Elle luy fit response (car j'estois avec elle pour l'assister) que, puisqu'il ne sçavoit obéir, qu'elle trouvoit fort estrange de vouloir faire obéir les autres, et lorsqu'il auroit obéy à son roy, elle luy obéiroit : au reste que, pour toutes ses menaces, elle ne craignoit ny son canon ny son siège, et qu'elle estoit descendue de la comtesse de Montfort, de laquelle les siens avoyent hérité de cette place, et elle et tout et de son courage; et qu'elle estoit résolue de la garder si bien qu'il ne la prendroit point; et qu'elle feroit autant parler là d'elle léans que son ayeule, ladite comtesse, avoit fait dans Annebon. M. le Prince songea longtemps sur cette response, et temporisa quelques jours sans la plus menacer. Pourtant s'il ne fust mort il l'eust assiégée; mais elle s'estoit bien préparée de cœur, de résolution, d'hommes et de tout, pour le bien recevoir; et croy qu'il y eust receu de la honte.

Machiavel, en son livre *De la guerre*[2], raconte que Catherine, comtesse de Furly, fut assiégée dans sadite place par César Borgia, assisté de l'armée de

---

1. Matha (Charente-Inférieure, arrond. de Saint-Jean-d'Angely).
2. *Dell' arte della guerra*, lib. VII. Voyez ses Œuvres, Florence, 1820, in-8°, tome V, p. 290-291.

France, qui luy résista fort vallureusement, mais enfin fut prise. La cause de sa perte fut, que cette place estoit trop pleine de forteresses et lieux forts pour se retirer d'un lieu à l'autre, si bien que, Cæsar ayant fait ses approches, le seigneur Jean de Casale (que ladite comtesse avoit pris pour sa garde et assistance) abandonna la bresche pour se retirer en ses forts; et par cette faute, Borgia faussa et prit la place. Si bien, dit l'auteur, que ces fautes firent tort au courage généreux et à la réputation de cette brave comtesse, laquelle avoit attendu une armée que le roy de Naples et le duc de Milan n'avoyent osé attendre; et bien que son yssue en fust malheureuse, elle emporta l'honneur que sa vertu méritoit; et pour ce en Italie se firent force vers et rimes en sa louange. Ce passage est digne de lire pour ceux qui se meslent de fortifier des places et y bastir grande quantité de forts, chasteaux, roques et cittadelles.

Pour retourner à nostre propos nous avons eu le temps passé force princesses et grandes dames en nostre France, qui ont fait de belles marques de leurs prouesses : comme fit Paule[1], fille du comte de Penthièvre, laquelle fut assiégée dans Roye par le comte de Charoullois, et s'y monstra si brave et si généreuse, que, la ville estant prise, le comte luy fit très-bonne guerre, et la fit conduire à Compiègne seurement, ne permettant qu'il luy fust fait aucun tort; et l'honnora fort pour sa vertu, encor qu'il voulust

---

1. Paule, fille de Nicole de Blois et de Jean Ier de Brosse, comte de Penthièvre, seconde femme de Jean II de Bourgogne, comte de Nevers, mort en 1491.

grand mal à son mary, qu'il chargeoit de l'avoir voulu faire mourir par sortillèges et charmes d'aucunes images et chandelles.

Richilde[1], fille unique et héritière de Monts en Hainault, femme de Baudouin sixiesme, comte de Flandres, fit tous efforts contre Robert le Frizon, son beau-frère, institué tuteur des enfans de Flandres, pour luy en oster la connoissance et administration et se l'attribuer : quoy poursuivant à l'ayde de Philippes, roy de France, luy hazarda deux batailles[2]. En la première elle fut prise, ce que fut aussi Robert son ennemy, et amprès furent rendus par eschange : luy en livra la seconde, laquelle elle perdit, et y perdit son fils Arnulphe, et [fut] chassée jusques à Monts.

Ysabel de France, fille du roy Philippes le Bel, et femme du roy Édouard IIe, duc de Guyenne, fut en malle grâce du roy son mary, par de meschants rapports de Hue le Despencier[3], dont fut contrainte de se retirer en France avec son fils Édouard ; puis s'en retourna en Angleterre avec le chevallier de Hainaut[4], son parent, et une armée qu'elle y mena, au moyen de laquelle elle prit son mary prisonnier,

---

1. Richilde, comtesse de Hainaut, épousa en secondes noces (1051) Baudouin VI, dit de Mons, comte de Flandre, et mourut en 1091.

2. Richilde et le roi Philippe Ier furent défaits en février 1072 à Cassel par Robert le Frison qui battit encore Richilde à Broqueroie la même année. Arnoul III, fils de Richilde, avait été tué dans la première bataille.

3. Hugh Spenser. Voyez Froissart, liv. II, ch. III et suiv.

4. Jean de Hainault. Édouard II fut assassiné le 21 septembre 1327.

lequel elle délivra entre les mains de ceux avec lesquels il luy convint finir ses jours ; ainsi qu'à elle-mesme il luy en prit, qui, pour traitter l'amour avec un seigneur de Mortemer, fut par son fils confinée en un chasteau à finir ses jours[1]. C'est elle qui a baillé aux Anglois sujet de quereller à tort la France. Mais voilà une mauvaise reconnoissance pourtant, et grande ingratitude de fils, qui, oubliant un grand bienfait, traitta ainsi sa mère pour un si petit forfait. Petit l'appellè-je, puisqu'il est naturel, et que mal aisément, ayant pratiqué les gens de guerre, et qu'elle s'estoit tant accoustumée à garçonner avec eux parmy les armées et tentes et pavillons, falloit bien qu'elle garçonnast aussi[2] entre les courtines, comme cela se voit souvent.

Je m'en rapporte à nostre reine Léonor, duchesse de Guyenne, qui accompagna le roy son mary outre mer et en la guerre sainte. Pour pratiquer si souvent la gendarmerie et soudardaille, elle se laissa fort aller à son honneur, jusqu'à là qu'elle eût à faire avec les Sarrasins ; dont pour ce le roy la répudia ; ce qui nous cousta bien. Pensez qu'elle voulut esprouver si ces bons compagnons estoyent aussi braves champions à couvert comme en pleine campagne, et que, possible, son humeur estoit d'aymer les gens vaillants, et qu'une vaillance attire l'autre, ainsi que la

---

1. Elle mourut en 1358 au château de Rising, après vingt-huit ans de captivité. Ce fut comme petit-fils de Philippe le Bel que son fils Édouard III réclama la couronne de France à l'avénement de Philippe de Valois.

2. Les éditions portent : Elle ne pouvait contenir qu'elle ne garçonnast aussi.

vertu; car jamais celuy ne dit mal qui dist que la vertu ressembloit le foudre qui perce tout.

Ceste royne Léonor ne fut pas la seule qui accompagna en cette guerre sainte le roy son mary. Mais avant elle, et avec elle et après, plusieurs autres princesses et grandes dames avec leurs marys se croisèrent, mais non leurs jambes, qu'elles ouvrirent et eslargirent à bon escient, si qu'aucunes y demeurèrent, et les autres en retournèrent de très-bonnes vesses. Et sous la couverture de visiter le saint-sépulchre, parmy tant d'armes, faisoyent à bon escient l'amour; aussi, comme j'ay dit, les armes et l'amour conviènent bien ensemble, tant la simpathie en est bonne et bien conjointe.

Encores telles dames sont-elles à estimer, d'aymer et traitter ainsi les hommes, non comme firent jadis les Amazones, lesquelles, encore qu'elles se dissent filles de Mars, se deffirent de leurs maris disans que ce mariage estoit une vraye servitude : mais prou d'ambition avoyent-elles avec d'autres hommes, pour en avoir des filles, et faire mourir les enfans [masles].

Jo. Nauclerus, en sa *Cosmographie*[1], récite que, l'an de Christ 1123, après la mort de Tibussa, reine des Bohèmes, et qui fit renfermer la ville de Prague de murailles, et qui abhorroit fort la domination des

---

1. J. Nauclerus, mort vers 1510, n'a point fait de *Cosmographie*, mais une espèce de chronographie souvent réimprimée et où il est en effet parlé de Valasca (édit. 1614, p. 853), mais je crois que Brantôme a confondu cet ouvrage avec la *Cosmographie* de Thévet (1575, in-f°, tome II, p. 912b-913), qui les fait vivre non au douzième, mais au huitième siècle. Voyez à ce propos nos *Curiosités biographiques*, p. 359 et suiv.

hommes, il y eut une de ses damoiselles de grand courage, nommée Valasca, qui gaigna si bien et filles et dames du pays, et leur proposa si bien et beau la liberté, et les dégousta si fort de la servitude des hommes, qu'elles tuèrent chacune, qui son mary, qui son frère, qui son parent, qui son voisin, qu'en moins d'un rien elles furent maistresses; et ayans pris les armes de leurs hommes, s'en aydèrent si bien et se rendirent si braves et si adextres, à mode d'Amazonnes, qu'elles eurent plusieurs victoires. Mais après, par les menées et finesses d'un Primislaus, mary de Libussa, homme qu'elle avoit pris de basse et vile condition, furent défaites et mises à mort. Ce fut par permission divine de l'acte énorme perpétré pour faire ainsi perdre le genre humain.

Ces dames pouvoyent bien monstrer leurs beaux courages pour d'autres belles factions, courageuses et viriles que par telles cruautez, ainsi que nous avons veu tant d'emperières, de reines, de princesses et grandes dames, par actes nobles, et aux gouvernements et maniemens de leurs estats, et autres sujets, dont les histoires en sont assez pleines sans que je les raconte; car l'ambition de dominer, régner et impérier loge dans leurs âmes aussi bien que des hommes, et en sont aussi friandes.

Si en vays-je nommer une qui n'en fut tant atteinte, qui est Victoria Colonna, femme du marquis de Pescayre, de laquelle j'ay leu dans un livre espagnol[1] que, lorsque ledit marquis entendit aux belles offres que luy fit Hieronimo Mouron de la part du

---

1. Voyez Vallès, f° 205.

pape (comme j'ay dit cy-devant[1]) du royaume de Naples, s'il vouloit entrer en ligue avec luy, elle, en estant advertie par son mary mesme, qui ne luy celoit rien de ses plus privez affaires, ny grands ny petits, luy escrivit (car elle disoit des mieux), et luy manda qu'il se souvînt de son ancienne valeur et vertu, qui luy avoit donné telle louange et réputation qu'elle excédoit la gloire et la fortune des plus grands rois de la terre, disant que : *non con grandeza de los reynos, de Estados ny de hermosos titulos, sino con fé illustre y clara virtud, se alcançava la honra, la qual con loor siempre vivo, legava à los descendientes; y que no havia ningun grado tan alto que no fuese vencido de una trahicion y mala fé. Que por esto, ningun deseo tenia de ser muger de rey, queriendo antes ser muger de tal capitan, que no solamente en guerra con valorosa mano, mas en paz con gran honra de animo no vencido, havia sabido vencer reyes, y grandisimos principes, y capitanes, y darlos a triunfos, y imperiarlos;* disant que : « non avec la
« grandeur des royaumes, des grands Estats ni hauts
« et beaux tiltres, sinon avec une foy illustre et claire
« vertu, l'honneur s'acquéroit, laquelle avec une
« louange tousjours vive alloit à nos descendans ; et
« qu'il n'y avoit nul grade si haut qui ne fust vaincu
« ny gasté par une trahison commise et foy rompue ;
« et que pour l'amour de cela elle n'avoit nul désir
« d'estre femme de roy, mais d'un tel capitaine,
« lequel, non seulement en guerre avec sa main val-
« leureuse, mais en paix avec grand honneur d'un

---

1. Voyez le tome I, p. 189 et suiv.

« esprit non vaincu, avoit sceu vaincre les rois, les
« grands princes et capitaines, et les donner aux
« triumphes et les impérier. » Cette femme parloit
d'un grand courage, d'une grande vertu, et de vérité et tout : car de régner par un vice est fort vilain,
et de commander aux royaumes et aux rois par la
vertu est très-beau.

Fulvia, femme de P. Claudius, et en secondes
nopces de Marc Antoine, ne s'amusant guières à faire
les affaires de sa maison, se mit aux choses grandes,
à traitter les affaires d'Estat, jusques-là qu'on luy
donna la réputation de commander aux empereurs.
Aussi Cléopatra l'en sceut très-bien remercier, et luy
avoir cette obligation que d'avoir si bien instruit et
discipliné Marc-Antoine à obéyr et ployer sous les
lois de submission[1].

Nous lisons de ce grand prince françois Charles
Martel, qui[2] onc ne voulut prendre et porter le tiltre
de roy, qui estoit en sa puissance, mais aima mieux
régenter les rois et leur commander.

Parlons d'aucunes de nos dames. Nous avons eu,
en nostre guerre de la Ligue, madame de Montpensier, sœur de feu M. de Guise[3], qui a esté une grande
femme d'Estat, et qui a porté sa bonne part de matière, d'inventions de son gentil esprit, et du travail
de son corps, à bastir ladite ligue; si qu'après avoir
esté bien bastie, jouant aux cartes un jour et à la
prime (car elle ayme fort ce jeu), ainsi qu'on luy

---

1. Voyez Plutarque, *Antoine*, ch. xiv. — 2. *Qui*, qu'il.
3. Catherine-Marie de Lorraine, femme de Louis de Bourbon, duc de Montpensier.

disoit qu'elle meslast bien les cartes, elle respondit devant beaucoup de gens : « Je les ay si bien meslées « qu'elles ne se sçauroient mieux mesler ny démesler. » Cela fut esté bon si les siens ne fussent esté morts ; desquels, sans perdre cœur d'une telle perte, en entreprit la vengeance. Et en ayant sceu les nouvelles dans Paris, sans se tenir recluse en sa chambre à en faire les regrets, à mode d'autres femmes, sort de son hostel avec les enfans de M. son frère, les tenant par les mains, les pourmeine par la ville, fait sa déploration devant le peuple, l'animant de pleurs, de cris de pitié et de paroles qu'elle fit à tous de prendre les armes et s'eslever en furie, et faire les insolences sur la maison et tableau du roy, comme l'on a veu et que j'espère de dire en sa vie, et à luy dénier toute fidélité, ains au contraire de luy jurer toute rebellion, dont puis après son meurtre s'en ensuivit ; duquel est à sçavoir qui sont ceux et celles qui en ont donné les conseils et en sont coulpables. Certainement le cœur d'une sœur perdant tels frères ne pouvoit pas digérer tel venin sans venger ce meurtre.

J'ay ouy conter qu'après qu'elle eut ainsi bien mis le peuple de Paris en besogne de telles animositez et insolences, elle partit vers le prince de Parme à luy demander secours de vengeance. Et y va à si grandes et longues traittes, qu'il fallut un jour à ses chevaux de coche demeurer si las et recreus au beau mitan de la Picardie dans les fanges, qu'ilz ne pouvoyent aller ny en avant ny en arrière, ny mettre un pied l'un devant l'autre. Par cas passa un fort honneste gentilhomme de ce païs, qui estoit de la reli-

gion, qui, encor qu'elle fust desguisée et de nom et d'habit, il la conneut, et, ostant de devant les yeux les menées qu'elle avoit fait contre ceux de la religion, et l'animosité qu'elle leur portoit, luy tout plain de courtoisie, luy dit : « Madame, je vous con-
« nois bien; je vous suis serviteur : je vous voy en
« mauvais estat, vous viendrez, s'il vous plaist, en
« ma maison que voilà près, pour vous seicher et
« vous reposer. Je vous accommoderay de tout ce
« que je pourray au mieux qu'il me sera possible.
« Ne craignez point; car, encore que je sois de la
« religion, que vous nous haïssez fort, je ne voudrois
« me départir d'avec vous sans vous offrir une cour-
« toisie qui vous est très-nécessaire. » A telle offre elle se laissa aller, et l'accepta fort librement; et, après l'avoir accommodée de ce qui luy estoit nécessaire, reprend son chemin et la conduit deux lieues, elle pourtant luy celant son voyage; dont depuis de cette courtoisie, à ce que j'ay ouy dire, en cette guerre s'en acquitta à l'endroit dudit gentilhomme par force autres courtoisies.

Plusieurs se sont estonnez comment elle se fia à luy, estant huguenot. Mais quoy! la nécessité fait faire beaucoup de choses; et aussi qu'elle le vid si honneste, et parler si honnestement et franchement, qu'elle jugea qu'il estoit enclin à faire un trait honneste.

Madame de Nemours[1], sa mère, ayant esté prison-

1. Le meurtre des Guises (23 décembre 1588) fut suivi de l'arrestation de Mme de Nemours. Deux ou trois jours après avoir été transférée de Blois à Amboise, elle fut mise en liberté et arriva à

nière après la mort de messieurs ses enfans, ne faut point douter si elle demeura désolée par une telle perte insupportable, jusques à là que de son naturel elle est dame de fort douce humeur et froide, et qui ne s'esmeut que bien à propos, elle vint à débagouller mille injures contre le roy, et luy jetter autant de malédictions et d'exécrations (car, et qui n'est la chose, et la parolle qu'on ne fit et ne dit pour une telle véhémence de perte et de douleur!), jusques à ne nommer le roy autrement et tousjours que *ce tyran*. Puis après estant à soy revenue, elle dit : « Las! que « dis-je, tyran? Non, non! je ne le veux plus appeler « tel, mais roy très-bon et clément, s'il me donne « la mort comme à mes enfans, pour m'oster de la « misère où je suis, et me colloque en la béatitude « de Dieu. » Puis après, appaisant ses paroles et cris et y faisant quelque surcéance, elle ne disoit sinon : « Ah! mes enfans! ha! mes enfans! » réitérant ordinairement ces paroles avec ses belles larmes, qui eussent amoly un cœur de rocher. Hélas! elle les pouvoit ainsi plorer et regretter, estans si bons, si généreux, si vertueux, et valleureux, mais surtout ce grand duc de Guise, vray aisné et vray parangon de toute valeur et générosité. Aussi qu'elle aimoit si naturellement ses enfans, qu'un jour, moy discourant avec une grand' dame de la cour de madite dame de Nemours, elle me dit que c'estoit la plus heureuse princesse du monde, pour plusieurs raisons qu'elle

---

Paris le samedi 11 février 1589. Voyez *Journal des choses advenues à Paris*, dans l'édition du *Journal* de L'Estoile, La Haye, 1744, tome II, p. 501-502.

m'alléguoit, fors en une chose, qui estoit qu'elle aymoit messieurs ses enfans par trop; car elle les aymoit si très-tant, que l'appréhension ordinaire qu'elle avoit d'eux et qu'il ne leur arrivast mal, troubloit toute sa félicité, vivant ordinairement pour eux en inquiétude et allarme. Je vous laisse donc à penser combien elle sentit de maux, d'amertumes et de picqueures par la mort de ces deux, et par l'appréhension de l'autre[1], qui estoit vers Lion, et de M. de Nemours prisonnier : car de sa prison[2], disoit-elle, ne s'en soucioit point, ny de sa mort non plus, ainsi que je viens de dire.

Lorsqu'on la sortit du chasteau de Blois pour la mener en celuy d'Amboise en plus estroite prison, ainsi qu'elle eut passé la porte, elle tourna et haussa la teste en haut vers le pourtrait du roy Louis XIIe son grand-père, qui est là engravé en pierre au-dessus sur un cheval avec une fort belle grâce et guerrière façon. Elle, s'arrestant là un peu et le contemplant, dit tout haut devant force monde là accouru, d'une belle et asseurée contenance dont jamais n'en fut despourveue : « Si celuy qui est là représenté estoit « en vie, il ne permettroit pas qu'on emmenast sa « petite-fille ainsi prisonnière, et qu'on la traittast « de cette sorte. » Et puis suivit son chemin sans plus rien dire. Pensez que dans son âme elle imploroit et invoquoit les mânes de ce généreux ayeul, pour estre justes vengeurs de sa prison : ny plus ny moins que firent jadis aucuns des conjurateurs de la mort de César, lesquels, ainsi qu'ils alloyent faire

---

1. Le duc de Mayenne. — 2. Sa prison à elle.

leur coup, se tournèrent vers l'estatue de Pompée, et sourdement invoquèrent et implorèrent l'ombre de sa main, jadis si valleureuse, pour conduire leur entreprise à faire le coup qu'ils firent. Possible que l'invocation de cette princesse peut servir et avancer la mort du roy, qui l'avoit ainsi outragée. Une dame de grand cœur qui couve une vindicte est fort à craindre.

Je me souviens que, quand feu M. son mary, M. de Guise, eut son coup dont il mourut, elle estoit pour lors au camp, qui estoit venue là pour le voir quelques jours avant. Ainsi qu'il entra en son logis blessé, elle vint à l'endevant de luy jusqu'à la porte de son logis toute esperdue et esplorée, et l'ayant salué s'escria soudain : « Est-il possible que le mal-
« heureux qui a fait le coup et celuy qui l'a fait faire
« (se doutant de M. l'admiral) en demeurent impu-
« nis? Dieu! si tu es juste, comme tu le dois estre,
« vange cecy; autrement.... » et n'achevant le mot, M. son mary la reprit, et luy dit : « Ma mie, n'offen-
« cez point Dieu en vos paroles. Si c'est luy qui m'a
« envoyé cecy pour mes fautes, sa volonté soit faite,
« et louange luy en soit donnée. S'il vient d'ailleurs,
« puisque les vengeances luy sont réservées, il fera
« bien cette-cy sans vous. » Mais, luy mort, elle la poursuivit si bien, que le meurtrier fut tiré à quatre chevaux, et l'auteur prétendu d'elle fut massacré au bout de quelques années, comme j'espère dire en son lieu, par les instructions qu'elle donna à M. son fils, comme je l'ay veu, et les conseils et persuasions dont elle le nourrit dès sa tendre jeunesse, jusques après que la vengeance en fût faite totale.

Les advis et exhortations des femmes et mères généreuses peuvent beaucoup en cela : dont je me souviens que le roy Charles IX⁰ faisant le tour de son royaume, estant à Bourdeaux, fut mis en prison le baron de Bournazel, un fort brave et honneste gentilhomme de Gascogne, pour avoir tué un autre gentilhomme de son pays mesme, qui s'appelloit La Tour : on disoit que c'estoit par grande supercherie. La veufve en poursuivit si vivement la punition, qu'on se donna la garde que les nouvelles vindrent en la chambre du roy et de la reine, qu'on alloit trancher la teste audict baron. Les gentilshommes et dames soudain s'esmeurent, et travailla-on fort pour luy sauver la vie. On en pria par deux fois le roy et la reyne de luy donner grâce. M. le chancellier s'y opposa fort[1], disant qu'il falloit que justice s'en fît. Le roy le vouloit fort, qui estoit jeune et ne demandoit pas mieux que le sauver, car il estoit des gallants de la cour; et M. de Cipierre l'y poussoit aussi fort. Cependant l'heure de l'exécution approchoit, ce qui estonnoit tout le monde. Sur quoy M. de Nemours survint (qui aymoit le pauvre baron, lequel l'avoit suivy en de bons lieux aux guerres), qui s'alla jetter de genoux aux pieds de la reine, et la supplia de donner la vie à ce pauvre gentilhomme, et la pria et pressa tant de paroles qu'elle luy fut octroyée; dont sur-le-champ fut envoyé un capitaine des gardes qui l'alla quérir et prendre en la prison, ainsi qu'il sortoit pour le mener au supplice. Par ainsi il

---

1. On lit à tort « s'y porta fort » dans le manuscrit qui est fautif en plus d'un endroit. — Le chancelier était L'Hospital.

fut sauvé, mais avec une telle peur, qu'à jamais elle demeura empreinte sur son visage; et oncques puis ne peut recouvrer couleur, comme j'ay veu, et comme j'ay ouy dire de M. de Sainct-Vallier, qui l'eschappa belle à cause de M. de Bourbon.

Cependant la veufve ne chauma pas, et l'endemain vint trouver le roy, ainsi qu'il alloit à la messe, et se jetta à ses pieds. Elle luy présenta son fils, qui pouvoit avoir trois ou quatre ans, et luy dit : « Au moins, « Sire, puisque vous avez donné la grâce au meur- « trier du père de cet enfant, je vous supplie la luy « donner aussi dez cette heure, pour quand il sera « grand, il aura eu sa revanche et tué ce malheu- « reux. » Du depuis, à ce que j'ay ouy dire, la mère tous les matins venoit esveiller son enfant; et, en luy monstrant la chemise sanglante qu'avoit son père lorsqu'il fut tué, elle luy disoit par trois fois : « Ad- « vise-la bien, et souvien-toy bien, quand tu seras « grand, de vanger cecy : autrement je te deshérite. » Quelle animosité !

Moy, estant en Espagne, j'ouïs conter qu'Antonio Roques, l'un des plus braves, vaillants, fins, cauts, habiles, fameux, et des plus courtois bandoulliers avec cela qui fût jamais en Espagne (ce tient-on), ayant eu envie de se faire prestre dez sa première profession, le jour venu qu'il luy falloit chanter sa première messe, ainsi qu'il sortoit du revestiaire et qu'il s'en alloit avec grande cérémonie au grand autel de sa paroisse, bien revestu et accommodé à faire son office, le calice à la main, il ouït sa mère qui luy dit ainsi qu'il passoit : *Ah! vellaco, vellaco, mejor seria de vengar la muerte de tu padre, que de*

cantar misa : « Ah! malheureux et meschant que tu
« es! il vaudroit mieux de vanger la mort de ton
« père que de chanter messe. » Cette voix luy toucha
si bien au cœur, qu'il retourne froidement du my-
chemin, et s'en va au revestitoire : là se dévestit, faisant à croire que le cœur luy avoit fait mal et que
ce seroit pour une autre fois : et s'en va aux mon-
taignes parmy les bandoulliers, s'y fait si fort estimer
et renommer, qu'il en fut esleu chef; fait force maux
et volleries, vange la mort de son père, qu'on disoit
avoir esté tué d'un autre; d'autres, qu'il avoit esté
exécuté par justice. Ce conte me fit un bandoullier
mesme, qui avoit esté sous sa charge autresfois, et
me le loua jusques au tiers ciel, si que l'empereur
Charles ne luy put jamais faire mal.

Pour retourner encor à madame de Nemours, le
roy ne la retint guières en prison, et M. d'Escars en
fut cause en partie; car il la fit sortir pour l'envoyer
à Paris vers messieurs du Mayne et de Nemours, et
autres princes liguez, et leur porter à tous parole de
paix et oubliance de tout le passé; et qui estoit mort,
estoit mort, et amis comme devant. De fait, le roy
tira serment d'elle qu'elle feroit cette ambassade.
Estant donc arrivée, au premier abord ce ne furent
que pleurs, lamentations et regrets de leur perte; et
puis fit le rapport de sa charge. M. du Mayne lui fit
la response, en luy demandant si elle luy conseilloit
cela. Elle luy respondit seulement : « Mon fils, je ne
« suis pas venue icy pour vous conseiller, sinon
« pour vous dire ce qu'on m'a dit et chargé. C'est à
« vous à songer si vous avez sujet et le devez faire. Ce
« que je vous dis, vostre cœur et vostre conscience

« vous en doivent donner bon conseil. Quand à
« moy, je me descharge de ce que j'ay promis. »
Mais, sous main, elle en sceut très-bien attiser le feu,
qui a duré long-temps¹.

Il y a eu plusieurs personnes qui se sont fort estonnées comment le roy, qui estoit si sage et des habiles de son royaume, s'aydoit de cette dame pour un tel ministère, l'ayant ainsi offensée, qu'elle n'eust eu ny cœur ny sentiment si elle s'y fust employée le moins du monde : aussi se mocqua-elle bien de luy. On disoit que c'estoit le beau conseil du mareschal de Rhets, qui en donna un pareil au roy Charles, pour envoyer M. de La Noue dans La Rochelle à persuader les habitans à la paix et à leur obéissance et devoir; jusques-là que, pour entrer en créance avec eux, il luy permit de faire de l'eschauffé et de l'animé pour eux et pour son party, à faire la guerre à outrance, et leur bailler advis et conseil contre le roy; mais pourtant sous condition que, quand il seroit commandé et sommé par le roy ou Monsieur, son lieutenant-général, de sortir, qu'il le feroit. Il fit et l'un et l'autre, et la guerre, et sortit; mais cependant il asseura si bien ces gens et les aguerrit, et leur fit de si bonnes leçons et les anima tellement qu'ils nous firent, ce coup, la barbe. Force gens trouvoyent

1. Lorsque la nouvelle de la mort de Henri III fut sue à Paris (2 août 1589), « Mme de Nemours et Mme de Montpensier, montant sur les degrés du grand autel des Cordeliers, haranguèrent ce sot peuple sur la mort de Henri de Valois, montrant en cela la rage d'une femme de mordre après la mort; elles firent faire aussi des feux de joye partout. » *Journal* de L'Estoile, éd. 1744, tome II, p. 211.

qu'il n'y avoit là nulle finesse : j'ay veu tout cela ; j'espère en faire tout le discours ailleurs[1]. Mais ce mareschal valut cela à son roy et à la France ; lequel mareschal tenoit-on mieux pour charlatan et cajolleur, que pour un bon conseiller et mareschal de France.

Je diray encor ce petit mot de ma susdite dame de Nemours. J'ay ouy dire qu'ainsi qu'on bastissoit la Ligue, et qu'elle voyoit les cahiers et les listes des villes qui adhéroyent, et n'y voyant point encore Paris, elle disoit tousjours à monsieur son fils : « Mon « fils, cela n'est rien, il faut encore Paris. Et si vous « ne l'avez, vous n'avez rien fait ; pour quoy, ayez « Paris. » Et rien que Paris ne luy sonnoit à la bouche ; si bien que les barricades par après s'en ensuivirent.

Voilà comme un généreux cœur tend tousjours au plus haut : ce qui me fait souvenir d'un petit conte que j'ay leu dans un roman espagnol, qui s'intitule *La conquista de Navarra*[2]. Ce royaume ayant esté pris et usurpé sur le roy Jean par le roy d'Arragon, le roy Louis douziesme y envoya une armée, sous M. de la Palice, pour le reconquérir. Le roy manda à la reine donne Catherine, de par M. de La Palice qui luy en porta la nouvelle, qu'elle s'en vînt à la cour de France et y demeurer avec la reine Anne sa femme, cependant que le roy son mary avec M. de

---

1. Le *Discours* sur La Noue (voyez tome VII) a donc été écrit après ce passage.

2. Voyez Louis de Correa, *Historia de la Conquista del reino de Navarra*, réimpression de 1843, petit in-4°, p. 106.

La Palice attenteroient de recouvrer le royaume. La reine luy respondit généreusement : « Et comment, « monsieur ! je pensois que le roy vostre maistre « vous eust icy envoyé pour m'ammener avec vous « en mon royaume et me remettre dans Pampelonne, « et moy vous y accompagner, ainsi que je m'y es- « tois résolue et préparée ; et ast'heure vous me con- « viez de m'aller tenir à la cour de France ? Voilà « un mauvais espoir et sinistre augure pour moy ! je « vois bien que je n'y entreray jamais plus. » Et ainsi qu'elle le présagea, ainsi arriva.

Il fut dit et commandé à madame la duchesse de Valentinois, sur l'approchement de la mort du roy Henry et le peu d'espoir de sa santé, de se retirer en son hostel de Paris et n'entrer plus en sa chambre, autant pour ne le perturber en ses cogitations[1] à Dieu, que pour inimitié qu'aucuns luy portoyent. Estant donques retirée, on luy envoya demander quelques bagues et joyaux qui appartenoyent à la couronne, et les eust à rendre. Elle demanda soudain à M. l'harangueur : « Comment ! le roy est-il mort ? « — Non, madame, respondit l'autre, mais il ne « peut guères tarder. — Tant qu'il luy restera un « doigt de vie donc, dit-elle, je veux que mes enne- « mis sçachent que je ne les crains point, et que je « ne leur obéiray tant qu'il sera vivant. Je suis encor « invincible de courage. Mais lorsqu'il sera mort, je « ne veux plus vivre après luy ; et toutes les amer- « tumes qu'on me sçauroit donner ne me seront « que douceurs au prix de ma perte. Et par ainsi,

---

1. *Cogitation*, pensée.

« mon roy vif ou mort, je ne crains point mes en-
« nemis. »

Cette dame monstra là une grande générosité de
cœur. Mais elle ne mourut pas, ce dira quelqu'un,
comme elle avoit dit. Elle ne laissa pourtant à sentir
plusieurs approches de la mort; et aussi que, plustost
que mourir, elle fit mieux de vouloir vivre, pour
monstrer à ses ennemis qu'elle ne les craignoit point,
et que, les ayant veus d'autresfois bransler et s'hu-
milier sous elle, n'en vouloit faire de mesme en leur
endroit, et leur monstrer si bien teste et visage qu'ils
n'osèrent jamais luy faire desplaisir. Mais bien mieux:
dans deux ans ils la recherchèrent plus que jamais,
et rentrèrent en amitié, comme je vis : ainsi qu'est
la coustume des grands et grandes, qui ont peu de
tenue en leurs amitiez, et s'accordent aisément en
leurs différents, comme larrons en foire, et s'ayment
et se haïssent de mesme : ce que nous autres petits
ne faisons pas; car, ou il se faut battre, vanger et
mourir, ou en sortir par des accords bien pointillez,
bien tamisez et bien solennisez; et si nous en trouvons mieux.

Il faut certes admirer cette dame de ce trait, comme
coustumièrement ces grandes, qui traittent les affaires
d'Estat, font tousjours quelque chose de plus que
l'ordinaire des autres. Voilà pourquoy le feu roy
Henry troisiesme dernier et la reine sa mère n'aymoient nullement les dames de leur cour qui missent
tant leur esprit et leur nez sur les affaires d'Estat,
ny s'en meslassent tant d'en parler, ny de ce qui
touchoit de près en fait du royaume, comme (disoyent Leurs Majestez) si elles y avoyent grand' part.

et qu'elles en deussent estre héritières, ou du tout pour mieux qu'elles y rapportassent la sueur de leur corps ou y menassent les mains, comme les hommes, à le maintenir : mais elles, se donnans du bon temps, causans sous la cheminée, bien aises en leurs chaises ou sur leurs oreillers, ou sur leurs couchettes, devisoyent bien à leur aise du monde et de l'estat de la France, comme si elles faisoyent tout. Sur quoy repartit une fois une dame de par le monde, que je ne nommeray point, qui, se meslant d'en dire sa ratellée aux premiers estats à Blois, Leurs Majestez luy en firent fère la petite réprimende, et qu'elle se meslast des affaires de sa maison et à prier Dieu. Elle, qui estoit un peu trop libre en paroles, respondit : « Du temps que les princes, roys et grands sei« gneurs se croisoyent pour aller outre mer et faire « de si beaux exploicts en la Terre-Sainte, certaine« ment il n'estoit permis à nous autres femmes que « de prier, orer [1], faire vœux et jusnes, afin que Dieu « leur donnast bon voyage et bon retour; mais « depuis que nous les voyons aujourd'huy ne faire « pas plus que nous, il nous est permis de parler de « tout; car, prier Dieu pour eux, à cause de quoy, « puisqu'ils ne font pas mieux que nous? »

Cette parole, certes, fut par trop audacieuse, aussi luy cuyda-elle couster bon ; et eut une grande peine d'obtenir réconciliation et pardon, qu'il fallut qu'elle demandast; et, sans un sujet que je dirois bien, elle recevoit l'affliction et punition toute entière, et bien outrageuse.

---

1. *Orer*, dire des oraisons, *orare*.

Il ne fait pas bon quelquesfois dire un bon mot comme celuy, quand il vient à la bouche; ainsi que j'ay veu plusieurs personnes qui ne s'y sçauroient commander; car elles sont plus débordées qu'un cheval de Barbarie; et, trouvant un bon brocard dans leur bouche, il faut qu'elles le crachent, sans espargner ny parens, ny amis, ny grands. J'en ay cogneu force à nostre cour de telle humeur, et les appelloit-on *marquis et marquises de belle-bouche :* mais aussi bien souvent s'en trouvoyent du guet[1].

Or, comme j'ay déduit la générosité d'aucunes dames en aucuns beaux faits de leurs vies, j'en veux descrire aucunes qu'elles ont monstré en leur mort. Et, sans emprunter aucun exemple de l'antiquité, je ne veux alléguer que cettui-cy de feue madame la régente[2], mère du grand roy François. Ce fut en son temps, ainsi que j'ay ouy dire à aucuns et aucunes qui l'ont veue et cogneue, une très-belle dame, et fort mondaine aussi, et fut cela, mesme en son aage décroissant. Et, pour ce, quand on luy parloit de la mort, en haïssoit fort le discours, jusques aux prescheurs qui en parloient en leurs sermons : « Comme, « ce disoit-elle, si on ne sceust pas assez qu'on devoit « tous mourir un jour; et que tels prescheurs, quand « ilz ne sçavoyent dire autre chose en leurs sermons, « et qu'ils estoyent au bout de leurs leçons, comme « gens ignares, se mesloyent sur cette mort. » La feue reine de Navarre, sa fille, n'aymoit non plus ces chansons et prédications mortuaires que sa mère[3].

1. *Se trouver du guet*, se trouver mal. — 2. Louise de Savoie. 3. Voyez tome VIII, p. 122.

Estant donc venue la fin destinée, et gisant dans son lict, trois jours avant que mourir, elle vid la nuict sa chambre toute en clarté, qui estoit transpercée par la vitre. Elle se courrouça à ses femmes de chambre qui la veilloyent pourquoy elles faisoyent un feu si ardent et esclairant. Elles luy respondirent : qu'il n'y avoit qu'un peu de feu, et que c'estoit la lune qui ainsi esclairoit et donnoit telle lueur. « Comment! dit-elle, nous en sommes au bas; elle « n'a garde d'esclairer à cette heure. » Et soudain, faisant ouvrir son rideau, elle vid une comette qui esclairoit ainsi droit sur son lit. « Ha! dit-elle, voilà « un signe qui ne paroist pas pour personnes de « basse qualité. Dieu le fait paroistre pour nous au- « tres grands et grandes. Refermez la fenestre : c'est « une comette qui m'annonce la mort; il se faut « donc préparer. » Et le lendemain au matin, ayant envoyé quérir son confesseur, fit tout le devoir de bonne chrestienne, encore que les médecins l'asseurassent qu'elle n'estoit pas là [1]. « Si je n'avois veu, « dit-elle, le signe de ma mort, je le croirois, car je « ne me sens point si bas; » et leur conta à tous l'apparition de sa comette. Et puis, au bout de trois jours, quittant les songes du monde, trespassa [2].

Je ne sçaurois croire autrement que les grandes

1. Qu'elle n'en était pas là.
2. Brantôme a commis ici une erreur de quelques semaines. Suivant lui, la comète aurait paru le 26 septembre (1531), puisque Louise de Savoie mourut le 29 du même mois; or elle ne fut visible que depuis le 6 août jusqu'au 7 septembre. Voyez *Cometarum omnium fere cathalogus a Christo nato ad annum* 1556, Bâle, 1556, in-16.

dames, et celles qui sont belles, jeunes et honnestes, n'ayent plus de grands regretz de laisser le monde que les autres; et toutesfois, j'en voys nommer aucunes qui ne s'en sont point souciées, et volontairement ont receu la mort, bien que sur le coup l'annonciation leur soit fort amère et odieuse.

La feue comtesse de La Rochefoucault, de la maison de Roye[1], à mon gré et à d'autres une des belles et agréables femmes de France, ainsi que son ministre (car elle estoit de la religion comme chacun sçait) luy annonça qu'il ne falloit plus songer au monde, et que son heure estoit venue, et qu'il s'en falloit aller à Dieu qui l'appelloit, et qu'il falloit quitter les mondanitez[2], qui n'estoyent rien au prix de la béatitude du ciel, elle luy dit : « Cela est bon, monsieur
« le ministre, à dire à celles qui n'ont grand con-
« tentement et plaisir en cettui-cy, et qui sont sur
« le bord de leur fosse; mais à moy, qui ne suis que
« sur la verdeur de mon aage et de mon plaisir en
« cettui-cy, et de ma beauté, vostre sentence m'est
« fort amère. Et d'autant que j'ay plus de sujet de
« m'aymer en ce monde qu'en tout autre, et regretter
« à mourir, je vous veux monstrer en cela ma géné-
« rosité, et vous asseurer que je prens la mort à
« gré, comme[3] la plus vile, abjette, basse, laide et
« vieille qui fust au monde. » Et puis s'estant mis à chanter des pseaumes de grand' dévotion, elle mourut.

1. Charlotte de Roye, comtesse de Rouci, née en 1537, mariée (1557) à François III de la Rochefoucauld, morte en 1569.
2. *Mondanitez*, vanités du monde. — 3. Comme si j'étais.

Madame d'Espernon, de la maison de Candale[1], fut assaillie d'une maladie si soudaine, qu'en moins de six ou sept jours elle fut emportée. Avant que mourir, elle tenta tous les moyens qu'elle put pour se guérir, implorant le secours des hommes et de Dieu par ses prières très-dévotes, et de tous ses amis, serviteurs et servantes, luy faschant fort qu'elle vînt à mourir en si jeune aage; mais, après qu'on luy eust remonstré qu'il falloit à bon escient s'en aller à Dieu, et qu'il n'y avoit plus aucun remède : « Est-il « vray ? dit-elle ; laissez-moy faire ; je vay donc bra- « vement me résoudre. » Et usa de ces mesmes et propres mots. Et, en haussant ses beaux bras blancs, et en touchant les deux mains l'une contre l'autre, et puis, d'un visage franc et d'un cœur asseuré, se présenta à prendre la mort en patience, et de quitter le monde, qu'elle commença fort à abhorrer par des parolles très-chrestiennes ; et puis mourut en très-dévote et bonne chrestienne, en l'age de vingt-six ans, et l'une des belles et agréables dames de son temps.

On dit qu'il n'est pas beau de louer les siens, mais aussi une belle vérité ne se doit pas céler ; et c'est pourquoy je veux icy louer madame d'Aubeterre[2], ma niepce, fille de mon frère aisné, laquelle, ceux

1. Marguerite de Foix, comtesse de Candale, mariée (1587) à Jean-Louis de Nogaret de la Valette, duc d'Épernon, morte en 1593.

2. Renée de Bourdeille, vicomtesse d'Aubeterre, née en 1562, mariée (1579) à David Bouchard, vicomte d'Aubeterre, qui mourut, à 39 ans, le 10 août 1593, d'un coup de mousquet reçu devant l'Isle, en Périgord. Elle survécut peu d'années à son mari, car elle était morte avant 1597.

l'ont veue à la cour ou ailleurs, diront bien avec moy avoir esté l'une des belles et accomplies dames qu'on eust sceu voir, autant pour le corps que pour l'âme. Le corps se monstroit fort à plain et extérieurement ce qu'il estoit, par son beau et agréable visage, sa taille, sa façon et sa grâce : pour l'esprit, il estoit fort divin, et n'ignoroit rien; sa parole fort propre, naïve, sans fard, et qui couloit de sa bouche fort agréablement, fût pour la chose sérieuse, fût pour la rencontre joyeuse. Je n'ay jamais veu femme, selon mon opinion, plus ressemblante nostre reine de France Marguerite, et d'air et de ses perfections, qu'elle; aussi l'ouïs-je dire une fois à la reine mère. C'est un mot assez suffisant pour ne la louer davantage; aussi je n'en diray pas plus : ceux qui l'ont veue ne me donneront, je m'asseure, nul démenty sur cette louange. Elle vint à estre tout à coup assaillie d'une maladie qui ne se put point bien cognoistre des médecins, qui y perdirent leur latin; mais pourtant elle avoit opinion d'estre empoisonnée; je ne diray point de quel endroit; mais Dieu vangera tout, et, possible, les hommes. Elle fit tout ce qu'elle put pour se faire secourir, non qu'elle se souciast, disoit-elle, de mourir; car dez la perte de son mary, elle en avoit perdu toute crainte, encore qu'il ne fust certes nullement égal à elle, ny ne la méritast, ny les belles larmes non plus qu'elle jettoit de ses beaux yeux après sa mort; mais eust-elle fort désiré de vivre encor un peu pour l'amour de sa fille, qu'elle laissoit tendrette; tant cette occasion estoit belle et bonne, et les regrets d'un mary sot et fascheux sont fort vains et légers.

Elle, voyant donc qu'il n'y avoit plus de remède, et sentant son poulx, qu'elle-mesme tastoit et cognoissoit fringant (car elle s'entendoit à tout), deux jours avant qu'elle mourust, envoya quérir sa fille[1], et luy fit une exhortation très-belle et saincte, et telle que, possible, ne sçay-je mère qui la pust faire plus belle ny mieux représentée, autant pour l'instruire à bien vivre au monde, que pour acquérir la grâce de Dieu; et puis luy donna sa bénédiction, luy commandant de ne troubler plus par ses larmes son aise et repos qu'elle alloit prendre avec Dieu. Puis elle demanda son miroir, et s'i arregardant très-fixement : « Ah! dit-elle, traistre visage à ma maladie, pour « laquelle tu n'as changé » (car elle le monstroit aussi beau que jamais); « mais bientost la mort qui s'ap-« proche en aura la raison, qui te rendra pourry et « mangé de vers. » Elle avoit aussi mis la pluspart de ses bagues en ses doigts; et les regardant, et sa main et tout, qui estoit très-belle : « Voilà, dit-elle, « une mondanité que j'ay bien aymée d'autresfois; « mais à cette heure, de bon cœur je la laisse, pour « me parer en l'autre monde d'une autre plus belle « parure. » Et voyant ses sœurs[2] qui pleuroyent à toute outrance auprès d'elle, elle les consola et pria de vouloir prendre en gré avec elle ce qu'il plaisoit à Dieu luy envoyer; et que, s'estans tousjours si fort

---

1. Hippolyte Bouchard, mariée (1597) à François d'Esparbez de Lussan, dit le maréchal d'Aubeterre.

2. Jeanne, mariée (1584) à Claude d'Espinay, comte de Duretal; Isabelle, mariée à François de Jussac, baron d'Ambleville; Adrienne, mariée (1602) à Léonard des Cars, seigneur de Saint-Bonnet.

aimées, elles n'eussent regret à ce qui luy apportoit de la joye et contentement; et que l'amitié qu'elle leur avoit tousjours portée dureroit éternellement avec elles, les priant d'en faire le semblable, et mesmes à l'endroit de sa fille : et les voyant renforcer leurs pleurs, elle leur dit encore : « Mes sœurs, si « vous m'aymez, pourquoy ne vous réjouissez-vous « avec moy de l'eschange que je fais d'une vie misé-« rable avec une très-heureuse? Mon âme, lassée de « tant de travaux, désire en estre déliée, et estre en « lieu de repos avec Jésus-Christ mon sauveur; et « vous la souhaittez encor attachée à ce chétif corps, « qui n'est que sa prison et non son domicile. Je « vous supplie donc, mes sœurs, ne vous affliger da-« vantage. »

Tant d'autres pareils propos beaux et chrestiens dit-elle, qu'il n'y a si grand docteur qui en eust pu proférer de plus beaux, lesquels je coule. Surtout elle demandoit à voir madame de Bourdeille sa mère, qu'elle avoit prié ses sœurs d'envoyer quérir, et souvent leur disoit : « Mon Dieu! mes sœurs, madame « de Bourdeille ne vient-elle point? Ha! que vos « courriers sont longs! ils ne sont pas guières bons « pour faire diligences grandes et postes. » Elle y alla, mais ne la put voir en vie, car elle estoit morte une heure devant.

Elle me demanda fort aussi, qu'elle appelloit tousjours son cher oncle; et nous envoya le dernier adieu. Elle pria de faire ouvrir son corps après sa mort, ce qu'elle avoit tousjours fort détesté, afin, dit-elle à ses sœurs, que la cause de sa mort estant plus à plain descouverte, cela leur fust une oc-

casion, et à sa fille, de conserver et prendre garde à leurs vies; « car, dit-elle, il faut que j'advoue que je
« soupçonne d'avoir esté empoisonnée depuis cinq
« ans avec mon oncle de Branthome et ma sœur la
« comtesse de Durtal[1]; mais je pris le plus gros mor-
« ceau : non toutesfois que je vueille charger per-
« sonne, craignant que ce soit à faux et que mon
« âme en demeure chargée, laquelle je désire estre
« vuide de tout blasme, rancune, inimitié et péché,
« pour voler droit à Dieu son créateur. »

Je n'aurois jamais fait si je disois tout; car ses devis furent grands et longs, et point se ressentant d'un corps fany, esprit foible et décadant[2]. Sur ce, il y eut un gentilhomme son voisin, qui disoit bien le mot, et avoit aymé à causer et bouffonner avec luy, qui se présenta, elle luy dit : « Ha! mon amy!
« il se faut rendre à ce coup, et langue et dague, et
« tout. Adieu! »

Son médecin et ses sœurs luy vouloyent faire prendre quelque remède cordial : elle les pria de ne luy en donner point : « car ils ne serviroyent rien
« plus, dit-elle, qu'à prolonger ma peine et retarder
« mon repos. » Et pria qu'on la laissât : et souvent l'oyoit-on dire : « Mon Dieu, que la mort est douce!
« et qui l'eust jamais pensé? » Et puis, peu à peu, rendant ses esprits fort doucement, ferma les yeux, sans faire aucuns signes hydeux et affreux que la mort produit sur ce poinct à plusieurs.

Madame de Bourdeille, sa mère, ne tarda guières

---

1. Voyez la note 2 de la page 456.
2. *Décadant*, en décadence.

à la suivre; car la mélancholie qu'elle conceut de cette honneste fille l'emporta dans dix-huict mois, avant esté malade sept mois, ores bien en espoir de guérir et ores en désespoir; et dez le commencement elle dit qu'elle n'en reschapperoit jamais, n'appréhendant nullement la mort; ne priant jamais Dieu de luy donner vie ny santé, mais patience en son mal, et surtout qu'il luy envoyast une mort douce et point aspre et langoureuse; ce qui fut : car, ainsi que nous ne la pensions qu'esvanouie, elle rendit l'âme si doucement qu'on ne luy vit jamais remuer ny pied, ny bras, ny jambe, ny faire aucun regard affreux ny hydeux; mais, contournant ses yeux aussi beaux que jamais, trespassa, et resta morte aussi belle qu'elle avoit esté vivante en sa perfection.

Grand dommage, certes, d'elle et de ces belles dames qui meurent ainsi en leurs beaux ans! si ce n'est que je croy que le ciel, ne se contentant de ses beaux flambeaux qui dez la création du monde ornent sa voûte, veut par elles avoir outre plus des astres nouveaux pour nous illuminer, comme elles ont fait estans vives, de leurs beaux yeux.

Cette-cy, et non plus :

Vous avez eu ces jours passez madame de Balagny[1], vraye sœur en tout de ce brave Bussi. Quand

---

1. Renée de Clermont, fille de Jacques de Clermont d'Amboise, seigneur de Bussy, et de Catherine de Beauvau. Elle épousa le fils naturel de Jean de Monluc, évêque de Valence, Jean, seigneur de Balagny, que Henri IV créa maréchal de France en 1594 et à qui il laissa Cambrai en toute souveraineté. Son incapacité lui fit perdre cette ville, que les habitants soulevés livrèrent aux Espagnols; et dont la citadelle se rendit le 7 octobre 1595. Mme de

Cambray fut assiégée, elle y fit tout ce qu'elle put, d'un cœur brave et généreux, pour en défendre la prise : mais après s'estre en vain esvertuée par toutes sortes de défenses qu'elle y put apporter, voyant que c'estoit fait, et que la ville estoit en la puissance de l'ennemy, et la citadelle s'en alloit de mesme, ne pouvant supporter ce grand créve-cœur de déloger de sa principauté (car son mary et elle se faisoyent appeler prince et princesse de Cambray et Cambrésis ; tiltre qu'on trouvoit parmy plusieurs nations odieux et trop audacieux, veu leurs qualitez de simples gentilshommes), mourut et creva de tristesse dans la place d'honneur. Aucuns disent qu'elle-mesme se donna la mort, qu'on trouvoit pourtant estre acte plustost payen que chrestien. Tant y a qu'il la faut louer de sa grande générosité en cela et de la remonstrance qu'elle fit à son mary à l'heure de sa mort, quand elle luy dit : « Que te reste-il, Balagny, « de plus vivre après ta désolée infortune, pour ser- « vir de risée et de spectacle au monde, qui te mons- « trera au doigt, sortant d'une si grande gloire où « tu t'es veu haut eslevé, en une basse fortune que « je te voy préparée si tu ne fais comme moy ? Ap- « pren donc de moy à bien mourir et ne survivre « ton malheur et ta dérision. » C'est un grand cas quand une femme nous apprend à vivre et mourir. A quoy il ne voulut obtempérer ny croire ; car, au bout de sept ou huict mois, oubliant la mémoire

---

Balagny ne survécut pas à ce désastre. Quant à son mari, il se remaria à Diane d'Estrées, fille aînée d'Antoine, marquis de Cœuvres, grand maître de l'artillerie, et sœur de Gabrielle d'Estrées.

prestement de cette brave femme, il se remaria avec la sœur de madame de Monceaux[1], belle certes et honneste damoiselle; monstrant à plusieurs qu'enfin il n'y a que vivre, en quelque façon que ce soit.

Certes la vie est bonne et douce; mais aussi une mort généreuse est fort à louer, comme cette-cy de cette dame, laquelle, si elle est morte de tristesse, est bien contre le naturel d'aucunes dames, qu'on dit estre contraires au naturel des hommes; car elles meurent de joye et en joye.

Je n'en allégueray que ce seul conte de mademoiselle de Limueil l'aisnée[2], qui mourut à la cour estant l'une des filles de la reine. Durant sa maladie, dont elle trespassa, jamais le bec ne luy cessa, ains causa tousjours; car elle estoit fort grand' parleuse, brocardeuse et très-bien et fort à propos, et très-belle avec cela. Quand l'heure de sa mort fut venue, elle fit venir à soy son vallet (ainsi que les filles de la cour en ont chacune le leur); et s'appelloit Jullien, qui jouoit très-bien du violon : « Julien, luy dit-elle, « prenez vostre violon et sonnez-moy tousjours jus- « ques à ce que me voyez morte (car je m'y en vois) « la *Défaitte des Suisses*[3], et le mieux que vous

---

1. Gabrielle d'Estrées. Voyez la note de la p. 459.

2. Fille aînée de Gilles de la Tour, seigneur de Limueil, et dont la sœur, après avoir été maîtresse du prince de Condé, épousa Scipion Sardini.

3. La *Bataille de Marignan*, ou *la Défaite des Suisses*, est une chanson que le célèbre Clément Janequin a mise en musique. Elle a paru pour la première fois dans le recueil si rare de Pierre Attaignant; et réimprimée plusieurs fois dans le courant du seizième siècle, elle l'a été de nos jours dans le cinquième volume du

« pourrez : et quand vous serez sur le mot *Tout est*
« *perdu*, sonnez-le par quatre ou cinq fois, le plus
« piteusement que vous pourrez; » ce que fit l'autre,
et elle-mesme luy aidoit de la voix : et quand ce
vint à *Tout est perdu*, elle le récita par deux fois;
et se tournant de l'autre costé du chevet, elle dit
à ses compagnes : « Tout est perdu à ce coup, et à
bon escient;. » et ainsi décéda. Voilà une mort
joyeuse et plaisante. Je tiens ce conte de deux de
ses compagnes dignes de foy, qui virent jouer le
mystère.

S'il y a ainsi aucunes femmes qui meurent de joye
ou joyeusement, il se trouve bien des hommes qui
en ont fait de mesmes; comme nous lisons de ce
grand pape Léon [1], qui mourut de joye et liesse,
quand il vid nous autres François chassez du tout
hors de l'estat de Milan; tant il nous portoit de
haine!

Feu M. le grand prieur de Lorraine prit une fois
envie d'envoyer en cours vers le Levant deux de ses
gallères sous la charge du capitaine Beaulieu, l'un de
ses lieutenants, dont je parle ailleurs. Ce Beaulieu y

Recueil de morceaux de musique ancienne publié sous la direction
du prince de la Moskowa. Elle commence ainsi :

Escoutez tous, gentilz Galloys.

Le passage auquel Brantôme fait allusion est celui-ci :

Ilz sont confuz;
Ilz sont perduz;
Prenez courage.

Leroux de Lincy, dans son *Recueil de chants historiques* (tome II)
n'a donné qu'une partie de cette chanson.

1. Léon XII.

alla fort bien, car il estoit brave et vaillant. Quand il fut vers l'Archipelage [1], il rencontra une grand' nau vénétienne bien armée et bien riche : il l'acommença à la canonner, mais la nau luy rendit bien sa salve; car de la première vollée elle luy emporta deux de ses bancs avec leurs forçats tout net, et son lieutenant, qui s'appelloit le capitaine Panier, bon compagnon, qui pourtant eut le loisir de dire ce seul mot, et puis mourir : « Adieu paniers, vendanges « sont faites. » Sa mort fut plaisante par ce bon mot. Ce fut à M. de Beaulieu à se retirer, car cette nau estoit pour luy invincible.

La première année que le roy Charles neufiesme fut roy, lors de l'édict de juillet, qu'il [2] se tenoit au fauxbourg de Sainct-Germain, nous vismes pendre un enfant de la matte là mesme, qui avoit dérobé six vaisselles d'argent de la cuisine de M. le prince de La Roche-sur-Ion. Quand il fut sur l'eschelle, il pria le bourreau de luy donner un peu de temps de parler, et se mit sur le devis, en remonstrant au peuple qu'on le faisoit mourir à tort : « car disoit-il, je n'ay « point jamais exercé mes larcins sur de pauvres « gens, gueux et mallotrus, mais sur les princes et « les grands, qui sont plus grands larrons que nous « et qui nous pillent tous les jours; et n'est que bien « fait de répéter [3] d'eux ce qu'ils nous dérobbent et « nous prennent. » Tant d'autres sornettes, dit-il, plaisantes, qui seroyent superflues de raconter, sinon que le prestre qui estoit monté sur le haut de l'es-

1. L'Archipel. — 2. *Qu'il*, que Charles IX.
3. *Répéter*, reprendre.

chelle avec luy, et s'estoit tourné vers le peuple, comme on void, luy escria : « Messieurs, ce pauvre « patient se recommande à vos bonnes prières; nous « dirons tous pour luy et son âme un *Pater noster* « et un *Ave Maria*, et chanterons *Salve*, » et que le peuple luy respondoit, ledict patient baissa la teste, et regardant ledict prestre, commença à brailler comme un veau, et se mocqua du prestre fort plaisamment, puis luy donna du pied et l'envoya du haut de l'eschelle en bas, si grand saut qu'il s'en rompit une jambe. « Ah! monsieur le prestre, par « Dieu, dit-il, je sçavois bien que je vous deslogerois « de là. Il en a, le gallant. » L'oyant plaindre, se mit à rire à belle gorge déployée, et puis luy-mesme se jetta au vent. Je vous jure qu'à la cour on rit bien de ce trait, bien que le pauvre prestre se fust fait grand mal. Voilà une mort, certes, non guières triste.

Feu M. d'Estampes[1] avoit un fou qui s'appelloit Colin, fort plaisant. Quand sa mort s'approcha, M. d'Estampes demanda comment se portoit Colin. On luy dit : « Pauvrement, monsieur; il s'en va « mourir, car il ne veut rien prendre. — Tenez, dit « M. d'Estampes, qui lors estoit à table, portez-luy « ce potage, et luy dites que, s'il ne prend quelque « chose pour l'amour de moy, que je ne l'aymeray « jamais, car on m'a dit qu'il ne veut rien prendre. » L'on fit l'ambassade à Colin, qui, ayant la mort entre les dents, fit response : « Et qui sont-ils ceux-

---

1. Est-ce Jacques d'Estampes, seigneur de Valençay, député de la noblesse du Berry aux États d'Orléans (1560) ?

« là qui ont dit à monsieur que je ne voulois rien
« prendre? » Et estant entourné d'un million de
mouches (car c'estoit en esté), il se mit à jouer de
la main à l'entour d'elles, comme l'on voit les pages
et laquais et autres jeunes enfans après elles; et en
ayant pris deux au coup, en faisant le petit tour de
la main qu'on se peut mieux représenter que l'escrire:
« Dittes à monsieur, dit-il, voylà que j'ay pris pour
« l'amour de luy, et que je m'en vais au royaume
« des mouches. » et se tournant de l'autre costé le
gallant trespassa.

Sur ce j'ay ouy dire à aucuns philosophes que volontiers aucunes personnes se souvièrent à leur trespas des choses qu'ils ont plus aymées, et les recordent[1], comme les gentilshommes, les gens de guerre, les chasseurs et les artisans, bref de tous quasi en leur profession, mourant ilz en causent quelque mot : cela s'est veu et se voit souvent.

Les femmes de mesme en disent aussi quelque ratellée, jusques aux putains; ainsi que j'ay ouy parler d'une dame d'assez bonne qualité, qui à sa mort triompha de débagouller de ses amours, paillardises et gentillesses passées : si bien qu'elle en dit plus que le monde n'en sçavoit, bien que l'on la soupçonnast fort putain. Possible pouvoit-elle faire cette descouverte[2], ou en resvant, ou que la vérité, qui ne se peut céler, l'y contraignist, ou qu'elle voulust en descharger sa conscience; comme de vray en saine conscience et repentance, elle en confessa aucuns en

1. *Recorder*, se rappeler.
2. *Faire cette découverte*, découvrir cela.

demandant pardon, et les espécifioit et cottoit en marge, que l'on y voyoit tout à clair. « Vrayment, » ce dit quelqu'un, « elle estoit bien à loisir d'aller sur « cette heure nettoyer sa conscience d'un tel ballay « d'escandale, par si grande spécuauté! »

J'ay ouy parler d'une dame qui fort sujette à songer et resver toutes les nuits, qu'elle disoit la nuict tout ce qu'elle faisoit le jour, si bien qu'elle-mesme s'escandalisa à l'endroit de son mary, qui se mit à l'ouïr parler, gazouiller et prendre pied à ses songes et resveries, dont après mal en prit à elle.

Il n'y a pas longtemps qu'un gentilhomme de par le monde, en une province que je ne nommeray point, en mourant en fit de mesme, et publia ses amours et paillardises, et spécifia les dames et damoiselles avec lesquelles il avoit eu à faire, et en quels lieux et rendez-vous, et de quelles façons, dont il s'en confessoit tout haut, et en demandoit pardon à Dieu devant tout le monde. Cettuy-là faisoit pis que la femme, car elle ne faisoit que s'escandaliser, et ledict gentilhomme escandalisoit plusieurs femmes. Voilà de bons gallants et gallantes.

On dit que les avaritieux et avaritieuses ont aussi cette humeur de songer fort, à leur mort, en leurs trésors d'escus, les ayant tousjours en la bouche. Il y a environ quarante ans qu'une dame de Mortemar[1], l'une des plus riches dames du Poictou, et des plus pécunieuses, et après venant à mourir, ne songeant qu'à ses escus qui estoyent en son cabinet, et tant

---

1. C'est peut-être Renée Taveau de Mortemart, femme de François de Rochechouart, baron de Mortemart.

qu'elle fut malade se levoit vingt fois le jour à aller voir son trésor. Enfin, s'approchant fort de la mort et que le prestre l'exhortoit à la vie éternelle, elle ne disoit autre chose et ne respondoit que : « Donnez-« moy ma cotte; les meschans me desrobbent; » ne songeant qu'à se lever pour aller voir son cabinet, comme elle faisoit les efforts, si elle eust pu la bonne dame; et ainsi elle mourut.

Je me suis sur la fin un peu entrelassé de mon premier discours; mais prenez le cas qu'après la moralité et la tragédie vient la farce. Sur ce, je fais fin.

DISCOURS

SUR CE

QU'IL NE FAUT JAMAIS PARLER MAL DES DAMES

ET LA CONSÉQUENCE QUI EN VIENT [1].

Un point y a-il à noter en ces belles et honnestes dames qui font l'amour, et qui, quelque esbat qu'elles se donnent, ne veulent estre offensées ny escandalisées des paroles de personne; et qui les offense, s'en sçavent bien revancher, ou tost ou tard. Bref, elles le veulent bien faire, mais non pas qu'on en parle. Aussi certes n'est-il pas beau d'escandaliser une honneste dame ny la divulguer; car qu'ont à faire plusieurs personnes, si elles se contentent et leurs amoureux aussi ?

Nos cours de France, aucunes, et mesme les dernières ont esté fort sujettes à blasonner de ces hon-

---

1. Brantôme a résumé ainsi ce Discours dans sa préface : « Le sixiesme traite qu'il n'est bien séant de parler mal des honnestes dames, bien qu'elles fassent l'amour, et qu'il en est arrivé de grands inconvénients pour en médire. » Voyez tome 1, p. 4.

Il existe dans le ms. 4783 (*olim* Béthune) du fonds français une copie de ce discours faite à la fin du seizième siècle. Nous l'avons utilisée pour quelques passages.

nestes dames; et ay veu le temps qu'il n'estoit pas gallant homme qui ne controuvast quelque faux dire contre ces dames, ou bien qui n'en rapportast quelque vray. A quoy il y a un très-grand blasme; car on ne doit jamais offenser l'honneur des dames, et surtout les grandes. Je parle autant de ceux qui en reçoivent des jouissances, comme de ceux qui ne peuvent taster de la venaison et la descrient.

Nos cours dernières de nos rois, comme j'ay dit, ont esté fort sujettes à ces mesdisances et pasquins, bien différentes à celles de nos autres rois leurs prédécesseurs, fors celle du roy Louys XI, ce bon rompu, duquel on dit que la pluspart du temps il mangeoit en commun, à pleine sale, avec force gentils-hommes de ses plus privez, et autres et tout; et celuy qui luy faisoit le meilleur et plus lascif conte des dames de joye, il estoit le mieux venu et festoyé : et luy-mesme ne s'espargnoit à en faire, car il s'en enquéroit fort, et en vouloit souvent sçavoir, et puis en faisoit part aux autres, et publiquement. C'estoit bien un scandale grand que celuy-là. Il avoit très-mauvaise opinion des femmes, et ne les croyoit toutes chastes. Quand il convia le roy d'Angleterre de venir à Paris faire bonne chère, et qu'il fut pris au mot, il s'en repentit aussitost, et trouva un *alibi* pour rompre le coup. « Ah! pasque-Dieu! » ce dit-il, « je ne veux pas qu'il y vienne; il y trouveroit quel-
« que petite affettée et saffrette de laquelle il s'amou-
« racheroit; et elle luy feroit venir le goust d'y de-
« meurer plus longtemps et d'y venir plus souvent
« que je ne voudrois. »

Il eut pourtant très-bonne opinion de sa femme [1], qui estoit sage et vertueuse : aussi la luy falloit-il telle, car, estant ombrageux et soupçonneux prince s'il en fut onc, il luy eust bientost fait passer le pas des autres. Et quand il mourut, il commanda à son fils d'aymer et honnorer fort sa mère, mais non de se gouverner par elle : « non qu'elle ne fust fort sage « et chaste, dit-il, mais qu'elle estoit plus bourgui- « gnone que françoise. » Aussi ne l'ayma-il jamais que pour en avoir lignée; et, quand il en eut, il n'en faisoit guières de cas. Il la tenoit au chasteau d'Amboise comme une simple dame, portant fort petit estat et aussi mal habillée que simple damoiselle; et la laissoit là avec petite cour à faire ses prières, et luy s'alloit pourmener et donner du bon temps d'ailleurs. Je vous laisse à penser, puisque le roy avoit opinion telle des dames et s'en plaisoit à mal dire, comment elles estoyent repassées parmy toutes les bouches de la cour; non qu'il leur voulust mal autrement pour ainsi s'esbattre, ny qu'il les voulust réprimer rien de leurs jeux, comme j'ay veu aucuns; mais son plus grand plaisir estoit de les gaudir [2]; si bien que ces pauvres femmes, pressées de tel bast de médisances, ne pouvoyent bien souvent hausser la croupière si librement comme elles eussent voulu. Et toutesfois le putanisme régna fort de son temps; car le roy luy-mesme aydoit fort à le faire et le

---

1. Charlotte de Savoie, seconde femme de Louis XI (1456). Charles VIII n'eut pas le temps de mettre à profit les conseils de son père, car sa mère mourut le 1er décembre 1483, trois mois après la mort de Louis XI.

2. *Gaudir*, railler, moquer.

maintenir avec les gentilshommes de sa cour ; et puis c'estoit à qui mieux mieux en riroit, fust en public ou en cachette, et qui en feroit de meilleurs contes de leurs lascivetez et de leurs tordions (ainsi parloit-il) et de leur gaillardise. Il est vray que l'on couvroit le nom des grandes, qu'on ne jugeoit que par apparences et conjectures ; je croy qu'elles avoyent meilleur temps que plusieurs que j'ay veu du règne du feu roy, qui les tançoit et censuroit, et réprimoit estrangement. Voilà ce que j'ay ouy dire de ce bon roy à d'aucuns anciens.

Or, le roy Charles VIII son fils, qui luy succéda, ne fut de cette complexion ; car on dit de luy que ç'a esté le plus sobre et honneste roy en paroles que l'on vid jamais, et n'a jamais offensé ny homme ny femme de la moindre parole du monde. Je vous laisse donc à penser si les belles dames de son règne, et qui se resjouissoyent, n'avoyent pas bon temps. Aussi les aima-il fort et les servit bien, voire trop ; car, tournant de son voyage de Naples très-victorieux et glorieux, il s'amusa si fort à les servir, caresser, et leur donner tant de plaisirs à Lion par les beaux combats et tournois qu'il fit pour l'amour d'elles, que, ne se souvenant point des siens qu'il avoit laissé en ce royaume, les laissa perdre, et villes et royaume et chasteaux qui tenoyent encor et luy tendoient les bras pour avoir secours. On dit aussi que les dames furent cause de sa mort, auxquelles, pour s'estre trop abandonné, luy qui estoit de fort débile complexion, s'y énerva et débilita tant que cela luy aida à mourir.

Le roy Louys XII fut fort respectueux aux dames ;

car, comme j'ay dit ailleurs, il pardonnoit à tous les comédians de son royaume, comme escoliers et clercs de palais en leurs basoches, de quiconque ils parleroyent, fors de la reine sa femme et de ses dames et damoiselles, encor qu'il fust bon compagnon en son temps et qu'il aymast bien les dames autant que les autres, tenant en cela, mais non de la mauvaise langue, ny de la grand' présomption, ny vanterie, du duc Louis d'Orléans, son ayeul : aussi cela luy cousta-il la vie, car s'estant une fois vanté tout haut, en un banquet où estoit le duc Jean de Bourgogne son cousin, qu'il avoit dans son cabinet le pourtrait des plus belles dames dont il avoit jouy, par cas fortuit, un jour le duc Jean entra dans ce cabinet; la première dame qu'il voit pourtraitte et se présente du premier aspect à ses yeux, ce fut sa noble dame espouse, qu'on tenoit de ce temps là très-belle : elle s'appelloit Marguerite, fille d'Albert de Bavière, comte de Hainault et de Zélande. Qui fut esbahy? ce fut le bon espoux : pensez que tout bas il dit le mot : « Ha! j'en ay. » Et ne faisant cas de la puce qui le piquoit autrement, dissimula tout, et, en couvant vengeance, le querella pour la régence et administration du royaume; et colorant son mal sur ce sujet et non sur sa femme, le fit assassiner à la porte Barbette à Paris; et sa femme première morte (pensez de poison), et après la vache morte, espousa en secondes nopces la fille de Louys, troisiesme duc de Bourbon[1]. Possible qu'il n'empira le marché;

---

1. Il y a plus d'une erreur dans ce passage : Jean sans Peur n'eut qu'une femme, Marguerite de Bavière, qu'il avait épousée en 1385

car à tels gens sujets aux cornes ils ont beau changer de chambre et de repaires, ils y en trouvent tousjours.

Le duc en cela fit très-sagement de se vanger de son adultère sans s'escandaliser ny luy ny sa femme; qui fut à luy une très-sage dissimulation. Aussi ay-je ouy dire à un très-grand capitaine : qu'il y a trois choses lesquelles l'homme sage ne doit jamais publier s'il en est offensé, et en doit taire le sujet, et plustost en inventer un autre nouveau pour en avoir le combat et la vengeance, si ce n'est que la chose fust si évidente et claire devant plusieurs qu'autrement il ne se pust desdire.

L'une est, quand l'on reproche à un autre qu'il est cocu et sa femme publique; l'autre, quand on le taxe de bougrerie et sodomie; la troisiesme, quand on luy met à sus que c'est un poltron, et qu'il a fuy vilainement d'un combat ou d'une bataille. Ces trois choses, disoit ce grand capitaine, sont fort scandaleuses quand on en publie le sujet; desquelles on combat, et pense-on quelquesfois s'en bien nettoyer que l'on s'en sallist vilainement; et le sujet en estant publié scandalise fort, et tant plus il est remué, tant plus mal il sent, ny plus ny moins qu'une grande puanteur quand plus on la remue. Voilà pourquoy, qui peut avec son honneur caler, c'est le meilleur, et escogiter et tenter un nouveau sujet pour avoir raison du vieu; et telles offenses, le plus tard que l'on peut, ne se doivent jamais mettre en cause, con-

---

et qui mourut après lui en 1423, et Louis II, troisième duc de Bourbon, n'eut pas de fille.

testation ny combat. Force exemples alléguerois-je pour ce fait; mais il m'incommoderoit et allongeroit par trop mon discours.

Voilà pourquoy ce duc Jean fut très-sage de dissimuler et cacher ses cornes, et se revanger d'ailleurs sur son cousin qui l'avoit hony; encor s'en mocquoit-il, et le faisoit entendre : dont il ne faut point douter que telle dérision et escandale ne luy touchast autant au cœur que son ambition, et luy fit faire ce coup en fort habile et sage mondain.

Or, pour retourner delà où j'estois demeuré, le roy François, qui a bien aymé les dames, et encor qu'il eust opinion qu'elles fussent fort inconstantes et variables, comme j'ay dit ailleurs, ne voulut point qu'on en médist en sa cour, et voulut fort qu'on leur portast un grand honneur et respect. J'ay ouy raconter qu'une fois, luy passant son caresme à Meudon près Paris, il y eut un sien gentilhomme servant, qui s'appelloit le sieur de Buzambourg, de Xaintonge, lequel servant le roy de la viande, dont il avoit dispense, le roy luy commanda de porter le reste, comme l'on void quelquesfois à la cour, aux dames de la petite bande, que je ne veux nommer, de peur d'escandale. Ce gentilhomme se mit à dire, parmy ses compagnons et autres de la cour : que ces dames ne se contentoyent pas de manger de la chair crue en caresme, mais en mangeoient de la cuitte, et leur benoist saoul. Les dames le sceurent, qui s'en plaignirent aussitost au roy, qui entra en si grande colère qu'à l'instant il commanda aux archers de la garde de son hostel de l'aller prendre et pendre sans autre délay. Par cas, ce pauvre gentilhomme en sceut le vent par quelqu'un de ses amis, qui évada et se sauva bravement. Que s'il eust esté pris, pour le seur il estoit pendu, encor qu'il fust gentilhomme de bonne part, tant on vid le roy cette fois en collère, ny faire plus de jurement. Je tiens ce conte d'une personne d'honneur qui y estoit; et lors le roy dit tout haut, que quiconque toucheroit à l'honneur des dames, sans rémission il seroit pendu.

Un peu auparavant, le pape Paul Farnèze [1] estant venu à Nice, le roy le visitant en toute sa cour et de seigneurs et dames, il y en eut quelques-unes, qui n'estoyent pas des plus laides, qui luy allèrent baiser la pantoufle. Sur quoy un gentilhomme se mit à dire qu'elles estoyent allées demander à Sa Saincteté dispense de taster de la chair crue sans escandale, toutes fois et quantes qu'elles voudroyent. Le roy le sceut; et bien servit au gentilhomme de se sauver, car il fust esté pendu, tant pour la révérence du pape que du respect des dames.

Ces gentilshommes ne furent si heureux en leurs rencontres et causeries comme feu M. d'Albanie [2]. Lorsque le pape Clément vint à Marseille faire les nopces de sa niepce avec M. d'Orléans, il y eut trois dames veufves, belles et honnestes, lesquelles, pour les douleurs, ennuis et tristesses qu'elles avoyent de l'absence et des plaisirs passez de leurs marys, vindrent si bas et si fort atténuées, débiles et maladives, qu'elles

---

1. Paul III, en 1538.

2. Jean Stuart, duc d'Albany, mort en 1536. Il était devenu parent des Médicis, par son mariage avec Anne de la Tour, comtesse d'Auvergne, de la maison de Boulogne à laquelle appartenait la mère de Catherine de Médicis.

prièrent M. d'Albanie, son parent, qui avoit bonne part aux grâces du pape, de luy demander dispense pour elles trois de manger de la chair les jours défendus. Le duc d'Albanie leur accorda, et les fit venir un jour fort familièrement au logis du pape ; et pour ce en advertit le roy, et qu'il luy en donneroit du passetemps; et luy ayant descouvert la baye, estans toutes trois à genoux devant Sa Sainteté, M. d'Albanie commença le premier, et dit et assez bas en italien, que les dames ne l'entendoyent point :
« Père Saint, voilà trois dames veufves, belles et bien
« honnestes, comme vous voyez; lesquelles, pour la
« révérence qu'elles portent à leurs marys trespassez,
« et à l'amitié des enfans qu'elles ont eu d'eux, ne
« veulent pour rien du monde aller aux secondes
« nopces, pour faire tort à leurs marys et enfans; et,
« parce que quelquesfois elles sont tentées des ai-
« guillons de la chair, elles supplient très-humble-
« ment Vostre Sainteté de pouvoir avoir approche
« des hommes hors mariage, si et quantes fois qu'elles
« seroyent en cette tentation. — Comment ! dit le
« pape. Mon cousin, ce seroit contre les comman-
« demens de Dieu, dont je ne puis dispenser. — Les
« voylà, Père Sainct, s'il vous plaist de les ouïr parler. »
Alors l'une des trois, prenant la parole dit : « Père
« Sainct, nous avons prié M. d'Albanie de vous faire
« une requeste très-humble pour nous autres trois,
« et vous remonstrer nos fragilitez et débiles com-
« plexions. — Mes filles, dit le pape, la requeste n'est
« nullement raisonnable, car ce seroit contre les
« commandemens de Dieu. » Lesdites veufves, ignorantes de ce que luy avoit dit M. d'Albanie, luy ré-

pliquèrent : « Père Sainct, au moins plaise nous en
« donner congé trois fois de la sepmaine, et sans
« scandale. — Comment! dit le pape, de vous per-
« mettre *il peccato di lussuria?* je me damnerois;
« aussi que je ne le puis faire. » Lesdites dames,
cognoissans alors qu'il y avoit de la fourbe et raillerie, et que M. d'Albanie leur en avoit donné d'une :
« Nous ne parlons pas de cela, Père Sainct; mais
« nous demandons permission de manger de la chair
« les jours prohibez. » Là dessus, le duc d'Albanie
leur dit : « Je pensois, mesdames, que ce fust
« de la chair vive. » Le pape aussitost entendit la
raillerie, et se prit à sousrire, disant : « Mon cousin,
« vous avez fait rougir ces honnestes dames : la reine
« s'en faschera quand elle le sçaura : » laquelle le
sceut et n'en fit autre semblant, mais trouva le conte
bon; et le roy puis après aussi en rit bien fort avec
le pape, lequel, après leur avoir donné sa bénédiction, leur octroya le congé qu'elles demandoyent, et
s'en allèrent très-contentes.

L'on m'a nommé les trois dames : madame de
Chasteau-Briant ou madame de Canaples, madame
de Chastillon, et madame la baillive de Caen[1], très-

---

1. Il y a erreur sur les deux premiers noms que cite Brantôme; du moins je n'ai pu trouver aucune dame de Château-
briant ou de Canaples qui vécût encore ou fût veuve en 1538. Les
deux autres dames sont : 1° Louise de Montmorency, veuve depuis 1522 de Gaspard de Coligny, premier du nom, seigneur de
Chastillon; 2° Aimée de La Fayette, veuve depuis 1524 de François de Silly, bailli de Caen (voyez Michel Beziers, *Chronologie
historique des baillis et des gouverneurs de Caen*, Caen, 1769,
in-12, p. 97 et suivantes.)

honnestes dames. Je tiens ce conte des anciens de la cour [1].

Madame d'Usez [2] fit bien mieux, du temps que le pape Paul troisiesme vint à Nice voir le roy François, elle estant madame du Bellay, et qui dez sa jeunesse a tousjours eu de plaisans traits et dit de fort bons mots. Un jour, se prosternant devant Sa Sainteté, le supplia de trois choses : l'une, qu'il luy donnast l'absolution, d'autant que, petite garce, fille à madame la régente, et qu'on la nommoit Tallard, elle perdit ses ciseaux en faisant son ouvrage, et elle fit vœu à sainct Allivergot de le luy accomplir si elle les trouvoit; ce qu'elle fit, mais elle ne l'accomplit, ne sçachant où gisoit son corps sainct. L'autre requeste fut, qu'il luy donnast pardon de quoy, quand le pape Clément vint à Marseille, elle estant fille Tallard encore, elle prit un de ses oreillers en sa ruelle de lict, et s'en torcha le devant et le derrière, dont après Sa Sainteté y reposa dessus son digne chef et visage, et bouche qui le baisa. La troisiesme, qu'il excommuniast le sieur de Tays, parce qu'elle l'aymoit et luy ne l'aymoit point, et qu'il est maudit, et est celuy excommunié qui n'aime point s'il est aymé.

Le pape, estonné de ces demandes, et s'estant en-

---

1. Il est fort possible que les anciens de la cour aient raconté ce conte à Brantôme, mais on le trouve aussi dans les *Annales d'Aquitaine* de J. Bouchet (année 1533), livre dont il a souvent fait usage; et quoi qu'en dise Bayle (art. *Sixte IV*), il connaissait si bien le récit de cet auteur qu'il l'a ici copié presque textuellement.

2. Louise de Clermont-Tallard, comtesse de Tonnerre, mariée d'abord à François du Bellay, prince d'Yvetot, puis à Antoine de Crussol, duc d'Uzès, morte en 1596.

quis au roy qui elle estoit, sceut ses causeries et en rit son saoul avec le roy. Je ne m'estonne pas si despuis elle a esté huguenotte et s'est bien mocquée des papes, puisque de si bonne heure elle commença : et de ce temps, toutesfois, tout a esté trouvé bon d'elle, tant elle avoit bonne grâce en ses traits et bons mots.

Or ne pensez pas que ce grand roy fust si abstraint et si réformé au respect des dames, qu'il n'en aimast de bons contes qu'on luy en faisoit, sans aucun escandale pourtant ny décriement, et qu'il n'en fist aussi ; mais, comme grand roy qu'il estoit et bien privilégié, il ne vouloit pas qu'un chacun, ny le commun, usât de pareils privilèges que luy.

J'ay ouy conter à aucuns, qu'il vouloit fort que les honnestes gentilshommes de sa cour ne fussent jamais sans des maistresses ; et s'ils n'en faisoyent il les estimoit des fats et des sots : et bien souvent aux uns et aux autres leur en demandoit les noms, et promettoit les y servir et leur en dire du bien ; tant il estoit bon et famillier ! Et souvent aussi, quand il les voyoit en grand arraisonnement avec leurs maistresses, il les venoit accoster et leur demander quels bons propos ils avoyent avec elles, et s'il ne les trouvoit bons, il les corrigeoit et leur en apprenoit d'autres. A ses plus familliers, il n'estoit point avarre ny chiche de leur en dire ny départir de ses contes ; dont j'en ay ouy faire un plaisant qui luy advint, puis après le récita, d'une belle jeune dame venue à la cour, laquelle pour n'y estre bien rusée, se laissa aller fort doucement aux persuasions des grands, et surtout de ce grand roy ; lequel un jour, ainsi qu'il voulut planter son estendart bien arboré dans son fort, elle qui avoit ouy dire, et qui commençoit à le voir, que quand on donnoit quelque chose au roy, ou que quand on le prenoit de luy et qu'on le touchoit, le falloit premièrement baiser, ou bien la main pour le prendre et toucher, elle-mesme, sans autre cérémonie, n'y faillit pas, et, baisant très-humblement la main, prit l'estendart du roy et le planta dans le fort avec une très-grande humilité; puis luy demanda de sens froid, comment il vouloit qu'elle le servit, ou en femme de bien et chaste, ou en débauchée. Ne faut point douter qu'il luy en demandast la débauchée, puisqu'en cela elle y estoit plus agréable que la modeste : en quoy il trouva qu'elle n'y avoit perdu son temps, et après le coup, et avant, et tout; puis luy faisoit une grande révérence en le remerciant humblement de l'honneur qu'il luy avoit fait, dont elle n'estoit pas digne, en luy recommandant souvent quelque advancement pour son mary. J'ay ouy nommer la dame, laquelle depuis n'a esté si sotte comme alors, mais bien habile et bien rusée. Ce roy n'en espargna pas le conte, qui courut à plusieurs oreilles.

Il estoit fort curieux de sçavoir l'amour et des uns et des autres, et surtout des combats amoureux, et mesme de quels beaux airs se manioyent les dames quand elles estoyent en leur manège, et quelles contenances et postures elles y tenoyent, et de quelles parolles elles usoyent : et puis en rioit à pleine gorge; et après en défendoit la publication et l'escandale, et recommandoit le secret et l'honneur.

Il avoit pour son bon second ce très-grand, très-

magnifique et très-libéral cardinal de Lorraine [1];
très-libéral le puis-je appeller, puisqu'il n'eut son
pareil de son temps; ses despenses, ses dons de gracieusetez en ont fait foy, et surtout la charité envers
les pauvres. Il portoit ordinairement une grande gi-
becière, que son vallet de chambre qui luy manioit
son argent des menus plaisirs ne failloit d'emplir,
tous les matins, de trois ou quatre cens escus; et tant
de pauvres qu'il trouvoit, mettoit la main à la gibe-
cière, et ce qu'il en tiroit, sans considération, il le
donnoit, et sans rien trier. Ce fut de luy que dit un
pauvre aveugle, ainsi qu'il passoit dans Rome et que
l'aumosne luy fut demandée de luy, et qu'il luy jetta
à son accoustumée une grande poignée d'or, et en
s'escriant tout haut, en italien : *O tu sei Christo, o
veramente el cardinal di Lorrena :* « Ou tu es Crist,
« ou le cardinal de Lorraine. » S'il estoit aumosnier
et charitable en cela, il estoit bien autant libéral
ès autres personnes, et principalement à l'endroit
des dames, lesquelles il attrappoit aisément par cet
appast; car l'argent n'estoit en si grand' abondance
de ce temps comme il est aujourd'huy; et pour ce en
estoyent-elles plus friandes, et des bombances aussi
et des parures.

J'ay ouy conter que, quand il arrivoit à la cour
quelque belle fille ou dame nouvelle qui fust belle,
il la venoit aussitost accoster, et, l'arraisonnant, il
disoit qu'il la vouloit dresser de sa main. Quel dres-
seur! Je croy que la peine n'estoit pas si grande
comme à dresser quelque poulain sauvage. Aussi

1. Jean, cardinal de Lorraine.

pour lors disoit-on qu'il n'y avoit guières dame ou fille résidente à la cour ou fraischement venue, qui ne fust débauschée ou attrapée par son avarice et par la largesse dudit M. le cardinal; et peu ou nulles sont-elles sorties de cette cour femmes et filles de bien. Aussi voyoit-on pour lors leurs coffres et grandes garde-robbes plus pleines de robbes, de cottes, et d'or et d'argent et de soye, que ne sont aujourd'huy celles de nos reines et grandes princesses d'aujourd'huy. J'en ay fait l'expérience pour l'avoir veu en deux ou trois, qui avoyent gaigné tout cela par leur devant; car leurs pères, mères et maris ne leur eussent pu donner en si grand' quantité.

Je me fusse bien passé, ce dira quelqu'un, de dire cecy de ce grand cardinal, veu son honnorable habit et révérendissime estat; mais son roy le vouloit ainsi et y prenoit plaisir; et pour complaire à son roy l'on est dispensé de tout, et pour faire l'amour et d'autres choses, mais qu'elles ne soyent point meschantes, comme alors d'aller à la guerre, à la chasse, aux dances, aux mascarades et autres exercices; aussi qu'il estoit un homme de chair comme un autre, et qu'il avoit plusieurs grandes vertus et perfections qui offusquoyent cette petite imperfection, si imperfection se doit appeller faire l'amour.

J'ay ouy faire un conte de luy à propos du respect deu aux dames. Il leur en portoit de son naturel beaucoup : mais il l'oublia, et non sans sujet, à l'endroit de madame la duchesse de Savoye, donne Béatrix de Portugal. Luy, passant une fois par le Piedmont, allant à Rome pour le service du roy son maistre, visita le duc[1] et la duchesse. Après avoir assez entretenu M. le duc, s'en alla trouver madame la duchesse en sa chambre pour la saluer; et s'approchant d'elle, elle, qui estoit la mesme arrogance du monde, luy présenta la main pour la baiser. M. le cardinal, impatient de cet affront, s'approcha pour la baiser à la bouche, et elle de se reculer. Luy, perdant patience et s'approchant plus près encore d'elle, la prend par la teste, et en despit d'elle la baisa deux ou trois fois. Et quoyqu'elle en fist ses cris et exclamations, à la portugaise et espagnole, si fallut-il qu'elle passast par là. « Comment! dit-il, « est-ce à moy à qui il faut user de cette mine et fa- « çon? Je baise bien la reine ma maistresse, qui est « la plus grande reine du monde, et vous je ne vous « baiserois pas, qui n'estes qu'une petite duchesse « crottée! Et si veux que vous sçachiez que j'ay cou- « ché avec des dames aussi belles et d'aussi bonne « ou plus grande maison que vous. » Possible pouvoit-il dire vray. Cette princesse eut tort de tenir cette grandeur à l'endroit d'un tel prince de si grande maison, et mesme cardinal, car il n'y a cardinal, veu ce grand rang d'église qu'ils tiennent, qui ne s'accompare aux plus grands princes de la chrestienté. M. le cardinal aussi eut tort d'user de revanche si dure; mais il est bien fascheux à un noble et généreux cœur, de quelque profession qu'il soit, d'endurer un affront.

Le cardinal de Granvelle le sceut bien faire sentir au comte d'Egmont, et d'autres que je laisse au bout

---

[1]. Charles III.

de ma plume, car je brouillerois par trop mes discours, auxquels je retourne; et le reprens au feu roy Henry le Grand, qui a esté fort respectueux aux dames, qu'il servoit avec de grands respects, qui détestoit fort les calomniateurs de l'honneur des dames. Et lorsqu'un roy sert telles dames, et de tel poids et de telle complexion, malaisément la suitte de la cour ose ouvrir la bouche pour en parler mal. De plus, la reine mère y tenoit fort la main pour soustenir ses dames et filles, et le bien faire sentir à ces détracteurs et pasquineurs, quand ils estoyent une fois descouverts, encor qu'elle-mesme n'y aye esté espargnée non plus que ses dames; mais ne s'en soucioit pas tant d'elle comme des autres, d'autant, disoit-elle, qu'elle sentoit son âme et sa conscience pure et nette, qui parloit assez pour soy : et la plus-part du temps se rioit et se mocquoit de ces médisans escrivains et pasquineurs. « Laissez-les tourmen-« ter, disoit-elle, et prendre de la peine pour rien; » mais quand elle les descouvroit, elle leur faisoit bien sentir.

Il escheut à l'aisnée Limueil, à son commencement qu'elle vint à la cour, de faire un pasquin (car elle disoit et escrivoit bien) de toute la cour, mais non point scandaleux pourtant, sinon plaisant; asseurez-vous qu'elle la repassa par le fouet à bon escient, avec deux de ses compagnes qui en estoyent de consente; et sans qu'elle avoit cet honneur de luy appartenir, à cause de la maison de Thurenne, alliée à celle de Boulogne, elle l'eust chastiée ignominieusement, par le commandement exprès du roy, qui détestoit estrangement tels escrits.

Je me souviens qu'une fois le sieur de Matha, qui estoit un brave et vaillant gentilhomme que le roy aimoit, et estoit parent de madame de Valentinois, il avoit ordinairement quelque plaisante querelle contre les dames et les filles, tant il estoit fol. Un jour, s'estant attacqué à une de la reine, il y en avoit une, qu'on nommoit la grande Meray, qui s'en voulut prendre pour sa compagne; luy ne fit que simplement respondre : « Ah! je ne m'attaque pas à « vous, Méray, car vous estes une grande courcière bardable[1]. » Comme de vray c'estoit la plus grande fille et femme que je vis jamais. Elle s'en plaignit à la reine, que l'autre l'avoit appellée jument et courcière bardable. La reine fut en telle colère, qu'il fallut que Mathas vuidast de la cour pour aucuns jours, quelque faveur qu'il eust de madame de Valentinois sa parente; et d'un mois après son retour n'entra en la chambre de la reine et des filles.

Le sieur de Gersay fit bien pis à l'endroit d'une des filles de la reine à qui il vouloit mal, pour s'en vanger, encor que la parole ne luy manquast nullement; car il disoit et rencontroit des mieux, mais surtout quand il médisoit, dont il en estoit le maistre; mais la médisance estoit lors fort défendue. Un jour qu'elle estoit à l'après-disnée en la chambre de la reine avec ses compagnes et gentilshommes, comme alors la coustume estoit qu'on ne s'assioit autrement qu'en terre quand la reine y estoit, ledit

---

1. *Bard* signifiait à la fois l'armure d'un cheval de guerre et son harnachement. De là l'adjectif *bardable*, c'est-à-dire qui peut être bardé.

sieur, ayant pris entre les mains des pages et laquais une c...... de bélier dont ils s'en jouoyent à la basse-cour, (elle estoit fort grosse et enflée tout bellement), estant couché près d'elle, la coula entre la robbe et la juppe de cette fille, et si doucement qu'elle ne s'en advisa jamais, sinon que, lorsque la reine se vint à se lever de sa chaire pour aller en son cabinet. Cette fille, que je ne nommeray, se vint lever aussitost, et en se levant tout devant la reyne, pousse si fort ceste balle bellinière, pellue, velue, qu'elle fit six ou sept bons joyeux, que vous eussiez dit qu'elle vouloit donner de soy-mesme du passe-temps à la compagnie sans qu'il luy coustast rien. Qui fut estonné? ce fut la fille, et la reine aussi, car c'estoit en belle place visible sans aucun obstacle. « Nostre-« Dame! s'escria la reine, et qu'est cela, m'amie, et « que voulez-vous faire de cela? » La pauvre fille, rougissant, à demy esplorée, se mit à dire qu'elle ne sçavoit que c'estoit, et que c'estoit quelqu'un qui luy vouloit mal qui luy avoit fait ce meschant trait, et qu'elle pensoit que ce ne fust autre que Gersay. Luy, qui en avoit veu le commencement du jeu et des bonds, avoit passé la porte. On l'envoya quérir; mais ne voulut jamais venir, voyant la reine si collère, et niant pourtant le tout fort ferme. Si fallut-il que pour quelques jours il fuist sa collère et du roy aussi : et sans qu'il estoit un des plus grands favoris du roy-dauphin[1] avec Fontaine-Guérin, il fust esté en peine, encore que rien ne se prouvast contre luy que par conjecture, nonobstant que le roy et ses

1. François II.

courtisans et plusieurs dames ne s'en pussent engarder d'en rire, ne l'osant pourtant manifester, voyant la collère de la reine ; car c'estoit la dame du monde qui sçavoit le mieux rebrouer et estonner les personnes.

Un honneste gentilhomme et une damoiselle de la cour vindrent une fois, de bonne amitié qu'ils avoyent ensemble, à tomber en haine et querelle, si bien que la damoiselle luy dit tout haut dans la chambre de la reine, estans sur ce différent : « Laissez-moi, autrement je diray ce que m'avez dit. » Le gentilhomme, qui luy avoit rapporté quelque chose en fidélité d'une très-grande dame, et craignant que mal ne luy en advint, que pour le moins il fust banny de la cour, sans s'estonner il respondit (car il disoit très-bien le mot) : « Si vous dittes ce que je vous ay dit, je diray ce que je vous ay fait. » Qui fut estonnée ? ce fut la fille ; toutesfois elle respondit : « Que m'avez-vous fait ? » L'autre respondit : « Que vous ay-je dit ? » La fille par amprès réplique : « Je sçay bien ce que vous m'avez dit ; » l'autre : « Je sçay bien ce que je vous ay fait. » La fille duplique : « Je prouveray fort bien ce que vous m'avez dit ; » l'autre respondit : « Je prouveray encor mieux ce que je vous ay fait. » Enfin, après avoir demeuré assez de temps en telles contestations par dialogues de répliques et dupliques en pareils et semblables mots, s'en séparèrent par ceux et celles qui se trouvèrent là, encore qu'ils en tirassent du plaisir.

Tel débat parvint aux oreilles de la reine, qui en fut fort en collère, et en voulut aussitost sçavoir les paroles de l'un et les faits de l'autre, et les envoya

quérir. Mais l'un et l'autre, voyant que cela tireroit à conséquence, advisèrent à s'accorder aussitost ensemble, et, comparoissant devant la reine, de dire que ce n'estoit qu'en jeu qu'ils se contestoyent ainsi, et que le gentilhomme ne luy avoit rien dit, ny luy rien fait à elle. Ainsi ilz payèrent la reine, laquelle pourtant tansa et blasma fort le gentilhomme, d'autant que ses paroles estoyent trop scandaleuses. Le gentilhomme me jura vingt fois que, s'ilz ne se fussent rapatriez et concertez ensemble, et que la damoiselle eust descouvert les paroles qu'il luy avoit dites, qui luy tournoyent à grande conséquence, que résolument il eust maintenu son dire qu'il luy avoit fait, à peine qu'on la visitast, et qu'on ne la trouveroit point pucelle, et que c'estoit luy qui l'avoit despucellée. « Ouy, luy respondis-je; mais si on l'eust vi-
« sitée et qu'on l'eust trouvée pucelle, car elle estoit
« fille, vous fussiez esté perdu, et vous y fust allé de
« la vie. — Hà! mort-Dieu! me respondit-il, c'est ce
« que j'eusse voulu le plus, qu'on l'eust visitée : je
« n'avois point peur que la vie y eust couru; j'estois
« bien asseuré de mon baston; car je sçavois bien
« qui l'avoit dépucellée, et qu'un autre y avoit très-
« bien passé, mais non pas moy, dont j'en suis bien
« marry; et la trouvant entamée et tracée, elle estoit
« perdue et moy vangé, et elle scandalisée. Je fusse
« esté quitte pour l'espouser, et puis m'en deffaire
« comme j'eusse pu. » Voilà comme les pauvres filles et femmes courent fortune, aussi bien à droit comme à tort.

J'en ay cogneu une de très-grande part, laquelle vint à estre grosse du fait d'un très-brave et gallant prince¹ ; on disoit pourtant que c'estoit en nom de mariage, mais par amprès on en sceut le contraire. Le roy Henry le sceut le premier, qui en fut extresmement fasché, car elle luy appartenoit un peu. Toutesfois, sans faire plus grand bruit ny scandale, le soir au bal la voulut mener dancer le bransle de la torche ; et puis la fit mener dancer à un autre la gaillarde et les autres bransles, là où monstra sa disposition et dextérité mieux que jamais, avec sa taille qui estoit très-belle et qu'elle accommodoit si bien ce jour là, qu'il n'y avoit aucune apparence de grossesse : de sorte que le roy, qui avoit jetté ses yeux tousjours fort fixement sur elle, ne s'en apperceut non plus que si elle ne fust esté grosse ; et vint à dire à un très-grand de ses plus familiers : « Ceux-là sont « bien malheureux et meschants d'estre allés inventer « que ceste pauvre fille estoit grosse ; jamais je ne « luy ay veu meilleure grâce. Ces meschans détrac- « teurs qui en ont parlé ont menty et ont très-grand « tort. » Et ainsi ce bon prince excusa cette fille et honneste damoiselle, et en dit de mesmes à la reine estant couché le soir avec elle. Mais la reine, ne se fiant à cela, la fit visiter le lendemain au matin, elle estant présente, et se trouva grosse de six mois ; laquelle luy advoua et confessa le tout sous la courtine de mariage. Pourtant le roy, qui estoit tout bon, fit tenir le mystère le plus secret qu'il peut, sans scandaliser la fille, encor que la reine en fust fort en colère. Toutesfois ils l'envoyèrent tout coy chez ses

---

1. C'est l'histoire, dont il a déjà été parlé, de Françoise de Rohan, dame de la Garnache, et du duc de Nemours.

plus proches parents, où elle accoucha d'un beau fils, qui pourtant fut si malheureux qu'il ne put jamais estre advoué du père putatif; et la cause en traisna longuement, mais la mère n'y put jamais rien gaigner.

Or, le roy Henry aimoit aussi bien les bons contes comme les rois ses prédécesseurs, mais il ne vouloit point que les dames en fussent scandalisées ny divulguées; si bien que luy, qui estoit d'assez amoureuse complexion, quand il alloit voir les dames, y alloit le plus caché et le plus couvert qu'il pouvoit, afin qu'elles fussent hors de soupçon et diffame. Et s'il en avoit aucune qui fust descouverte, ce n'estoit pas sa faute ny de son consentement, mais plustost de la dame, comme une que j'ay ouy dire, de bonne maison, nommée madame Flamin[1], d'Escosse, laquelle, ayant esté enceinte du fait du roy, elle n'en faisoit point la petite bouche, mais très-hardiment disoit en son escossiment[2] francizé : « J'ay fait tant que j'ay pu, « que, à Dieu mercy, je suis enceinte du roy, dont je « m'en sens très-honnorée et très-heureuse; et si je « veux dire que le sang royal a je ne sçay quoy de « plus suave et friande liqueur que l'autre, tant je « m'en trouve bien, sans conter les bons brins de « présents que l'on en tire. »

Son fils, qu'elle en eut alors, fut le feu grand prieur de France, qui fut tué dernièrement à Marseille[3], qui fut un très-grand dommage, car c'estoit

---

1. De la maison de Leviston.
2. *Escossiment*, langage écossais.
3. Henri d'Angoulême, grand-prieur de France, gouverneur

un très-honneste, brave et vaillant seigneur : il le monstra bien à sa mort. Et si estoit homme de bien et le moins tiran gouverneur de son temps ny depuis; et la Provence en sçauroit bien que dire, et encore que ce fust un seigneur fort splendide et de grande despense; mais il estoit homme de bien et se contentoit de raison.

Cette dame, avec d'autres que j'ay ouy dire, estoit en cette opinion que, pour coucher avec son roy, ce n'estoit point diffame, et que putains sont celles qui s'adonnent aux petits, mais non pas aux grands rois et gallants gentilshommes; comme cette reine amazone[1] que j'ay dit, qui vint de trois cens lieues pour se faire engrosser à Alexandre, pour en avoir de la race : toutesfois l'on dit qu'autant vaut l'un que l'autre.

Après le roy Henry vint le roy François second, duquel le règne fut si court que les médisans n'eurent loisir de se mettre en place pour médire des dames : encore que s'il eust régné longtemps, ne faut point croire qu'il les eust permis en sa cour; car c'estoit un roy de très-bon et très-franc naturel, et qui ne se plaisoit point en médisances, outre qu'il estoit fort respectueux à l'endroit des dames et les honnoroit fort : aussi[2] avoit-il la reine sa femme, et la reine sa mère, et messieurs ses oncles, qui rabrouoient fort ces causeurs et piqueurs de la langue.

---

de Provence, tué le 2 juin 1586 à Aix, par Altoviti qu'il venait de blesser mortellement.

1. Thallestris. Voyez plus haut, p. 378.
2. Les vingt mots qui suivent ont été omis dans le manuscrit.

Il me souvient qu'une fois, luy estant à Sainct-Germain en Laye, sur le mois d'aoust et de septembre, il luy prit envie d'aller le soir voir les cerfs en leurs ruths en cette belle forest de sainct-Germain, et menoit des princes ses plus grands familiers, et aucunes grandes dames et filles que je diroïs bien. Il y en eut quelqu'un qui en voulut causer, et dire que cela ne sentoit point sa femme de bien ny chaste, d'aller voir de telles amours et tels ruths de bestes, d'autant que l'appétit de Vénus les en eschauffoit davantage, à telle imitation et telle veue, si bien que, quand elles s'en voudroyent déguster, l'eau ou la salive leur en viendroit à la bouche du mitan, que par après il n'y auroit autre remède de l'en oster, sinon par autre cause ou salive de sperme. Le roy le sceut, et les princes et dames qui l'y avoyent accompagné. Asseurez-vous que si le gentilhomme n'eust sitost escampé[1], il estoit très-mal; et ne parut à la cour qu'après sa mort et son règne.

Il y eut force libelles diffamatoires contre ceux qui gouvernoyent alors le royaume; mais il n'y eut aucun qui piquast et offensât plus qu'une invective intitulée *le Tigre*[2] (sur l'imitation de la première invective de Cicéron contre Catillina), d'autant qu'elle parloit

---

1. *Escamper*, décamper.
2. Ce vigoureux pamphlet, dirigé contre le cardinal de Lorraine, a été publié en 1560, et a pour auteur François Hotman. On n'en connaît qu'un seul exemplaire que la Bibliothèque de la ville de Paris possède aujourd'hui. Il a été réimprimé en 1875, (Paris, Jouaust, in-12) à un petit nombre d'exemplaires, par M. Ch. Read, qui a joint au texte les annotations et les pièces les plus intéressantes.

des amours d'une très-grande et belle dame, et d'un grand son proche. Si le gallant auteur fust esté appréhendé, quand il eust eu cent mille vies il les eust toutes perdues ; car et le grand et la grande en furent si estommaquez qu'ils en cuidèrent désespérer [1].

Ce roy François ne fut point sujet à l'amour comme ses prédécesseurs ; aussi eust-il eu grand tort, car il avoit pour espouse la plus belle femme du monde et la plus aimable ; et qui l'a telle ne va point au pourchas comme d'autres, autrement il est bien misérable ; et qui n'y va, peu se soucie-il de dire mal des dames, ny bien et tout, sinon que de la sienne. C'est une maxime que j'ay ouy tenir à une honneste personne ; toutesfois je l'ay veu faillir plusieurs fois.

Le roy Charles vint par amprès, lequel, pour sa tendresse d'aage, ne se soucioit, du commencement, des dames, ains se soucioit plustost à passer son temps en exercice de jeunesse. Toutesfois feu M. de Sipierre, son gouverneur, et qui estoit, à mon gré et d'un chacun aussi, le plus honneste et le plus gentil cavallier de son temps, et le plus courtois et révérentieux aux dames, en apprit si bien la leçon au roy son maistre et disciple, qu'il a esté autant à l'endroit des dames qu'aucuns roys ses prédécesseurs ; car jamais, et petit et grand, il n'a veu dame, fust-il le plus empesché du monde ailleurs, ou qu'il courust ou qu'il s'arrestast, ou à pied ou à cheval, qu'aussitost il ne la saluast et luy ostast son bonnet fort révérentieusement. Quand il vint sur l'aage d'amour,

1. Il est question dans ce pamphlet des amours du cardinal avec sa belle-sœur la duchesse de Guise.

il servit quelques honnestes dames et filles que je sçay, mais avec si grand honneur et respect que le moindre gentilhomme de sa cour eust sceu faire.

De son règne, les grands pasquineurs commencèrent pourtant avoir vogue, et mesmes aucuns gentilshommes bien gallants de la cour, lesquels je ne nommeray point, qui détractoyent estrangement des dames, et en général et en particulier, voire des plus grandes; dont aucuns en ont eu des querelles à bon escient, et s'en sont très-mal trouvez : non pourtant qu'ils advouassent le fait, car ils nioient tout; aussi s'en fussent-ilz trouvez de l'escot s'ils l'eussent advoué, et le roy leur eust bien fait sentir, car ilz s'attaquoyent à de trop grandes. D'autres faisoyent bonne mine, et enduroyent à leur barbe mille démentis qu'on disoit conditionels et en l'air, et mille injures qu'ils beuvoyent doux comme laict, et n'osoyent nullement repartir, autrement il leur alloit de la vie. En quoy bien souvent me suis-je estonné de telles gens qui se mettoyent ainsi à médire d'autruy, et permettre qu'on médit à leur nez tant et tant d'eux. Si avoyent-ils pourtant la réputation d'estre vaillants; mais en cela ilz enduroyent le petit affront gallantement et sans sonner mot.

Je me souviens d'un pasquin qui fut fait contre une très-grande dame, veufve, belle et bien honneste, qui voulloit convoler avec un très-grand prince jeune et beau[1]. Il y eut quelques-uns, que je sçay

---

1. La veuve du duc François de Guise, qui se remaria en 1566 avec le duc de Nemours. Le pasquin, d'après ce que dit Brantôme quinze lignes plus bas, serait donc de 1564.

bien, qui, ne voulans ce mariage, pour en destourner le prince firent un pasquin d'elle, le plus scandaleux que j'aye point veu, là où ils l'accomparoyent à cinq ou six grandes putains anciennes, fameuses, fort lubriques, et qu'elle les surpassoit toutes quatre. Ceux-mesmes qui avoyent fait le pasquin le luy présentèrent, disans pourtant qu'il venoit d'autres, et qu'on leur avoit baillé. Ce prince, l'ayant veu, donna des démentis et dit mille injures en l'air à ceux qui l'avoyent fait; eux passèrent tout sous silence, encor qu'ils fussent des braves et vaillants. Cela donna pourtant pour le coup à songer au prince, car le pasquin portoit et monstroit au doigt plusieurs particularitez; mais au bout de deux ans le mariage s'accomplit.

Le roy estoit si généreux et bon, que nullement il favorisoit telles gens; d'avoir de petits mots joyeux avec eux à part, bien les aimoit-il, mais ne vouloit que le vulgaire en fust abreuvé, disant que sa cour, qui estoit la plus noble et la plus illustre de grandes et belles dames de tout le monde, et pour telle réputée, ne vouloit qu'elle fust villipendée et mésestimée, par la bouche de tels causeurs et gallants; et c'estoit à parler ainsi des courtizannes de Rome, de Venise et d'autres lieux, et non de la cour de France; et que, s'il estoit permis de le faire, il n'estoit permis de le dire.

Voilà comment ce roy estoit respectueux aux dames, voire tellement qu'en ses derniers jours je sçay qu'on luy voulut donner quelque mauvaise impression de quelques très-grandes et très-belles et honnestes dames, pour estre brouillées en quelques très-grandes affaires qui luy touchoient; mais il n'en voulut jamais croire rien; ains leur fit aussi bonne chère que jamais, et mourut avec leurs bonnes grâces et grande quantité de leurs larmes qu'elles espandirent sur son corps. Et le trouvèrent à dire puis après bien, quand le roy Henry troisiesme vint à luy succéder, lequel, pour aucuns mauvais rapports qu'on luy avoit fait d'elles en Pologne, n'en fit à son retour si grand conte comme il en avoit fait auparavant; et d'icelles, et d'autres que je sçay, s'en fit un très-rigoureux censeur, dont pour cela il n'en fut pas plus aymé; si que je croy qu'en partie elles ne luy ont point peu nuy, ny à sa malle fortune, ny à sa ruyne. J'en dirois bien quelques particularitez, mais je m'en passeray bien : sinon, qu'il faut considérer que la femme est fort encline à la vengeance; car, quoy qu'il tarde, elle l'exécute; au contraire du naturel de la vengeance d'aucuns, laquelle du commencement est fort ardente et chaude à s'en faire acroire, mais par le temporisement et longueur elle s'attiédist et vient à néant. Voilà pourquoy il s'en faut garder du premier abord, et par le temps parer aux coups; mais la furie, l'abord et le temporisement durent tousjours en la femme jusqu'à la fin; je dis d'aucunes, mais peu.

Aucuns ont voulu excuser le roy de la guerre qu'il faisoit aux dames par descriemens, que c'estoit pour refréner et corriger le vice, comme si la correction en cela luy servoit; veu que la femme est de tel naturel, que tant plus on luy défend cela, tant plus y est-elle ardente, et a-on beau luy faire le guet. Aussi, par expérience, ay-je veu que pour luy on ne se destournoit de son grand chemin.

Aucunes dames a-il aymé, que je sçay bien, avec de très-grands respects, et servy avec très-grand honneur, et mesmes une très-grande et belle princesse, dont il devint tant amoureux avant qu'aller en Poulogne, qu'après estre roy il se résolut de l'espouser, encor qu'elle fust mariée à un grand et brave prince, mais il estoit à luy rebelle, et réfugié en païs estrange pour amasser gens et luy faire la guerre; mais à son retour en France la dame mourut en ses couches[1]. La mort seule empescha ce mariage, car il y estoit résolu : par la faveur et dispense du pape il l'espousoit, qui ne luy eust refusée, estant un si grand roy, et pour plusieurs autres raisons que l'on peut penser.

A d'autres aussi a-il fait l'amour pour les descrier. J'en sçay une grande, que, pour des desplaisirs que son mary luy avoit faits, et ne le pouvant attrapper, s'en vengea sur sa femme, qu'il divulgua en la présence de plusieurs[2] : encor cette vengeance estoit-elle douce, car, au lieu de la faire mourir, il la faisoit vivre.

J'en sçay une qui, faisant trop de la gallante, et pour un desplaisir qu'elle luy fit, exprès luy fit l'amour; et sans grand' peine de persuasion, luy donna un rendez-vous en un jardin où ne faillit de se trouver; mais il ne la voulut toucher autrement (ce disent

1. Marie de Clèves, première femme (juillet 1572) de Henri prince de Condé, morte en couches le 30 octobre 1574.
2. Voyez plus haut, p. 111.

aucuns, mais il la toucha fort bien) ains la faire voir en place de marché, et puis la bannir de la cour avec opprobre.

Il désiroit et estoit fort curieux de sçavoir la vie des unes et des autres et en sonder leur vouloir. On dit qu'il faisoit quelquesfois part de ses bonnes fortunes à aucuns de ses plus privez. Bienheureux estoient-ilz ceux-là; car les restes de ces grands rois ne sçauroyent estre que très-bons.

Les dames le craignoyent fort, comme j'ay veu; et leur faisoit lui-mesme des réprimendes, ou en prioit la reine sa mère, qui de soy en estoit assez prompte, mais non pour aymer les médisans, ainsi que je l'ay monstré cy-devant par ces petits exemples que j'ay allégué; auxquels y prenant pied et altération, que pouvoit-elle faire aux autres quand ils touchoient au vif et à l'honneur des dames?

Ce roy avoit tant accoustumé, dez son jeune aage, comme j'ay veu, de sçavoir des contes des dames, voire moy-mesme luy en ay-je fait aussi quelqu'un, et en disoit aussi, mais fort secrètement, de peur que la reine sa mère le sceust, car elle ne vouloit qu'il les dist à d'autres qu'à elle, pour en faire la correction; tellement que, venant en aage et en liberté, n'en perdit la possession. Et pour ce, sçavoit aussi bien comme elles vivoyent en sa cour et en son royaume, au moins aucunes, et mesmes les grandes, que s'il les eust toutes pratiquées. Et si aucunes y en avoit qui vinssent à la cour nouvellement, en les accostant fort courtoisement et honnestement pourtant leur en contoit de telle façon qu'elles en demeuroient estonnées en leurs âmes d'où il avoit appris toutes ces nouvelles, luy niant et désadvouant pourtant le tout. Et s'il s'amusoit en cela, il ne laissoit, en autres et plus grandes choses, y appliquer son esprit si hautement, qu'on l'a tenu pour le plus grand roy que de cent ans il y a eu en France, ainsi que j'en ay escrit ailleurs en un chapitre de luy fait à part[1].

Je n'en parle doncques plus, encor qu'on me pust dire que je ne suis esté assez copieux[2] d'exemples de luy pour ce sujet, et que j'en devois dire davantage si j'en sçavois. Ouy, j'en sçay prou, et des plus sublins; mais je ne veux pas tout à coup dire les nouvelles de la cour ny du reste du monde; et aussi que je ne pourrois si bien pallier et couvrir mes contes, que l'on ne s'en apperceust sans escandale.

Or, il y a de ces détracteurs des dames de diverses sortes. Les uns en médisent d'aucunes pour quelque desplaisir qu'elles leur auront fait, encor qu'elles soyent des plus chastes du monde, et les font, d'un ange beau et pur qu'elles sont, un diable tout infect de meschanceté : comme un honneste gentilhomme que j'ay veu et cogneu, lequel, pour un léger desplaisir qu'une très-honneste et sage dame luy avoit fait, la descria fort villainement; dont il en eut bonne querelle. Et disoit : « Je sçay bien que j'ay tort, et « ne nie point que cette dame ne soit très-chaste et « très-vertueuse ; mais quiconque sera-elle celle-là « qui m'aura le moins du monde offensé, quand elle « seroit aussi sage et pudique que la vierge Marie, « puisqu'autrement il ne m'est permis d'en avoir rai-

---

1. Ce chapitre est perdu.
2. *Copieux*, abondant.

« son comme d'un homme, j'en diray pis que pen-
« dre. » Mais Dieu pourtant s'en peut irriter.

D'autres détracteurs y a-il qui, aymans des dames et ne pouvant rien tirer de leur chasteté, de dépit en causent comme de publiques; et si font pis : ils disent et publient qu'ils en ont tiré ce qu'ils vouloyent, mais les ayant cogneues et apperçues par trop lubriques, les ont quittées. J'en ay cogneu force gentils-hommes en nos cours de ces humeurs; d'autres, qui à bon escient quittent leurs mignons et favoris de couchette, et puis, suivant leur légéretez et inconstances, s'en sont dégoustées et repris d'autres en leurs places : sur ce, ces mignons, dépitez et désespérez, vous peignent et descrient ces pauvres femmes, ne faut point dire comment, jusques à raconter particulièrement leurs lascivetez et paillardises qu'ils ont ensemble exercées, et à descouvrir leurs sis qu'elles portent sur leurs corps nuds, afin que mieux on les croye.

D'autres y a-il qui, dépitez qu'elles en donnent aux autres et non à eux, en médisent à toute outrance, et les font guetter, espier et veiller, afin qu'au monde ilz donnent plus grandes conjectures de leurs véritez.

D'autres qui, espris de belle jalousie, sans aucun sujet que celuy-là, maldisent de ceux qu'elles ayment le plus, et qu'eux-mesmes ayment tant qu'ilz ne les voyent pas à demy. Voilà l'un des grands effets de la jalousie. Et tels détracteurs ne sont tant à blasmer que l'on diroit bien; car il faut imputer cela à l'amour et à la jalousie, deux frère et sœur d'une mesme naissance.

D'autres destracteurs y a-il qui sont si fort naiz[1] et accoustumez à la médisance, que plustost qu'ilz ne médisent de quelque personne ils mesdiroyent d'eux-mesmes. A vostre advis, si l'honneur des dames est espargné en la bouche de telles gens? Plusieurs en nos cours en ay-je veu tels qui, craignans de parler des hommes de peur de la touche, se mettoyent sur la draperie des pauvres dames, qui n'ont autre revange que les larmes, regrets et paroles. Toutefois en ay-je cogneu plusieurs qui s'en sont très-mal trouvez; car il y a eu des parents, des frères, des amys, de leurs serviteurs, voire des marys, qui en ont fait repentir plusieurs, et remascher et avaller leurs parolles. Enfin, si je voulois raconter toutes les diversitez des détracteurs des dames qu'il y en a, je n'aurois jamais fait.

Une opinion en amour ay-je veu tenir à plusieurs : qu'un amour secret ne vaut rien, s'il n'est un peu manifeste, sinon à tous, pour le moins à ses plus privez amis; et si à tous il ne se peut dire, pour le moins que le manifeste s'en face, ou par monstres ou par faveurs, ou de livrées et couleurs, ou actes chevalleresques, comme courremens de bague, tournois, masquarades, combats à la barrière, voire à ceux de bon escient quand on est à la guerre; certes, le contentement en est très-grand en soy.

Comme de vray, de quoy serviroit à un grand capitaine d'avoir fait un beau et signalé exploict de guerre, et qu'il fust teu et nullement sceu? Je croy que ce luy seroit un dépit mortel. De mesme en doi-

---

1. *Naiz*, nés.

vent estre les amoureux qui ayment en bon lieu, ce disent aucuns. Et de cette opinion en a esté le principal chef, M. de Nemours, le parangon de toute chevallerie; car, si jamais prince, seigneur ou gentilhomme a esté heureux en amours, ç'a esté celuy-là. Il ne prenoit pas plaisir à les cacher à ses plus privez amis; si est-ce qu'à plusieurs il les a tenues si secrètes qu'on ne les jugeoit que malaisément.

Certes, pour les dames mariées, la descouverte en est fort dangereuse : mais pour les filles et veufves qui sont à marier, n'importe; car la couleur et prétexte d'un mariage futur couvre tout.

J'ay cogneu un gentilhomme très-honneste à la cour[1], qui, servant une très-grande dame, estant parmy ses compaignons un jour en devis de leurs maistresses, et se conjurans tous de les descouvrir entr'eux de leur faveur, ce gentilhomme ne voulut jamais déceler la sienne; ains en alla controuver une autre d'autre part, et leur donna ainsi le bigu, encor qu'il y eust un grand prince en la troupe qui l'en conjurast et se doutast pourtant de cet amour secret : mais luy et ses compagnons n'en tirèrent que cela de luy; et pourtant à par soy maudit cent fois sa destinée qui l'avoit là contraint de ne racconter, comme les autres, sa bonne fortune, qui est plus gratieuse à dire que sa male.

Un autre ay-je cogneu, bien gallant cavallier, lequel, par sa présomption trop libre qu'il prit de descouvrir sa maistresse, qu'il devoit taire, tant par signes que paroles et effets, en cuida estre tué par

---

1. Ce gentilhomme est probablement Brantôme.

un assassinat qu'il faillit[1] : mais pour un autre sujet il n'en faillit un autre, dont la mort s'ensuivit[2].

J'estois à la cour du temps du roy François second, que le comte de Saint-Aignan espousa à Fontainebleau la jeune Bourdezière[3]. L'endemain, le nouveau marié estant venu en la chambre du roy, un chacun luy commença à faire la guerre, selon la coustume ; dont il y eut un grand seigneur très-brave qui luy demanda combien de postes il avoit couru. Le marié respondit cinq. Par cas, il y eut présent un honneste gentilhomme, secrétaire[4], qui estoit là fort favory d'une très-grande princesse que je ne nommeray point, qui dit : que ce n'estoit guières, pour le beau chemin qu'il avoit battu et pour le beau temps qu'il faisoit, car c'estoit en esté. Ce grand seigneur luy dit : « Hà mort-Dieu ! il vous faudroit des perdriaux « à vous ! — Pourquoy non, répliqua le secrétaire ? « Par Dieu ! j'en ay pris une douzaine en vingt-« quatre heures sur la plus belle motte qui soit icy à « l'entour, ny qui soit possible en France, » Qui fut esbahy ? Ce fut ce seigneur, car par là il apprit ce dont il se doutoit il y avoit longtemps ; et d'autant qu'il estoit fort amoureux de cette princesse, fut fort mary de ce qu'il avoit si longuement chassé en cet endroit et n'avoit jamais rien pris, et l'autre avoit esté si heureux en rencontre et en sa prise. Ce que

1. *Qu'il faillit*, auquel il échappa.
2. Est-ce Lignerolles, du Gua, ou Bussy d'Amboise ?
3. Marie Babou de la Bourdaisière, mariée à Claude de Beauvillier, comte de Saint-Aignan, le 18 septembre 1560.
4. Secrétaire d'État.

le seigneur dissimula pour ce coup ; mais depuis, en temporisant son martel¹, la luy cuyda réndre chaud et couvert, sans une considération que je ne diray point : mais pourtant il luy porta tousjours quelque haine sourde. Et si le secrétaire fust esté bien advisé, il n'eust vanté ainsi sa chasse, mais l'eust tenue très-secrète, et mesme en une si heureuse advanture, dont il en cuida arriver de la brouillerie et de l'escandale.

Que diroit-on d'un gentilhomme de par le monde, qui, pour quelque desplaisir que luy avoit fait sa maistresse, fut² si impudent qu'il alla monstrer à son mary sa peinture qu'elle luy avoit donnée, qu'il portoit au col, dont le mary fut fort estonné, et moins aimant sa femme qui en sceut colorer le fait ainsi qu'elle put.

Celui eut bien plus grand tort, que je sçay, grand seigneur, qui, dépité de quelque tour que luy avoit fait sa maistresse, alla jouer et perdre son pourtrait aux dez contre un de ses soldats, car il avoit grande charge en l'infanterie ; ce qu'elle sceut, et en cuida crever de dépit, et qui s'en fascha fort. La reine mère le sceut, qui luy en fit la réprimende, sur ce que le desdain en estoit par trop grand, que d'aler ainsi abandonner au sort de dez le pourtrait d'une belle et honneste dame. Mais ce seigneur en rabilla le fait, disant que, de sa couche³, il avoit réservé le

1. *En temporisant son martel*, en couvant son injure.
2. Les huit lignes suivantes sont omises dans le manuscrit Dupuy ; nous avons suivi la version bien préférable du manuscrit Béthune (voyez p. 468, *note*) et des anciennes éditions.
3. *Couche*, mise.

parchemin du dedans[1], et n'avoit que couché la boëte qui l'enserroit, qui estoit d'or et enrichie de pierreries. J'en ay veu souvent démener le conte entre la dame et le seigneur bien plaisamment, et en ay ry d'autres fois mon saoul.

Si diray-je une chose : qu'il y a des dames, dont j'en ay veu aucunes, qui veulent estre en leurs amours bravées, menacées, voire gourmandées, et les a-on plustost de telle sorte que par douces compositions; ny plus ny moins qu'aucunes forteresses qu'on a par force, et d'autres par douceur; mais pourtant elles ne veulent estre injuriées, ny descriées pour putains; car bien souvent les paroles offensent plus que les effets.

Silla ne voulut jamais pardonner à la ville d'Athènes qu'il ne la ruinast de fonds en comble, non pour opiniastreté d'avoir tenu contre luy, mais seulement parce que dessus les murailles ceux de dedans en parlèrent mal, et touchèrent l'honneur bien au vif de Metella, sa femme[2].

En quelques lieux de par le monde, que je ne nommeray point, les soldats aux escarmouches et aux sièges de places se reprochoyent les uns aux autres l'honneur de deux de leurs princesses souveraines, jusques-là à s'entredire : « La tienne joue bien « aux quilles. — « La tienne rempelle aussi bien[3]. » Par ces brocards et sobriquets, les princesses ani-

---

1. C'est-à-dire le vélin sur lequel était peint le portrait.
2. Plutarque, *Sylla*, chap. XXIX et XXX.
3. *Rampeller*, jouer au rampeau. Le rampeau était une partie de quilles qui se jouait en un seul coup.

moyent bien autant les leurs à faire du mal et des cruautez, que d'autres sujets, ainsy que je l'ay veu.

J'ay ouy raconter que la principale occasion qui anima plus la reine d'Hongrie à allumer ces beaux feux vers la Picardie et autres parts de France, ce fut à l'appétit de quelques insolents bavards et causeurs, qui parloyent ordinairement de ses amours, et chantoyent tout haut et partout :

> Au, au Barbanson
> Et la reine d'Ongrie,

chanson grossière pourtant, et sentant à pleine gorge son advanturier ou villageois[1].

Caton ne put jamais aymer César, depuis qu'estant au sénat, qu'on délibéroit contre Catilina et sa conjuration, et qu'on en soupçonnoit César estant au conseil, fut apporté audict César, en cachette, un petit billet, ou, pour mieux dire, un poullet, que Servilla, sœur de Caton, luy envoyoit qui portoit assignation ou rendez-vous pour coucher ensemble. Caton ne s'en doutant point, ains de la consente dudict César avec Catilina, cria tout haut que le sénat luy fit commandement d'exhiber ce dont estoit question. César, à ce contraint, le monstra, où l'honneur de sa sœur

---

1. Cette chanson se trouve à la page 111 du *Recueil des plus belles chansons de ce temps*, Lyon, 1559, in-12, volume que je n'ai pu me procurer. M. Le Roux de Lincy l'a mentionnée ainsi : 1552, chanson nouvelle de la guerre sur le chant : *Hon, hon, ma mallette; hon, hon, ma mallette, mon bourdon.*

> Hon, hon, Barbanson,
> Et la reine de Hongrie.

(*Recueil des chants historiques français*, tome II, p. 583.)

se trouva fort escandalizé et divulgué[1]. Je vous laisse à penser donc si Caton, quelque bonne mine qu'il fit d'haïr César à cause de la République, s'il le put jamais aymer, veu ce trait scandaleux. Ce n'estoit pas pourtant la faute de César, car il falloit nécessairement qu'il manifestast ce brevet; autrement il luy alloit de la vie. Et croy que Servilla ne luy en voulut point de mal autrement pour cela; comme de fait ne laissèrent à continuer leurs amours, desquelles vint Brutus, qu'on disoit César en estre père; mais il luy rendit mal pour l'avoir mis au monde.

Or les dames, pour s'abandonner aux grands courent beaucoup de fortunes, et si elles en tirent des faveurs, des grandeurs et des moyens, elles les acheptent bien.

J'ay ouy conter d'une dame belle, honneste et de bonne maison, mais non de si grande comme d'un grand seigneur qui en estoit très-fort amoureux; et l'ayant trouvée un jour en sa chambre seule avec ses femmes, assise sur son lict, après quelques devis et propos tenus d'amour, ce seigneur vint à l'embrasser, et par douce force la coucha sur son lict; puis venant au grand assaut, et elle l'endurant avec une petite et civile opiniastreté, elle luy dit : « C'est un « grand cas que vous autres grands seigneurs ne vous « pouvez engarder d'user de vos autoritez et libertez « à l'endroit de nous autres inférieures. Au moins, « si le silence vous estoit aussi commun comme la « liberté de parler, vous seriez par trop désirables « et pardonnables. Je vous prie donc, monsieur,

---

[1]. Plutarque, *Caton d'Utique*, chap. xxxv.

« tenir secret cecy que vous faittes, et garder mon
« honneur. »

Ce sont les propos coustumiers dont usent les dames inférieures à leurs supérieurs : « Hà! monsieur, « disent-elles, advisez au moins à mon honneur. » D'autres disent : « Ah! monsieur, si vous dites cecy, « je suis perdue ; gardez, pour Dieu, mon honneur. » D'autres disent : « Monsieur, mais que vous n'en « sonniez mot et mon honneur soit sauvé, je ne « m'en soucie point ; » comme voulant arguer par là qu'on en peut faire tant qu'on voudra en cachette ; et mais que le monde n'en sçache rien, elles ne pensent point estre déshonorées.

Les plus grandes et superbes dames disent à leurs gallants inférieurs : « Donnez-vous bien garde d'en dire « mot, tant seul soit-il ; autrement il vous va de la vie ; « je vous feray jetter en sac dans l'eau, ou je vous feray « tuer ou je vous feray couper les jarrets ; » et autres tels et semblables propos prononcent-elles : si bien qu'il n'y a dame, de quelque qualité que soit, qui vueille estre scandalisée ny pourmenée tant soit peu par le palais de la bouche des hommes. Si en a-il aucunes qui sont si mal advisées, ou forcenées, ou transportées d'amour, que, sans que les hommes les accusent, d'elles-mesmes se décrient : comme fut, il n'y a pas longtemps, une très-belle et honneste dame, de bonne part, de laquelle un grand seigneur en estant devenu fort amoureux, et puis après en jouissant, et luy ayant donné un très-beau et riche bracellet, où luy et elles estoyent très-bien pourtraits, elle fut si mal advisée de le porter ordinairement sur son bras tout nud par-dessus le coude ; mais un jour son mary, estant couché avec elle, par cas il le trouva et le visita, et là-dessus trouva sujet de s'en défaire par la violence de la mort. Quelle mal advisée femme!

J'ay cogneu d'autres fois un très-grand prince souverain, lequel, ayant gardé une maistresse des plus belles de la cour l'espace de trois ans, au bout desquels luy fallut faire un voyage pour quelque conqueste, avant qu'y aller vint tout à coup très-amoureux d'une très-belle et honneste princesse s'il en fut onc : et pour luy monstrer qu'il avoit quitté son ancienne maistresse pour elle, et la vouloit du tout honnorer et servir, sans plus se soucier de la mémoire de l'autre, luy donna avant partir toutes les faveurs, joyaux, bagues, pourtraits, bracellets et toutes gentillesses que l'ancienne luy avoit donnez, dont aucunes estant veues et apperceues d'elle, elle en cuida crever de dépit, non pourtant sans le taire; mais en s'escandallisant fut contente d'escandaliser l'autre. Je croy que, si ceste princesse ne fust morte par après, le prince, au retour de son voyage, l'eust espousée[1].

J'ay cogneu un autre prince[2], mais non si grand,

1. Cette dernière phrase manque dans le manuscrit. Elle est assez importante; car elle permet de dire que « le très-grand prince souverain » est Henri III, qui partit pour la Pologne à la fin de septembre 1573 et en revint au mois de septembre de l'année suivante. La « maistresse des plus belles de la cour » était Renée de Rieux, dite la belle Chasteauneuf; la princesse était Marie de Clèves, princesse de Condé, dont il a été question plus haut, p. 111 et 497.

2. Louis de Bourbon, prince de Condé, qui, devenu veuf le 23 juillet 1564, se remaria le 8 novembre 1565 avec Françoise

lequel durant ses premières nopces et sa viduité vint
à aymer une fort belle et honneste damoiselle de par
le monde, à qui il fit, durant leurs amours et soulas,
de fort beaux présents de carcans, de bagues, de pierreries et force autres belles hardes, dont entre autres
il y avoit un fort beau et riche mirouer où estoit sa
peinture. Or, le prince vint à espouser une fort belle
et très-honneste princesse de par le monde, qui luy
fit perdre le goust de sa première maistresse, encor
qu'elles ne se deussent rien l'une à l'autre de la
beauté. Cette princesse persuada et sollicita tant monsieur son mary, qu'il envoya demander à sa première
maistresse tout ce qu'il luy avoit jamais donné de
plus beau et de plus exquis. Cette dame en eut un
grand crèvecœur; mais pourtant elle avoit le cœur
si grand et si haut, encor qu'elle ne fust point princesse, mais pourtant d'une des meilleures maisons
de France, qu'elle luy renvoya le tout du plus beau
et du plus exquis, où estoit un beau mirouer avec la
peinture dudict prince; mais avant, pour le mieux
décorer, elle prit une plume et de l'ancre, et luy
ficha dedans de grandes cornes au beau mitan du
front; et délivrant le tout au gentilhomme, luy dit :
« Tenez, mon amy, portez cela à vostre maistre, et
« que je luy envoye tout ainsi qu'il me le donna, et
« que je ne luy ay rien osté ny adjousté, si ce n'est
« que de luy mesme il y ait adjousté quelque chose
« du depuis; et dittes à cette belle princesse sa femme,

---

d'Orléans, fille posthume de François d'Orléans, duc de Longueville, et de Jacqueline de Rohan. La maîtresse délaissée est
Mlle de Limeuil dont il a été parlé plus d'une fois.

« qui l'a tant sollicité à me demander ce qu'il m'a
« donné, que si un seigneur de par le monde » (le
nommant par son nom, comme je sçay) « en eust
« faict de mesme à sa mère, et luy eust répété et osté
« ce qu'il luy avoit donné pour coucher souvent avec
« elle, par don d'amourettes et jouissances, qu'elle
« seroit aussi pauvre d'affiquets et pierreries que da-
« moiselle de la cour ; et que sa teste, qui en est si
« fort chargée aux despens d'un tel seigneur et du
« devant de sa mère, que maintenant elle seroit tous
« les matins par les jardins à cueillir des fleurs pour
« s'en accommoder, au lieu de ses pierreries : or,
« qu'elle en face des pastez et des chevilles, je les luy
« quitte. » Qui a cogneu cette damoiselle la jugeroit
telle pour avoir fait le coup ; et ainsi elle-mesme me
l'a-elle dit, et qu'elle estoit très-libre en paroles :
mais pourtant elle s'en cuida trouver mal, tant du
mary que de la femme, pour se sentir ainsi décriée ;
à quoy on luy donna blasme, disant que c'estoit sa
faute, pour avoir ainsi dépité et désespéré cette
pauvre dame, qui avoit très-bien gaigné tels présents
par la sueur de son corps.

Cette damoiselle, pour estre l'une des belles et
agréables de son temps, nonobstant l'abandon qu'elle
avoit fait de son corps à ce prince, ne laissa à trouver party d'un très-riche homme[1], mais non semblable de maison ; si bien que, venant un jour à se reprocher l'un à l'autre les honneurs qu'ils s'estoyent
faits de s'estre entre-mariez, elle, qui estoit d'un si
grand lieu, de l'avoir espousé, il luy fit response :

1. Scipion Sardini, comme nous l'avons déjà dit.

« Et moy, j'ay fait plus pour vous que vous pour
« moy; car je me suis déshonnoré pour vous remet-
« tre vostre honneur; » voulant inférer par là que,
puisqu'elle l'avoit perdu estant fille, le luy avoit
remis l'ayant prise pour femme.

J'ay ouy conter, et le tiens de bon lieu, que, lorsque
le roy François premier eut laissé madame de Chasteaubriand, sa maistresse fort favorite, pour prendre madame d'Estampes, estant fille appellée Helly,
que madame la régente avoit prise avec elle pour
une de ses filles, et la produisit au roy François à
son retour d'Espagne à Bourdeaux, laquelle il prit
pour sa maistresse, et laissa ladite madame de
Chasteaubriand, ainsi qu'un cloud chasse l'autre,
madame d'Estampes pria le roy de retirer de ladicte
madame de Chasteaubriand tous les plus beaux
joyaux qu'il luy avoit donné, non pour le prix et la
valeur, car pour lors les perles et pierreries n'avoyent
la vogue qu'elles ont eu depuis, mais pour l'amour
des belles devises qui estoyent mises, engravées et
empreintes, lesquelles la reine de Navarre sa sœur
avoit faites et composées; car elle en estoit très-
bonne maistresse. Le roy François luy accorda sa
prière, et luy promit qu'il le feroit; ce qu'il fit : et,
pour ce, ayant envoyé un gentilhomme vers elle
pour les luy demander, elle fit de la malade sur le
coup, et remit le gentilhomme dans trois jours à
venir, et qu'il auroit ce qu'il demandoit. Cependant,
de dépit, elle envoya querir un orfèvre, et luy fit
fondre tous ces joyaux, sans avoir acception ny respect des belles devises qui y estoyent engravées : et
amprès, le gentilhomme tourné, elle luy donna tous

les joyaux convertis et contournez en lingots d'or. « Allez[1], dit-elle, portez cela au roy, et dites-luy que,
« puisqu'il luy a pleu me révoquer ce qu'il m'avoit
« donné si libéralement, que je le luy rends et ren-
« voye en lingots d'or. Pour quant aux devises, je
« les ay si bien empreintes et colloquées en ma pen-
« sée, et les y tiens si chères, que je n'ay peu per-
« mettre que personne en disposât, en jouist et en
« eust de plaisir, que moy-mesme. ».

Quand le roy eut receu le tout, et lingots et propos de cette dame, il ne dist autre chose, sinon : « Re-
« tournez-luy le tout. Ce que j'en faisois, ce n'estoit
« pour la valeur (car je luy eusse rendu deux fois
« plus), mais pour l'amour des devises : et puisqu'elle
« les a faites ainsi perdre, je ne veux point de l'or,
« et le luy renvoye : elle a monstré en cela plus de
« générosité de courage que n'eusse pensé pouvoir
« provenir d'une femme. » Un cœur de femme généreuse despité, et ainsi desdaigné, fait de grandes choses.

Ces princes qui font ces révocations de présens, ne font pas comme fit une fois madame de Nevers, de la maison de Bourbon, fille de M. de Montpensier[2], qui a esté en son temps une très-sage, très-vertueuse et belle princesse, et pour telle tenue en France et en Espagne, où elle avoit esté nourrie

---

1. Cette phrase a été omise par le copiste.
2. Anne de Bourbon, seconde fille de Louis de Bourbon, duc de Montpensier et de Jacqueline de Longwic, mariée (1561) à François de Clèves, deuxième du nom, duc de Nevers et comte d'Eu, fils de François de Clèves, premier du nom, duc de Nevers.

quelque temps avec la reyne Elisabeth de France, estant sa coupière[1], luy donnant à boire, d'autant que la reine estoit servie de ses dames et filles, et chacune avoit son estat, comme nous autres gentilshommes à l'entour de nos rois. Cette princesse fut mariée avec le comte d'Eu, fils aisné de M. de Nevers, elle digne de luy, et luy très-digne d'elle, car c'estoit un des beaux et agréables princes de son temps; et pour ce il fut aymé et recherché des belles et honnestes de la cour, et entr'autres d'une qui estoit telle, et avec ce très-excorte et habile. Advint qu'il prit un jour à sa femme une bague dans son doigt, fort belle, d'un diamant de quinze cens à deux mille escus, que la reine d'Espagne luy avoit donné à son départ. Ce prince, voyant que sa maistresse la luy louoit fort et monstroit envie de la vouloir, luy, qui estoit très-magnanime et libéral, la luy donna librement, luy faisant accroire qu'il l'avoit gaignée à la paulme : elle ne la refusa point, et la prit fort privément, et, pour l'amour de luy, la portoit tousjours au doigt; si bien que madame de Nevers, à qui monsieur son mary avoit faict acroire qu'il l'avoit perdue à la paume, ou bien qu'elle demeureroit engagée, vint à voir la bague entre les mains de cette damoiselle, qu'elle sçavoit bien estre maistresse de son mary. Elle fut si sage et si fort commandant à soy que, changeant seulement de couleur et rongeant tout doucement son despit, sans faire autre semblant, tourna la teste de l'autre costé, et jamais n'en sonna mot à son mary ny à sa maistresse. En quoy

---

1. *Coupière*, celle qui donne la coupe, échansonne.

elle fut fort à louer, pour ne contrefaire de l'acariastre, et se courroucer, et escandaliser la damoiselle, comme plusieurs autres que je sçay qui en eussent donné plaisir à la compagnie, et occasion d'en causer et d'en mesdire.

Voilà comment la modestie[1] en telles choses y est fort nécessaire et très-bonne, et aussi qu'il y a là de l'heur et du malheur aussi bien qu'ailleurs ; car telles dames y a-il qu'elles ne sçauroyent marcher ny broncher le moins du monde sur leur honneur, et en taster seulement d'un petit bout de doigt, que les voilà aussitost descriées, divulguées et pasquinées partout.

D'autres y a-il, qui à pleines voiles voguent dans la mer et douces eaux de Vénus, et à corps nud et estendues y nagent à nages estendues, et y follastrent leur corps, et voyagent vers Cypre au temple de Vénus et ses jardins, et s'y délectent comme il leur plaist; au diable si l'on parle d'elles, ny plus ny moins que si jamais ne fussent esté nées. Ainsi la fortune favorise les unes et défavorise les autres en médisance; comme j'en ay veu plusieurs en mon temps, et y en a encore.

Du temps du roy Charles fut fait un pasquin à Fontainebleau, fort villain et escandaleux, où il n'espargnoit les princesses et les plus grandes dames, ny autres. Que si l'on en eust sceu au vray l'auteur, il s'en fust trouvé très-mal.

A Blois aussi, lorsque le mariage de la reine de Navarre fut accordé avec le roy son mary, il s'en fit

1. *Modestie*, modération.

un autre aussi, fort escandaleux, contre une très-grande dame, dont on n'en put sçavoir l'auteur; mais bien y eut-il de braves et vaillants gentilshommes qui y estoyent compris, qui bravèrent fort et donnèrent force démentis en l'air. Tant d'autres se sont faits, qu'on ne voyoit autre chose, ny de ce règne, ny de celuy du roy Henry troisiesme, dont entr'autres en fut fait un fort escandaleux en forme d'une chanson, et sur le chant d'une courante qui se dansoit pour lors à la cour, et pour ce se chanta entre les pages et laquais en basse et haute note.

Du temps[1] du roy Henry troisiesme fut bien pis fait; car un gentilhomme, que j'ay ouy nommer et cogneu, fit un jour présent à sa maistresse d'un livre de peintures où il y avait trente-deux dames grandes et moyennes de la cour, peintes au naturel, couchées et se jouans avec leurs serviteurs peints de mesmes et au naïf. Telle y avoit-il qui avoit deux ou trois serviteurs, telle plus, telle moins; et ces trente-deux dames représentoient plus de sept-vingt figures de celles de l'Arétin, toutes diverses. Les personnages estoient si bien représentez et au naturel, qu'il sembloit qu'ils parlassent et le fissent; les unes déshabillées et nues, les autres vestues avec mesmes robbes, coeffures, parements et habillements qu'elles portoient et qu'on les voyoit quelquesfois. Les hommes tout de mesmes. Bref, ce livre fut si curieusement peint et faict, qu'il n'y avoit rien que dire : aussi

---

1. Ce qui suit jusqu'à p. 524 : *Or c'est assez*, manque dans le manuscrit. La lacune existe aussi dans le manuscrit Béthune à partir de *j'ay ouy conter*, p. 518.

avoit-il cousté huict à neuf cens escus, et estoit tout enluminé.

Ceste dame le monstra et presta un jour à une autre sienne compaigne et grande amye, laquelle estoit fort aymée et fort familière d'une grande dame qui estoit dans ce livre, et des plus avant et au plus haut degré; ainsy que bien à elle appartenoit, luy en fit cas. Elle, qui estoit curieuse du tout, voulut voir avec une autre, une grande dame sa cousine qu'elle aymoit fort, laquelle l'avoit conviée au festin de ceste veuë, et qui estoit aussy de la peinture, comme d'autres.

La visite en fut faicte fort curieusement et avec grande peine, de feuillet à feuillet, sans en passer un à la légère, si bien qu'elles y consumèrent deux bonnes heures de l'après-disnée. Elle, au lieu de s'en estomacquer et de s'en fascher, ce fut à elle à en rire, et de les admirer, et de les fixement considérer, et se ravir tellement en leurs sens sensuels et lubriques, qu'elles s'entremirent à s'entre-baiser à la colombine, et à s'entre-embrasser et passer plus outre, car elles avoient entre elles deux accoustumé ce jeu très-bien.

Ces deux dames furent plus hardies et vaillantes et constantes qu'une qu'on m'a dit, qui, voyant un jour ce mesme livre avec deux autres de ces amyes, elle fut si ravie et entra en tel extase d'amour et d'ardent désir à l'imitation de ces lascives peintures, qu'elle ne peut voir qu'au quatriesme feuillet, et au cinquiesme elle tomba esvanouie. Voylà un terrible esvanouissement! bien contraire à celuy d'Octavia, sœur de Cæsar Auguste, laquelle, oyant un jour réciter à Virgile les trois vers qu'il avoit fait de son fils Marcellus[1] mort (dont elle lui en donna trois mille escus pour les trois seulement), s'esvanouit incontinent. Que c'est que l'amour, et d'une autre sorte!

J'ay ouy conter, et lors j'estois à la cour, qu'un grand prince de par le monde, vieux et fort aagé, et qui, despuis sa femme perdue, s'estoit fort continemment porté en vefvage, comme sa grande profession de sainteté le portoit, il voulut revoler en secondes nopces avec une très-belle, vertueuse et jeune princesse. Et, d'autant que despuis dix ans qu'il avoit esté veuf n'avoit touché à femme, et craignant d'en avoir oublié l'usage (comme si c'estoit un art qui s'oublie) et de recevoir un affront la première nuict de ses nopces, et ne faire rien qui vallust, pour ce, il se voulut essayer; et par argent fit gaigner une belle jeune fille, pucelle comme la femme qu'il devoit espouser : encor dit-on qu'il la fit choisir qu'elle ressemblast un peu des traits du visage de sa femme future. La fortune fut si bonne pour lui qu'il monstra n'avoir point oublié encor ses vieilles leçons; et son essay luy fut si heureux que, hardy et joyeux, il alla à l'assault du fort de sa femme dont il rapporta bonne victoire et réputation.

Cet essay fut plus heureux que celuy d'un gentilhomme que j'ay ouy nommer, lequel estant fort jeune et nigault, pourtant son père le voulut maryer. Il voulut premièrement faire l'essai, pour sçavoir s'il

---

1. Heu miserande puer! Si qua fata aspera rumpas,
   Tu Marcellus eris.

   Æneid., lib. VI, vers 882-883.

seroit gentil compaignon avec sa femme; et pour ce, quelques mois avant, il recouvra quelque fille de joye belle, qu'il faisoit venir toutes les après-disnée dans la garenne de son père, car c'estoit en esté, et là il s'esbaudissoit et se rigouloit, soubs la fraischeur des arbres verds et d'une fontaine, avec sa damoiselle, qu'il faisoit rage : de façon qu'il ne craignoit nul homme pour faire ceste diantrerie[1] à sa femme. Mais le pis fut que, le soir des nopces, venant à joindre sa femme, il ne peut rien faire. Qui fut esbahy? Ce fut luy, et maugréer sa maudicte pièce traistresse, qui luy avoit failli feu, ensemble le lieu où il estoit; puis, prenant courage, il dit à sa femme : « Ma mye, je ne « sçay que veut dire cecy, car tous ces jours j'ay « faict rage à la garenne à mon père; » et lui conta ses vaillances. « Dormons, et j'en suis d'advis, de- « main après disner je vous y meneray, et vous ver- « rez autre jeu. » Ce qu'il fit, et sa femme s'en trouva bien; dont despuis à la cour courut le proverbe : « Si « je vous tenois à la garenne à mon père, vous ver- « riez ce que je sçaurois faire. » Pensez que le dieu des jardins, messer Priapus, les faunes et les satyres paillards qui président aux bois, assistent là aux bons compaignons, et leur favorisent leurs faits et exécutions.

Tous essais pourtant ne sont pas pareils, ny ne portent pas coup tousjours; car, pour l'amour, j'y en ay veu et ouy dire plusieurs bons champions s'estre faillis à recorder leurs leçons et recoller leurs tesmoins quand ils venoient à la grande escole. Car les uns,

---

1. *Diantrerie*, drôlerie.

ou sont trop ardens et froids, ainsi que telle humeur de glace et de chaud les y surprend tout à coup; les autres, ou sont perdus en extases d'un si souverain bien entre leurs bras; autres viennent appréhensifs; les autres tout à trac viennent flacqs, qu'ils ne sçauroient qu'en dire la cause; autres tout de vray ont l'esguillette nouée. Bref, il y a tant d'inconvéniens inopinés qui là dessus arrivent à l'improviste, que, si je les voulois raconter, je n'aurois fait de longtemps. Je m'en rapporte à plusieurs gens maryés et autres advanturiers d'amour, qui en sçauroient plus dire cent fois que moy. Tels essays sont bons pour les hommes; mais non pour les femmes; ainsy que j'ay ouy conter d'une mère et dame de qualité, laquelle, tenant une fille très-chère qu'elle avoit, et unique, l'ayant compromise à un honneste gentilhomme en maryage, advant que de l'y faire entrer, et craignant qu'elle ne pust souffrir ce premier et dur effort, à quoy on disoit le gentilhomme estre très-rude et fort proportionné, elle la fit essayer premièrement par un jeune page qu'elle avoit, assez grandet, une douzaine de fois, disant qu'il n'y avoit que la première ouverture faschuese à faire, et que, se faisant un peu douce et petite au commancement, qu'elle endureroit la grande plus aysément; comme il advint, et qu'il put y avoir de l'apparence. Cet essay est encor bien plus honneste et moins escandaleux qu'un qui me fut dit une fois en Italie, d'un père qui avoit maryé son fils, qui estoit encore un jeune sot, avec une fort belle fille, à laquelle, tant fat qu'il estoit, il n'avoit rien peu faire ny la première ny la seconde nuict de ses nopces; et, comme il eut demandé et au fils et à la nore[1] comme ils se trouvoient en maryage, et s'ils avoient triomphé, ils respondirent l'un et l'autre : « *Niente.* — A quoy a-il tenu? » demanda-il à son fils. Il respondit tout follement qu'il ne sçavoit comment il falloit faire. Sur quoy il prit son fils par une main et la nore par une autre, et les mena tous deux en une chambre, et leur dit : « Or je « vous veux doncques monstrer comme il faut faire. » Et fit coucher sa nore sur un bout du lit, et luy fait bien eslargir les jambes; et puis dit à son fils : « Or « voy comment je fais; » et dit à sa nore : « Ne bou- « gez; non importe, il n'y a point de mal. » Et en mettant son membre bien arboré dedans, dit : « Ad- « vise bien comme je fais et comme je dis, *dentro,* « *fuero, dentro, fuero.* » Et répliqua souvent ces deux mots en s'advançant dedans et reculant, non pourtant tout dehors. Et ainsi, après ces fréquentes agitations et parolles, *dentro* et *fuero,* quand ce vint à la consommation, il se mit à dire brusquement et vite : *Dentro, dentro, dentro, dentro,* jusqu'à ce qu'il eust fait. Au diable le mot de *fuero.* Et par ainsy, pensant faire du magister, il fut tout à plat adultère de sa nore, laquelle, ou qu'elle fist de la niaise, ou, pour mieux dire, de la fine, s'en trouva très-bien pour ce coup, voyre pour d'autres que luy donna le fils et le père et tout, possible pour luy mieux apprendre sa leçon, laquelle il ne luy voulut pas apprendre à demy ny à moictié, mais à la perfection. Aussy toute leçon ne vaut rien autrement.

J'ay ouy dire et conter à plusieurs amans advantu-

---

1. *Nore,* belle-fille.

riers et bien fortunés, qu'ils ont veu plusieurs dames demeurer ainsy esvanouyes et pasmées estans en ces doux altères de plaisir; mais assez aysément pourtant retournoient à soy-mesme ; que plusieurs, quand elles sont là, elles s'escrient : « Hélas! je me meurs! » Je croy que ceste mort leur est très-douce. Il y en a d'autres qui contournent les yeux en la teste pour telle délectation, comme si elles devoient mourir de la grande mort, et se laissans aller comme du tout immobiles et insensibles. D'autres ay-je ouy-dire qui roidissent et tendent si violemment leurs nerfs, artères et membres, qu'ils en engendrent la goute-crampe ; comme d'une que j'ay ouy dire, qu'y estoit si subjecte qu'elle n'y pouvoit remédier. D'autres font péter leurs os, comme si on leur réhabilloit de quelque rompure[1].

J'ay ouy parler d'une, à propos de ces esvanouyssemens, qu'ainsi que son amoureux la manioit dessus un coffre, que, quand ce fut à la douce fin, elle se pasma de telle façon qu'elle se laissa tomber derrière le coffre à jambes ribaudaines[2], et s'engagea tellement entre le coffre et la tapisserie de la muraille, qu'ainsi qu'elle s'efforçoit à s'en desgager et que son amy luy aidoit, entra quelque compaignie qui la surprit faisant ainsi l'arbre fourchu, qui eut loisir de voir un peu de ce qu'elle portoit, qui estoit tout très-beau pourtant; et fut à elle à couvrir le faict, en disant qu'un tel l'avoit poussée en se jouant ainsy derrière le coffre, et dire par beau semblant que jamais ne l'aymeroit.

1. *Rompure*, rupture. — 2. *Ribaudaines*, à la ribaude.

Ceste dame courut bien plus grande fortune qu'une que j'ay ouy dire, laquelle, ainsi que son amy la tenoit embrassée et investie sur le bord de son lit, quand ce vint sur la douce fin, qu'il eut achevé, et que par trop il s'estendoit, il avoit par cas des escarpins neufs qui avoit la semelle glissante, et s'appuyant sur des carreaux plombés dont la chambre estoit pavée, qui sont fort subjects à faire glisser, il vint à se couler et glisser si bien sans se pouvoir arrester, que du pourpoinct qu'il avoit, tout recouvert de clinquant, il en escorcha de telle façon le ventre, la motte, le cas et les cuisses de sa maistresse, que vous eussiez dit que les griffes d'un chat y avoient passé; ce qui cuisoit si fort la dame qu'elle en fit un grand cri et ne s'en put engarder. Mais le meilleur fut, que la dame, parce que c'estoit en été et faisoit grand chaud, s'estoit mise en appareil un peu plus lubrique que les autres fois, car elle n'avoit que sa chemise bien blanche et un manteau de satin blanc dessus, et les calleçons à part; si bien que le gentilhomme, après avoir faict sa glissade, fit précisément l'arrest du nez, de la bouche et du menton sur le cas de sa maistresse, qui venoit fraischement d'estre barbouillé de son bouillon, que par deux fois desjà il luy avoit versé dedans, et emply si fort qu'il en estoit sorti et regorgé sur les bords, dont par ainsi se barbouilla le nez, et bouche et moustaches, que vous eussiez dit qu'il venoit de frais de savonner sa barbe; dont la dame, oubliant son mal et son esgratigneure, s'en mit si fort à rire qu'elle luy dit : « Vous estes un beau « fils, car vous avez bien lavé et nettoyé vostre barbe, « d'autre chose pourtant que de savon de Naples. »

La dame en fit le conte à une sienne compaigne, et le gentilhomme à un sien compaignon. Voylà comment on l'a sceu, pour avoir esté redict à d'autres; car le conte estoit bon et propre à faire rire.

Et ne faut point doubter que ces dames, quand elles sont à part, parmy leurs amyes plus privées, qu'elles ne s'en fassent des contes aussy bons que nous autres, et ne s'entredisent leurs amours et leurs tours les plus secrets, et puis en rient à pleine bouche, et se mocquent de leurs gallans, quand ils font quelque faute ou quelque action de risée et mocquerie.

Et si font bien mieux; car elles se dérobent les unes aux autres leurs serviteurs, non tant quelquesfois pour l'amour, mais pour en tirer d'eux tous les secrets, menées et follies qu'ils ont faictes avec elles; et en font leur profit, soit pour en attiser davantage leurs feux, soit pour vengeance, soit pour s'entrefaire la guerre les unes aux autres en leurs privés devis, quand elles sont ensemble.

Du temps de ce roy Henry troisième fut fait ce pasquin muet de ce livre de peintures que j'ay dit cydevant, de plusieurs dames en leurs postures et habitations avec leur homme. Celuy-là estoit bien scandaleux. Voyez ce passage où je l'ay mis cy-devant[1].

Or c'est assez, sur ce sujet, parlé. Je voudrois vo-

---

[1]. Voyez p. 516. Ce paragraphe est rédigé ainsi dans les anciennes éditions : « Un pareil livre de figures à ce précédent que je viens de dire, fut fait à Rome du temps du pape Sixte dernier mort, ainsi que j'ay dit ailleurs. »

lontiers de bon cœur que plusieurs langues de nostre France se fussent corrigées de ces mal-dires, et se comportassent comme celles d'Espagne; lesquelles, sur la vie, n'oseroyent toucher tant soit peu l'honneur des dames de grandeur et réputation; voire les honnorent-ilz de telle façon, que, si on les rencontre en quelque lieu que ce soit, et que l'on crie tant soit peu *lugar à las damas*[1], tout le monde s'encline, et leur porte-on tout honneur et révérence; et devant elles toutes insolences sont défendues sur la vie.

Quand l'impératrix, femme de l'empereur Charles[2], fit son entrée à Tolède, j'ay ouy dire que le marquis de Villane[3], l'un des grands seigneurs d'Espagne, pour avoir menacé un argusil[4] qui l'avoit pressé de marcher et de s'avancer, il cuyda estre en grand' peine, parce que cette menace se fit en la présence de ladite impératrice; et si ce fust esté en celle de l'empereur, n'en fust esté si grand bruit.

Le duc de Feria estant en Flandres, et les reines Eléonor et Marie[5] marchans par païs, et leurs dames et filles après, et luy estant près de sa maistresse, et venant à prendre question contre un autre cavallier espagnol, tous deux cuidèrent perdre leurs vies, plus pour avoir fait tel escandale devant les reines et impératrice, que pour tout autre sujet.

De mesmes don Carlos d'Avalos à Madrid, ainsi

---

1. Place aux dames.
2. Élisabeth, fille d'Emmanuel, roi de Portugal.
3. Le marquis de Villena, de la maison de Pacheco.
4. *Argusil*, alguasil. — 5. Marie de Hongrie.

que la reine Isabelle de France marchoit par la ville, s'il ne se fust soudain jetté dans une église qui sert là de refuge aux pauvres malheureux, il fust aussitost esté exécuté à la mort. Et luy fallut eschapper desguisé et s'enfuir d'Espagne; dont il en a esté toute sa vie banny et confiné en la plus misérable isle de toute l'Italie, qui est Lipari.

Les bouffons mesmes, qui ont tout privilège de parler, s'ils touchent les dames en pâtissent; ainsi qu'il en arriva une fois à un qui s'appelloit Legat, que j'ay cogneu. Un jour nostre reine Elizabeth de France, en devisant et parlant des demeures de Madrid et Valladolit, combien elles estoyent plaisantes et délectables, elle dit que de bon cœur elle voudroit que ces deux places fussent si proches qu'elle en pust toucher l'une d'un pied, et l'autre de l'autre; et ce disoit en eslargissant fort les jambes. Ledit bouffon, qui ouit cela, dit : « Et moy je voudrois estre au beau « mitan, *con un carrajo de borrico, para encarguar* « *y plantar la raya.* » Il en fut bien fouetté à la cuisine; dont pourtant il n'avoit tort de faire ce souhait, car cette reine estoit l'une des belles, agréables et honnestes qui fust jamais en Espagne, et valloit bien estre desirée de cette-façon, non pas de luy, mais de plus honnestes gens que luy cent mille fois.

Je pense que ces messieurs les médisans et causeurs des dames voudroyent bien avoir et jouir du privilège de liberté qu'ont les vandangeurs dans la campagne de Naples au temps des vandanges, auxquels est permis, tant qu'ils vandangent, de dire tous les mots et injures et pouilles à tous les passants qui vont et viennent sur les chemins; si-bien que vous les verrez crier, hurler après eux, et les arauder[1] sans en espargner aucuns, et grands et moyens, et petits, de quelque estat qu'ils soyent. Et, qui est le plaisir, n'en espargnent aussi les dames, princesses et grandes, qui qu'elles soyent : si bien que de mon temps j'ay ouy dire et veu que plusieurs d'entre elles, pour en avoir le plaisir, se donnoyent des affaires et alloyent exprès aux champs, et passoyent par les chemins pour les ouir gazouiller et entendre d'eux mille sallauderies et parolles lubriques qu'ils leur disoyent et débagoulloyent, leurs faisans la guerre de leurs paillardises et lubricitez qu'elles exerçoient envers leurs maris et serviteurs, jusques à reprocher leurs amours et habitations avec leurs cochers, pages, laquais et estaffiers qui les conduisoyent. Et, qui plus est, leur demandoyent librement la courtoisie de leur compagnée, et qu'ils les assailliroyent et traitteroyent bien mieux que tous autres. Et ce disoyent en franchissant naïvement et naturellement les mots sans autrement les desguiser. Elles en estoyent quittes pour en rire leur saoul et en passer leur temps, et leur en faire rendre response à leurs gens qui les accompagnoyent, ainsi qu'il est permis d'en rendre le change. Les vandanges faites, ilz se font trefve de tels mots jusqu'à l'autre année, autrement en seroyent recherchez et bien punis.

On m'a dit que cette coustume dure encore, que beaucoup de gens en France voudroyent bien qu'elle fust observée en quelque saison de l'année, pour avoir

---

1. *Araudar* pour *haroder*, crier *haro*.

le plaisir de leurs médisances en toute seureté, qu'ils ayment tant.

Or, pour faire fin, les dames doivent estre respectées par tout le monde, leurs amours et leurs faveurs tenues secrètes. C'est pourquoy l'Arétin disoit que, quand l'on estoit à ce point, les langues que les amants et amantes s'entre-donnent les uns aux autres, n'estoyent dédiées tant pour se délecter, ny pour le plaisir que l'on y prenoit, que pour s'entre-lier de langues ensemble et s'entre-faire le signal que l'on tint caché le secret de leurs escoles; mesmes qu'aucuns lubriques et paillards maris impudens se trouvent si libres et débordez en paroles, qui, ne se contentant des paillardises et lascivetez qu'ils commettent avec leurs femmes, les déclarent et publient à leurs compagnons et en font leurs contes; si bien que j'ay cogneu aucunes femmes en hayr leurs marys de mal mortel, et se retirer bien souvent des plaisirs qu'elles leur donnoyent, pour ce sujet; ne voulant estre escandalisées, encor que ce fust un fait de femme à mary.

M. du Bellay, le poëte, en ses *Tumbeaux* latins qu'il a composez, qui sont très-beaux, en a fait un d'un chien, qui me semble qu'il est digne d'estre mis icy, car il est fait à nostre matière, qui dit ainsi:

> Latratu fures excepi, mutus amantes.
> Sic placui domino, sic placui dominæ.

Par mon japer, j'ay chassé les larrons, et, pour me tenir muet, j'ay accueilly les amants; ainsi j'ay pleu à mon maistre, ainsi j'ay pleu à ma maistresse.

Si donc on doit aimer les animaux pour estre se-

crets, que doit-on faire des hommes pour se taire?
Et s'il faut prendre advis pour ce sujet d'une courtizanne qui a esté des plus fameuses du temps passé, et grande clergesse[1] en son mestier, qui estoit Lamia (faire le peut-on), qui disoit de quoy une femme se contentoit le plus de son amant, c'estoit quand il estoit discret en propos et secret en ce qu'il faisoit; et surtout qu'elle haïssoit un vanteur, qui se vantoit de ce qu'il ne faisoit pas et n'accomplissoit ce qu'il promettoit. Ce dernier s'entend en deux choses. De plus, disoit : que la femme, bien qu'elle le fit, ne vouloit jamais estre appellée putain ny pour telle divulguée. Aussi dit-on d'elle que jamais elle ne se moqua d'homme, ny homme oncques se mocqua d'elle ny mesdit. Telle dame, sçavante en amours, en peut bien donner leçon aux autres.

Or, c'est assez parlé de ce sujet; un autre mieux disant que moy l'eust pu mieux embellir et aggrandir; je luy en quitte les armes et la plume[2].

1. *Clergesse*, habile, savante.
2. Avec ce Discours finit la copie du manuscrit 608 de Dupuy.

DISCOURS

SUR

LES FEMMES MARIÉES, LES VEFVES ET LES FILLES

A SÇAVOIR DESQUELLES LES UNES SONT PLUS CHAUDES
A L'AMOUR QUE LES AUTRES [1].

Moy estant un jour à la court d'Espaigne à Madrid, et discourant avec une fort honneste dame, comme

---

1. Ce discours, le quatrième dans les éditions, manque dans le manuscrit de la collection Dupuy; mais il en existe à la Bibliothèque nationale, dans le manuscrit qui nous a déjà servi pour les *Rodomontades* (fonds français 3273, *olim* Béthune 8776), une copie corrigée de la main de Brantôme, et dont le texte, que nous avons suivi, présente d'assez notables différences avec celui qui a été imprimé. Au verso du premier feuillet on lit, écrit de la main du copiste : « Ce discours subséquant doit estre mis avecques l'autre et second volume que j'ay fait des *Dames* et dédié à monsieur le duc d'Alançon; mais par faute de papier qui a manqué à l'autre volume, je l'ay icy mis et incéré, en attendant que je les réduise tous ensemble et en bon ordre. » Enfin, au recto de ce même feuillet, Brantôme a écrit : « Ce livre est du tout incorret et imparfait; parquoy n'y faut nullement jeter la veue, mays qui le veut voyr bien corrigé lise mon livre qui est couvert de velours tané, ou mon grand livre couvert de velours verd où sont tous mes discours escritz touchant les dames. » — Ces volumes en velours

l'on fait en ces courtz[1], elle me vint faire ceste demande : *Qual era mayor fuego d'amor, el de la biuda, el de la casada, o de la hija moça* : « quel estoit le plus grand feu, ou celluy de la vefve, ou de la mariée, ou de la fille jeune? » Amprès luy avoir dit mon advis, elle me dist le sien en telles parolles : *Lo que me parece d'esta cosa es que, aunque las moças con el hervor de la sangre se disponen à querer mucho, no deve ser tanto como lo que quieren las casadas y biudas, con la gran experiencia del negocio. Esta razon debe ser natural, como lo seria la del que, por haver nacido ciego de la perfection de la luz, no puede cobdiciar de ella con tanto deseo como el que vio, y fue privado de la vista.* « Ce que me semble de ceste chose est :
« qu'encores que les filles, avec ceste grand' ferveur
« de sang soient disposées d'aymer fort, toutesfois
« elles n'ayment point tant comme les femmes ma-
« riées et les vefves, par une grande expériance de
« l'affaire, et la raison naturelle y est en cela, d'au-
« tant qu'un aveugle nay, et qui de sa naissance est
« privé de la veue, il ne la peut tant désirer comme
« celluy qui en a jouy si doucement, et après l'a per-
« due. » Puis adjousta que : *Con menos pena se abs-*

---

vert et tané n'existent, à notre connaissance, dans aucune bibliothèque publique.

Dans sa préface (voyez tome I, p. 3), il a résumé ainsi ce discours : « *Le quatriesme traicte quel amour est plus grand, plus ardent et plus aysé : ou celluy de la fille, ou de la femme mariée, ou de la vefve; et quelle des trois se laisse plus aisément vaincre et abattre.* »

1. Les éditions portent : Comme il arrive d'ordinaire, selon la coustume du pays.

tiene d'una cosa la persona que nunca supo, que aquella que vive enamorada del gusto pasado : « D'autant « qu'avec moins de peine on s'abstient d'une chose « que l'on n'a jamais tasté, que de celle que l'on a « aymé et esprouvé. » Voylà les raisons qu'en allégoit ceste dame sur ce subjet.

Or le vénérable et docte Bocasse, parmy ses questions de son *Phillocoppe*[1], en la neufiesme, il fait celle-là mesme : De laquelle de ces trois, de la mariée, de la vefve et de la fille, l'on doit plustost s'en rendre amoureux pour plus heureusement conduire son désir à effect? Boccace respond, par la bouche de la reyne qu'il entroduit parlante, que : combien que ce soit très-mal fait, et contre Dieu et sa conscience, de désirer la femme mariée, qui n'est nullement à soy, mais subjette à son mary, il est fort aisé de venir au but d'elle[2], que non de la fille et vefve, jaçoit que telle amour est périlleuse, d'autant que plus on souffle le feu il s'allume davantage, autrement il s'estaint. Aussi toutes choses faillent en les usant, fors la luxure, qui en aumente. Mais la vefve, qui a esté longtemps sans tel effect, ne le sent quasi point, et ne s'en soucie non plus que si elle ne fust esté mariée, et est plustost reschauffée de la mémoire que de la concupiscence. Et la pucelle, qui ne sçait et cognoit encores ce que c'est, sinon par imagination, le souhaite tièdement. Mais la mariée, eschauffée plus que les autres, désire souvant venir à ce

---

1. Voyez *Il Filocopo* (ou *Filocolo*) lib. V, questione IX; *Opere di G. Boccaci*, Firenze, 1723, tome II, p. 73 et suivantes.

2. *Au but d'elle*, à bout d'elle.

poinct, dont quelquesfois en est outragée de son mary de parolles et bien battue; mais, désirant s'en vanger (car il n'y a rien si vindicatif que la femme), et mesme pour ceste chose, le fait cocu à bon escient, et en contente son esprit. Et aussi que l'on s'ennuye de manger tousjours d'une mesme viande, mesmes les grands seigneurs et dames bien souvant dellaissent les bonnes et dellicates viandes pour en prendre d'autres. Davantage, quand aux filles, il y a trop de peine et consommation de temps, pour les réduire et convertir à la volunté des hommes : et si elles ayment, elles ne sçavent qu'elles ayment. Mais aux vefves l'ancien feu aisément reprend sa force, leur faisant désirer aussitost ce que par longue discontinuation de temps elles avoient oublié; et leur tarde de retourner et parvenir à tel effect, regrettans le temps perdu et les longues nuicts passées froidement dans leurs lictz de viduité peu eschauffées.

Sur ces raisons de ceste reyne parlante, un certain gentilhomme, nommé Farramont[1], respondant à la reyne, et laissant les femmes mariées à part, comme fort aisées à esbranler sans user de grands discours pour dire le contraire, reprend celluy des filles et des vefves, et maintient la fille estre plus ferme en amours que non pas la vefve; car la vefve, qui a senty par le passé les secretz d'amour, n'ayme jamais fermement, ains en doubte et lentement, désirant promptement l'un, puis l'autre, ne sçachant auquel elle se doive conjoindre pour son plus grand proffit et honneur : et quelquefois ne veut nul d'eux, ainsi vacille

---

1. Boccace l'appelle Ferramonte, duca di Montorio.

en sa dellibération, et n'y peut la passion amoureuse prendre fermetté. Mais tout au contraire est en la pucelle, et toutes telles choses luy sont incogneues : laquelle ne tend seullement qu'à faire un amy et y mettre toute sa pensée, après l'avoir bien choysy, et luy complaire en tout, pensant que ce luy est un très-grand honneur d'estre ferme en son amour; et si attant en trop plus grand' ardeur les choses qui n'ont jamais esté d'elle ny veues, ny ouyes, ny esprouvées, et si souhaite plus que les autres femmes expérimentées de voir, ouïr et esprouver toutes choses. Aussi le désir qu'ell' a de voir choses nouvelles la maistrise fort : elle s'enquiert aux expertes, ce qui luy aumente le feu davantage; et par ainsi elle désire conjoinction de celluy qu'elle a fait seigneur de sa pensée, et ceste ardeur n'est en la vefve, d'autant qu'elle y a desjà passé.

Or, la reyne de Boccace, reprenant la parolle et voulant mettre fin finalle à ceste question, conclud : que la vefve est plus soigneuse du plaisir d'amour cent fois que la pucelle, d'autant que la pucelle veut garder chèrement virginité et pucellage, veu que tout son futur honneur y consiste. Après, les pucelles sont naturellement crainctives, et mesmes, en ce fait, mal habilles et propres à trouver les invantions et commoditez aux occasions qu'il faut pour telz effectz; ce qui n'est ainsi en la vefve, qui est desjà fort pratique, hardie et usée en cest art, ayant desjà donné et allienné ce que la pucelle attant de donner; ce qu'est occasion qu'elle ne crainct d'estre visitée ou accusée par quelque signal de bresche : et si cognoit mieux les secrettes voyes pour parvenir à son attante. Au reste, la pucelle crainct ce premier assaut de virginité, car il est à aucunes quelquefois plus ennuyeux et cuisant que doux, plaisant; ce que les vefves ne craignent point, mais s'y laissent aller et couller très-doucement, quant bien l'assaillant seroit des plus rudes. Et ce plaisir est contraire à plusieurs autres, duquel pour le premier coup, bien souvant on s'en ressasie et se passe légèrement, mais en cestuy-ci l'affection du retour en croist tousjours. Par quoy la vefve, donnant le moins, et qui la donne souvant[1], est cent fois plus libéralle que la pucelle, à qui convient abandonner sa très-chère chose, à quoy elle songe mille fois. Par quoy, conclud la reyne, il vaut mieux s'adresser à la vefve qu'à la fille, estant plus aisée à gaigner et corrompre.

Or maintenant, pour prendre et desduire les raisons de Boccasse, et les espelucher un peu, et discourir sur icelles, scellon les discours que j'en ay veu faire aux honnestes gentilzhommes et dames sur ce subjet, comme l'ayant bien expérimenté, je dis qu'il ne faut doubter nullement que, qui veut avoir tost jouissance d'un' amour, il se faut adresser aux dames mariées, sans que l'on s'en donne grand'peine et con-

---

1. *Et qui la donne souvant*, telle est la leçon inintelligible que donnent le manuscrit et les éditions. Voici le texte fort clair de Boccace, que Brantôme a si mal traduit : Però la vedova, conciossiecosachè ella doni meno, e più le sia il donare aggevole, più sara liberale e più tosto che la pulcella, che donar dee la più cara cosa, ch' ell' abbia. « Pourtant la veuve, quoiqu'elle donne moins et que donner plus lui soit facile, sera plus libérale et plus tôt que la pucelle, qui doit donner la chose la plus chère qu'elle ait. » (*Il Filocopo*, édit. citée, p. 77.)

somme beaucoup de temps; d'autant que, comme dit Boccace, tant plus on attise un feu et plus il se fait ardant. Ainsi est-il de la femme mariée, laquelle s'eschauffe si fort avec son mary, que, luy manquant de quoy estaindre le feu qu'il donne à sa femme, il faut bien qu'elle emprumpte d'ailleurs, ou qu'elle brusle toute vive. J'ay cogneu une dame de bon lieu, grande[1] et de bonne sorte, qui disoit une fois à son amy, qui le m'a conté, que de son naturel elle n'estoit aspre à ceste besogne tant que l'on diroit bien (et Dieu sçait!), et que voluntiers aisément bien souvant elle s'en passeroit, n'estoit que son mary la venant attiser, et n'estant assez suffisant et capable pour luy amortir sa challeur, qu'il luy rendoit si grande et si chaude, qu'il falloit qu'elle courust au secours à son amy : encor, ne se contentant de luy bien souvant, se retiroit seule, ou en son cabinet ou en son lict, et là toute seule passoit sa rage tellement quellement, ou à la mode lesbienne, ou autrement par quelqu'autre artiffice; voire[2] jusques-là, disoit-elle, que, n'eust esté la honte, elle s'en fust faicte donner par les premiers qu'ell' eust trouvé dans une salle du bal, à l'escart, jusques sur des degrets, tant ell' estoit tourmentée

---

1. Le manuscrit portait d'abord : une dame assez grande.
2. Toute cette fin de l'alinéa est barrée sur le manuscrit (f° 4 v°), et en marge on lit écrit de la main de Brantôme : « Escrit ailleurs et, pour ce, razé; » et au bas du même f° : « Je pense avoyr escrit cecy au Discours des fames maryées. Telles réitérations me sont pardonnables, puysque ce grand personnage Plutarche en fait bien force parmy ses euvres. » Brantôme a récrit à la fin de ce *Discours* cette excuse des répétitions, qui abondent dans ses différents ouvrages.

de ce mal chaud, ny plus ny moins que les jumens sur les confins de l'Andelouzie, qui venant si chaudes, et ne trouvans leurs estallons pour se faire saillir, ny n'en pouvant chevyr, se mettent leur nature contre le vent qui court en là, qui leur donne dedans, et là passent leurs challeurs et s'emplissent de ceste façon ; d'où viennent ces chevaux si vistes que nous voyons venir de là, comme retenans de la vistesse naturelle du vent leur père[1]. Je croy qu'il y a plusieurs marys qui voudroient fort que leurs femmes trouvassent un tel vent qui les raffraischist et leur fist passer leur chaud, sans qu'elles allassent rechercher leurs amoureux et leur faire des cornes fort villaines.

Voylà un naturel de femme que je viens d'alléguer, bien estrange : ne brusler sinon en l'attisant ; dont ne s'en faut estonner, car, comme disoit une dame espaignolle : *Que quanto mas me quiero sacar de la braza, tanto mas mi marido me abraza en el brazero.* « Que tant plus je me veux oster des brezes, tant « plus mon mary me brusle en mon brazier. » Et certes elles y peuvent brusler, et de ceste façon, veu que par les parolles, par les seulz attouchemens et embrassemens, voire par attraitz, elles se laissent aller fort aysément, quand elles trouvent les occasions, sans aucun respect du mary.

Car, pour dire le vray, ce qui empesche plus toute fille ou femme d'en venir là bien souvent, c'est la craincte qu'elles ont d'enfler par le ventre, sans[2] man-

---

1. Voyez Pline, liv. VIII, chap. LXVII.
2. Les quatre mots suivants ont été rajoutés entre les lignes par Brantôme.

ger des febves, ce que les mariées ne craignent nullement; car, si elles enflent, c'est le paouvre mary qui a tout fait, et porte toute la couverture. Et quant aux loix d'honneur qui leur deffandent cela, qu'allègue Boccace, la pluspart des femmes s'en mocquent, disans pour leurs raisons vallables : que les loix de nature vont devant, et que jamais elle ne fit rien en vain, et qu'elle leur a donné des membres et des parties si nobles, pour en user et mettre en besoigne, et non pour les laisser chaumer oysivement, ne leur deffandans ni imposans plus qu'aux autres aucunes vaccations, de peur que les hyraignes n'y bastissent leurs hyrantelles¹, comme j'ay dit ailleurs, et qu'elles ne treuvent queues de regnard propres pour les en oster; et que bien souvent pour faire chaumer ceste partye, il leur en arrive de grands maux et dangers de vie, et surtout une suffocation de matrisse dont l'on en void tant mourir que c'est pitié, et de forces belles honnestes dames, et tout pour ceste fascheuse continance, dont le principal remède, ce disent les médecins, c'est la cohabitation charnelle, et mesmes avec de fortes robustes et bien proportionnées personnes. Disent² plus (au moins aucunes de nos dames), que ceste loy d'honneur n'est que pour celles qui n'ayment point et qui

---

1. *Hyraigne*, araignée. — *Hyrantelle*, toile d'araignée.
2. Tout le reste du paragraphe est barré sur le manuscrit, et Brantôme a écrit en marge (f⁰ˢ 5 et 6) : « Escrit ailleurs et, pour ce, razé. — J'ay escrit cecy ailleurs, parquoy le faut laysser (omettre). — Je panse avoyr mis ce passage en mon Discours des fames maryées. S'il est ainsin, il faut excuser ma mémoyre labile qui ne peut se souvenyr de tout. »

n'ont fait d'amys honnestes, ausquelles est très-malséant et vitupérable d'aller abandonner la chasteté de leur corps, comme si c'estoient quelques courtizanes : mais celles qui ayment, et qui ont fait des amis bien choysys, ceste loi ne leur prohibe nullement qu'elles ne leur assistent en leurs fœuz qui les bruslent, et ne leur donnent de quoy pour estaindre; et que c'est proprement donner la vie à un qui la demande, se monstrant en cela bégnines, et nullement barbares ny cruelles, comme disoit Regnaud que j'ay dit cydevant sur le discours de la paouvre Geneviefve affligée[1]. Sur quoy j'ay cogneu une fort honneste dame et grande, laquelle, un jour son amy l'ayant trouvée à son cabinet, qui traduisoit cette stance dudit Regnaud, *una donna deve dunque morire*[2], en vers françois aussi beaux et bien faitz que j'en vis jamais (car je les vis despuis), et ainsi qu'il luy demanda ce qu'elle avoit escrit : « Tenez, voylà une traduction que je
« viens de faire, qui sert d'autant de sentence par
« moy donnée, et arrest formé pour vous contenter
« en ce que vous désirez, dont il n'en reste que
« l'exécution; » laquelle, après la lecture, se fit aussitost. Quel arrest bien meilleur que s'il feust esté fait en la Tournelle! car, encores que l'Arioste ornast les parolles de Regnaud de très-belles raisons, je vous asseure qu'elle n'en oublia aucune à les très-bien traduire et représenter, si bien que la traduction valloit bien autant pour esmouvoir que l'original; et donna

---

1. *Orlando furioso*, chant IV, vers 500 et suiv.
2. Brantôme a estropié le vers d'Arioste :
   Una donzella dunque de' morire.

bien à entendre à tel amy qu'elle luy vouloit donner la vie et ne luy estre nullement innexorable, ainsi que l'autre en sceut bien prendre le temps.

Pourquoy donc une dame, quand Nature l'a faite bonne et miséricordieuse, n'usera-elle librement des dons qu'elle luy a donnez, sans en estre ingratte, ou sans répugner et contredire du tout contre elle? Comme fit une dame dont j'ay ouy parler, laquelle, voyant un jour dans une salle son mary marcher et se pourmener, elle ne se peut engarder de dire à son amant : « Voyez, dit-elle, marcher nostre « homme; n'a-il pas la vraye encollure d'un cocu? « N'eussè-je pas donc offancé grandement Nature, « puisqu'elle l'avoit fait et destiné tel, si je l'eusse « desmentie et contreditte? »

J'ay ouy parler d'un' autre dame, laquelle, se plaignoit de son mary, qui ne la traictoit bien et jalousement l'espioit; et se doubtoit qu'elle luy faisoit des cornes. « Mais il est bon, disoit-elle à son amy! il « luy semble que son feu est pareil au mien : car je « luy estains le sien en un tourne-main, et en quatre « ou cinq gouttes d'eau; mais au mien, qui a autre « profondeur de fournaise, il m'y en faut plusieurs : « car nous autres sommes du naturel des hydropiques « ou une fosse d'araine[1], qui tant plus ilz avallent « d'eau et plus ilz en veulent avaller. »

Et disoit bien mieux un' autre, que leur cas estoit du naturel des poulles, lesquelles engendrent la pépie et en meurent si elles ont faute d'eau et ne boivent. De mesmes est leur cas qui engendre la pépie et en

---

1. *Araine*, sable.

meurt bien souvant, si on ne luy donne souvant à boire; mais il faut que ce soit d'autre eau que de fontaine¹. Un' autre dame disoit qu'elle estoit du naturel du bon jardrin, lequel ne se contente pas de l'eau du ciel, mais en demande à son jardinier, pour en estre plus fructueux. Un' autre dame disoit qu'elle voulloit ressembler aux bons œconomes et mesnagers, lesquelz ne donnent tout leur bien à mesnager à un seul et faire valloir, mais le despartent à plusieurs mains; car une seulle n'y pourroit fournir pour le bien esvalluer². Semblablement voulloit-elle ainsi mesnager son c.. pour le meilliorer³, et elle s'en trouvoit mieux.

J'ay ouy parler d'une honneste dame qui avoit un amy fort laid et un fort beau mary, et de bonne grâce; aussi la dame estoit très-belle. Une sienne famillière luy remonstrant pourquoy elle n'en choysissoit un plus beau : « Ne sçavez-vous pas, dist-« elle, que pour bien cultiver une terre, il y faut « plus d'un laboureur, et voluntiers les plus beaux « et les plus dellicatz n'y sont pas les plus propres, « mais les plus ruraux et les plus robustes? » Un' autre dame que j'ay cogneue, qui avoit un mary fort laid et de fort mauvaise grâce, choysit un amy aussi laid que luy; et comme une sienne compaigne luy demanda pourquoy : « C'est pour mieux me r'accous-« tumer à la laideur de mon mary. »

---

1. En marge de la main de Brantôme : « J'ay encor mis ce passage à l'autre Discours des fames, comme d'autres. Quelqu'un plus curieux que moy corrigera tout cela. » — « Escrit ailleurs. » (Ms., f° 6 v°.)

2. *Esvalluer*, mettre en valeur. — 3. *Meilliorer*, améliorer.

Un' autre dame, discourant un jour de l'amour, tant de la sienne que des autres de ses compaignes, dit : « Si les femmes estoient toujours chastes, elles « ne sçauroient ce que c'est de leur contraire; » se fondant en cela sur l'opinion d'Éliogaballe, qui disoit : « que la moitié de la vie devoit estre employée « en vertus, et l'autre moitié en vices; autrement, « tousjours en un estre tout bon ou tout mauvais, « on ne sçaurait juger de son contraire, qui sert sou- « vant de tempérement¹. » J'ay veu de grands personnages aprouver ceste maxime, et mesmes pour les femmes. Aussi la femme de l'empereur Sigismond, qui s'apelloit Barbe², disoit : qu'estre tousjours en un mesme estre de la chasteté apartenoit aux sottes; et en reprenoit fort ses dames et damoyselles qui percistoient en ceste sotte opinion, ainsi que de son costé elle la renvoya bien loing; car tout son plaisir fust en festes, danses, balz et amours, en se mocquant de celles qui ne faisoient de mesmes, ou qui jusnoient pour macérer la chair, et qui faisoient des retirées. Je vous laisse à penser s'il faisoit bon en la court de cest empereur et empératrice; je dis pour ceux et celles qui aymoient l'amour.

J'ay ouy parler d'une fort honneste dame et de réputation, laquelle, venant estre mallade du mal d'amour qu'elle portoit à son serviteur, sans se voulloir donner à l'hasard de ce pettit point qu'elle portoit

---

1. Plutarque, *Héliogabale*, chap. xxvi. Brantôme a copié la traduction d'Amyot.

2. Barbe, fille d'Hermann, comte de Cilley, seconde femme de l'empereur Sigismond, morte en 1415.

entre ses jambes, à cause de ceste grande loy d'honneur tant recommandée et preschée des marys, et, d'autant que de jour en jour elle alloit bruslant et asseichant, de sorte qu'en un rien elle se veid devenir seiche, maigre, allanguie, tellement que, comme paravant elle s'estoit veue fresche, grasse, en bon poinct, et puis toute changée par la cognoissance qu'elle en fit dans son mirrouer : « Comment, « dist-elle lors, seroit-il donc dit qu'à la fleur de « mon aage, et qu'à l'apettit d'un léger poinct d'hon- « neur et vollage scrupulle pour retenir par trop « mon feu, je vinse ainsi peu à peu à me seicher, « me consommer et venir vieille et laide avant le « temps, ou que j'en perdisse le lustre de ma beauté, « qui me faisoit estimer, priser et aymer; et qu'au « lieu d'une dame de belle chair je devinse une car- « casse, ou plustost une anotomie[1], pour me faire « bannyr et me faire mocquer en toute bonne com- « paignie, et[2] estre la risée d'un chascun. Non, je « m'en garderay bien, mais je m'ayderay des remè- « des que j'ay en ma puissance. » Et par ce, tout ainsi qu'elle le dit, elle l'exécuta, et, se donnant, à elle et à son amy, contentement, reprint son enbonpoint et devint belle comme devant, sans que le mary sceust le remède dont elle avoit usé, mais l'attribuant aux médecins, qu'il remercioit et honnoroit fort, pour l'avoir ainsi remise à son gré pour en faire mieux son proffit.

J'en ay ouy parler d'un' autre bien grande, de fort

---

1. *Anotomie*, pièce d'anatomie.
2. Le reste de la phrase manque dans le manuscrit.

bonne humeur, et qui disoit bien le mot, laquelle estant malladive, son médecin luy dist un jour qu'elle ne se trouveroit jamais bien si elle ne le faisoit; elle soudain respondit : « Et bien ! faisons-le donc. » Le médecin et elle s'en donnarent ensemble joye au cœur et au corps. Un jour, elle luy dist : « On dit « partout que vous me le faites ; mais c'est tout un, « puisque je me porte bien ; » et franchissoit toujours le mot gallant qui commance par f. « Et tant que je « pourray je le fairay, puisque ma santé en dé- « pend. »

Ces deux dames ne ressembloient pas ceste honneste dame de Pampellonne, que j'ay dit encores cy-devant[1], qui est dans les *Cent Nouvelles* de la reyne de Navarre, laquelle, estant esperduement amoureuse de M. d'Avannes, ayma mieux cacher son feu, le couver dans sa poictrine qui en brusloit, et mourir, que de faillir à son honneur. Mais de ce j'en ay ouy discourir là-dessus à quelques honnestes dames et seigneurs. C'estoit une sotte, et peu songneuse du sallut de son âme, d'antant qu'elle-mesme se donnoit la mort, qui estoit en sa puissance de l'en chasser, et pour peu de chose. Car enfin, comme se disoit un antien proverbe françois : « D'une herbe de pré « tondue, et d'un c.. f...., le dommage en est bientost « rendu. » Et qu'est-ce, amprès que tout cela est fait ? La besoigne, comme d'autres, amprès qu'elle est faicte, s'en parest-elle devant le monde ? La dame en va-elle plus mal droicte ? y cognoit-on rien ? Cela s'entant quand on besoigne à couvert, à huys clos, et

---

1. Voyez plus haut, p. 211.

que l'on n'en void rien. Je voudrois bien sçavoir si beaucoup de grandes que je cognois, car ce sont en elles que l'amour va plustost loger (comme dit ceste dame de Pampelonne : c'est aux grands portaux que battent les grands vents), laissent à marcher la teste haut eslevée, ou en ceste court ou ailleurs, et parestre braves comme une Bradamante ou une Marfise. Et qui seroit celluy tant présumptueux qui osast leur demander si elles en viennent? Leurs marys mesmes (vous dis-je), au moins aucuns, ne leur oseroient pas dire, tant elles sçavent bien se contrefaire et se tenir en leur marche altière : et si ces marys (aucuns) pensent leur en parler ou menasser, ou outrager de parolles ou d'effect, les voylà perdus; car, encor qu'elles n'eussent songé aucun mal contre eux, elles se jettent aussitost à la vengeance, et la leur rendent bien; car il y a un proverbe ancien qui dit que : « quand et aussitost « que le mary bat sa femme, son c.. en rit. » Cella s'apelle qu'il espère faire bonne chère, cognoissant le naturel de sa maistresse qui le porte, et qui, ne pouvant se venger d'autres armes, s'ayde de luy pour son segond et grand amy, pour donner la venue au gallant de son mary, quelque bonne garde et veille qu'il en fasse auprès d'elle.

Car, pour parvenir à leur but, le plus souverain remède qu'elles ont c'est d'en faire leurs plainctes entre elles-mesmes, ou à leurs femmes et filles de chambre, et puis les gaigner ou à faire des amis nouveaux, si elles n'en ont poinct, ou, si elles en ont, pour les faire venir aux lieux assignez; elles font la garde que le mary ou autre ne les surprenne. Or ces dames gaignent leurs filles et femmes, et les cor-

rompent par argent, par présens, par promesses ; et
bien souvant aucunes composent et contractent avec
elles, à sçavoir que leur dame et maistresse, de
trois venues que l'amy leur donnera, la servante
en aura la moitié ou au moins le tiers. Mais le
pis est, que bien souvant les maistresses trompent
les servantes en prenant tout pour elles, s'excusant
que l'amy ne leur en a pas plus donné, ains si petite
portion qu'elles-mesmes n'en ont pas eu prou pour
elles ; et paissent ainsi de bayes ces paouvres fillaudes et femmes servantes, cependant qu'elles sont en
sentinelle et font bonne garde : en quoy il y a de
l'injustice ; et croy que si ceste cause estoit plaidoyée
par des raisons d'un costé et d'autres alléguées, il y
auroit bien à rire et à débatre ; car enfin c'est vray
larcin de leur desrober ainsi leur sallaire et pention
congreue. D'autres dames y-a-il qui tiennent fort
bien le pache et la promesse, et ne leur en desrobent
rien pour en estre mieux servyes et secourues, et
font comme les bons facteurs de bouctiques, qui font
juste part de leur gain et proffit du tallant à leur
maistre ou compaignon, et, par ainsi, telles dames
méritent d'estre très-bien servies pour estre si bien
recognoissantes de telles peines, veilles et gardes, car
enfin elles se mettent en danger et hasard ; comme
d'une que j'en sçay, qui, faisant un jour le guet cependant que sa maistresse estoit en sa chambre avec
son amy et faisoit gode[1] chère, et qui ne chaumoient
point, le maistre d'hostel du mary la reprist et la
tansa aigrement de ce qu'elle faisoit, et qu'il valloit

1. *Gode*, pour *gute*, bonne ; les éditions portent *grande*.

mieux qu'elle fust avec sa maistresse que d'estre ainsi maquerelle et faire la garde au dehors de sa chambre, et un si mauvais tour au mary de sa maistresse; dont il dist qu'il l'en advertiroit. Mais la dame le gaigna par le moyen d'un' autre de ses filles de chambre, de laquelle il estoit amoureux, luy promettant quelque chose par les prières de sa maistresse, et aussi qu'elle luy fit quelque présent, dont il fut apaisé. Toutesfois depuis elle ne l'ayma jamais et luy garda bonne; car, espiant une occasion prise à la vollée, le fit chasser à son mary.

Je sçay une belle et honneste dame, laquelle ayant une servante en qui elle avoit mis son amitié et luy faisoit de bon bien, mesmes luy usoit de grandes privautez, et l'avoit très-bien dressée à telles menées; si bien que quelquesfois, quand elle voyoit le mary de ceste dame longuement absent de sa maison, empesché ou à la court ou en autre voyage, bien souvant ell' arregardoit sa maistresse en l'habillant, qui estoit des plus belles et plus aymables, et puis disoit : « Hé ! n'est-il pas bien malheureux, ce mary, d'avoir « une si belle femme et la laisser ainsi seule si long- « temps sans la venir voir? Ne mérite-il pas que vous « le faictes cocu tout à trac? Vous le devez; car si « j'estois aussi belle que vous, j'en fairois autant à « mon mary, s'il demeuroit autant absent. » Je vous laisse à penser si la dame et maistresse de ceste servante trouvoit goust à ceste noix, mesmes si elle n'avoit pas trouvé chaussures à son pied, et desquelles après elle en pouvoit faire par le moyen d'un si bon instrument.

Or, y a-il des dames qui s'aident de leurs servantes

pour couvrir leurs amours, et que[1] leurs marys ne s'en aperçoivent, et leur mettent en mains leurs amans, pour les entretenir et les tenir pour serviteurs, affin que soubz ceste couverture et pour dire tousjours, si les marys les treuvent dans la chambre de leurs femmes, qu'ilz sont là pour estre serviteurs de telles ou de telles damoyselles : et, soubz ce prétexte, la dame a un très-beau moyen pour jouer son jeu, et le mary n'en cognoistre rien.

J'ay cogneu un fort grand prince qui se mit à faire l'amour à une dame d'atour d'une grand'princesse, seullement pour sçavoir les secretz des amours de sa maistresse, et pour y mieux après parvenir.

J'en ay veu jouer prou en ma vie de ces traictz, mais non pas de la façon que faisoit une honneste dame de par le monde, que j'ay cogneu, laquelle fut si heureuse d'estre servie de trois braves et gallans gentilzhommes, l'un après l'autre, lesquelz, la laissant, venoient à aymer et servir une très-grand' dame[2], si bien qu'elle rencontra là-dessus gentiment : qu'elle les façonnoit et les dressoit par si belles leçons et façons, que venans à servir ceste grande princesse[3], ilz en estoient mieux apris et façonnez ; et pour aller si haut, il falloit servir premièrement les moindres, pour ne faillir devant les plus grandes ; car pour venir et monter aux grands degretz, il faut monter par les pettitz, comme l'on void en tous artz et toutes sciences.

1. *Et que*, et pour que.
2. Entre *grand* et *dame* les mots suivants ont été biffés : *princesse qui était sa*.
3. Le mot *princesse* est biffé sur le manuscrit.

Ce luy estoit un très-grand honneur et plus qu'une que je sçay, laquelle, estant à la suitte d'une grand' dame mariée, ainsi que ceste grande dame fut surprise dans sa chambre par son mary, lorsqu'elle ne venoit que recevoir ung petit poulet de papier de son amy, vint à estre si bien scondée par ceste soubzdame, qu'elle prist le poullet finement, et l'avala tout entier d'un morceau, sans en faire deux ny sans que le mary s'en aperceust, qui l'en eust très-mal traictée s'il eust veu le dedans : ce qui fut une très-grande obligation de service ; laquelle la grand' dame a tousjours recogneu.

Je sçay bien des dames pourtant qui se sont trouvées mal pour s'estre trop fiées à leurs servantes, et d'autres aussi mal pour ne s'y estre point fiées. J'ay ouy parler d'une dame belle et honneste, qui avoit prins et choysy un gentilhomme des braves, vaillans et accomplys de la France, pour luy donner jouissance et plaisir de son gentil corps. Elle ne s'en voulut jamais fier à pas une de ses femmes, et le rendezvous ayant esté donné en un logis tiers il fut dit et concerté qu'il n'y auroit qu'un lict en la chambre, et que ses femmes coucheroient en l'antichambre. Comme il fut arresté, ainsi fut-il joué. Et d'autant qu'il se trouva une chatonnière[1] à la porte, sans y penser et sans y avoir préveu que sur le coup, advisarent de la boucher avec une aisse[2] affin que, si on la venoit pousser, qu'elle fist bruict, et qu'on l'entendist, et qu'ilz fissent silence et y pourveussent. L'une de ses femmes, doubtant qu'il y avoit anguille soubz roche,

---

1. *Chatonnière*, chatière. — 2. *Aisse*, ais.

et faschée et dépitée de quoy sa maistresse se deffioit d'elle, qu'elle tenoit pour la plus confidante des siennes, ainsi qu'elle luy avoit souvantesfois monstré, elle s'advise, quand sa maistresse fut couchée, de faire le guet à estre aux escoutes à la porte. Elle l'oyoit bien gazouiller tout bas, mais elle cogneut bien que ce n'estoit point la lecture qu'ell' avoit accoustumé, quelques jours avant, faire en son lict, avec sa bougie, pour mieux collorer son fait. Sur ceste curiosité qu'ell' avoit de sçavoir mieux le tout, se présenta une occasion très-bonne et fort à propos : car, estant entré par cas un jeune chat dans la chambre, elle le prist avec ses compaignes, et le fourre et le pousse par la chattonnière en la chambre de sa maistresse, non sans abattre l'aisse qui la tenoit fermée, ny sans faire bruict. Si bien que l'amant et l'amante, en estant en cervelle, se misrent en sursaut sur le lict, et advisarent, à la lueur de leur flambeau et bougie, que c'estoit un chat qui estoit entré et fait tumber la trape. Par quoy, sans autrement s'en donner peine, se recoucharent, voyant qu'il estoit tard et qu'un chascun pouvoit dormir, et ne refermarent pourtant ladite chattonnière, la laissant ouverte pour donner passage au retour du chat, qu'ilz ne vouloient laisser léans renfermé toute la nuict. Sur ceste belle occasion, ladicte soubz-dame avec ses compaignes, eut moyen de voir choses et autres de leur maistresse, lesquelles despuis révellarent au mary, d'où s'ensuivit la mort de l'amant et l'escandalle de la dame. Voylà que sert un despit et une mesfiance que l'on prend quelquesfois des personnes, qui nuist bien souvant autant que la trop grande confiance ; ainsi que je sçay d'ung très-grand [1], qui fut une fois à mesmes de prendre toutes les filles de chambre de sa fame, qui estoit une honeste et [2] belle dame, et les faire gesner, pour luy confesser tous ses desportemens et les services qu'elles luy faisoient en ses amours. Mais ceste partie pour le coup fut rompue, pour esviter plus grand scandalle. Le [3] premier conseil vint d'une dame que je ne nommeray pas, qui vouloit mal à ceste grande dame : Dieu l'en punit amprès.

Pour venir à la fin de nos femmes, je conclus par qu'il n'y a que pour les femmes mariées pour en tirer de bonnes denrées, et prestement ; car elles sçavent si bien leur mestier, que les plus fins et les plus hautz hupez de marys y sont trompez. J'en ay dit assez au chapitre des cocuz et fames mariées où l'on y trouvera de bons contes sans en parler plus pour le coup.

Par quoy, suivant l'ordre de Boccace, nostre guide en ce discours, je viens aux filles, lesquelles, certes, il faut advouer que de leur nature, pour le commancement, sont très-crainctives et n'osent abandonner ce qu'elles tiennent très-cher, pour les continuelles persuasions et recommandations que leur font leurs pères et mères, frères, parants et maistresses, avec les menaces très-rigoureuses ; si bien que, quand elles en auroient toutes les envies du monde, elles s'en chastrent le plus qu'elles peuvent, et aussi qu'elles ont pœur que ce meschant ventre les accuse aussitost, sans lequel elles mangeroient de bons morceaux. Mais

---

1. Les mots *très-grand* sont biffés sur le manuscrit.
2. Il y avait d'abord : *une très-favorite*.
3. Cette phrase est biffée sur le manuscrit.

toutes n'ont point ce respect ; car, fermant les yeux à toutes considérations, elles y vont hardiment, non la teste baissée, mais très-bien renversée : en quoy elles errent grandement, d'autant que l'escandalle d'une fille débauchée est très-grand, et d'importance mille fois plus que d'une mariée ny d'une vefve ; car elle, ayant perdu ce beau thrésor, en est scandalisée, vilipendée, monstrée au doigt de tout le monde, et perd de très-bons partis de mariage, encor que j'en aye bien cogneu plusieurs qu'il y a heu tousjours quelque malotru qui, ou volontairement, ou à l'improviste, ou esciemment, ou ignoramment, ou bien par contraincte, se soit allé jetter entre leurs jambes et les espouser, comme j'ay dit ailleurs, toutes tarrées qu'elles estoient, encores bien aises.

J'en ay cogneu force de ceux et de celles-là qui ont passé par là, mesmes une qui fort escandaleusement se laissa aller et engroisser à un prince de par le monde[1], et sans cacher ny mettre ordre à ses couches ; et estant descouverte, elle ne respondoit sinon : « Qu'y sçaurois-je faire ? il ne m'en faut point blas« mer, ny ma faute, ny la poincte de ma chair, mais « ma trop lante[2] prévoyance : car, si je fusse estée « bien fine et bien advisée, comme la pluspart de « mes compaignes, qu'y ont fait autant que moy, « voire pis, mais qui très-bien ont sceu remédier à « leurs groisses[3], et à leurs couches, je ne fusse pas

---

1. C'est encore l'histoire du prince de Condé et de Mlle de Limeuil.

2. On lit dans le manuscrit : *trop peu lante ;* ce qui est évidemment une faute. Les éditions portent : mon trop peu de prévoyance.

3. *Groisses,* grossesse.

« maintenant en ceste peine, et n'y eust-on rien
« cogneu. » Ses compaignes, pour ce mot, luy en
voulurent très-grand mal; si fut-elle renvoyée hors
de la troupe par sa maistresse[1], qu'on disoit pourtant
que sadite maistresse luy avoyt commandé d'obéir
aux volluntez dudit prince; car ell' avoit affaire de
luy et le gaigner. Au bout de quelque temps, elle ne
laissa pour cela à trouver un bon party et se marier
très-richement; duquel mariage en est sorty une très-
belle lignée. Voylà pourquoy, si ceste paouvre fille
fust esté rusée comme ses compaignes ou autres, cela
ne luy fust arrivé; car, certes, j'ay veu en ma vie des
filles en cela aussi rusées et fines que les plus antien-
nes femmes mariées, voire jusques à estre très-bonnes
et rusées maquerelles, ne se contentants de leur bien,
mais en pourchassoient à autruy.

Ce fut une fille en nostre court qui invanta et fit
jouer ceste belle commédie intitulée *le Paradis d'a-
mour*, dans la salle de Bourbon, à huys clos, où il
n'y avoit que les commédians et commédiantes, qui
servoient de joueurs et d'espectateurs tout ensemble.
Ceux qui entendent l'histoire m'entendent bien. [Elle
fut] jouée par six personnages de trois hommes et
trois femmes; l'un estoit prince, qui avoit sa dame
qui estoit grande, mais non pas trop aussi; toutesfois
il l'aymoit fort : l'autre estoit un seigneur, et celluy
jouoit avec la grand' dame, qui estoit de riche matière : le troisiesme estoit gentilhomme, qui s'appa-
rioit avec la fille qu'il espousa aprez; car, la gallante
qu'ell' estoit! elle vouloit jouer son personnage aussi

---

1. Catherine de Médicis.

bien que les autres. Aussi coustumièrement l'auteur d'une commédie joue son personnage ou le prologue, comme fit celle-là, qui certes, toute fille qu'ell' estoit, le joua aussi bien, ou possible mieux que les mariées. Aussi avoit-elle veu son monde ailleurs qu'en son païs, et, comme dit l'Espaignol, *rafinada en Secobia,* raffinée en Ségobie, qui est un proverbe en Espaigne, d'autant que les bons draps se raffinent en Ségobie.

J'ay ouy parler et raconter de beaucoup de filles, qui, en servant leurs dames et maistresses de Dariolettes, vouloient aussi taster de leurs mourceaux. Telles dames souvant aussi sont esclaves de leurs damoyselles, craignans qu'elles ne les descouvrent et publient leurs amours, comme j'ay dit cy-devant. C'estoit une fille à qui j'ouys dire un jour : que c'estoit une grand' sottise aux filles de mettre leur honneur à leur devant, et que si les unes sottes en faisoient escrupulle, qu'elle n'en daigneroit faire, et qu'en tout cela il n'y a que l'escandalle : mais la mode de tenir son cas secret et caché rabille tout; et ce sont des sottes et indignes de vivre au monde, qui ne s'en sçavent ayder et la pratiquer.

Une dame espaignolle, pensant que sa fille apréhendast le forcement du premier lict nuptial, et y allant, se mit à l'exhorter et persuader que ce n'estoit rien, et qu'elle n'y auroit point de doulleur, et que de bon cœur elle voudroit estre en sa place pour le luy faire mieux à cognoistre; la fille respondit : *Bezo las manos, señora madre, de tal merced, que bien la tomarè yo por mì* : « grand mercy, ma mère, d'un « si bon office, que moy-mesme je me le fairay « bien. »

J'ay ouy raconter d'une fille de très-haut lignage, laquelle s'en estant aydée à se donner du plaisir, on parla de la maryer vers l'Espaigne. Il y eut quelcun de ses plus secretz amis qui luy dit un jour en jouant : qu'il s'estonnoit fort d'elle, qui avoit tant aymé le levant, alloit naviger vers le couchant et occidant (parce que l'Espaigne est vers l'occidant); la dame luy respondit : « Ouy, j'ay ouy dire aux mariniers qui « ont beaucoup voyagé, que le navigage du levant « est très-plaisant et agréable; et que j'ay pratiqué « souvant par la boussole que je porte ordinairement « sur moy; mais je m'en ayderay, quand je seray en « l'occidant, pour aller droit au levant. » Les bons interprettes sçauront bien interpretter ceste allégorie et deviner sans que je la glose. Je vous laisse à penser par ces motz si ceste fille avoit tousjours dit ses heures de Nostre-Dame.

Un' autre que j'ay ouy nommer, laquelle ayant ouy raconter des merveilles de la ville de Venise, de ses singularitez, et de la liberté qui régnoit pour toutes personnes, et mesmes pour les putains et courtisannes : « Ha! mon Dieu! dist-elle à une de ses compai- « gnes; pleut-il à luy que nous eussions fait porter « tout nostre vaillant là par lettre de banque, et que « nous y fussions pour faire ceste vie courtisanesque, « plaisante et heureuse, à laquelle tout autre ne sçau- « roit aprocher, quant bien nous serions emperières « de tout le monde! » Voylà un plaisant souhait et bon. Et de fait, je croy celles qui veulent faire ceste vie ne sçauroient estre mieux que là.

J'aymerois autant un souhait que fit une dame du temps passé, laquelle se faisant raconter à un paouvre esclave eschapé de la main des Turcz des tourmens et maux qu'ilz luy faisoient et à tous les autres paouvres chrestiens, quand ilz les tenoient, celluy qui avoit esté esclave luy en raconta assez, et de toutes sortes de cruautez. Elle s'advisa de luy demander ce qu'ilz faisoient aux femmes. « Hélas! madame, dist-il, ils « leur font tant cela qu'ilz les en font mourir. » — « Pleut-il doncques à Dieu, respondit-elle, que je « mourusse par la foy ainsi martire! »

Trois grandes dames, dont une estoyt fille, estoient ensemble un jour, que je sçay, qui se misrent sur des souhaitz. L'une dit : « Je voudrois avoir un tel pom- « mier qui produisit tous les ans autant de pommes « d'or comme il produit de fruict naturel. » Un' au- tre : « Je voudrois qu'un tel pré me produisit autant « de perles et pierreries comme il fait de fleurs. » La tierce, qui estoit fille : « Je voudrois avoir une fue[1] « dont les trous me valussent autant que celluy d'une « telle dame[2], favorite d'un tel roy, que je ne nom- « meray point; mais je voudrois que mon trou fust « visité de plus de pigeons que n'est le sien. »

Ces dames ne ressembloient pas une dame espai- gnolle dont la vie est escrite dans l'histoire d'Hes- paigne, laquelle, un jour que le grand Alfonce, roy d'Arragon, faisoit son entrée dans Sarragosse, se vint jetter à genoux devant luy et luy demander justice. Le roy, ainsi qu'il la vouloit ouïr, elle demanda luy parler à part, ce qu'il luy octroya : et, s'estant plaincte de son mary, qui couchoit avec elle trente deux fois tant de jour que de nuict, qu'il ne lui don-

---

1. *Fue* ou *fuie*, colombier. — 2. Diane de Poitiers.

noit patience, ny cesse ny repos, le roy, ayant envoyé querir le mary et sceu qu'il estoit vray, ne pensant point faillir puisqu'elle estoit sa femme, le conseil de Sa Magesté assemblé sur ce fait, le roy arresta et ordonna qu'il ne la toucheroit que six fois; non sans s'esmerveiller grandement, dist-il, de la grande challeur et puissance de cest homme, et de la grande froideur et continance de ceste femme, contre tout le naturel des autres (dit l'histoire), qui vont à joinctes mains requérir leurs marys et autres hommes pour en avoir, et se douloir quand ilz donnent aux autres ce qui leur apartient.

A ceste dame n'estoit pas ressemblante une fille, damoiselle de maison, laquelle, le lendemain de ses nopces, racontant à aucunes de ses compaignes ses advantures de la nuict passée : « Comment! dist-elle, « et n'est-ce que cela? Comme j'avois entendu dire « à aucunes de vous autres, et à d'autres femmes, et « à des hommes, qui font tant des braves et des gal- « lans, et qui en promettent montz et merveilles, « ma foy, mes compaignes et amies, cest homme » (parlant de son mary), « qui faisoit tant de l'eschauffé « amoureux, et du vaillant, et du si bon courreur « de bague, pour toutes courses n'en a fait que « quatre, ainsi que l'on court ordinairement trois « pour la bague, et l'autre pour les dames : encor « entre les quatre y a-il fait plus de poses qu'il n'en « fut hier au soir fait au grand bal. » Pensez que puisqu'elle se plaignoit de si peu, elle en vouloit avoir la douzaine : mais tout le monde ne ressemble pas le gentilhomme espaignol.

Et voylà comme elles se mocquent de leurs marys;

ainsi que fit une, laquelle, au commancement et premier soir de ses nopces, ainsi que son mary la vouloit charger, elle fit de la revesche et de l'opiniastre fort, à la charge. Mais il s'advisa de luy dire que, s'il prenoit son grand poignard, qu'il y auroit bien autre jeu, et qu'il y auroit bien à crier; de quoy elle, craignant ce grand dont il la menassoit, se laissa aller aussitost : mais ce fut elle qui le lendemain n'en eut plus peur, et, ne s'estant contentée du petit, luy demanda du premier abord où estoit ce grand dont il l'avoit menassée le soir avant. A quoy le mary respondit qu'il n'en avoit point, et qu'il se mocquoit; mais qu'il falloit qu'il se contentást de si peu de provision qu'il avoit sur luy. Alors elle dit : « Est-ce « bien fait cela, de se mocquer ainsi des paouvres et « simplettes filles? » Je ne sçay si l'on doit apeler ceste fille simple et niaise, ou bien fine et rusée, qui en avoit tasté paravant. Je m'en raporte aux diffiniteurs.

Bien plus estoit simple un' autre fille [1], laquelle s'estant plaincte à la justice que un gallant l'ayant prise par force, et luy enquis sur ce fait, il respondit : « Messieurs, je m'en raporte à elle s'il est vray, « et si elle n'a pris mon cas et l'a mis de sa main « propre dans le sien. — Ha ! messieurs, dit la fille, « il est bien vray cela, mais qu'il ne l'eust fait? car, « amprès qu'il m'eut couchée et troussée, il me mit « son cas roide et poinctu comme un baston contre « le ventre, et m'en donnoit de si grands coups que

---

1. Cette histoire est tirée de la XXVe nouvelle des *Cent Nouvelles nouvelles*.

« j'eus peur qu'il me le perçast et m'y fist un trou.
« Damè! je luy pris alors et le mis dans le trou qui
« estoit tout fait. » Si cette fille estoit simplette, ou
le contrefaisoit, je m'en raporte[1].

Je vous fairay deux contes de deux femmes mariées, simples comme celle-là, ou bien rusées, ainsi qu'on voudra. Ce fut d'une bien très-grande dame que j'ay cogneu, laquelle estoit très-belle, et pour ce fort désirée. Ainsi qu'un jour un très-grand prince la requist d'amour, voire l'en sollicitoit fort, en luy promettant de très-belles et grandes conditions, tant de grandeurs que de richesses pour elle et pour son mary, tellement qu'elle, oyant telles douces tentations, y presta assez doucement l'oreille; toutesfois du premier coup ne s'y voulut laisser aller, mais, comme simplette, nouvelle et jeune mariée, n'ayant encor bien veu son monde, vint descouvrir le tout à son mary et luy demander avis si elle le fairoit. Le mary luy respondit soudain : « Nenny, ma
« mie. Jésus! que pensez-vous faire, et de quoy me
« parlez-vous? d'un infâme traict à jamais irréparable pour vous et pour moy. — Hà! mais, mon-
« sieur, répliqua la dame, vous serez aussi grand, et
« moi si grande, qu'il n'y aura rien à redire. » Pour fin, le mary ne voulut dire ouy; mais la dame, qui commança à prendre cœur par après et se faire habille, ne voulut perdre ce party, et le prist avec ce prince et avec d'autres encores, et renonçant à sa sotte simplicité. J'ay ouy faire ce conte à un, qui le

---

1. Sous-entendu : à ce qui en est. On retrouve encore cette locution dans la correspondance de Mme de Sévigné.

tenoit de ce grand prince et l'avait ouy de la dame, à laquelle il luy en fit la réprimande, et qu'en telles choses il ne falloit jamais s'en conseiller au mary, et qu'il y avoit autre conseil en sa court.

Ceste dame estoit aussi simple, ou plus, qu'un'autre que j'ay ouy dire, à laquelle un jour un honneste gentilhomme présentant son service, assez près de son mary, qui entretenoit pour lors de devis un'autre dame, il luy vint mettre son espervier, ou, pour plus clairement parler, son instrument entre les mains, et le print, et, le serrant fort estroictement et se tournant vers son mary, luy dist : « Mon mary, « voyez le beau présent que me fait ce gentilhomme; « le recepvray-je? dictes-le-moy. » Le pauvre gentilhomme, estonné, retiré son espervier de si grande rudesse, que rencontrant une poincte de diamant qu'elle avoit au doigt, le luy esserta de telle façon d'un bout à l'autre, qu'il le cuyda perdre du tout, et non sans grandes doulleurs, voire en danger de la vie, ayant sorty la porte assez hastivement, et arrousant la chambre du sang qui dégouttoit partout. Mais le mary ne courut après luy pour luy faire aucun outrage pour ce subgect; seullement s'en mit fort à rire, tant pour la simplicité de sa paouvre femmellette que le beau présent produit; aussi qu'il en estoit assez puny.

Si[1] faut-il que je face ce conte de village, car il n'est point mauvays : une fillaude villagoyse, ainsin qu'on la menoyt espouser à l'église aveq le tabou-

---

1. Ce qui suit jusqu'à : *Voylà des filles et femmes*, manque dans les éditions et a été rajouté en marge par Brantôme.

rin et la flûte, et belle cérymonie, par cas ell'entrevint son amoureux de fillolage, auquel escriant dist : « Adieu, adieu, Pierre (car ainsin s'apelloyt-il), « j'en.... [1]. Vous ne me le ferez plus. Ma mère m'a « mariée, » en disant le mot tout à trac. La naïfveté y estoyt aussy bonne que le regret qu'elle pouvoyt avoyr du passé.

Parlons en d'un autre, puysque nous sommes sur le village : une belle jeune fille menant vendre une charge du boys au marché; en luy demandant combien, et ainsin que tousjours l'alloyt augmantant sur l'ofre des marchandeurs qui luy dysoient : « Vous au- « rez cela et le f.... sur [2] le marché. — Bien vous sert, « dist-elle, d'avoyr dit ce mot; car vous... [3].

Voylà des filles et femmes fort simples, lesquelles, et aucunes de leurs semblables (car il y en a assez), ne ressemblent à plusieurs et un' infinité qu'il y en a au monde, qui sont plus doubles et fines que celles-là, qui ne demandent conseil à leurs marys, ny qui leur monstrent telz présens qu'on leur fait.

J'ay ouy racompter en Espaigne d'une fille, laquelle la première nuict de ses nopces, ainsi que son mary s'efforçoit et s'affanoit [4] de forcer sa forteresse, non sans se faire mal, elle se mit à rire et luy dire : *Señor, bien es razon que seays martyr, pues que io soy virgen; mas pues que io tomo la paciencia, bien la podeys tomar* : « Seigneur, c'est bien raison que vous

---

1. Je n'ai pu lire le mot suivant à moitié rogné par le relieur.
2. *Sur*, pardessus. — 3. Le reste est à peu près illisible.
4. *S'affaner*, se fatiguer; de l'espagnol *afanar*. On disait aussi *ahanner*.

« soyez martyr puisque je suis vierge; mais d'autant
« que je prens patience, vous la pouvez bien pren-
« dre. » Celle-là, en revanche de l'autre qui s'estoit
mocqué de sa femme, se mocquoit bien de son
mary; comme certes plusieurs filles ont raison de
s'en moquer à telle nuict, mesmes quand elles ont
sceu paravant ce que c'est, où l'ont apris d'autres,
ou d'elles-mesmes s'en sont doubtées et imaginées ce
grand poinct de plaisir qu'elles cuydent très-grand
et perdurable.

Un'autre Espaignolle qui, le lendemain de ses
nopces, racontant les vertuz de son mary, en dist
plusieurs, « fors, dit-elle, *que no era buen contador
aritmetico, porque no sabia multiplicar* : « Qu'il n'es-
« toit point bon conteur aritmétitien, parce qu'il ne
« sçavoit pas multiplier. »

Une fille de bon lieu et de bonne maison (que j'ay
cogneue et ouy parler), le soir de ses nopces, qu'un
chascun estoit aux escoutes à l'accoustumée, comme
son mary luy eust livré le premier assaut, estant un
peu sur son repos, non pas du dormir, luy demanda
si elle en voudroit encores; gentiment elle luy respondit : « Ce qu'il vous plaira, monsieur. » Pensez
qu'à telle responce le gallant mary devoit bien estre
estonné et froter l'oreille.

Telles filles qui disent telles sornettes si promptement après les nopces, pourroient bien donner de
bons martelz à leurs pauvres marys et leur faire accroire qu'ilz ne sont les premiers qui ont mouillé
l'ancre dans leur fond, ny les derniers qui la mouil-
leront; car il ne faut poinct doubter que, qui ne
s'efforce et ne se tue à sapper sa femme, qu'elle ne

s'advise à luy faire porter les cornes, ce disoit un ancien proverbe françois : « Et qui ne la contente « pas, [elle] va ailleurs cercher son repas. » Toutesfois, quand une femme tire tout ce qu'elle peut de l'homme, elle l'assomme, c'est-à-dire qu'il en meurt; et c'est un dire ancien : qu'il ne faut tirer de son amy ce qu'on voudroit bien, et qu'il le faut espargner ce que l'on peut; mais non pas le mary, duquel il en faut tirer jusques à l'os. Et voylà pourquoy, dit le reffrain espaignol, *que el primero pensamiento de la muger, luego que es casada, es de embiudarse* : « Le premier pensement de la femme mariée est de « songer à se faire vefve. » Ce reffrain n'est pas général, comme j'espère le dire ailleurs, mais il n'est que pour aucunes.

Il y a de certaines filles qui ne pouvans tenir longuement leurs challeurs, ne s'adonnent aisément qu'aux princes et aux seigneurs, qui sont gens fort propres pour les esbranler, tant pour leurs faveurs que pour leurs présens, et aussi pour l'amour de leurs gentillesses, car enfin tout est beau et parfait en eux, encor qu'ils fussent des fatz, comme j'en ay veu. D'autres y a qui ne les recherchent, et fuyent grandement, à cause qu'ilz ont un peu la réputation d'estre escandaleux, grands vanteurs, et peu secretz et causeurs; aymans mieux des gentilzhommes sages et discretz, desquelz pourtant le nombre est rare; et bien heureuse pourtant est celle-là qui en rencontre et en treuve. Mais, pour obvier à tout cela, elles choysissent (au moins aucunes) leurs valletz dont les aucuns sont beaux, d'autres non, comme j'en ay cogneu qui l'ont fait; et si n'en faut pas prier longuement leurs ditz valletz : car, les levant, couchant, déshabillant, chaussant, deschaussant et leur baillant leurs chemises, comme j'ay veu beaucoup de filles à la court et ailleurs qui n'en faisoient aucune difficulté ny scrupulle, il n'est pas possible qu'eux, voyant beaucoup de belles choses en elles, n'en eussent des tentations, et plusieurs d'elles qu'elles ne le fissent exprès; si bien qu'après que les yeux avoient fait bien leur office, il falloit bien que d'autres membres du corps vinsent à faire le leur.

J'ay cogneu une fille de par le monde, belle s'il en fut onc, qui rendit son vallet compaignon d'un grand prince qui l'entretenoit, et qui pensoit estre le seul heureux et jouissant ; mais le vallet en cela marchoit au pair avec luy ; aussi l'avoit-elle bien sceu choisir, car il estoit très-beau et de très-belle taille; si bien que, dans le lict ou bien à la besoigne, on n'y eust cogneu aucune différance. Encor le vallet en beaucoup de beautez il emportoit le prince, auquel telles amours et telles privautez furent incogneues jusques à ce qu'il la quicta pour se marier; et pour ce n'en traicta plus mal le vallet, mais se plaisoit fort le voir; et quand il le voyoit en passant, il disoit seullement : « Est-il possible que cest homme soit esté mon cor-« rival? Ouy, je le crois, car, osté ma grandeur, il « m'emporte d'ailleurs. » Car il avoit mesme nom que le prince ; et fut très-bon tailleur, et des renommez de la court; si bien qu'il n'y avoit guières filles ou femmes qu'il n'abillast quand elles vouloient estre bien habillées. Je ne sçait s'il les habilloit de la mesme façon qu'il habilloit sa maistresse, mais elles n'estoient point mal.

J'ay cogneu une fille de bonne maison, qui, ayant un lacquais de l'aage de quatorze ans, et en ayant fait son bouffon et plaisant, parmy ses bouffonneries et plaisanteries, elle faisoit autant de difficulté que rien à se laisser baiser, toucher et taster à luy, aussi privément que si ce fust esté une femme, et bien souvant devant le monde, excusant le tout, en disant qu'il estoit fol et plaisant bouffon. Je ne sçay s'il passoit outre, mais je sçay bien que despuis, et mariée et vefve, et remariée, elle a esté une très-insigne putain. Pensez qu'elle alluma sa mesche en ce premier tison, si bien qu'elle ne luy faillit jamais après en ses autres plus grandes fougades et plus hautz feux. J'avois bien demeuré un an à voir ceste fille; mais quand je la vis en ses privautez devant sa mère, qui avoit la réputation d'estre l'une des plus faintes et prétendues prudes femmes de son temps, qui en rioit et en estoit bien aise, je présageay aussitost que de ce petit jeu l'on viendroit au grand, et à bon esciant, et que la damoyselle seroit un jour quelque bonne fripe-sauce, comm'elle fut.

J'ay cogneu deux sœurs d'une fort bonne maison de Poictou[1], et filles, desquelles on parloit estrangement, et d'un grand lacquais basque qui estoit à leur père, lequel, soubz l'ombre qu'il dansoit très-bien, non-seullement le branle de son païs, mais tous autres, et les menoit danser ordinairement, mesmes les y aprenoit, il les fit dancer, et leur aprist aprez le branle des putains, et en furent assez gentiment escandalisées : toutesfois ne laissarent à estre

1. Les mots *de Poictou* ont été rayés sur le manuscrit.

bien mariées, car elles estoient riches ; et sur ce nom de richesse on n'y advise rien, on prend tout, et fust-il encores plus chaud et plus ardant. J'ay cocogneu ce basque despuis gentil soldat et de brave façon, et qui monstroit bien avoir fait le coup. On luy donna congé, pour fuyr l'escandale, et fut soldat des gardes de la corronelle de M. d'Estrozze.

J'ay cogneu aussi un'autre maison de par le monde, et grande, d'où la dame faisoit proffession de nourrir en sa compaignie d'honnestes filles, entr'autres des parentes de son mary ; et d'autant que la dame estoit fort malladive et subgette aux médecins et apoticaires, il en y abordoit[1] ordinairement léans ; et par ce aussi que les filles sont subgettes à malladies comme à pasles coulleurs, mal de la furette, fiebvres et autres, il avint que deux entr'autres tumbarent en fiebvre carte : un apoticaire les eut en charge pour les penser. Certes, il les pensoit de ses drogues de la main et de médecines ; mais la plus propre fut qu'il coucha avec une (maraud qu'il fut), car il eut affaire avec une aussi belle et honneste fille de la France, et de laquelle un grand roy s'en fust très-dignement contenté ; et falut que ce monsieur l'apoticaire luy mist ceste paille sous le ventre. J'ay cogneu la fille, qui certes méritoit d'autre assaillant ; et fut après bien mariée ; et telle qu'on la donna pucelle, telle la trouva-on. En quoy pourtant je treuve qu'elle fut bien fine ; car, puisqu'elle ne pouvoit tenir son eau, elle s'adressa à celluy qui luy donnoit les antidotes pour engarder d'engroisser, car c'est ce que les filles

---

1. Il faut peut-être lire : *abondoit*.

craignent les plus : dont en cela il y en a de si expertz qui leur donnent des drogues qui les engardent très-bien d'engroisser ; ou bien, si elles engroissent, leur font escouller leur groisse si subtillement et si sagement, que jamais on ne s'en aperçoit, et n'en sent-on rien que le vent ; ainsi que j'en ay ouy parler d'une fille, laquelle avoit estée autresfois nourrie fille de la feue reyne de Navarre Marguerrite première. Elle vint par cas fortuit, ou à son escient, à engroisser, sans qu'elle y pensast pourtant. Elle rencontra un sublin apoticaire, qui, luy ayant donné un breuvage, luy fit évader son fruict, qui avoit desjà six mois, pièce par pièce, mourceau par mourceau, si aisément, qu'estant à ses affaires jamais elle n'en sentit ny mal ny doulleur ; et puis après se marya gallantement, sans que le mary y cogneust aucune trace. Quel habille médecin ! car on leur donne des remèdes pour se faire parestre vierges et pucelles comme devant, aisi que j'en ay allégué au chapitre des cocuz, et un que j'ay ouy dire à un empirique ces jours passez : qu'il faut avoir des sangsues et les mettre à la nature, et s'en faire par là tirer et succer le sang, lesquelles sangsues, en succant, laissent et engendrent de petites empoules et fistulles plaines de sang ; si bien que le gallant mary, qui vient le soir des nopces les assaillir, leur crève ces empoulles dont le sang en sort, et elle s'ensanglante, qui est une grande joye à l'un et à l'autre ; et par ainsi, *l'onor della citadella è salvo*[1]. Je trouve ce remède bon et souverain, s'il est vray ; et s'il

---

1. L'honneur de la citadelle est sauf.

n'est bon, il y en a cent d'autres qui sont meilleurs, ainsi que les sçavent très-bien ordonner, invanter et apliquer ces messieurs les médecins, sçavans et expertz apoticaires. Voylà pourquoy ces messieurs ont ordinairement de très-bonnes et belles fortunes, car ilz sçavent blesser et remédier, ainsi que jadis fit la lance de Peleus[1].

J'ay cogneu cest apoticaire dont je viens de parler ast'heure, duquel faut que je die ce petit mot en passant, que je le vis à Genève la première fois que fus en Italie, parce que pour lors ce chemin par là estoit commun pour les François, et par les Suisses et Grisons, à cause des guerres. Il me vint voir à mon logis. Soudain je luy demanday ce qu'il faisoit en ceste ville, et s'il estoit là pour médeciner les belles filles, comme il avoit fait en France. Il me respondit qu'il estoit là pour en faire la pénitence. « Comment! ce dis-je, est-ce que vous n'y mangez « de si bons morceaux comme là ? — Ha ! monsieur, « me réplicqua-il, c'est parce que Dieu m'a apellé « et que je suis illuminé de son esprit, et que j'ay « maintenant la cognoissance de sa saincte parolle. « — Oui, luy dis-je, et de ce temps là si estiez-vous « de la relligion, et si vous mesliez de médeciner « les corps et les âmes, et preschiez et instruisiez les « filles. — Mais, monsieur, je recognois ast'heure « mieux mon Dieu, répliqua-il encores, qu'alors, et ne « veux plus pécher. » Je tais force autres propos que nous eusmes sur ce subjet, tant sérieusement qu'en riant; mais ce maraud jouist de ce boucon, qui estoit

---

[1]. *De Peleus*, lisez : du fils de Pélée, Achille.

bien plus digne d'un gallant homme que luy. Si est-
ce que bien luy servit de vuider de ceste maison de
bonn'heure, car mal luy en eust pris. Or laissons
cela. Que maudit soit-il, pour l'hayne et envie que
je luy porte, ainsi que M. de Ronsard parloit à un
médecin qui venoit plustost voir sa maistresse soir
et matin, pour luy taster son tetin, son sein, son
ventre, son flanc et son beau bras, que pour la médeciner de la fiebvre qu'ell' avoit; dont il en fit un
très-gentil sonnet, qui est dans son second livre des
Amours[1], qui s'accomance :

> Hé! que je porte et de hayne et d'envie
> Au médecin qui vient soir et matin,
> Sans nul propos, tastonner le tétin,
> Le sein, le ventre et les flancs de ma mye.

Je porte de mesme une grande jalousie à un médecin qui faisoit traictz pareilz à une belle grande
dame que j'aymois, et de qui je n'avois telle et pareille privauté, et l'eusse plus désirée qu'un petit
royaume. Telles gens certes sont extrêmement bien
venus des filles et dames, et y acquièrent de belles
advantures, quand ilz les veulent rechercher. J'ay
cogneu deux médecins à la court, qui s'apelloient,
l'un, M. Castellan[2], médecin de la reyne mère, et
l'autre, le seigneur Cabrian, médecin de M. de Nevers, et qui avoit esté à Ferdinant de Gonzague. Ilz
ont eu tous deux des rencontres d'amour, à ce qu'on

1. C'est la pièce XLVII du livre.
2. Honoré Castellan, mort au siége de Saint-Jean-d'Angely
en 1569.

disoit, que les plus grands de la court se fussent donnez au diable, par manière de parler, pour estre leurs corrivaux.

Je devisois un jour, le feu baron de Vitaux et moy, avecq M. Le Grand, un grand médecin de Paris, de bonne compaignie et de bon advis, luy estant venu voir ledit baron qui estoit mallade des affaires d'amour; et tous deux l'interrogeant sur plusieurs propos et négotiations des dames, ma foy, il nous en conta bien, et nous en fit une douzaine de contes qui levoient la paille; et s'y enfonça si avant, que, l'heure de neuf heures venant à sonner, il nous dit, en se levant de la chaire où il estoit assis : « Vray-
« ment, je suis plus grand fol que vous autres, qui
« m'avez retenu icy deux bonnes heures à bague-
« nauder avec vous autres, et cependant j'ay oublié
« six ou sept mallades qu'il faut que j'aille voir : » et
nous disant à Dieu, part et s'en va, non sans nous dire, après que nous luy eusmes dit : « Vous autres,
« messieurs les médecins, vous en sçavez et en faites
« de bonnes, et mesmes vous, monsieur, qui en
« venez parler comme maistre. » Il respondit en baissant la teste : « Semond[1]! semond! ouy, ouy,
« nous en sçavons et en faisons de bonnes, car nous
« sçavons des secretz que tout le monde ne sçait pas;
« mais ast'heure que je suis vieux, j'ay dit à Dieu
« à Vénuz et à son enfant. Meshuy, je laisse cela à
« vous autres qui estes jeunes. »

Un' autre espèce de gens y a-il, qui a bien gasté des filles quand on les met à aprendre les lettres,

---

1. *Semond*, pour ça-mon, oui, vraiment.

sont estez leurs précepteurs; et le sont quand ilz veulent estre meschans : car, leur faisans leçons, estans seulz dans une chambre ou dans leur estude, je vous laisse à penser quelles commoditez ilz y ont, et quelles histoires, fables et contes ilz leur peuvent alléguer à propos pour les mettre en challeur, et, lorsqu'ilz les voyent en telles altères et apétitz, comment ilz vous sçavent prendre l'occasion au poil.

J'ay cogneu une fille de fort bonne maison, et grande vous dis-je, qui se perdit et se rendit putain pour avoir ouy raconter à son maistre d'escolle l'histoire, ou plutost la fable de Tyrézias; lequel, pour avoir essayé l'un et l'autre sexe, fut esleu juge par Jupiter et Junon, sur une question entre eux deux, assavoir : qui avoit et sentoit plus de plaisir au coït et acte vénérien, ou l'homme ou la femme? Le juge député jugea contre Junon que c'estoit la femme; dont elle, de despit d'avoir esté jugée[1], rendit le paouvre juge aveugle et luy osta la veue. Il ne se faut esbayr si ceste fille fut tentée pour un tel conte; car, puisqu'elle oyoit dire souvant, ou à de ses compaignes, ou à d'autres femmes, que les hommes estoient si ardantz après cela, et y prenoient si grand plaisir, que les femmes, veu la sentence de Tyrézias, en devoient bien prendre davantage; et, par conséquent, il le faut esprouver, disent-elles. Vrayement, telles leçons se devoient bien faire à ces filles! n'y en a-il pas d'autres? Mais leurs maistres diront qu'elles veulent tout sçavoir, et que, puisqu'elles sont à l'es-

---

1. *Jugée*, condamnée.

tude, si les passages et histoires se rencontrent qui ont besoing d'estre explicquées (ou que d'elles mesmes s'expliquent), il faut bien leur expliquer et leur dire sans sauter ou tourner le feuillet ; et, s'ilz le tournent et en[1] demandent la raison et qu'ilz disent que c'est un passage sallaud, soudain en deviennent plus curieuses de le sçavoir, et en pressent si fort leur maistre qu'il leur explique ; ainsin qu'est leur naturel de désirer ce qui leur est deffandu ou ce que l'on ne leur veut dire. Combien de filles estudiantes se sont perdues lisant ceste histoire que je viens de dire et celle de Biblis, de Caunus[2], et force d'autres pareilles, escrites dans la *Métamorphose* d'Ovyde, jusques au livre de l'*Art d'aymer* qu'il a fait ; ensemble une infinité d'autres fables lascives, et propos lubricques d'autres poëtes, que nous avons en lumière, tant françois, latins, que grecz, italiens, espaignolz ! Aussi, dit le reffrain espaignol, *de una mula que haze hin, y de una hija que habla latin, libera nos Domine*[3]. Et Dieu sçait, quand leurs maistres veulent estre meschans, et qu'ilz font de telles leçons à leurs disciples, comment ilz les sçavent saugrener[4] et donner la sauce, que la plus pudicque du monde s'y lairoit aller. Sainct Augustin mesmes, en lisant le quatriesme des *Æneides,* où sont contenues les amours et la mort de Didon, ne s'en esmeut-il pas de compassion, et

1. Et qu'elles en demandent.
2. Il y a *Camus* dans le manuscrit.
3. D'une mule qui fait *hin*, et d'une fille qui parle latin, délivrenous, Seigneur.
4. *Saugrener*, assaisonner.

s'en adouloura[1]? Je voudrois avoir autant de centaines d'escus comme il y a eu des filles, tant du monde que de relligieuses, qui se sont jeadis esmeues, pollues et dépucellées par la lecture des *Amadis de Gaule*. Je vous laisse à penser que pouvoient faire les livres grecz, latins et autres, glosés, commantez et interprettez par leurs maistres, fins renardz et corrompuz, meschans garnimantz, dans leurs chambres secrettes et cabinetz, parmy leurs oysivettez.

Nous lisons en la vie de sainct Louys, dans l'histoire de Paoul Æmile[2], d'une Marguerite, contesse de Flandres, sœur de Jehanne, fille du premier Baudouin, empereur des Grecz, et luy succéda, d'autant qu'elle n'eut point d'enfans, dit l'histoire : on luy bailla en sa première jeunesse un précepteur apellé Guillaume, homme de saincte vie estimé et qui avoit desjà pris quelques ordres de prebstrise, qui néaumoingtz ne l'empescha de faire deux enfans à sa disciple, qui furent apellez Jehan et Baudouin, si secrettement que peu de gens s'en aperceurent, lesquelz furent après pourtant aprouvez légitimes du pape. Quelle sentence et quel pédagogue ! Voyez l'histoire.

J'ay cogneu une grand' dame à la court, qui avoit la réputation de se faire entretenir à son diseur[3] et faiseur de leçons; si bien que Chicot, bouffon du roy[4], luy en fit un jour le reproche publiquement

---

1. *Adoulourer*, affliger. Voyez S. Augustin, *Confessions*, liv. I, chap. XIII.
2. Liv. VII, 1550, in-f°, p. 153.
3. Peut-être faudrait-il lire *liseur*. — 4. Henri III.

devant Sa Magesté et force autres personnes de sa court, luy disant si elle n'avoit pas de honte de se faire entretenir (disant le mot) à un si laid et vilain masle que celluy-là, et si elle n'avoit pas l'esprit d'en choysir un plus beau. L'assistance s'en mit fort à rire et la dame à plorer, ayant opinion que le roy avoit fait jouer ce jeu; car il estoit coustumier de faire jouer ces esteufz[1]. Autres très-grandes dames et grandes princesses j'ay cognu, qui tous les jours s'amusant en leur cabinet à fayre escrire, ou contrefayre[2], pour mieux dyre, en faysoyent de bonnes aveq leur segrétayres que j'ay cognu, et quant ne les apelloyent pour escrire, n'en ayant subjet, les faysoyent lire pour mieux colorer le tout, disant que lire elles-mesmes leur afoyblissoyt la veue.

Ces dames, qui font telles ellections de telles manières de gens, ne sont nullement excusables, mais bien fort blasmables, d'autant qu'elles ont leur libéral arbitre, et toutes franches sont plaines de leurs libertez et commoditez pour faire tel chois qu'il leur plaist. Mais les paouvres filles qui sont subgettes esclaves de leurs pères et mères, parens et tuteurs, et maistresses, et crainctives, sont contrainctes de prendre toutes pierres quand elles les trouvent, pour mettre en œuvre, et n'adviser s'il est froid ou chaud, ou rosty ou boully : et par ce, scelon que l'occasion se rencontre, se servent le plus souvent de leurs valletz, de leur maistre d'escolle et

1. *Esteufz*, balle du jeu de paume. La fin de l'alinéa a été rajoutée en marge par Brantôme.
2. *Ou contrefayre*, c'est-à-dire : ou à en faire semblant.

d'estude, de ces bastisseurs d'académyes, des joueurs
de luth, des viollons, des apreneurs de dances, des
peintres, bref de ceux desquelz elles aprennent des
exercices et sciences, voire d'aucuns prescheurs religieux et moynes [1], comme en parle Boccace et la reyne
de Navarre en ses *Nouvelles;* comme font aussi des
pages, comme j'en ay cogneu, et des lacquais, des comédians [2], desquelz j'ay cogneu deux filles à la court,
amoureuses de deux et jouyssantes de quelques-uns;
des poëtes aussy, que j'ay cognu aussy aucuns avoyr
desbauché de belles filles, fames et veufves; car
telles personnes ayment fort les sacrifices des louanges, et sur ce, elles sont atrapées, enfin de tous ceux
qu'elles treuvent à propos, et peuvent atraper. Les
solliciteurs de procez sont aussi fort dangereux. Et
voylà pourquoy le mesme Boccace, et autres avecques luy, trouvent que les filles sont plus constantes en amour et plus fermes que les femmes et
vefves, d'autant qu'elles ressemblent les personnes
qui sont sur l'eau dans un bateau qui vient à s'enfoncer : ceux qui ne sçavent nager nullement se viennent à prendre aux premières branches qu'ilz peuvent acrocher, et les tiennent fermement et opiniastrément jusques à ce qu'on les soit venus
secourir; les autres, qui sçavent bien nager, se
gettent dans l'eau, et bravement nagent jusques à ce
qu'elles en ayent attaint la rive : tout de mesmes
les filles, aussitost qu'elles ont attrapé un servi-

---

1. Brantôme a biffé les douze mots qui suivent; nous les avons rétablis à cause de la mention de Boccace quelques lignes plus bas.

2. Les six lignes suivantes sont rajoutées en marge.

teur, le tiennent et le gardent fermement, lequel elles ont premier choysy, tellement qu'elles ne le veulent désemparer, et l'ayment constamment, de peur qu'elles ont de n'avoir leur liberté et commodités d'en pouvoir recouvrer un autre comm'.elles voudroient; au lieu que les femmes mariées ou vefves, qui sçavent les ruses d'amour et qui sont expertes, et en ont leurs libertez et commoditez de nager dans toutes eaux sans danger, prennent tel party que leur plaist; et si elles se faschent d'un serviteur ou le perdent, en sçavent aussitost prendre un nouveau ou en recouvrent deux; car à elles, pour un perdu deux recouvertz. D'avantage, les paouvres filles n'ont pas les moyens, ny les biens, ny les escus, pour faire des acquestz tous les jours de nouveaux serviteurs; car c'est tout ce qu'elles peuvent donner à leurs amoureux, que quelques petites faveurs de leurs cheveux, ou petites perles, ou grains, ou bracelletz, quelques petites bagues ou escharpes; et autres petitz menuz présens qui ne coustent guières ; car, quelque fille, comme j'ay veu, grande, de bonne maison et riche héritière qui soit, elle est tenue si court en ses moyens, ou de ses père, mère, parens et tuteurs, qu'elle n'a pas les moyens de les départir à son serviteur ny deslier guières largement sa bource, si ce n'est celle du devant : et aussi que d'elles-mesmes elles sont avares, quand ce ne seroit que ceste seule raison qu'ils font estre honne, qu'elles n'ont guières de quoy pour eslargir[1]; car la libéralité consiste et dépend du tout des moyens ; au lieu que

---

1. *Eslargir*, faire des largesses.

les femmes et vefves peuvent disposer de leurs moyens fort librement, quand elles en ont : et mesmes quand elles ont envie d'un homme, et qu'elles s'en viennent enamouracher et encapricher, elles vendroient et donneroient jusques à leur chemise, plustost qu'elles n'en tastassent; à manière des friands et de ceux qui sont subjetz à leur bouche, quand ilz ont envie d'un bon morceau, faut qu'ilz en tastent, quoy qu'il leur couste au marché. Les paouvres filles ne sont de mesmes, lesquelles, selon qu'elles le rencontrent, ou bon ou mauvais, il faut qu'elles s'y arrestent.

J'en alléguerois une infinité d'exemples de leurs amours et de leurs divers appettitz et bizarres jouissances; mais je n'aurois jamais finy, et aussi que ces contes n'en vaudroient rien si on ne les nommoit et par nom et par surnom, ce que je ne veux faire pour tout le bien du monde, car je ne les veux escandaliser, et j'ai protesté de fuir en ce livre tout escandale, car on ne me sçauroit reprocher d'aucune mesdisance. Et pour alléguer des contes et en taire les noms, il n'y a nul mal, et j'en laisse à deviner au monde les personnes dont il est question; et bien souvent en penseront l'une, qui en sera l'autre.

Or, tout ainsi que l'on void des bois de telle et diverse nature, que les uns bruslent tous vertz, comme est le fresne, le fayan[1], et d'autres, qui auroient beau à estre secz, vieux et taillez de longtemps, comme est l'hourmeau, le vergne[2] et d'autres, ne bruslent qu'à toutes les longueurs du monde; force

---

1. *Fayan*, hêtre. — 2. *Vergne*, aune.

autres, comme est leur général naturel de tous bois
secz et vieux, bruslent en leur seicheresse et vieillesse
si soudainement, qu'il semble qu'il soit plustost consommé et mis en cendre que bruslé : de mesme sont
les filles, les femmes et les vefves : les unes, dès lors
qu'elles sont en la verdeur de leur aage, bruslent aisément et si bien, qu'on diroit que dès le ventre de
leur mère elles en raportent la challeur amoureuse et le
putanisme; ainsi que fit la belle Lays de la belle Ty-
mandre, sa putain de mère très-insigne, [et] cent mille
autres qui tiennent en cela de leurs bonnes vesses de
mères, jusques-là qu'elles n'attendent pas seullement
l'aage de maturité, qui peut estre à douze ou treize
ans, qu'elles montent en amour, mays plus tost; ainsi
qu'il advint n'y a pas douze ans à Paris, d'une fille
d'un pastissier, laquelle se trouva grosse en l'aage de
neuf ans; si bien qu'estant fort mallade de sa groisse,
son père en ayant porté de l'urine au médecin, ledit
médecin dist aussitost qu'elle n'avoit autre malladie,
sinon qu'elle estoit grosse. « Comment! respondit le
« père, monsieur, ma fille n'a que neuf ans. » Qui
fut esbay? ce fut le médecin. « C'est tout un, dist-il,
« pour le seur, ell' est grosse. » Et l'ayant visitée de
plus près, il la trouva ainsi; et ayant confessé avec
qui elle avoit heu affaire, son gallant fut puny de
mort par la justice; pour avoir eu affaire à elle en un
aage si tendron, et l'avoir faite porter si jeunement.
Je suis bien marry qu'il m'ait falu apporter cest exemple et le mettre icy, d'autant qu'il est d'une personne
privée et de basse condiction, pour ce que j'ay delli-
béré de ne chaffourer mon papier de si pettites personnes, mais de grandes et hautes.

Je me suis un peu extravagué de mon desseing; mais, parce que ce conte est rare et inusité, j'en seray excusé; et aussi que je ne sçache point tel miracle advenu (j'entends pour avoyr été mis en évidance) à nos grandes dames d'estat, que j'aye bien sceu, ouy bien qu'en tel aage et de neuf, de dix, de douze et treize ans, elles ayent porté et enduré fort aysément le masle, soit en fornication, soit en mariage, comme j'en alléguerois plusieurs exemples de plusieurs desvirginées en telles enfances, sans qu'elles en soient mortes, non pas seullement pasmées du mal, sinon du plaisir.

Sur quoy il me souvient d'un conte d'un gallant et brave seigneur s'il en fut onc, lequel est mort; et, se plaignoit un jour de la capacité de la nature des filles et femmes avec lesquelles il avoit négotié. Il disoit qu'à la fin il seroit contraint de rechercher les filles enfantines, et quasi sortans hors du berceau, pour n'y sentir tant de vague en si plaine mer, comme il avoit fait avec les autres, et pour plus à plaisir nager à un destroit. S'il eust adressé ces parolles à une grande et honneste dame que je cognois, elle luy eust fait la mesme responce qu'elle fist à un gentilhomme de par le monde, qui, luy faisant une mesme complaincte, elle luy respondit : « Je ne sçay qui se doit plustost
« plaindre, ou vous autres hommes de nos capacitez
« et amplitudes, ou nous autres femmes de vos petitesses et minuitez[1], ou plustost pettites menues
« menuseries; car il y a autant à se pleindre en vous
« autres que vous en nous. Que si vous portiez vos

---

1. *Minuité*, exiguité.

« mesures pareilles à nos callibres, nous n'aurions
« rien à nous reprocher les uns aux autres. »

Celle-là parloit par vraye raison ; et c'est pourquoy une grande dame, un jour à la court, regardant et contemplant ce grand Herculez de bronze qui est en la fontaine de Fontainebleau, elle estant tenue soubz les bras par un honneste gentilhomme qui la conduisoit, elle luy dist que c'est Herculez, encor qu'il fust très-bien fait et représenté, si n'estoit-il pas si bien proportionné de tous ses membres comme il falloit, d'autant que celluy du mitan estoit par trop petit et par trop inégal, et peu correspondant à son grand collosse de corps. Le gentilhomme luy respondit qu'il n'y trouvoit rien à dire de ce qu'elle disoit, d'autant qu'il falloit croire que de ce temps les dames ne l'avoient si grand comme du temps d'aujourd'huy.

Une très-grand' dame et princesse[1] ayant sceu que quelques-uns avoient imposé son nom à une grosse et grande collovrine, elle demanda pourquoy. Il y en eut un qui respondit : « C'est par ce, madame,
« qu'elle a le callibre plus grand et gros que les au-
« tres. »

Si est-ce pourtant qu'elles y ont trouvé assez remèdes, et en treuvent tous les jours assez pour rendre leurs portes plus estroictes, sarrées et plus mal-aisées d'entrées ; dont les aucunes en usent, et d'autres non ; mais nonobstant, quand le chemin y est bien battu et frayé souvant par continuelles habitations et fréquentations, ou passages d'enfans, les ouvertures de plusieurs en sont tousjours plus grandes et plus lar-

---

1. Catherine de Médicis ; voyez tome VII, p. 373, 374.

ges. Je me suis un peu là perdu et desvoyé; mais puisque ç'a esté à propos il n'y a point de mal, et retourne à mon chemin.

Plusieurs autres filles y a-il lesquelles laissent passer ceste grand' tendreur et verdeur de leurs ans, et en attendant les plus grandes maturitez et seicheresses, soit ou qu'elles sont de leur nature très-froides à leur commancement et advènement, car il y en a et s'en treuve, soit ou qu'elles soient tenues de court, comme il est bien nécessaire à aucunes; car, comme dit le reffrain espaignol, *viñas e niñas son muy malas a guardar*; « les vignes et les filles sont fort difficiles « à garder, » que pour le moins quelque passant pays ou séjournant n'en taste et mesmes quand elles commencent à sentyr la pointe se lever comme le.....[1]; aucunes y a-il aussi qui sont immobilles, que tous les aquilons et ventz d'un hyver ne sçauroient esmouvoir ny esbranler. Autres y a si sottes, si simples, si grossières et si ignares, qu'elles ne voudroient pas ouyr nommer seullement ce nom d'amour; comme j'ay ouy parler d'une femme qui faisoit de l'austère et réformée, que, quand elle entendoit parler d'une putain, elle en esvanouissoit soudain; et ainsi qu'on faisoit ce conte à un grand seigneur devant sa femme, il disoit : « Que « ceste femme ne vienne donc point céans; car si elle « esvanouist pour ouïr parler des putains, elle mourra « tout à trac céans pour en voir. »

Il y a pourtant des filles que, lorsqu'elles accommancent un peu à sentir leur cœur, elles s'y aprivoi-

---

1. Les douze mots qui précèdent ont été rajoutés en marge par Brantôme. Ils sont suivis de deux autres que je n'ai pu lire.

sent si bien, qu'elles viennent manger aussitost dans la main. D'autres sont si dévottes et conscientieuses, craignans tant les commandemens de Dieu nostre souverain, qu'elles renvoyent bien loing celluy d'amour. Mais pourtant en ay-je veu force de ces dévottes et patenostrières mangeuses d'images, et citadines ordinaires des églises, qui, soubz ceste hypocrisie, elles couvoient et cachoient leurs feuz, affin que, par telz faintz et faux semblans, le monde ne s'en aperceust, et les estimast très-prudes, voire à demy sainctes comme une saincte Catherine de Sienne, mais bien souvant ont trompé le monde et les hommes, ainsi que j'ay ouy raconter d'une grand' princesse, voire reyne[1], qui est morte, laquelle, quand elle voulloit attaquer quelcun d'amours (car elle y étoit fort subjette), elle accommançoit ses propos toujours par l'amour de Dieu que nous luy devons, et soudain les faisoit tumber sur l'amour mondain, et sur son intention qu'elle en voulloit à celluy auquel elle parloit, dont par après elle en venoit au grand œuvre, ou, pour le moins, à la quinte essence. Et voylà comme nos dévoctes, ou plustost bigottes, nous trompent; je dis ceux-là qui, peu rusez, ne cognoissent leur vie.

J'ay ouy faire un conte, je ne sçay s'il est vray; mais un de ces ans, se faisant une procession générale à une ville de par le monde, se trouva une femme, soit grande ou petite, en piedz nudz et en grand' contrition, faisant de la marmiteuse plus que dix, et c'estoit en caresme. Au partir de là, elle s'en alla dis-

---

1. Les mots *princesse, voire reyne* sont biffés sur le manuscrit. Il s'agit probablement de Marguerite d'Angoulême.

ner avec son amant d'un cartier de chevreau et d'un jambon : la senteur en vint jusques en la rue : on monte en haut, on la treuva en telle magnifficence. Elle fut prise et condempnée de la pourmener par la ville avec son cartier d'aigneau en la broche sur l'espaulle et le jambon pendu au col. N'estoit-ce pas bien employé de la punir de ceste façon?

D'autres dames y en a. qui sont superbes, orgueilleuses, qui desdaignent et le ciel et la terre par manière de dire, qui rabrouent les hommes et leurs propos amoureux, et les rechassent loing; mais à telles il faut user de temporisement seulement et de patience et de continuation, car avec tout cela et le temps vous les avez et les mettez soubz vous à l'humillité, estant le propre de la gloire et superbetté, après avoir fait assez des siennes et monté bien haut, descendre et venir au rabais. Et mesmes à ces glorieuses, lesquelles bien souvant en ay-je veu aucunes, après avoir bien desdaigné l'amour et ceux qui leur en parloient, s'y ranger et l'aymer, jusques à espouser aucuns qui estoient de basse condiction et nullement à elles en rien pareils. Ainsi se joue Amour d'elles et les punit de leur outre-cuydance, et se plaist de s'attaquer à elles plustost qu'à d'autres, car la victoire en est plus glorieuse, puisqu'elle surmonte la gloire.

J'ay cogneu d'autresfois une fille à la court, si altière et si desdaigneuse, que, quand quelque habile et gallant homme la venoit accoster et la taster d'amour, elle luy respondoit si orgueilleusement, et en si grand mespris de l'amour, par parolles si rebelles et arrogantes (car elle disoit des mieux), que plus on n'y retournoit : et si, par cas fortuit, quelquefois on la vouloit accoster et s'y prendre, comment elle les renvoyoit et rabrouoit, et de la parolle, et de gestes, avec mines dédaigneuses; car elle estoit très-habille. Enfin l'amour la surprist et la punist, et se laissa si bien aller à un, qui[1] l'engroissa quelques vingt jours avant qu'elle se mariast; et si pourtant cet un n'estoit nullement comparable à force autres honnestes gentilshommes qui l'avoient voulue servir. En cela il faut dire avec Horace : *sic placet Veneri*[2]; « ainsi il plaist à Vénus; » et ce sont de ses miracles.

Il me vint en fantaisie une fois à la court d'y servir une belle et honneste fille, habille s'il en fut onc, de fort bonne maison, mais glorieuse et fort haute à la main, dont j'en estois amoureux extrêmement. Je m'advisay de la servir et araisonner aussi arrogamment comme elle me pouvoit parler et respondre; car, à brave brave et demy. Elle ne s'en sentit pour cela nullement intéressée, car, en la menant de telle façon, je la louois extrêmement, d'autant qu'il n'y a rien qui amollisse plus un cœur dur d'une dame, que la louange autant de ses beautez et perfections que de la superbetté; voire lúy disant qu'elle luy siézoit très-bien, veu qu'elle ne tenoit rien du commun, et qu'une fille ou dame, se rendant par trop privée et commune, ne se tenant sur un port altier et sur une réputation hautaine, n'estoit pas bien digne d'estre servie; et pour ce, je l'en honnorois davantage, et

---

1. *Qui*, qu'il.
2. La citation est inexacte; Horace a dit :
   Sic visum Veneri
   (*Odes*, liv. I, 33, vers 10.)

que je ne la voulois jamais apeller autrement que ma *gloire*. En quoy elle se pleust tant, qu'elle me voulut aussi apeller son *arrogant*.

Continuant ainsi toujours; je la servis longuement; et si me peux vanter que j'euz part en ses bonnes grâces autant ou plus que grand seigneur de la court qui la voulust servir; mais un très-favory du roy, brave certes et vaillant gentilhomme, me la ravit, et par la faveur de son roy me l'embla et l'espousa. Et pourtant, tant qu'elle a vescu, telles alliances ont tousjours duré entre nous deux, et l'ay tousjours très-honnorée. Je ne sçay si je seray repris d'avoir fait ce conte, car on dit volluntiers que tout conte fait de soy n'est pas bon; mais je me suis esgaré ce coup, encor que dans ce livre j'en aye fait plusieurs de moy-mesme en toutes façons, mais je tais le nom.

Il y a encor d'autres filles qui sont de si joyeuse complexion, et qui sont si follastres, si endémenées[1] et si enjouées, qui ne se mettent autres subgectz en leurs pensées qu'à songer à rire, à passer leur temps, à follastrer, qu'elles n'ont pas l'arrest d'ouir ny songer à autre chose, sinon à leurs pettitz esbatementz. J'en ay cogneu plusieurs qui eussent mieux aymé ouyr un viollon, ou danser, ou sauter, ou courir, que tous les propos d'amour : aucunes la chasse, si bien qu'elles se pouvoient plustost nommer sœurs servantes de Dianne que de Vénus. J'ay cogneu un brave et vaillant seigneur, mais il est mort, qui devint si fort perdu de l'amour d'une fille, et puis dame grande, qu'il en mouroyt; « car, disoit-il, lorsque je

---

1. *Endémené*, endiablé.

« luy veux remonstrer mes passions, elle ne me parle
« que de ses chiens et de sa chasse ; si bien que je
« voudrois de bon cœur estre métamorphosé en quel-
« que beau chien ou lévrier, où mon âme fust entrée
« dans leur corps, scelon l'opinion de Pitagoras, affin
« qu'elle se peust arrester à mon amour, et moy à me
« guérir de ma playe. » Mais après il la laissa, car il
n'estoit pas bon lacquais, ny chasseur, et ne la pouvoit suivre ny accompaigner partout où ses humeurs
gaillardes, ses plaisirs et ses esbattemens la conduisoient.

Si faut-il nocter une chose : que telles filles, après
avoir layssé leur poullinage et jetté leur gorme,
(comme l'on dit des poullins et poulines), et amprès
s'estre ainsi esbatues au pettit jeu, veullent essayer le
grand, quoy qu'il tarde ; et telles jeunesses ressemblent à celle des pettitz jeunes loups, lesquelz sont
tous jollys, gentilz et enjouez en leur poil follet ; mais,
venans sur l'eage, ilz se convertissent en mallices et
à mal faire. Telles filles que je viens de dire font de
mesmes, lesquelles, après s'estre bien jouées et passé
leurs fantaisies en leurs plaisirs et jeunesses, en chasses, en balz, en voltes, en courantes, en danses, ma
foy, amprès elles se veulent mettre à la grand' dance
et à la douce carolle[1] de la déesse d'amours. Bref,
pour faire fin finale, il ne se void guières de filles,
femmes, ou vefves que tost ou tard ne bruslent
toutes, ou en leurs saisons ou hors de leurs saisons,
comme tous bois, fors un qu'on nomme larix, duquel elles ne tiennent nullement.

1. *Carolle*, danse.

Ce larix donc est un bois qui ne brusle jamais, et ne fait feu, ny flamme, ny charbon, ainsi que Jules Cæsar en fit l'expérience [1]. Retournant de la Gaulle, il avoit mandé à ceux du Piedmond de luy fournir vivres et dresser estapes sur son grand chemin du camp. Ilz luy obéirent, fors ceux d'un chasteau apellé *Larignum*, où s'estoient retirez quelques meschans garnimens, qui fyrent des reffusans et rebelles, si bien qu'il falut à Cæsar rebrousser et les aller assiéger. Aprochans de la forteresse, il veid qu'elle n'estoit fortiffiée que de bois, dont soudain s'en mocqua, disant que soudain les auroit. Par quoy commanda aussitost d'aporter force fagotz et paille pour y mettre le feu, qui fut si grand et fit si grand' flamme, que bientost en espéroit voir la ruine et destruction; mais, après que le feu se fut consommé et la flamme disparue, tous furent bien estonnez, car ilz virent la forteresse en mesme estat qu'auparavant et en son entier, et point bruslée ny ruinée : dont il falut à Cæsar qu'il s'aydast d'autre remède, qui fut par sape, ce qui fut cause que ceux de dedans parlementarent et se rendirent; et d'eux aprist Cæsar la vertu de ce bois larix, duquel portoit nom ce chasteau *Larignum*, parce qu'il en estoit basty et fortiffié [1].

Il y a plusieurs pères, mères, parens et marys, qui voudroient que leurs filles et femmes participassent du naturel de ce bois, qui bruslassent fort sans laysser ny marque ni effect; ilz en auroient leur esprit plus

---

1. Ce conte n'a certainement pas été inventé par Brantôme; mais je ne sais où il l'a pris.

contant, et n'auroient si souvant la puce à l'oreille, et n'y auroit aussi tant de putains par aparance ny de cocus descouvers. Mais il n'en est pas de besoing ny en une façon ny autre, car le monde en demeureroit plus despeuplé, et y vivroit-on comme marbres, sans aucun plaisir ny contentement, ce disoit quelcun et quelcune je sçay, et Nature demeureroit imparfaicte, au lieu qu'ell' est très-parfaicte ; laqu'l en suivant comme un bon capitaine, nous ne faillirons jamais du bon chemin.

Or, c'est assez parlé des filles, il est raison que maintenant nous parlons de mesdames les vefves à leur tour.

L'amour des vefves est bon, aisé et proffitable, d'autant qu'elles sont en leur plaine liberté, et nullement esclaves des pères, mères, frères, parens et marys, et ny d'aucune justice, qui plus est ; et a-on beau faire l'amour à une vefve et coucher avec elle, on n'en est point puny, comme l'on est des filles et des femmes ; mesmes que les Romains, qui nous ont donné la pluspart des loix que nous avons, ne les ont jamais fait punir pour ce fait, ny en leurs corps ny en leurs biens, ainsi que je tiens d'un grand jurisconsulte, qui m'allégoit là-dessus Papinian, ce grand jurisconsulte aussi, lequel, traictant de la matière des adultaires, dit que : si quelquefois par mesgarde on avoit comprins soubz ce nom d'adultère la honte de la fille ou de la femme vefve, c'estoit abusivement parler ; et en un autre passage il dit : que l'héritier n'a nulle réprimande ou esgard sur les mœurs de la vefve du deffunt, n'estoit que le mary en son vivant eust fait apeller sa femme en justice pour cela ; car lors ledit héritier en pouvoit prendre arremens[1] de la poursuitte, et non autrement. Et, de fait, on ne trouve point en tout le droit des Romains aucune peine ordonnée à la vefve, sinon à celle qui se remarioit dans l'an de son deuil, ou qui, ne se remariant, avoit fait enfant après l'unziesme mois d'un mesme an, estimant le premier an de son vefvage estre affecté à l'honneur de son premier lict. Ce fut aussi une loy que fit Héliogobale[2], que la vefve ne se remariast d'un an après la mort du mary, affin qu'ell' eust loysir de le plourer toute l'année et de penser sogneusement d'en prendre un autre. Quelle pensée! Voylà une belle raison. Pour quant à son douaire, l'héritier ne luy eust sceu faire perdre, quand bien elle eust fait toutes les follies du monde de son corps; et en allégoit une belle raison celluy de qui je tiens cecy; car si l'héritier, qui n'a aucun pensement que le bien, en luy ouvrant la porte pour accuser la vefve de ce forfait et la priver de son dot, on l'ouvriroit tout d'une main à sa callomnie; et n'y auroit vefve, si femme de bien fust-elle, qui peust se sauver des callomnieuses poursuittes de ces gallans héritiers.

Selon ces dires, comme je voy, les dames romaines avoient bon temps et bons subjetz de s'esbatre; et ne se faut estonner si une, du temps de Marc-Aureille, ainsi qu'il se trouve en sa vie, comme elle alloit au convoy des funérailles de son mary, parmy ses plus grand crys, sanglotz, souxpirs, pleurs et lamentations, elle serroit la main si estroictement à celluy qui la

---

1. *Arremens*, errements. Voyez le *Glossaire* de Laurière.
2. Voyez Plutarque, *Héliogabale*, chap. XXIII.

tenoit et conduisoit, faisant signal par-là que c'estoit en nom d'amour et de mariage, que au bout de l'an, ne le pouvant espouser que par dispense (ainsi que fut dispensé Pompée quand il espousa la fille de Cæsar; mais elle ne se donnoit guières qu'aux plus grands et grandes)[1], il l'espousa, et cependant en tiroit tousjours de bon brins, et emprumptoit force pains sur la fournée, comme l'on dit. Ceste dame ne vouloit rien perdre, mais se pourvoyoit de bonn' heure; et, pour cela, n'en perdoit rien de son bien ny de son douaire.

Voylà comme les vefves romaines estoient heureuses, comme sont bien encores nos vefves françoises, lesquelles, pour se donner à leur cœur et gentil corps joye, ne perdent rien de leurs droitz, bien que par les parlemens il y en ayt plusieurs causes débatues; ainsi que je sçay un grand et riche seigneur de France, qui fit long-temps plaider sa belle-sœur sur son dot, luy imposant sa vie estre un peu lubrique, et quelqu' autre crime plus grief que celluy meslé parmy; mais nonobstant, elle gaigna son procez; et falut que le beau-frère la dotast très-bien, et luy donnast ce qui luy apartenoit : mais pourtant l'administration de son filz et fille luy fut ostée, d'autant qu'elle se remaria; à quoy les juges et grands sénateurs des parlemens ont esgard, ne permettant aux vefves qui convolent la tuttelle de leurs enfans; encores qu'il n'y a pas longtemps que je sçay des vefves d'assez bonne quallité qui ont emporté leurs filles mineures,

---

1. Les éditions ajoutent ces mots : *comme j'ay ouy dire à un grand personnage*, qui sont biffés sur le manuscrit.

s'estans remariées, par dessus leurs beaux-frères et autres de leurs parens ; mais aussi elles furent grandement secourues des faveurs du prince qui les entretenoit. Il n'y a loy qu'un beau c.. ne renverse. De ces subjetz meshuy je m'en despartz d'en parler, d'autant que ce n'est ma proffession, et que, pensant dire quelque chose de bon, possible ne dirois-je rien qui vaille : je m'en remetz à nos grands législateurs.

Or, de nos vefves, les unes se plaisent encor à tourner en mariage, et en ressonder encor le gué, comme les mariniers qui, sauvez de deux, trois et quatre nauffrages, retournent encor à la mer, et comme font encor les femmes mariées, qui, en leur mal d'enfans, jurent, protestent de n'y retourner jamais, et que jamais homme ne leur sera rien, mais elles ne sont pas plustost puriffiées, que les voylà encor au premier branle. Ainsi qu'une dame espaignolle, laquelle, estant en mal d'enfant, se fit allumer une chandelle de Nostre-Dame de Mont-Sarrat, qui ayde fort à enfanter, pour la vertu de ladite Nostre-Dame. Toutesfois ne laissa d'avoir de grand's doulleurs, et à jurer que jamais plus elle n'y tourneroit. Elle ne fut plustost accouchée qu'elle dist à la femme qui la luy tenoit allumée : *Serra esto cabillo de candela para otra vez;* « Sarrez ce bout de chandelle pour « un' autre fois. »

D'autres dames ne se veulent marier ; et de celles qui n'en veulent point, plusieurs y en a et y en a eu, lesquelles, venues en viduité sur le plus beau de leur aage, s'y sont contenues. Nous avons veu la reyne mère, en l'aage de trente-sept à trente-huict ans¹, estant tumbée vefve, qui s'est contenue tousjours vefve; et, bien qu'elle fust belle, bien agréable et très-aymable, ne songea pas tant seullement à un sœul pour l'espouser. Mais l'on me pourra dire aussi, qui eust-elle sceu espouser qui fust esté sortable à sa grandeur et pareil à ce grand roy Henry, son feu seigneur et mary, et qu'elle eust perdu le gouvernement du royaume, qui valloit mieux que cent marys, et dont l'entretien en estoit bien meilleur et plus plaisant? Toutesfois, il n'y a rien que l'amour ne fasse oublier; et d'autant est-elle à louer, et à estre recordée au temple de la gloire et immortallité, de s'estre vaincue et commandée, et n'avoir fait comme une reyne blanche², laquelle, ne se pouvant contenir, vint à espouser son maistre-d'hostel, qui s'apelloit le sieur de Rabaudange; ce que le roy son filz, pour le commancement, trouva fort estrange et amer; mais pourtant, parce qu'elle estoit sa mère il excusa et pardonna audit Rabaudange pour l'avoir espousée, en ce que, le jour, devant le monde, il la serviroit tousjours de maistre d'hostel, pour ne priver sa mère de sa grandeur et magesté, et la nuict elle en fairoit ce qu'elle en voudroit, s'en serviroit, ou de vallet ou de maistre, remettant cela à leur discrection et voluntez et de l'un et de l'autre; mais pensez qu'il impérioit : car, quelque grande qui soit, venant là, elle est tousjours subjuguée par le supérieur, selon le

1. Catherine était née le 13 avril 1519. Elle avoit donc plus de quarante ans à la mort de son mari, arrivée le 10 juillet 1559.

2. On donnoit, comme on sait, le nom de *reine blanche* aux reines devenues veuves, parce que jusqu'au seizième siècle elles portèrent leur deuil en blanc.

droict de la nature et de la gent en cela. Je tiens ce compte du feu grand cardinal de Lorraine dernier[1], lequel le faisoit à Poissy au roy François second, lorsqu'il fit les dix-huict chevaillers de l'ordre de Sainct-Michel, nombre très-grand, non encores veu, ny jamais ouy jusques alors[2]; et, entre autres, il y eut le seigneur de Rabaudange, fort vieux, lequel on n'avoit veu de longtemps à la court, sinon à aucuns voyages de noz autres guerres, s'estant retiré un peu dès la mort de M. de Lautreq, de tristesse et de despit, comme l'on void souvant, pour avoir perdu son bon maistre, duquel il estoit capitaine de sa garde, au voyage du royaume de Naples, où il mourut; et disoit encor M. le cardinal, qu'il pensoit que ce M. de Rabaudange estoit venu et descendu de ce mariage. Il y a quelque temps qu'une dame de France espousa son page aussitost qu'elle l'eust jetté hors de page, et qui s'estoit assez contenue en viduité. Laissons[3] ces manières de veufves, parlons-en de plus hautes et sages.

Nous avons eu nostre reyne de France donna Yzabel d'Austrie, qui fut mariée au feu roi Charles neu-

---

1. Le cardinal de Lorraine n'était pas très au fait de cette histoire. Il est très-vrai que la veuve de Charles duc d'Orléans, Marie de Clèves, épousa Jean, sire de Rabodanges, capitaine de Gravelines, mais elle mourut (1487) onze ans avant que son fils Louis XII montât sur le trône.

2. Le 29 septembre 1560, François II créa vingt-deux chevaliers de l'ordre de Saint-Michel dont le Laboureur a donné les noms dans ses *Additions* aux Mémoires de Castelnau (1731, tome I, p. 365 et suivantes). Rabodanges ne figura pas parmi ces chevaliers, comme on pourrait le croire d'après le texte de Brantôme.

3. Cette phrase a été rajoutée en marge par Brantôme.

fiesme, laquelle nous pouvons dire partout avoir esté l'une des meilleures, des plus douces, des plus sages et des plus vertueuses reynes qui régnast despuis le règne de tous les roys et reynes qui ayent jamais régné; je le peux dire, et un chascun avec moy qui l'a veue ou ouye en parler, sans faire tort aux autres, et avec très-grande vérité. Elle estoit une très-belle princesse, ayant le tainct de son visage aussi beau et dellicat que dame de sa court, et fort agréable. Elle avoit la taille fort belle aussi, encores qu'elle l'eust moyenne assez. Ell' estoit très-sage aussi, très-vertueuse et très-bonne, et qui ne fit jamais mal ny desplaisir à personne quelconque, non pas l'offança de la moindre parolle du monde : aussi en estoit-elle très-sobre, ne parlant que fort peu, et tousjours son espaignol.

Elle estoit très-dévocte et nullement bigotte, ne monstrant ses dévoctions par actes extérieurs et aparantz par trop, ny trop extrêmes, comme j'en ay veu aucunes patenostrières; mais, sans faillir à ses heures ordinaires à prier Dieu, elle les y employoit très-bien, sans aller emprumpter d'autres extraordinaires. Bien est vray, ainsi que j'ay ouy raconter à aucunes de ses dames, quand ell' estoit dans le lict à part et en cachettes, ses rideaux très-bien tirés, elle se tenoit toute à genoux en chemise, et prioit Dieu une heure ou demie, battant sa poictrine, et la macéroit par très-grande dévoction. De quoy on ne s'estoit point aperceu volontiers, sinon lors que le roy Charles son mary fut mort; car, après estre couchée, et que toutes ses femmes s'estoient retirées, il y en eut une de celles qui couchoient en sa chambre, qui, l'oyant souspirer, s'advisa d'aregarder à travers le rideau, et la veid en tel estat, priant et orant Dieu de ceste façon, la continuant quasi tous les soirs; si bien que ceste femme de chambre, qui luy estoit assez famillière, s'advisa de luy remonstrer un jour qu'elle faisoit tort à sa santé. Elle se fascha contr'elle de quoy elle l'avoit descouverte et adviser, le voulant quasi nyer, et luy commanda de n'en sonner mot; et pour ce, s'en désista pour ce soir : mais la nuict elle réparoit le tout, pensant que ses femmes ne s'en apercevroyent; mais elles la voyoient et apercevoient par l'ombre de la lumière de son mortier[1] plein de cire, qu'elle tenoit allumé en la ruelle de son lict, pour lire et prier Dieu dans ses heures quelquesfois, au lieu que les autres princesses et reynes le tiennent sur leur buffet. Telles formes de prières ne tenoient rien de celles des hypochrites, qui, voulans pareistre devant le monde, font leurs prières et dévoctions publicquement, et en marmottant, affin qu'on les trouve plus dévoctes et sainctes.

Ainsi prioit nostre reyne pour l'âme du roy son mary, qu'elle regretta extrêmement, en faisant ses plainctes et regretz, non comme une dame désespérée et forcenée, faisant ses hautz crys, se deschirant la face, s'arrachant les cheveux, ny contrefaisant la femme qu'on loue pour plourer, mais se plaignant doucement, jettans ses belles et précieuses larmes si tendrement, souspirant et si doucement et bassement,

---

1. Le *mortier de veille* était un vase de métal que l'on remplissait d'eau sur laquelle on plaçait un morceau de grosse bougie jaune que l'on allumait le soir.

qu'on jugeoit bien en elle qu'elle se contraignoit en ses doulleurs, pour ne faire accroire au monde qu'elle ne vouloit faire la bonne mine et beau semblant (ainsi que j'en ay veu faire à plusieurs dames), mais n'en laissoit pourtant à sentir en son âme de grandes angoisses. Aussi un torrent d'eau qui est arresté est plus viollant que celluy qu'a son cours planier[1]. Sur quoy il me souvient que, tout durant la malladie du roy son seigneur et mary, luy gissant en son lict, et le venant visiter, soudain elle s'assioit auprès de luy, non près de son chevet, comme l'on a de coustume, mais un peu à l'escart et en sa perspective, où estant sans parler guières à luy, selon sa coustume, aussi luy à elle, tant qu'elle demeuroit là, jettoit ses yeux sur luy si fixement, que sans les retirer aucunement de dessus, vous eussiez dit qu'elle le couvoit dans son cœur, de l'amour qu'elle luy portoit; et puis on luy voyoit jetter des larmes si tendres et si secrettes, que, qui ne s'en apercevoit bien, n'y eust-on rien cogneu, essuyant ses yeux humides, faisant semblant de se moucher, qu'elle en faisoit pitié très-grande à un chascun (car je l'ay veu), pour la voir ainsi gesnée à ne descouvrir sa douleur ny son amour, et que le roy aussi ne s'en aperceust. Voylà son exercice qu'elle avoit auprès du mal de son roy; et puis se levoit et s'en alloit prier Dieu pour sa santé; car elle l'aymoit et honnoroit extrêmement, encor qu'elle le sceut d'amoureuse complexion et qu'il eust des maistresses, fust ou pour l'honneur ou pour le plaisir : mais elle ne luy en fit jamais pire chère, ny ne luy en dist pire

---

1. *Planier*, uni, sans obstacle.

parolle, supportant patiemment sa petite jalousie et le larcin qu'il luy faisoit. Elle estoit fort propre et fort digne pour luy : car c'estoit le feu et l'eau assemblez ensemble, d'autant que le roy estoit prompt, mouvant et bouillant; elle estoit froide et fort temperée.

L'on m'a conté de bon lieu, qu'après sa viduité il y eust aucunes de ses dames plus privées, qui, parmy les consolations qu'elles luy pensoient donner, il y en eut une (que, comme vous sçavez, parmy une telle grande troupe il y en a toujours quelcune mal habile), laquelle, la pensant bien gratiffier, luy dist : « Au moings, madame, si au lieu d'une fille il vous « eust laissé un filz, vous seriez ast'heure reyne mère « du roy, et vostre grandeur d'autant plus elle s'a- « grandiroit et s'affermiroit. — Hélas ! respondit-elle, « ne me tenez point ce fascheux propos. Comme si la « France n'avoit pas assez de malheurs, sans que je « luy en fusse allée produire un pour achever du tout « sa ruine; car, ayant un filz, il y eust eu plus de di- « visions, troubles et séditions pour en avoir l'admi- « nistration et curatelle durant son enfance et sa « minorité, que de là il en sortiroit plus de guerre « que jamais, et un chascun voudroit faire son prof- « fit et en tirer, en despouillant ce paouvre enfant, « comme on vouloit faire au feu roy mon mary quand « il estoit petit, sans la reyne sa mère, et sans ses bons « serviteurs qui s'y oposarent. Si je l'eusse eu, et « moy misérable j'en eusse esté cause pour l'avoir « conceu, et en eusse eu mille mallédictions du peu- « ple, duquel la voix est celle de Dieu. Voylà pour- « quoy je loue mon Dieu, et prends en gré le fruict

« qu'il m'a donné, soit pour mon pis ou soit pour
« mon mieux. »

Voylà la bonté de ceste bonne princesse à l'endroit
du païs où elle avoit estée colloquée. J'ay ouy raconter
qu'au massacre de Sainct-Barthellemy, elle, n'en sçai-
chant rien, non pas senty le moindre vent du monde,
s'en alla coucher à sa mode accoustumée ; et ne s'estant éveillée qu'au matin, on luy dist à son réveil le
beau mystère qui se jouoit. « Hélas, dist-elle soudain,
« le roy, mon mary, le sçait-il ? — Ouy, madame,
« respondit-on, c'est luy-mesme qui le fait faire. —
« O mon Dieu ! s'escria-elle, qu'est cecy ? et quelz
« conseillers sont ceux-là qui luy ont donné tel ad-
« vis ? Mon Dieu ! je te supplie et te requiers de luy
« vouloir pardonner; car, si tu n'en as pitié, j'ay
« grand'peur que ceste offance soit mal pardonnable. »
Et soudain demanda ses heures et se mit en oraisons
et prier Dieu la larme à l'œil.

Que l'on considère, je vous prie, la bonté et sagesse de ceste reyne, à n'aprouver point une telle
feste, ny le jeu qui s'y cellébra, encor qu'elle eust
grand subjet de désirer la totale extermination et de
M. l'admiral, et de tous ceux de sa relligion, d'autant
qu'ilz estoient contraires du tout à la sienne, qu'elle
adoroit et honnoroit plus que toutes choses du monde;
et, de l'autre costé, qu'elle voyoit combien ilz trou-
bloient l'estat du roy son seigneur et mary, et aussi
que l'empereur son père luy avoit bien dit, lorsqu'elle
partit d'avec luy pour s'en venir en France : « Ma
« fille, lui dist-il, vous en allez reyne en un royaume
« le plus beau, le plus puissant et le plus grand qui
« soit au monde, et d'autant vous en tiens-je très-

« heureuse ; mais plus heureuse seriez-vous si vous le
« trouviez entier en son estat, et aussi fleurissant qu'il
« a esté autresfois ; mais vous le trouverez fort dissipé,
« desmembré, divisé et fany[1], d'autant que si le roy
« vostre mary en tient une bonne part, les princes et
« seigneurs de la relligion en détiennent de leur costé
« l'autre part. » Et ainsi qu'il luy dist, ainsi le trouva-elle.

Or, estant vefve, plusieurs personnes et d'hommes
et de dames de la court des plus clairvoyans que je
sçay, eurent opinion que le roy, à son retour de
Poullouigne, l'espouseroit, encor qu'elle fust sa belle-
sœur ; mais il se pouvoit par la dispense du pape, qui
peut beaucoup en telle matière, et mesmes à l'endroit des grands, à cause du bien public qui en sort.
Et y avoit beaucoup de raisons que ce mariage se
fist, lesquelles j'ay laissé à desduire aux plus hautz
discoureurs, sans que je les allègue. Mais, entre autres, l'un estoit pour recognoistre par le mariage les
obligations grandes que le roy avoit receues de l'empereur à son retour et partance de Poullouigne ; car
il ne faut point doubter que, si l'empereur eust voulu
luy donner le moindre obstacle du monde, il n'eust
jamais peu partir ny passer, ny se conduire seurement en France. Les Poullonois le voulloient retenir,
s'il ne fust party sans leur dire à Dieu ; car les Alle-
mans le guetoient de toutes partz pour l'attraper
(comme fut de ce brave roy Richard[2] d'Angleterre,
retournant de la Terre Saincte, ainsi que nous lisons

1. *Fany*, disloqué.
2. Le manuscrit porte *Henri* au lieu de *Richard*, erreur corrigée dans les éditions.

en nos chroniques, et l'eussent tout de mesme détenu prisonnier et fait payer rançon, ou possible pis; car ilz luy en vouloient fort, pour l'amour de la feste de la Sainct-Barthélemy, au moins les princes protestans; mais volluntairement et sans cérémonie, s'alla jetter dans la foy de l'empereur, qui le receut très-gracieusement et amiablement, et avec très grand honneur, gracieusetez et privautez, comme s'ilz fussent esté frères, et le festina très-honnorablement; et, après avoir esté avec luy quelques jours, luy-mesme le conduist un jour ou deux, et luy donna passage très-seur dans ses terres; si bien que, par sa faveur, il gaigna la Carinthie, les terres des Vénitiens, Venise et puis son royaume.

Voylà l'obligation que le roy eut à l'empereur, de laquelle beaucoup de personnes, comme j'ay dit, avoient opinion que le roy s'en acquistast en reprenant plus étroictement son alliance. Mais, dèslors qu'il alla en Pollogne, il vist à Blamont, en Lorraine, madamoyselle de Vaudemont, Loyse de Lorraine, l'une des plus belles, bonnes et accomplies princesses de la chrestienté, sur laquelle il jetta si ardemment ses yeux, que bientost il s'embrâsa, et de telle façon, que, couvant le feu tout du long de son voyage, à son retour à Lion il despescha M. du Gua, l'un de ses grands favoris (comme certes il le méritoit en tout), en Lorraine où il arresta et conclud le mariage entre luy et elle fort facilement et sans grande altercation, je vous laisse à penser, puisqu'au père l'heur estoit non pareil et à sa fille; à l'un d'estre beau-père du roy de France, et à sa fille d'en estre reyne. J'en parleray d'elle ailleurs.

Pour retourner encor à nostre petite reyne, laquelle se faschant de demeurer plus en France pour beaucoup de raisons et mesmes qu'elle n'y estoit pas recogneue ny gratiffiée comme elle méritoit, se résolut de s'en aller parfournir¹ le reste de ses beaux jours avec l'empereur son père et l'impératrix sa mère²; où elle estant, le roy catholiq vint à estre veuf de la reyne Anne d'Austriche³ sa femme, sœur germaine de nostre reyne Elisabeth, laquelle il désira espouser et envoyer prier l'impératrix, sœur propre du roy catholiq, de luy en ouvrir les premiers propos; mais elle n'y voulut jamais entendre ny pour une, ny deux ny trois fois, que l'impératrix⁴ sa mère luy en parla, s'excusant sur les cendres honnorables du feu roy son mary, qu'elle ne vouloit violer par un second mariage, et aussi pour les raisons de la trop grande consanguinité et estroicte parenté qui estoit entr'eux deux, dont Dieu grandement s'en pourroit irriter. Sur quoy l'impératrix et le roy son frère s'advisarent de luy en faire parler par un jésuiste très-sçavant et bien disant, qui l'en exorta et prescha tout ce qu'il peut, n'oubliant rien d'y raporter tous ces grands passages des Escritures sainctes et autres qui peussent servir à son desseing; mais elle aussitost le confondit par d'autres aussi belles et plus vrayes allégations, car, despuis son vefvage, elle s'estoit mise fort à l'estude de l'Escriture de Dieu, et puis sa déterminée

1. *Parfournir*, achever.
2. Maximilien II et Marie, fille de Charles-Quint.
3. Anne-Marie, fille de l'empereur Maximilien II, quatrième femme (1570) de Philippe II, morte le 26 octobre 1580.
4. Il y a par erreur *la reine* dans le manuscrit.

résolution, qui estoit sa plus saincte deffance, de n'oublier son mary par secondes nopces; si bien que M. le jésuiste s'en retourna sans rien faire, qui, estant pressé par lettres du roy d'Espaigne, y retourna, sans se contenter de la résolue responce de ladite princesse; laquelle, ne voulant perdre temps à vouloir plus contester contre luy, le traicta de parolles rigoureuses et menaces; et lui trencha tout court que, s'il se mesloit de luy en rompre plus la teste, qu'elle l'en fairoit repentir, jusques à le menacer de le faire fouetter en sa cuisine. J'ay bien ouy dire plus, je ne sçay s'il est vray, que, pour la troisiesme fois, y estant retourné, elle passa outre, et le fit chastier de son outrecuydance. Toutesfois je ne le crois pas, car elle aymoit trop les gens de vie saincte, comme sont ces gens là.

Voylà la grand' constance et belle fermetté de ceste reyne vertueuse, laquelle enfin elle a gardé jusqu'à la fin de ses jours aux os vénérables du roy son mary; lesquelz honnorant incessamment de regretz et de larmes, et ne pouvant plus y fournir (car une fontaine y fust tarrie), vint à succomber et mourir si jeune, qu'elle ne pouvoit pas encor avoir trente-cinq ans lorsqu'ell' est morte[1]; perte, certes par trop innestimable, car elle eust servy encor d'un mirouer de vertu aux honnestes dames de toute la chrestienté.

Et, certes, si elle a monstré l'amour au roy son mary par sa constance et continance vertueuse, et ses dolléances continuelles, elle l'a maniffestée encor

---

1. Elle en avait trente-huit.

mieux à l'endroit de la reyne de Navarre, sa belle-sœur : car, la sçachant en très-grande extrémité de dissette, et réduicte en un chasteau auvergnac[1], quasi habandonnée de la pluspart des siens, et de la pluspart de ceux qu'ell' avoit obligez, elle l'envoya visiter et offrir tous ses moyens ; si bien qu'elle luy donnoit la moytié de son revenu du douaire qu'ell' avoit en France, et partageoit avec elle comme si ce fust esté sa sœur propre ; si bien qu'on dit que ceste grande reyne eust eu beaucoup à pâtir sans ceste libérallité grande de sa bonne et belle sœur. Aussi luy defféroit elle beaucoup ; et l'honnoroit et l'aymoit tellement, que malaisément elle peut porter sa mort patiamment en façon du monde ; car elle en garda, vingt jours durant, le lict, l'entretenant de pleurs et continuelles larmes et de gémissemens assidus ; et onques puis n'a fait que la regretter et déplorer, espandant sur sa mémoire les plus belles parolles, qu'il ne seroit besoing d'en emprumpter d'autres pour la louer et la mettre avec l'immortallité : encor qu'on m'a dit qu'elle ayt composé et mis en lumière un beau livre qui touche la parolle de Dieu, et un autre d'histoire de ce qui s'estoit passé en France tant qu'elle y a esté. Je ne sçay s'il est vray, mais l'on me l'a asseuré, et qu'on l'avoit veu entre les mains de la reyne de Navarre, comme luy ayant envoyé avant mourir ; et[2] en faisoit un très-grand cas, et le disoit estre une très-belle chose. Puisqu'un tel et si divin oracle le disoit, il le faut croire.

Voylà que sommairement j'ay peu dire de nostre

---

1. Au château d'Usson. — 2. Et Marguerite.

bonne reyne Elizabet, de sa bonté, de sa vertu, de sa constance et de sa continance, et de sa loyalle amour envers le roy son mary. Et n'estoit que de son naturel ell' estoit ainsi vertueuse (j'ay ouy dire à M. de Lansac, qui estoit en Espaigne lorsqu'elle mourut, l'impératrix luy dist : *El mejor de nosotros es muerto*[1]), on pourroit croire qu'en telles actions ceste reyne eust voulu immiter sa mère, ses grandes tantes et tantes; car l'impératrix sa mère encor qu'elle soit restée vefve et assez jeune[2] et très-belle, ne s'est voulue remarier, et s'est contenue et se contient en sa viduité, très-sagement et continuellement, ayant quicté l'Austriche et l'Allemaigne, séjour de son empire, amprès la mort de l'empereur son mary. Elle vint trouver son frère en Espaigne, ayant estée mandée de luy, et priée d'y venir pour luy assister en la grand'charge de ses affaires, ainsi qu'elle fait; car ell' est très-sage et fort advisée princesse. J'ay ouy dire au feu roy Henry troisiesme, qui s'entendoit en personnes mieux qu'homme de son royaume, que c'estoit à son gré, une des honnestes et habiles princesses du monde. Lorsqu'ell' alla en Espaigne, après avoir traversé les Allemaignes vint en Italie et à Gênes, où elle s'embarqua : et, d'autant que c'estoit en hyver, et au mois de décembre qu'elle fit son embarquement, le mauvais temps la surprist à Marceille, où falut qu'elle jettast et mouillast l'ancre. Jamais pourtant elle ne voulut entrer dans le port, ny ses gallères, de peur de donner quelque soupçon et

1. Le meilleur de nous autres est mort.
2. A 48 ans, en 1576. Elle mourut en 1603.

umbrage ; ny elle-mesme n'entra qu'une fois dans la ville, pour la voir. Son séjour de là devant fut de sept à huict jours, en attendant le beau temps. Son plus beau et honneste exercice estoit que, les matins, sortant de sa gallère (car elle y couchoit ordinairement), s'en alloit le lendemain ouïr la messe et l'office en l'église de Sainct-Victor, avec une très-ardante dévoction : et puis son disner luy ayant esté porté et apresté dans l'abbeye, elle y disnoit; et puis après disner devisoit, avec ou ses femmes ou les siens, ou avec messieurs de Marceille, qui luy portoient tout l'honneur et révérance qu'il estoit deub à une si grande princesse, ainsi que le roy leur avoit commandé de la recevoir comme sa propre personne, en récompance du bon recueil et bonne chère qu'elle luy avoit fait à Vienne. Aussi s'en aperceut-elle bien ; et, pour ce, parloit-elle avec eux fort privément, et se monstroit à eux très-famillière, plus à l'allemande et à la françoise, qu'elle ne faisoit à l'espaignolle : si bien qu'eux estoient très-contans d'elle, et elle d'eux, ainsi qu'elle le sceut bien escrire au roy et l'en remercier, jusques à luy mander que c'estoient d'aussi honnestes gens qu'elle en avoit jamais veu en ville; et en nomma quelques vingtz à part, comme M. Castellan, dit le seigneur Altyvity, capitaine de gallères, et celluy assez signallé pour avoir espousé la belle Chasteauneuf de la court, et avoir tué le grand-prieur, et luy aussi tué avec luy, comme ailleurs j'espère dire. Ce fut sa femme mesmes qui me raconta ce que je dis; et me discourut des perfections de ceste grande princesse, et comme elle trouvoit le séjour de Marceille très-beau, et l'admiroit, et l'entretenoit fort en ses pourmenades : et, le soir venu, ne failloit d'aller coucher en gallères, pour quant le beau temps ou le bon vent s'esleva, tout au coup faire voyle aussitost, ou fust qu'elle ne vouloit rien umbrager[1]. J'estois lors à la court quand on racontoit ces nouvelles au roy de sa passade, qui estoit fort en inquiétude si on l'avoit bien receue, et comme elle devoit estre, et luy le vouloit. Ceste princesse vit encores et se contient en ses belles vertuz ; et a servy beaucoup le roy son frère, à ce qu'on m'a dit. Elle s'est retirée despuis, pour son dernier séjour et habitation en une relligion de femmes relligieuses, qu'on appelle *descalçadas*[2], parcequ'elles ne portent ne soulliers, ne chausses ; et la princesse d'Espaigne sa sœur[3] la fonda.

Ceste princesse d'Espaigne a esté une très-belle princesse, et de très-aparante majesté : aussi ne seroit-elle pas espaignolle princesse[4] ; car, voluntiers, la belle aparance et bonne grâce accompaigne tousjours la majesté, et surtout l'espaignolle. J'ay eu cest honneur de l'avoir veue, et parlé à elle assez privément, estant en Espaigne retourné de Portugal. Ainsi que j'estois allé la première fois faire la révérance à nostre reyne Elizabeth de France, et que je devisois avec elle, me demandant force nouvelles et de France et de Portugal, on vint dire à la reyne que

---

1. *Umbrager*, porter ombrage.
2. Déchaussées.
3. Jeanne, fille de Charles-Quint et d'Élisabeth de Portugal, mariée (1553) à Jean, prince de Portugal, mort le 2 janvier 1554. Elle mourut en 1578.
4. Sous-entendu : s'il en était autrement.

madame la princesse venoit. Soudain elle me dist :
« Ne bougez, monsieur de Bourdeille ; vous verrez
« une belle et honneste princesse ; vous vous plai-
« rez à la voir. Elle sera bien aise de vous voir et
« de vous demander des nouvelles du roy son filz,
« puisque vous l'avez veu. » Et, sur ce, voycy madame la princesse arriver, que je trouvay très-belle,
à mon gré, fort bien vestue, et coiffée d'une tocque
à l'espaignolle, de crespe blanc, qui luy baissoit fort
bas en poincte sur le nez, et vestue, non autrement
en femme vefve, à l'espaignolle, car elle portoit de
la soye quasi ordinairement. Je la contemplé et ad-
miré d'abord, et si fixement, que sur le poinct que
j'en devenois ravy, la reyne m'apella, et me dist que
madame la princesse vouloit sçavoir de moy des
nouvelles du roy son filz ; car j'avois bien ouy qu'elle
luy disoit comm' elle parloit et entretenoit un gentilhomme du roy son frère, qui venoit de Portugal.
Sur ce, je m'aproche d'elle, et en luy baisant sa
robe à l'espaignolle, elle me recuillit fort doucement
et privément ; et puis se mit à me demander des
nouvelles du roy son filz, de ses déportemens, et
ce qu'il m'en sembloit ; car alors on parloit de vouloir traicter mariage entre luy et madame Marguerite de France, seur du roy, maintenant reyne de
Navarre. Je luy en contay prou ; car je parlois alors
l'espaignol aussi bien ou mieux que mon françois.
Entre autres de ses demandes, me fit ceste-cy : Si
son dit filz estoit beau, et à qui il ressembloit ? Je luy
dis que c'estoit un des plus beaux princes de la
chrestienté, comme certes il estoit, et qu'il la ressembloit du tout, et que c'estoit le vray image de sa

beauté : dont elle en fit un pettit soubriz et rougeur de visage, qui monstra un aise de ce que je luy avois dit. Et après avoir assez longtemps parlé à elle, on vint quérir la reyne pour souper et par ainsi les deux sœurs se séparèrent; et la reyne me dist alors (qui s'amusoit un peu à la fenestre et nous oyoit pourtant) en riant : « Vous luy avez fait un grand « plaisir de luy avoir dit ce que vous luy avez dit de la « ressemblance de son filz. » Et puis me demanda ce qu'il m'en sembloit, si je ne l'avois pas trouvée une honneste femme, et telle qu'elle me l'avoit dite; et puis me dist : « Je croy qu'elle désireroit fort d'espou-« ser le roy mon frère, et je le voudrois. » Ce que je sceuz bien raporter à la reyne mère du roy, quand je fus de retour à la court, qui estoit pour lors à Arles en Provence. Mais elle me dist qu'elle avoit trop d'aage sur luy, et qu'elle seroit sa mère. Je luy dis de plus ce qu'on m'avoit dit en Espaigne, et le tenois de bon lieu : qu'elle s'estoit très-bien résolue de ne se remarier jamais qu'elle n'espousast le roy de France, ou du tout se retirer du monde. Et, de fait, elle se fantastiqua si bien ce haut party et ceste opinion si belle, car elle avoit le cœur très-grand, qu'elle le croyoit venir à sa fin et contentement, ou du tout qu'ell' yroit finer le reste de ses jours dans le monastère que j'ay dit, où desjà elle commançoit à faire bastir pour s'y retirer. Et, par ainsi, s'entretint assez longtemps en ceste espérance et créance, mesnageant tousjours très-sagement sa viduité, jusqu'à ce qu'elle sceut le mariage du roy avec sa niepce; et alors, toute son espérance perdue, elle dit ces parolles despités, ou semblables, comme j'ay ouy dire :

Aunque la nieta sea por su verano mas moza, y menos cargada de años que la tia, la hermosura de la tia, ya en su estio, toda hecha y formada por sus gentiles y fructiferos años, vale mas que todos los frutos que su edad florescida da esperanza à venir; porque la menor desdicha humana los harà caer y perder, ni mas ni menos que algunos arboles, los quales, en el verano, por sus lindos y blancos flores nos prometen linda fruta en el estio, y el menor viento que acade los lleva y abate, no quedando que las hojas. Ea! dunque pasase todo con la voluntad de Dios, con el qual desde agora me voy, no con otro, para siempre jamas, me casar : « Encores
« que la niepce soit plus jeune en sa prime, et moins
« chargée d'années que la tante, la beauté de la tante
« desjà en son esté, toute faite et formée par ses ans
« gentilz, portans fruict, vaut plus que tous les fruictz
« que son aage, maintenant flori, donne espérance
« d'en venir; car la moindre mésadvanture humaine
« les deffaira, et les faira choir et perdre, ny plus ny
« moins que aucuns arbres au beau printemps, les-
« quelz, par leurs belles et blanches fleurs, nous pro-
« mettent de beaux et bons fruictz en esté : là-des-
« sus, il ne faut qu'un meschant petit vent qui ar-
« rive, qui les emporte et abatte et les efface, et n'y
« reste que des feuilles. Passe donques le tout selon
« la volunté de Dieu, avec qui je m'en vois marier
« pour tout jamais, et non avec d'autre. » Comme
elle le dist, elle le fit; et mena une si bonne et saincte
vie, du tout esloignée du monde, qu'elle a laissé aux
dames, et grandes et petites, un bel exemple pour
l imiter. Il y pourroit avoir aucuns qui pourroient

dire : « Dieu mercy qu'elle ne peut espouser le roy
« Charles; car, si cela se fust peu faire, ell' eust bien
« renvoyé loing les dures condictions de veufvage,
« et eust repris les douces de mariage. » Cela se
pourroit présumer; mais aussi présumeroit-on de
l'autre costé que le grand désir qu'elle monstroit au
monde de vouloir espouser ce grand roy, estoit une
forme et manière ostentative, et superbe à l'espaignolle, de maniffester son haut courage, en ce qu'elle
ne vouloit s'abaisser nullement, et que voyant sa
sœur emperière, et ne le pouvant estre, et la voulant
égaller, elle aspiroit à estre reyne du royaume de
France, qui vaut bien un empire, ou plus, et que
pour le moins, si elle n'y pouvoit attaindre par l'effect, elle y alloit pour le grand désir de son ambition, ainsi que j'ay ouy parler d'elle. Pour fin, à
mon gré, c'estoit une des plus accomplies princesses
estrangères que j'aye point veu, quoyque l'on puisse
luy reprocher sa retraicte du monde, faite plustost
par despit que par grand' dévoction ; mais tant y a
qu'elle l'a faite : et sa bonne vie et sainte fin ont
monstré en elle je ne sçay quoy de toute saincteté.

Sa tante, la reyne Marie d'Ongrie, en fit de mesme, mays en fort aage caducq, tant pour se retirer
du monde, que pour ayder à l'empereur, son frère,
à bien servir Dieu. Ceste reyne fut vefve en fort bas
aage, ayant perdu le roy Louys, son mary, qui, fort
jeune, mourut en une bataille qu'il eust contre les
Turcz[1], non tant pour la raison que pour la persua-

---

[1] Louis II de Hongrie périt à vingt ans, le 29 août 1526, à la bataille de Mohacz qu'il livra imprudemment à Soliman.

sion et opiniastreté d'un cardinal qui le gouvernoit fort, luy allégant qu'il ne se falloit meffier de la puissance de Dieu, ny de sa juste cause; que quand il n'auroit, pour manière de dire, que dix mil' Ongres, estans si bons chrestiens et combatans pour la querrelle de Dieu, il defferoit cent mil' Turcz : et le poussa et pricipita tellement à ce poinct, qu'il perdit la bataille; et, se voulant retirer, tumba dans un maretz, où il se suffoqua.

De mesme arriva au roy dernier de Portugal, Sébastien [1], lequel se perdit misérablement, quand, par trop foible de forces, s'hazarda de donner la bataille contre les Mores, qui estoient trois fois plus fortz que luy, et ce, sur la persuasion, preschemens et ospiniastrettez d'aucuns jésuistes, qui luy mettoient en advant les puissances de Dieu, qui, de son seul regard, pouvoit foudroyer tout le monde, mesmes quand il se banderoit contre luy, comme certes c'est une maxime très-véritable; mais pourtant il ne le faut pas tenter ny abuser de sa grandeur, car il a des secretz que ne sçavons pas. Aucuns ont dit que lesditz jésuistes le faisoient et disoient en bonne intention, comme il se peut croire; autres, qu'ilz avoient estez apostez et gaignez du roy d'Espaigne, pour faire ainsi perdre ce jeune et courageux roy, et tout plein de feu, afin qu'après il peust plus aisément empiéter ce qu'il a empietté despuis. Tant y a, que telles deux fautes sont arrivées par telles gens qui veulent manier les armes, et n'en sçavent le mestier.

---

1. Sébastien, roi de Portugal, fils de l'infant Jean et de Jeanne d'Autriche, fille de Charles-Quint, périt le 4 août 1578.

Et c'est pourquoy ce grand duc de Guyse, après qu'il fut grandement trompé en son voyage d'Italie, il disoit souvant : « J'ayme bien l'église de Dieu, « mais je ne fairay jamais entreprise de conqueste « sur la parolle et la foy d'un prebstre; » voulant par là taxer le pape Carraffe, dit Paulo quatriesme, qui ne luy avoit tenu ce qu'il luy avoit promis par de grandes et sollempnisées parolles, ou bien M. le cardinal, son frère, qui en estoit allé prendre langue, et sonder le gué jusques à Rome, et puis tout légièrement avoit poussé M. son frère à cela. Il se peut entendre que mondit seigneur de Guyse entendoit et de l'un et de l'autre; car, comme j'ay ouy dire, que ainsi que mondit seigneur répettoit souvant telles parolles devant M. le cardinal, pensant[1] que ce fut une pierre jettée dans son jardrin, il en enrageoit et s'en faschoit fort soubz bride. J'ay fait ceste digression puisque le subget en estoit venu à propos.

Or, pour retourner à nostre reyne Marie, après tel malheur du roy son mary, elle demeura vefve fort jeune[2], et très-belle, ainsi que je l'ay ouy dire à plusieurs personnes qui l'ont veue, et selon ses portraictz que j'ay veu, qui la représentent telle, ne luy donnant aucune chose de laid et à quoy reprendre, non si sa grand'bouche et avancée, à la mode d'Austriche, qui ne vient ny ne sort pas pourtant de la maison d'Austriche, mais de Bourgoigne, ainsi que j'ay ouy raconter à une dame de la court de ce temps-là : qu'une fois la reyne Aliénor[3], passant par Dyjon, et

---

1. C'est-à-dire : le cardinal pensant.—2. Elle avait vingt-cinq ans.
3. Éléonore, seconde femme de François Ier.

allant faire ses dévoctions au monastère des Chartreux de là, et visiter les vénérables sépulchres de ses ayeulz, les ducz de Bourgoigne, elle fut curieuse de les faire ouvrir, ainsi que plusieurs roys ont fait des leurs. Elle y en veid aucuns si bien conservez et entiers, qu'elle y recogneut plusieurs formes, et entr'autres la bouche de leur visage. Sur quoy soudain elle s'escria : « Ha ! je pensois que nous tinsions nos « bouches de ceux d'Austriche ; mais, à ce que je « vois, nous les tenons de Marye de Bourgoigne, « nostre ayeulle, et autres ducz de Bourgoigne nos « ayeulx. Si je vois jamais l'empereur mon frère, je « luy diray ; encor luy manderay-je. » Ceste dame, qu'y estoit lors, me dist qu'elle l'ouyt ; et dist que ladite reyne le disoit comme y prenant plaisir, ainsi qu'elle avoit raison ; car la maison de Bourgoigne valoit bien celle d'Austriche, puisqu'ell' estoit venue d'un filz de France, Philipes le Hardy, et qu'ilz en avoient tiré de grands biens, de grandes générositez et valeurs de courages ; car je croy qu'il n'en fut jamais quatre plus grands ducz les uns après les autres comme furent ces quatre ducz de Bourgoigne[1]. On pourra reprocher que je m'extravague souvant ; mais aussi il m'est aisé à pardonner, puisque je ne sçay nul art de bien escrire.

Nostre reyne Marie de Ongrie, donc, estoit trèsbelle et agréable, et fort aymable, encores qu'elle se monstrast un peu hommasse ; mais, pour l'amour, elle n'en estoit pas pire, ny pour la guerre, et tout,

---

1. Philippe le Hardi, Jean sans Peur, Philippe le Bon et Charles le Téméraire.

qu'elle prist pour son principal exercice. L'empereur, son frère, la cognoissant propre pour celluy-là, et très-habille, l'envoya quérir et prier venir à luy, pour luy bailler la charge qu'avoit eu sa tante Marguerite de Flandres, qui fut une très-sage princesse, et qui gouverna ses Païs-Bas avec douceur, comme l'autre avec rigueur; aussi tant qu'elle[1] vesquit, le roy François ne tourna guières ses armes et ses guerres vers ces quartiers, quoyque le roy d'Angleterre l'y poussast; disant qu'il ne vouloit faire desplaisir à ceste honneste princesse, qui se monstroit si bonne à la France, et qui estoit si sage et vertueuse, et malheureuse pourtant, plus que ses vertuz ne requéroient, en mariages, dont le premier fut avec le roy Charles VIII°, duquel elle fut fort jeune renvoyée à sa maison et à son père; l'autre avec le filz du roy d'Arragon, nommé Jehan, duquel elle eut un enfant posthumié qui mourut tost après estre né; le tiers fut avec le beau duc Philibert de Savoye, duquel n'eut aucune lignée, et pour ce portoit en sa devise *Fortune infortune, fors une*. Elle gist avec son mary en ce beau convent de Brou, et si sumptueux, près la ville de Bourg en Bressé, que j'ay veu.

Ceste reyne donc d'Ongrie ayda bien à l'empereur, car il estoit seul. Bien est-il vray qu'il avoit Ferdinand, roy des Romains, son frère; mais il avoit assez à faire à monstrer teste à ce grand sultan Soliman. L'empereur avoit aussi sur ses bras les affaires de l'Italie, qui alors estoit en grande combustion; de l'Allemaigne, il n'estoit pas mieux, à cause du

---

1. *Elle*, Marguerite.

Grand Turc, ny de la Ongrie, de l'Espaigne (lorsqu'elle se révolta sous M. de Chièvres), des Indes, des Païs-Bas, de la Barbarie, de la France, qui estoit le plus grand fardeau de tous; bref de toute la moytié du monde quasi. Il fit ceste sœur, qu'il aymoit par dessus toutes, gouvernante génuralle de tous ses Païs-Bas, où, l'espace de vingt-deux à vingt-trois ans, l'a bien servi, que je ne sçay comment il s'en fust trouvé sans elle. Aussi se fioit-il en elle du tout de ses affaires de son gouvernement : si bien que l'empereur luy-mesmes estant en Flandres, se remettoit du tout en elle de ses affaires de ses païs là bas; et le conseil se tenoit soubz elle et chez elle, bien souvant l'empereur y estant et y allant comme j'ay sceu. Il est vray qu'elle, qui estoit très-habille, luy deffairoit le tout, et luy raportoit tout ce qui s'estoit passé au conseil, quand il n'y estoit, en quoy il prenoit un grand plaisir. Elle y fit de belles guerres, ores par ses lieutenans, ores en personne, tousjours à cheval, comme une généreuse amazonne.

Ce fut elle qui, la première, encommança les grands feuz en nostre France, et en fit de grands sur de belles maisons et chasteaux, comme sur celluy de Follambray[1], belle et agréable maison que nos roys avoient fait bastir pour le déduict et plaisir de la chasse; dont le roy en prist si grand despit et desplaisir, qu'au bout de quelque temps il luy rendit bien son change, et s'en revancha sur la belle maison de Bains, qu'on tenoit pour un miracle du

---

1. Folembray dans le département de l'Aisne, arrondissement de Laon, canton de Coucy-le-Château.

monde, faisant honte, s'il faut dire ainsi, à tous autres beaux bastimans et, que j'ay ouy dire à ceux qui l'ont veue en sa perfection aynsin, voyre aux sept miracles du monde, tant renommez de l'antiquité. Elle y festina l'empereur Charles et toute sa court, lorsque son filz, le roy Philipes, passa d'Espaigne en Flandres pour le voir, où les magnifficences furent veues et faites en telles exellences et perfections, qu'on n'a jamais parlé, de ce temps-là, que de *las fiestas de Bains*[1], disoient les Espaignolz. Ainsi me souvient-il qu'au voyage de Bayonne, quelques grandes magnifficences qui se soient présentées, quelques courremens de bagues, combatz, mascarades, despenses, n'estoient rien au pris de *las fiestas de Bains;* ce disoient aucuns vieux gentilzhommes espaignolz qui les avoient veues, ainsi que je les ay peu voir dans un livre fait en espaignol exprès. Et puis bien dire que jamais n'a rien esté fait ny veu de plus beau, et n'en desplaise aux magnifficences romaines, représentantes leurs jeux de jadis, ostés les combatz des gladiateurs et bestes sauvages; mais, hors cela, les festes de Bains estoient plus belles, plus plaisantes, plus meslées[2] et plus génerralles.

Je les descrirois voluntiers ici, selon que je les ay emprumptées de ce livre en espaignol, et aprises d'aucuns qu'y estoient lors, et mesmes de madame de Fontaine, dite Torcy, estant fille pour lors de la reyne Léonor; mais on me pourroit reprochér que je serois un trop grand digresseur. Ce sera à un' autre fois que je les garde à bonne bouche, car la chose le vaut

---

1. Les fêtes de Bains (Bins). — 2. *Meslées*, variées.

bien[1]. Dont entre les plus belles magnifficences, je treuve ceste-cy : qu'elle fit faire une grande forteresse de brique, qui fut assaillie, deffendue, secourue par six mil' hommes de pied des vieilles bandes, canonnée de trente pièces, tant en batterie que pour les deffances, avec toutes les mesmes cérimonies et façons de bonne guerre : et dura le siège trois jours et demy, qu'on ne veid jamais rien de si beau; car les assautz y furent donnez, le secours maintenant entré, l'autre maintenant deffait, tant de la cavallerie que de l'infanterie, par le prince de Piedmont, emprès la place rendue par composition moytié douce, moytié un peu rigoureuse, et avec compassion les soldatz renduz et se retirans, et conduictz par escorte; brief rien ne s'y oublia de la vraye guerre; à quoy l'empereur prist un singulier plaisir.

Asseurez-vous que si ceste reyne fut là sumptueuse, elle vouloit bien monstrer à son frère que ce qu'elle avoit eu de luy ou de ses estatz, pentions, biens-faitz, ou de ses conquestes, le tout estoit voué à sa gloire et son plaisir. Aussi ledit empereur se pleut fort, et l'en loua; et en estima grandement la despense, et surtout aussi celle qui estoit dans sa chambre; car c'estoit une tapisserie de haute lice, toute d'or, d'argent et soye, où estoient figurées et représentées au naturel toutes ces belles conquestes, hautes entreprises, expédictions de guerres et batailles qu'il avoit faites, données et gaignées, n'oubliant surtout la fuite de

---

[1]. Ce passage prouve que Brantôme a écrit ce discours avant l'article de Henri II, où il a décrit (tome III, p. 259-266) les fêtes de Bins d'après *El felicissimo viaje del.... principe don Phelippe.*

Sollyman devant Vienne, et la prise du roy François Brief, il n'y avoit rien là-dedans qui ne fust très-exquis.

Mais la paouvre maison perdit bien le lustre puis après, car elle fut totalement pillée, ruinée et rasée. J'ay ouy dire que sa maistresse, quand elle en sceut sa ruine, tumba en telle destresse, despit et rage, qu'elle ne s'en peut de longtemps apaiser; et, en passant un jour auprès, en vouloit voir la ruine; et, la regardant fort piteusement, la larme à l'œil, jura que toute la France s'en repentiroit, et qu'elle se ressentiroit de ses feuz, et qu'elle ne seroit jamais à son aise que ce beau Fontainebleau, dont on en faisoit tant de cas, ne fust mis par terre, et n'y demeureroit pierre sur pierre. Et, de fait, elle en vomit fort bien sa rage sur la paouvre Picardie, qui la sentit bien, et ses flammes; et croy que si la trefve ne fust intervenue, que sa vengeance fust esté grande; car elle avoit le cœur grand et dur, et qui malaisément s'amollissoit; et la tenoit-on, tant de son costé que du nostre, un peu trop cruelle; mais tel est le naturel des femmes, et mesmes des grandes, qui sont très-promptes à la vengeance quand elles sont offancées. L'empereur, à ce qu'on dit, l'en aymoit davantage.

J'ay ouy raconter que, lorsqu'à Bruxelles il se deffit et se despouilla, dans une grand' salle où il avoit fait un' assemblée généralle de ses estatz, après qu'il eust harangué et dit tout ce qu'il vouloit à l'assemblée et à son filz, et qu'il eust humblement remercié et la reyne Marie sa sœur, qui estoit assise près de l'empereur son frère, elle se leva de son siège, et avec une grande révérence, faite à son frère d'une grande et

grave magesté et asseurée grâce, adressant sa parolle au peuple, dist ainsi : « Messieurs, despuis vingt-trois
« ans qu'il a pleu à l'empereur mon frère me donner
« la charge et gouvernement de tous ses Païs-Bas, j'y
« ay employé et raporté tout ce que Dieu, la nature
« et la fortune m'avoient donné de moyens et de
« grâce pour m'en acquicter au mieux qu'il m'a esté
« possible. Toutesfois, si en aucune chose j'y ay fait
« faute, j'en suis excusable, pensant n'y avoir rien
« oublié du mien, ny espargné qui fût propre. Tou-
« tesfois, si j'ay manqué en quelque chose, je vous
« prie me pardonner. Que si aucuns pourtant de vous
« autres ne le veut faire, et se mescontante de moy,
« c'est le moindre de mes soucis, puisque l'empereur
« mon frère s'en contente, à qui mon seul plaire a
« esté toujours le plus grand de mes désirs et soucys. »
Ayant ainsi parlé et reffait sa grande révérance à l'empereur, elle se remit en son siège. J'ay ouy dire que ceste parolle fut trouvée un peu trop altière et brave, et mesmes estant sur son despartement de sa charge, et pour dire adieu à un peuple qu'elle devoit laisser en bonne bouche et en toute douleur pour sa partance. Mais que s'en soucioit-elle, puisqu'elle n'avoit autre but que de plaire et contenter son frère, et, dès meshuy, ne contenter le monde, et tenir compaignie à son frère en sa rétractation[1] et priè-res? J'ay ouy faire ce conte à un gentilhomme de mon frère, qui estoit lors à Bruxelles, où il estoit allé capituler de la rançon de mondit frère, qui avoit esté pris dans Hedin, et avoit demeuré prisonnier cinq

---

1. *Rétractation*, retraite.

ans à l'Isle en Flandres. Et ledit gentilhomme veid toute [ceste] assemblée et tout ce luctueus[1] mistère de l'empereur; et me dist que plusieurs furent un peu scandallisez sourdement de ceste parolle si brave de la reyne, mais non pourtant qu'ilz en osassent rien dire ny le faire parestre, car ilz voyoient bien qu'ilz avoient à faire à une maistresse dame, qui, avant que partir, si on l'eust irritée, eust fait un coup pour sa dernière main. La voylà donc deschargée de tout, et accompaigne son frère en Espaigne, qu'elle n'habandonna jamais, elle et la reyne Aléonor, sa sœur, jusques à son tumbeau : et tous trois se survesquirent d'un an l'un après l'autre. L'empereur alla devant, la reyne de France après, comme la plus aagée, et la reyne d'Ongrie après ses deux frère et sœur[2], ayant très-sagement gouverné leur viduité. Il est vray que la reyne d'Ongrie fut plus longuement vefve que sa sœur, sans jamais se remarier; et sa sœur se remaria deux fois, autant pour estre reyne de France, qui estoit un bon morceau, que par la prière et persuasion de l'empereur, affin qu'elle servist d'un sceau très-ferme pour asseurer une paix et tout un repos public, encor que la matière du sceau ne tînt longuement; car la guerre s'en ensuivit par emprès, aussi cruelle que jamais; mais la paouvre princesse n'en pouvoit mais, car elle y raportoit tout ce qu'elle y pouvoit; et si, pour

---

1. *Luctueus*, triste; *luctuosus*.
2. Brantôme se trompe. Si tous trois moururent la même année, en 1558, ce fut Éléonore qui fut frappée la première. Elle mourut le 18 février, Charles-Quint le 21 septembre et Marie le 18 décembre.

cela, le roy, son mary, ne l'en traictoit pas mieux, car il en maudissoit fort l'alliance, ainsi que j'ay ouy dire.

Après le despart de la reyne d'Ongrie, ne resta aucune princesse grande près du roy Phillipe (jà seigneur investi de ses pays), sinon madame la duchesse de Lorraine, Christierne de Danemarc[1], sa cousine germaine, despuis nommée Son Altesse, qui luy tint tousjours bonne compaignie tant qu'il demeura là, et fit tousjours beaucoup valloir sa court; car toute court de roy, prince, empereur, ou monarque, tant grande soit-elle, est peu de chose si elle n'est acompagnée et recommandée ou d'une court de reyne, ou d'emperière, ou grande princesse, et de grand nombre de dames et damoyselles, ainsi que je m'en suis bien aperceu et l'ay veu discourir et dire aux plus grands.

Ceste princesse, à mon gré, a esté une des belles princesses et autant accomplies que j'aye point veu. Ell' estoit en visage très-belle et très-agréable, la taille très-belle et haute, et le discours très-beau, surtout s'habillant très-bien; si bien que, de son temps, ell' en donna à nos dames de France, et aux siennes, le patron et modelle de s'habiller, qu'on apelloit à la Lorraine, pour la teste, et pour la coiffure et le voile, dont il en faisoit fort beau voir nos dames de court; et volluntiers ne s'en accommodoient que les bonnes festes ou grandes magnifficences, pour mieux se pa-

---

1. Christine, fille de Christiern II, roi de Danemark et d'Élisabeth d'Autriche, morte le 10 décembre 1590. Devenue veuve (1535) de François Sforze, duc de Milan, elle épousa (1540) François, duc de Lorraine, qui mourut le 12 juin 1545.

rer et se monstrer, et tout à la Lorraine et imitation de Son Altezze. Elle avoit surtout l'une des belles mains que l'on eust sceu voir; aussi l'ay-je veu fort louer à la reyne mère, et la parangonner à la sienne. Elle se tenoit fort bien à cheval et de fort bonne grâce, et alloit tousjours à l'estrieu sur l'arçon, dont ell' avoit apris la façon de la reyne Marie, sa tante, et ay ouy dire que la reyne mère l'avoit apris d'elle; car auparavant ell' alloit à la planchette, qui certes ne monstroit la grâce ni le beau geste comme l'estrieu. Elle vouloit en cela fort imiter la reyne sa tante, et ne montoit jamais que sur des chevaux d'Espaigne, turcz, barbes et fort beaux genetz, qui allassent bien l'amble, ainsi que je luy en ay veu par un coup une douzaine de très beaux, les uns qu'on n'eust sceu dire plus beaux que les autres. Ceste tante l'aymoit fort, et la trouvoit scelon son humeur, tant pour les exercices qu'ell' aymoit, et de chasses et autres, que pour ses vertuz qu'elle cognoissoit en elle. Aussi, estant mariée, l'alloit-elle voir souvant en Flandres, ainsi que j'ay ouy dire à madame de Fontaines; et, après qu'elle fut vefve, et surtout après qu'on luy eut osté son filz[1], elle quicta la Lorraine de despit; car ell' avoit un cœur très-grand. Elle s'en alla faire sa demeure avec l'empereur son oncle et les reynes ses tantes, qui la receurent à très-grand' aise.

Elle suporta fort impatiemment la perte et l'absance de monsieur son filz, encor que le roy Henry luy en fist toutes les excuses du monde, et luy allé-

---

1. Charles II, duc de Lorraine et de Bar, né le 15 février 1543, mort le 14 mai 1608.

gast qu'il le vouloit adoter pour son filz. Mais, ne se pouvant apaiser, et voyant qu'on lui bailloit le bon homme M. de La Brousse[1] pour gouverneur, et ostoit-on celluy qui l'estoit (M. de Montbardon, fort sage et honneste gentilhomme que l'empereur luy avoit donné, le cognoissant pour tel de longue main, car il l'avoit veu serviteur de M. de Bourbon[2], et estoit François reffugié), ceste princesse, nonobstant, voyant toutes choses désespérées, pour cela vint trouver un jour de jeudi sainct[3] le roy Henry dans la grande gallerie de Nancy, où estoit toute sa court, et d'une grâce très-asseurée, avec ceste grande beauté qui la rendoit encor plus admirable, vint sans s'estonner, ny s'abaisser aucunement de sa grandeur, en luy faisant pourtant une grand' révéranee; et, le supliant, luy remonstra, les larmes aux yeux, qui la rendoient plus belle et plus agréable, le tort qu'il luy faisoit de luy oster son filz, chose si chère qu'elle n'en avoit au monde une telle, et qu'elle ne méritoit point ce rude traitement, veu le grand lieu d'où ell' estoit extraicte, et aussi qu'elle ne pensoit avoir rien fait contre son service. Et ces propos tenoit-elle si bien ditz et de si bonne grâce, et par si belles raisons, avec de si douces complainctes, que le roy, qui de soy estoit tousjours très-courtois aux dames, en eust une très-grande compassion, non-seullement luy, mais tous les princes et grands et petitz qui se trouvarent à telle veue.

Le roy, qui estoit le plus respectueux roy aux

1. De la Brosse-Mailly, suivant dom Calmet.
2. Du connétable de Bourbon. — 3. Le 15 avril 1552.

dames qu'il en fut onc en France, luy respondit fort honnestement, non point par un grand fatras de parolles, ny en forme d'arangue longue, comme la représente Paradin en son *Histoire de France*[1]; car, de soy et de son naturel, il n'estoit point tant prollixe, ny copieux en propos et concions, ny si grand harangueur. Aussi n'est-il besoing, ny n'est bien séant, qu'un roy contreface en son dire le philosophe ou le grand orateur; et les plus courtes parolles et briefves demandes et responces luy sont les meilleures et plus séantes, ainsi que j'ay ouy dire à de grands personnages comme à M. de Pibrac, de qui l'instruction en estoit très-bonne pour la grand' suffisance qui estoit en luy. Aussi, quiconques lira ceste harangue de Paradin, faite en tel endroit, ou présumée d'estre faite par le roy Henry, n'en croira rien; et aussi que j'ay ouy dire à plusieurs grands, qui estoient présentz qu'il n'estendit tant sa responce, ny son discours, comme il dit. Bien est-il vray qu'il la consola fort honnestement et modestement sur sa désolation prétendue; et qu'elle n'avoit nul subjet de s'en donner peine, puisque, pour asseurer son estat, et non pour inimitié particullière, il vouloit avoir son filz auprès de luy, et le mettre avec son filz ayné, pour prendre nourriture avec luy, et mesmes façons de vivre, et mesme fortune; et, puisqu'il estoit des François extrait, et luy François, il ne pouvoit estre mieux qu'estre nourry en la court de France et parmy les François, où il avoit tant de parans et amys; et, surtout n'oublia de dire que

[1]. Année 1552.

la maison de Lorraine estoit à celle de France obligée plus qu'à maison de la chrestienté, luy allégant l'obligation du duc de Lorraine contre le duc Charles de Bourgoigne, qui fut tué devant Nancy : dont c'estoit une maxime infalible de croire que, sans la France, il eust ruiné et le duc de Lorraine et sa duché, et l'eust rendu le plus misérable prince du monde. Dont par là parressoit à qui plus la maison de Lorraine estoit tenue, ou à celle de France ou à celle de Bourgoigne, en ce luy donnant une petite attaque [1] qui se doubtoit d'elle qui en estoit alliée et qui penchoit de ce costé, et pourroit faire pencher son filz, et l'y nourrir; et pour ce s'en vouloit asseurer. Il luy allégua aussi l'obligation que ceux de ladite maison de Lorraine avoient aux François, pour avoir estez si bien assistez d'eux aux conquestes de la guerre saincte, de Hiérusalem, royaume de Naples et Scicile. Il raporta aussi comme son naturel ny ambition ne tendoit point à ruiner ny à deffaire les princes, mais à les secourir du tout, estans en affliction, ainsi qu'il avoit fait à la petite reyne d'Ecosse [2], proche parante de son filz, au duc de Parme [3], et à l'Allemaigne, si opressée qu'ell' alloit tumber à bas sans son secours; et, par mesme bonté et générosité, vouloit-il avoir en sa protection ce petit jeune prince lorrain, pour le haut eslever plus qu'il n'estoit, et le faire son filz en lui donnant une de ses filles; et, par ce, ne devoit-elle s'atrister.

1. C'est-à-dire : en lui faisant ainsi un petit reproche qu'il se méfiait d'elle.
2. Marie Stuart. — 3. Octave Farnèse.

Mais tous ces beaux motz et belles raisons ne la peurent aucunement consoller, ny moins luy faire suporter son ennuy patiemment. Par quoy, après avoir fait sa révérance, tousjours jettant force larmes précieuses, se retira en sa chambre, où le roy l'alla conduire jusques à la porte; et, le lendemain avant partir, l'alla revoir en sa chambre, et prendre congé d'elle, sans obtenir de luy autre chose sur sa requeste. Ains, ayant veu partir à sa veue son cher filz, et mener en France, elle résollut, de son costé, de quicter la Lorraine, et se retirer en Flandres vers son oncle l'empereur (quel beau mot!) et vers son cousin le roy Philipes et les reynes ses tantes (quelles alliances et tiltres!), ce qu'elle fit; et n'en bougea jusques amprès la paix faite entre les deux roys, que celluy d'Espaigne passa la mer, et s'y en alla.

A ceste paix, elle y servit beaucoup, voire du tout : car les députez, tant d'une part que d'autre, à ce que j'ay ouy dire, après s'estre beaucoup peinez et consumez à Cercan plusieurs jours, sans y rien faire ny arrester, estans tous en deffaut et hors de queste, à mode de veneurs, elle, ou qu'elle fust instinte[1] d'un esprit divin, où poussée de quelque bon zelle chrestien et de son bon esprit naturel, entreprenant la chasse de ceste grand' négociation, la conduisit si bien que la fin s'en ensuivit si heureuse alors par toute la chrestienté. Aussi ne se pouvoit-il trouver personne, ce disoit-on, plus propre pour remuer et asseurer ceste grand' pierre; car ell' estoit une dame très-habile et très-advisée s'il en fut onc, et de belle

---

1. *Instinte*, inspirée; *instincta*.

et grande authorité; comme certes les petites et basses personnes ne sont propres à cela comme les grandes. D'autre part, le roy son cousin la croioit et se fioit fort en elle, l'estimant telle; et l'aymoit fort, et luy portoit une très-grande affection et amour : aussi luy faisoit-elle fort valloir et resplandir sa court, qui, sans elle, fust estée fort obscure; et pourtant despuis, comme j'ay ouy dire, ne l'a pas trop bien recogneue ne bien traictée en ses terres qui luy estoient escheues pour douaire en la duché de Milan, où ell' avoit esté mariée en premières nopces avec le duc Esforce; car, ainsi qu'on m'a dit, il luy en avoit osté et escorné aucunes.

J'ay ouy dire qu'après la perte de son filz, qu'elle demeura fort mal contente de M. de Guyse et de M. le cardinal son frère, les accusant d'avoir persuadé le roy à cela, à cause de leur ambition, tant pour voir leur cousin si proche adoté filz et marié en la maison de France, que pour avoir desdit[1] quelques temps avant M. de Guyse de mariage, qui luy en avoit fait porter parolle. Elle, qui estoit hautaine en toute extrémité, dist qu'elle n'espouseroit jamais le cadet de la maison dont ell' avoit espousé l'ayné; par ce pour tel reffus, M. de Guyse la luy garda bonne, jusques-là encor qu'il ne perdist rien au change de madame sa femme qu'il espousa puis après; car ell' estoit de très-illustre maison et petite-fille d'un roy Loys douziesme, l'un des bons et braves roys qui ait esté au siége françois, et qui, plus est, elle estoit la plus belle femme de la chrestienté.

1. *Desdit*, refusé.

En quoy j'ay ouy dire que, la première fois que ces deux belles princesses s'entreveirent, toutes deux furent si contemplatives l'une de l'autre, ores conduisantz droit leurs regards fixement sur elles, ores de travers, ores de costé, que l'une et l'autre ne se pouvoient assez regarder, tant elles furent fixes et attantives à s'entrevoir. Je vous laisse à penser les divers pensemens qu'elles pouvoient là-dessus pourmener dans leurs belles âmes; ny plus ny moins qu'on list qu'un peu avant que ceste grand' bataille se donnast en Affrique entre Scipion et Anibal, qui fut la totalle diffinition[1] de la guerre de Romme et de Cartage, avant que la commancer, s'aboucharent ensemble par une petite surcéance d'armes d'environ quelques deux heures : et, ainsi qu'ilz se furent aprochez l'un de l'autre, demeurarent quelque petite espace de temps, ravys[2], en contemplation de l'un et de l'autre, chascun de la valeur de son compaignon, tant renommée par leurs beaux faitz et si bien représentée en leurs visages, en leurs corps et en leurs belles et guerrières façons et gestes. Et par ainsi, ayant demeuré assez ravis en si belles méditations de l'un et de l'autre, se meirent à parlementer de la façon que Tite-Live le descrit trèsbien[3]. Que c'est que de la vertu, qui se fait admirer parmy les haynes et innimitiez, comme de mesme la beauté parmy les jalousies, ainsi que fit celle de ces deux dames et princesses que je viens de dire!

1. *Diffinition*, terminaison, fin.
2. Le manuscrit portait d'abord *transis*, mot qui a été conservé dans les éditions, mais que Brantôme a biffé et remplacé par *ravys*.
3. Liv. XXX, chap. xxix.

Certes, leurs beautez et bonnes grâces se pouvoient dire esgalles, si madame de Guise ne l'eust un peu emportée; aussi se contentoit-elle de la passer en cela, et non point en gloire et superbetté; car c'estoit la plus douce, bonne, humble et affable princesse que l'on eust sceu voir, encor qu'en sa façon elle se monstrast altière et brave. La nature l'avoit faite telle, tant en sa haute et belle taille, que en son grave port et belle majesté, si bien qu'à la voir on eust craint tousjours et songé à l'accoster, mais l'ayant accostée et parlé à elle, on n'y trouvoit que toute douceur, toute candeur et débonnairetté, tenant cela de son grand-père, le bon père du peuple, et du doux air françois. Bien est-il vray qu'elle sçavoit bien garder et pratiquer sa grandeur et gloire quand il falloit. J'espère de parler d'elle ailleurs et à part.

Son altezze de Lorraine estoit au contraire fort glorieuse, et un peu trop présumptueuse. Je l'ay cogneu par quelquefois à l'endroit de la reyne d'Escosse[1], laquelle, après avoir esté vefve, alla faire un voyage en Lorraine, où j'estois; mais vous eussiez dit que bien souvant sadite altezze se vouloit advantager et advancer sur la magesté de ladite reyne. Mais elle, qui estoit très-habile et de grand cœur, ne luy en laissoit pas passer une, ny aucunement s'advancer sur elle de rien, encor que ce fust la mesme douceur, aussi que M. le cardinal son oncle l'en avoit bien advertie et instruicte de l'humeur de ladite princesse; laquelle ne se pouvant deffaire de sadite gloire, s'en voulut un peu accom-

---

1. La mère de Marie Stuart, Marie de Lorraine

moder envers la reyne mère lorsqu'elles se veirent; mais ce fut à glorieuse glorieuse et demy; car la reyne mère estoit la plus glorieuse femme du monde quand il falloit, et comme je l'ay veu et ouy la nommer telle à plusieurs grands, et mesmes quand il falloit déprimer la gloire de quelque personne qui l'eust voulue faire valloir, car elle luy abaissoit jusques au centre de la terre : toutesfois, si se porta-elle modestement à l'endroit de son altezze, luy defférant assez et l'honnorant, mais tenant pourtant tousjours la bride, ores la main haute, ores basse quant il failloyt, de peur qu'elle ne s'esguarast ou se desbosquast[1]; car je luy vis dire deux ou trois fois : « Voylà la plus glorieuse femme que je vis jamais! » C'estoit lorsqu'elle vint au sacre du feu roy Charles neufiesme[2], où elle fut conviée, à Reins. Lorsqu'elle y entra elle ne voulut estre à cheval, craignant n'y montrer assez sa grandeur et altezze, mais se mit dans un coche fort superbe, tout couvert de vellours noir, à cause de sa viduité, qui estoit traisné de quatre chevaux turcz blancz, des beaux qu'on eust sceu choisir, et attellez tous quatre à front, en manière de chariot triumphant. Ell'estoit à la portière fort bien habillée, toute de noir pourtant, en robbe de vellours; mais à la teste, toute de blanc et très-bien et gentiment et superbement coiffée et habillée; à l'autre portière estoit une de ses filles, qui a esté despuis madame la duchesse de Bavière[3]; et

---

1. *Se desbosquer*, débusquer. — 2. Le 5 mai 1561.

3. Renée, mariée le 22 février 1568 à Guillaume V, duc de Bavière, morte le 23 mars 1602.

au dedans sa dame d'honneur, qui estoit la princesse de Macédoine[1]. La reyne la voulut voir entrer dans la basse court en ce triumphe, et se meit à la fenestre, et dist assez bas : « Voylà une glorieuse femme! » Et puis estant[2] déssendue et montée en haut, ladite reyne l'alla recuillyr au mitant de la salle seullement, au moins un peu plus avant, et plus près de la porte que de loing. Et fut très-bien receue d'elle ; car elle gouvernoit lors tout, pour le bas aage du roy son filz, et le dressoit et luy faisoit faire ce qu'elle vouloit, qui fit grand honneur à sadite altezze. Toute la court, tant grands que pettitz, l'extimarent et admirarent fort, et la trouvarent très-belle, encores qu'elle déclinast sur l'aage, qui pouvoit venir à un peu plus de quarante ans : mais rien ne se trouvoit en elle changé ny effacé, car son autonne passoit bien l'esté d'aucunes. Il faut estimer grandement ceste princesse d'avoir esté si belle, et gardé sa viduité jusques à son tombeau, et révéré si inviollablement et impollument[3], non par tierces nopces, la foy aux mânes de son mary.

Elle mourut un an après avoir sceu nouvelles qu'elle estoit reyne d'Anemarc, d'où ell'estoit sortie ; et que le royaume luy estoit escheu[4] ; de sorte qu'avant

---

1. La princesse de Macédoine, que Brantôme dit plus loin être de la maison de Castellanne de Milan, était veuve depuis 1551. Son mari (qui était probablement un Castriot, mais je n'ai pu le vérifier) avait été tué à la prise de Torchiara par Horace Farnèse.
2. La duchesse.
3. *Impollument*, sans être pollué.
4. Je ne comprends pas bien ce que Brantôme veut dire. Christiern III, roi de Danemark, mourut le 1ᵉʳ janvier 1559, laissant

mourir ell'a veu changer son nom d'altezze, qu'ell' avoit porté si longuement, en celluy de magesté, qui peu l'accompaigna non pas six mois. Je croy qu'elle eust bien voulu porter encor celluy d'altezze et quelle fust estée en ceste belle verdeur de jeunesse et beauté d'autres fois, car tous empires et royaumes ne sont rien au prix des jeunes ans. Encor luy a ce esté un honneur et un heur avant la mort porter ce nom de reyne : et pourtant, à ce que j'ay ouy dire, elle estoit résolue de n'aller point en son royaume, mais de finir le reste de ses jours en son douaire d'Italie, à Tortonne[1]; et ceux du païs ne l'apelloient que madame de Tortonne (pas beau nom pourtant ny digne d'elle), où elle s'estoit retirée fort longtemps avant que mourir, tant pour l'amour de quelques vœuz qu'ell'avoit fait aux sainctz lieux de par de-là, que pour estre plus près des bains de là ; car elle devint malladive et fort gouteuse.

Ses exercices estoient très-beaux, sainctz et honnestes, comme à prier Dieu, et à faire de grandes aumosnes et charitez envers les paouvres, et surtout envers les vefves, entre lesquelles se souvint de la paouvre madame Castellanne de Milan, que nous avons veu à la court misérablement trainer ses jours, sans le secours de la reyne mère, qui luy faisoit tousjours quelque petit bien. Elle estoit fille de la princesse de Macédoine, et sortie de ceste grande

---

un fils (Frédéric II) qui lui succéda sans difficulté, et je ne vois pas comment, à ce propos, sa sœur Christine aurait pu prendre le titre de reine.

1. Tortone, en Piémont, à vingt-quatre kilomètres d'Alexandrie.

maison. Je l'ay veue une fort honnorable femme, et
fort aagée; ell'avoit esté gouvernante de son altezze.
Elle, sçachant la misère où vivoit ceste paouvre Castellanne, l'envoya quérir, et la fit venir auprès d'elle,
et la traicta si bien qu'elle ne sentit plus la disette
qu'elle sentoit en France.

Voylà ce que j'ay peu dire sommairement de ceste
grand' princesse, et comment, vefve et très-belle,
s'est très-sagement conduicte. Il est vray qu'on pourra
dire qu'ell'avoit esté mariée un'autre fois avec le duc
Sforce. Semon, mais il mourut aussitost, et ne demeurarent pas un an mariez, et elle fut vefve en
l'age de quinze à seize ans; et par ce l'empereur, son
oncle, la maria avec le duc de Lorraine, pour s'affermir de plus en plus d'alliances; mais elle fut vefve
aussi en la fleur de son aage, n'ayant pas jouy de
son beau mariage longues années; et celles qui luy
restarent, qui furent les plus belles et plus à priser
et mettre en besoigne, elle les fit et consomma en un
retiré et chaste vefvage.

Si faut-il que, sur ce subjet, je parle des belles
vefves en deux motz, d'une du temps passé, qui est
ceste honnorable vefve madame Blanche de Montferrat[1], l'une des anciennes maisons d'Italie, qui fut
duchesse de Savoye, et la plus belle et la plus parfaite princesse de son temps, et des plus sages et advisées, et qui gouverna aussi bien et si sagement la
tutelle de son filz et de ses terres, qu'on veid jamais

---

1. Blanche, fille de Guillaume, marquis de Montferrat, mariée
(1485) à Charles Ier, duc de Savoie, qu'elle perdit en 1489; elle
mourut le 31 mars 1509.

dame et mère, estant demeurée vefve en l'aage de vingt-trois ans.

Ce fut celle qui receut si honnorablement le petit roy Charles huictiesme, allant à son royaume de Naples, en toutes ses terres, et principallement en sa ville de Turin, où elle luy fit une fort pompeuse entrée, et où elle-mesme s'y voulut trouver, et y marcha fort sumptueusement accoustrée; et monstroit qu'elle sentoit bien sa grande dame; car ell'estoit en estat magniffique, habillée d'une grand' robe de drap d'or frizé, et toute bordée de gros diamantz, rubis, saffirs, esmeraudes, et autres riches pierreries. Sa teste estoit entournée de pareilles et riches pierreries; à son col elle portoit un carquant ou collier garny de très-grosses perles orientalles qu'on n'eust sceu estimer, et avoit des brasseletz en ses bras tout de mesmes. Ell'estoit montée sur une belle haquenée blanche, harnachée fort superbement, que six grands lacquais conduisoyent, vestuz de drap d'or broché. Ell'estoit suivie d'une grande bande de damoyselles, fort richement, mignardemant et proprement vestues à la piedmontoise, qu'il faisoit beau voir; après lesquelles venoit une fort grand' troupe de gentilzhommes et cavailliers du païs; puis entra et marcha après elle le roy Charles soubz un riche poële, et alla descendre au chasteau, où il logea; et là madame de Savoye luy présenta son filz à la porte dudict chasteau, avant qu'entrer, qui estoit très-jeune; et puis elle luy fit une très-belle harangue, luy présentant ses terres et ses moyens, tant d'elle que de son filz; ce que le roy receut de très-bon cœur, et l'en remercia bien fort, se sentant fort obligé à elle. Par toute la ville on y voyoit l'escu de France et celluy de Savoye, entrelassez d'un grand las d'amour qui lioit les deux escus et les deux ordres, avec ces motz : *Sanguinis arctus amor*[1], ce que dit la *Chronique de Savoye*.

J'ay oüy dire à aucuns de nos pères et mères, qui le tenoient des leurs qui l'avoient veue, et mesmes madame la séneschalle de Poictou, ma grand' mère, qui estoit lors fille à la court, qui affermoit qu'alors on ne parloit que de la beauté, sagesse et advisement[2] de ceste princesse, et que tous les courtisans et gallans de la court, quand ilz furent de retour en France de leur voyage, n'en faisoient que parler et entretenir les filles et dames de la court de sa beauté et vertu, et surtout le roy, qui monstroit en aparance en estre au cœur blessé.

Toutesfois, sans ceste beauté, il avoit ocasion grande de la bien aymer; car elle luy ayda de tous ses moyens qu'elle peut, et se deffit de toutes ses pierreries, perles et joyaux pour les luy prester et engager où bon luy plairoit[3], ce qui estoit une très-grande obligation, car voluntiers les dames portent une très-grande affection à leurs pierreries, bagues et joyaux, et voluntiers presteroient et engageroient plustost quelque pièce précieuse de leurs corps que leur richesse de joyaux : je parle d'aucunes et non de toutes. Certes, ceste obligation fut grande; car, sans ceste

---

1. Étroit amour du sang. — Voyez Paradin, *Chronique de Savoye*, liv. III, chap. LXXXV.

2. *Advisement*, jugement.

3. Paradin, *ibid.*, chap. LXXXVI.

courtoisie, et celle aussi de la marquise de Montferrat, une très-honneste dame aussi et très-belle, recevoit bien au long la courte honte, et s'en retournoit de son demy voyage qu'il avoit entrepris sans argent, ayant pis fait qu'un évesque de France qui alla au concille de Trente sans argent ny sans latin. Quel embarquement sans biscuit! Mais il y a bien différance de l'un à l'autre; car ce qu'en fit l'un, ce fut par une générosité belle et grande ambition qui luy fermoit les yeux à toutes incommoditez, ne trouvant rien impossible à son brave cœur; mais à l'autre failloit esprit et habilité, péchant en cela par ignorance et bestise, si ce n'estoit qu'il se fioit à faire la queste estant là.

En ce discours de ceste belle entrée que viens dire, est à noter la superbeté des accoustremens de ceste princesse, qui sentoit un peu plus sa femme mariée (ce dira-on) que sa vefve. Sur quoy les dames alors disoient que, pour un si grand roy, elle se pouvoit dispenser jusques-là, encor qu'il ne fust de besoing autrement de dispence, et aussi que les grands et grandes se donnent la loy, et que de ce temps les vefves, se disoit-on, n'estoient si ressarrées ny refformées en leurs habitz comme elles l'ont esté despuis quelques quarante ans, qu'une grande dame que je sçay[1], laquelle, estant fort aux bonnes grâces d'un roy, voire en délices, s'habilla un peu plus à la modeste, mais de soye pourtant tousjours, affin qu'elle peust mieux adombrer et cacher son jeu; et, par ainsi, les vefves de la court la voulant immiter en faisoient

1. Diane de Poitiers.

de mesmes qu'elle. Si ne se refformoit-elle point tant, ny si à l'austérité, qu'elle ne s'habillast gentiment et pompeusement, mais tout de noir et blanc; et y parressoit plus de mondanité que de refformation de veufve, et surtout monstroit tousjours sa belle gorge. J'ouys dire à la reyne, mère du roy Henry III, au sacre et aux nopces du roy Henry III*e*, mesmes choses : que les vefves du temps passé n'avoient si grand esgard à leurs habitz, modesties[1] ny actions, comme aujourd'huy; ainsi comm' elle avoit veu du temps du roy François, qui vouloit sa court libre en tout; et mesmes que les vefves y dansoient, et les prenoit-on aussi librement que l'on faisoit les filles et femmes mariées; et le dist sur ce poinct qu'elle commanda et pria M. de Vaudemont[2] de prendre, pour honnorer la feste, madame la princesse de Condé la douairière[3] pour danser; ce qu'il fit pour luy obéir, et la mena le grand bal : ceux qui estoient au sacre comme moy l'ont veu, et s'en pourront bien souvenir. Voylà des libertez qu'avoient les vefves pour lors. Aujourd'huy cela leur est deffandu comme sacrilège, et comme les couleurs, car elles n'oseroient porter ny s'habiller que de noir et blanc; et leurs jupes ou cotillons peuvent-elles bien porter, et leurs chausses, de gris, tané, viollet et bleu. Aucunes ay-je veu qui se sont esmancipées sur le rouge, incarnat et couleur de chamois, ainsi que le temps passé; car elles pouvoient

1. *Modestie*, tenue modeste.
2. Nicolas de Lorraine que son gendre Henri III créa duc de Mercœur.
3. Françoise d'Orléans-Longueville, veuve (1569) de Louis de Bourbon, prince de Condé, morte le 11 juin 1601.

porter toutes couleurs en leur cottes, en chausses, non en robes, ainsi que j'ay ouy dire.

Aussi ceste duchesse, dont nous venons de parler, pouvoit-elle bien porter ceste robe de drap d'or, car c'estoit son habit ducal et sa robbe de grandeur, laquelle luy estoit séante et permise pour monstrer sa souveraineté et dignité de duchesse; comme encor font et peuvent faire nos contesses et duchesses, qui portent et peuvent porter leurs habitz ducaux et de contesses en leurs cérémonies. Nos vefves d'ennuy[1] n'osent porter de pierreries, sinon aux doigtz, à quelques mirouers et à quelques *Heures*, et à de belles sainctures, mais non sur la teste ny sur leur corps, ouy bien force perles au col et au bras; et vous jure avoir veu des vefves estre aussi propres en leurs habitz blancz et noirs, qui attiroient bien autant que les bigarrez des mariées et filles de France. Voylà assez parlé de ceste vefve estrangère : il faut un peu parler des nostres, et veux toucher à nostre reyne blanche Loyse de Lorraine, femme du roy Henry, dernier mort[2].

On peut et doit-on louer ceste princesse de beaucoup; car, en son mariage, elle s'est comportée avec le roy son mary aussi sagement, chastement et loyaument que le neu duquel elle fut liée en conjoinction avec luy a demeuré tousjours si ferme et indissoluble, qu'on ne l'a jamais trouvé deffait ny délié, encor que

---

1. *D'ennuy*, d'annuit, d'aujourd'hui.
2. Louise de Lorraine, fille de Nicolas de Lorraine, comte de Vaudemont, et de Marguerite d'Egmont; mariée le 15 février 1575 à Henri III, morte le 29 janvier 1601.

le roy son mary aymast et allast bien quelquefois au change, à la mode des grandz, qui ont leur franche liberté à part; et aussi que, dès le beau premier commancement de leur mariage, voyre dix jours après, il ne luy donna grand' occasion de contentement, car il luy osta ses filles de chambre et damoyselles qui avoient toujours esté avec elle et nourries d'elle, estant fille, qu'elle regreta fort : et la picure luy en fut grande au cœur, surtout pour madamoyselle de Changy, une très-belle et fort honneste damoyselle, et qui ne valloit[1] pas d'estre bannye de la compaignie de sa maistresse ny de la court. C'est un grand despit de perdre une bonne compaigne et confidante. Je sçay qu'une fois une dame de ses plus privées fut un jour si présumptueuse de luy remonstrer, en riant et gaudissant, que, puisqu'elle ne pouvoit avoir enfans du roy, ny n'en auroit jamais, pour beaucoup de raisons que l'on disoit de ce temps-là, qu'elle fairoit bien d'emprumpter quelqu' ayde tierce et secrette pour s'en faire avoir, affin qu'elle ne demeurast sans authorité, si le cas advenoit que le roy vint à mourir, ains qu'elle peut estre un jour reyne mère du roy, et tenir mesme rang et grandeur que la reyne sa belle-mère. Mais elle regetta bien loing ce conseil bouffonnesque, et le prist en très-mauvaise part, et oncques plus n'ayma ceste bonne dame conseillière, aymant mieux apuyer sa grandeur sur sa chasteté et vertu, que sur une lignée sortie de vice. Ce conseil, pour le monde et selon la doctrine de Machavel, n'estoit point pourtant à regetter.

---

1. *Ne valloit pas*, ne méritait pas.

On dit que la reyne Marie d'Angleterre, tierce femme du roy Louys XII, n'en fit pas de mesme; car, se mescontantant et deffiant de la foiblesse du roy son mary, voulut sonder ce guet, prenant pour guide M. le conte d'Angoulesme, qui despuis fut le roy François, lequel estoit alors un jeune prince beau et très-agréable, à qui elle faisoit très bonne chaire, l'apellant toujours : « Monsieur mon beau filz ; » aussi l'estoit-il, car il avoit espousé desjà madame Claude, fille du roy Loys. Et de fait en estoit esprise; et luy la voyant en fit de mesme; si bien qu'il s'en falut peu que les deux feuz ne s'assemblassent, sans feu M. de Grignaux, gentilhomme et seigneur d'honneur de Périgort, très-sage et advizé, lequel avoit esté chevailler d'honneur de la reyne Anne, comme nous avons dit, et l'estoit encor de la reyne Marye. Luy, voyant que le mistère s'en alloit jouer, remonstra à mondit sieur d'Angoulesme la faute qu'il alloit faire, et luy dist en se courrouçant : « Comment, Pasque-Dieu ! (car tel estoit son jure-
« ment) que voulez-vous faire ? Ne voyez pas que ceste
« femme, qui est fine et caute, vous veut attirer à
« elle affin que vous l'engrossiez? Et, si elle vient à
« avoir un filz, vous voylà encores conte simple d'An-
« goulesme et jamais roy de France, comme vous es-
« pérez. Le roy son mary est vieux, et meshuy ne luy
« peut faire enfans. Vous l'yrez toucher, et vous vous
« aprocherez si bien d'elle, que vous qui estes jeune
« et chaud, elle de mesme, Pasque-Dieu ! elle pren-
« dra comme à glu ; elle faira un enfant, et vous
« voylà bien ! Après vous pourrez bien dire : A Dieu
« ma part du royaume de France. Par quoy son-
« gez-y. » Ceste reyne vouloit bien pratiquer et es-

prouver le próverbe et reffrain espaignol, qui dit que *nunca muger aguda murio sin herederos* ; « jamais « femme habille ne mourut sans héritiers ; » c'est-à-dire que, si son mary ne luy en fait, elle s'ayde d'un second pour luy en faire. M. d'Angoulesme y songea de fait, et protesta d'y estre sage et s'en déporter : mais tenté encor et retenté des caresses et mignardises de ceste belle Angloise, s'y précipita plus que jamais. Que c'est que de l'ardeur de l'amour! et d'un tel petit morceau de chair, pour lequel on en quicte et les royaumes et les empires, et les perd-on, comme les histoires en sont plaines. Enfin M. de Grignaux, voyant que ce jeune homme s'alloit perdre et continuoit ses amours, le dist à madame d'Angoullesme, sa mère, qui l'en réprima et tança si bien qu'il n'y retourna plus. Se dit-on pourtant que la reyne fît bien ce qu'elle peut pour vivre et régner reyne mère peu avant et après la mort du roy son mary. Mais il luy mourut trop tost, car elle n'eut grand temps à faire ceste besoigne ; et, nonobstant, faisoit courir le bruict, après la mort du roy, tous les jours qu'ell' estoit grosse ; si bien que, ne l'estant point dans le corps, on dit qu'elle s'enfloit par le dehors avecques des linges peu à peu, et que, venant le terme, ell' avoit un enfant suposé que devoit avoir un' autre femme grosse, et le produire dans le temps de l'accouchement. Mais madame la régente, qui estoit une Savoysienne qui sçavoit que c'est de faire des enfans, et qui voyoit qu'il y alloit trop de bon pour elle et pour son filz, la fit si bien esclairer et visiter par médecins et sages-femmes, et par la veue et descouverte de ses linges et drapeaux, qu'elle fut descouverte et faillie en son desseing, et point reyne mère, et r'envoyée en son païs.

Voylà la différance de ceste Marye avec nostre reyne Loyse, laquelle a esté si sage, chaste et vertueuse, que, ny par la vraye ni fauce suposition, n'a point voulu estre reyne mère. Et quand elle eust voulu jouer un tel jeu, il n'en fust esté autre chose, car personne n'y prenoit garde, et en eust rendu plusieurs bien esbays. En quoy ce roy d'aujourd'huy[1] luy est bien redevable, et l'en doit bien aymer et honnorer; car si elle eust fait le traict, et qu'elle eust produict un petit enfant, le roy, de roy qu'il est, n'eust esté qu'un petit régent en France, possible que non : et ce foible nom ne l'eust sceu garantir qu'il n'eust eu bien plus de maux et guerres qu'il n'a heu.

J'ay ouy dire à aucuns, tant relligieux que mondains, et tenir ceste conclusion : que nostre reyne eust mieux fait d'avoir joué ceste partie, et que la France n'eust point eu tant de misères, paouvrettez et ruines qu'elle en a et aura[2], et la chestienté mieux portée. Je m'en raporte aux braves et curieux discoureurs là-dessus (mais je n'en crois rien, car nous nous trouvons bien de nostre roy. Dieu le garde!) pour en dyre leur advys; car ilz en ont un brave subjet et fort ample pour l'Estat, mais non pour Dieu, si me semble, auquel nostre reyne a esté toujours tendue et inclinée, l'aymant et l'adorant si fort, que, pour le servir, elle s'oublioit elle-mesme et sa haute condicion. Car, estant très-belle princesse (aussi le roy la print pour sa

---

1. Henri IV.
2. Les mots : *et aura* ont été rajoutés par Brantôme.

beauté et vertuz), et jeune, délicatte et très-aymable,
elle ne s'adonnoit à autre chose qu'à servir Dieu, aller
aux dévoctions, visiter continuellement les hospitaux, penser les mallades, ensepvellyr les mortz, n'y
oubliant ny obmettant rien des bonnes et sainctes
œuvres qu'observoient en cela les sainctes, dévoctes
et bonnes dames, princesses et reynes du temps
passé de la primitive église. Après la mort du roy son
mary, elle en a fait tousjours de mesmes, employant
le temps à le plorer et regretter, et à prier Dieu pour
son âme; si bien que sa vie du vefvage est toute pareille à celle du mariage. On la soupçonnoit, durant
le mary, qu'elle penchoit un peu du party de l'Union,
à cause que, toute bonne chrestienne et catholique
qu'elle estoit, ell' aymoit ceux qui débatoient et
combattoient pour sa foy et rellligion : mais elle ne
les a jamais aymé, ains du tout quicté après qu'ilz
eurent tué son mary, n'en réclamant autre vengeance
ny punition que celle qu'il plairoit à Dieu envoyer,
encor qu'ell' en priast les hommes, et sur tous nostre
roy, qui doit justice sur ce fait innorme[1] d'une personne sacrée. Et ainsi a vescu ceste princesse en mariage, et ainsi vist en viduité sans reproche. Enfin[2]
elle est morte en réputation très-belle et digne d'elle,
ayant languy longtemps et traisné héticque et seiche,

1. *Innorme*, énorme.
2. Ce qui suit jusqu'à la fin de l'alinéa a été rajouté en marge
par Brantôme et offre des différences avec le texte publié. Ainsi
au lieu de : *Héthicque* (étique) *et seiche qu'on disoyt*, on lit dans
les dernières éditions : *Et sans prendre soin de soy*. Les mots :
Et tant qu'elle dureroyt sur terre, ont été remplacés par ceux
: *et qu'elle demeurast ainsi.*

qu'on disoyt pour avoyr estée trop adonnée à la tristesse. Elle fist une fort belle mort et fort religieuse. Advant que mouryr elle fist porter sa couronne sur le chevet de son lict prez d'elle, et ne voulust qu'elle bougeast d'auprez d'elle tant qu'elle vyvroit, et après sa mort, qu'elle fust couronnée et tant qu'elle dureroyt sur terre.

Elle layssa une seur qu'est madame de Joyeuse[1], qui l'a imitée en sa prude et chaste vie, laquelle a fait de grands deuilz et lamentations pour son mary : aussi estoit-il un brave, vaillant et accomply seigneur. Et, de plus, j'ay ouy dire que, lorsque le roy d'aujourd'huy fut en telle estrette et dans Diepe, que M. du Mayne avec quarante mil hommes le tenoit assiégé et serré comme dans un sac, que si elle fust estée au lieu de M. le commandeur de Chate[2], qui commandoit dedans, qu'elle se fust bien revanchée de la mort de son mary autrement que n'avoit fait ledit sieur commandeur, qui, pour les obligations qu'il avoit à M. de Joyeuse, ne le devoyt recevoyr, disoit-elle; et despuis ne l'a aymé, mais l'a hay plus que peste, ne le pouvant excuser d'une telle faute, encor qu'autres l'estiment d'avoir gardé la foy et la loyauté qu'il avoit promise. Mais une femme, justement ou injustement offancée, ne prend

1. Marguerite, fille du second mariage de Philippe-Emmanuel, duc de Mercœur, avec Jeanne de Savoie, mariée : 1° en octobre 1581 à Anne, duc de Joyeuse, tué à Coutras; 2° en 1599 à François de Luxembourg, duc de Pinei, morte le 20 septembre 1625.
2. Aymar de Chastes, commandeur de l'ordre de Malte, mort en 1604. Gouverneur de Dieppe en 1589, il livra cette ville à Henri IV. Il était proche parent du duc de Joyeuse.

rien en payement, comme a fait celle-là ne pouvant aymer son roy d'aujourd'huy, ayant pourtant fort regretté le feu roy et porté le deuil pour luy, encor qu'elle fust de la ligue ; mais elle disoit que son mary et elle luy avoient d'extrêmes obligations. Pour fin, c'est une bonne et sage princesse, et qui a honneur aux regretz qu'elle monstra aux cendres de son mary[1], pour quelque temps, car elle se remaria aveq M. de Luxembourg. Estant si jeune[2], falloit-il qu'elle bruslast toujours ?

Madame de Guyse, Catherine de Clèves, l'une des trois filles de Nevers (trois princesses certes qu'on ne sçauroit assez louer, tant pour leurs beautez que pour leurs vertuz, desquelles j'en faitz à part un chapitre), a cellébré et cellèbre tous les jours fort dignement l'abssence éternelle de M. son mary : mais aussi quel mary estoit-ce ? C'estoit le nomper du monde ; ainsi l'apeloit-elle en quelques-unes de ses lettres qu'ell' escrivoit à aucunes dames de ses plus famillières que après son malheur j'ay veu, leur bien maniffestant par ses funestes et tristes parolles des[3] quelz regretz son âme estoit blessée.

Madame sa belle-sœur, madame de Montpensier[4], de laquelle j'espère parler ailleurs, pleura son mary luctueusement ; et, bien qu'elle l'eust perdu estant fort jeune, belle et aymable pour beaucoup de per-

1. La fin de l'alinéa a été rajoutée en marge par Brantôme.
2. Les éditions portent : *Estant sa femme*, ce qui n'offre aucun sens.
3. *Des*, de.
4. Catherine-Marie de Lorraine, femme (1570) de Louis de Bourbon, duc de Montpensier, mort en 1582.

fections en elle de l'âme et du corps, n'a jamais songé de se remarier, encor que bien tendrette d'ans ell' eust espousé son mary qui eust esté son ayeul, et qu'ell' eust tasté de luy fort sobrement des fruictz de mariage, desquelz n'a vouleu regouster ny en réparer les deffautz et arrérages par unes secondes nopces.

J'ay veu plusieurs seigneurs, gentilzhommes et dames, s'esmerveiller souvant de madame la princesse de Condé, la douairière, de la maison de Longueville[1], qui ne s'est jamais voulue remarier, puisqu'ell' estoit l'une des belles dames de la France, et très-désirable, s'estant pleu en sa condition viduale[2], sans jamais s'estre voulue remarier, et mesmes qu'elle demeura vefve très-jeune.

Madame la marquise de Rothelin[3], sa mère, en a fait de mesmes, qui très-belle qu'elle a esté, est morte vefve. Certes, et la mère et la fille pouvoient embrazer tout un royaume de leurs yeux et doux regardz, qu'on tenoit à la court et en France pour estre des plus agréables et des plus attirans. Aussi ne faut-il point doubter qu'ilz ne brullassent plusieurs ; mais de s'en aprocher par mariage, il n'en falloit point parler : et toutes deux ont très-loyaument entretenu la foy donnée à leurs feuz marys, sans en espouser de secondz.

Je n'aurois jamais fait si je voulois alléguer toutes ces princesses de la court de nos roys sur ce subjet. Je

---

1. Voyez plus haut, p. 355, note 7.
2. *Viduale*, de veuve.
3. Jacqueline de Rohan, femme de François d'Orléans, marquis de Rothelin, morte en 1586.

le remetz à un autre endroit pour les louer : par quoy je les laisse, et parle un peu de quelques dames qui, pour n'estre princesses, ont bien la race aussi illustre, et l'âme aussi généreuse qu'elles.

Madame de Randan dite Fulvia Mirandolla[1], de la bonne maison de l'Admirande, demeura vefve en la fleur de son aage, et très-belle. Elle fit un si grand deuil de sa perte, que jamais elle n'a daigné se regarder en son mirouer et a desnié son beau visage au blanc et clair cristal qui la désiroit tant voir; et ne luy pouvoit dire comme la dame[2] qui, rompant son miroir, et le dédiant à Vénus, luy dist ces vers latins[4] :

> Dico tibi Veneri speculum, quia cernere talem
> Qualis sum nolo, qualis eram nequeo.

---

[1]. Fulvie Pic de la Mirandole, femme de Charles de la Rochefoucauld, seigneur de Randan, tué au siége de Rouen en 1562. Ce fut en sa faveur que la seigneurie de Randan fut érigée en comté (mai 1566).

[2]. Cette dame est Laïs. La citation, dont Brantôme a arrangé à sa façon le premier vers, est empruntée à la cinquante-cinquième épigramme d'Ausone, intitulée : *Laïs dicans Veneri speculum suum*.

> Laïs anus Veneri speculum dico : dignum habeat se
> Æterna æternum forma ministerium.
> At mihi nullus in hoc usus, quia cernere talem
> Qualis sum, nolo : qualis eram, nequeo.

Il y a quatre épigrammes sur le même sujet dans le sixième livre de l'*Anthologie*; des traductions ou imitations françaises qui en ont été faites, on ne se souvient plus guère que de celle de Voltaire :

> Je le donne à Vénus, puisqu'elle est toujours belle;
> Il redouble trop mes ennuis.
> Je ne saurais me voir, dans ce miroir fidèle,
> Ni telle que j'étais, ni telle que je suis.

« Vénus, je te dédie mon mirouer, car, telle que je
« suis, je n'ay plus le cœur ni la patience de m'y regar-
« der; et, telle que je suis estée d'autresfois, je ne puis. »

Madame de Randan ne mesprisoit son mirouer pour ce subjet, car ell' estoit très-belle; mais, pour un vœu qu'ell' avoit fait à l'ombre de son mary, lequel estoit un des parfaitz gentilzhommes de la France, pour lequel elle quicta toute mondanité; jamais ne s'habilla que fort austèrement et relligieusement avec son voile, et ne monstroit jamais ses cheveux, et coiffée plustost négligemment, monstrant pourtant avec son incuriosité[1] une grande beauté. Aussi feu M. de Guyse, dernier mort, ne l'apelloit jamais que moyne; car elle s'habilloit et estoit bouchonnée comme un relligieux : et ce disoit-il en riant et gaudissant avec elle; car il l'aymoit et honnoroit beaucoup, comme ell' estoit très-affectionnée à son service et à toute la maison.

Madame de Carnavalet[2], vefve deux fois, reffusa pour le troisiesme d'espouser M. d'Espernon dit lors M. de la Vallette le jeune, au commancement de sa grand'faveur, qui en estoit si espris d'amour, comme certes ell' estoit une très-belle vefve, et bien aymable, que, n'en pouvant tirer d'elle ce qu'il eust très-bien désiré, la pourchassa et pressa de l'espouser, et luy en fit parler trois ou quatre fois par le roy; mais jamais ne voulut se remettre en une subjection de

1. *Incuriosité*, insouciance.
2. Françoise de la Baume, fille de Jean III, comte de Montrevel, mariée 1° en 1548 à son cousin François de la Baume, baron de Saint-Sorlin, puis comte de Montrevel; 2° en 1566 à François de Carnavalet, mort en 1571.

mary ; car ell' avoit esté mariéé deux fois : l'une avec le conté de Montravel, et l'autre avec M. de Carnavalet ; et quand ses plus privez amis, et mesmes moy qui luy étois fort serviteur, luy remonstrois la faute qu'elle faisoit de reffuser un si grand party, qui la mettoit dans le fin fons et abysme de la grandeur, des biens, des richesses, de la faveur et de toutes dignitez, veu ce qui estoit La Vallette, le plus favory du roy, qu'il tenoit comme un second soy-mesme, elle respondoit : que tout son contentement ne gissoit pas en tous ces poinctz, mais en sa résolution et plaine liberté et satiffaction de soy-mesme, et en la mémoire de ses marys, dont le nombre l'en avoit saoullée.

Madame de Bourdeille, sortie de l'ilustre et ancienne maison de Montbron, et des contez de Périgord et viconté d'Aunay, estant venue vefve en l'aage de trente-sept à trente-huict ans, très-belle (et croy que en la Guienne, d'où elle estoit, il n'y en avoit pas une qui l'ait surpassée de son temps en beauté, bonne grâce et belle aparance ; car ell' avoit l'une des belles, hautes et riches tailles qu'on eust sceu voir, et si le corps estoit beau, l'âme estoit pareille); estant donc en si bel estat, et restée vefve, fut pourchassée et requise de trois grands et riches seigneurs en mariage, ausquelz tous elle respondoit : « Je ne
« veux point dire comme beaucoup de dames, qui
« disent qu'elles ne se marieront jamais, et asseurent
« leurs parolles de telle façon qu'on le peut croire,
« après rien : mais je dis bien que, si Dieu et la chair
« ne m'en donnent autre volunté que j'ay ast'heure,
« et qu'ilz ne me la changent, pour chose très-cer-
« taine j'ay dit pour jamais à Dieu au maryage : » Et

comme un autre luy réplicqua : « Mais quoy ! ma-
« dame, voulez-vous brusler en la verdeur de vostre
« bel aage? — Je ne sçay comme vous l'entendez,
« luy respondit-elle ; mais jusques ast'heure il ne m'a
« pas esté possible de m'eschauffer encor seule dans
« mon lict, vœuf et froid comme glace ; mais, estant
« en la compaignie d'un second mary, je ne dis pas
« que, m'aprochant de son feu, je ne puisse brusler
« comme vous dictes : et, parce que le froid est plus
« aisé à suporter que le chaud, je me suis résolue de
« me contenir en ma qualité, et m'abstenir d'un
« second mariage. » Et, tout ainsi qu'elle l'a dit,
elle l'a tenu jusques ast'heure, ayant demeuré vefve
desjà douze ans, sans avoir rien perdu de sa beauté,
mais tousjours nourrie et entretenue sans une seulle
tache. Ce qui est une grande obligation aux cendres
de son mary, et un tesmoignage de l'avoir bien aymé
vivant, et une redevance par trop extresme à ses enfans de l'honnorer pour jamais [1], et ainsin est morte
veufve.

Feu M. d'Estrozze avoit esté l'un de ceux qu'y
prétendoient ; et l'en avoit fait requérir ; mais, tout
grand et alié de la reyne mère qu'il estoit, l'en reffusa,
et s'en excusa honnestement. Quelle humeur pourtant
d'estre belle et honneste et très-riche héritière,
et finir le reste de ses beaux jours sur une plume ou
une layne sollitaire, déserte et froide comme glace,
et passer tant de vefves nuictz ! O ! qu'il y en a plusieurs
dispareilles à une telle dame, et plusieurs pareilles
aussi ! Que si je les voulois toutes alléguer, je

---

1. Les cinq mots suivants ont été rajoutés par Brantôme.

n'aurois jamais achevé : et mesmes si je voulois mesler, parmy nos dames chrestiennes, les payennes, comme ceste belle, gentille, bonne romaine de jadis, Martia[1], fille puis-aisnée de Cathon d'Utique, sœur à Portia, laquelle, après avoir perdu son mary, et le lamentant incessamment, et qu'on luy demandoit quand seroit le dernier jour de son deuil, elle respondist que ce seroit lorsque viendroit le dernier jour de sa vie. Et d'autant qu'ell' estoit dame belle et très-riche, et qu'on luy demandoit quelques fois quand elle se remarieroit : « Ce sera lors, ce dist-elle, « que je trouveray un homme qui me veuille plustot « espouser pour mes vertuz que pour mes biens. » Et Dieu sçait si ell' estoit riche et belle, et vertueuse autant ou au double ; autrement, elle ne fust esté fille de Cathon, ny sœur de Portia : mais elle donnoit de ces bayes à ses serviteurs et pourchassans, et leur faisoit accroire qu'ilz la recherchoient pour ses biens et non pour ses vertuz, encor qu'ell' en fust assez bien pourveue ; et ainsi aisément se despeschoit de ces gallans importuns.

Monsieur sainct Hiérosme, en une épistre qu'il a faict à une Principie, vierge[2], il sonne les louanges d'une gentille dame romaine de son temps, qui se nommoit Marcella, de bonne et grande maison, et extraite d'un' infinité de consulz, procunsulz et préteurs, estant demeurée vefve fort jeune. Elle fut recherchée, et pour sa jeunesse et pour l'antiquité de sa maison,

---

1. Cette histoire est tirée du livre Ier du traité de saint Jérôme, *Adversus Jovinianum*; *Opera*, 1706, in-f°, tome IV, col. 188.

2. *Ad Principiam virginem*, ep. xcvi; *Opera*, tome IV, col. 778.

pour sa belle taille, qui singulièrement ravist la volunté des hommes (ce dit sainct Hiérosme, et use de cés mots. Notez ce qu'il note), et pour ses bonnes façons et mœurs. Entr'autres recherchans, il y eut un grand et riche seigneur romain, et de lignée de consulz aussi, et se nommoit Cerealis[1], qui la sollicita fort de second mariage. D'autant qu'il estoit un peu beaucoup advancé sur l'aage, il luy promettoit de grands biens et grands dons par préciput advantage. Mesmes sa mère qui se nommoit Albine l'en sollicitoit fort, qui trouvoit cela bon, et non point de reffus. Elle respondit : « Si j'avois envie de me rejecter « au lacz, et r'empestrer dans les liens d'un second « mariage, et non me vouer à une seconde chasteté, « je prendrois plustost un mari que non pas une hé- « rédité[2]. » Et, d'autant que cest amoureux eust opinion qu'elle disoit cela pour l'amour de son vieil aage, il luy répliqua : que les vieillars pouvoient longuement vivre et les jeunes bientost mourir. Mais elle luy répliqua : « Ouy, certes, le jeune peut « mourir bientost ; mais le vieillard ne peut pas vivre « longuement. » Et, pour ce mot, il en prist son congé. Je trouve le dire de ceste dame très-sage et sa résolution, et celle de Martia, et l'en extime davantage que sa sœur Portia, laquelle après la mort de son mary, se résolut de ne plus vivre, ains de se donner la mort : et, quand bien on luy eut osté tous ferremens pour se tuer, elle avalla des charbons ardens, et se brusla toutes les entrailles, en disant

1. Le manuscrit et les éditions portent à tort : Cereatis.
2. *Hérédité*, héritage.

qu'à une dame courageuse les moyens ne peuvent mancquer pour se donner la mort; ainsi que l'a bien sceu représenter Martial en un de ses épigrammes, qu'il a fait exprès, et fort beau, pour ceste dame[1] : laquelle (selon aucuns philosophes, et mesmes Aristote en ses Estiques[2] parlant de la fortitude ou force) ne monstra en cela grand courage ny magnanimité pour se tuer, ny comme plusieurs autres qui en ont fait de mesmes, comme son mary; disant que, pour éviter un plus grand mal, ilz se précipitent au moindre. De cela j'en faitz un discours ailleurs. Tant y a, qu'il eust mieux valeu que ceste dame eust employé ses jours à regretter son mary, et à vanger sa mort, que se la donner soy-mesmes : ce qui ne servit de rien, sinon à elle quelque revanche vaine, ainsi que j'en ay ouy discourir à aucunes, la blasmant. Mais pourtant, quant à moy, je ne la puis assez que louer, ny elle, ny toutes autres dames vefves, qui ayment leurs marys mortz aussi bien que vivans. Et voylà pourquoy sainct Paul[3] les a tant louées et recommandées, retenant ceste doctrine de son grand maistre. Si est-ce pourtant que des plus clairsvoyans et des mieux disans j'ay apris que les belles et jeunes vefves qui demeurent en cest estat en la fleur de leurs beaux ans et gentilz espritz, exercent par trop de grandes cruautez à l'endroit d'elles et de la nature, de conjurer ainsi contre elles, et ne vouloir encor retaster des doux fruitz du second mariage, que la loy divine [et] humaine, la nature, la jeunesse et la beauté,

---

1. C'est la 43e épigramme du livre Ier. — 2. *Éthiques.*
3. *Ad Timotheam*, ep. prima, cap. v.

leur permettent, et s'abstiennent pourtant à l'apettit de quelque certain vœu opiniastre, qu'elles se sont fantastiquées[1] en la teste de tenir aux umbres vagues et veines de leurs marys, comme sentinelles perdues en l'autre monde, qu'estans là bas aux Champs-Éliséens, ne s'en soucient rien, et possible s'en mocquent. Dont de tout cela elles s'en doivent raporter aux belles remonstrances et gentiles raisons que produist Anne à sa sœur Didon, dans la quatriesme des Ænéides[2], qui sont très-belles pour aprendre à une belle jeune vefve de ne s'asubjetter par trop à un vœu de viduité, plus cérimonieux certes que relligieux. Ou si, au moins, après leur trespas on les corronnoit de quelque beaux chapeaux de fleurs ou d'herbes, comme on corronnoit le temps passé, et comme l'on fait encor aujourd'hui les filles, encor ce triumphe seroit beau et plein de louange, et de quelque durée. Mais tout celluy que l'on leur en peut donner, ce sont quelques belles parolles qui s'envollent aussitost, et se perdent dans le cercuil[3] et aussi soudain que le corps. Que les belles et jeunes vefves donc sentent du monde puisqu'elles en sont encores et laissent aux vieilles la relligion et la reigle de vefvage.

Or, c'est assez parlé de ces vefves qui jusnent. Parlons ast'heure d'autres, qui sont celles qui, abhorrantes les vœuz et les refformations des secondes nopces, s'en accommodent, et réclament encor le

---

1. *Se fantastiquer*, avoir l'idée; de l'italien *fantasticar*.
2. Vers 31 et suivants.
3. *Cercuil*, cercueil.

doux et plaisant dieu Hyménéan. Il y en a les unes qui, par trop amoureuses de leurs serviteurs durant la vie de leurs marys, y songent desjà avant qu'ilz soient mortz, et projettent entr'elles et leurs serviteurs comment elles s'y comporteroyent. « Ah ! disent-elles, si mon mary estoit mort, nous fairions « cecy; nous fairions cela; nous vivrions de ceste « façon, nous nous accommoderions de cest' autre; « et ainsi, si excortement que l'on ne se doubteroit « jamais de nos amours passés. Nous fairions une « vie si plaisante ast'heure; nous yrions à Paris, à la « court; nous nous entretiendrions si bien que rien « ne nous sçauroit nuire : vous fairiez la cour à une « telle, et moy à un tel; nous aurions cecy du roy, « nous aurions cela. Nous fairions pourvoir nos en- « fans de tuteurs et curateurs : nous n'aurions soucy « de leurs biens ny de leur affaires, et fairions les « nostres, ou bien nous jouyrions de leurs biens at- « tandans leur majorité. Nous aurions les meubles et « ceux de mon mary; pour le moins, cela ne nous « sçauroit manquer, car je sçay où sont les tiltres et « escus » et force autres parolles. « Brief, qui seroit « plus heureux que nous ? »

Voilà les beaux discours et desseings que font ces femmes mariées à leurs serviteurs avant le temps; dont aucunes y en a qui ne les font mourir que par souhaitz[1], par parolles, par espérances et attantes; et autres y en a qui les advancent tout à trac de gaigner le logis mortuaire, s'ilz tardent trop; de quoy

---

1. Brantôme a rajouté entre les lignes : Et y sont trompées, car ilz ne meurent.

nos courtz de parlemens en ont heu et ont tous les jours tant de causes par devant elles qu'on ne sçauroit dire. Mais le meilleur, et le plus plaisant, est qu'elles ne font pas comme une dame espaignolle, laquelle, estant très-mal traictée de son mary, elle le tua, et puis après elle se tua, ayant fait avant cest épitaphe, qu'elle laissa sur la table de son cabinet, escrit de sa main :

Aqui yaze qui ha buscado una muger,
Y con ella casado, no l'ha podido hazer muger.
A las otras, no a mi, cerca mi, dava contentamiento.
Y por este, y su flaqueza y atrevimiento,
  Yo lo he matado,
Por le dar pena de su pecado :
Ya my tan bien, por falta de my juyzio,
Y por dar fin à la mal-adventura qu'yo aviò.

« Icy gist qui a cherché une femme et ne l'a peu faire
« femme : aux autres, et non à moy, près de moy, donnoit
« contentement ; et, pour cela et pour sa laschetté et outre-
« cuydance, je l'ay tué, pour luy donner la peine de son
« péché : et à moy aussi je me suis donnée la mort, par
« faute d'entendement, et pour donner fin à la malad-
« vanture que j'avois. »

Ceste dame se nommoit donna Madallena de Soria, laquelle, selon aucuns, fit un beau coup de tuer son mary pour le subjet qu'il luy avoit donné; mais elle fit bien aussi de la sotte de se faire mourir : aussi l'advoue-elle bien, que pour faute de jugement elle se tua. Ell' eust mieux fait de se donner du bon temps par après, si ce n'estoit qu'ell' eust crainct la justice, possible, et avoit pœur d'en estre reprise, et pour ce ayma mieux triumpher de soy-mesme que d'en bailler la gloire à l'authorité des juges. Je vous asseure qu'il y en a eu, et y en a, qui sont plus escortes que cela; car elles jouent leur jeu si finement et à couvert, que voylà le mary trespassé et elles très-bien vivantes et fort accordantes avec leurs gallans serviteurs, pour faire avec eux non pas *gode michi*, mais gode chère.

Il y a d'autres vefves qui sont plus sages, vertueuses et plus aymantes leurs marys, et point envers eux cruelles; car elles les regrettent, les pleurent, les plaignent à telle extrémité, qu'à les voir on ne les jugeroit pas vives un' heure après. « Ha! ne suis-je
« pas, disent-elles, la plus malheureuse du monde,
« la plus infortunée d'avoir perdu chose si précieuse?
« Dieu! pourquoy ne m'envoyes-tu la mort ast'heure
« pour le suivre de près! Non, je ne veux plus vivre
« après luy; car et que me peut-il jamais rester et
« advenir au monde pour me donner allégement?
« Si ce n'estoit ces petitz enfans qu'il m'a laissez
« pour gaige, et qu'ilz ont besoing encor de quel-
« que soubstien, non, je me tuerois tout ast'heure.
« Que maudite soit l'heure que je fus jamais née! Au
« moins, si je le pouvois voir en fantosme, ou par
« visions, ou par songe, ou par magie, encor au-
« rois-je trop d'heur. Ah! mon cœur, ah! mon
« âme, n'est-il pas possible que je te suive? Ouy, je
« te suivray quand, à part de tout le monde, je me
« devrois deffaire toute seule. Hé! qui seroit la chose
« qui me pourroit soubstenir la vie, ayant faite la
« perte inestimable de toy, que, toy vivant, je n'au-
« rois autre subjet que de vivre, et, toy mourant,
« que de mourir! Et quoy! ne vaut-il pas mieux que
« je meure maintenant en ton amour, en ta grâce,

« en ma gloire, et en mon contentement, que de
« trainer une vie si fascheuse et malheureuse, et nul-
« lement louable? Ha Dieu! que j'endure de maux
« et de tormens pour ton abssence! et que j'en
« seray délivrée, si je te vais voir bientost, et com-
« blée de grands plaisirs! Hélas! il estoit si beau, il
« estoit si aymable; il estoit si parfait en tout, il es-
« toit si brave, si vaillant! C'estoit un second Mars,
« un second Adonis! qui plus est, il m'estoit si bon,
« il m'aymoit tant, il me traictoit si bien! Bref, le
« perdant, j'ay perdu tout mon heur. »

Ainsi vont disant nos vefves déplorées telles et un' infinité d'autres parolles après la mort de leurs marys; les unes d'une façon, les autres d'un' autre; les unes déguisées d'une sorte, les autres de l'autre; mais pourtant tousjours aprochantes de celles que je viens de produire; les unes despitent le ciel, les autres maugréent la terre; les unes blasphèment contre Dieu, les autres maudissent le monde; les unes font des esvanouyes, les autres contrefont des mortes; les unes font des transies, les autres des folles, des forcenées et hors de leurs sens, qui ne cognoissent personne, qui ne veulent parler. Bref, je n'aurois jamais fait si je voulois spécifier toutes leurs méthodes hypochrytes et dissimulées, et symagrées dont elles usent pour monstrer leur deuil et ennuy au monde. Je ne parle pas de toutes, mais des aucunes, voire de plusieurs en plurier et en nombre.

Leurs consolans et consolantes, qui n'y pensent point à mal et y vont à la bonne routine, y perdent leur escrime et n'y gaignent rien. D'aucuns et d'aucunes de ceux-là, quand ilz voyent que leur patiente et leur dollente ne fait pas bien son jeu ny la simagrée, les instruisent, comme une dame de par le monde que je sçay, qui disoit à un' autre qui estoit sa fille : « Faites l'esvanouye, ma mye ; vous ne vous « contraigniés pas assez. »

Or, après tous ces grands mistères jouez, et ainsi qu'un grand torrent, après avoir fait son cours et viollant effort, se vient à remettre et retourner à son berceau, ou comme une rivière qui aussi a esté desbordée, ainsi aussi voyez-vous ces vefves se remettre et retourner à leur première nature, reprendre leurs espritz peu à peu, se hausser en joye, songer au monde. Au lieu de testes de mort qu'elles portoient, ou peintes, ou gravées et élevées [1]; au lieu d'os de trespassez mis en croix ou en lacz mortuaires, au lieu de larmes, ou de jayet ou d'or maillé [2], ou en peincture, vous les voyez convertir en peinctures de leur marys portées au col, accommodées pourtant de testes de mort et larmes peintes en chiffres, en pettitz lacz ; bref, en petites gentilesses, déguisées pourtant si gentiment, que les contemplans pensent qu'elles les portent et prennent plus pour le deuil des marys que pour la mondanité. Puis après, ainsi qu'on void les petitz oyseaux, quand ilz sortent du nid, ne se mettent du premier coup à la grand' vollée, mais vollettans de branche en branche aprennent peu à peu l'usage de bien voller ; ainsi ces vefves, sortans de leur grand deuil désespéré, ne se monstrent au monde sitost qu'elles l'ont laissé, mais peu à peu s'esmancipent, et puis tout à coup jettent et le deuil et

---

1. *Élevé*, en relief. — 2. *Maillé*, émaillé.

le froc de leur grand voille sur les orties, comme on dit, et mieux que devant reprennent l'amour en leur teste, et ne songent rien à tant qu'à un second mariage ou autre lascivetté. Et voylà comment leurs grandes viollances n'ont point de durée. Il vaudroit mieux qu'elles fussent plus posées en leurs tristesses.

J'ay cogneu une très-belle dame, laquelle, après la mort de son mary, vint à estre si esplorée et désespérée, qu'elle s'arrachoit les cheveux, se tiroit la peau du visage, de la gorge, l'allongeoit tant qu'elle pouvoit; et, quand on luy remonstroit le tort qu'elle[1] faisoit à son beau visage : « Ah Dieu! que me dites-vous? disoit-elle; que voulez-vous que je fasse de ce visage? pour qui le contregarderay-je, puisque mon mary n'est plus? » Au bout de huict mois après, ce fut elle qui s'accommode de blanc et rouge d'Espaigne, les cheveux de poudre : qui fut un grand changement.

J'allégueray là dessus un bel exemple, qui pourra servir à semblable, d'une belle et honneste dame d'Effèze, laquelle ayant perdu son mary, il fut impossible à ses parens et amys de luy trouver aucune consolation; si bien qu'acompaignant son mary en ses funérailles, avecqu' un' infinité de regretz, d'ennuys, de sanglotz, de crys, de plainctes et de larmes, après qu'il fut mis et colloqué dans le charnier où il devoit reposer, elle, en despit de tout le monde, s'y jetta, jurant et protestant de n'en partir jamais, et que là elle se vouloit laisser aller à la fain, et là finir ses jours auprès du corps de son mary qu'elle ne

1. Il y a, par erreur, *qu'on* dans le manuscrit.

vouloit habandonner jamais; et de fait fit ceste vie l'espace de deux ou trois jours. La fortune sur ce voulut qu'il fust exécuté un homme de là, et pendu, pour quelque forfait, dans la ville, et après fut porté hors la ville aux gibetz accoustumez, où falloit que telz corps penduz et exécutez fussent gardez quelques jours sogneusement par quelques soldatz ou sergentz, pour servir d'exemple, affin qu'ilz ne fussent de là enlevez. Ainsi donc qu'un soldat qui estoit à la garde de ce corps, et estoit en sentinelle et escoute, il ouyt là près une voix fort déplorante, et s'en aprochant veid que c'estoit dans ce charnier, où, y estant descendu, y aperceut ceste dame belle comme le jour, toute esplorée et lamentante : et, s'avançant à elle, se mit à l'interroger de la cause de sa désolation, qu'elle luy déclara benignement; et se mettant à la consoller là-dessus, n'y pouvant rien gaigner pour la première fois, y retourna pour la deuxiesme et troisiesme; et fit si bien qu'il la gaigna, la remit peu à peu, luy fit essuyer ses larmes; et, entendant la raison, se laissa si bien aller qu'il en jouyst par deux fois, la tenant couchée sur le cercuil mesmes du mary qui servit de couche; et puis amprès se jurarent mariage : ce qu'ayant accomply très-heureusement, le soldat s'en retourna, par son congé, à la garde de son pendu; car il luy aloit de la vie. Mais tout aisi qu'il avoit esté bienheureux en ceste belle entreprise et exécution, le malheur fut tel pour luy, que, cependant qu'il s'y amusoit par trop, voycy venir les parens de ce paouvre corps au vent, pour le despendre s'ilz n'y eussent trouvé de garde; et, n'y en ayant point trouvé, le despendirent au sitost, et l'emportèrent de vitesse pour l'enterer où ilz pourroient, affin d'estre privez d'un tel déshonneur et spectacle ord et salle à leur parenté. Le soldat, voyant et trouvant à dire le corps, s'en vint courant désespéré à sa dame, luy anoncer son infortune, et comment il estoit perdu, d'autant que la loy de là portoit que, quiconque soldat s'endormoit en garde, et qui laissoit emporter le corps, devoit estre mis en sa place et estre pendu, et que pour ce il courroit ceste fortune. La dame, qui auparavant avoit esté consollée de luy, et avoit besoing de consolation pour elle, s'en trouva garnye à propos pour luy, et pour ce luy dist : « Ostez-vous de peine, et venez-moy seullement ayder pour oster mon mary de son tumbeau, et nous le mettrons et pendrons au lieu de l'autre, et par ainsi le prendra-on pour l'autre. » Tout ainsi qu'il fut dit, tout ainsi fut-il fait : encor dit-on que le pendu de devant avoit heu un' oreille coupée ; ell' en fit de mesmes pour le représenter mieux. La justice vint le lendemain, qui n'y trouva rien à dire ; et par ainsi sauva son gallant par un acte et oprobre fort villain à son mary, celle, dis-je, qui l'avoit tant déploré et regretté, qu'on en eust jamais espéré[1] si ignomigneuse yssue.

La première fois que j'ouys ceste hystoire, ce fut de M. d'Aurat[2], qui la conta au brave M. du Gua et à quelques-uns qui disnions avec luy ; laquelle M. du Gua sceut très-bien rellever et remarquer, car c'es-

1. *Espérer*, attendre.
2. Jean Daurat ou Dorat, *Auratus*, professeur de grec au Collége de France, né à Limoges, mort à Paris le 1ᵉʳ novembre 1588.

toit l'homme du monde qui aymoit mieux un bon conte et le sçavoit mieux faire valoir. Et, sur ce poinct, estant allé à la chambre de la reyne mère, il veid une belle jeune vefve qui ne venoit que d'estre faite, et de fraiz esmoulue et fort esplorée, son voyle bas jusques au bout du nez, piteuse, marmiteuse, avare de parolle à un chascun. Soudain M. du Gua me dist : « La vois-tu là? avant que soit un an, elle « faira un jour de la dame d'Effèze. » Ce qu'elle fit, non pas si ignomineusement du tout, mais elle espousa un homme de peu, comme M. du Gua l'avoyt prophétizé. M'en dist de mesme M. de Beau-Joyeux[1], vallet de chambre de la reyne mère, et le meilleur viollon de la chrestienté. Il n'estoit pas parfait seullement en son art ny en la musique, mais il estoit de fort gentil esprit, et sçavoit beaucoup, et surtout de fort belles histoires et beaux contes, et point communs, et très-rares ; et n'en estoit point chiche à ses plus privez amis ; et en contoit quelques-uns des siens, car en son temps il avoit veu et heu de bonnes advantures d'amour ; car, avec son art exellent et son esprit bon et audacieux, deux instrumens bons pour l'amour, il pouvoit faire beaucoup. M. le mareschal de Brissac l'avoit donné à la reyne mère, estant reyne régnante, et luy avoit envoyé de Piedmont avec sa bande de viollons très-exquise, toute complette : et luy s'appelloit Baltazarin ; despuis changea de nom. Ç'a esté luy qui composoit ces beaux balletz qui sont

---

1. Baltazarini dit *Beaujoyeux*. Le maréchal de Brissac l'envoya à la reine, non pas en 1577, comme le dit Fétis (*Biographie universelle des musiciens*, art. BALTAZARINI), mais en 1557.

estez tousjours dancez à la court. Il estoit fort amy de M. du Gua et de moy; et souvant causions ensemble; et tousjours nous faisoit quelque beau conte, et mesmes de l'amour et des ruses des dames, dont il nous fit celluy-là de ceste dame éphézienne, que nous avions desjà sceu par M. d'Aurat, comme j'ay dit, qui disoit le tenir de Lampridius[1]; et du despuis je l'ay leu dans le livre des *Funérailles*, très-beau certes, dédié à feu M. de Savoye[2].

Je me fusse passé, ce dira quelcun, d'avoir fait ceste digression : ouy, mais je voulois parler de mon amy en cela, et lequel souvant me faisoit souvenir, quand il voyoit aucunes de nos vefves esplorées. « Voylà, disoit-il, qui jouera un jour le rolle de « nostre dame d'Ephèze, ou bien elle l'a desjà joué. » Et certes, ce fut une estrange tragi-commédie, plaine de grande inhumanité, d'offancer si cruellement son mort.

Elle ne fit pas comme une dame de nostre temps, que j'ay ouy dire, laquelle, son mary mort, elle luy coupa ses parties du devant ou du mitan, jadis d'elle tant aymées, et les embauma, aromatisa et odoriféra de parfuns et poudres musquées et très-odoriférantes, et puis les enchassa dans une boëte d'argent doré,

---

1. Ælius Lampridius, le biographe de Commode, d'Héliogabale, etc., n'a jamais songé à écrire l'histoire de la *Matrone d'Ephèse*. Elle se trouve dans le *Satyricon* de Pétrone (chap. CXI, CXII) et a été imitée, comme on sait, par la Fontaine.

2. Voyez Guichard, *Funérailles et diverses manières d'ensevelir des Romains, Grecs, etc.*, Lyon, 1581, in-4°, liv. II, chap. III, p. 243. Cet ouvrage, qui est assez rare, est dédié à Charles-Emmanuel, duc de Savoie.

qu'elle garda et conserva comme une chose très-précieuse. Pensez qu'elle les visitoit quelquesfois, en commémoration et éternelle du bon temps passé. Je ne sçay s'il est vray; mais le conte en fut fait au roy, qui le reffit à plusieurs autres de ses plus privez et l'ay ouy dire à luy.

Au massacre de la Sainct-Barthélemy fut tué le seigneur de Pleuviau[1], qui en son temps avoit esté brave soldat, certes, en la guerre de Toscane soubz M. de Soubise, et en la guerre civile, comme il le fit bien parestre en la bataille de Jarnac, commandant à un régiment, et dans le siège de Niort. Quelque temps après, le soldat qui le tua dist et remonstra à sa femme, toute esperdue de pleurs et d'ennuis, qui estoit belle et riche, que, s'il ne l'espousoit, qu'il la tueroit et luy fairoit passer le pas de son mary; car, en ceste feste, tout estoit de guerre et de cousteau. La pauvre femme, qui estoit encor belle et jeune, pour se sauver la vie, fut contraincte de faire et nopces et funérailles tout ensemble. Encor estoit-elle excusable; car et qu'eust peu faire moins une paouvre femme fragille et foible, si ne fust esté de se tuer elle-mesme, ou tendre sa belle poictrine à l'espée du meurtrier? Mais

Le temps n'est plus, belle bergeronnette;

il ne se trouve plus de ces folles et sottes de jadis; aussi que nostre sainct christianisme nous le deffend;

1. Pluviaut ou Puviaut, « à la femme duquel, dit d'Aubigné, le tueur porta les chausses de son mari pour lui sauver la vie en l'espousant. » *Hist. univ.*, liv. I, chap. IV, édit. de 1626, col. 546.

ce que sert beaucoup aujourd'huy à nos vefves d'excuses et qui disent, sans qu'il est deffandu de Dieu, elles se tueroient; et par ainsi couvrent leur moumon.

En[1] ce mesme massacre fut faite une veufve de fort bonne part, et très-belle et agréable. Elle fust, toute chaude ainsin veufve, forcée par un gentilhomme que je sçay bien; dont elle devint si esperdue et esgarée, qu'on la cuida quelque temps hors de son sens. Mays elle se remist bientost après, et se ruant sur le beau bort de viduité et se randant peu à peu mondaine et reprenant ses espritz vitaux et naturelz, oublya son injure et se remarya galantemant et hautemant; en quoy elle fist très-bien. Je dyray encor cestuy-cy:

A ce mesme massacre de la Sainct-Barthellemy fut faite une vefve par la mort de son mary, tué comme les autres. Ell' en fit un tel extrême regret, que, quand elle voyoit un paouvre catholique, encor qu'il n'eust esté de la feste, elle se pasmoit quelquefois, ou le regardoit en horreur et haine comme la peste. D'entrer dans Paris, voire de le voir à deux lieux à la ronde il n'en falloit point parler, car ses yeux ny son cœur ne le pouvoient souffrir; que dis-je de le voir? non pas d'en ouir parler. Au bout de deux ans elle s'y résoult, vient saluer la bonne ville, et s'y pourmener et visiter le Palais dans son coche; mais de passer par la rue de la Huchette où son mary avoit esté tué, plustost la mort ou le feu, dans lesquelz elle se fust plustost jettée et précipitée que dans ceste rue : à mode d'un serpent, qui abhorre

---

1. Cet alinéa a été rajouté en marge par Brantôme.

si fort l'umbre du fresne, qu'il ayme mieux s'asarder dans un feu bien ardent, comme dit Pline[1], que dans ceste umbre tant odieuse à luy. Si bien que le feu roy, estant Monsieur, disoit qu'il n'avoit veu femme si hagarde[2] en sa perte et en sa douleur que celle-là, et que à la fin il la faudroit abbatre pour la chaperonner, à mode des oyseaux hagardz. Mais au bout de quelque temps, il dist que d'elle-mesme elle s'estoit assez gentiment aprivoisée, de sorte que d'ellemesme elle se laissa fort bien et privément chaperonner, sans l'abattre que de soy-mesme. Que fit-elle dans peu de temps après? Ce fut-elle qui voit Paris de très-bon œil, qui l'embrasse, qui s'y pourmaine, qui l'arpante et deçà et delà, et de longueur et de largeur, et de droit et de travers, sans respect d'aucun serment: et puis je me donne la garde un jour, moy tournant d'un voyage, absent de la court de huict mois, ayant fait la révérance au roy, je veidz entrer dans la salle du Louvre ceste vefve tant parée, tant attiffée, accompaignée de ses parentes et amies, comparestre devant les roys, les reynes et toute la court, et là recepvoir les premiers ordres de mariage, qui sont les fiançailles, des mains d'un évesque qui fut l'évesque de Digne[3], grand aumosnier de la reyne de Navarre. Qui fut esbahy? Ce fut moy; mais, à ce qu'elle me dist après, fut esbaye davantage quand, sans y penser, elle me veid en ceste noble assistance de fiançailles, la regardant et rovillant[4] de mes yeux fixe-

1. Liv. XXVI, chap. xxiv. — 2. *Hagard*, farouche.
3. Henri le Mignon, évêque de Digne de 1568 à 1587.
4. *Rovillant*, embarrassant, de l'italien *rovigliare*. Les éditions portent: *roulant de mes yeux finement*, ce qui n'offre guère de sens.

ment, me souvenant de ses sermens et mines que luy avois veu faire, et elle de mesmes qu'elle m'avoit fait[1], car je luy avois esté serviteur, et pour mariage, pensant, s'il luy sembloit, que j'estois là arrivé à propos, et avois pris la poste exprès pour me produire à jour nommé là, pour luy servir de tesmoingt et juge, et la codempner[2] en ceste cause. Et me dist, et jura qu'ell' eust voulu avoir baillé dix mil' escuz de son bien et que je ne fusse compareu là, qui luy aydois à juger sa conscience.

J'ay cogneu une grand'dame, contesse et vefve, de très-haut lieu, laquelle en fit de mesme; car, estant huguenotte fort et ferme, accorda mariage avec un fort honneste gentilhomme catholiq; mais le malheur fut qu'avant l'accomplissement une fiebvre pestilencieuse la saisit à Paris si contagieusement, qu'elle luy causa la mort. Estant sur ses altères[3], se perdit fort en grands regretz, jusqu'à dire : « Hélas! faut-il « qu'en une si grand'ville, où toute science abonde, « ne se puisse trouver un médecin qui me guérisse! « Hé! qu'il ne tienne point pour argent, car je luy « en donneray prou. Au moins si ma mort se fust « ensuivie après mon mariage accomply, et que mon « mary en eust cogneu avant combien je l'aymois et « honnorois! » (Sophonisba dist autrement, car elle se repentit d'avoir fiancé avant boire la poison[4].) Et ainsi disant ceste contesse, et plusieurs autres sem-

---

1. On lit dans les éditions : et elle de mesmes me regarda fort.
2. *Codempner*, condamner.
3. Le manuscrit porte par erreur *artères*.
4. Voyez plus haut, p. 248.

blables parolles, se tourna de l'autre costé du lict et mourut. Que c'est de la ferveur d'amour, d'aller se ressouvenir, en un passage stygien et oublieux[1], des plaisir et fruictz amoureux dont ell' en eust bien voulu taster encor avant que de sortir du jardin !

J'ay ouy parler d'une dame, laquelle estant mallade à la mort, ainsi qu'elle oyoit un de ses parens faire la guerre à un' autre (ceux-là sont bons pourtant[2]), qui estoit terriblement envitaillé, elle s'en mist à rire et à dire : « Vous estes de grandz fous ; » et se tournant de l'autre costé et riant, elle trespassa.

Or, si ces dames huguenottes ont fait telz traictz, j'ay bien cogneu des dames catholiques qui en ont fait de pareilz, et ont espousé des huguenotz, après en avoir dit pis que pendre, et d'eux et de leur relligion. Si je les voulois mettre en place je n'aurois jamais fait. Voylà pourquoy ces vefves doivent estre sages, et ne bruire[3] tant au commancement de leur vefvage, de crier, de tourmenter, de faire tant d'esclairs, de tonnerres, de pluyes de leurs larmes, pour après faire ces belles levées de boucler, et s'en faire mocquer : il vaut mieux en dire moins et en faire plus. Mais elles disent là dessus. « Et bien, pour le « commencement il faut faire de la résolue comme « un meurtrier, de l'effrontée, de l'assurée à boire « toute honte. Cela dure quelque peu, mais cela

---

1. *Stygien*, du Styx. — *Oublieux*, plein d'oubli.
2. C'est-à-dire : ces parents étoient bons d'agir ainsi dans une pareille circonstance.
3. Les éditions portent *braire*.

« passe; après qu'on m'a mis sur le bureau, on me
« laisse et en prend-on un autre. »

J'ay leu dans un petit livre espaignol[1], que Victoria Collumna, fille de ce grand Fabrice Collumne, et femme à ce grand marquis de Pescayre, le nomper de son temps, après qu'ell' eust perdu son mary, Dieu sçait quel, entra en tel désespoir de douleur, qu'il fut impossible de luy donner ne innover aucune consolation; et quand on luy en vouloit à sa douleur aplicquer quelcune ou vieille ou nouvelle, elle leur disoit: « Et sur quoy me voulez-« vous consoller? sur mon mary mort? vous vous « trompez: il n'est pas mort; il est encor vivant et « tout grouillant dans mon âme. Je le sens, tous les « jours et toutes les nuictz, revivre, remuer et re-« naistre en moy. » Ces parolles certes eussent esté belles, si, au bout de quelque temps, ayant pris congé de luy, et l'ayant envoyé pourmener par delà Achéron, elle ne se fust remariée avec l'abbé de Farfe[2], certes fort dissemblable à son grand Pescayre; je ne veux dire en race, car il estoit de la noble maison des Ursins, laquelle vaut bien autant, et autant ancienne ou plus que celle de d'Avalos. Mais les effectz de l'un à l'autre n'alloient à la ballance, car ceux de Pescayre estoient incomparables, et sa valleur inextimable: encor que ledit abbé fist de grandes preuves de sa personne en s'employant fort fidelle-

---

1. Voyez Vallès, f°s 205 v°, 206.
2. Je ne sais où Brantôme a pris ce second mariage de Vittoria Colonna qui, malgré les instances de sa famille, se refusa toujours à une nouvelle alliance.

ment et vaillamment pour le service du roy François ; mais c'estoit en forme de petites, couvertes et légières deffaictes, et contraires à celles de l'autre, qui les avoit faites grandes, descouvertes, avec des victoires très-singnallées : aussi la proffession des armes de l'autre, accommancée et accoustumée dès le jeune aage, et continuée ordinairement, devoit bien surpasser de bien loing celle d'un homme d'église, qui tard s'estoit mis au mestier : non que je veuille pour cela mal dire d'aucuns vouez à Dieu et à son église, qui en ont rompu le veu et quicté la proffession pour empouigner les armes, car je fairois tort à tant de grands capitaines qui l'ont estez et ont passé par là.

Cæsar Borgia, duc de Vallantinois, n'a-il esté auparavant cardinal, qui a esté un si grand capitaine que Machiavel, ce vénérable précepteur des princes et des grands, le met pour exemple et pour rare mirouer à tous les autres pareilz, de l'ensuivre et s'y mirer ? Nous avons eu M. le mareschal de Foix, qui a esté d'église et se nommoit avant le protenotaire de Foix, qui a esté un très-grand capitaine. M. le mareschal d'Estrozze estoit voué à l'église ; et, pour un chapeau rouge qui luy fut desnié, quicta la robe, et se mit aux armes. M. de Salvoison, dont j'ay parlé (qui l'a suivi de près, voire en tiltre de grand capitaine eust marché avecques luy s'il fust esté d'aussy grande maison et parent de la reyne), fust, en sa première proffession, trainant la robbe longue ; et pourtant quel capitaine a-il esté ? Ce fust esté l'incomparable s'il eust plus vescu. Le mareschal de Bellegarde n'a-il pas porté le bonnet carré, que longtemps on apelloit le prévost d'Ours ? Feu M. d'Anguien¹, qui mourut en la bataille de Sainct-Quintin, avoit esté évesque ; M. le chevailler de Bonnivet² de mesme. Et ce gallant homme M. de Martigues avoit esté aussi d'église ; bref, un' infinité d'autres, desquelz je ne pourrois emplir ce papier. Si faut-il que je loue les miens, non sans un très-grand subjet. Le capitaine Bourdeille, mon frère, le Rodomont jadis du Piedmont en tout, fut dédié à l'église aussi ; mais n'y cognoissant son naturel propre, changea sa grand' robbe à une courte, et en tournemain se rendit un des bons capitaines et vaillans du Piedmont ; et s'en alloit très-grand et en une très-belle vogue, sans qu'il mourut, hélas ! en l'aage de vingt-cinq ans.

De nostre temps, en nostre court, nous en avons tant veu, et mesmes le petit monsieur de Clermont-Tallard³, lequel j'ay veu abbé de Bon-Port, et despuis, ayant quicté l'abbeye, a esté veu parmy nos armées et en nostre court, un des braves, vaillans et honnestes hommes que nous en eussions ; ainsi qu'il le monstra très-bien à sa mort, qu'il acquist si glorieusement à La Rochelle, la première fois que nous entrasmes dans le fossé. J'en nommerois une milliasse ; mais je n'aurois jamais fait. M. de Souillelas, dit le jeune Oraison⁴, avoit esté évesques de Riays, et des-

1. Jean de Bourbon, comte d'Enghien.
2. François Gouffier, seigneur de Bonnivet, chevalier de Malte, fut nommé évêque de Béziers en 1546, se démit le 5 décembre 1547, et mourut en Angleterre l'année suivante.
3. Henri, comte de Clermont, vicomte de Tallard, tué au siége de la Rochelle en 1573.
4. André d'Oraison de Cadenet, évêque de Riez de 1570 à 1574.

puis eut un régiment, servant le roy fort fidellement et vaillamment en Guienne, soubz le mareschal de Matignon.

Bref, je n'aurois jamais fait si je voulois nombrer tous ces gens : par quoy je me tays pour la briefveté, et de peur aussi qu'on ne m'impropère[1] que je suis trop grand faiseur de digressions. Pourtant j'ay fait ceste-cy à propos, en parlant de ceste Victoria Collonna, qui espousa cest abbé. Si elle ne se fust remariée avec luy, elle eust mieux porté le tiltre et nom de Victoria, pour avoir esté victorieuse sur soy-mesme ; et que, puisqu'elle ne pouvoit rencontrer un second pareil au premier, se devoit contenir.

J'ay cogneu force dames qui ont imité ceste précédente. J'en ay veu une qui avoit espousé un de mes oncles, le plus brave, le plus vaillant, le plus parfait qui fust de son temps. Après qu'il fut mort, ell' en espousa un autre qui le ressembloit autant qu'un asne à un cheval d'Espaigne ; mais mon oncle estoit le cheval d'Espaigne. Un' autre dame[2] ay-je cogneu, qui avoit espousé un mareschal de France, beau, honneste gentilhomme et vaillant : en secondes nopces, elle en alla prendre un tout contraire à celluy-là, et avoit esté aussi d'église, et ce que plus on trouva à dire en elle, c'est qu'allant à la court, où elle n'avoit esté dès vingt ans, dès son second maryage, elle reprist le nom et tiltre de son premier mary. A quoy nos

---

1. *Impropérer*, reprocher, *improperare*.
2. Je crois que Brantôme veut parler de Marguerite de Lustrac, qui, devenue veuve du maréchal de Saint-André, se remaria à Geoffroy, baron de Caumont.

courts de parlement devroient adviser et y donner loy; car j'en ay veu un' infinité qui en faisoient de mesmes, ce qui est par trop mespriser leurs derniers marys, n'en voulant porter le nom après leur mort; car puisqu'elles ont fait la faute, il faut qu'elles la boivent et s'y atachent.

Une vefve, ay-je cogneu, venant à mourir son mary, elle fit, l'espace d'un an, des lamentations si désespérées, qu'on la pensoit voir morte à toute heure et bout de chant. Au bout de l'an, qu'il falloit laisser son grand deuil, et prendre le petit, elle dist à une de ses femmes : « Serrez-moi bien ce crespe; « car, possible, en auray-je affaire un autre coup; » et puis tout à coup se reprist : « Mais qu'ay-je dit? « dist-elle. Je resve. Plustost mourir que d'en avoir « jamais affaire. » Aprez ce deuil, elle se remaria à un second fort inégal au premier. « Mais (disent-« elles ces femmes) il estoit d'aussi bonne maison « que le premier. » Ouy, je le confesse; mais aussi, où est la vertu et la valleur? ne sont-elles pas plus à priser que tout? Et le meilleur que j'y trouve en cela, c'est que le coup fait, elles ne l'emportent guière loing; car Dieu permet qu'elles sont tant maltraictées et rossées comme il faut : après, les voylà aux repentailles[1]; mais il n'est plus temps.

Ces dames ainsi convolantes ont quelque opinion et humeur en leur teste, que nous ne sçavons pas bien : comme j'ay ouy parler d'une dame espaignolle, qui, se voulant remarier, et qu'on luy remonstroit que deviendroit l'amityé grande que son mary luy

---

1. *Repentaille*, repentir.

avoit porté, elle respondit : *La muerte del marido y nuevo casamiento no han de romper el amor d'una casta muger* : « La mort du mary et un nouveau « mariage ne doivent point rompre l'amour d'une « femme chaste. » Or accordez-moi cela, s'il vous plaist. Un' autre dame espaignolle dist bien mieux, qu'on vouloit remarier : *Si hallo un marido bueno, no quiero tener el temor de perder lo; y si malo, que necessidad he del* : « Si je trouve un bon mary, je ne « veux point estre en la craincte de le perdre; si un « mauvais, quelle nécessité ay-je de l'avoir ? »

Valéria[1], dame romaine, ayant perdu son mary, et ainsi que la reconfortoient aucunes de ses compaignes sur sa perte et sa mort, elle leur dist : « Il est mort « certes pour vous autres, mais il vist en moy éter- « nellement. » Ceste marquise[2], que je viens de dire, avoit emprunté d'elle pareil mot. Ces dires de ces honnestes dames sont bien contraires à un que dist un mesdisant espaignol : *que la jornada de la biudez d'una muger es d'un dia;* « que la journée[3] du vef- « vage d'une femme se fait tout en un jour. » Une[4] dame que vays dire fit bien pis, qui fut madame de Monnains[5] qui fut lieutenant de roy, massacré à Bour-

---

1. Cette histoire de Valeria est tirée du livre Ier du traité de saint Jérôme *Adversus Jovinianum*, dans ses Œuvres, édit. de 1706, in-f°, tome IV, col. 188.

2. La marquise de Pescaire. Voy. plus haut, p. 670.

3. *Journée* est pris ici dans le sens de combat.

4. Ce qui suit jusqu'à : *Aucunes sont-logées là*, p. 676, lig. 16, manque dans les éditions.

5. Tristan de Moneins, lieutenant du roi de Navarre, fut massacré lors de la révolte de Bordeaux en 1548.

deaux, de la commune, pour la gabelle. Ainsi qu'on luy porta nouvelles que son mary avoit esté tué et traicté comme il fut, elle s'escria aussitost : « Hé! Mon diamant, qu'est-il devenu? » Elle le luy avoit donné par nom de mariage, et valoit lors mille à douze cens escus, et le portoit tousjours au doigt. Par là, elle donna bien à cognoistre quel deuil elle portoit plus grand ou de la perte de son mary ou du diamant.

Madame d'Estampes, fort favorisée du roy François, et pour ce peu aymée de son mary, ainsi que quelque vefve luy venoit parfois la requérir, pour avoir pitié d'elle et de sa condition de veufve. « Ha! « ma mye, luy disoit-elle, vous estes trop heureuse « en tel estat, car il n'est pas vefve qui veut, » comme fort désirant de l'estre. Aucunes sont là logées, d'autres non.

Mais que dirons-nous des femmes vefves qui cachent leur mariage, et ne veulent qu'il ne soit publié? J'en ay cogneu une[1], qui tint le sien soubz la presse plus de sept ou huict ans, sans le vouloir jamais faire imprimer, ny le publier : et disoit-on qu'elle le faisoit de craincte qu'ell' avoit de son jeune filz, qui estoit un des vaillans et honnestes hommes du monde, et qu'il ne fist du diable, et sur elle et sur l'homme, encor qu'il fust bien grand. Mais, aussitost qu'il vint à mourir à une rencontre de guerre qui le couronna

---

1. Jeanne Chabot, femme de René d'Anglure, puis de Claude de la Chastre, maréchal de France. Du premier mariage elle avait eu Anne d'Anglure de Givry, l'un des plus vaillants capitaines de Henri IV, tué au siége de Laon en 1594.

de beaucoup de gloire, aussitost elle le fit imprimer et mettre en lumière.

J'ay ouy parler d'une grand' dame vefve, qui est mariée à un très-grand prince et seigneur, il y a plus de quinze ans ; mais le monde [1] n'en sçait ny n'en cognoit rien, tant secret et discret : et disoit-on que le seigneur craignoit sa belle-mère, qui luy estoit fort impérieuse et ne vouloit qu'il se remariast à cause de ses petiz enfants.

J'ay cognu un' autre très-grande dame qui, n'y ha pas longtemps, maryée aveq un simple gentilhomme, est morte ayant continué son mariage plus de vint ans, sans qu'on s'en soyt aperceu que par opinion et ouyr dire. Hé ! qu'il y en ha de telles !

J'ay ouy raconter à une dame de grande quallité et ancienne, que feu M. le cardinal du Belay avoit espousé, estant évesque et cardinal, madame de Chastillon [2], et est mort marié : et le disoit sur un propos qu'elle tenoit à M. de Manne, Provançal, de la maison de Senjal [3] et évesque de Fréjus, lequel avoit suivy l'espace de quinze ans en court de Rome ledit cardinal, et avoit esté l'un de ses privez protenotaires : et,

---

1. Le manuscrit porte par erreur : *moindre*.
2. Blanche de Tournon, veuve de Raymond d'Agoult, seigneur de Sault, épousa en 1505 Jacques II de Chastillon, qui mourut à Ferrare en 1512. Ce mariage mystérieux et fort peu vraisemblable dont, à ce que je crois, on ne trouverait la mention dans aucun autre historien, n'aurait pu avoir lieu qu'après 1536, car Jean du Bellay, créé évêque en 1526, ne fut nommé cardinal que dix ans plus tard. Il mourut à Rome en 1560.
3. François Bouliers de Cental de Mane, évêque de Fréjus de 1579 à 1587.

venant à parler dudit cardinal, elle luy demanda s'il ne luy avoit jamais dit et confessé qu'il fust esté marié. Qui fut estonné? Ce fut M. de Manne de telle demande. Il est encor vivant, qui pourra dire si je mentz; car j'y estois. Il respondit que jamais il n'en avoit ouy parler, ny à luy ny à d'autres. « Or, je vous « l'aprendz donc, dit-elle; car il n'y a rien si vray « qu'il a esté maryé; et est mort marié réallement avec « ladite dame de Chastillon et veuf. » Je vous asseure que j'en ris bien, contemplant la contenance estonnée dudit M. de Manne, qui estoit fort conscientieux et relligieux, qui pensoit sçavoir tous les secretz de son feu maistre; mais il estoit *de galico*[1] pour icelluy-là : aussi estoit-il scandaleux, pour le rang sainct qu'il tenoit.

Ceste madame de Chastillon estoit la vefve de feu M. de Chastilon[2], qu'on disoit qui gouvernoit le petit roy Charles huictiesme avec Bourdilhon, Galiot et Bonneval, qui gouvernoient le sang réal. Il mourut à Ferrare, ayant esté blessé au siége de Rávane, et là fut porté pour se faire penser. Ceste dame demeura vefve fort jeune, belle, sage et vertueuse en aparance, tesmoing ce mariage, et pour cela fut esleue dame d'honneur de la feu reyne de Navarre. Ce fut cele-là qui bailla ce beau conseil à ceste dame et grand' princesse, qui est escrit dans les *Cent Nouvelles* de ladicte reyne[3], d'elle et d'un gentilhomme

1. *De galico*, ou mieux *de gallico*. « C'est, dit le Dictionnaire de Trévoux, un proverbe françois écorché du latin, qui veut dire « à l'impourvu, sur le champ. » Le sens de la phrase me paraît être : mais il était pris à l'improviste sur cette question-là.

2. Voy. la note 2 de la page précédente. — 3. Voy. la IVe *Nouvelle*.

qui avoit coulé la nuict dans son lict par une trapelle dans la ruelle, et en vouloit jouir; mais il n'y gaigna que de belles esgratigneures dans son beau visage et elle s'en voulant plaindre à son frère, elle luy fit ceste belle remonstrance qu'on verra dans ceste *Nouvelle*, et luy donna ce beau conseil, qui est un des beaux et des plus sages, et des plus propres pour fuir scandalle, qu'on eust sceu donner; et fust esté un premier président de Paris qui l'eusse donné, et qui monstroit bien pourtant que la dame estoit bien autant rusée et fine en telz mistères, que sage et advisée : et pour ce, ne faut doubter si elle tint son cas secret avecques son cardinal. Ma grand'mère, madame la séneschalle de Poictou, eut sa place après sa mort, par l'élection du roy François, qui la nomma et l'esleut, et l'envoya quérir jusques en sa maison ; et la donna de sa main à la reyne sa sœur, pour la cognoistre très-sage et très-vertueuse dame, aussi l'apelloyt-il *mon chevalier sans reproche* : mais non si fine, ny rusée, ny accorte en telle chose que sa précédente, ny convolée un secondes nopces. Et si voulez sçavoir de qui la nouvelle s'entend, c'estoit de la reyne mesme de Navarre, et de l'amiral de Bonivet, ainsi que je tiens de ma feu grand'mère : dont pourtant me semble que ladite reyne n'en devoit celer son nom, puisque l'autre ne peut rien gaigner sur sa chasteté, et s'en alla en sa confusion, et qui vouloit divulguer le fait, sans la belle et sage remonstrance que luy fit ceste dite dame d'honneur, madame de Chastillon; et quiconque l'a leue la trouvera telle. Et croy que M. le cardinal, sondit mary, qui estoit l'un des mieux disantz, sçavans, éloquans, sages et advisez de son temps, luy avoit mise ceste science dans le corps, pour dire et remonstrer si bien. Ce conte pourroit estre un peu scandaleux, à cause de la saincte et relligieuse proffesion de l'autre; mais, qui le voudra faire, faut qu'il déguise le nom.

Et si ce traict a esté tenu secret touchant ce mariage, celluy de M. le cardinal de Chastillon dernier[1] n'a pas esté de mesmes; car il le divulga et publia luy-mesme assez, sans emprunter de trompette; et est mort marié, sans laisser sa grand'robbe et bonnet rouge. D'un costé, il s'excusoit sur la relligion refformée, qu'il tenoit fermement; et de l'autre, sur ce qu'il vouloit tenir son rang tousjours et ne le quicter (ce qu'il n'eust fait autrement), et d'entrer au conseil, là où entrant il pouvoit beaucoup servir à sa relligion et à son party, ainsi que certes il estoit très-capable, très-suffisant et très-grand personnage.

Je pense que mondit sieur cardinal du Belay en a peu faire de mesmes; car, de ce temps là, il penchoit fort à la relligion et doctrine de Luther, ainsi que la court de France en estoit un peu abrevée[2]; car toutes choses neufves plaisent, et aussi que ladite doctrine licencioit[3] assez gentiment lés personnes, et mesmes les eclésiastiques, au mariage.

Or, ne parlons plus de ces gens d'honneur, pour la révérence grande que nous devons à leur ordre et à leurs sainctz grades. Il faut un peu mettre sur les rangs nos vieilles vefves qui n'ont pas six dentz en

---

1. Odet de Coligny, le frère de l'amiral.
2. *Abrevée*, abreuvée.
3. *Licencier*, donner la licence à.

gueulle, et qui se remarient. N'y a pas longtemps qu'une dame, vefve de trois marys, espousa en Guienne, pour le quatriesme, un gentilhomme qu'y tient assez quelque grade, elle estant de l'aage de quatre-vingtz ans. Je ne sçay pas pourquoy elle le faisoit, car ell' estoit très-riche et avoit force escus, dont pour ce le gentilhomme la pourchassa, si ce n'estoit qu'elle ne se vouloit encores rendre, et vouloit encor fringuer sur les lauriers[1], comme disoit madamoyselle Sevin, la folle de la reyne de Navarre.

J'ay cogneu aussi une grand' dame qui en l'aage de soixante-seize ans, se remaria et espousa un gentilhomme qui n'estoit pas de la qualité de son premier, et vesquit cent ans; et pourtant s'y entretint belle; car ell' avoit esté des belles femmes en son temps, et avoit bien fait valoir son gentil et jeune corps en toutes façons, et à marier, et mariée, et vefve, ce disoit-on.

Voylà deux terribles humeurs de femmes! il falloit bien qu'elles eussent de la challeur. Aussi ay-je bien ouy dire aux bons et expers fourniers, qu'un vieux four est plus aisé à s'eschauffer beaucoup qu'un neuf, et quand il est une fois eschauffé, il en garde mieux sa chaleur et fait meilleur pain.

Je ne sçay quels apétits sçavoureux y peuvent prendre leurs challans marys et amoureux; mais j'ay veu beaucoup de gallans et braves gentilzhommes aussi affectionnez en l'amour des vieilles, voire plus que des jeunes; et si l'on me disoit que c'estoit pour en tirer des comoditez. Aucuns en ay-je veu aussi

---

1. *Fringuer*, sauter, danser.

qui les aymoient d'une très-ardante amour, sans en tirer rien de leur bource, sinon de celle de leur corps; ainsi[1] que nous avons veu autres fois un très-grand prince souverain[2] qui aymoit si ardamment une grand' dame vefve aagée, qu'il quictoit et sa femme et toutes autres tant belles fussent-elles et jeunes, pour coucher avec elle. Mais en cele-là il avoit raison, car c'estoit une des belles et aymables dames que l'on eust sceu voir; et son hyver valloit plus certes que les printemps, estez et autonnes des autres. Ceux qui ont pratiqué les courtisannes d'Itallie, aucuns en ont veu et void-on choisir tousjours les plus fameuses et antiques et qui ont plus traîné le balay pour y trouver quelque chose de plus gentil, tant au corps qu'en l'esprit. Voylà pourquoy ceste gentille Cléopatra, ayant esté mandée par Marc Anthoyne de le venir trouver, ne s'en esmeut autrement, s'assurant bien que, puisqu'elle avoit sceu attraper Jules Cæsar et Cneus Pompeius, filz du grand Pompée, lorsqu'ell' estoit encor jeune fillette, et ne sçavoit encores bien que c'estoit de son monde ny de son mestier, qu'elle mèneroit bien autrement son homme, qui estoit fort grossier, et sentant son gros gendarme, ell' estant en la vigueur de son entendement et de son aage, comme elle fit. Aussy, pour en parler au vray, si la jeunesse est propre pour l'amour à aucuns, à d'autres la maturité d'un aage, d'un bon esprit et longue expériance et d'un beau parler, de longue main pratiqué, servent beaucoup pour les suborner.

1. Les 22 lignes suivantes sont barrées sur le manuscrit.
2. Henri II et Diane.

Un doubte y a-il, que j'ay demandé-autresfois à des médecins, d'un qui disoit pourquoy il ne vivoit plus sain, puisqu'en sa vie il n'avoit cognu ny touché vieille, sur ceste afforisme des médecins qui disent : *vetulam non cognovi*[1]. Avec[2] d'autres collibetz, certes, ces médecins m'ont dit un proverbe ancien qui disoit « qu'en vieille grange l'on bat bien, mais de « vieux fléaux on n'en fait rien de bon. » D'autres disent : « il n'en chaut quel aage la beste ait, mais « qu'elle porte. » Et aussi que par expériance ilz ont cogneu des vieilles si ardantes et chaudasses, que, venant à habiter avec un jeune homme, elles en tirent ce qu'elles en peuvent, et l'allambyquent et succent tant qu'il a de substance ou de suc dans le corps, affin de les humetter mieux : je dis celles qui, pour l'amour de l'aage, sont asseichées et ont faute d'humeurs. Lesditz médecins me disoient autres raisons; mais aux plus curieux je les laisse à les demander.

J'ay veu une vieille vefve, dame grande, qui mit sur les dentz, en moins de quatr' ans, son troisiesme mary et un jeune gentilhomme qu'ell' avoit pris pour son amy; et les envoya dans terre, non par assassinat ny poison, mais par atténuation et allambiquement de la substance spermaticque. Et à voir ceste dame, on n'eust jamais pensé qu'elle eust fait le coup; car elle faisoit devant les gens plus de la dévocte, de la marmiteuse et de l'hypocrite, jusques-là qu'elle ne vouloit pas prendre sa chemise devant ses femmes de

---

1. Je n'ai point connu de vieille.
2. Cette phrase est raturée sur le manuscrit, et Brantôme a mis en marge : *Escrit ailleurs*.

peur de la voir[1] nue, ny pisser devant elles : mais, comme disoit quelcune dame de ses parentes, qu'elle faisoit ces difficultez à ses femmes et point aux hommes ny à ses gallans.

Mais quoy? Est-il plus deffansible[2] et aussi plus loysible à une femme avoir eu plusieurs marys en sa vie, comme il y en a eu prou qui en ont eu trois, quatre et cinq, ou à un' autre qui en sa vie n'aura eu que son mary et un amy, ou deux, ou trois, comme certes j'ay cogneu aucunes continantes et loyalles jusques-là? Et en cela j'ay ouy dire à une grand' dame de par le monde, qu'elle ne mettoit aucune différance entre une dame qui avoit eu plusieurs marys et une qui n'avoit eu qu'un amy ou deux, avec son mary, si ce n'est que ce voille marital cache tout; mais, quant à la sensualité et lascivetté, il n'y a pas différence d'un double; et en cela pratiquent le reffrain espaignol, qui dit que *algunas mugeres son de natura de anguilas en retener, y de lobas en excoger;* « [qu'aucunes femmes sont] de nature des « anguiles à retenir, et des louves à choysir; » car l'anguile est fort glissante et mal tenable, et la louve choysist tousjours le loup le plus laid.

Il[3] m'advint une fois à la court, comme j'ay dist ailleurs, qu'une dame assez grande, qui avoit esté mariée quatre fois, me vint à dire qu'elle venoit de disner avecques son beau-frère, et que devinasse avec qui; et me le disoit naïfvement sans y songer

---

1. De peur qu'elles ne la vissent. — 2. *Deffansible*, défendable.
3. Cet alinéa est barré sur le manuscrit, et Brantôme a mis en marge : *Cecy est ailleurs escrit.*

mallice ; et moy, un peu mallicieusement, et en riant pourtant, je luy respondis : « Et qui diable seroit le « devin qui le pourroit deviner? Vous avez esté ma- « riée quatre fois : je laisse à penser au monde la « quantité de beaux-frères que vous pouvez avoir. » Alors elle me respondit, et répliqua : « Vous y songez « en mal, » et me nomma le beau-frère. « C'est bien « parlé, luy repliquè-je, cela ; mais non pas comme « vous parliez. »

Il y eut jadis à Rome[1] une dame qui avoit eu vingt et deux marys l'un après l'autre, et pareillement un homme qui avoit eu vingt-une femme, dont ilz s'ad-visarent tous deux de faire un bon concert de se re-marier ensemble. Le mary à la fin survesquit sa femme : en quoy le mary fut tellement honnoré et estimé dans Rome de tout le peuple, d'une si belle

---

1. C'est dans saint Jérôme qu'est mentionné ce fait qui se passa, comme il le dit, sous Damase Ier, élu pape en 366 et mort en 384. Voici son récit :

« Ante annos plurimos, quum in chartis ecclesiasticis juvarem Damasum Romanæ urbis episcopum, et Orientis atque Occidentis synodicis consultationibus responderem, vidi duo inter se paria, vilissimorum c plebe hominum comparata : unum qui viginti sepe-lisset uxores, alteram quæ vicesimum secundum habuisset mari-tum, extremo sibi, ut ipsi putabant, matrimonio copulatos. Summa omnium exspectatio, virorum pariter ac feminarum, post tantas rudes quisquam prius efferret. Vicit maritus, et totius urbis populo confluente, coronatus et palmam tenens, adoreamque per singulos sibi acclamantes, uxoris multinubæ feretrum præcedebat. » *Epis-tola ad Ageruchiam, de Monogamia, Opera*, édit. de Paris, 1706, in-f°, tome IV, col. 744-745.

Brantôme a fort anobli la veuve aux vingt-deux maris, en la traitant de dame ; car on voit que saint Jérôme donne cette hé-roïne comme appartenant à la plus basse classe du peuple.

victoire, que, comme victorieux, fut mené et pourmené en char triumphant, couronné de laurier, et la palme en main. Quelle victoire, et quel triumphe !

Du temps du roy Henri II°, en sa court fut le seigneur de Barbezan, dict Sainct-Amant[1], qui se maria par trois fois l'une après l'autre. Sa troisiesme femme estoit fille de madame de Monchy, gouvernante de madame de Lorraine, qui, plus brave que les deux premières, eut raison d'elles, car il mourut soubz elle; et, ainsi qu'on le plaignoit à la court, et qu'elle de mesme se déconfortoit outrageusement de sa perte, M. de Montpesat, qui disoit très-bien le mot, alla rencontrer : qu'au lieu de la plaindre, on la devoit exalter et louer beaucoup de sa victoire qu'ell' avoit eu sur son homme, qu'on disoit qu'il estoit si vigoureux et si fort et envitaillé, qu'il avoit fait mourir ses deux premières femmes de force de le leur faire; et ceste-cy, pour ne s'estre rendue au combat, mais demeurée victorieuse, devoit estre louée et admirée par la court pour si belle victoire d'un si vaillant et robuste champion, et pour ce elle-mesme s'en devoit tenir très-glorieuse. Quelle gloire !

J'ay[2] ouy tenir ceste mesme maxime de cy-devant d'un seigneur de France : qu'il ne mettoit pas plus de différance entre une femme qui avoit eu quatre

---

1. Charles de Rochechouart et de Barbazan, seigneur de Saint-Amand, marié 1° en 1550 à Françoise de Castelnau et de Clermont; 2° à Claude de Humières; 3° à Françoise de Maricourt, fille de Jean, baron de Monchy-le-Châtel.

2. Brantôme a biffé les cinq lignes suivantes et mis en marge *Escrit ailleurs.*

ou cinq marys, comme il y en a eu, qu'une putain qui a eu trois ou quatre serviteurs l'un après l'autre ; sinon que l'une se collore par le mariage, et l'autre point. Aussi un gallant homme que je sçay, ayant espousé une femme qui avoit esté mariée trois fois, il y eut quelcun que je sçay, qui disoit bien : « Il a es-« pousé, dit-il, enfin une putain sortant du bordeau « de réputation. » Ma foy, telles femmes qui se remarient ressemblent les chirurgiens avares, lesquelz ne veulent tout à coup ressarrer les playes d'un paouvre blessé, afin d'allonger la guérison et en gaigner tousjours mieux la petite pièce d'argent. Aussi, ce disoit une : « Il n'est pas beau de s'arrester au beau « mitan de la carrière ; mais il la faut achever, et « aller jusques au bout. »

Je m'estonne que ces femmes, qui sont si chaudes et promptes à se remarier, et mesmes ainsi si suzannées, n'usent pour leur honneur de quelques remèdes reffrigératifz et potions tempérées, pour expeller[1] toutes ces challeurs ; mais tant s'en faut qu'elles en veuillent user, qu'elles s'en aydent du tout de leur contraire et disent que telz *potus* réfrigératifs leur gasteroyent l'estomaq. J'ay leu et veu un petit livret d'autresfois, en italien, sot pourtant, qui s'est voulu mesler d'en donner des receptes contre la luxure, et en met trente-deux ; mais elles sont si sottes que je ne conseille point aux femmes d'en user, pour ne mettre leur corps à trop fascheuse subjection. Voylà pourquoy je ne les ay mises icy par escrit. Pline[2] en

---

1. *Expeller*, chasser, dissiper ; *expellere*.
2. Liv. XXIV, chap. xxxvii et xxxviii.

allègue une, de laquelle usoient le temps passé les vestalles; et les dames d'Athènes s'en servoient aussi durant les festes de la déesse Cérès, dites *Tesmophoria*, pour se reffroidir et oster tout apétit chaud de l'amour, et par ce vouloient célébrer ceste feste en plus grande chasteté, qu'estoient des paillasses de feuilles d'arbre dit *agnus castus*. Mais pensez que durant la feste elles se chastroient de ceste façon, mais après elles jettoient bien la paillasse au vent.

J'ay veu un pareil arbre en une maison en Guienne, d'une grande, honneste et très-belle dame, et qui le monstroit souvant aux estrangiers qui la venoient voir, par grande spéciauté; et leur en disoit la propriété; mais au diable si j'ay jamais veu ny ouy dire que femme ou dame en ait envoyé cuyllir une seulle branche, ny fait pas seullement un petit recoing de paillasse; non pas mesme la dame propriétaire de l'arbre et du lieu, qui en eust peu disposer comme il luy eust pleu. Ce fust esté aussi dommage, car son mary ne s'en fust pas mieux trouvé : aussi qu'elle valloit bien qu'on la laissast se reigler au cours de la nature, tant ell' estoit belle et agréable, et aussi qu'ell' a fait une très-belle lignée.

Et, pour dire vray, il faut laisser et ordonner telles receptes austères et froides aux paouvres relligieuses, lesquelles, encores qu'elles jusnent et macèrent leur corps, si sont-elles souvant assaillies, les paouvrettes, de tentations de la chair; et si elles avoient liberté, au moins aucunes, se voudroient raffraischir comme les mondaines; et bien souvant pour s'estre repenties se repentent, ainsi qu'on void les courtisannes de

Romme, dont[1] j'en alléguerai un plaisant conte d'une, laquelle s'estant vouée au voyle, avant qu'aller au monastère un sien amy, gentilhomme françois, la vient voir pour luy dire à Dieu puisqu'elle s'en alloit recluse; et avant que s'en aller, la pria d'amour; et la prenant, elle luy dist : *Fate dunque presto; ch' adesso mi verranno cercar per far mi monaca, e menare al monasterio*[2]. Pensez qu'elle voulut faire ce coup pour prendre sa dernière main, et dire : *Tandem hæc olim meminisse juvabit*[3] : « encor me fait-il « grand bien de m'en ressouvenir pour la dernière fois. » Quelle repentance et quelle intrade de relligion! et quand une fois elles y ont esté proffesses, au moins les belles, je dis aucunes, je croy qu'elles vivent plus de repentance que de viandes corporelles ny spirituelles. Dont aucunes y a qui sçavent y rémédier, ou par dispenses et par plaines libertés qu'elles prennent d'elles-mesmes; car icy ne les traictent comme les Romains le temps passé traictoient cruellement leurs vestalles quand elles avoient forfait; ce qui estoit une chose abhorrable et abominable : aussi estoient-ilz payens, et pleins d'horreurs et cruautez. Et nous autres chrestiens, qui ensuivans la douceur de nostre Christ, devons estre benins comme luy; et comme il pardonne, il faut que nous pardonnons. Je mettrois

---

1. Le reste de l'alinéa a une marque sur le manuscrit, et Brantôme a écrit en marge : « J'ay alleurs escrit cecy et, pour ce, razez. »

2. Faites donc vite, car on va venir me chercher pour me faire religieuse et me conduire au couvent.

3. Le vers de Virgile est :

Forsan et hæc olim meminisse juvabit.

icy par escrit la façon de laquelle ilz les traictoient ; mais par horreur, je la laisse au bout de la plume.

Or laissons ces paouvres recluses, que, ma foy, quand elles sont là une fois renfermées, elles endurent assez de mal ; ainsi que dist une fois une dame d'Espaigne, voyant mettre en relligion une fort belle et honneste damoyselle : *O tristezilla, y en que pecasteis, que tan presto vienes à penitencia, y seys metida en sepultura viva !* « O paouvre misérable, en quoy avez-« vous tant péché, que si prestement vous venez à « pénitence, et estes mise toute vive en sépulture ! » Et voyant que les relligieuses luy faisoient toutes les bonnes chères, recueilz et honneurs du monde, elle dist : *que todo le hedia, hasta el encienso de la yglesia ;* « que tout luy puoit, jusques à l'encens de l'église. »

Sur ces vœuz virginaux Héliogabale en fit une loy[1] : qu'aucune vierge romaine, voire vestalle, ne fust obligée à virginité, disant que les femmes estoient trop imbéciles de sexe pour s'obliger à ce qu'elles ne pourroient garentir. Et, par ce, ceux qui ont introduict des hospitaux pour y nourrir, eslever et marier des paouvres filles, ont fait un' œuvre fort cheritable, tant pour leur faire sentir le doux fruict de mariage, que pour les destourner de paillardise. Aussy[2] Panurge, dans Rabelays, y despendist force argent du sien pour fayre de ces mariages, et mesmes des vielles laydes, car il y failloyt bien enforcer plus d'argent que pour des belles[3].

---

1. Plutarque, *Héliogabale*, chap. XXII.
2. La fin de l'alinéa a été rajoutée en marge par Brantôme.
3. Voyez *Pantagruel*, liv. II, chap. XVII.

Une question y a-il que je voudrois qui me fust dissolue[1] en toute vérité et sans dissimulation, par aucunes dames qui ont fait le voyage; à sçavoir mon, quant elles sont remariées, comment elles se comportent à l'endroit de la mémoire des premiers marys. En cela il y a une maxime : que les dernières amytiez et innimitiez font oublier les premières; aussi les secondes nopces ensepvellissent les premières. Sur quoy j'allégueray un exemple plaisant, mais non de grand lieu; non pourtant qu'il doive estre fort authorisable ny rejetable aussy, si est-ce qu'on dit que, soubz un lieu obscur et vil, encor la sapience et science s'y cache. Une grande dame de Poictou demandant une fois à une païsante, sienne tenancière, combien de marys ell' avoit eu, et comment elle s'en estoit trouvée; elle, faisant sa petite révérance à la pitaude[2], luy respondit de sang-froid : « Je « vous diray, madame : j'ay eu deux marys, la grâce « à Dieu. L'un s'appelloit Guilhaume, qui estoit le pre- « mier; et le second s'apelloit Collas. Guilhaume es- « toit un bon homme, aisé de moyens, et me traictoit « fort bien; mais Dieu pardonne à Collas, car Collas « me le faisoit bien. » Mais elle disoit tout à trac ce qui se commance par f., sans le déguiser ou farder comme je le déguise. Voyez, s'il vous plaist, comme ceste maraude prioit Dieu pour l'âme du trespassé bon compaignon et fort ribaud, et, s'il vous plaist, sur quel subjet : qu'il la repassoyt si bien; et du premier, *niente*. Je penserois que de mesmes en font plusieurs dames convolantes et revolantes, car, puis-

1. *Dissolue*, résolue. — 2. *Pitaud*, paysan.

qu'elles en viennent là, c'est pour ce grand poinct ;
et, pour ce, qui le joue le mieux est le plus aymé. Et
voluntiers croyent que le second doive faire rage ;
mais bien souvant aucunes sont trompées, car ilz ne
trouvent en leurs boutiques l'assortiment qu'elles y
pensoient trouver ; ou bien à d'aucuns, s'il y en a,
il est si chétif, usé, gasté, flac, foulé, lasche et fripé,
qu'on se repent d'y avoir mis son denier ; comme j'en
ay veu force exemples que je ne veux alléguer.

Nous lisons dans Plutarche[1], que Cléomènes ayant
espousé la belle Agiatis, fame d'Agis, aprez qu'il fust
mort, d'autant qu'elle estoyt extrême en beauté, en devint fort amoureux. Il cognoissoit en elle la grande tristesse qu'elle démenoyt pour son mary premier. Il en
eust si grand' compassion qu'il luy en sceut fort bon
gré et de l'amour qu'elle portoit à son premier mary,
et de l'amyable souvenance qu'elle avoyt de luy ; de
manière que bien souvant il l'en mettoit luy-mesmes
en propos, luy demandant plusieurs choses et particularitez et plaisyrs qui s'estoyent passez entre eux.
Il ne la guarda pas long-temps, car elle luy mourust,
dont il en porta un regret extrême. Plusieurs telz maris
en font de mesmes en leur belles fames remariées.

Il est temps tantost, si me semble, de faire fin ou
jamais non.

D'autre dames y a-il qui disent qu'elles ayment
mieux leurs derniers marys de beaucoup que les premiers : « D'autant, m'ont-elles dit aucunes, que les
« premiers que nous espousons, le plus souvant nous

---

1. Plutarque, *Agis et Cléomène*, chap. xxiv et li. Cet alinéa a été écrit en marge par Brantôme.

« les prenons par le commandement de nos roys et
« reynes maistresses, par la contraincte de nos pères
« et mères, parens, tutteurs, non par la volunté pure
« de nous autres : au lieu qu'en nos viduictez, comme
« très-bien émancipées, nous en faisons telle eslec-
« tion qu'il nous plaist, et ne les prenons que pour
« nos beaux et bons plaisirs, et par amourettes, et à
« nostre gentil contentement. » Certainement il peut
avoir là de la raison, si n'estoit que bien souvant : *les
amours qui s'accommancent par anneaux se finissent
par couteaux*, ce dit un vieux proverbe ancien, ainsi
que tous les jours nous en voyons les expériences et
exemples d'aucunes qui, pensans estre bien traictées
de leur hommes, qu'elles avoient tirez aucuns de la
justice et du gibet, de la paouvretté, de la chétifverie[1], du bourdeau, et eslevez, les battoient, ros-
soient, les traictoient fort mal, et bien souvant leur
ostoient la vie ; dont en cela c'estoit juste punition divine, pour avoir estées par trop ingrates à
leurs premiers marys, qui leur estoient par trop
bons, et en disoient pis que pendre. Et ne ressembloient pas une que j'ay ouy racompter, laquelle la
première nuict de ses nopces, ainsi que son mary
la commançoit à assaillir, elle se mit à plourer et à
souspirer bien fort, si bien que tout à un coup elle
faisoit deux choses fort contraires, l'hyver et l'esté.
Son mary lui demanda qu'ell' avoit à s'atrister, et s'il
ne s'acquictoit pas bien de son devoir. Elle luy respondit : « Hélas prou! monsieur ; mais je me sou-
« viens de mon autre mary, qui m'avoit tant prié

---

1. *Chétifverie*, misère.

« et reprié de ne me remarier jamais après sa mort,
« et que j'eusse souvenance et pitié de ses petitz
« enfans. Hélas! je vois bien que j'en aray[1] encor
« tant de vous. Hé! que fairay-je? Je croy que s'il
« me peut voir du lieu où il est maintenant, il me
« maudit bien. » Quel' humeur, de n'avoir point
songé à telles considérations, ny avoir esté sage, sinon
après le coup! Mais le mary l'ayant apaisée et fait
passer souvant ceste fantaisie par le trou du milieu,
l'endemain matin, ouvrant la fenestre de sa chambre,
envoya dehors toute la mémoire du mary premier;
car, ce disoit un proverbe ancien, que *femme qui
enterre un mary ne se soucie plus d'en enterrer un
autre*; et aussi un autre qui dit: *Plus de mine en
une femme perdant son mary, que de mélencolie.*

J'ay cogneu un' autre vefve[2], grande dame, bien
contraire à ceste-cy, qui ne ploura ainsi; car, la première nuict et seconde de ses nopces, elle se conjoyst
tellement avec son mary second, qu'ilz enfonçarent
et rompirent le chaslit, encor qu'ell' eust un' espèce de
cancer à un tétin; et, nonobstant son mal, ne laissa
d'un seul poinct son amoureux plaisir, l'entretenant
par amprès souvant de la sottise et inhabilité de son
premier mary. Aussi, à ce que j'ay ouy dire à aucuns
et aucunes, c'est la chose que les seconds marys veulent le moins de leurs femmes, qu'elles les entretiennent de la vertu et valleurs de leurs premiers
marys, comm' estantz jaloux des paouvres trespassez,
qui y songent autant comme de revenir en ce monde :
d'en dire mal tant que l'on voudra. Si en a-il force

---

1. *Aray*, auray. — 2. Voyez plus haut, p. 260.

pourtant qui en leur demandent des nouvelles, ainsin que fist Cléomènes; mais, comme se sentans fort vigoureux et forts, et faisans comparaisons des deux, les interrogent de leurs forces et vigueurs en ces douces charges; comme j'ay ouy dire à aucuns et aucunes, lesquelles, pour leur faire trouver meilleur, leur font accroire que les autres n'estoient qu'aprentitz, dont bien souvant, elles s'en trouvent mieux. Autres disoient le contraire, et que les premiers faisoient rages, affin de faire efforcer les derniers à faire les asnes desbatés.

Telles femmes vefves seroient bonnes à l'isle de Chio, la plus belle isle et gentille et plaisante de Levant, jadis possédée des Genevois[1], et despuis trente-cinq ans[2] usurpée par les Turcz, dont c'est un très-grand domage et perte pour la chrestienté. En ceste isle donc comme je tiens d'aucuns marchans génevois, la coustume est que, si une femme veut demeurer en viduité, sans aucun propos de soy remarier, la Seigneurie la contraint de payer un certain prix d'argent, qu'ilz apellent *argomoniatiquo,* qui vaut autant à dire (sauf l'honneur des dames) *c.. reposé et inutile.* (Comme[3] jadis à Sparte, ce dit Plutarque, en la vye de Lysander, estoyt peine establye contre ceux qui ne se marioyent point, ou qui se marioyent trop tard, ou qui se marioyent mal.) Je leur ay demandé à aucuns de ceste isle de Scio sur quoy ceste coustume pouvoit estre fondée : ilz me respondirent que pour tous-

1. Génois.
2. Les Turcs s'emparèrent de l'île de Scio en 1566. Ainsi Brantôme écrivait ce passage en 1601.
3. Cette parenthèse a été rajoutée en marge par Brantôme.

jours mieux repeupler l'isle. Je vous asseure que nostre France ne demeurera donc indéserte ny infertille par faute de nos vefves qui ne se remarient point; car je pense qu'il y en a plus qui se remarient que d'autres, et par ce ne payeront de tribut du c.. inutille et reposé. Que si ce n'est pour mariage, pour le moins autrement qu'ilz le font travailler et fructiffier, comme j'espère dire. Non plus ne payeront aussi aucunes de nos filles de la France que celles de Chio, lesquelles, soit des champs ou de la ville, si elles laissent perdre leur pucellage avant qu'estre mariées, et qu'elles veulent continuer le mestier, sont tenues de bailler pour une fois un ducat (dont c'est un très-bon marché pour faire cela toute leur vie) au capitaine du guet de la nuict, afin de le pouvoir faire à leur plaisir, sans aucune craincte et danger ; et en cela gist le plus grand et asseuré gaing qu'ait ce gentil capitaine en son estat.

Ces[1] dames et filles de ceste isle sont bien contrayres à celles de jadis de leur mesme isle, lesquelles, à ce que dit Plutarche en ses Opuscules[2], furent si chastes l'espace de sept cent ans qu'il ne fust jamays mémoyre que jamays il y eust heu fame mariée qui eust commis adultère, ny fille qui, hors de mariage, eust estée despucelée. Miracle, s'escryeroit la [3].... comme Homérus ! Croyez qu'aujourd'huy elles ont bien changé. Aussy [4]....

1. Ce paragraphe inédit a été rajouté en marge par Brantôme.
2. Voyez Plutarque, *De mulierum virtutibus*, chap. xii.
3. Il manque ici plusieurs mots qui ont été rognés par le relieur.
4. La fin de la phrase a été enlevée par le relieur.

Il ne fut jamais que les Grecz n'eussent tousjours quelques invantions tendantes à la paillardise ; comme le temps passé nous lisons de la coustume de l'isle de Cypre, qu'on dit que la bonne dame Vénus, patronne de là, introduisit : qu'estoit que les filles de là, qu'elles allassent se pourmenans le long des rivages, costes et orées de la mer, pour gaigner leurs mariages par la libérallité de leurs corps aux mariniers, passans et navigeans, qui descendoient exprès, voire bien souvant se destournoient de leur chemin droit de la boussolle pour prendre la terre, et là, prenans leurs petitz raffreschissemens avecques elles, les payoient très-bien, et puis s'en alloient, les uns à regret pour laisser telles beautez ; et par ainsi ces belles filles gaignoient leurs mariages, qui plus qui moins, qui bas qui haut, qui grand qui petit, scelon les beautez, quallitez et tentations des filhaudes.

Aujourd'huy aucunes de nos filles de nos nations chrestiennes ne vont point se pourmener, ny s'exposer ainsi aux ventz, aux pluyes, aux froids, au soleil, aux chaleurs, à la lune, pour acquérir leur mariage, car la peine en est trop laborieuse et trop dure pour leurs tendres et délicates peaux et blanches charnures, mais se font venir trouver soubz des riches pavillons et dans des pompeuses courtines, et là tirent leurs soldes amoureuses et marytales de leurs amoureux, sans payer aucun tribut. Je ne parle pas des courtisanes de Rome qui en payent, mais de plus grandes qu'elles. Si bien qu'à aucunes, la pluspart du temps, leurs pères, mères et frères n'ont pas grand' peine de chercher argent ny leur en donner pour les marier ; ains, au contraire, bien souvant aucunes y a-il qui en baillent aux leurs, et les advancent en biens et charges, en grades et dignitez, ainsi que j'en ay veu plusieurs. Aussi Licurgus[1] ordonna que les filles vierges fussent mariées sans douaire d'argent, à ce que[2] les hommes les espousassent par leurs vertuz, non pour l'avarice. Mais quelle vertu estoit-ce? qu'aux bonnes festes solempnelles elles chantoient, dansoient publicquement toutes nues avec les garçons, voire luttoient en belle place marchande; ce qui se faisoit pourtant avec toute honnesteté, dit l'histoire[3] : c'est à sçavoir, et quelle honnesteté en tel estat estoit-ce, ces belles filles voir publicquement? D'honnesteté n'y en avoit-il point, mais ouy bien un plaisir pour la veue, et mesmes en leur mouvement de corps, danser, et encores plus à lutter : et puis quand ilz venoient à tumber l'un sur l'autre, et comme dit le latin, *illa sub, ille super; ille sub et illa super*, « elle dessoubz, luy dessus, elle « dessus, et luy dessoubs[4]. » Et comment me pourroit-on déguiser cela, qu'il y eust là toute honnesteté en ces filles spartianes? Je croy qu'il n'y a chasteté qui ne s'en esbranlast, et que, se faisant là en public et de jour les petites attaques, qu'à couvert et de nuict et du rendez-vous les grandz combatz et camisades s'en ensuivissent. Tout cela se pouvoit

---

1. Voyez Plutarque, *Apophthegmata laconica*, Lycurgus, ch. xv.
2. *A ce que*, pour que.
3. Plutarque, *Lycurgue*, chap. xxv.
4. Brantôme a rajouté en marge ceci qu'il avait écrit ailleurs (voyez p. 52) : Ainsin que j'ay veu un petit quolibet en latin qui disoyt :

    In prato viridi monialem ludere vidi :
    Cum monacho leviter : ille sub, illa super.

faire sans aucun doubte, veu que ledit Licurgus permit à ceux qui estoient beaux et dispos d'emprunter des femmes des autres pour y labourer comme en terre grasse, belle et bonne[1] : et si n'estoit chose reprochable à un vieil et lassé de prester sa femme belle et jeune à un gallant jeune homme qu'il choisissoit ; mais il vouloit qu'il fust permis à la femme de choisir pour secours le plus proche parent de son mary, tel qu'il luy plairoit, pour se coupler avecques luy, à ce que les enfants qu'ilz pourroient engendrer fussent au moins du sang, de la race mesmes du mary. Il y a là encor quelque rayson, veu que les Juifz avoient celle loy de la belle-sœur au beau-frère ; mais nostre loy chrestienne a tout rabillé cela, encor que nostre Sainct-Père en aye donné plusieurs dispenses fondées sur plusieurs raisons. En Espaigne cela s'y pratique fort, mais par dispense.

Or, parlons un peu, et le plus sobrement que nous pourrons, d'aucunes autres vefves, et puis la fin.

Un'autre espèce de vefves dont il y en a qui ne se remarient point, mais fuyent le mariage comme peste : ainsi que me dist une, et de grande maison, et bien spirituelle, à laquelle luy ayant demandé si elle offriroit encor son veu au dieu Hyménée, elle me respondit : « Par vostre foy, seroit-il pas fad et malhabille
« le forçat ou l'esclave, aprez avoir tiré longuement
« à la rame, attaché à la cadène, s'il venoit à recou-
« vrer liberté, s'il ne s'en alloit de son bon gré sans
« encor s'abssubjettir soubz les loix d'un outrageux
« corsaire ? Pareillement moy, après avoir assez esté

---

1. Plutarque, *Lycurgue*, chap. XXIX.

« soubz l'esclavitude d'un mary, et en reprendre un
« autre, que mériterois-je, puisque d'ailleurs, sans
« aucun hasard, je me puis donner du bon temps? »
A un' autre dame grande, et ma parente (car je ne
veux prendre le Turc), luy ayant demandé si elle
n'avoit point d'envie de convoller : « Nenny, me
« respondit-elle, mon cousin, mais bien de con-
« jouir : » faisant une allusion sur ce mot de con-
jouir, comme voulant dire qu'elle vouloit bien faire
à son c.. jouir d'autre chose qu'à un second mary,
suivant le proverbe ancien, qui dit qu'*il vaut mieux
voller en amours qu'en mariage* : aussi que les femmes
sont hostesses partout. Bon celluy-là pour un vieux
mot; car elles reçoivent et sont reynes partout; je
dis les belles.

J'ay ouy parler d'un' autre qui, luy estant demandé par un gentilhomme qui vouloit tenter le guet
pour la pourchasser, et luy demandant si elle ne
vouloit point un mary : « Hà! dist-elle, ne me parlez
« point de mary, je n'en auray jamais plus : mais
« avoir amy, je ne dis pas. — Permettez donc, ma-
« dame, que je sois cest amy, puisque mary je ne
« puis estre. » Elle luy répliqua : « Servez bien, et
« persévérez; possible le serez-vous. »

Une belle et honneste vefve, de l'aage de trente
ans, voulant gaudir[1] un jour avec un honneste gentilhomme, ou, pour mieux parler, le voulant attirer
à l'amour, ainsi qu'elle vouloit monter un jour à
cheval, et ayant pris le devant de son manteau qui

---

1. *Gaudir*, folâtrer. — Cet honnête gentilhomme est bien probablement Brantôme.

s'étant acroché à quelque chose et l'avoit un peu deschiré, elle luy dist : « Voylà ce que vous m'avez
« fait, un tel ; vous m'avez essarté mon devant. » —
« J'en serois bien marry, dist le gentilhomme, ny de
« luy avoir fait du mal, car il est trop jolly et trop
« beau. » — « Qu'en sçavez-vous, dist-elle ? vous ne
« l'avez pas veu. » — « Hé ! voulez-vous nier, répliqua
« le gentilhomme, que je ne l'aye veu cent fois quand
« vous estiez petite garce, que je vous retroussois et
« le voyois à mon aise, comme il me plaisoit ? » —
« Ah ! dist-elle, il estoit alors un jeune adolescent et
« sbarbat, qui ne sçavoit encor que c'estoit de son
« monde. Ast'heure qu'il a mis barbe, il est irrecog-
« noissable et vous le mesconnoistriez. » — « Il est
« pourtant, répliqua encor le gentilhomme, en mesme
« lieu qu'il estoit lors, et n'a point changé place. Je
« croy que je le trouverois en ce mesme endroit. » —
« Oui, dist-elle, il est là mesmes, bien que mon mary
« l'ait assez remué et démené, plus que ne fit jamais
« Diogènez son tonneau. » — « Ouy, dist le gentil-
« homme, mais ast'heure et que peut-il faire sans
« mouvement ? » — « Tout ainsi, dist la dame, qu'un
« horeloge qui n'est point monté. » — « Donnez-
« vous garde donc, » dist le gentilhomme, « qu'il ne
« vous advienne comme aux horeloges que vous al-
« léguez, que s'ilz ne sont montez et continuent de
« ne l'estre, leurs ressortz se rouillent par laps de
« temps, et puis ne vallent plus rien. » — « Toutes
« comparaisons, dit la dame, ne sont pas en tout
« semblables, car les ressortz de l'horeloge que vous
« pensez ne sont point subjetz à aucune rouille, et
« sont tousjours bons, ou montez ou à monter, à tel

« temps qu'il pourra arriver. » — « Ah! pleust à
« Dieu, répliqua le gentilhomme, quand ce temps et
« ceste heure de le monter arrivera, que j'en peusse
« estre le monteur ou l'horelogeur! » — « Lorsque le
« jour et feste en viendra, dist la dame, nous ne la
« chaumerons pas, et en fairons un jour ouvrier. Et
« Dieu gard' de mal celluy que je n'ayme pas tant
« que vous. » Et sur ces petitz motz traversez[1] et
picquans jusques au cœur, la dame monta à cheval,
après avoir baisé le gentilhomme d'un bon cœur, et
dit : « A Dieu, jusqu'au revoir et à la bonne bouche! »
Mais le malheur voulut que ceste honneste dame
mourut dans six sepmaines, dont il cuida mourir
de destresse; car ces motz piquans, avec d'autres
d'auparavant, l'avoient mis en tel espoir qu'il s'asseuroit l'avoir gaignée, comme de vray elle l'estoit.
Que maudite soit la male destinée de sa mort, car
c'estoit l'une des belles et honnestes femmes qu'on
eust sceu voir et qui valoit un péché véniel et mortel!

Un' autre belle jeune dame vefve, luy ayant esté
demandé par un honneste gentilhomme, si elle faisoit
le caresme et ne mangeoit point de chair en façon
du monde : « Non, » dist-elle. — « Si ay-je veu, dit
« le gentilhomme, que vous n'en faisiez point d'es-
« crupule et qu'en mangiez en ceste saison aussi
« bien comm' en l'autre, et crue et cuitte. » —
« C'estoit du temps de mon mary, dist-elle, cela;
« mais ma viduité m'a refformé et reiglé mon
« vivre. » — « Donnez-vous garde, dist le gentil-
« homme, de jusner tant, car voluntiers ceux qui se

---

1. *Traversez*, transperçants.

« laissent aller au jusne et à la fain ; après, quand
« l'apétit leur en prend, ilz ont les boyaux si estroitz
« et resserrez qu'il leur en arrive de l'inconvéniant. »
— « Celluy, dist-elle, que voulez dire de moy n'est
« point si estroit ni afamé que, quand l'apétit m'en
« viendra, je ne le ressasie tempéremment. »

J'ay cogneu une grand' dame qui, durant qu'ell'
estoit fille et mariée, on ne parloit que de son enbonpoinct. Elle vint à perdre son mary, et en faire
un regret si extrême qu'ell' en devint seiche comme
bois. Pourtant ne dellaissa de se donner au cœur
joye d'ailleurs, jusques à emprunter l'ayde d'un sien
secrétaire et d'autres, voire de son cuisinier, se disoit-
on. Pour cela ne recouvra son enbonpoinct, encor
que ledit cuisinier, qui estoit tout gresseux et gras,
s'il me semble, la devoit rendre grasse. Et ainsi en
prenoit et de l'un et de l'autre de ses valletz, faisant
avec cela la plus prude et chaste femme de la court,
n'ayant que la vertu en la bouche, et mal disante de
toutes les autres femmes, et y trouvant à toutes à redire. Telle estoit ceste grande dame de Dauphiné,
dans les *Cent Nouvelles* de la reyne de Navarre[1], qui
fut trouvée couchée sur belle herbe avec son palleff-
renier ou mulletier dessus elle, par ung gentilhomme
qui en estoit amoureux à se perdre ; mais par ainsi
guérit aisément son mal d'amour.

J'ay[2] ouy parler d'une fort belle fame dans Naples,

1. Voyez la XXe Nouvelle. Le même sujet se retrouve dans les *Comptes du monde advantureux* (Nouvelle **XXIX**) dont il sera parlé plus loin.
2. Cet alinéa a été rajouté en marge par Brantôme.

qui eust ceste réputation d'avoyr à fayre avec un More, le plus laid du monde, qui estoyt son esclave et palefrenier. Mays son estrange avitallement le faysoyt aymer d'elle.

J'ay leu, dans un vieux roman de *Jehan de Saintré*[1], qui est imprimé en lettre gottique, que le feu roy Jehan le nourrit page. Par l'usance du temps passé, les grands envoyoient leurs pages en message, comme on fait bien aujourd'huy; mais alors alloient partout et par païs à cheval : mesmes que j'ay ouy dire à nos pères qu'on les envoyoit bien souvant en pettites embassades; car, en despeschant un page avec un cheval et une pièce d'argent, on en estoit quicte, et autant espargné. Ce petit Jehan de Saintré (car ainsi l'apelloit-on longtemps) estoit fort aymé de son maistre le roy Jehan, car il estoit tout plein d'esprit, estoit envoyé souvant porter de petitz messages à sa sœur, qui estoit pour lors vefve (le livre ne dit pas de qui ell' estoit vefve). Ceste dame en devint amoureuse après plusieurs messages par luy faitz; et un jour, le trouvant à propos et hors de compaignie, elle l'araisonna, et se mit à luy demander s'il aymoit point aucune dame de la court, et laquelle lui revenoit le mieux; ainsi qu'est la coustume de plusieurs dames d'user de ces propos quand elles veulent donner à aucuns la première poincte ou attaque d'amour, comme j'ay veu pratiquer. Petit Jehan

---

1. *L'histoire et plaisante cronique du petit Jehan de Saintré*, par Antoine de la Salle, parut pour la première fois à Paris, chez Michel Lenoir, 1517, petit in-f° gothique. Ce roman a été réimprimé un très-grand nombre de fois et entre autres en 1843, in-18, par M. Guichard.

de Saintré, qui n'avoit jamais songé rien moins qu'à l'amour, luy dist que non encor; et[1] luy en alla descouvrir plusieurs, et ce que luy en sembloit. « Encor moins, » respondit-il, après luy avoir[2] presché des vertuz et louanges de l'amour. Car, aussi bien de ce temps vieux comme aujourd'huy, aucunes grandes dames y estoient subjectes; car le monde n'estoit pas si fin comm'il est; et les plus fines tant mieux pour elles, qui en faisoient passer de belles aux marys mais avec leurs hypochrisies et naïfvettez. Ceste dame donc, voyant ce jeune garçon qui estoit de bonne prise, luy va dire qu'elle luy vouloit donner une maistresse qui l'aymeroit bien, mais qu'il la servist bien; et luy fit promettre, avec toutes les hontes du monde qu'il eut sur le coup, surtout qu'il seroyt secret. Enfin elle se déclaira à luy, et qu'elle vouloit estre sa dame et amoureuse; car de ce temps ce mot de *maistresse* ne s'usoit. Ce jeune page fut fort estonné, pensant qu'elle se mocquast ou le voulust faire attraper ou le faire fouetter. Toutesfois elle luy monstra aussitost tant de signes de feu et d'embrâsement d'amour et privautez, qu'il cogneut que ce n'estoit pas mocquerie : luy disant tousjours qu'elle le vouloit dresser de sa main et le fairoit grand. Tant y a que leurs amours et jouissances durarent longuement, et estant page et hors de page, jusqu'à ce qu'il luy fallut aller à un loingtain voyage, qu'elle le changea en un gros, gras abbé. Et c'est ce conte que vous voyez en les *Nouvelles du monde advan-*

---

1. *Et luy en alla*, et elle luy en alla.
2. Après qu'elle lui eut prêché.

tureux[1], d'un vallet de chambre de la reyne de Navarre, là où vous voyez l'abbé faire un affront audit Jehan de Sainctré, qui estoit si brave et si vaillant; aussi bientost après le rendit-il bien à M. l'abbé par bon eschange, et au triple. Ce conte est très-beau, et est pris de là où je vous dis.

Voylà comme ce n'est d'aujourd'huy que les dames ayment les pages, et mesmes quand ilz sont maillez[2] comme perdriaux. Quelles humeurs de femmes, qui veulent avoir des amis prou, mais des marys point! Elles font cella pour l'amour de la liberté, qui est une si douce chose; et leur semble que quand elles sont hors de la domination de leurs marys, qu'elles sont en paradis; car elles ont leur douaire très-beau, et le mesnagent; ont les affaires de la maison en maniement; elles touchent les deniers; tout passe par leurs mains : au lieu qu'elles estoient servantes, elles sont maistresses; font élection de leurs plaisirs et de ceux qui leur en donnent à leur souhait.

Aucunes il y en a, à qui leur fasche certes de ne rentrer en second maryage, pour ne perdre leurs grandeurs, dignitez, biens, richesses, grades, bons et doux traitemens, et par ce se contiennent : ainsi que

---

1. C'est la 45ᵉ Nouvelle du recueil intitulé : *Les Comptes du monde adventureux*, par A. D. S. D. Paris, 1555, in-8°, fᵒˢ 74 et suivants. Elle est résumée ainsi dans la table : « L'histoire d'une veuve du duché de Bourgogne, amoureuse d'un gentilhomme, qui, pour sa longue absence, alla au change d'un abbé, dont puis après le gentilhomme en print vengeance, au contentement de luy et perpétuel scandale de la dame. » Le fond de la nouvelle est bien tiré du roman de Jehan de Saintré; mais la scène se passe en Franche-Comté, et le gentilhomme est appelé Vallor.

2. *Maillé*, marqué.

l'ay cogneu et ouy parler de plusieurs grand's dames et princesses, lesquelles, de peur de ne rencontrer à leur souhait la grandeur première, et de perdre leurs rangs, n'ont jamais voulu se remarier; mais ne laissent pour cela à faire bien l'amour, et la mettre et convertir en jouissance; et n'en perdoient pour cela ny leurs rangs, ny leurs tabouretz, ny leurs sièges et seances en la chambre des reynes ou ailleurs. N'estoient-elles pas bienheureuses celles-là, jouir de la grandeur, de monter haut, et s'abaisser bas tout ensemble? De leur en dire mot, ou leur en faire la remonstrance, n'en falloit point parler; autrement il y avoit plus de despitz, plus de desmentis, de négatives, de contradictions et de vengeances.

J'ay ouy raconter d'une dame vefve, et l'ay cogneue, qui s'estoit faite longuement servir à un honneste gentilhomme, soubz prétexte de mariage; mais il ne se mettoit nullement en évidence. Une grande princesse, sa maistresse, luy en voulut faire la réprimande. Elle, rusée et corrompue, luy respondit : « Et quoy, madame, seroit-il deffendu de n'aymer « d'amour honneste? ce seroit par trop grande « cruauté. » Et Dieu sçait : cest amour honneste s'apelloit un amour bien lascif, et bien confit de composte spermatic : comme certes sont toutes amours, qui naissent toutes pures, chastes et honnestes; mais après se despucellent, et, par quelque certain attouchement d'une pierre philosophale, se convertissent et se rendent deshonnestes et lubriques.

Feu M. de Bussy, qui estoit l'homme de son temps qui disoit des mieux, et racontoit aussi plaisamment, un jour à la court, voyant une dame vefve, grande,

qui continuoit tousjours le mestier d'amour : Et
« quoy, dist-il, ceste jument va-elle encor à l'estal-
« lon ? » Cela fut raporté à la dame, qui luy en voulut
mal mortel; ce que M. de Bussy sceut : « Et bien,
« dist-il, je sçay comme je fairay mon accord et ra-
« billeray cela. Dites-luy, je vous prie, que n'ay pas
« parlé ainsi; mais bien j'ay dit : Ceste poultre[1] va-
« elle encor au cheval? Car je sçay bien qu'elle n'est
« pas marrye de quoy je la tiens pour dame de joye,
« mais pour vieille; et lorsqu'elle sçaura que je l'ay
« nommée poultre, qu'est une jeune cavalle, elle
« se pensera que je l'aye encor en estime d'une jeune
« dame. » Par ainsi, la dame ayant sceu ceste sat-
tisfaction et rabillement de parolles, s'apaisa, et se
remit avecques M. de Bussi; dont nous en rismes
bien. Toutesfois ell'avoit beau faire, car on la tenoit
tousjours pour une jument vieille et réparée, qui,
toute suraagée qu'ell'estoit, hannissoit encor aux
chevaux.

Ceste dame ne ressembloit pas à une autre dont
j'ay ouy parler, laquelle, ayant esté bonne compaigne en son premier temps, et se jettant fort sur
l'aage, se mit à servir Dieu en jusnes et oraisons. Un
gentilhomme honneste luy remonstrant pourquoy
elle faisoit tant de veilles à l'église, et tant de jusnes
à la table, et si c'estoit pour vaincre et matter les
aiguillons de la chair. « Hélas! dist-elle, ilz me sont
« tous passez; » profférant ces motz aussi piteusement
que jamais fit Milo Crotoniates (ainsin que j'ay dit

---

1. En basse latinité *pullitra*. Il y a par erreur *poudre* dans le manuscrit.

ailleurs, s'il me semble), ce fort et puissant lutteur, lequel un jour estant descendu dans l'arène, ou le champ des lutteurs, pour en voir l'esbat seulement, car il estoit devenu fort vieux, il y en eut un de la troupe qui luy vient dire s'il ne vouloit point faire encor un coup du vieux temps. Luy, se rebrassant[1] et retroussant ses bras fort piteusement, regardant ses nerfz et muscles, il dist seullement : « Hélas ! ilz « sont mortz. » Si ceste femme en eust fait de mesmes et se fust retroussée, le traict estoit pareil à celuy de Milo ; mais on n'y eust veu grand cas qui valeut ny qui tentast.

Un autre pareil traict et mot au précédent de M. de Bussi fit[2] un gentilhomme que je sçay[3]. Venant à la court, dont il avoit esté absent six mois, il veid une dame qui alloit à l'accadémye, qui estoit lors introduite à la court par le feu roy : « Comment, « dist-il, l'accadémie dure-elle encor ? on m'avoit dit « qu'ell' estoit abolie. — En doubtez-vous, luy res- « pondit un, si elle y va ? Son magister luy aprend la « philosophie, qui parle et traicte du mouvement « perpétuel. » Et[4] de vray, quelque rongement de teste [que] se donnent les filosofes pour trouver ce mouvemant perpétuel, il n'y en ha point de plus certain que celuy que Vénus aprend en son escole.

Une dame de par le monde rencontra bien mieux d'un' autre, à laquelle on louoit fort ses beautez, fors

---

1. *Rebrasser*, retrousser. — Brantôme a écrit en marge de ce passage : *escrit ailleurs*.
2. Le manuscrit porte *fut*.
3. Probablement Brantôme.
4. Cette fin d'alinéa a été écrite en marge par Brantôme.

qu'ell' avoit ses yeux immobilles, qu'elle ne remuoit nullement. « Pensez, dist-elle, que toute sa curiosité « est à mettre son mouvement au reste de son corps, « et mesmes à celluy du mitan, sans le renvoyer à « ses yeux. »

Or, si voulois mettre par escrit et tous les bons motz et bons contes que je sçay pour bien empliffier ce subjet, je n'aurois jamais fait. Et d'autant que j'ay d'autres pris à faire, je m'en désiste, et concluray avec Bocace, cy-dessus allégué : que, et filles et mariées et vefves, au moins la plus grand' part, tendent toutes à l'amour. Je ne veux point parler des personnes viles, ny de champs, ny de villes, car telle n'a point esté mon intention d'en escrire, mais des grandes, pour lesquelles ma plume volle. Toutesfois, si au vray on me demandoit mon opinion, je dirois voluntiers qu'il n'y a que les mariées, tout hasard et danger des marys à part, pour estre propres à l'amour et en tirer prestement l'essence ; car les marys les eschauffent tant que, à mode d'une fournaise qui est souvant bien embrâsée et attisée, elle ne demande que de la matière, de l'eau et du bois ou charbon pour entretenir tousjours sa challeur ; et aussi qui se veut bien servir de la lampe, il y faut mettre souvant de l'huylle ; mais aussi garde le jarret[1], et les embusches de ces marys jaloux où les habilles bien souvant y sont attrapez !

Toutesfois il y faut aller le plus sagement que l'on peut et le plus hardiment aussi, et faire comme ce

---

1. Allusion au fameux *coup de Jarnac* qui causa la mort de la Chastaigneraie.

grand roy Henry[1], lequel, comme il estoit fort subjet
à l'amour et fort aussi respectueux aux dames, et
discret, et par conséquent bien aymé et receu d'elles,
quand quelquesfois il changeoit de lict et s'alloit
coucher en celluy d'un' autre dame qui l'attandoit,
ainsi que je tiens de bon lieu, jamais n'y alloit, et
fust-ce en ces galleries cachées de Sainct-Germain,
Blois et Fontainebleau, et petitz degrez eschapatoires,
et recoings, et galletas de ses chasteaux, qu'il n'eust
son vallet de chambre favory, dit Griffon, qui portoit son espieu devant luy avecques le flambeau, et
luy après, son grand manteau devant les yeux ou sa
robe de nuict, et son espée soubz le bras ; et estant
couché avec la dame, se faisoit mettre son espieu et
son espée auprès de son chevet, et Griffon à la porte
bien fermée, qui quelquesfois faisoit le guet et quelquesfois dormoit. Je vous laisse à penser, si un grand
roy prenoit si bien garde à soy (car il y en a heu
d'attrapez, et des roys et de grands princes, tesmoingt
le duc de Fleurance Allexandre[2], de nostre temps), ce
que les petitz compaignons auprès de ce grand doivent faire. Mais il y a de certains présumptueux qui
dédaignent tout ; ainsi sont-ilz bien attrapez souvant.

J'ay ouy conter que le roy François, ayant en main
une fort belle dame[3] qui luy a longtemps duré, allant
un jour inopiné à ladite dame, et à heure inopinée

---

1. Brantôme avait d'abord écrit : « comme un grand roy que
je sçay. »
2. Alex. de Médicis, tué en 1537 par son cousin Lorenzino.
3. Probablement la comtesse de Châteaubriand.

coucher avecques elle, vint à fraper à la porte rudement, ainsi qu'il devoit et avoit pouvoir, car il estoit maistre. Elle, qui estoit pour lors accompaignée du sieur de Bonivet, n'osa pas dire le mot des courtisanes de Rome : *Non si può, la signora è accompagnata*[1]. Ce fut à s'adviser là où son gallant se cacheroit pour plus grande seuretté. Par cas, c'estoit en esté, où l'on avoit mis des branches et feuilles en la cheminée, ainsi qu'est la coustume de France. Par quoy luy conseilla et l'advisa aussitost de se jetter dans la cheminée, et se cacher dans ces feuillards tout en chemise, que bien le servit de quoy ce n'estoit en hyvert. Après que le roy eut fait sa besoigne avec la dame, voulut faire de l'eau; et se levant, la vint faire dans la cheminée, par faute d'autre commodité; dont il en eut si grand' envie, qu'il en arrousa le pauvre amoureux plus que si l'on luy eust jetté un seillau d'eau, car il l'en arrousa, en forme de chantepleure de jardin, de tous costez, voire et sur le visage, par les yeux, par le nez, la bouche, et partout; possible en eschapa-il quelque goutte dans la gueule. Je vous laisse à penser en quelle peine estoit ce gentilhomme, car il n'osoit se remuer, et quelle patience et constance tout ensemble ! Le roy ayant fait, s'en alla, prist congé de la dame et sortit de la chambre. La dame fit fermer par derrière, et apella son serviteur dans son lict, l'eschauffa de son feu, luy fit prendre chemise blanche. Ce ne fut sans rire, après la grand' apréhension; car, s'il fust esté descouvert, et luy et elle estoient en très-grand danger.

1. Cela ne se peut; madame est en compagnie.

Ceste dame est celle-là mesme laquelle, estant amoureuse fort de M. de Bonnivet, et en voulant monstrer au roy le contraire, qui en concepvoit quelque petite jalousie, elle luy disoit : « Mais il est bon, le sire de « Bonnivet[1], qui pense estre beau ; et tant plus je luy « dis qu'il l'est, tant plus il le croit ; et je m'en moc- « que de luy ; et par ainsi j'en passe mon temps, car « il est fort plaisant et dit de très-bons motz ; si bien « qu'on ne sçauroit engarder de rire quand on est « près de luy, tant il rencontre bien. » Elle vouloit par là monstrer au roy que sa conversation ordinaire qu'ell' avoit avec luy n'estoit point pour l'aymer et en jouir, ny pour fausser compaignie au roy. Ha ! qu'il y a plusieurs dames qui usent de ces ruses que pour couvrir leurs amours qu'elles ont avec quelques-uns, elles en disent du mal, s'en mocquent devant le monde, et derrière n'en font pas ce beau semblant ; et cela s'apelle ruses et astuces d'amour.

J'ay[2] cogneu une très-grand' dame, laquelle, ayant veu un jour sa fille, qui estoit l'une des belles du

---

1. Le manuscrit et les éditions portent : « Mais il est bon, Sire, de Bonnivet, » ce qui nous semble une faute.
2. Nous donnons le texte de ce paragraphe tel que Brantôme l'avait écrit d'abord. Mais, lors de la révision de son manuscrit, ayant probablement trouvé qu'il avait désigné trop clairement Catherine de Médicis et Marguerite de Valois, il a biffé sa première rédaction et l'a remplacée par la suivante, écrite en marge :

« J'ay cognu une grand' dame qui, ayant un gentilhomme en main qui la servoyt, en eust une remonstrance de sa mère, parce qu'ell' en estoyt scandalizée ; car c'estoyt un sçachant (? pour savant ?). Lors, entr'autres, son propos fust qu'elle luy dist : « Ma fille, layssez cet homme-là ; il n'est nullement aymable : il ressemble un vray pâtissier de village. » Elle luy respondist : « Ouy vraymant,

monde, estre en peine à cause de l'amour d'un gentilhomme dont son frère estoit estomachqué, entr'autres discours que la mère luy dist : « Hé ! ma fille, « n'aymez plus cest homme là ; il a si mauvaise grâce « et façon ! il est si laid ! il ressemble un vray pastis-« sier de village. » La fille s'en mist à rire et s'en mocquer, et aplaudir au dire de sa mère, et l'advouer pour semblance de pastissier de village, mais qu'il eust un bonnet rouge. Toutesfois elle l'avoit, mais, quelque temps après, qui fut environ six mois, elle le quicta pour en avoir un autre.

J'ay cogneu plusieurs dames qui ont dit pis que pendre des femmes qui aymoient en lieux bas, comme leurs secrétaires, valletz de chambre et autres personnes basses, et détestoient devant le monde cest amour plus que poison ; et toutesfois elles s'y abandonnoient autant, ou plus, qu'à d'autres. Et ce sont les finesses des dames, jusques-là que, devant le monde, elles se courroucent contr'eux, les menassent, les injurient ; mais derrière elles s'en accommodent gallamment. Ces femmes ont tant de ruses ! car, comme dit l'Espaignol, *mucho sabe la zorra ; mas sabe mas la dama enamorada :* « Le renard sçait beaucoup, « mais une dame amoureuse sçait bien davantage. »

Quoy que fist ceste dame précédente pour oster martel au roy François, si ne peut-elle tant faire qu'il ne luy en restast quelque grain en teste, comme j'ay

---

madame. S'il avoyt un bonnè rouge, il en auroyt encor mieux l'encolure. » Et ainsin elle-mesme s'en mocquoyt pour luy fayre acroyre qu'elle ne l'aymoyt ny aymeroyt plus par ceste mauvaise façon. Mays elle ne le délayssa pour le coup, sinon au bout de troys moys dont elle prist subjet. »

sceu; sur quoy il me souvient, qu'une fois m'estant
allé pourmener à Chambourg[1], un vieux concierge
qui estoit léans, et avoit esté vallet de chambre du roy
François, m'y receut fort honnestement; car il avoit
dès ce temps là cogneu les miens à la court et aux
guerres, et luy-mesmes me voulut monstrer tout; et
m'ayant mené à la chambre du roy, il me monstra un
mot d'escrit au costé de la fenestre sur la main gau-
che : « Tenez, dist-il, lisez cela, monsieur; si vous
« n'avez veu de l'escriture du roy mon maistre, en
« voylà. » Et, l'ayant leu, en grand' lettre y avoit ce
mot : « *Toute femme varie.* » J'avois avecques moy
un fort honneste et habile gentilhomme de Périgord,
mon amy, qui s'apelloit M. des Roches, à qui je dis
soudain : « Pensez que quelcunes de ces dames qu'il
« aymoit le plus, et de la fidellité desquelles s'asseu-
« roit le plus, les avoit trouvées varier et luy faire
« faux bons, et en elles avoit descouvert quelque
« changement dont il n'estoit guières contant, et, de
« despit, en avoit escrit ce mot. » Le concierge nous
ouyt et dist : « C'est-mon ! vrayement, ne vous en
« pensez pas mocquer : car, de toutes celles que je luy
« ay jamais veu et cogneu, je n'en ay veu aucune
« qui n'allast au change plus que ses chiens de la
« meute à la chasse du cerf; mais c'estoit avec une
« voix fort basse, car, s'il s'en fust aperçeu, il les
« eust bien rellevées. » Voyez, s'il vous plaist, de ces
femmes qui ne se contentent ny de leur marys ny de
leurs serviteurs, grands roys et princes et grands seigneurs; mais il faut qu'elles aillent au change, et que

1. Chambord.

ce grand roy les avoit bien cogneues et expérimentées pour telles et pour les avoir desbauchées et tirées des mains de leurs marys, de leurs mères, et de leurs libertez et viduitez.

J'ay cogneu et ouy parler d'une dame[1], aymée si très-fort de son prince que, par grand'amour qu'il luy porta, il la plongea jusques à la gorge dans toutes les sortes de faveurs, bienfaitz et grandeurs, si que son heur estoit incomparable à tout autre; et toutesfois ell'estoit si fort amoureuse d'un seigneur, qu'elle ne le voulut jamais quicter. Et ainsi qu'il luy remonstroit que son prince les ruineroit tous deux : « C'est tout un, dist-elle ; si vous me quictez, je me « ruineray pour vous ruiner ; et j'ayme mieux estre « apellée vostre concubine que maistresse de ce « prince. » Voyez quel capriche de femme et quelle lasciveté aussi !

J'en ay cogneu un'autre bien grande dame, vefve[2], qui en a fait de mesmes ; car, encor qu'elle fust quasi adorée d'un très-grand, si falloit-il avoir quelques menuz autres serviteurs, afin de ne perdre pas toutes les heures du temps et demeurer en oysiveté ; car un seul ne peut pas en ces choses y vacquer ny fournir tousjours, aussi que telle est la reigle de l'amour : que la dame d'amour n'est pas pour un temps préfix, ny aussi pour une personne préfize, ny seule arrestée, et m'en raporte à ceste dame des *Cent nou-*

---

1. La princesse d'Eboli, maîtresse de Philippe II. Brantôme, qui l'avoit vue en Espagne, a parlé ailleurs de ses amours avec Antonio Perez. Voyez tome II, p. 130-131.
2. Probablement Diane de Poitiers.

velles de la reyne de Navarre, qui avoit trois serviteurs au coup, et estoit si habile qu'elle les sçavoit tous trois fort excortement entretenir[1].

La[2] belle Agnès, aymée et adorée du roy Charles VII*e*, fust soubsonnée de luy avoir faict une fille qu'il ne pansa estre sienne, et ne la peust pas advouer. Aussi, telle la mère, telle fust la fille, ce disent nos croenicques; comme de mesmes fist Anne de Boulan, fame du roy Henry d'Angleterre, qu'il fist descapiter pour ne se contenter de luy et s'adonner sur l'adultère; et l'avoyt prise pour sa beauté et l'adoroyt.

J'ay cogneu une dame, laquelle ayant esté servie d'un fort honneste gentilhomme, et puis en ayant esté quictée au bout de quelque temps, se vindrent à raconter de leurs amours passées. Le gentilhomme, qui voulut faire du gallant, luy dist : « Et quoy! penseriez-vous que vous seule fussiez de ce temps ma maistresse? Vous seriez bien estonnée, si avec vous j'en avois eu deux autres? » Elle luy respondit aussitost : « Vous seriez bien plus estonné si vous eussiez pensé estre le seul mon serviteur, car j'en avois bien trois autres pour réserve. » Voylà comment un bon navire veut avoir tousjours deux ou trois ancres pour bien s'affermir.

Pour faire fin, vive l'amour pour les femmes! et, comme j'ay trouvé une fois dans des tablettes d'une très-belle et honneste dame qui habloit[3] un peu l'es-

---

1. Voyez la XLIX*e* Nouvelle.
2. Ce paragraphe a été rajouté en marge par Brantôme.
3. *Habler*, parler; de l'espagnol *hablar*.

paignol et l'entendoit très-bien, ce petit reffrain escrit de sa propre main, car je la cognoissois très-bien : *Hembra o dama sin compagnero, esperanza sin trabajo y navio sin timon, nunca pueden hazer cosa que sea buena;* « Jamais femme sans compai-
« gnon, ny espérance sans travail, ny navire sans
« gouvernail, ne pourront faire chose qui vaille. »
Ce reffrain peut estre bon et pour la femme, pour la vefve, et pour la fille; car l'une et l'autre ne peuvent rien faire de bon sans la compaignie de l'homme; ny l'espérance que l'on a de les avoir n'est point tant agréable à les attraper aisément, comme avec un peu de peine et travail, rudesse et rigueur. Toutesfois la femme et la vefve n'en donnent pas tant que la fille, d'autant que l'on dit qu'il est plus aisé et facille de vaincre et abatre une personne qui a esté vaincue, abatue et renversée, que celle qui ne le fut jamais; et qu'on ne prend point tant de travail et peine à marcher par un chemin desjà bien frayé et battu, que par celluy qui n'a jamais esté fait ny trassé : et de ces deux comparaisons je m'en raporte aux voyageurs et guerriers. Ainsi est-il des filles; car mesmes il y en a aucunes si capricieuses, qui jamais n'ont voulu se marier, ains vivre tousjours en condiction filliale; et si on leur demandoit pourquoy : « c'est ainsi, et telle est mon humeur, » disent-elles. Aussi que Cibelle, Junon, Vénus, Thétis, Cérez et autres déesses du ciel, ont toutes mesprisé ce nom de vierge, fors Pallas, qui prist du cerveau de Jupiter sa naissance, faisant voir par là que la virginité n'est qu'une opinion conceue en la cervelle. Aussi demandez à nos filles qui ne se marient jamais,

ou, si elles se marient, c'est le plus tard qu'elles peuvent, et fort suzannées, pourquoy elles ne se marient. « Parce, disent-elles, que je ne le veux, et « telle est mon humeur et mon opinion. »

Nous en avons veu aux courtz de nos roys aucunes du temps du roy François. Madame la régente avoit une fille belle et honneste, qui s'apelloit Poupincourt, qui ne se maria jamais, et mourut vierge en l'aage de soixante ans, comme elle nasquit, car elle fut très-sage. La Brelandière est morte fille et pucelle en l'aage de quatre-vingtz ans, laquelle on a veu gouvernante de madame d'Angoulesme estant fille.

J'ay[1] cogneu une fille de très-grand et haut lieu, de l'aage de soixante-dix ans, qui jamays ne se voulut maryer; mays pour cela ne layssa de fayre l'amour; et ceux qui l'ont voulu excuser pourquoy elle ne se marioyt pas, ilz la disoyent n'estre propre pour fame ny mary, d'autant qu'elle n'avoit point de cas, sinon un petit trou par où elle pyssoyt. Dieu sçait! elle en avoit bien trouvé un pour s'esbobir ailleurs. Quelle bonne excuse!

Madamoiselle de Charansonnet, de Savoye, mourut à Tours dernièrement, fille, et fut enterrée avec son chapeau et son habit blanc virginal, très-solempnellement, en grand' pompe, solempnité et compaignie, en l'aage de quarante-cinq ans ou plus : et ne faut point mettre en doubte si c'estoit affaute de party, car, estant l'une des belles et honnestes filles et sages

---

1. Dans ce paragraphe rajouté en marge, Brantôme a voulu sans aucun doute désigner Élisabeth d'Angleterre morte en 1603, à soixante-dix ans.

de la court, je luy en ay veu reffuser de très-bons et très-grands.

Ma sœur de Bourdeille, qui est à la court fille de la reyne¹, a reffusé de mesmes de fort bons partis, et jamais n'a voulu se marier ny ne sera; tant ell'est résollue et opiniastre de vivre et mourir fille et bien aagée; et s'est jusques icy laissée vaincre à ceste opinion, et a un bon aage.

Mademoyselle de Certean², fille aussi de la reyne, et mademoyselle de Surgières, la docte de la court; aussy l'apelloyt-on la *Mynerve*; tant d'autres³....

J'ay veu l'infante de Portugal⁴, fille de la feu reyne Æléonor, en mesme résolution; et est morte fille et vierge en l'aage de soixante ans ou plus. Ce n'est pas faute de grandeur, car ell'estoit grande en tout; ny par faute de biens, car elle en avoit force, et mesme en France, où M. le général Gourgues⁵ a bien fait ses affaires; ny pour faute de dons de nature, car je l'ay veue à Lysbonne, en l'aage de quarante-cinq ans, une très-belle et agréable fille, de bonne grâce et belle aparance, douce, agréable, et qui méritoit bien un mary pareil à elle en tout, courtoise, et mesmes à nous autres François. Je le peux dire, pour avoir eu cest honneur d'avoir parlé à elle souvant et privément. Feu M. le grand prieur

---

1. Madeleine, morte en 1618.
2. Elle est ailleurs appelée Certau. Voyez tome VII, p. 394.
3. Cette phrase a été rajoutée entre les lignes et en marge par Brantôme et n'a point été achevée.
4. Marie, née en 1521, morte en 1578.
5. Ogier de Gourgue, vicomte de Julliac, mort en 1593 ou 1594.

de Lorraine, lorsqu'il mena ses gallères du levant en ponant pour aller en Escosse, du temps du petit roy François, passant et séjournant à Lysbonne quelques jours, la visita et veid tous les jours. Elle le receut fort courtoisement et se pleust fort en sa compaignie, et luy fit tout plein de beaux présens. Entre autres, luy bailla une chaisne pour pendre sa croix, toute de diamans et rubis, et perles grosses, proprement et richement élabourée; et pouvoit valloir de quatre à cinq mill' escus, et luy faisoit trois tours. Je croy qu'elle pouvoit bien valloir cela, car il l'engageoit tousjours pour trois mill' escus, ainsi qu'il fit une fois à Londres, lorsque nous tournions d'Escosse; mais aussitost estant en France il l'envoya désengager, car il l'aymoit pour l'amour de la dame de laquelle il estoit encaprissé et fort pris. Et croy qu'elle ne l'aymoit point moins, et que voluntiers ell' eust rompu son neud virginal pour luy; cela s'apelle par mariage, car c'estoit une très-sage et vertueuse princesse. Et si diray bien plus, que, sans les premiers troubles qui commençarent en France, où messieurs ses frères l'attiroient et l'y tenoient, il voulut luy-mesmes retourner ses gallères et reprendre mesme routte, et revoir ceste princesse, et luy parler de nopces : et croy qu'il ny fust point esté esconduict, car il estoit d'aussi bonne maison qu'elle, et extraict de grands roys comm' elle, et surtout l'un des beaux, des agréables, des honnestes et des meilleurs princes de la chrestienté. Messieurs ses frères, principallement les deux aisnez [1], car ilz estoient les oracles de

---

[1]. Le duc Henri de Guise et son frère Mayenne.

tous et conduisoient la barque, je vis un jour qu'il leur en parloit, leur racontant de son voyage et les plaisirs qu'il avoit receuz là, et les faveurs : ilz vouloient fort qu'il reffist encor le voyage et y retournast encor; et luy conseilloient de donner là, car le pape en eust aussitost donné la dispense de la croix[1] : et, sans ces mauditz troubles, il y alloit et en fust sorty, à mon advis, à son honneur et contentement. Ladite princesse l'aymoit fort, et m'en parla en très-bone part, et le regreta fort, m'interrogeant de sa mort, et comme esprise, ainsi qu'il est aisé, en telles choses, à un homme un peu clairvoyant le cognoistre.

J'ay ouy dire un' autre raison encor à une personne fort habille, je ne dis fille ou femme, et possible l'avoit-elle expérimenté : pourquoy les filles aucunes sont si tardives de se marier. Elles disent que c'est *propter mollitiem*. Et ce mot *mollities* s'interpretre qu'elles sont si molles, c'est-à-dire tant amatrices d'elles-mesmes et tant soucieuses de se délicater et se plaire seulles en elles-mesmes, ou bien avecques d'autres de leurs compaignes, à la mode lesbienne, et y prennent tel plaisir à part elles, qu'elles pensent et croyent fermement qu'avec les hommes elles n'en sçauroient jamais tant tirer de plaisir : et, pour ce, se contentent-elles en leurs joyes et savoureux plaisirs, sans se soucier des hommes, ny de leurs acointances, ny mariages.

Ces filles ainsi vierges et pucelles fussent estées jadis à Rome fort honnorées et fort privillégiées, jusques-là que la justice n'avoit esgard[2] sur elles à les

---

1. Des vœux de chevalier de Malte. — 2. *Esgard*, puissance.

sentencier à la mort : si bien que nous lisons que, du temps du triumvirat [1], il y eut un sénateur romain parmy les proscritz, qui fut condempné à mourir, non luy seulement, mais toute sa lignée de luy procréée; et estant sur l'eschaffaud représentée une sienne fille fort belle et gentille, d'aage pourtant non meur et encor trouvée pucelle, il falut que le bourreau la despucellast et la desvirginast luy-mesme sur l'eschaffaud; et puis ainsi polue la repassa par le cousteau. L'empereur Tibère [2] se délecta à faire ainsi desvirginer publicquement les belles filles et vierges, et puis les faire mourir : cruauté certes fort villaine.

Les vestales de mesme estoient fort honnorées et respectées, autant pour leur virginité que pour leur relligion : car, si elles venoient le moins du monde à fallir de leurs corps, estoient cent fois plus punies rigoureusement que quand elles n'avoient pas bien gardé le feu sacré; car on les enterroit toutes vives avec des pitiez effroyables. Il se list [3] d'un Albinus, Romain, qui, ayant rencontré hors de Rome quelques vestalles qui s'en alloient à pied en quelque part, il commanda à sa femme de dessendre avec ses enfans de son chariot pour les y monter à parfaire leur chemin. Elles avoient aussi telles authoritez que bien souvant sont-elles estées creues et entremeteuses [4]

---

1. Lisez : sous Tibère, car il s'agit de la fille de Séjan. Voyez Dion Cassius, livre LVIII, chap. xi.

2. « Immaturæ puellæ, quia more tradito nefas esset virgines strangulari, vitiatæ prius a carnifice, dein strangulatæ. » Suétone, *Tiberius*, chap. lxi.

3. Voyez Tite-Live, livre V, chap. xli.

4. Brantôme avait mis d'abord *moyennesses*.

à faire l'accord entre le peuple romain et les chevaillers, quand quelquesfois ilz avoient rumeur ensemble. L'empereur Thodosien les chassa de Rome par le conseil des chrestiens, envers lequel empereur les Romains députarent un Simachus[1], pour le prier de les remettre avec leurs biens, rentes et facultez qu'elles avoient grandes, et telles, que tous les jours elles donnoient si grand' quantité d'aumosnes, qu'elles n'ont jamais permis à nul Romain ny estranger, passant ou venant, de demander l'aumosne, tant leur pie charité s'estendoit sur les paouvres : et toutesfois Théodosien ne les y voulut jamais remettre. Elles s'apelloient vestalles, de ce mot de *vesta*, qui signiffie feu, lequel a beau tourner, virer, mouvoir, flamber, jamais ne jette semence ny n'en reçoit : de mesmes la vierge. Elles duroient trente ans ainsi vierges, au bout desquelz se pouvoient marier ; desquelles peu sortans de là se trouvoient heureuses, ny plus ny moins que nos relligieuses qui se sont desvoillées et quicté leurs habitz. Elles étoient fort pompeuses et superbement habillées, lesquelles le poëte Prudentius[2] descrit gentiment, telles comme peuvent estre les chanoynesses d'aujourd'huy de Montz en Haynault, et de Réaumond[3] en Lorraine, qui se remarient. Aussi ce poëte

---

1. Quintus Aurelius Avianus Symmachus, orateur et homme d'État, le dernier défenseur du paganisme, préfet de Rome (384-388), mort au commencement du cinquième siècle. — On a les harangues qu'il prononça non devant Théodose Ier, mais devant Valentinien II, pour faire révoquer le décret contre les Vestales.

2. Voyez le poëme de Prudence *Contra Symmachi orationem*, dans ses œuvres, édit. de Parme, 1788, in-4°, t. II, p. 131 et suiv.

3. Lisez : Remiremont.

Prudentius les blasme fort qu'elles alloient parmy la ville dans des coches fort superbes, ainsi si bien vestues, aux amphitéastres voir les jeux des gladiateurs et combatans à outrance entr'eux, et des bestes sauvages, comme prenant grand plaisir à voir ainsi les hommes s'entre-tuer et respandre le sang; et pour ce il suplie l'empereur d'abollir ces sanguinaires combatz et si pitoyables spectacles. Ces vestales, certes, ne devoient voir telz jeux : mais pouvoient-elles dire aussi : « Par faute d'autres jeux plus « plaisantz, que les autres dames voyent et prati-« quent, nous pouvons nous contenter en ceux-cy. »

Quand à la condiction de plusieurs vefves, il y en a aussi plusieurs qui ayment de mesmes que ces filles, ainsi que j'en ay cogneu aucunes, et autres qui ayment mieux s'esbatre avecques les hommes en cachette, et en toute leur planière volunté, que leurs estant subjettes par mariages, et pour ce, quand on en void aucunes garder longuement leurs viduitez, il ne les en faut pas tant louer, comme l'on diroit, jusques à ce que l'on sçache leur vie, et emprès, selon que l'on l'a descouverte, les en haut louer ou mespriser; car une femme, quand elle veut desplier ses espritz, comme on dit, est terriblement fine, et mènera l'homme vendre au marché sans qu'il s'en prenne garde; et, estant ainsi fine, elle sçait si bien ensorceller et esblouyr les yeux et les pensées des hommes, qu'ilz ne peuvent jamais guières bien cognoistre leur vie; car telle prendra-on pour une prude femme et confite en sapience, qui sera une bonne putain, et jouera son jeu si bien à poinct et si à couvert, qu'on n'y cognoistra rien.

J'ay[1] cognu une grand' dame qui ha demeuré veufve plus de quarant' ans, se faisant estimer la plus fame de bien du pays et de la court, mays *sotto coverto* c'estoyt une bonne putain; et en avoyt entretenu si gentimant le mestier l'espace de cinquante-cinq ans, et fille, et mariée, et veufve, et si excortemant et finemant qu'on ne s'en est guières aperceu encor en l'aage de soixante-dix ans qu'elle mourust. Elle faysoyt valoyr sa pièce comm' estant fame, laquelle une foys, estant jeune veufve, vint à estre amoureuse d'un jeune gentilhomme, et ne le pouvant atraper, un jour des Innocens vint en sa chambre pour les luy donner[2]; mays le gentilhomme les luy donna fort aysément, d'autre chose que de verges. Elle endura....[3]. Elle en faysoit bien d'autres.

J'ay cognu un' autre dame veufve qui guarda sa vuidité sinquante ans et toujours en paillardant galantemant aveq modestie très-sage, et aveq plusieurs à diverses foys. Enfin, venant à mourir, un qu'ell' avoyt aymé douz' ans, et heu un filz de luy à cachète, elle n'en fait grand cas, jusques à le désavouer. N'est-ce pas pour venyr à mon dyre que ne faut louer tant aucunes veufves qu'on ne sçache leur vye et leur fin? Or je n'aurois jamais fait. Faisons fin.

Je sçay bien que plusieurs me pourront dire que j'ay obmis plusieurs bons motz et contes qui eussent

---

1. Ce paragraphe et le suivant ont été écrits en marge par Brantôme.

2. Autrefois dans quelques provinces, le jour des *Innocents*, on avait la coutume d'aller surprendre au lit les paresseux pour les fouetter.

3. Il y a ici un ou deux mots à moitié effacés.

mieux encor embelly et ennobly ce subjet. Je le crois; mais, d'icy au bout du monde, je n'en eusse veu la fin; et, qui en voudra prendre la peine de faire mieux, l'on luy aura grande obligation.

Or, mes dames, je fais fin; et m'excusez si j'ay dit quelque chose qui vous offance. Je ne fus jamais nay ny dressé pour vous offancer ny desplaire. Si je parle d'aucunes, je ne parle pas de toutes; et de ces aucunes, je n'en parle que par noms couvertz et point divulguez. Je les cache si bien qu'on ne s'en peut apercevoir, et l'escandalle n'en peut tumber sur elles que par doubte et soupçons, et non par vrayes aparances.

Je[1] pense et crains d'avoyr ycy redit plusieurs motz et contes que j'ay dit par cy-devant en mes autres discours. En quoy je prye ceux qui me feront ce bien de les lyre tous, de m'excuser, car je ne faitz estat d'un grand discoureur ny d'avoyr la rétentive bonne pour me ressouvenyr du tout. Ce grand personnage, Plutarche, réytère bien parmy ses euvres plusieurs choses deux foys. Si, ceux qui voudroyent fayre imprimer mes livres, n'auroyent besoing que d'un bon correcteur pour rhabiller le tout[2].

1. Ce dernier paragraphe est de la main de Brantôme.
2. Brantôme, dans sa préface (voyez tome I, p. 4), donne le titre d'un *Discours* (le septième) qu'il aurait composé « sur les ruses et astuces d'amour qu'ont inventé et usé aucunes femmes.... » Dans le présent volume (p. 142), il en parle comme étant « à demi faict. » Si ce *Discours* a été achevé, il n'a point été imprimé, et on n'en a signalé aucun manuscrit.

ADDITIONS ET CORRECTIONS.

Page 4, note 1, ligne 6, après cette phrase : *Nous n'avons point de manuscrit original pour cette partie des Dames*, ajoutez : *sauf pour le dernier Discours*.

P. 27, dernière ligne de la note 3 : *mæchum*, lisez : *mœchum*.

P. 34, note 5, ajoutez à la fin : Plutarque, *Severus*, chap. XLVI.

P. 48, note 1, ligne 2 : *A Veizar*, lisez : *Avezzar*.

P. 76. Voyez sur Blanche d'Auverbruckt l'intéressant travail de M. G. du Fresne de Beaucourt, intitulé : *Blanche d'Aurebruche, et ses trois maris*, 1863, 28 pages in-8°.

P. 100, ligne 15 : supprimez l'indication de la note (2).

P. 135 : *Villeconnin*. Brantôme, comme je l'ai dit, est le seul qui ait parlé de ce bâtard de François Ier, que, d'après une faute répétée dans toutes les éditions, on a toujours appelé *Villecouvin*. Ma note était déjà imprimée, quand j'ai trouvé dans un manuscrit du fonds Gaignières, $\frac{485}{\text{H-M}}$ f° 32 v°, une pièce de vers qui donne la date précise de sa mort. Elle est intitulée : *La Complainte de Nicolas Touteville, seigneur de Villeconnin, mort en février* 1567.

Le seul village qui, en France, porte le nom de Villeconnin est situé dans le canton d'Étampes (Seine-et-Oise). Les ruines d'un château féodal y subsistent encore et se composent d'une enceinte carrée, d'une tour carrée à l'angle nord et d'une tour ronde attenant à des bâtiments.

P. 235, note 2, ligne 2 : *rendit sentence*, lisez : *rendit sa sentence*.

P. 260, note 1, ligne 2 : *Olrade*, lisez : *Oldrade*.

P. 314, note 3 : *Binch*, lisez *Bins*.

TABLE DES MATIÈRES.

DES DAMES.

SECONDE PARTIE.

DÉDICACE AU DUC D'ALENÇON; livre de Brantôme sur le parallèle de six grands princes et capitaines, p. 1; regrets sur la mort du duc, p. 2.

DISCOURS
SUR LES DAMES QUI FONT L'AMOUR ET LEURS MARIS COCUS, p. 3-231.

Des diverses espèces de cocus, 4-5; femmes hardies dans leurs amours, 5, 6; mot d'une dame espagnole; anecdote tirée de l'*Heptaméron;* autres anecdotes, 7, 8; le protonotaire Baraud, 8; aventure d'un gentilhomme pendant la Ligue, 8, 9; anecdote, 9-10; morts violentes de Bussy d'Amboise, d'Éléonore de Tolède, d'Isabelle de Médicis, 10-12; de Mme de Villequier, de la femme de Sampietro, 13-14; de Saint-Mesgrin, de Marie d'Avalos, princesse de Venouse, 14-16; mari pardonnant à sa femme; Ménélas, 16-18; anecdote de Jacques de Rohan voulant tuer sa femme; Bourdigné cité, 18-19. François Ier et le mari d'une de ses maîtresses, 19; Vengeance que divers maris tirent de leurs femmes, 19-22. Dicton sur le samedi; ce qu'un grand prince désirait être; réflexion de Brantôme sur la cruauté des maris; saint Augustin cité; Philippe II et sa femme Élisabeth, 22-23; vengeances de princes sur leurs femmes; Henri VIII et Anne de Bouleyn, 24; divorce de Baudouin, roi de Jérusalem; Guillaume de Tyr cité. Divorce de Louis VII, 25; J. César et sa femme Pompeïa; P. Clodius; erreur de Brantôme sur Cicéron; vers des soldats romains sur César, 26-27. Divorce d'Octave Auguste; ses débauches et celles de sa fille qu'il exile; conduite de Caligula envers sa femme Orestilla et Lollia Paulina; Claude répudie sa femme Plautia Urgulanilla, 29. Débauches et mort de Messaline; Boccace cité; statue de Messaline trouvée à Bordeaux, 30-31; mot d'un grand prince sur une de ses maîtresses, 32; digression sur les grandes et les petites femmes, 32, 33. Tolérance de Néron, de Domitien, de Pertinax, de Septime Sévère envers leurs femmes, 34-35; divorces de Philippe Auguste, de Charles VIII et de Louis XII, 35-37; ce qu'un théologien dit à Brantôme sur le pouvoir du pape; mot d'Alfonse de Naples sur la beauté, 36-37; vengeance d'un mari dalmate; d'un mari allemand; *Heptaméron* cité, 38; vengeance d'un mari albanais racontée à Brantôme en Italie; courtisane au camp de César, 38-39; femmes violées, 39-40; réflexions de Brantôme et anecdotes sur l'impudicité dans le mariage; saint Augustin cité, 41-43; Elephantis; Cyrène; Héliogabale; Capella pendu à Rome, 44-45; description d'une coupe appartenant au duc d'Anjou; anecdotes à ce sujet; Ronsard cité, 45-49; galerie d'Adjacet, comte de Châteauvillain, 49-50; coupe de Renaud de Montauban, 50; ce que l'imprimeur Bernardin Turissan raconte à Brantôme sur la vente des livres de l'Arétin; saint Jérôme cité, 50-52; distique latin; cas de conscience; *Summa Benedicti* citée, 52; courtisane grecque et le banquier Bonvisi, 53-54; mot de Verus à sa femme, 55; réflexions et anecdotes diverses, 56-64. Aventure du chevalier de Sanzay, esclave à Alger, racontée par lui à Brantôme, 64-66. Anneau de Gygès; le roi Candaule, 66-67; anecdote de Louis duc d'Orléans et de la mère de Dunois, 67-68; anecdotes diverses de femmes et de maris, 68-70; le duc de Savoie et Henri III, 70-71; maris sauvés par leurs femmes; Sainte-Soline; Évadné; Alceste, 71-73; Tancrède et Pons de Tripoli; Bertrade, comtesse d'Anjou, 74; exemples de jalousie de maris, 74-75; femmes faisant mourir leurs maris; Blanche d'Auverbruckt, 76, et *Additions*, 729; Mme de la Borne; Jeanne de Naples, 76-77; réflexions et anecdotes sur les amours des femmes, 78-88. Réflexions sur la conduite des femmes et des maris, 81-82; anecdote d'un grand prince étranger qui tue sa femme et l'amant de celle-ci; *Heptaméron* cité,

83-84; mariages honteux de grands personnages; anecdote sur Marguerite de France, fille de Henri II, 85-86. Boccace cité; la *Fiancée du roi de Garbe*, 86; mot d'un grand sur un mariage manqué (celui du fils du connétable et de Mlle de Piennes); aventure de Mlle de Limeuil, 86-87; avis d'un seigneur andaloux à son beau-frère; inceste d'un grand seigneur étranger, 88-89; *le Coq et le Renard*, fable d'Ésope, 89. Mariage de Ferdinand II, roi de Naples; incestes de Caligula, 89-91. Dicton italien; anecdotes diverses sur les nouvelles mariées; usages d'Espagne et de Viterbe, 92-96. Anecdote sur Henri IV de Castille; Fulgosius cité, 96. Procès du trésorier Bray et de sa femme; sonnet, 97-98; anecdotes sur des nouvelles mariées, 98-100. Proverbe italien; libertinage de la première femme de Baudouin de Jérusalem, 101. Anecdote d'un grand prince étranger séduisant la femme d'un de ses généraux, 102-103; Saint-Vallier sauvé par sa fille Diane de Poitiers, 103-104. Saint Augustin cité; *Cosi sancta*, 102; femmes obtenant l'Ordre pour leurs maris; mot de la Chastaigneraie, 105. Femmes qui ont fait la fortune de leurs maris, 106. Marguerite de Namur et Louis duc d'Orléans, 106, 107; prodigalité et ladrerie de femmes envers leurs amants, 107, 108. Générosité de Marguerite de Valois, 109. Désintéressement de Brantôme, 109, 110. Réflexions à ce sujet, 110. Henri III et les deux femmes d'Henri Ier, prince de Condé, 111-112; anecdote d'une dame et d'un honnête gentilhomme, 112; dîner que fait Brantôme chez du Gua, en compagnie de l'évêque de Dol, de Ronsard, Baïf, Desportes et d'Aubigné, 113-114. Anecdotes diverses sur les maris trompés; dicton sur le voyage à Saint-Mathurin, 114-115. Imprudences de plusieurs maris, 115-116. Anecdotes sur l'empereur Adrien; erreur de Brantôme, 116-117. Mots d'Adrien sur sa femme Sabine, de Marc-Aurèle sur sa femme Faustine, 117. Erreurs de Brantôme sur Commode et sa mère Faustine, 118. Anecdotes sur les maris complaisants, ou imprudents, 118-120; amours secrètes de plusieurs dames. Regrets de Marguerite de Valois et de la duchesse de Nevers, à la mort de leurs amants La Molle et Coconnas, 121-122. Anecdotes sur les indiscrétions et les perfidies d'amants, 123-126. Conseils aux dames, 126-128; le maréchal de Foix et la comtesse d'Escaldasor; les *Devises* de Paul Jove citées, 128-130; mari trompé, averti par son souverain, 130-131; repentir peu sincère des femmes ; J. du Bellay et Rabelais cités, 131-132. Chanson citée; cadenas de chasteté, 133-134. Eunuques, 134. Histoire de Villeconnin, enfant naturel de François Ier, et dont la succession est donnée à Raiz, 135, 136, et *Additions*, 728. Digression sur les enfants adultérins, 137-138. Saintes Luce, Sabine et Sophronie ; Lucrèce ; Cypriote faisant sauter une galère turque, 138. Des eunuques, des vieillards et des femmes mis à la garde des femmes, 139-142 ; Guillot le Songeur, 142 ; réflexions diverses ; femmes espérant la mort de leurs maris, 143-145. Mariages de courtisanes ; aventure de Brantôme avec une courtisane romaine, 145-146 ; anecdotes diverses sur les maris trompés, 147 et suiv. ; Trajan, Plotine et Adrien, 149-150 ; libertinage de certaines femmes, 159 et suiv. Question faite à Brantôme sur une grande princesse, 152-153. Des enfants de l'amour, 153-155. Anecdote au sujet des portraits des filles d'une grande reine, montrés à Brantôme, 155-157. Femmes dédaignées par leurs maris ; anecdotes, 156-158 ; maris complaisants, anecdotes, 158-159 ; théorie sur la charité dont les femmes doivent user envers leurs galants, 159 et suiv. ; calomnies de Brantôme sur les premières assemblées de protestants à Paris, 161, 162 ; aventure de la belle Gotterelle à Poitiers, où Brantôme était étudiant, 162, 163 ; aventures du capitaine Beaulieu, prisonnier à Palerme, 164-165. Évasion du duc d'Arschot, 166. Vestia Oppia et Cluvia ; Tite-Live cité, 166-168. Amours du roi Jean et de la comtesse de Salisbury ; bizarrerie de certaines femmes dans leurs amours, 168 et suiv. ; mot de Julie, fille d'Auguste, 170. Femmes chastes sont altières et impérieuses ; Juvénal cité, 171 et suiv. Amours des vieilles femmes ; femmes avares, 175 ; mœurs abominables de quelques maris, anecdotes à ce sujet, 176 et suiv. Boccace cité, 177, *Summa Benedicti* citée, 180. Mauvaise réputation des femmes et des filles de la cour de France, 181-184 ; anecdote sur le mariage de Christine, grande-duchesse de Florence, 182 ; femmes solliciteuses, 184, 185 ; tourments des amoureux, 186. Proverbe italien ; dicton d'Amé de Savoie, 187 ; malheurs arrivés aux amants d'une grande dame (Marguerite de Valois) ; cheval de Seius, 188-189 ; mot de du Gua sur le mariage ; de Bèze cité, 190. Complexion amoureuse des femmes de divers pays, 190, 191 ; mœurs des Françaises ; leur liberté en France ; Cajetan cité ; stance italienne citée, 191-192. Mœurs infâmes de quelques femmes; anecdotes à ce sujet, 193-208; Martial cité, 193; Isabelle de Lune et Pandore, courtisanes de Rome, 194; Sapho; Juvénal et Lucien cités, 195-197; anecdote racontée à Brantôme par Clermont-Tallard, 197-198; aventure arrivée à Brantôme, 200-201; Lucien cité, 205; ce que du Gua dit à Brantôme, à propos d'un livre d'A. Firenzuola; erreur de Brantôme au sujet de Marguerite d'Autriche, 205-207. Église de Brou bâtie par celle-ci, 207; traité de Corneille Agrippa cité, 208. Vieille chanson citée; aventure de Jean de Meung, 209. Anecdotes d'un prédicateur, 209, 210; d'une dame de Pampelune, d'après l'*Heptaméron;* ce qu'un médecin dit à Brantôme, 211, 212; Ovide cité; hypocrisie des femmes; Claudia Quinta, dame romaine; Tite-Live et Boccace, cités, 212, 213; conte lu par une dame de bonne part à Brantôme, 214-217; temple de Cératon à Délos, 216; saison la plus propre à l'amour, 217-227; stances à la louange de l'hiver; amours d'une veuve très-grande dame, 226-227; souhaits d'une dame espagnole, 228-229; refrain cité, 229. Excuses de Brantôme aux dames. Diverses pièces de vers, 230, 231.

DISCOURS.

SUR LE SUJET QUI CONTENTE LE PLUS EN AMOURS, OU LE TOUCHER OU LA VEUE OU LA PAROLE, p. 232-305.

Pasquier cité, 232; chansons de Thibaut de Champagne; son amour pour la reine Blanche; proverbe sur la reine folle, 233-234; Diogène le Cynique; procès intenté par la courtisane Lamia, 235; aventure racontée par l'*Heptaméron* et dont La Chastaigneraie était le héros, 236-238; autre aventure du même genre, 238; aventure du bel écuyer Gruffy, 239-243; débauches d'Isabeau de Bavière, 243; lasciveté des grandes dames, 244-245; amours de Cléopâtre et d'Antoine; Plutarque et Pline cités, 245-248; lettre d'Antoine à Octave, 246; Sophonisbe et Massinissa; Joachim du Bellay, cité, 248; bévues de dames; mot des courtisanes de Rome sur les dames de la ville, 250; anecdote d'un Italien à Marseille; langue française, 251; avantages des riches habillements; mot d'une grande dame; usage des parfums, 252, 253; coiffures et habits des dames, 254. Portrait d'Hélène par Zeuxis, 255. Trente choses nécessaires pour la beauté d'une femme, 255-257; maîtresses de Ronsard;

réflexions sur [la beauté des femmes, 257-258 ; aventure de Raymond Lulle, 258-260 ; Oldrade et Ch. de Bovelles cités ; aventure d'un ami de Brantôme avec une Espagnole, 260-261 ; mot de l'évêque de Sisteron sur une dame maigre ; mot d'un très-grand prince à sa maîtresse, 262 ; d'un gentilhomme à un grand seigneur sur sa femme, 263. Difformités de quelques femmes, 263-280 ; coupe d'Hélène en or blanc ; Pline cité, 264-265 ; Rabelais cité, 268 ; anecdote sur M. de Randan, 268-269. Femmes en Orient, 268 ; ce que la belle Torcy raconte à Brantôme sur la reine Éléonore, 272 ; anecdotes sur un fils d'un très-grand roi, 273 ; sur Octave, 279 ; anecdotes des ducs d'Anjou et de Guise au siége de la Rochelle, 280-281 ; d'une dame et d'un gentilhomme, 281-283 ; d'un roi (Henri II), de sa femme et de sa maîtresse (Diane de Poitiers), 283-284 ; goûts dépravés de certaines gens, 285-287 ; Pic de la Mirandole cité, 286. Aventure du marquis de Pescaire avec une dame, 287-289 ; Mariane et Hérode ; Joseph cité, 289 ; mot d'Alexandre sur les filles des Perses ; beauté des femmes de Schiraz ; dicton sur Mahomet ; Pierre Belon, cité, 290, 291 ; réflexions sur l'histoire de Scipion et de la fiancée d'Alucius, 291-296 ; enlèvement des Sabines ; histoire de Chiomara, femme du roi galate Ortiagon, 293-294. Lucrèce ; Eunoé, femme de Bogud, roi de Mauritanie, maîtresse de César, 294, 295 ; Massinissa et Sophonisbe, 295 ; mot de François Ier sur l'hospitalité, 296. Mot d'Isabelle de Castille ; anecdote sur le cardinal de Lorraine passant à Venise, 297, 298 ; beauté de la cour de François Ier et Henri II ; tour de sorcellerie du grand-père de maître Gonnin ; femmes égyptiennes devant Apis ; erreur de Brantôme, 298. Étuves en Suisse communes aux hommes et aux femmes, 299. Histoire de la courtisane Flore à Rome ; différence d'elle et de Laïs ; jeux célébrés en son honneur ; erreurs de Brantôme, 299-302. *Fiscaigne*, danse maltaise, 302 ; histoire des Lacédémoniennes ayant repoussé les ennemis ; erreurs de Brantôme, 303, 304 ; portrait d'une femme laide par un Espagnol, 304, 305.

TABLE DES MATIÈRES.

AUTRE DISCOURS
SUR LA BEAUTÉ DE LA BELLE JAMBE ET LA VERTU QU'ELLE A, p. 306-327.

Anecdotes diverses, 306-309; le père de Vitellius et Messaline, 309. *Heptaméron* cité; voyage de Marie Stuart, 309; luxe de Popea Sabina, 310. Saint Jérôme cité; chaussures des femmes, 311, 312. Les femmes ne doivent pas se déguiser en hommes; Marguerite de Valois; anecdotes, 313, 314. Fêtes données à Philippe II au château de Bins, 314-318. Entrée de Henri II à Lyon, 318-321; ballets à la cour; courage des Siennoises; leur costume, 322, 323. Femmes de Chio, 324; anecdotes et réflexions sur les jambes, les pieds et les chaussures, 324-327.

DISCOURS
SUR L'AMOUR DES DAMES VIEILLES ET COMME AUCUNES L'AYMENT AUTANT QUE LES JEUNES, p. 328-375.

Conversation de Brantôme avec une dame à la cour d'Espagne; mot de Laïs, 328, 329; réflexions diverses sur la vieillesse; mot d'une courtisane espagnole, 330-331; d'une grande dame à un jeune homme; conseil d'un médecin à une dame; dicton des courtisanes d'Italie; Horace cité, 332, 333; Caligula et sa femme Cezonnia, 333, 334; Caracalla et sa belle-mère Julia; anecdote de Henri III et d'une dame de sa cour, 334, 336. Philippe-Marie Visconti, duc de Milan, fait décapiter sa femme Béatrix de Tende, 336; accouchement public de Constance, reine de Sicile, 336, 337; Collenuccio cité; abbesse de Tarascon se mariant; réflexions sur les femmes âgées, 337-338. Amours du capitaine Bourdeille et de Mlle de La Roche; sa visite à Marguerite de Navarre, 338-341. Épitaphe d'une courtisane à Rome; mot d'une dame à son serviteur, 342; réflexions et anecdotes diverses sur les dames âgées, 343-347; mention de plusieurs chevaux des écuries royales et de celles d'autres princes: le *Quadragant*, le *Gonzague*, le *Bai de la paix*, *Samson*, le *Compère*, le *Malheureux*, 347-349. De l'amour pour les vieilles femmes; Laïs, Flora, 349-351; débauches des empereurs romains; César, Octave, Caligula, Néron, 352-354; Henri III et son frère François, 354; Artaxercès et sa femme Astazia; mariage de Ladislas, roi de Naples; Collenuccio, cité.

Femmes qui se sont conservées belles dans leur vieillesse : Diane de Poitiers vue six mois avant sa mort par Brantôme, 356 ; la marquise de Rothelin ; Mme de la Bourdaisière, 357 ; Mme de Mareuil et sa fille la marquise de Mézières ; Mme de Bourdeille, belle-sœur de Brantôme ; l'amirale de Brion et sa fille Mme de Barbezieux, 358 ; la belle Paule de Toulouse ; la présidente Conte ; anecdotes de cavaliers espagnols et de femmes âgées, 359. Éloge de Mme de Nemours ; surnom que lui donnait Brantôme, 360-361 ; réputation des dames ferraraises et des Mantuans ; mot de J. d'O à ce sujet ; mot sur le duc de Mantoue, le *Gobin*, 361 ; beauté de sa femme, 363. Quelles femmes les Italiens appellent *scrofa*; Élisabeth d'Angleterre, 363. Récit d'une visite faite à Naples à la marquise de Gouast par François de Lorraine, grand prieur de France, et Brantôme, 364-371 ; nouvelle visite que lui fait Brantôme en allant à Malte, 371-375. Aventure d'un gentilhomme gascon, à Naples, 372-373. Projet de Brantôme d'aller faire la guerre en Hongrie ; ses malédictions contre les parvenus, contre sa mauvaise fortune et contre ses princes, 374-375.

DISCOURS
SUR CE QUE LES BELLES ET HONNESTES DAMES AYMENT LES VAILLANTS HOMMES ET LES BRAVES HOMMES AYMENT LES DAMES COURAGEUSES, p. 376-467.

Amours de Mars et de Vénus ; Pantasilée et Hector, 376-378 ; Thallestris et Alexandre, 378, 379 ; Camille et Turnus, 379-380 ; Didon et Énée, 380, 381 ; Boccace cité ; Romilde, duchesse de Furly et Caucan, roi des Avarois, 381, 382. Bandel cité ; histoire de la duchesse de Savoie et de Mendozze, 383, 384 ; Henri III et une belle dame, 384, 385 ; Ovide et Ronsard cités, 385, 386. Dessein d'Élisabeth d'Angleterre d'aller voir Henri II ; projet de mariage entre elle et le duc de Nemours ; mot du fou Greffier ; envoi de M. de Lignerolles vers cette princesse, 386, 388 ; histoire de Bonnivet rapportée dans l'*Heptaméron*, 388, 389 ; anecdotes sur le même sujet, 389, 390 ; le gant de la maîtresse de M. de Lorge, 390, 391 ; M. de Clermont-Tallard, 391 ; le mouchoir de la maîtresse de Genlis ; Mlle de Piennes et Gergeay, 392, 393 ; Agnès et Charles VII ; Bertrand du Guesclin et sa femme Tiphaine, 393, 394. Béatrix de Provence et son mari Charles d'Anjou ; Isabelle de Lorraine et René d'Anjou, 395, 396 ; Bonne et mauvaise influence des femmes, 396 ; exploits qu'elles font faire à la guerre ; mort glorieuse de M. des Bordes à la bataille de Dreux, 397, 398 ; Bussy ; chevaliers de la Table-Ronde ; paladins de France, 398, 399. Diverses humeurs des femmes ; leur amour pour les gens vaillants et qui les défendent, 399-404 ; aventure de deux gentilshommes avec leurs maîtresses, 404-406 ; de deux frères grands seigneurs, 406 ; comédie de Cornelio Fiasco, jouée à l'hôtel de Reims, 407, 408 ; histoire d'une dame et de son valet, 408, 409 ; mot d'une Espagnole sur les vieillards, 410. Héroïnes ; Mme de Miraumont, 411 ; belle conduite des Siennoises, 412-414, 416 ; admiration de Henri II pour elles, 417. Procession à Rome ; Tite-Live cité, 414 ; danse de la jarretière en Périgord, 415 ; regrets sur la perte de Sienne ; les Siennois d'origine gauloise ; entrée de Charles VIII à Sienne, 418, 419 ; La Noue ; belle conduite des femmes de Pavie assiégée par François Ier ; des Rochelloises lors du siége de leur ville par Henri III, 419-420 ; des Rhodiennes, des femmes de Saint-Riquier, de Péronne, de Sancerre, de Vitré, de Carthage, 421-423. Sforza sauvé par sa sœur ; Collenuccio cité, 423. Histoire de la reine Zénobie, 424-427 ; Cléopâtre ; mot de Paul-Émile à Persée, 427 ; Henri II et la reine de Hongrie ; Aurélia Victorina ; Catherine de Médicis ; l'infante Isabelle, 428-429 ; la comtesse de Montfort à Hennebon, 429. Querelle du prince Henri de Condé avec Mme de Bourdeille, 429, 430 ; prise de Furly par César Borgia ; Machiavel cité, 430, 431. Paule, comtesse de Penthièvre ; guerre de Richilde et de Robert le Frison, 431, 432 ; Isabelle de France et son mari Édouard II, 432, 433 ; mauvaise conduite d'Éléonor de Guyenne et de quelques femmes de seigneurs croisés, 433, 434 ; amazones dans l'antiquité ; royaume d'amazones en Bohême ; Valasca ; Nauclerus, cité, 434, 435. Conseils de Vittoria Colonna à son mari Pescaire ; Vallès cité, 435, 437. Fulvia, femme de Clodius et de Marc-Antoine ; Charles Martel ; mot de Mme de Montpensier ; sa conduite à Paris après l'assassinat de son frère, 437, 438 ; son aventure en voyage avec un gentilhomme huguenot, 438, 439. Mme de Nemours arrêtée après l'assassinat de son fils à Blois ; transférée à Amboise ; sa douleur à la mort de son premier mari, François de Guise ; 439-442. Bournazel, condamné à mort pour meurtre, est sauvé grâce à M. de Nemours ; requête de la veuve de la victime à Charles IX ; M. de Saint-Vallier, 443-444. Histoire d'Antonio Roques, fameux bandoulier espagnol, 444, 445; Mme de Nemours envoyée par Henri III vers les ducs du Maine et de Nemours, 445, 446. Conseils du maréchal de Raiz à Charles IX et Henri III; La Noue à la Rochelle, 446, 447; mot de Mme de Nemours sur la Ligue, 447. Catherine, reine de Navarre, Louis XII et M. de la Palice; *Conquista de Navarra* citée, 447, 448. Diane de Poitiers à la mort de Henri II, 448, 449; réflexions sur les amitiés des grands, 449. Aversion de Henri III et de sa mère pour les femmes qui se mêlaient de politique; anecdote, 449, 450. Diseurs de bons mots; *marquis et marquises de belle bouche*, 451. Morts courageuses ou plaisantes, 449-467; Louise de Savoie et sa fille n'aimaient pas les sermons sur la mort, 452; apparition d'une comète, 452; morts courageuses de la comtesse de la Rochefoucauld, 453; de la duchesse d'Épernon, 454; de Mme d'Aubeterre, 454-459; de Mme de Balagny; lâcheté de son mari, 459-461. Mort au son du violon de Mlle de Limeuil; la *Défaite des Suisses*, 461, 462; morts de Léon X, du capitaine Panier, 463. Morts plaisantes d'un filou, 463, 464; de Colin, fou de M. d'Estampes, 464, 465; confessions singulières faites au lit de mort ou en rêve, 465, 466; avarice et mort d'une dame de Mortemart, 466, 467.

DISCOURS
SUR CE QU'IL NE FAUT JAMAIS MAL PARLER DES DAMES, ET LA CONSÉQUENCE QUI EN VIENT, p. 468-529.

Médisances communes à la cour des derniers rois; Louis XI aimait les contes gaillards; son mot sur le roi d'Angleterre, 468-471; comment il traitait sa femme, 470; amour de Charles VIII pour les dames, 471; défense faite par Louis XII aux comédiens; cause de la mort de son aïeul Louis, duc d'Orléans, 472-474; trois injures dont un homme sage ne doit jamais parler, 473; respect de François Ier pour les dames; anecdotes de Buzambourg, 474; d'un gentilhomme à l'entrevue de Nice; tour joué à des dames par M. d'Albany, lors du voyage de Clément VII à Marseille, 475-478; Mme d'Uzès et Paul III, 478, 479; anecdote sur François Ier, 479, 480; générosité du cardinal Jean de Lorraine; ses amours, 481, 482; comment il traite Béatrix, duchesse de Savoie, 482, 483 ; respect de Henri II pour les dames ; mot de Catherine de Médicis sur les pasquineurs ; pasquin fait par Mlle de Limeuil, 484 ; querelle de Matha avec Mlle Méray ; tour joué par Gersay à une fille de la reine, 485-487 ; querelle d'un gentilhomme et d'une demoiselle de la cour, 487, 488. Histoire de Françoise de Rohan, 488, 490 ; Mme Flamin, maîtresse de Henri II, mère du grand prieur, 490, 491 ; cour de François II ; mot sur les dames allant voir les cerfs dans la forêt de Saint-Germain, 491-493 ; le libelle le *Tigre*, 492, 493. Galanterie de Charles IX ; pasquins et pasquineurs sous son règne ; libelle contre la duchesse de Guise, 493-496 ; conduite de Henri III envers les femmes ; ses amours, 496-499 ; anecdotes diverses sur les détracteurs des dames, 499-504 ; portrait de femme joué aux dés, 504, 505. Vengeance de Sylla contre les Athéniens ; brocards de soldats ; chanson sur la reine de Hongrie, 505, 506. Caton, César et Servilia, 506, 507 ; propos divers des dames à leurs amants, 507, 508 ; amour de Henri III pour la belle Châteauneuf et pour la princesse de Condé ; le prince de Condé et Mlle de Limeuil ; anecdote à ce sujet, 509-512. François Ier ; Mme de Chasteaubriand et la duchesse d'Étampes, 512. Anecdote sur Mme de Nevers et une maîtresse de son mari, 513, 514 ; pasquins sous Charles IX et Henri III, 515, 516. Livre avec des peintures scandaleuses ; Octavie et Virgile, 516-518 ; anecdotes diverses, 518-524 ; anecdote sur le marquis de Villena, le duc de Feria, don Carlos d'Avalos, 525, 526 ; bouffon d'Élisabeth, reine d'Espagne ; coutume des vendangeurs napolitains, 526, 527 ; l'Arétin ; vers latins de J. du Bellay, 528 ; mots de Lamia, 529.

DISCOURS

SUR LES FEMMES MARIÉES, LES VEFVES ET LES FILLES, A SÇAVOIR DESQUELLES LES UNES SONT PLUS CHAUDES A L'AMOUR QUE LES AUTRES, p. 530-727.

Conversation de Brantôme avec une Espagnole à la cour de Madrid, 530-532 ; *il Filocopo*, de Boccace cité, 532-536. Juments d'Andalousie ; Pline cité, 537. Réflexions diverses sur la chasteté, 537, 538. Stance d'Arioste traduite en vers par une grande dame qui la montre à Brantôme, 539 ; divers mots de dames sur leurs maris et l'amour ; l'impératrice Barbe, 540-542 ; anecdotes ; *Heptaméron* cité ; anciens proverbes,

543-545. Servantes aidant leurs maîtresses dans leurs amours, ou les trahissant, 545-554; réflexions sur les amours des filles; Mlle de Limeuil, 551-553. Comédie du *Paradis d'amour* jouée dans la salle Bourbon; proverbe espagnol, 553-554; anecdotes diverses, 553-563; amours de filles pour leurs valets, 563-568; bonnes fortunes d'un apothicaire que Brantôme voit à Genève, 568, 569. Ronsard cité; bonnes fortunes de plusieurs médecins. Castellan; Cabrian; Le Grand; ce que celui-ci raconte à Brantôme et à Vitaux, 569, 570. Éducation des filles; dangers que les précepteurs et leurs leçons font courir à leurs élèves; fable de Tirésias et autres; proverbe espagnol; S. Augustin cité; *Amadis de Gaule*, 570-573. Amours de Marguerite de Flandre et de son précepteur; Paul-Émile cité. Amours de diverses dames et de leurs secrétaires; invective de Chicot contre une dame de la cour, 573, 574. Amour de filles pour des joueurs d'instruments, des maîtres de danses, des peintres, des comédiens, etc.; Boccace et l'*Heptaméron* cités; réflexions à ce sujet, 574-578. Grossesse d'une fille de neuf ans, 578, 579. Anecdotes diverses; Hercule de bronze à Fontainebleau; proverbe espagnol; Horace cité, 579-584. Amour de Brantôme pour une fille de la cour; filles qui aiment à folâtrer et à chasser, 584-586; fable sur le Larix et le château de Larignum assiégé par César, 587. Sur l'amour des veuves, 588 et suivantes; lois romaines à leur sujet; Papinian; Héliogabale; Pompée; anecdotes et réflexions diverses, 589-591. Veuvage de Catherine de Médicis; histoire du sieur de Rabodanges, 591-593. Éloge d'Isabelle d'Autriche, femme de Charles IX; sa bonté et ses vertus, 593-600. Sa douleur à la mort de son mari et au massacre de la Saint-Barthélemy, 593-598. Bruit sur son mariage avec Henri III, qui, en revenant de Pologne, avait été bien accueilli par l'empereur, 599, 600. Mariage de ce prince avec Louise de Vaudémont, 600. Tentatives de Philippe II pour épouser Élisabeth, 601, 602. Générosité de celle-ci envers sa belle-sœur Marguerite qui tombe malade en apprenant sa mort, 602-603. Détails sur sa mère l'impératrice Marie qui, devenue veuve, se retire en Espagne; sa visite à Marseille, 604-606. Jeanne d'Espagne, princesse de Portugal; conversation que Brantôme a avec elle et avec la reine Élisabeth, 606-609. Elle désire épouser Charles IX, 608-610. Marie de Hongrie, sœur de Charles-Quint; défaite et mort de Louis II, son mari;

don Sébastien de Portugal, 610, 611. Mot du duc François de Guise sur les conseils de guerre donnés par les prêtres, 612. Visite de Marie de Hongrie aux tombeaux des ducs de Bourgogne; origine de la forme de la bouche des princes de la maison d'Autriche, 612-613. Éloge de Marguerite de Flandre, 614. Marie est nommée gouvernante des Pays-Bas; fait brûler le château de Folembray; par représailles, les Français détruisent son château de Bins où elle avait donné des fêtes magnifiques à l'empereur, 615-618. Son discours hautain à l'Assemblée de Bruxelles, 618-620; sa retraite et sa mort en Espagne; Éléonor, femme de François Ier, 620. Christine de Danemark, duchesse de Lorraine; son portrait; ses habillements; montait bien à cheval, 621, 622. Henri II lui enlève son fils, 622-627. Elle refuse d'épouser le duc de Guise; son entrevue avec la femme de celui-ci, Anne d'Este; Scipion et Annibal; Tite-Live cité, 627, 629. Humeur altière de Christine; son arrivée à Reims pour le sacre de Charles IX. Ce que dit d'elle Catherine de Médicis, 629-631; sa retraite et sa mort à Tortone; sa charité; recueille Mme de Castellane; ses deux mariages, 631-633. Éloge de Blanche de Montferrat, duchesse de Savoie; accueil qu'elle fait à Charles VIII à son entrée à Turin; elle engage ses pierreries pour lui, 633-636. Habillement et manière de vivre des veuves du temps passé et du temps présent; Diane de Poitiers, 636-638. Mariage de Henri III avec Louise de Vaudémont; sa conduite avec elle; Mlle de Changy; conseil honteux donné à la reine, 638, 639, 642. Aventure de François Ier alors comte d'Angoulême, avec Marie d'Angleterre qui veut se faire passer pour enceinte après la mort de son époux, Louis XII; M. de Grignaux, 640-642. Éloge de Henri IV, 642. Piété et charité de la reine Louise; détails sur sa mort, 643, 644. Éloge de sa sœur Mme de Joyeuse, qui se remarie à F. de Luxembourg. De Chastes livre Dieppe à Henri IV, 644, 645. Autres veuves : la duchesse de Guise; sa belle-sœur, Mme de Montpensier; la princesse douairière de Condé; la marquise de Rothein, 644-646; Mme de Randan; vers latins sur Laïs dédiant son miroir à Vénus, 647, 648; Mme de Carnavalet, 648; Mme de Bourdeille, 648-650; Martia, fille de Caton d'Utique; éloge de Marcella, dame romaine, par S. Jérôme, 651, 652; Portia; Martial, Aristote, S. Paul cités, 652, 653; Didon, 654. Anecdotes et réflexions diverses sur les veuves et leurs regrets, 654-660.

Ornements et bijoux portés par les veuves, 659. Histoire de la *Matrone d'Éphèse*, 660-662. Elle est racontée à Brantôme par Daurat, puis par Beaujoyeux, le meilleur violon de la chrétienté; détails sur celui-ci, 662-664. Erreur de Brantôme sur Lampridius; livre des *Funérailles* cité, 664; singulière fantaisie d'une veuve, 664; anecdotes sur plusieurs veuves de gens massacrés à la Saint-Barthélemy; Pluviaut, 665-670; Vallès cité; Vittoria Colonna; l'abbé de Farfe, 670, 671. Hommes d'église devenus grands capitaines : César Borgia; le maréchal de Foix; Salvoison; le maréchal Strozzi; le maréchal de Bellegarde; le comte d'Enghien; Bonnivet; Martigues; le capitaine Bourdeille; Clermont-Tallard; Oraison, 671-673. Réflexions et anecdotes sur les veuves qui se remarient, 673 et suiv. La veuve d'un oncle de Brantôme, 673. Valéria, dame romaine; proverbe espagnol, 675; le diamant de Mme de Moneins, 675, 676. Mme d'Estampes, 676. Mariage du cardinal du Bellay avec Mme de Chastillon raconté devant Brantôme à M. de Mane; détails sur cette dame; *Heptaméron* cité, 577-580; mariage du cardinal de Chastillon, 580. Mariages de vieilles femmes, 680 et suiv. Cléopâtre, 682; aphorisme médical; proverbes français, 683; proverbe espagnol; anecdote de Brantôme et d'une veuve remariée, 684, 685. Mariage à Rome d'une femme qui avait eu vingt-deux maris, et d'un homme qui avait eu vingt et une femmes, 685. Mot de Montpezat sur Mme de Barbazan, devenue veuve, 685; réflexions diverses; remèdes contre la luxure; Pline cité; *agnus castus* employé par les Athéniennes; Brantôme voit un arbre de cette espèce en Guienne, 688. Anecdote d'une courtisane romaine allant entrer au couvent; Virgile cité; supplice des Vestales, 689, 690; mot d'une Espagnole sur une religieuse; loi d'Héliogabale; Rabelais cité, 690. Une dame de Poitou et une paysanne, 691; Plutarque cité; Agiatis et Cléomènes; proverbes; anecdotes diverses, 692-695; coutumes de l'île de Scio; Plutarque cité, 695, 696. Mœurs des filles de Chypre, 697; ordonnances de Lycurgue; exercices des filles de Sparte, 698, 699. Mariage de belles-sœurs et beaux-frères, 699. Anecdotes diverses; dialogue de Brantôme et d'une belle veuve, 700-704; *Heptaméron* cité, 703. Le roman de Jehan de Saintré, 704 et suivantes. *Les Comptes du monde adventureux* cités, 705, 706; réflexions et anecdotes sur les veuves qui ne veulent pas se remarier; mot de Bussy; Milon de Crotone; académie à la cour; Boccace cité, 706-710; amours de Henri II; son valet de chambre Griffon; meurtre d'Alexandre de Médicis, 711. Aventure plaisante de François Ier et de Bonnivet, 712-713; anecdote sur une mère et sa fille; bonnet rouge des pâtissiers de village, 713-714; femmes aimant leurs secrétaires et leurs valets, 714. Visite de Brantôme au château de Chambord; ce qu'on lui montre écrit près d'une fenêtre par François Ier, 715. Anecdotes; *Heptaméron* cité; la belle Agnès, 716-718. Filles de la cour qui n'ont pas voulu se marier; Mlles de Poupincourt, de la Brelandière, de Charansonnet, de Bourdeille, de Certau, de Surgières; Élisabeth d'Angleterre, 718-720. Visite du grand prieur de Lorraine à Marie, infante de Portugal, qui parle de lui à Brantôme, 720 et suiv. Gourgues, général des finances, 720. Les vierges honorées chez les Romains; cruauté de Tibère, 722-723. Vestales; Théodose les chasse de Rome; harangue de Symmaque en leur faveur; le poëte Prudence cité; chanoinesses, 724, 725. Anecdotes sur des veuves; excuses de Brantôme sur ses écrits, 727.

Additions et corrections, p. 728.

FIN DE LA TABLE DES MATIÈRES.

16432 — Typographie Lahure, rue de Fleurus, 9, à Paris.

www.ingramcontent.com/pod-product-compliance
Lightning Source LLC
Chambersburg PA
CBHW071659300426
44115CB00010B/1263